MÉMOIRES
DE LA
SOCIÉTÉ DES ANTIQUAIRES
DE PICARDIE.

DOCUMENTS INÉDITS,
CONCERNANT LA PROVINCE.

TOME PREMIER.

COUTUMES LOCALES

DU

BAILLIAGE D'AMIENS,

RÉDIGÉES EN 1507,

PUBLIÉES,

AVEC LES ENCOURAGEMENTS DU CONSEIL GÉNÉRAL DE LA SOMME
ET DU MINISTÈRE DE L'INSTRUCTION PUBLIQUE,

PAR M. A. BOUTHORS,

GREFFIER EN CHEF DE LA COUR ROYALE D'AMIENS.

TOME PREMIER.

Facies non omnibus una,
Non diversa tamen, qualem decet esse sororum.
VIRGILE.

AMIENS,

DE L'IMPRIMERIE DE DUVAL ET HERMENT, IMPRIMEURS DE LA SOCIÉTÉ DES ANTIQUAIRES
DE PICARDIE, PLACE PÉRIGORD, 1.

1845.

AVANT-PROPOS.

Pour éclaircir l'une des questions les plus ténébreuses et les plus controversées de notre histoire, il a suffi à M. Guérard, membre de l'Institut, de publier deux préfaces : l'une pour le Cartulaire de S. Père de Chartres, l'autre pour le Polyptyque de l'abbé Irminon. Avec ce double fanal qu'il vient d'allumer sur les confins de la Barbarie et de la Féodalité, il n'est plus permis de ne pas apercevoir le point de suture qui les réunit ou le point d'intersection qui les sépare. M. Guérard, par de simples rapprochements de textes, détermine quel a été l'état des personnes et quelle fut l'organisation territoriale au IXe et au XIe siècle, c'est-à-dire, à deux époques qui ont précédé et suivi de très près l'avénement du système féodal. Il nous montre, dans l'action simultanée de ces deux éléments, la transition du statut personnel du cycle mérovingien au statut réel de la période capétienne. « Lorsque le vassal et le colon, dit-il, se furent
» approprié le sol qu'ils n'occupaient qu'à titre de tenanciers, cette ap-
» propriation rendit aussitôt territorial ce qui n'était que personnel aupa-
» ravant. Les vieilles lois germaniques fondées sur la personnalité, tom-
» bèrent en désuétude et cédèrent la place à d'autres lois qui, pour n'être
» pas écrites, n'en furent ni moins impérieuses ni moins durables, parce
» qu'elles avaient leurs racines dans la société (1). »

Telle est, selon M. Guérard, la base sur laquelle repose tout notre édifice coutumier. Cette règle est sujette à bien des exceptions, car les causes qui ont donné naissance aux coutumes sont peut-être aussi diverses que les coutumes elles-mêmes, et on peut dire de celles qui ne tiennent point à l'ordre politique, qui ne dérivent pas de la féodalité, qu'elles ont

---

(1) Cartul. de S. Père de Chartres, *Proleg.* p. xcix.

leurs racines dans le sol. Celles-là sont restées debout et les révolutions n'ont pu les détruire, parce que la volonté de l'homme ne saurait changer ce que les exigences du terrain lui commandent de respecter.

On trouvera la justification de cette proposition, non-seulement dans les Coutumes locales du bailliage d'Amiens, mais aussi dans un ouvrage en quelque sorte identique qui paraît, en Allemagne, sous le titre de *Weisthümer* (1).

Voici venir, en effet, de par de-là le Rhin, tout un code de statuts locaux qui, des bords de l'Elbe aux rives de la Meuse et de l'Escaut, des pics de la Suisse aux confins de la Frise et de la Hollande, nous montrent partout des usages offrant la plus grande analogie avec les coutumes locales de la Picardie, et ne différant entre eux, comme ces dernières ne diffèrent entre elles, que parce que certaines nécessités physiques leur impriment à tous une physionomie distincte.

Les weisthümer que nous ne connaissions que par les citations des *Antiquités du droit allemand* de M. Jacob Grimm, viennent d'être réunis en collection par le savant qui a su si bien en faire apprécier l'importance. Désormais donc on pourra les étudier dans leur ensemble et les rattacher au grand faisceau d'institutions dont la mystérieuse origine se cache dans la nuit des temps. Malheureusement, la diversité des dialectes dans lesquels ils sont écrits, en rendra la lecture difficile jusqu'au jour où la philologie allemande, professée dans nos écoles publiques, popularisera en France ces documents destinés à faire révolution dans l'histoire du droit.

Toutefois, il y a, entre les weisthümer de l'Allemagne et les coutumes locales du nord de la France, une différence essentielle, sinon dans l'objet du moins dans la forme de leur rédaction, que nous devons signaler ici.

En France, la coutume ne se formulait jamais que d'une manière partielle et restreinte. En Allemagne, elle se produisait toujours d'une manière générale et complète. En France, lorsque deux parties n'étaient point d'accord sur la coutume, elles pouvaient être admises à faire entendre des témoins pour l'établir, ou bien on constatait, par des informations dites *records de cour*, ce qui avait été décidé dans des cas semblables, mais l'enquête ne portait que sur le point de droit en litige. En Allemagne, au

---

(1) Weisthümer gesammelt von Jacob Grimm. Gœttingue 1840, 3 volumes ont paru ; le 4.ᵉ est sous presse.

contraire, l'enquête était toujours l'exposition complète des principes de droit coutumier que le juge local avait mission d'appliquer ; les échevins, sur l'interpellation d'un bailli, d'un prévôt ou d'un maïeur, faisaient à toutes les questions qui leur étaient posées, des réponses destinées à faciliter la décision des procès. Ces déclarations se renouvelaient dans certaines circonstances prévues, par exemple, lorsqu'un nouveau seigneur prenait possession de sa terre et voulait s'éclairer sur la nature et l'étendue de sa juridiction. Ainsi, de même que nous avions, en France, les aveux des feudataires pour faire connaître les profits et les charges de leurs tenures, il y avait, en Allemagne, les aveux des justiciables pour initier le juge aux devoirs de son ministère.

Les conséquences de cet état de choses furent différentes dans les deux pays. En Allemagne, l'habitude de renouveler les weisthümer à certaines époques déterminées, fit que les coutumes se trouvèrent de très-bonne heure fixées par écrit et que la tradition du droit se conserva mieux dans la mémoire des paysans. En France, tout le contraire arriva. L'usage de garder note des décisions des tribunaux, en se généralisant, rendit la preuve par le *record de cour* plus facile et moins dispendieuse que la preuve par turbes. Bientôt on n'eut plus recours à cette dernière voie d'instruction que dans les cas d'absolue nécessité. Mais aussi, lorsqu'on procéda à la rédaction des coutumes, le peuple, au lieu d'être l'interprète du droit, ne fut que l'instrument des impressions que lui communiquèrent les praticiens et les officiers de justice. Ceci nous explique pourquoi les coutumes locales, avec plus de simplicité et de netteté dans la rédaction, présentent cependant moins d'attrait à la lecture que les weisthümer, miroir fidèle des impressions naïves et du langage pittoresque des habitants de la campagne.

Depuis 1838, M. Grimm a fait paraître trois in-8.º de weisthümer. « Ces
» enseignements juridiques, comme il le dit lui-même dans la préface des
» *Antiquités du droit*, quoique sortis de la bouche de simples paysans,
» sont un magnifique témoignage de la libre et noble allure du droit
» germanique, dans sa manifestation primitive. Variés, mobiles et se repro-
» duisant toujours avec le même esprit, quoiqu'avec des formes nouvelles,
» ils montrent la filiation d'anciens usages qui, quoique tombés en désué-
» tude, sont cependant acceptés par l'homme du peuple avec une sorte
» de crainte mêlée de respect. Leur parfaite concordance entre eux et

» avec les dispositions des lois barbares ne peut manquer d'être saisie par
» un esprit observateur, comme un signe certain d'une origine remontant
» à la plus haute antiquité. » La collection des weisthümer nous fera passer
en revue les institutions locales de tous les pays situés sur les deux rives
du Rhin telles que la Westphalie, la Wetteravie, la basse Saxe, la Thuringe, la Franconie, la Bavière, l'Autriche, le Tyrol, la Suisse, l'Alsace,
une partie de la Lorraine, les pays de Bade, de Nassau, de Worms,
de Prüm, de Trèves, de Luxembourg, de Mayence, de Cologne et enfin
du pays de Liège où les weisthümer commencent à prendre le nom
de *records*, de *déclarations* et à nous parler la langue du nord de la France.

Depuis 1840, la Société des Antiquaires de Picardie a fait paraître, en trois livraisons, un volume in-4.º renfermant 131 coutumes locales des prévôtés d'Amiens, de Beauvoisis, de Fouilloy, de Vimeu et de St.-Riquier. 270 environ restent à publier dans les prévôtés de Doullens, de Beauquesne et de Montreuil. Ces dernières ont cela de remarquable que plus elles se rapprochent de la frontière du nord, plus elles s'assimilent aux institutions germaniques. En effet, la coutume du village de Thun-Saint-Martin, situé entre Cambrai et Bouchain et l'un des plus avancés de la prévôté de Beauquesne dans le Hainaut, contient un record de 1447 rédigé dans la forme des weisthümer. Ces actes ne s'arrêtent donc pas, ainsi que M. Grimm l'a pensé, au pays de Liège et à la limite du Brabant; ils pénètrent jusque dans le Cambrésis et ne s'arrêtent qu'à la ligne de l'Escaut. Ainsi la barrière qui séparait la France de l'Empire d'Allemagne est aussi celle qui sépare les weisthümer des coutumes locales.

Les weisthümer et les coutumes locales ont en vue les uns et les autres de protéger les habitants des campagnes, dans leurs personnes et dans leurs biens, par le système de police le mieux approprié à leurs besoins.

Les weisthümer, pour atteindre ce but, considèrent la propriété foncière dans ses deux objets principaux: la vie agricole et la vie pastorale. C'est sous l'influence de la vie pastorale que la constitution de la marche si bien décrite par Mœser, dans son histoire d'Osnabrück, prend naissance et se développe; c'est sous l'influence de la vie agricole que la possession réglée du territoire s'organise et s'affermit.

La marche est à l'état pastoral ce que l'*ager*, c'est-à-dire le champ limité, est à l'état agricole. La marche c'est la prairie, c'est la bruyère, c'est la forêt soumise au régime de la possession collective, c'est la commune comprenant l'association des personnes et des biens et n'admettant que par exception et dans certaines limites, le partage des terres et la possession à titre particulier. L'ager est le signe extérieur de l'appropriation du sol au domaine privé. Par lui on peut juger du plus ou moins de progrès de l'agriculture, car plus la propriété foncière se morcelle et se divise, plus il y a de bras occupés à la rendre productive : l'ager, à mesure qu'il augmente en fertilité, diminue en étendue et en surface.

L'influence que deux états si opposés exercent sur la condition des personnes est la conséquence de celle qu'ils exercent sur la propriété foncière. L'homme qui est fixé au sol par l'espérance de la moisson qu'il attend, est nécessairement moins capable de défendre sa chose que celui qui, à raison de ses habitudes nomades, la chasse devant lui et peut toujours la transporter d'un lieu dans un autre, pour la soustraire au danger qu'il redoute. L'homme errant avec ses troupeaux sur la terre inculte et qui se borne à la jouissance des fruits qu'il rencontre sur son passage, est par cela même moins facile à asservir que celui qui s'adonne à l'agriculture. L'exemple de la Suisse est là pour attester tout ce qu'il y a de fierté et d'indépendance dans les mœurs pastorales.

Cela se conçoit. L'agriculteur qui dépense toute son énergie dans sa lutte quotidienne contre les éléments, n'en a plus pour repousser l'agression du dehors. Son art ne peut fleurir qu'à l'ombre de la paix et sous l'égide d'un pouvoir assez fort pour la lui garantir. Or, cette protection, quelle qu'elle soit, sera toujours onéreuse pour lui. S'il travaille pour un maître, il sera esclave, serf ou colon ; s'il travaille pour lui-même, il sera tributaire d'un seigneur avec lequel il partagera le produit de ses peines. Jamais il ne pourra se suffire à lui-même ni jouir d'une complète indépendance (1).

La vie agricole et la vie pastorale ne comprennent pas de la même manière les devoirs et les obligations de l'homme placé dans l'une ou l'autre de ces deux conditions. Celle-ci l'attache au sol qu'il cultive, celle-là au troupeau qu'il conduit. L'une lui impose un travail sédentaire, l'autre une surveillance assidue. La différence des positions déter-

---

(1) Montesquieu, *Esprit des Lois*, liv. 18, ch. 1 et 2.

mine la diversité des coutumes. Avec des habitudes errantes le statut personnel suffit ; avec des établissements fixes, le statut réel devient indispensable. Là où la propriété privée consiste en meubles et en troupeaux, les dispositions du droit civil se réduisent à peu de chose, tandis que celles qui sont relatives à la sûreté individuelle, au dommage fait par le bétail ou dont le bétail est l'objet, y occupent une place considérable. Là, au contraire, où la propriété est tout-à-la-fois mobilière et immobilière, la coutume s'occupe forcément des intérêts de la famille, soit pour régler les droits de l'époux survivant, soit pour établir celui des héritiers d'après la nature des biens et leur origine. En général, le manoir, c'est-à-dire l'habitation avec l'enclos qui en dépend, n'étant pas susceptible de division ni de partage, forme un préciput réservé à l'un des héritiers. Tantôt c'est le fils aîné, tantôt c'est le fils puîné qui l'appréhende, et dans les cas même où il y a possibilité de partage, les filles sont presque toujours exclues par les mâles. Chez certains peuples pasteurs, pour déterminer la préférence, ce n'est pas l'époque mais le lieu de la naissance que l'on considère. Ainsi, lorsqu'un père de famille délaisse plusieurs enfans nés sur différents manoirs où il a successivement résidé pendant le cours de sa vie errante, ces manoirs sont répartis de manière à donner à chacun des enfants le manoir où il est né (1).

Les coutumes locales moins que les weisthümer portent l'empreinte des mœurs pastorales, parce que, dans toute l'étendue de pays qu'elles régissaient, il ne se trouvait pas de terrains qui comportassent, sur une aussi grande échelle surtout, des institutions analogues à celles de la Westphalie et de la Suisse. Nos paysans du Hainaut, de l'Artois et de la Picardie, placés dans des conditions physiques qui ne leur permettaient pas de se protéger eux-mêmes, ont dû subir le dur protectorat de la féodalité. « La liberté, dit Montesquieu, règne plus dans les pays montagneux et difficiles que dans ceux que la nature semble avoir plus favorisés (2). »

C'est sans doute pour cela que, dans nos pays de coutumes, l'état des personnes s'améliore à mesure qu'on approche de la zône des weisthü-

(1) Der so auf dem erbe geboren, erbet das erbe. (Rietberger landrecht, 1697, art. 28. Grimm. *Weisth*. 3 p. 105).
(2) Esprit des Lois, liv. 18, ch. 2.

mer, tandis que, dans celle-ci, il semble empirer à mesure qu'on approche de la zône des coutumes locales.

Dans la partie du bailliage d'Amiens qui comprend la rive gauche de l'Authie, la féodalité domine et se manifeste d'une manière absolue ; mais au-delà de l'Authie, jusqu'aux limites de la Flandre et du Hainaut, elle se montre tempérée par l'institution des échevinages qu'on y rencontre pour ainsi dire à chaque pas. Sur la rive gauche de cette rivière, les coutumes ne paraissent préoccupées que de l'intérêt des seigneurs ; sur la rive droite, elles font aux habitants une assez large part de franchises et de libertés.

Du reste, les coutumes locales comme les weisthümer témoignent de l'influence que la nature du terrain exerce sur les institutions ; et ici nous répéterons ce que nous avons déjà dit dans le programme spécimen publié en 1840 : « Dans le Vimeu occidental, dans le Marquenterre,
» l'Ardresis, le plat-pays, aux environs de Béthune et de Saint-Omer,
» les habitants sont agriculteurs, pâtres ou pêcheurs, selon que le sol
» est aride, fertile, boisé ou marécageux. Leur industrie s'exerce aux
» paisibles travaux des champs, quand ils habitent au milieu des plaines ;
» à la vie pastorale, quand ils vivent au milieu des bruyères, des bois
» ou des marais ; au dur métier et aux périls de la mer, quand le sort
» les a fixés sur les plages désertes qui forment la ceinture de l'Océan.
» Là, en effet, où la terre sans abri est sans cesse envahie par les sables
» que la mer pousse à la côte et que la tempête balaie devant elle,
» il faut bien que la mer fasse vivre ceux qui manquent de tout sur la
» terre, et que la tempête les dédommage des misères qu'elle leur en-
» voie. Quiconque a parcouru les dunes de Cayeux et du Marquenterre,
» n'aura pas de peine à comprendre que, dans la coutume qui attribue
» au seigneur l'infâme profit du lagan, aussi bien que dans celle qui punit
» d'une amende de soixante livres les rixes violentes qui ont lieu sur la
» plage, il faut voir la preuve qu'il fut un temps où les habitants de
» ce rivage inhospitalier massacraient les naufragés pour s'emparer de
» leurs dépouilles. Là, au contraire, où l'industrie des régnicoles a élevé
» ces digues et creusé ces canaux qui ceignent les polders verdoyans de
» la Flandre et de la Morinie, le statut local se montre protecteur de
» l'esprit d'association qui a créé ces merveilles. La coutume du Pays-

» de-l'Angle est un modèle de la constitution de ces petites républiques
» qui sont sorties, comme Vénise, du sein des eaux, et que la salutaire
» institution des watringues protégeait contre le danger des inondations. »

Les pays, dit Montesquieu, *que l'industrie des habitants a rendus fertiles et qui ont besoin pour exister de la même industrie, appellent à eux le gouvernement modéré.* Là donc où les hommes à force de peine et de travail sont parvenus à convertir des marais en terres fertiles, il faut bien que le législateur, par la concession de quelques immunités, se montre reconnaissant d'un si beau résultat. C'est ainsi que les aires de la Neuville et de la Voirie, près d'Amiens, étaient exemptes de payer la dîme, parce que là aussi la main des hommes a dû faire des efforts inouïs et persévérants pour créer ce sol fécond qui se charge tous les ans d'une triple récolte. Les terrains dits *renclôtures* des environs d'Abbeville et de Saint-Valery, ne payaient point de censives et ne devaient, à la mutation du possesseur, qu'un très-minime relief, parce que le haut degré de fertilité qui les distingue est dû à des travaux de dessèchement et d'entretien qu'il faut souvent renouveler. Quand ils étaient vendus, on exigeait que l'héritier qui voulait les retraire par proximité de lignage, exerçât ce droit dans un délai très-restreint, fixé par le retour de la troisième marée qui suivait la vente. Cela est bien la preuve que les renclôtures sont une conquête des habitans sur le domaine de la mer.

Les coutumes locales, comme les weisthümer, se divisent en trois classes bien distinctes, car en France, comme en Allemagne, indépendamment des coutumes du district, *landrechte,* nous avions les coutumes particulières de la seigneurie, *hofrechte,* et les coutumes particulières de la cité, *stadtrechte;* la châtellenie, la seigneurie et l'échevinage, lors même qu'ils les produisent sous une seule et même rubrique, donnent à leurs coutumes une forme différente et les écrivent sur cahiers séparés. Les coutumes du *comté,* de la *seigneurie* et de l'*échevinage* de Fauquenbergue offrent un spécimen de cette triple division.

Les coutumes des grandes cités et des échevinages témoignent que l'élément barbare a exercé au moins autant d'influence que l'élément romain sur la révolution communale du XII.e siècle, et que, même dans les villes où les traditions de la municipalité romaine se sont le mieux conservées, ce principe serait resté à l'état de force inerte, si le principe plus actif de la ghilde germanique n'était venu à son secours. C'est pourquoi, dans la notice et dans les notes de la première série nous nous sommes efforcé d'établir que « la commune, c'est-à-dire, » l'union des citoyens dans un but de protection et de garantie mu- » tuelle est d'origine germanique; que la municipalité, c'est-à-dire, la » hiérarchie des pouvoirs administratifs de la cité est moins germanique » que romaine ». Si cette première partie de notre travail a contribué à répandre quelques lumières nouvelles sur la question, nous ne regretterons pas les développements que nous lui avons donnés.

Parmi les coutumes de la seconde et de la troisième série, figurent celles du comté de Corbie, de la baronnie de Boves et du vidamé de Picquigny. Pour apprécier d'une manière convenable les dispositions qu'elles renferment, nous avons cru nécessaire de jeter un coup d'œil général sur la constitution des fiefs dans le comté d'Amiens. Nous avons pensé que ne pas faire connaître les rapports des vassaux avec le suzerain, quand nous avions sous la main un document aussi précieux que le rôle des hommes-liges de l'abbaye de Corbie, que ne pas signaler l'action civilisatrice du pouvoir ecclésiastique, au milieu de la société féodale, quand nos cartulaires du XII.e et du XIII.e siècle, attestent à chaque page la réalité de cette influence, c'était priver ces coutumes d'un éclaircissement indispensable; c'était nous ôter un puissant moyen de fixer l'attention de nos lecteurs sur trois seigneuries qui ont joué un si grand rôle dans l'histoire de l'amiénois.

La notice de la prévôté de Vimeu contient quelques observations sur *le droit de lagan* et sur l'usage de juger et de faire exécuter criminellement les animaux domestiques coupables d'homicide: coutumes singulières dont l'une atteste la barbarie et l'autre la simplicité des mœurs d'autrefois.

La notice de la prévôté de Saint-Riquier, sous le titre de *Théorie des prestations seigneuriales*, résume les différentes espèces de censives qui marquaient la relation du seigneur avec le vassal et le sujet. Tout en se référant aux dispositions de la coutume de Drucat qui donne au seigneur le droit d'exiger le tribut de la première nuit du mariage, et de contraindre les habitants de battre l'eau des fossés de son château pour imposer silence aux grenouilles pendant qu'il se livre au sommeil, cette notice a aussi pour but de simplifier des annotations qui, se trouvant résumées dans un travail spécial, ne figureront à la place qu'elles auraient occupée que par l'indication d'un chiffre de renvoi.

Les notes renferment en général moins d'explications que de faits. Celles de la première série consistent, pour la plupart, en documents extraits des registres de l'hôtel-de-ville d'Amiens. Des considérations sur le droit de *maineté* (privilége du puîné) font l'objet d'une note de notre honorable collègue, M. A. Breuil. C'est la seconde de la deuxième série: elle fait désirer que l'auteur ne se borne pas à ce premier essai.

Le second volume qui comprendra les coutumes des prévôtés de Doullens, de Beauquesne et de Montreuil, formera trois séries précédées, chacune, d'une dissertation sur un sujet déterminé; elles envisageront les coutumes dans leurs rapports avec la propriété foncière et l'organisation de la famille, et elles exposeront les principes de la police rurale et du système judiciaire qui s'y rapporte.

Cette dernière notice sera la plus considérable par ses développements, car les coutumes locales, pour les dix-neuf vingtièmes au moins, s'appliquent à des villages et non pas à des villes. Elles ont en vue la protection des intérêts agricoles, intérêts précieux, objet de toute la sollicitude du gouvernement, mais trop négligés du législateur parce que le flambeau de l'histoire lui a manqué jusqu'à présent pour rattacher le faisceau des institutions nouvelles au faisceau rompu des institutions d'autrefois.

Tout est dit ou du moins peu de chose reste à dire sur l'origine du droit municipal; le moment est venu de tenter d'autres découvertes et de remonter jusqu'aux sources encore inconnues de notre droit territorial. Que la publication des coutumes locales du bailliage d'Amiens donne l'exemple aux autres provinces.

On nous dira peut-être qu'un simple extrait des usages locaux bons à conserver serait suffisant. Nous ne le pensons pas. En effet, pour bien saisir l'esprit de l'ancien système rural, il faut l'envisager dans son ensemble et non dans ses détails. Régler la distribution des familles sur le sol qui les fait vivre, d'après les ressources qu'il présente et l'industrie qu'il comporte; poser les conditions de la possession et de la transmission des héritages, d'après le vœu des intérêts généraux; approprier les réglements de police aux relations réciproques des citoyens entre eux, et aux relations des citoyens avec le pouvoir auquel ils obéissent, tel est le but que, dans tous les temps et dans tous les pays, se sont proposé les lois et les coutumes. Mais toutes ne l'ont pas poursuivi par les mêmes moyens. Toutes ont dû se plier aux exigences du sol et aux besoins des localités. Il n'est donc pas possible d'isoler des circonstances auxquelles elles se rapportent les dispositions de nos coutumes, sans s'exposer à en méconnaître l'esprit et à tomber dans la plus étrange confusion. Les réglements sur les servitudes de voisinage, sur l'entretien des chemins et des cours d'eau, sur la police intérieure et extérieure des villages, sur le parcours, la vaine pâture, le régime des bois et des marais, s'ils étaient réunis confusément, sans liaison, sans suite, sans indication d'origine, seraient plus nuisibles qu'utiles aux vues du législateur.

En terminant, nous éprouvons le besoin de déclarer à quel heureux concours de circonstances nous devons d'avoir pu acquitter, en partie du moins, les promesses du programme de 1840.

Les encouragements répétés du Conseil général de la Somme, une subvention toute récente de M. le Ministre de l'Instruction publique, sont venus en aide à la Société des Antiquaires de Picardie. Ils lui permettront d'achever l'œuvre si heureusement commencée.

Dans M. Dorbis, archiviste du département de la Somme, dans M. Lavernier, secrétaire de la mairie d'Amiens, nous avons trouvé tout ce que nous devions attendre de l'inépuisable obligeance de l'un, de la longue expérience de l'autre et des lumières de tous les deux. Nous leur devons un égal tribut de remerciements pour les documents qu'ils nous ont procurés. Malheureusement, le premier seul peut nous continuer ses bons offices, car le second n'a pas assez vécu pour réaliser les espérances qu'il nous était permis de fonder sur sa collaboration. Nous devons aussi à M. H. Géraud, ancien élève de l'Ecole des chartes, employé au cabinet des manuscrits de la Bibliothèque royale, la découverte d'un certain nombre de coutumes que nous considérions comme perdues. La mort ne l'a pas plus épargné que M. Lavernier. En choisissant ces deux victimes, ne semble-t-elle pas avoir pris à tâche de tarir les deux plus précieuses sources de nos communications.

Nous aurions été trop heureux si, dans l'accomplissement d'un travail qui exigera plusieurs années, aucun des moyens sur lesquels nous avons compté pour le mener à bien ne nous avait failli. Il est possible que des événements que nous ne pouvons ni prévoir ni empêcher en retardent encore l'exécution. Toutefois, nous espérons qu'il n'en sera rien. Un ouvrage comme celui-ci ne doit pas se mesurer d'après les dépenses qu'il occasionne, mais d'après les résultats qu'il doit avoir. Les autorités qui, jusqu'à ce jour, nous ont prêté un appui si efficace, ne nous le retireront pas au moment où il nous est le plus nécessaire : nous le réclamons pour l'avenir, tel qu'il fut pour le passé.

Juin 1845.

A. BOUTHORS.

COUTUMES LOCALES.

PREMIÈRE SÉRIE.

PRÉVOTÉ D'AMIENS.

PIÈCE UNIQUE.

NOTICE HISTORIQUE

SUR LES

INSTITUTIONS COUTUMIÈRES DE LA VILLE D'AMIENS.

La coutume de l'Échevinage et prévôté d'Amiens, se présente la première dans la série des statuts locaux de la Picardie méridionale, non seulement en suivant l'ordre des prévôtés de l'ancien bailliage, mais encore eu égard au rang qu'assignent à cette ville son antiquité, son importance politique et l'influence que ses institutions ont exercée autour d'elle. Déjà gouvernée par un sénat à l'époque où Jules César la soumit aux Romains, elle a conservé les formes du gouvernement municipal aussi long-temps que l'épiscopat Français, fidèle à sa mission primitive, se montra protecteur des intérêts des cités confiées à sa défense. Mais à peine voit-on les dignités ecclésiastiques inféodées aux leudes de Charles-Martel, que les dernières traces du régime romain disparaissent pour faire place aux traditions importées de la Germanie. Après la mort de Charlemagne et la dislocation de son empire, après les dévastations des Normands et l'établissement de la féodalité, la plus grande obscurité règne dans les annales de la cité picarde. Tout ce que l'on sait, c'est que les seigneurs à la merci desquels elle est abandonnée, la gouvernent comme une conquête et se la disputent comme une proie. Pendant un laps de deux siècles on ignore si elle a vécu oublieuse de son passé et insouciante de son avenir, ou si, à l'exemple du captif qui lime sourdement ses fers, elle a travaillé, dans l'ombre, à hâter le jour de sa délivrance. Dès les premières années du XIIe siècle, elle se constitue en commune et obtient la sanction d'une loi municipale qui devient le modèle des chartes octroyées aux villes voisines. Atteinte, comme tant d'autres, par les révolutions qui ont arraché aux communes du moyen-âge les libertés qu'elles avaient si péniblement conquises, la ville d'Amiens est peut-être celle qui a su le mieux conserver les souvenirs de sa vie d'autrefois : ses archives presque intactes sont là pour l'instruction des personnes désireuses de la connaître et de l'étudier avec fruit. Non seulement, elles jettent le plus grand jour sur son histoire, mais elles peuvent aussi, jusqu'à un certain point, suppléer aux titres qu'ont perdus les villes qui avaient copié leurs privilèges sur les siens.

Cette considération nous a déterminés à ne rien négliger de ce qui peut faire connaître l'origine, l'esprit et les destinées de ses institutions municipales. Plus nous rassemblerons de preuves sur cet objet, moins nous aurons d'efforts à faire pour éclaircir les coutumes des échevinages qui se sont réglés sur ses exemples ou ses leçons toutes les fois que les circonstances leur en ont laissé la liberté.

Dans l'observation de la vie intérieure des cités, au moyen-âge, tout manifeste l'action des lois qui les régissent : état politique, et des personnes, nature et distinction des biens, administration, police, finances, arts et métiers, tout se tient, s'enchaîne et se confond dans le faisceau de l'unité législative. Une monographie complète des transformations qu'ont subies les statuts municipaux de la ville d'Amiens depuis la charte de 1209, jusqu'à la rédaction des coutumes locales de 1507, devrait comprendre chacun de ces élémens, mais nous, qui ne voulons sortir du cercle de ses institutions judiciaires qu'autant que ces excursions nous seront commandées par les nécessités de notre sujet, nous sommes heureux de penser qu'une importante publication qui se prépare, sous les auspices du gouvernement, suppléera, en cette partie du moins, aux lacunes de notre ouvrage. Grâce à celui de nos historiens modernes dont la parole a le plus de poids pour déraciner les erreurs les plus accréditées, dont le coup-d'œil est le plus sûr pour distinguer la véritable physionomie des temps passés, le dépôt de nos archives communales, exploré avec tout le discernement qu'on doit attendre de l'auteur des *Récits Mérovingiens*, va bientôt enrichir la collection des *Monumens de l'histoire du Tiers-État*, d'une foule de titres qui embrasseront, dans ses secrets les plus intimes, dans ses détails les plus variés, l'état politique et industriel de notre cité, pendant la période du moyen-âge.

Nous pouvons donc et en toute confiance laisser de côté les détails pour ne nous attacher qu'aux faits généraux qui se lient essentiellement à l'histoire des communes dans le Nord de la France, ou qui ont une application directe à la commune d'Amiens.

I.

Considérations sur l'origine des Communes.

> L'histoire est là pour attester que dans le grand mouvement d'où sortirent les communes, et les républiques du moyen-âge, pensée, exécution, tout fut l'ouvrage des marchands et des artisans qui formaient les populations des villes.
>
> *Lettres sur l'hist. de Fr. par M. Aug. Thierry, édit. de* 1839 p. 226.

Aucune question n'a été plus controversée que celle de l'origine des communes. Aucune n'aurait sans doute été plus facile à résoudre si, dès le principe, on avait voulu s'entendre et ne pas confondre l'institution avec la forme de son gouvernement.

La commune, c'est-à-dire, l'union des citoyens dans un but de protection et de garantie mutuelle, est d'origine germanique.

La municipalité, c'est-à-dire, la hiérarchie des pouvoirs administratifs de la cité, est peut-être moins germanique que romaine.

Sans doute, dans le mouvement qui a déterminé la révolution politique du XII.e siècle, les corps de métiers ont joué un très-grand rôle, mais ces associations, comme il nous sera facile de le démontrer, n'avaient presque plus rien de commun alors avec les jurandes du vieux municipe romain. Par suite de la conquête, elles s'étaient métamorphosées en confraternités de la Ghilde, et ce sont précisément ces confraternités qui ont tout fait.

A la formation des sociétés antiques, comme à la renaissance des sociétés modernes, les constitutions politiques ou religieuses auxquelles les peuples ont confié leur avenir, se sont produites, pour ainsi dire, sous l'empire du même principe. Les législateurs de Sparte, d'Athènes et de Rome, les fondateurs du judaïsme, du christianisme et même de cette religion barbare qui a eu pour berceau la péninsule scandinave, se sont tous arrêtés à cette idée que les repas en commun sont un moyen de développer les sentimens d'union et de confraternité. C'est delà que les jurisconsultes ont tiré cette maxime que les injures pour lesquelles il n'y a pas encore d'action formée en justice sont présumées pardonnées lorsque l'on peut prouver que les parties ont mangé ensemble. Chez les Hébreux, les magistrats, à certains jours marqués, se réunissaient à la même table (1). Minos, en donnant ses lois aux habitans de l'île de Crète, ordonna qu'on leverait sur eux, tous les ans, un tribut, dont la moitié serait employée au service des Dieux, et l'autre moitié à payer la dépense des repas qu'ils feraient en commun (2). Lycurgne, à Sparte, fit de ces banquets une loi obligatoire pour les grands comme pour le peuple: les femmes et les enfans n'en étaient pas même dispensés. Solon institua au Prytanée des festins périodiques, où les Athéniens se réunissaient à tour de rôle et mangeaient aux dépens du public (3). Romulus, prescrivit à tous les membres d'une même curie de s'assembler à certaines époques solennelles et de manger ensemble en signe d'union et de concorde (4). Numa, dont la politique s'appliqua constamment à fonder l'unité dans une nation composée de nations diverses, n'avisa rien de mieux pour atteindre ce but que des institutions sacerdotales. Il partagea les citoyens par confréries, et leur donna à chacune un patron pris parmi les Dieux. Au moyen de ce fractionnement basé sur la différence des professions, il prévint les divisions qui auraient pu se former sous l'influence des rivalités de race et des préjugés d'origine (5).

Les premiers chrétiens ne formaient d'abord que des associations particulières. Ils avaient retenu des Juifs et des Romains au milieu desquels ils vivaient, l'usage des banquets à frais communs qu'ils nommaient *Agapes*, c'est-à-dire festins de charité. Ils eurent aussi des jours consacrés aux jeûnes. L'assiduité au service divin, l'union, la paix, l'amour du prochain, furent surtout l'objet de leur constitution primitive ; ils s'obligeaient à s'avertir mutuellement de leurs fautes : s'il survenait entre eux quelque différend, ils laissaient à l'assemblée le soin de le pacifier. Ils avaient une épargne commune qui s'entretenait au moyen de collectes et de dons volontaires. Elle servait à secourir les veuves, les orphelins, à doter de pauvres filles, à payer les funérailles de ceux qui n'avaient pas laissé assez de biens pour se faire inhumer (6).

Cette association, qui embrassait dans ses devoirs tous les besoins de l'humanité, devait, pour ne point faillir à sa haute destinée, s'appuyer, comme les institutions de Numa, sur le principe de l'unité. Aussi, dès l'origine, la voit-on tendre vers ce but. Dans ses instructions aux fidèles, l'apôtre Paul leur recommande expressément de mettre de côté leurs préjugés nationaux, pour

---

(1) Exod. cap. 18, v. 12. — Ibid. cap. 32, v. 6. — 1.º Regum cap. 9. v. 22.
(2) Arist. Politic. lib. 2, cap. 8.
(3) Plutarque, vies de Licurgue et de Solon.
(4) Ibid. vie de Romulus.
(5) Ibid. vie de Numa.
(6) De la Marre, Traité de la police, tom. 1.er, livre 3, tit. 2, ch. 1.er.

confondre toutes leurs affections en une seule. Vous ne devez pas, leur dit-il, considérer combien vous êtes de Romains, de Grecs ou de Juifs, mais combien vous êtes de Chrétiens, car vous ne formez tous qu'une seule personne en Jésus-Christ : *vos estis unum in Christo*. Plus tard, lorsque l'Eglise aura acquis assez d'influence pour reformer le faisceau de l'unité politique, au sein de l'anarchie du moyen-âge, cette maxime sera encore sa règle de conduite : elle dira aux sociétés féodales qu'elle voudra rallier à elle pour mettre un terme à leurs sanglantes divisions : *vos estis unum in regno;* aux corporations d'artisans qu'elle voudra rattacher à un centre commun formé de la combinaison de leurs éléments divers : *vos estis unum in civitate*.

C'est surtout dans les contrées du Nord, dans les lieux qui ont subi le plus tard l'influence du christianisme, que l'esprit d'association se montre le plus fortement enraciné. Là, il existe aussi bien dans les villes que dans les campagnes, parmi les grands que parmi le peuple. Tous ceux qui ont une position politique, une industrie ou une chose commune à défendre, forment une société qui a pour objet de protéger la personne et les biens de chacun des associés, par la garantie réciproque qu'ils se sont jurée, et, en même temps d'entretenir par des banquets à frais communs, les liens de cette confraternité. Ces associations étaient appelées *Ghildes*, (1) parce que, dans l'ancienne Scandinavie où elles ont pris naissance, ceux qui y étaient affiliés se réunissaient aux époques solennelles pour sacrifier ensemble et terminaient la cérémonie par un festin religieux. (2)

Pour que la Ghilde se maintienne forte et respectée au dehors, il est essentiel que la bonne harmonie règne entre tous ses membres. De là, les obligations qu'elle impose, les amendes qu'elle prononce et les peines qu'elle inflige.

Si un membre de la Ghilde, qui n'a pas moyen de payer la composition, tue un homme qui n'appartient point à la confraternité, ses compagnons, autant qu'il dépendra d'eux, lui feront avoir la vie sauve ; s'il est proche de l'eau, ils lui fourniront une barque avec des rames, un vase, un briquet et une hâche, sauf à lui à se pourvoir des autres objets nécessaires ; s'il lui faut un cheval pour précipiter sa fuite, ils lui en procureront un, et ils l'accompagneront jusqu'à la forêt, mais ils n'y entreront pas avec lui. S'il a eu ses

---

(1) Voir le chap. 5 de l'introduction des Récits Mérovingiens par M. Augustin Thierry.

(2) Ces sociétés, dit Houard, ne s'établirent d'abord qu'entre quelques familles de laboureurs : *quorum olla simul bulliabat*, ensuite entre des marchands, enfin entre tous les habitans d'un même bourg qui firent en commun leur commerce, et se donnèrent des habitations voisines les unes des autres. (Traité sur les coutumes Anglo-Normandes, tom 1.er, note de la page 444).

biens confisqués, tous ses frères, soit dans le royaume, soit hors du royaume, lui donneront un secours de cinq deniers. S'il a une affaire difficile qui le force d'aller au plaid, ils l'y suivront; s'il est appelé par le roi, par le comte ou par l'évêque, l'alderman fera assembler tous les frères et en désignera douze qui l'accompagneront aux dépens du banquet; si sa présence est rendue nécessaire dans la ville où il a vengé son injure, douze frères choisis par le chef de la Ghilde s'armeront pour sa défense; et le suivront de l'hôtellerie à la place publique, de la place publique à l'hôtellerie (1).

Tout membre de la Ghilde est obligé de tirer vengeance des injures et des voies de fait dont il a été l'objet. Il est exclu du banquet s'il refuse de se venger avec le concours de ses compagnons ou s'il se venge sans leur consentement. Il est puni de la même peine s'il trouve son compagnon, en captivité, en naufrage ou en péril de mort, et ne lui porte pas secours selon ses moyens, s'il habite charnellement avec la femme, la fille, la sœur ou la nièce de son confrère. Celui qui a tué son commensal, dans l'emportement de la colère, peut se racheter par une composition payée aux héritiers du mort : aucun des frères du banquet ne peut ni manger, ni boire, ni aller en bateau avec lui, jusqu'à ce qu'il ait fait satisfaction. Mais si, en donnant la mort, le meurtrier a vengé une vieille animosité, il doit être chassé de la Ghilde avec le mauvais nom d'homme de rien. S'il a dérobé la fortune de son compagnon, s'il a navigué avec des pirates, non seulement il doit être chassé de la Ghilde à laquelle il appartient, mais il doit être mis au ban de toutes les autres Ghildes.

En règle générale, l'exclusion du banquet, c'est-à-dire de la confraternité, est la punition de ceux qui refusent d'obéir au jugement prononcé contre eux; car, outre la faculté qu'il a de racheter par des compositions la plupart des délits, l'accusé qui a à se défendre de quelqu'une de ces actions honteuses auxquelles la loi du banquet attache le sceau de l'infamie, est admis, lorsque le fait n'est pas notoire, à se purger par le témoignage de douze de ses compagnons.

Dans les statuts de la Ghilde, comme dans les codes barbares, presque toute la pénalité se résume en amendes. Par la comparaison de leurs chiffres, on peut établir la classification des délits. Les premiers dans l'ordre de gravité sont ceux dont la répression intéresse le maintien de la paix publique. On punit d'une amende plus ou moins forte les blessures selon qu'elles sont plus ou moins profondes et dangereuses; les coups selon la nature de l'arme ou de

---

(1) Statuts de la Ghilde du roi Eric. Récits Mérovingiens, tom 1.er, pièces justificatives.

l'instrument qui a frappé; l'injure selon qu'elle porte plus ou moins atteinte à l'honneur ou à la réputation. Puis viennent les actes qui sont attentatoires au respect ou à la décence, car il y a aussi des amendes contre celui qui prend violemment la place d'un autre, ou qui se retire de la table de jeu dépouillé de ses vêtemens ; contre celui qui tient d'une main mal assurée la coupe qu'il porte à ses lèvres, lorsque la liqueur qu'il répand sur le pavé y laisse une empreinte qui ne peut être cachée sous son pied (1) ; contre celui qui ne prête pas une oreille attentive aux discours du chef du banquet, ou qui brise, même par imprudence, le cierge allumé devant lui, ou qui s'endort dans la salle en présence des convives, ou qui tombe d'ivresse avant d'avoir pu regagner sa demeure (2).

Tel est l'esprit de cette institution qui fut à la barbarie payenne, ce que la communion est au catholicisme. C'est au nom du Dieu en trois personnes que, dans le festin des agapes, le prêtre rompt le pain et bénit le calice préparés pour la communion des purs ; c'est au nom d'Odin, de Nyord et de Frey, emblême trinitaire de la théogonie scandinave, que le prince directeur du banquet de la Ghilde, consacre les mets et les coupes destinés au sacrifice (3).

La Ghilde, cette religion du nord, se manifeste dans toutes les superstitions que l'Eglise s'appropria, après avoir vainement tenté de les détruire. On sait que la fête de la Purification, qui se célèbre le deux février, fut instituée pour l'opposer aux lustrations qui se faisaient, avec des cierges et des bougies, tantôt devant des temples ou des pierres, tantôt devant des fontaines ou des arbres (4). C'est aussi à cette époque que toutes les tribus suédoises se rendaient dans les murs de l'antique Upsal, pour assister aux comices, aux foires et aux réjouissances qui s'y célébraient pendant huit jours (5). Ces grandes assemblées, composées de guerriers et de marchands, s'ouvraient par un sacrifice aux Dieux que la nation voulait rendre propices au succès de ses expéditions. Pendant tout ce temps, les repas et les spectacles de baladins se succédaient sans interruption. Mais aussitôt qu'arrivait le jour qui marquait, par une corne renversée, la fin des joyeuses orgies, chacun rentrait chez soi pour disposer sa nacelle ou ses armes et se préparer à de nouvelles aventures (6).

(1) Quicumque potum suum effundit latiùs quam pede velare poterit, 6 den. persolvat. (*Indiculus superst. et pagan. Canciani*, tom 3. p. 90.)

(2) Ibid.

(3) Ibid.

(4) Ibid. de Spurcalibus in februario, tom 3, p. 81.

(5) Ibid. p. 82.

(6) Ibid.

Le seul succès que le christianisme ait pu remporter sur ces saturnales payennes, a été d'en restreindre la durée : il a bien fallu qu'il accordât trois jours aux excès de l'intempérance et aux folies du carnaval, pour en réserver quarante au jeûne et aux privations du carême. (1)

Ces superstitions de la religion des Germains étaient tellement liées aux institutions de la Ghilde, que l'Eglise, au VIII.e siècle, semble les réunir sous cette dernière dénomination, pour les frapper toutes à la fois. La formule de l'abjuration et de la profession de foi du Saxon converti en offre la preuve la plus évidente. Le néophyte, avant de répondre qu'il croit au mystère de la Trinité, doit d'abord déclarer qu'il renonce au démon et à toutes les Ghildes du démon (2) ; car ce mot *Ghilde* comprend tout ce qu'il y a d'antipathique à la religion nouvelle dans les mœurs des peuples qu'elle s'efforce de ramener à son culte.

Dans l'origine, ces associations étaient mises sous le patronage d'un Dieu ou d'un héros qui servaient à les désigner ; plus tard, on substitua à ces patrons inconnus, les saints, le sauveur et la vierge. L'institution primitive, c'est-à-dire la loi du banquet, subsista toujours ; il n'y eut de changé que le mode de formuler les toasts. En Suède et en Norwège, il était d'usage que la première coupe se vidait à Odin, pour le succès des armes du monarque, la seconde à Nyord et à Frey, Dieux protecteurs de la paix et de l'abondance, la troisième en l'honneur des braves morts en combattant, et les suivantes à la mémoire des parents dont les actions avaient répandu quelqu'éclat sur leur famille (3). Après leur conversion, ces peuples continuèrent de solemniser la Ghilde chrétienne comme ils avaient solemnisé celle de leurs fausses divinités. — Dans les statuts de la Ghilde du roi Eric (4), « la première coupe, dit M. Augustin
» Thierry dont nous empruntons ici les expressions, devait être bue à saint Eric,
» la seconde au Sauveur qui ainsi ne venait qu'après le patron de la Ghilde, et
» la troisième à la Vierge. Au signal donné par l'ancien du banquet, chacun des
» convives prenait sa coupe remplie jusqu'aux bords, puis se levant tous la coupe
» en main, ils entonnaient un cantique ou un verset d'antienne et, le chant
» terminé, ils buvaient. »

L'application du patronage chrétien aux confréries a précédé, il faut le reconnaître, la chûte de la domination romaine dans les Gaules, cependant, comme les Germains, dans leurs incursions, transportaient avec eux les rites et les usages

(1) Canciani, tom. 3. p. 82.
(2) *Abrenunciatio diaboli. Professio fidei.* Canciani, tom 3, p. 76.
(3) Ibid.
(4) Statuta convivii S. Erici.— Canciani ibid.

de leurs forêts, les superstitions payennes gagnèrent insensiblement du terrain, et finirent par pénétrer dans les lieux que l'Eglise s'était plus spécialement appliquée à préserver de leur contact. Les progrès de la barbarie et l'épaississement des ténèbres qui couvrirent l'Europe, favorisèrent, même dans les villes, l'assimilation des deux cultes rivaux.

Dans un temps où les haines héréditaires divisaient les familles et les corporations, il fallait bien que chacune d'elles eût son génie protecteur distinct de celui des familles ou des corporations rivales. Le Dieu des chrétiens ne pouvait être leur Dieu familier, par la raison que celui qui commande l'oubli des injures et le pardon des offenses ne doit pas s'associer à des projets de vengeance ou à des vœux homicides. Aussi, depuis Clovis jusqu'à Charlemagne, quelque rigueur qu'aient déployée les conciles, leurs prohibitions sont restées impuissantes pour empêcher les repas en commun et l'usage de consacrer des mets à des pierres, à des arbres et à des fontaines. Enfin, à l'aide d'un adroit subterfuge qui consistait à remplacer une idole par un saint, à changer le vocable d'un simulacre de pierre ou de bois, la religion du Christ réhabilita ce qu'elle avait condamné, et sanctifia ce qu'elle avait maudit. Parmi cette foule de vierges, de martyrs, d'apôtres et de confesseurs qu'elle substitua aux antiques symboles de la vénération populaire, il s'en trouva assez pour représenter toutes les classes, toutes les conditions de la société, et pour servir de sauvegarde contre tous les périls et les fléaux de la vie humaine. Elle voulut que les fidèles ayant sans cesse devant les yeux ces noms glorieux échelonnés dans l'ordre des 365 jours de la révolution solaire, pussent mieux régler l'emploi de leur temps et la succession de leurs travaux; et ainsi que chaque individu, chaque corporation civile ou cléricale, chaque tribu rustique ou bourgeoise pût choisir le patron de sa famille ou de sa caste, le protecteur de son industrie ou de son territoire.

Du jour où l'Église domina l'esprit d'association par le patronage, son pouvoir sur les masses fut sans bornes. Les confréries payennes en se rangeant sous sa bannière, ajoutèrent nécessairement leur force à sa puissance.

Or ceci nous explique pourquoi, dans les statuts des corps de métiers au moyen-âge, on trouve ces trois éléments réunis : l'esprit de la Ghilde, le patronage chrétien, et la tradition de la loi romaine.

Les associations des corps de métiers se sont conservées, avec les réglements que le code théodosien nous a transmis, aussi long-temps que ce code lui-même a été en vigueur. Elles se seraient, comme toutes les autres institutions du grand peuple, annihilées sous l'action dissolvante de l'élément barbare, si le principe de leur organisation n'avait été fortifié par cet instinct de protection et de garantie mutuelle qui a toujours été l'un des traits caractéristiques des mœurs d'outre-Rhin.

La Ghilde fut d'abord implantée dans les campagnes où les hommes libres d'origine germaine, fixèrent leurs établissements après la conquête. Lorsqu'elle était fondée dans l'intérêt d'une exploitation agricole, elle représentait une famille. Dix familles formaient une dizaine ou un décanat, et dix décanats une centaine. Ces familles étaient responsables envers le public de la conduite de ceux qui en faisaient partie ; mais elles avaient le droit de poursuivre la réparation des torts qui étaient faits à chacun de leurs membres. Delà, la qualification de *capitalis plegius*, *capitalis friborgus*, que les lois anglo-normandes donnaient aux chefs de ces familles. On les nommait ainsi parce qu'ils étaient choisis parmi les membres de la communauté, et qu'ayant inspection sur leurs travaux, leurs démarches et leurs mœurs, ils étaient les premiers poursuivis pour les méfaits de leurs associés (1).

Des campagnes, l'esprit de la Ghilde passa dans les villes où, dès le X.ᵉ siècle, on voit les familles industrielles soumises à une organisation à-peu-près semblable à celle des *fribourgs* d'Angleterre et des *francs-plèges* de Normandie. Les édits publiés, sous le règne du roi Ethelstane, voulaient qu'à la suite de chaque assise mensuelle tenue dans la ville de Londres, les membres des sociétés de cette grande cité prissent leurs repas en commun et se réunissent douze personnes à la même table (2). La preuve qu'il en fût de même dans les grandes villes de France, se tire de la constitution des corps de métiers, où il y a au moins autant de dispositions empruntées aux statuts de la Ghilde qu'à la législation théodosienne sur les jurandes.

La législation romaine, il ne faut pas se le dissimuler, dans sa manière de réglementer l'industrie, se montre moins soucieuse de l'état personnel de l'artisan que de la bonne exécution du travail qu'elle lui confie. Il lui importe peu qu'il soit libre ou esclave, pourvu que l'œuvre qu'il façonne et la denrée qu'il débite remplissent toutes les conditions que réclame l'intérêt du consommateur. La réunion des ouvriers en colléges est tellement, pour elle, un moyen d'asservissement qu'elle ne leur laisse pas le choix d'accepter ou de répudier les professions auxquelles elle les destine. Mais sous l'empire du statut germain, l'agrégation a un caractère tout différent : y entrer est une faveur ; en sortir est une punition. Bien loin qu'elle restreigne les droits politiques, elle est à vrai dire la condition

---

(1) Lois d'Edouard-le-Confesseur, attribuées à Guillaume-le-Conquérant, art. 20.

(2) *Judicia civit*, London. Houard cout. angl. norm. tom. 1.ᵉʳ p. 124.

nécessaire de leur exercice, car on n'est membre d'une cité qu'autant qu'on appartient à quelqu'une de ses corporations. Celles-ci trouvent, dans leur propre force, la protection qu'elles ne peuvent pas espérer de la loi. Chacune gravite dans la sphère qui lui est propre, et ne souffre pas qu'une industrie rivale empiète sur ses attributions, ou porte atteinte à ses droits. Attentif à prévenir tout ce qui pourrait discréditer ses produits, chaque métier exerce sur lui-même le contrôle d'une police sévère, et exige de ceux qu'il admet à la participation de ses travaux et de ses bénéfices, un noviciat, des épreuves, des garanties enfin qui témoignent de la capacité du récipiendaire.

Dans cette vie d'isolement où se renferment les corps de métiers, lorsque l'absence d'un centre commun les tient en hostilité les uns à l'égard des autres, la confraternité les unit par un lien d'autant plus étroit, qu'en dehors de l'association, il n'y a, pour ainsi dire, pas de sûreté individuelle. Tous les ouvriers qui la composent sont comme les membres d'une même famille. Tous ont juré de se prêter secours et assistance. Malheur à celui qui, au mépris de ses sermens, enfreint les réglemens que la communauté s'est donnés, car s'il ne fait point satisfaction à sa partie, s'il refuse d'obéir à des juges qui sont ses égaux et ses frères, il est censé renoncer aux avantages d'une association dont il ne veut pas accepter les charges: il a brisé le lien qui l'attachait à sa famille; il cesse d'être compté parmi ses membres. Il peut aller où il voudra, car elle le rend à lui-même.

On trouve à chaque pas le calque et l'imitation des statuts de la Ghilde, dans la constitution tout excentrique qui unit entre eux les associés d'une corporation d'artisans. La communauté du travail, les initie aux mêmes secrets et les enchaîne aux mêmes devoirs; la communauté d'intérêt les range sous la même bannière, les expose aux mêmes dangers et les précipite dans les mêmes hasards; la communauté de rapports les rend solidaires des haines, des affections, des vengeances les uns des autres. Ils se rassemblent pour pleurer, autour du même cercueil; ils se réunissent, pour se consoler ou se réjouir, autour de la même table; comme les confrères de la Ghilde, ils ont une bourse commune et des banquets à frais communs. Les repas suivent et précèdent tous les événements heureux ou malheureux qui intéressent la corporation ou qui l'affectent dans l'un de ses membres. Repas de nôces, repas de funérailles, repas de bien-venue pour les nouveaux adeptes, repas de joyeux avénement pour les nouveaux dignitaires, se succèdent et se renouvellent toutes les fois qu'elle a besoin de compter ses forces ou de réparer ses pertes. Le principe vital de la Ghilde se symbolise dans chacune des circonstances du banquet. Là se partage le gâteau pétri pour la communion des frères; là se vide à la ronde la coupe de l'amitié qui éteint les haines et les ressentimens; là résonne la viole du ménestrel qui accompagne le récitatif de quelque ballade plaintive ou de quelque gaie sirvente; là se sert la pièce de gibier ou de venaison qui provoque ces vœux téméraires et fait prendre ces résolutions énergiques dont l'exécution spontanée interrompt quelquefois les joies du festin; là enfin brûle le cierge emblême de toutes ces existences confondues en une seule: ce cierge auquel chaque nouveau membre apporte un poids égal de cire et qui se renouvelle par la base, voit toutes ces offrandes individuelles monter insensiblement au sommet de sa pyramide jusqu'à ce que, parvenues à leur plus haut point d'élévation, elles se perdent dans le foyer de lumière qui les dévore tour-à-tour.

Il y a dans l'institution des corps de métiers, telle qu'elle nous apparaît au XII.ᵉ siècle et au XIII.ᵉ, quelque chose qui manifeste l'action de deux principes distincts. Tout ce qui a trait à la police industrielle ou à la hiérarchie administrative, s'y reflète comme une tradition de la législation Théodosienne; tout ce qui constitue la force ou le lien de l'association porte, à un degré plus marqué, le cachet de la Ghilde.

Pour justifier cette double proposition, il suffira d'un seul exemple. Nous le puiserons dans les statuts de la grande boucherie de Paris, du mois de juin 1381. Ce règlement peut être regardé comme le plus ancien titre qu'on ait découvert, car il n'est que la reproduction du règlement déjà vidimé par Philippe-Auguste et Louis VII, et il prouve, contrairement à l'opinion des savants qui soutiennent que les jurandes ne remontent point au-delà du XIII.ᵉ siècle, qu'il en existait à une époque où les communes commençaient à peine à se former (1).

La grande boucherie de Paris se composait de bouchers et d'écorcheurs. On choisissait parmi les premiers, le maître, le maire, et les jurés, et parmi les derniers, trois sergents pour faire les ajournements et les exécutions judiciaires.

Le maître, espèce de fonctionnaire emphythéote, jouit, sa vie durant, des profits de la juridiction consistant en un tiers des amendes et des défauts, les deux autres tiers entrent dans la caisse sociale. Quand la place du maître vient a vaquer, ses biens sont dévolus aux quatre jurés qui les appréhendent, au nom de la communauté; celle-ci, dans le mois de son trépas, s'assemble pour lui donner un successeur. Douze prud'hommes élus par la cor-

---

(1) Ordonnances des rois, tom. VII, p. 590. — De la Marre, traité de la police, tom. 2. liv.
— Ibid. tom. 3, p. 258.   5. titre 22. ch. 1.ᵉʳ p. 555.

poration choisissent, soit parmi eux, soit parmi les autres bouchers, la personne qu'ils jugent la plus capable de remplir cet office. Celle qui réunit le plus grand nombre de suffrages reçoit l'investiture des droits et des honneurs qui y sont attachés.

Le maître ne gère point par lui-même, mais il surveille la gestion des jurés. Il lui est interdit de s'immiscer dans la recette et la dépense des deniers communs. Il n'a pas même qualité pour recevoir seul un nouveau boucher ou un nouvel écorcheur.

Les quatre jurés forment le syndicat auquel les pouvoirs administratifs et judiciaires sont conférés. Ils se renouvellent tous les ans, le vendredi qui précède la Saint-Jacques et la Saint-Christophe. De concert avec le maître, ils élisent quatre prudhommes; ceux-ci choisissent, soit parmi eux, soit parmi les jurés sortans, ceux qui doivent les remplacer.

Les nouveaux jurés, le jour même de leur élection, ont la saisine des étaux de la boucherie. Ils les afferment pour un an, reçoivent les loyers échus pendant le cours de leur exercice, et rendent compte de leurs recettes et dépenses, dans la quinzaine de leur remplacement.

Le premier des quatre jurés prend le titre de maire. Le maître et les jurés siégent avec lui aux assises qu'il tient trois fois l'an, et l'aident à faire droit aux parties.

Toutes les fois qu'un boucher ou un écorcheur est ajourné au Châtelet, il doit, sous peine de soixante sols d'amende, demander son renvoi devant sa propre juridiction, en affirmant par serment, qu'il est membre de la grande boucherie de Paris.

Tout boucher qui ne comparaît pas devant le maire et les jurés, sur l'assignation qui lui est donnée, est passible, pour un premier défaut, d'une amende de xii deniers, pour un second défaut, d'une amende de iii sols, pour un troisième défaut d'une amende de xvii sols vi deniers, et en outre, l'exercice du métier peut lui être interdit pour un temps limité. S'il continue de tailler et de distribuer la viande aux chalands, malgré la défense qui lui est faite, on prononce contre lui une nouvelle amende de xvii sols vi deniers et une nouvelle interdiction du métier, pour un temps plus long mais également limité. S'il persiste dans sa désobéissance, la même amende et la même interdiction se réitèrent et de plus on saisit toute la viande qui est trouvée sur son étal. S'il s'oppose à la saisie au point que ceux qui l'exécutent soient obligés de requérir l'assistance des autres écorcheurs, on abat son étal. S'il le relève, on le brûle ou on le jette à la rivière.

Pour être admis dans la grande boucherie de Paris, il faut être fils d'un boucher membre de cette corporation. Le père ou le tuteur se portent garants, pour le récipiendaire, des deux repas de bien-venue qu'il doit payer aux jours qui lui sont indiqués par le maître et les jurés.

Le maître, outre les présens de viande, de volaille, de pain et de vin qui lui sont faits, chaque fois qu'il y a *abreuvement* ou *past* pour la réception d'un nouveau boucher, doit avoir, quand il se rend dans la salle du banquet, un cierge d'une livre brûlant devant lui et un gâteau pétri avec des œufs, pour distribuer à ses compagnons.

Le prévôt du Châtelet, le voyer de Paris, le prévôt du For-l'Evêque, le cellerier ou le concierge du parlement, prélèvent aussi sur le *past* et l'*abreuvement* une certaine quantité de viande, de vin et de pâtisseries. Chacun d'eux envoie réclamer sa part du festin par un messager qui paye un denier de gratification au jongleur, c'est-à-dire au ménestrel de la salle où s'assemble la communauté (1).

Certes, si on compare les statuts de la grande boucherie de Paris avec les réglements des corporations antiques énumérés dans le XIV.ᵉ livre du code théodosien, on trouvera des analogies frappantes entre les uns et les autres. Les priviléges conférés à vie au maître des bouchers diffèrent peu de ceux dont le doyen de la jurande romaine jouissait pendant cinq ans (2). Les étaux constituent le fond dotal dont il a la garde et l'administration. Les quatre jurés qui lui sont adjoints rappellent, par la nature de leurs fonctions, et par la durée de leurs pouvoirs, le syndicat des *quatre patrons* dont il est parlé dans les constitutions impériales (3). Mais si nous nous attachons aux articles qui règlent les conditions d'admission dans la confraternité, ou qui spécifient les droits de sa juridiction, nous sommes forcés de reconnaître que les points de comparaison manquent dans la loi romaine, et qu'ils abondent dans les statuts de la Ghilde.

Indépendamment des associations d'ouvriers, corporations casanières et sédentaires, les bourgs et les villes fermées virent aussi se former dans leur sein des confraternités de marchands, corporations nomades qui poursuivaient, à travers les périls d'une vie aventureuse, la réalisation des bénéfices de leur négoce. Ces Ghildes, désignées sous les noms de *Hanses*, de *Gueudes* et de *Prévôtés des marchands*, ont eu pour berceau les villes situées à l'embou-

---

(1) Ordonnances des rois, tom. vii, p. 590.
(2) Cod. theod. lib. xiv. tit. iv. lege 9.
(3) Cod. theod. lib. xiv. tit. iv. lege 7.
— Ibid. Ibid. lege 9.

chure ou sur le cours des rivières navigables. Par la hardiesse de leurs entreprises, par la constance et l'opiniâtreté de leurs efforts, elles ont ouvert des débouchés à l'industrie et enrichi les lieux où elles fixèrent leurs établissements. Au moyen des confédérations qu'elles formaient entre elles, pour assurer l'exécution de leurs engagements réciproques, elles ont fondé le crédit public, créé le droit commercial, établi l'assurance maritime, fait proclamer l'inviolabilité des personnes et des biens pendant la durée des foires, et obtenu des souverains l'abolition des mauvaises coutumes qui compromettaient la sûreté de leurs relations. Dans les pays où ces professions utiles ont le plus contribué à répandre la richesse et le bien être, la reconnaissance publique leur a, de bonne heure, ouvert la carrière des dignités. C'est ainsi qu'à Gênes et à Venise les familles sénatoriales ont eu pour ancêtres des marchands enrichis par le commerce. A Londres, dès le temps des rois Saxons, le marchand qui avait fait trois expéditions maritimes pour son propre compte, pouvait être élevé à la dignité de Thane (1). Par le sac de laine sur lequel elle assied son chancelier, la vieille Angleterre a voulu marquer son respect pour l'industrie qui a été la base et le fondement de sa puissance. Pendant la période du moyen-âge, les corporations de marchands ont bravé toutes les révolutions, résisté à tous les événemens, secouru toutes les infortunes, soulagé toutes les misères. Dans les villes qui furent érigées en commune, elles ont aidé au progrès et au développement des institutions. Dans les villes qui n'obtinrent jamais cette garantie politique, à Paris par exemple, elles ont tenu lieu de commune, et maintenu à leur profit, les priviléges de la municipalité. Cependant, jusqu'à l'époque où le chancelier de l'Hôpital appropria à la juridiction consulaire les réglemens que la prévôté des marchands d'Amiens avait faits pour elle-même, aucun acte, aucun titre ne paraît avoir révélé l'existence de ces statuts dont la sagesse frappa le rédacteur de l'ordonnance de 1563 (2) : heureuses associations qui pouvaient ainsi se passer de l'appui des lois, dans un temps où les lois,

(1) Et si mercator tamen sit, qui ter trans altum mare per facultates proprias abeat, postea jure thani sit dignus. (*Judicia civitatis Londoniæ*. Canciani tom. 4. p. 268. — Houard. cout. angl. norm. tom. 1.er p. 127.)

(2) Voici comment s'exprimait le Chancelier de L'Hôpital, au parlement de Paris, lorsqu'il y vint solliciter l'enregistrement de son édit :

« A Amiens, où il y a plus de richesses que dans
» toutes les villes de France, la foy maintient la
» marchandise. N'y a dix procès, n'y a procureurs
» ni greffiers : sont appellés deux ou trois marchands
» pour juger leurs différends.... La peine est l'in-
» famie. Celuy qui a manqué de foy perd son cré-
» dit. »

3.

aussi mobiles que le caprice des souverains, étaient impuissantes à protéger même les intérêts qu'elles voulaient garantir.

Enfin, au-dessus de ces deux classes de personnes que nous devons considérer comme ayant pris une part active à la révolution communale, il en existait une troisième sans laquelle cette révolution ne se serait peut-être jamais accomplie. Celle-ci, à cause de sa participation au recouvrement des tailles et à l'exercice du pouvoir judiciaire avec le comte ou son délégué, a paru à quelques auteurs un débris du municipe romain. Cependant, confondre la curie et le scabinat en une seule et même magistrature, ce serait méconnaître le principe qui a substitué l'une à l'autre.

Sous les rois chevelus, les grandes villes de la Gaule sont gouvernées par trois pouvoirs distincts : l'évêque, défenseur de l'immunité ecclésiastique, domine les deux autres par l'ascendant de la force morale, mais son autorité s'exerce dans les limites que lui tracent les décisions des conciles ; la curie, conservatrice des intérêts matériels des citoyens romains, protège encore la propriété et l'industrie par le droit civil, mais elle ne garantit point la sûreté des personnes. Le comte, chargé de la juridiction criminelle, applique tantôt la loi ecclésiastique, tantôt la loi romaine, tantôt la loi barbare, parce que, par la nature de ses fonctions, il est obligé de pacifier tous les différends que fait naître le conflit des nationalités ou la diversité des positions sociales. (1) Aussi a-t-il toujours pour assesseurs des guerriers francs d'origine, des laïques romains de naissance et des clercs investis des hautes dignités de l'Eglise (2). Plus tard, l'épiscopat devient une puissance séculière plus ambitieuse de maintenir son rang parmi les grands vassaux, que de conserver les privilèges de son ordre. La curie perd sa prépondérance à mesure que la propriété se dénature et entre, par des donations, dans le domaine ecclésiastique, ou par des confiscations dans le domaine du fisc.

Sur le déclin de la seconde Race, l'introduction de la vassalité dans les possessions de l'Eglise, l'application du principe de l'hérédité aux bénéfices, la faculté accordée à tous les propriétaires d'aleux, de les convertir en fiefs, l'obligation imposée à tous les hommes libres de se ranger sous le patronage

---

(1) Marculfe, liv. 1.er form. 25.

(2) Greg. turon. lib. 5. Collection des hist. de France, tom. 2. p. 261.

— Le juge, dans l'assise, ne prononçait pas selon son opinion, il confirmait seulement le rapport des douze hommes de probité que la loi lui donnait pour assesseurs. Telle était la manière de juger en France, sous les deux premières races. (Note d'Houard sur la loi d'Ecosse *Regiam majestatem*. Cap. XIII. Cout. angl. norm. tom. 2. p. 65.)

d'un seigneur, ont pour effet de substituer à la personnalité de la loi d'origine, la réalité de la loi domaniale. Les régnicoles cessant d'être régis par le statut de leur nation, cessent aussi d'être distingués en romains et en barbares. Les biens se divisent en fiefs et en censives, les personnes en nobles et en vilains. On établit deux degrés de justice et deux catégories de justiciables. Le comte, en sa qualité de patron territorial, préside la haute cour où siègent, comme juges et comme pairs, tous les nobles fieffés qui tiennent de lui à charge de foi et hommage; le vicomte, ainsi nommé parce qu'il remplace le comte dans l'administration de la justice inférieure, préside la cour basse où siègent, comme juges et comme pairs, tous les bourgeois aux possessions desquels sont attachés les profits et les charges de certains offices municipaux (1). Tels étaient les *præpositi*, les *thelonarii*, les *molendinarii*, les *monetarii* et une foule d'autres que nous voyons si souvent repris comme témoins dans les actes de la période capétienne. Les rois, les comtes, les évèques, les barons leur donnaient, par bail à cens perpétuel et héréditaire, la ferme d'un atelier de monnaie, d'un four, d'un pressoir, d'une halle, d'un pont ou de tout autre fonds immobilier, à charge par les preneurs et par leurs descendans d'être responsables, quelle qu'en fût la plus ou moins value, des censives, des tonlieux, des amendes et autres droits de justice qu'ils avaient mission de recevoir. Ceux qui exerçaient ces fonctions ou qui étaient aptes à les remplir, étaient appelés *scabini* (*échevins*) et leur possession tenure en *échevinage*, par allusion aux fonctions judiciaires qu'elle leur imposait. Ils formaient dans les villes cette classe de bourgeois notables que les monumens du X.ᵉ siècle et du XI.ᵉ, désignent sous les noms de *primores urbis, capitales plegii, capitales friborgi, viri authentici, homines boni testimonii*. — *Primores urbis*, à cause sans doute du rang qu'ils occupaient dans la cité. — *Capitales plegii, capitales friborgi*, parce que, quand ils étaient à la tête d'une dizaine, ils étaient garans et responsables des délits que pouvaient commettre les membres de cette dizaine (2), — *viri authentici, homines boni testimonii*, parce que l'autorité de leur témoignage servait de garantie aux transactions civiles et les constituait juges, arbitres et pacificateurs de cette foule de petits différends qui naissent des relations journalières et des rap-

---

(1) Assises de Jérusalem. ch. 2.— Voir aussi l'ouvrage publié par M. Pardessus, sur l'Origine du droit Coutumier, Mémoires de l'Acad. des Inscrip., nouvelle série, tom. x. p. 693.

— Sine judicio scabinorum, nil datur posse vel velle comitibus. — *Anonim. vita S. Caroli flandr. comit. cap.* 5. Houard ut suprà. tom. 2, p. 65.

(2) Leges boni regis Edowardi. cap. 20. *De friborgis.*

ports de voisinage (1) ; parce que, dans les causes plus graves qui étaient portées devant l'assise du centenier ou du vicomte, leur prud'homie les désignait pour siéger, comme assesseurs, à côté du juge (2) ou, comme défenseurs et conseils, à côté des parties litigantes (3).

Ces citoyens qui engageaient leur foi au maintien de la tranquillité publique et dont la déclaration était d'un si grand poids en justice, devaient nécessairement exercer les emplois les plus lucratifs de la cité, et occuper une position qui leur permît, en quelque sorte, de tout voir et de tout entendre. Or, aucune profession ne pouvait mieux remplir ce but que la profession des taverniers. A une époque où les banquets à frais communs étaient, pour ainsi dire, d'un usage général, chaque état, chaque corporation avait sa taverne de prédilection dont l'enseigne se distinguait, le plus souvent, par un symbole emprunté à l'industrie ou au métier qui s'y réunissait le plus habituellement. Comme toutes les affaires s'y réglaient la coupe en main, il était bien difficile que les chefs de ces établissemens ne fussent pas des confidens obligés de tous les projets qui s'y méditaient, de toutes les indiscrétions qui pouvaient y être commises et, en même temps, des témoins nécessaires (*testi expressi*) (4) de tous les engagements qui s'y contractaient, de tous les marchés, de toutes les opérations de bourse qui y intervenaient (5). Cette profes-

---

(1) Ethelstane roi d'Angleterre qui régnait vers le milieu du x.ᵉ siècle, ordonna qu'il y aurait, dans chaque centaine, un certain nombre de personnes pour servir de témoins, en toute espèce de cause : ut nemo permutet bona aliqua, absque testimonio præfecti, vel præsbyteri, vel thesaurarii, vel domini terræ, *vel alterius verracis hominis*.
Houard cout. angl. norm. tom. 1.ᵉʳ p. 115.

.... Et nominentur in cujuslibet præfecti ditione tot homines, quot noscuntur esse credibiles, *ut sint in testimonio* cujuslibet litis.
Ibid.   Ibid.   p. 119.

(2) Li giurati hanno libertà se voleno de acordare li suoi vicini, che sonno discordanti, ouer altre persone, avanti però che l'uno sia richiamato da l'altro, et deveno schivar il mal che vedeno, juxta il suo potere, et esser communi consiglieri. (Ass. de Jérusalem. La bassa corte ch. xi.— Canciani. tom. 2. p. 492.)

— Isti inter villas et vicinos causas tractabant, et secundum forisfacturas emendationes capiebant et concordationes faciebant, videlicet de pascuis, pratis, messibus et de litigationibus inter vicinos.... Cùm autem causæ majores erumpebant, referebantur ad superiores eorum justiciarios.... Quos possumus dicere centuriones, vel centenarios.
Lois d'Edouard-le-Confesseur, ch. 32.

(3) Sel avien che un'orphano, un'orphana, ò una vedoa venga in corte, et domanda nominatamente al suo consiglio, ò fa domandar alcuno de li giurati, la rason judica, et commanda che quel giurato sia tenuto d'andare à colui, ò colei che l'ha dimandato, et li deve dar il meglior consiglio chel savera.
Ass. de Jérus. la bassa corte, cap. 243. (Canciani tom. 2. p. 535.)

(4) Le rubriche.... dela corte deli borgesi, ditto testi expressi.
Ass. de Jérusal. apud Canciani tom. 2. p. 484.

(5) Voir les lois d'Edouard-le-Confesseur cap. 38 et 39.
Houard ut suprà tom. 1.ᵉʳ p. 187.

sion était tellement considérée comme un moyen de police et de gouvernement, qu'il dépendait du seigneur vicomtier d'en autoriser ou d'en interdire l'exercice (1). Elle était tellement lucrative que les grands feudataires, indépendamment de l'impôt qu'ils percevaient en nature sur le débit des boissons, se réservaient encore certains jours dans l'année où toutes les tavernes devaient être fermées, à l'exception des leurs (2). Des prélats, des gens d'église, ne se faisaient pas scrupule non plus d'ouvrir des maisons où ils faisaient vendre en détail leurs vins et leurs cervoises. Des familles recommandables prenaient le nom de leurs tavernes, comme d'autres se distinguaient par celui de leur fief ou de leur lieu d'origine (3). Nous croyons donc, et l'exemple de ce qui se passe encore aujourd'hui dans les cantons Helvétiques, fortifie cette croyance, que la profession des taverniers, par la raison qu'elle procurait tout à la fois, l'influence et la richesse, a été la pépinière des échevinages et l'un des principaux fondements de l'aristocratie bourgeoise.

Au commencement du xi.ᵉ siècle, l'état de la société urbaine se divisait donc en trois classes de personnes. La première celle des Scabins ne formait point à proprement parler un corps à part, mais un ordre de personnes se rattachant, par un lien particulier, à toutes les autres corporations. La seconde, celle de commerçans, réunissait à la vérité tous ses membres dans une association qui avait pour objet le succès d'une commune entreprise, mais elle n'excluait pas les obligations que chacun des associés pouvait avoir contractées envers la communauté de sa propre industrie. La troisième, celle des artisans, faisait, pour ainsi dire, de chaque métier une famille distincte ; mais entre ces diverses confraternités tout pacte d'union était presque impossible, parce qu'elles se repoussaient mutuellement par la rivalité des professions, par des antipathies, par des haines héréditaires. La plupart avaient leur quartier séparé. Les rues affectées à certains métiers qui, comme celui des orfèvres ou des fourbisseurs, avaient des précautions à prendre pour se mettre à l'abri du pillage, étaient presque toujours défendues par des maisons

(1) Presque toutes les coutumes défendent de suspendre enseigne de taverne, sans le congé du seigneur, sous peine de 60 sols d'amende.

(2) La charte de privilége accordée aux habitans de Beauvoir en Royanois, en décembre 1397, réserve aux dauphins le droit de vendre du vin pendant tout le mois d'août.

Ordonnances du Louvre, tom. 8. p. 160.

(3) La première partie du travail de M. Lavernier sur les mairies de bannières de la ville d'Amiens, travail que l'auteur a lu à la Société des Antiquaires de Picardie, dans la séance du mois d'avril dernier, fournit la preuve complète et détaillée de quelques-unes de nos assertions.

crénelées et flanquées de tourelles à chaque angle. Aussitôt que le cri d'alarme se faisait entendre, on tendait des chaînes, on élevait des barricades, de sorte qu'il fallait une espèce de siège pour en forcer l'entrée (1).

Dans les observations qui précèdent nous avons essayé de déterminer la nature et les caractères des différentes associations qui, selon nous, ont été l'élément constitutif des municipalités du moyen-âge. Il nous reste à démontrer comment ces associations sont passées de l'état d'isolement et d'hostilité à l'état de confédération politique.

Rappelons d'abord en peu de mots les événements qui avaient changé la face de l'Europe.

Les institutions romaines, après la destruction du vaste empire auquel elles avaient imprimé tant de vigueur et d'éclat, n'ont plus jeté que les clartés mourantes d'un crépuscule qui va toujours s'affaiblissant. Leur décadence déjà manifeste sous les enfans de Clovis, fut encore précipitée par la politique énervée des débiles successeurs de Charlemagne. Les ravages des Normands et les progrès de la féodalité achevèrent d'épaissir les ténèbres qui, depuis la chûte du trône des Césars, menaçaient de couvrir le monde. Une société barbare allait enfin effacer, sous l'empreinte de ses mœurs grossières, les derniers vestiges de la civilisation antique.

Ce sont, pour ainsi dire, des peuples et des usages tout nouveaux qui sortirent des ruines que les hommes du Nord avaient accumulées sur leur passage. A l'expiration du siècle qui vit commencer l'orgie de leurs sanglantes dévastations, tout avait changé de forme et d'aspect. Les villes détruites de fond en comble, les villages en cendres, les campagnes en friche présentaient partout l'image d'une affreuse solitude. Des plaines autrefois fertiles s'étaient couvertes d'épines et de genêts : quelques pâtres osaient à peine s'y aventurer avec leurs troupeaux. Pendant plus de quatre-vingts ans, les débris des populations décimées par la guerre et par la faim, vécurent au fond des bois retirés dans des tanières comme des bêtes farouches (2). Lorsqu'enfin une génération troglodyte sortit des cavernes pour repeupler les villes et les hameaux, elle dût reconnaître avec peine, au milieu de cet amas de décombres, l'âtre du foyer de ses ancêtres et les limites du champ qu'ils

---

(1) Mézerai rapporte qu'à la fin du XIIe siècle, les principaux habitans de Toulouse et d'Avignon avaient des tours à leurs maisons, et qu'en 1170 le légat du pape, chargé de poursuivre les Albigeois, rasa les tours d'un bourgeois de Toulouse dans lesquelles il donnait retraite aux persécutés.
Mézerai. hist. de Fr. tom. 2. p. 175. édit. de 1685.

(2) Mézerai. hist. de Fr. in-f.° tom. 1.er

avaient cultivé ; et il dût lui être plus difficile encore d'y retrouver le secret des sciences qui font la gloire des empires, la pratique des lois qui en font la force, et les instruments des arts qui donnent le bien être et multiplient les jouissances.

Un autre effet dès incursions des Normands, fut d'éparpiller les forces qui auraient pu être utilement employées contre eux. Les grands avaient adopté, pour règle de conduite, cette maxime subversive de tous les principes sociaux : *chacun chez soi, chacun pour soi*, de sorte que l'autorité royale se trouva seule en face de l'ennemi commun. Ceux dont le devoir était de se serrer autour du souverain, aimèrent mieux s'isoler pour veiller à la défense de leurs propres intérêts. L'imprévoyance la plus impolitique les avait autorisés à édifier des forteresses sur leurs domaines, mais ces donjons, au lieu d'être un rempart contre l'étranger, furent au contraire la cause de ses succès et une nouvelle plaie pour le pays (1). Quand les Normands, chargés de dépouilles et fatigués de carnage, s'en allèrent pour ne plus revenir, les châteaux furent autant de repaires de brigands qui ne laissèrent ni paix ni trêve aux populations d'alentour. Retranchés derrière leurs créneaux hérissés de fer, les seigneurs n'ayant plus à redouter l'ennemi du dehors, commencèrent à s'attaquer à tout ce qui leur présentait l'apparence d'une proie ou l'espérance d'un butin, avec d'autant plus d'impunité qu'il n'y avait pas d'autorité publique capable de réprimer leurs désordres. Delà vint qu'il y eût nécessité, pour les hommes libres, de se réfugier dans le vasselage ou dans la servitude. Ceux qui n'étaient pas en position de se recommander pour un bénéfice (2), achetèrent par le sacrifice de leur liberté et de celle de leurs descendants, le droit d'être protégés par un seigneur. Dans les villes peuplées en grande partie d'artisans, les vicomtes s'appliquèrent à augmenter leurs revenus, par des tailles exhorbitantes, par des impôts de toute nature et sur toutes les branches d'industrie. Les classes laborieuses sans cesse opprimées par d'impitoyables collecteurs de taxes, juges et parties dans

---

(1) Baluze. Capit. ann. 865. édit. de Chigniac, tom. 2. p. 395. — Archives du département de la Somme. Inventaire des titres de Corbie, in-f.º tom. 1.er p. 76—77.

(2) Sous la 1.re Race, l'homme libre propriétaire devait avoir des fonds d'une certaine étendue pour obtenir de se former dans une dixaine, une famille, c'est-à-dire de rassembler sous son patronage ou sous sa garde, un certain nombre d'hommes libres ou serfs pour la culture de ses terres. De là vient que sous la 2.e Race on ne pouvait se recommander au roi ou à un seigneur particulier, pour faire ériger sa terre en fief, que lorsqu'on avait des propriétés suffisantes pour y entretenir le nombre de gens de guerre que ce nouveau fief devait fournir, selon sa dignité. (Houard. remarque sur Glanvilla. cout. angl. norm. tom. 1.er p. 448).

leur propre cause, auraient en vain voulu demander aux lois une protection que l'absence de lois rendait illusoire. Malheur à celui sur qui venait planer le soupçon d'un crime ou d'un délit ! car il pouvait subir autant de jugements qu'il y avait de seigneurs intéressés à lui extorquer une amende (1).

A ces actes tyranniques se joignaient les excès commis par les particuliers. L'intérieur même des villes était le théâtre des plus grands désordres ; celui qui s'aventurait le soir dans les rues courait la chance d'être pris, volé ou tué. Les bourgeois se dédommageaient des vexations dont ils étaient l'objet de la part des grands, en prenant leur revanche sur les habitants des campagnes qui fréquentaient leurs marchés. Ils les attiraient dans leurs maisons et les y retenaient prisonniers jusqu'à ce qu'ils eussent payé une forte rançon (2).

On se demande qu'elle pouvait être l'action de la justice dans cette société sans frein. Il fallait bien cependant que les attentats contre les personnes et les biens eussent un terme et une repression ! quel droit protégeait donc les intérêts de l'humanité ?

Dans toute lutte corps à corps et sans armes, c'est la force musculaire qui donne la victoire. Hors ce cas, c'est le mieux armé ou le plus adroit qui l'emporte. Une simple fronde dans les mains de l'enfant qui sait s'en servir, rend le géant qu'il s'apprête à combattre d'autant moins redoutable qu'il offre plus de prise à ses atteintes. De même que la force individuelle n'est pas toujours relative à la supériorité matérielle, la force collective n'est pas non plus toujours dans la supériorité numérique. Elle peut aussi résulter de la combinaison des moyens d'attaque et de défense. Lorsque deux armées s'entrechoquent, il faut moins compter, comme élémens du succès, le nombre et la force des bras qui agissent, que la puissance d'impulsion donnée par les chefs qui les commandent. Dans l'état de civilisation, la guerre n'est, pour ainsi dire, possible que dans les rapports de nation à nation. Dans les rapports sociaux, elle se réduit à des débats judiciaires. Mais dans l'état de barbarie, la guerre est une nécessité de tous les jours, de tous les instants, une conséquence du conflit des plus minimes intérêts. Tout s'y régle par le fer, même les procès entre particuliers. Tout le droit

(1) Charte de Gui et d'Yves, comtes d'Amiens, de l'an 1084 à 1095 environ. Hist. des comtes d'Amiens par Du Cange, 1840. p. 229. note 1.— Cart. eccl. Ambian. carta. LXXI.

(2) Guibert de Nogent. — Collection des hist. de France, tom. XII. p. 250.

public s'y résume en deux mots : le droit du plus fort. Or, ce droit qui permet l'emploi de la violence pour repousser la violence, produit cependant de bons résultats quand il s'appuie sur l'autorité du plus grand nombre.

Dans une société sans gouvernement et sans lois, celui dont le métier est de porter les armes sera nécessairement toujours prêt à combattre, puisque le butin et le pillage sont les seuls profits qu'il puisse espérer. Partant de ce principe que les industries qu'il protège ont le devoir de le nourrir, il levera les deniers de sa solde sur d'inoffensifs artisans et de pauvres laboureurs. Les uns se soumettront à lui payer un tribut à titre de prime d'assurance, contre les périls de leur négoce (1); les autres lui feront l'abandon de leur fortune, de leur liberté, trop heureux d'acheter à ce prix le pain et le vêtement de l'esclave. Mais à ce maître dont la protection coûte si cher, peut succéder un autre maître oublieux de ses promesses ou qui dédaigne de les accomplir. Que deviendra le marchand dont le pécule aura été ravi, si le débiteur de l'indemnité stipulée comme condition du tribut, se refuse à la payer? que deviendra le serf dont la chaumière aura été détruite, si celui qui lui a promis secours et assistance ne veut pas la rebâtir (2) ? oh ! alors, un ressentiment profond jetera des levains de vengeance dans ces cœurs ulcérés et les réunira contre les auteurs de leurs misères. Il y a déjà entre eux communauté de désespoir, il y aura aussi bientôt communauté de résolution et de sacrifices, pour se soustraire à un patronage qui n'offre rien en compensation des charges qu'il impose : isolés ils étaient les plus faibles, réunis ils seront les plus forts !

Dans une société sans gouvernement et sans lois, il est évident que chacun ne peut être garanti des attentats dirigés contre sa personne, que par le droit de se faire justice à soi-même, et par l'obligation où se trouvent tous les membres d'une même famille de poursuivre la réparation de l'injure faite à l'un d'eux sur tous les membres de la famille de l'agresseur. Mais par la solidarité du crime et de la vengeance, les haines et les guerres privées se transmettront de génération en génération, à moins que la société elle même, dans l'intérêt de sa conservation, n'intervienne comme conciliatrice de leurs différends. Non seulement, pour arrêter l'effusion du

---

(1) Le droit de *travers* que le marchand payait au seigneur haut-justicier, était la conséquence de la protection que celui-ci lui devait à lui et à sa marchandise. Une fois le droit acquitté, le seigneur devenait responsable de tout ce qui pouvait être pris au marchand, dans les limites de sa juridiction, à moins que le vol n'eût été commis avant le lever ou après le coucher du soleil.
Olim du Parlement. tom. 1.er p. 621. n. xiv.

(2) Monteil. Hist. des Français des divers états. xiv.e siècle. tom. 1.er p. 117.

4.

sang, elle exigera que chacune des parties se rende personnellement responsable de l'inexécution du traité de pacification juré entre ses mains ; mais, elle aussi, elle bannira de son sein, vouera au mépris et à l'exécration publique le violateur du pacte d'amnistie. Par cette mesure, elle atteindra le but qu'elle se propose et, sans autre secours que la force morale qu'elle puise en elle même, elle se sera placée au dessus des passions brutales qui menaçaient de compromettre son existence.

Au milieu de l'anarchie féodale, l'institution de la *Paix de Dieu* donna le signal du retour à l'ordre. On peut dire à la louange de l'Église gallicane qu'en se plaçant à la tête d'une confédération qui avait pour objet le soulagement des maux de l'humanité, elle se montra fidèle aux devoirs de sa mission toute divine.

La fureur des guerres privées ne s'exerça pas seulement parmi les grands et les seigneurs féodaux ; elle travailla aussi les classes les plus infimes de la société. Leurs luttes furent d'autant plus fréquentes qu'elles avaient toujours sous la main l'ennemi qu'elles voulaient combattre. Glaber (1) cite l'exemple d'un village où deux factions opposées se firent la guerre pendant plus de trente ans. Assurément, les fauteurs de ces désordres ne se fussent jamais avisés de sacrifier leurs ressentiments à l'intérêt général, si la providence n'avait pris soin de dessiller leurs yeux par une terrible mais salutaire leçon. Dieu permit que la guerre des éléments jetât dans le monde physique la même confusion que les guerres privées avaient introduite dans l'ordre social, afin de faire comprendre aux seigneurs toujours armés l'un contre l'autre, que la guerre sans repos est un état contre nature, et aux familles acharnées à la poursuite de leurs vengeances particulières, que la haine sans pardon est un sentiment qui blesse même les idées de justice qui semblent l'inspirer ; que celui qui venge la mort de son père, de son frère ou de quelqu'un de ses proches, s'expose lui-même au châtiment qu'il inflige, et condamne sa postérité à la triste alternative d'avoir toujours ou un crime à venger ou une vengeance à expier.

Or, c'est sous l'influence de ces idées si conformes aux préceptes de l'évangile que la *Paix de Dieu* fut décrétée. Il était digne de l'Église de placer cette grande et sublime institution sous le patronage de la divinité, c'est pourquoi ses ministres se dévouèrent à la faire réussir avec tout le zèle et la ferveur de la charité chrétienne.

(1) Recueil des hist. de Fr. tom. x. p. 23.

Vers l'an 1031, la Picardie, comme toutes les autres provinces de la France, fut affligée d'une épouvantable mortalité. Des pluies continuelles n'avaient permis de récolter ni d'ensemencer les terres. A la disette des vivres succéda la famine et à la famine la peste. Les habitans d'Amiens et de Corbie, reconnaissant enfin que ces fléaux étaient la trop juste punition de leurs discordes, s'assemblèrent *avec leurs patrons* et se lièrent réciproquement, par un traité de paix qui n'excluait aucun des jours de la semaine et qui devait se renouveler tous les ans, dans la première de ces deux villes, le jour de la fête de St.-Firmin-le-martyr. On décida qu'à l'avenir aucun citoyen ne se vengerait par le pillage ou par l'incendie, avant d'avoir exposé ses raisons en présence de l'évêque et du comte et qu'après avoir affirmé, à la face de l'Église, qu'il y avait pour lui devoir impérieux de poursuivre la réparation de son injure. Pour perpétuer la mémoire de cet événement, on institua une fête religieuse. Tous les ans, dans l'octave des rogations, les habitans des deux villes avec le clergé des paroisses, le même jour et à la même heure, franchissaient l'enceinte de leurs murailles et s'avançaient processionnellement au devant les uns des autres. Les deux cortèges, se rencontrant à une égale distance des deux points de départ, confondaient leurs prières et leurs cantiques d'action de grâces. Dans cette cérémonie, imposante par le concours immense de fidèles qu'elle réunissait, on prêchait le pardon des offenses, on forçait les plaideurs à transiger, les ennemis à se réconcilier et on rappelait, par une lecture publique, les édits et les traités que les deux villes avaient solennellement juré d'observer (1). Vraisemblablement,

---

(1) *Ex libro* 1.° *mirac. sancti Adalhardi abbatis corbeiensis*, *auctore Gerardo abbate monasterii Silvæ Majoris*, *sæculo*. XI.°

An 1021.— Cap. 4. Ea tempestate plura incommoda Corbeiæ, sed regno francorum plurima contigit irruisse.— Corbeiæ enim principale templum, igne succinditur : omnis penè Gallia famis periculo adducitur.— Fungebatur vice suâ in regno francorum rex Rotbertus, Corbeiæ vero, vice Christi, abbas Richardus; uterque feliciter, nisi cum isto ignis, cum illo fames septem annis regnasset atrociter.— Tot quippe populos neci demittebat esuries, ut non pollice, sed ense viderentur rumpere fila sorores.— Hæc autem lues morientium, cùm ceteras nimis, maximè partes vexabat ambianensium. Quâ compulsi necessitate, statuunt sibi remedium citiùs providere ; Deum scilicet, quem multimodis malis offenderant, aliquibus bonis placare. Visum est siquidem hanc ultionem ideò sibi superponi cœlitùs, quia *pacem* numquàm servaverant, quam unicè diligit et diligi jubet Dominus.— Talis quippe consuetudo naturaliter innita est regno Gallorum, ut præter ceteras nationes simper velint exercere rabiem bellorum. Sed quid modo? non necesse est velle mori in bello, quia catervatim moriuntur famis et pestis gladio. Non potest mundus ferre iram Judicis : initur concilium cum Ninivitis. Unà conveniunt pax et justicia : jamjam placet redire Saturnia regna. Superest desperatis unum ex omnibus consilium, ad placandam scilicet iram superni Judicis requirere suffragia sanctorum.— Requiruntur reliquiæ ; ad reliquias, ut quæque loca sibi adjacent, conferuntur ; ibique pacis inviolabile pactum confir-

c'est aussi à cette occasion qu'on frappa, à Amiens, ce fameux type monétaire qui porte pour devise ; AMBIANIS. PAX CIVIBUS TUIS. Jamais, en effet, à aucune époque, on n'a eu des motifs plus légitimes de rappeler les hommes au sentiment de leurs devoirs sociaux et de faire servir la circulation du numéraire à la propagation des idées philanthropiques.

Il est à regretter que l'ordonnance de pacification jurée par les habitants d'Amiens et de Corbie ne soit point parvenue jusqu'à nous, car, non seulement elle est la plus complète des institutions de ce genre, en ce sens qu'elle interdit les guerres privées d'une manière absolue, mais elle a encore cela de remarquable qu'elle paraît être l'œuvre exclusive des citoyens pour lesquels elle a été décrétée. L'auteur des miracles de saint Adalard, en ne mentionnant la présence que des seules parties intéressées avec leurs patrons (*cum patronis suis*), permet de supposer qu'elles ont pu se passer de l'intervention du comte et de l'évêque, pour régler les stipulations d'un traité dont l'exécution réclamait cependant l'appui de ces deux pouvoirs. Il importe donc de bien se fixer sur la valeur et le sens du mot *patrons* qui peut s'interpréter de différentes manières selon qu'on l'envisage sous le triple rapport de la protection féodale, municipale ou ecclésiastique.

Nous repoussons la première de ces deux hypothèses, parce que le chroniqueur n'aurait pas manqué d'attribuer aux seigneurs eux-mêmes l'honneur d'une résolution à laquelle ils n'auraient fait que prêter leur consentement.

La seconde, quoiqu'il soit à peine permis de supposer l'ombre de la municipalité dans des villes en proie à l'anarchie la plus désordonnée, nous paraît plus admissible, car le mot *patrons* reproduit exactement l'expression dont se servent les constitutions impériales pour désigner les administrateurs que les jurandes romaines élisaient annuellement. Or, nous ne doutons

matur.— Ita Ambianenses et Corbeienses cum suis patronis conveniunt, integram pacem, id est, totius hebdomadœ decernunt ; et ut per singulos annos ad id confirmandum Ambianis in die festivitatis S. Firmini redeant, unanimiter Deo repromittunt. — Ligant se hujus promissionis voto, votumque religant sacramento. Fuit autem hæc repromissio, ut si qui disceptarent inter se aliquo discidio, non se vendicarent prœdâ aut incendio, donec statutâ die ante ecclesiam coram pontifice et comite fieret pacificalis declamatio. (Coll. des Hist. de Fr. tom. x. p. 378.)

An 1025.— Adoleverat inter Ambianenses et Corbeienses, nova quœdam religio, et ex religione pullulaverat consuetudo quæ etiam reciprocabatur omni anno.— Octavis denique Rogationum ab utrisque partibus conveniebatur in unum ; ibique conferebantur corpora sanctorum. Solvebantur lites, ad pacem revocabantur discordes, mutabantur a populo orandi vices. Decreta utriusque loci renovabantur, populo perorabatur, sicque redibatur. (Collect. des Hist. de Fr. ut suprà. p. 379.)

pas qu'il y eût encore, au XIe siècle, dans les grandes villes municipales, des sociétés d'artisans, débris de la curie romaine, s'agitant et se remuant comme des tronçons mutilés, autour du corps sans vie auquel elles avaient survécu. On peut donc en induire qu'il s'agit ici d'un patronage parfaitement identique, et soutenir, avec une grande apparence de raison, que l'auteur a eu en vue les notabilités de ces diverses sociétés, lorsqu'il parle d'un pacte de réconciliation qui n'a pu s'accomplir qu'avec le concours et sous la direction des chefs auxquels elles obéissaient. Mais, pour rester dans les bornes d'une saine appréciation, nous devons, comme il l'a fait lui-même, ne pas séparer l'acte civique de l'acte religieux qui en a été le complément indispensable. Par là nous sommes conduits à l'examen de la troisième hypothèse.

Il est constant que les premiers efforts tentés dans l'intérêt de la paix publique, furent partout une inspiration du sentiment religieux. En l'absence de tout autre lien politique, l'influence du clergé était la seule qui fût capable de suggérer une pensée d'amnistie à toutes ces factions en lutte ouverte les unes avec les autres, qui pût leur faire comprendre l'avantage d'un rapprochement et les diriger vers ce but. Aussi, qu'arrive-t-il au commencement du XIe siècle ? une affreuse calamité vient plonger le monde dans la stupeur et le désespoir, et, comme si le glaive meurtrier et la torche incendiaire n'étaient pas assez prompts à détruire, deux fléaux s'attaquent, l'un aux récoltes, l'autre aux populations. Alors, qui conçoit la pensée de désarmer la main des hommes pour désarmer la main céleste ? L'Eglise. Qui provoque, qui organise, cette confédération destinée à protéger l'humanité contre elle même ? l'Eglise. L'Eglise avec ses prêtres pour chefs, avec ses croix et ses bannières pour étendards, avec ses saints pour auxiliaires, avec ses foudres et ses anathêmes, pour moyens coërcitifs, discipline, commande, fait agir toutes ces ligues formées pour le maintien de la trève et de la paix de Dieu. — Or, par le mot *patrons*, on peut aussi entendre les curés et les vicaires des paroisses qui s'en partageaient le gouvernement de la même manière que les officiers du fisc réglaient l'assiette et la répartition des impôts, c'est-à-dire, par quartiers, par rues et par feux. C'est peut-être parce qu'il s'exerça dans les limites du pouvoir fiscal, parce qu'il fut une sorte de compensation à sa tyrannie, que le pouvoir sacerdotal est parvenu à établir, entre le peuple et lui, ces rapports de clientelle et de patronage qui ont élevé sa puissance à un si haut degré.

Lorsqu'intervient le traité d'union entre les habitans des deux cités picardes, on y prélude par des prières publiques, on invoque le suffrage des saints, les reliques sont portées vers les reliques, afin de servir de garantie aux promesses et aux serments qu'on va se faire de part et d'autre ; et, pour donner plus de force à l'engagement que chacune des parties contracte, sous la foi du patronage civil, on veut qu'il se renouvelle tous les ans devant l'église et sous les auspices du patronage diocésain.

Dans la constitution organique des évêchés, il y avait une sorte de commandement militaire attaché aux fonctions du sacerdoce. Les prélats, les archidiacres, les curés des paroisses avaient même sur le peuple une autorité plus directe que celle des comtes et des autres officiers féodaux, car c'est au clergé paroissial qu'était confié le soin de rassembler les milices et de les tenir prêtes à marcher au premier signal. C'est dans les églises que se conservait le dépôt des étendards, depuis l'oriflamme du saint protecteur de la France, jusqu'à la bannière du patron de la plus modeste des confréries (1). Les prêtres, à la vérité, devaient s'abstenir de porter les armes et ne pas s'exposer, dans une mêlée, à donner ou à recevoir la mort ; mais leur présence sur le théâtre du carnage n'en était pas moins commandée par les devoirs de leur ministère. Ils étaient là, pour enflammer le courage des combattants, exhorter le peuple à la pénitence, célébrer les saints mystères et administrer le viatique aux mourants (2).

En 1066, lorsque les bourgeois du Mans tentèrent pour la première fois de s'ériger en commune, ce fut l'évêque lui-même qui, à la tête de son

---

(1) Chaque bourgeois était inscrit dans un rôle conservé en l'Eglise, sous la bannière de laquelle tous ceux qui dépendaient de cette église ou paroisse s'assemblaient, lorsqu'il s'agissait ou d'aller à la guerre ou de délibérer pour l'intérêt général.
(Houard cout. angl. norm. tom. 2. Remarque de la page 416.)

(2)... Ut nullus sacerdos in hostem pergat, nisi duo vel tres tantum episcopi, electione ceterorum, propter benedictionem et prædicationem, et cum illis electi sacerdotes, qui bene sciant populis pœnitentias dare, missas celebrare, de infirmis curam habere, sacratique olei cum sacris precibus impendere et hoc maxime prœvidere ne sine viatico quis de sœculo recedat. Hi vero nec arma ferant, nec ad pugnam pergant, nec effusores sanguinum vel agitatores fiant ; sed tantum sanctorum pignora et sacra ministeria ferant, et orationibus pro viribus insistant ; ut populus qui pugnare debet, auxiliante Domino, victor existat, et non sit sacerdos sicut populus. Reliqui vero qui ad ecclesias suas remanent, suos homines bene armatos nobiscum, aut cum quibus jusserimus, dirigant ; et ipsi pro nobis et cuncto exercitu nostro, missas letanias, oblationes, eleemosinas faciant, orantes Deum cœli ut proficiamus in itinere quo pergimus, victoresque Deo adminiculante existamus. Gentes enim et reges earum quæ sacerdotes secum pugnare permiserunt, nec prævalebant in bello, nec victores extiterunt : quia non erat differentia inter laicos et sacerdotes quibus pugnare non est licitum.

(*Capitul. reg. fr. ex collect. Anseg. et Bened. levit. lib.* 7. *cap.* 141.— Canciani tom. 3. p. 318.)

clergé, avec les croix et les bannières des paroisses, les conduisit à l'attaque du château de Sillé (1). En 1104, lorsque Philippe 1.er, accablé par les infirmités de la vieillesse, associa son fils Louis-le-Gros à la couronne, celui-ci appela tous les évêques de France à le seconder dans le dessein qu'il avait formé de réprimer les brigandages des seigneurs. Il enjoignit aux prêtres de marcher avec leurs paroissiens et leurs bannières : cette force armée qui devait appuyer celle du roi, toutes les fois qu'il aurait un siége à entreprendre ou une bataille à livrer, fut nommée *communauté populaire* (2). En 1113, lorsque les bourgeois d'Amiens, conjurés entre eux, proclamèrent la commune, en même temps que le roi dirigeait leurs attaques contre la grosse tour du Castillon, l'évêque Géoffroy, pour mieux les exciter à faire leur devoir, promettait le royaume des cieux à ceux qui périraient les armes à la main (3).

On voit par là quelle part d'influence le patronage ecclésiastique peut revendiquer dans les événements du XIe siècle et du XIIe. En réunissant les populations sous le drapeau de leur clocher, il leur a donné la force d'union qui leur manquait pour fonder le gouvernement de la commune.

La commune, à son origine, fut une conséquence du principe qui avait fait proclamer la paix de Dieu, car cette révolution, de quelque manière qu'on l'envisage, a été provoquée par le besoin de réconcilier la société avec elle-même. Pacifier les différends des sujets avec les seigneurs, mettre un terme aux vengeances privées, aux rivalités des corps de métiers, soumettre l'esprit de faction au contrôle d'une police centrale et au cours régulier de la justice, tel est le but que semble s'être proposé la réforme communale. En cela, on ne peut nier qu'elle ne se soit parfaitement rencontrée avec les associations religieuses qui, peu de temps auparavant, s'étaient formées pour le rétablissement de la paix publique.

Considérée comme contrat d'affranchissement, la commune paraît avoir eu pour cause immédiate l'oppression et la tyrannie des seigneurs. Mais, comme ces affranchissements n'apparaissent que là où il y avait servitude de fait sinon de droit, on peut d'autant moins en tirer une conclusion générale et absolue, qu'un grand nombre de localités n'ont pas eu besoin de

---

(1) Ex gest. pontif cenom. an 1066. Collection des hist. de Fr. tom. XII. p. 540.

(2) Orderic Vital. lib. XI. ad ann. 1104. Coll. des hist. de Fr. tom. XII. p. 705.

— Sugerii de vita Lud. Gross. ad ann. 1109.

— Ibid. tom. XII. p. 34.

(3) Guib. de Novig. Ibid. tom. XII. p. 260 et suivantes.

— Lettres sur l'hist. de Fr. par M. Augustin Thierry.

passer par ce préliminaire, pour s'ériger en communautés. D'autres, malgré leur érection en communes, restèrent soumises au droit de main-morte, ce qui démontre que l'abolition de la servitude n'était pas essentiellement liée à cette institution (1). La persistance de la possession allodiale, dans le midi et dans certaines contrées du nord de la France, a de bonne heure permis aux hommes libres d'y fonder des municipalités qui n'ont point trouvé de contradicteurs. Dans les Pays-Bas, c'est le danger des inondations, bien plus que la crainte de l'oppression domestique, qui suggéra aux habitants de ces contrées marécageuses l'idée de mettre en commun leurs propriétés et leurs forces individuelles. Les villes de la Flandre étaient depuis long-temps libres et florissantes à l'époque où Guillaume Cliton, seigneur d'origine française, essayant d'y acclimater les coutumes de sa patrie, tenta de les soumettre à des exactions qui, jusques là, avaient été chose nouvelle pour elles. La résistance qu'il rencontra, et les priviléges que les communes obtinrent de Thierry d'Alsace son successeur, prouvent, en effet, combien le régime de la servitude était incompatible avec l'esprit et les mœurs de ces populations industrieuses.

On conçoit que, dans la France de Hugues Capet, la généralisation du système des fiefs ait pu amener, par voie de conséquence, la généralisation de la servitude, et que, dans les relations des cliens avec les patrons, il n'y ait pas eu de terme moyen entre la vassalité et le servage. Par une application abusive de la maxime *nulle terre sans seigneur*, tout ce qui n'était pas feudataire à un titre quelconque, était censé *taillable à merci*. Dans les villes, on ne se contentait plus, comme au temps de Charlemagne, d'imposer une redevance annuelle que chaque corps de métier payait collectivement, conformément à l'usage introduit par les lois romaines (2). Chaque chef de famille, indépendamment de sa capitation personnelle, était soumis à des tailles arbitraires qui se renouvelaient plusieurs fois dans l'année, selon le caprice ou le bon plaisir du seigneur dont il fallait assouvir la cupidité ou acheter la protection. Les taxes sur les vivres, sur la vente et le mouvement des marchandises formaient, sous le nom de *tonlieux*, de *travers*, d'*afforage*, autant de branches de revenus fiscaux qui s'inféodaient à des châtelains ou à des vicomtes intéressés à n'épargner aucune des vexations qui pouvaient les rendre plus productifs. Vainement ces tyrans de second ordre auraient

---

(1) Charte de Bray, art. 11. Ordonnances des Rois. tom. xi. p. 296. — Charte de Soissons, art. 20. Ibid. p. 221.

(2) Chron. centul. auct. Hariulf. Ann. Ord. S. Bened. sæc iv. p. 104.

voulu stipuler avec les habitans des conditions de rachat ou des traités à forfait, le seigneur dominant ne l'aurait pas souffert, car la moindre concession sur cet objet aurait été considérée par lui comme une nouveauté attentatoire aux prérogatives de sa suzeraineté. Toute résistance de la part des bourgeois, quelque légitime qu'en fût d'ailleurs le motif, aurait été qualifiée de révolte, de lésion des droits de sa justice, de désobéissance aux commandemens de Dieu et de l'Église. Des évêques aveuglés par leurs intérêts temporels, ne rougissaient pas de se faire les apologistes de cette odieuse et dégradante tyrannie et de justifier, par des textes empruntés aux saintes écritures, leurs déclamations furibondes contre des citoyens coupables d'avoir voulu racheter à prix d'argent une liberté qu'on n'avait pas eu le droit de leur ravir, et dignes sans doute de tous les anathêmes de l'Église parce que, dans l'énergie de leur désespoir, ils avaient infligé à des prélats violateurs de la foi promise le juste châtiment de leur parjure (1). Delà, sans doute, la cause de cette aversion violente des membres du haut clergé contre l'institution des communes, car ils ne voyaient dans cette institution qu'un affranchissement pour les communiers, des tributs, qu'un maître a coutume de lever sur ses esclaves, qu'un moyen de contraindre les seigneurs à se contenter d'une rente annuelle et à ne plus exiger, en matière de délits, qu'une amende légale proportionnée à leur nature et à leur gravité (2).

Par cela même que la puissance seigneuriale voyait dans la commune un *abrégement du fief*, il n'est pas étonnant qu'elle se soit montrée si peu favorable à son établissement. Partant de ce principe, elle a dû subordonner la reconnaissance de cette forme de gouvernement à la condition, par les bourgeois émancipés, d'amortir tous les droits acquis par inféodation, et exiger, pour l'accomplissement des devoirs féodaux, que le corps municipal lui-même se substituât au seigneur dépossédé. A l'époque où les chartes communales furent octroyées, on ne connaissait, dans tous les pays soumis au régime de la féodalité absolue, d'autre relation que celle du vassal au suzerain. Il fallait donc imaginer une espèce de lien qui unît la commune au seigneur. La commune considérée comme être moral et collectif, devint vassale directe du seigneur de qui elle tenait ses privilèges, au lieu et place du feudataire à titre singulier; astreinte aux mêmes devoirs, elle fut capable des mêmes droits. Comme celui-ci, elle eut ses tenans, ses censitaires, sa milice armée, son sceau, ses armoiries, ses jours de plaids, ses fourches patibu-

(1) Guib. de Nogent. coll. des hist. de Fr. tom. xii. p. 257. (2) Ibid. Ibid. page 250.

laires ; comme celui-ci, elle fut soumise à la prestation de foi et d'hommage, au service militaire, elle siégea aux États-généraux, paya les aides et jouit du privilége de ne pouvoir être assujettie à aucune redevance sans son consentement.

Nous venons d'envisager la commune dans ses points de contact avec la féodalité, mais ce principe, par la raison qu'il représente l'élément de la résistance, doit être considéré comme tout-à-fait étranger à l'élément de l'organisation. Selon nous, il faut rechercher la cause génératrice des communes ailleurs que dans les circonstances contemporaines de leur érection. On arrivera plus sûrement à la solution de ce problème historique, si l'on interroge les coutumes qu'elles sanctionnent, si on les compare avec les monumens d'une époque plus reculée. Or, il est certain que la plupart des chartes organiques ont plutôt en vue d'assurer le bon ordre et la police des cités que de les mettre à l'abri des entreprises et des vexations des seigneurs. Elles sont donc moins des titres d'affranchissement que des compromis d'amitié et des engagemens de garantie et de protection réciproque.

La commune existe, pour ainsi dire à l'état d'embryon, dans chacune des confraternités de la Ghilde. Instituée pour rallier à un centre commun tous ces corps dissidens et sans liaison l'un avec l'autre, elle s'assimile, elle s'approprie leurs statuts à tel point qu'elle semble elle-même une ghilde entée sur d'autres ghildes, car, à l'exemple de celles-ci, elle admet la commensalité comme lien de l'association, la garantie mutuelle comme condition de son existence, et l'excommunication civile comme sanction des dispositions pénales dont elle a épuisé la rigueur ; comme celles ci, elle a son épargne ou fonds commun qui s'entretient par des contributions et des amendes dont le produit sert à soulager des infortunes, à salarier des services, à récompenser des actes de vertu et de courage, à subvenir en un mot à toutes les dépenses que commandent l'intérêt public et la sûreté générale.

Considérée dans ses rapports avec la forme de gouvernement qu'elle a créée, la commune n'est autre chose que la combinaison des associations particulières en une association générale. Pour bien apprécier le caractère des ligues fédératives auxquelles elle a dû l'existence, il faut se reporter à la fin du IXe siècle, à cette époque de trouble et d'anarchie où les paysans de la Normandie s'unirent entre eux pour arracher quelques concessions à leurs seigneurs. Cette conjuration se réduisit, il est vrai, à une tentative infructueuse, mais la manière dont elle fut organisée mérite de fixer l'attention. D'abord, ce sont des conventicules secrets dont tous les associés s'engagent par serment à s'entr'aider mutuellement. Après s'être assurés du concours des autres comices de la province, chaque conventicule élit deux députés pour composer la diète centrale où doivent être approuvées et coordonnées dans un statut général, les résolutions qui auront été prises séparément (1). Dans cette confédération normande, si bien caractérisée par le fractionnement et la centralisation du corps délibérant, on voit déjà poindre l'élection à deux degrés dont les municipalités doivent bientôt consacrer le principe.

S'il est vrai que la forme simple a précédé la forme composée, il faut dire aussi que l'association communale est née de la réunion des associations préexistantes. En effet, le premier et le plus étroit de tous les liens sociaux est celui de la famille. Malheureusement ce lien se détend et se relâche à mesure que le mariage disperse ou que l'intérêt divise les membres qui la composent. Il n'est vivace, il n'est durable que là où le secret d'un art utile commande aux héritiers de l'inventeur de rester unis pour l'exploiter à leur plus grand avantage. Delà naissent les confraternités d'artisans, confraternités qui, ainsi que ce mot l'indique, dérivent des rapports de famille. Mais, comme la matière première, avant d'être appropriée aux besoins du consommateur, exige le concours d'autant d'industries diverses qu'elle subit de préparations différentes, il s'ensuit que les métiers travaillant à la perfection de la même marchandise ont entre eux des relations fréquentes qui les obligent à se concerter pour régler la division du travail et éviter les froissemens d'intérêts. De là l'origine des corporations. Or, l'agrégation en un faisceau commun de tous les métiers susceptibles d'entrer en lutte ou de se nuire par la concurrence, suppose nécessairement l'existence d'une sorte de gouvernement représentatif ayant ses électeurs et ses élus, sa police et sa juridiction. Si donc l'on rencontre chacun de ces élémens dans les jurandes des métiers qui ont précédé la commune, il faut en tirer la conséquence que les jurandes ne sont point une création de la commune, mais au contraire que celle-ci, en s'organisant, a modelé sa constitution sur celle des jurandes.

Pourquoi n'en serait-il pas ainsi ? Les jurandes représentent l'association industrielle, comme la commune représente l'association administrative. Dans la représentation industrielle, les métiers élisent leurs prud'hommes et les prud'hommes choisissent les chefs des corporations. Dans la représentation communale, les syndics des corporations deviennent les électeurs du corps de ville qui se renouvelle tous les ans, en choisissant pour se compléter, un

---

(1) Guill. de Jumièges, hist. de Norm. liv 5. ch. 2.   Apud. script. rer. Norm. p. 249.

nombre de magistrats municipaux égal à celui que les syndics ont nommé. Ainsi, au moyen de ce que la nouvelle administration se combine toujours avec celle qui l'a précédée, il n'y a jamais transition brusque d'un système à un autre.

Qu'on ne croie pas cependant que nous voulions poser, comme une règle invariable, absolue, la participation des corps de métiers au renouvellement des municipalités : trop de faits contrediraient cette théorie. Mais, ce qu'il nous importe d'établir, c'est que, même dans les villes où l'élection des magistrats municipaux était laissée au choix du pouvoir souverain, les corporations pouvaient, dans certains cas, balancer l'influence de ce pouvoir. « Lorsqu'il s'agissait, dit M.
» Tailliar, dans ses considérations sur l'affranchissement des communes du nord
» de la France (1), lorsqu'il s'agissait de recourir à une mesure extraordinaire,
» d'établir une charge, une contribution exorbitante, beaucoup de villes de
» Flandre et de la Belgique possédaient un *large conseil*, espèce de corps
» représentatif composé, outre les magistrats en exercice, d'anciens échevins et
» des doyens ou chefs des corps de métiers. »

Deux choses sont à considérer dans l'organisation communale, le corps qui administre les intérêts politiques de la cité et le corps qui exerce les droits de sa juridiction. Dans quelques localités, ces deux corps sont confondus ; dans quelques autres, ils sont séparés, et alors les fonctions de jurés et d'échevins ne sont point identiques : l'échevinage est un pouvoir tout à fait distinct et indépendant de la commune.

Cependant, il faut le reconnaître, le fait auquel on doit attribuer la plus grande part d'influence, sur les destinées du régime municipal, est, sans contredit, l'incorporation des hommes libres qui avaient rempli les fonctions du scabinat sous le gouvernement seigneurial. N'est-il pas évident que les communes privées de cet auxiliaire n'ont jamais pu se constituer d'une manière définitive et durable? témoin la commune de Corbie qui cessa d'exister, parce qu'elle n'avait pas été réunie à l'échevinage (2). Que devaient faire les classes ouvrières en tentant leur premier essai du gouvernement de la commune ? nécessairement recourir à des hommes familiers avec les détails de la comptabilité publique et initiés à tous les secrets du droit et de la jurisprudence coutumière. Véritablement, c'est ainsi qu'on peut expliquer comment les anciens agens du fisc, les citoyens aisés et influens,

---

(1) Mémoire couronné par la Société d'Emulation de Cambrai, in-8.º 1837. p. 270.

2) Voir la notice sur la commune de Corbie dans les Mémoires de la Société des Antiquaires de Picardie, tom. 2. p. 295.

toutes les capacités en un mot parmi lesquelles les vicomtes recrutaient leurs officiers comptables et leurs hommes de justice, sont passés, avec le scabinat, du service de la féodalité au service de la commune. Dans les villes affranchies par le souverain ou par le seigneur, presque toujours le droit d'élection était réservé au pouvoir qui avait concédé le privilège. Dans ce cas, il était rationnel qu'il choisît les officiers municipaux parmi ceux qui avaient participé, comme échevins, à l'exercice de sa juridiction. Dans les villes au contraire qui ne devaient qu'à elles seules leur existence politique, il est évident que le choix et le renouvellement du sénat communal ne pouvait dépendre que des citoyens. Mais où auraient-ils pu prendre leurs représentans si ce n'est dans cette classe de citoyens d'élite qui étaient, déjà depuis long-temps, en possession de la magistrature judiciaire? ceux-ci, pour conserver auprès de la commune la position qu'ils avaient occupée auprès des seigneurs, se firent agréger à des professions qui n'exigeaient ni connaissances spéciales, ni apprentissage. C'est ainsi que les corporations auxquelles ils s'affilièrent devinrent une sorte de patriciat, pour les familles destinées aux dignités de l'échevinage.

Il ne faut donc point, quant au principe de leur origine, confondre la municipalité et la commune (1). La commune est sortie des institutions de la Ghilde. Elle procède de l'union des collèges d'artisans, comme ces collèges eux-mêmes procèdent de l'union des métiers. La municipalité au contraire procède de l'adjonction du scabinat à la commune. Le scabinat est un dernier rouage ajouté à un mécanisme imparfait et qui s'engraine avec d'autres rouages, pour leur communiquer à tous un mouvement uniforme.

II.

La Commune d'Amiens et ses Institutions Coutumières de 1209 à 1507.

La commune d'Amiens date de l'an 1113. Les luttes sanglantes qui ont présidé à sa naissance sont connues. Elles ont fourni à M. Augustin Thierry

---

(1) A Lille, la *Municipalité* était représentée par le *Maïeur* et la commune par le *Rewart de l'amitié*. « Premier personnage de la commune, dit M. Tailliar (loco citato), le *Rewart* marche à la tête du conseil municipal. Dans le conclave, il est vrai, il a moins d'importance et d'autorité ; il siège après les échevins. Mais en public la puissance et l'honneur lui appartiennent essentiellement. C'est » de lui que les gardes bourgeoises prennent le mot » d'ordre, c'est chez lui que sont déposées les clefs » de la ville. La police des divers quartiers est confiée à ses soins. Dans les édits et les diplômes il » est nommé le premier. Dans les audiences des » souverains, à la réception des princes, dans les » repas publics, il occupe la place d'honneur. »

le sujet de l'un des plus intéressants épisodes de l'ouvrage qui a fondé sa réputation littéraire (1). Nous nous bornons à y renvoyer le lecteur. Nous nous dispenserons également de récapituler les actes qui constatent l'existence de sa municipalité pendant le XII.ᵉ siècle. On les trouvera reproduits, avec les notes et les observations propres à en faciliter l'intelligence, dans l'Histoire des Comtes d'Amiens, par Ducange, que vient de publier l'un des honorables membres de la société des Antiquaires de Picardie (2).

Presque tous les priviléges de la commune d'Amiens se résumaient en symboles. Elle avait un Beffroi où son œil vigilant faisait le guet nuit et jour, une cloche dont la grande voix parlait pour elle, une Halle publique pour réunir les habitans dans les occasions solennelles, un Mallum pour ses plaids, un Hôtel de ville pour les délibérations de l'échevinage, un sceau pour sceller ses actes, enfin des fourches patibulaires qui attestaient, par le nombre de leurs piliers, la nature et l'étendue de sa juridiction (3).

La charte de 1209 ne s'explique pas sur l'organisation du pouvoir municipal. Mais les *Anciens usages d'Amiens* donnent sur ce point les notions les plus complètes (4). Ce qui nous y frappe tout d'abord, c'est l'incorporation de tous les bourgeois dans les différens collèges d'arts et métiers : toutes ces jurandes, à l'exception des vaidiers et des taverniers, jouissaient du droit d'élire elles-mêmes leurs syndics ou maïeurs de bannières ; elles étaient au nombre de 24 et concouraient au renouvellement annuel du corps de ville. L'échevinage sortant choisissait, soit dans son sein, soit hors de son sein, trois candidats parmi lesquels les chefs élus des corporations étaient obligés d'élire le grand maïeur. Cette fonction du premier magistrat de la cité ne pouvait être remplie deux années de suite par la même personne.

Le corps de ville se composait de 24 échevins, nombre égal à celui des mairies de bannières. Celles-ci, représentées par 48 électeurs, élisaient 12 échevins qu'on nommait *échevins du jour* ou *échevins faits en halle ;* les 12 élus s'en adjoignaient 12 autres qu'on nommait *échevins du lendemain* ou *échevins faits en échevinage.*

Les parens et alliés jusqu'au degré de cousins germains, ne pouvaient être ensemble échevins, dans la même année.

---

(1) Lettres sur l'hist. de France, par M. Augustin Thierry. Paris. 1839.

(2) Hist. des comtes d'Amiens par Ch. Dufresne sieur Du Cange. Amiens 1841. 1 vol. in-8.º

(3) La justice de la ville était une espèce de tour à six piliers, située près de la chapelle St-Montan. (De l'adm. de la just. crim. à Amiens au xv.ᵉ siècle, par M. Dusevel. Amiens 1839. p. 15.)

(4) Ancien Cout. inédit de Picardie publié par M. A. J. Marnier. Paris 1840. p. 134 à 163.

Le choix des officiers chargés de la gestion des deniers publics dépendait aussi des maïeurs de bannières qui les élisaient après le grand maïeur. Ils étaient au nombre de quatre, savoir : un grand compteur, un receveur des rentes, un payeur des présens et rentes à vie, et un maître des ouvrages.

Le grand maïeur et les quatre comptables ne pouvaient se dispenser d'accepter leurs charges. En cas de refus, on abattait leurs maisons et on leur infligeait une amende arbitraire qui ne les déliait pas de leurs obligations envers la commune.

La reddition des comptes avait lieu en halle, en présence des maïeurs de bannières.

Le maire, pour l'exécution de ses ordres, avait quatre sergens à masse dont les pouvoirs cessaient avec les siens. Chaque fois que ce magistrat était renouvelé, les quatre sergens venaient en signe de résignation de leurs fonctions, déposer leurs verges sur le bureau de l'échevinage qui ainsi restait libre de leur ôter ces attributs de leurs offices ou de leur en conférer une nouvelle investiture.

Les *Anciens usages d'Amiens* ne font point connaître le mode de renouvellement des mairies de bannières. Le registre aux brefs des métiers conservé dans les archives de l'hôtel-de-ville, jette aussi fort peu de lumières sur ce point. Quoique un assez grand nombre des réglemens qu'il contient soient antérieurs à la suppression de ces mairies, à peine en trouve-t-on deux ou trois qui parlent de l'élection des maïeurs de bannières.

La confrérie des fèvres qui comprenait tous les ouvriers travaillant les métaux, se composait de 13 métiers. Cette corporation, ainsi qu'il appert de deux brefs de 1363 et 1374, élisait tous les ans deux maïeurs et deux prud'hommes eswars, lesquels prêtaient serment, immédiatement après leur élection, de la même manière que les maïeurs et eswars des autres bannières. Les orfèvres, comme on le voit par leurs statuts du mois de juin 1376, nommaient tous les ans deux prud'hommes ou eswars du métier de concert avec les maïeurs de la bannière des fèvres à laquelle ils appartenaient.

Partant de cette donnée qui, nous le reconnaissons, est loin de dissiper tous les doutes, on doit croire que l'organisation des grandes confréries était à-peu-près semblable à celle de l'échevinage, du moins quant au principe qui faisait parcourir deux degrés à l'élection.

L'élection des maïeurs d'enseignes ne pouvait pas être abandonnée aux caprices des suffrages populaires. Il est vraisemblable qu'elle était le résultat du vote des eswars. On ne pouvait, en effet, mieux faire que de confier le soin d'élire le chef des corporations à ceux qui étaient institués, dans chaque métier, pour constater la bonne ou la mauvaise qualité de la denrée, l'aptitude ou l'incapacité de l'artisan. Par ce moyen on maintenait une égalité plus parfaite entre toutes les fractions du même corps, car, si on eût fait dépendre le sort de l'élection des suffrages individuels, les métiers qui réunissaient le plus grand nombre de votans auraient, par cela même, attiré à eux toute l'influence, et la représentation aurait été faussée.

On se demande aussi pourquoi les vaidiers et les taverniers qui figurent en tête de l'Etat de la ville, ne nommaient point eux-mêmes leurs maïeurs ainsi que le faisaient les autres bannières, et pourquoi la coutume réservait ce droit à l'échevinage. A cela on peut dire que les vaidiers et les taverniers étaient dans une position tout-à-fait exceptionnelle ; que, à la différence des corporations inférieures, ces deux bannières n'avaient point d'eswars qui représentassent les divers principes de leur agrégation ; que la police du vin et de la guède étant exercée par l'échevinage lui-même, il était juste que celui-ci qui se trouvait investi, par rapport aux vaidiers et aux taverniers, d'une charge analogue à celle des eswars, jouît aussi du droit de nommer les chefs des deux corporations placées sous sa surveillance immédiate.

D'un autre côté, les vaidiers et les taverniers qui n'étaient pas, comme les professions mécaniques, soumis à un noviciat et à des épreuves, avaient un privilége au moyen duquel ils étaient dédommagés de n'avoir pas des maïeurs de leur choix. Ils arrivaient presque toujours de haute lutte aux fonctions de l'échevinage, tandis que les hommes des métiers n'y parvenaient qu'après avoir été les représentans de leurs bannières. On verra, par le tableau de roulement de l'échevinage et des mairies de bannières, de 1345 à 1382, dressé et commenté par M. Lavernier, que ce sont précisément les vaidiers et les taverniers qui ont fourni le plus grand nombre d'élus à la commune (1). Il était donc très rationnel que les chefs de ces deux bannières fussent renouvelés par un corps composé, en grande partie, de leurs propres éléments. C'était encore là une application du principe qui proclamait pour toutes les classes de citoyens le droit d'être jugées et représentées par leurs pairs.

Quoique nous ne connaissions l'organisation des bannières que par la liste

---

(1) Ce tableau était destiné à servir d'appendice aux Coutumes de la ville d'Amiens, mais l'auteur ayant jugé convenable de le réserver pour le travail spécial qu'il a entrepris sur les maïeurs de bannières, nous ne pouvons que former des vœux pour le prompt achèvement de l'ouvrage dont ce tableau a fait naître l'idée. M. Lavernier aura rendu un véritable service en tirant de l'oubli un document historique d'une aussi haute importance.

de leurs maïeurs, depuis 1345 jusqu'en 1382, néanmoins cette période de 38 ans suffit pour nous donner une idée du rôle politique qu'elles ont joué dans la cité, car il comprend les deux plus intéressantes époques de leur histoire, c'est-à-dire l'époque où elles étaient parvenues à l'apogée de leur puissance et l'époque où elles ont cessé d'exister.

On sait quels furent les désordres qui suivirent, en France, la funeste bataille de Poitiers, et la part que prit à ces troubles Charles-le-Mauvais, roi de Navarre. Ce prince doué de ces formes extérieures et de cette éloquence persuasive qui imposent à la multitude, était parvenu à rendre son nom populaire dans les cités municipales, surtout dans les villes de la langue d'Oïl qui envoyèrent des députés aux États-généraux de 1356. Mais nulle part peut-être il n'eut de partisans plus chauds, des amis plus dévoués qu'à Amiens. Ce furent des habitants de cette ville qui, de concert avec le vidame de Picquigny, le tirèrent, au mois de novembre 1357, du château d'Arleux en Cambresis où le roi Jean l'avait fait enfermer. C'est à Amiens qu'il se réfugia après sa délivrance, c'est là que son nom fut inscrit sur le livre de la bourgeoisie et que, pour la première fois peut-être, il révéla, en prêchant publiquement devant le peuple, les talens oratoires que la nature lui avait impartis.

Dans la nuit du 16 septembre 1358, le roi de Navarre, se fiant sur les intelligences qu'il avait dans la place, tenta de s'emparer d'Amiens par un coup de main. Mais l'entreprise manqua parce que les bourgeois qui n'étaient pas complices de la conspiration, et c'était le plus grand nombre, firent bravement leur devoir, et que, d'un autre côté, le comte de St.-Pol qui avait été prévenu, arriva assez à temps pour empêcher la prise de la ville et déjouer le complot tramé contre elle.

Le lendemain justice fut faite des traîtres. Quatorze des principaux bourgeois furent exécutés; et, attendu que la plupart étaient membres de l'échevinage, le comte de St.-Pol fit convoquer extraordinairement les maïeurs de bannières pour renouveler le corps de ville (1). L'élection, se faisant en

---

(1).— 30 novembre 1358. — Gui de Chasteillon, comtes de Saint-Pol, lieutenant du roy nostre sire et de monseigneur le Régent le royaume de France, duc de Normandie et Dalphin de Viennois, es parties de Picardie, de Vermandois et de Beauvoisis, salut.

Comme, sur ce que Fremin de Cocquerel fil Mahieu, maïeur de la ville d'Amiens estoit soupchonnés d'avoir machiné et péchié on fait et crime de leze majesté, et contre les personnes et état de monseigneur le Régent et de pluiseurs cas et manières avoir soustenu et porté le fait du roy de Navarre, anemi de nosdis seigneurs et dudit royaume, à certain jour passé, à le Malemaison appartenant à le commune et le ville d'Amiens, eussions fait assambler ledit maïeur, le prevost, eschevins, maïeurs de bannières et pluiseurs autres des gens

haine de ceux qui avaient trahi la cause de la cité, par des hommes qui avaient versé leur sang pour sa défense, dût nécessairement se ressentir de l'influence du parti victorieux, et faire arriver au pouvoir un plus grand nombre de citoyens appartenant à la classe inférieure de la bourgeoisie. Toujours est-il que huit noms nouveaux qui n'avaient figuré dans aucune des administrations précédentes entrèrent alors dans l'échevinage, et qu'à partir de cette époque, les professions mécaniques y eurent plus d'accès qu'auparavant (1). Fut-ce un bien? Le contraire paraît démontré. Les mairies de bannières eurent des débats presque continuels avec le corps de ville; delà surgirent des procès qui allèrent jusqu'au parlement; l'esprit démocratique tendit de plus en plus à dominer dans les élections; les charges les plus importantes de la cité furent données aux personnes les plus incapables de les remplir.

En 1382, les maïeurs de bannières nommèrent, pour grand compteur,

du commun de ladite ville; et, en le présence et contre la personne dudit maïeur, eussions fait exposer les cas et choses dessus diz; et tant pour ses responses comme pour les véhémentes présomptions qui labouraient contre li et contre l'estat et le mairie, prévosté et eschevinage de ladite ville, eussions les dessus diz maïeur et eschevins déporté de leurs offices; commandé et donné autorité et licence aux dessus diz maïeurs de bannières, par lesquiex le maïeur et XII eschevins sont et doivent estre fais, nommez et esleus chascun an, au terme saint Simon, et ainsy l'ont usé et accoustumé de grant temps et anchienneté, qu'il feissent et esleussent nouveaulx maïeur et eschevins, nonobstant que li termes de saint Simon ne feust venu; lesquiex il feirent, nommèrent et esleurent pour l'estat d'icelle ville et offices dessus diz exercer et gouverner; et à yceux maïeur eschevins ainsy fais et esleus eussions commandé et eulx contrains à nous faire, pour et au nom du roy et de monseigneur le Régent, le serment desdis offices gouverner, jasoit-il que, selon leur loy usaiges et coustumes, faire ne le devaient ne doivent les maïeurs et eschevins quant nouvellement sont ou ont esté fais et créés, en autre main ne autre personne que au maïeur qui a gouverné pour l'année; et avœuc ce le maïeur et XII eschevins créés nouvelement comme dist est, de nostre commandement autorité licence et adfin que tout l'estat, pour le gouvernement de ladite ville le loy et nombre des XXIV eschevins que avoir doit en icelle ville, feussent accompli, eussent esleu et fait XII autres eschevins; et en faisant les choses dessus dites, et aussy pour che que unes lettres en chire vert et en soie, lesquelles mondit seigneur le Régent avait ottroié aux bourgois habitans et communité de ladite ville, contenant pluiseurs graces, rémissions de pluiseurs et grans cas qu'il leur avait pardonné quitié et remis, nous avions fait retenir et mettre devers nous, à le requeste d'aucunes singulières persones de ladite ville qui aidier ne s'en voloient et y renonchoient; pour ce eust esté humblement supplié de la partie des dessus dis maïeur eschevins et communité de ladite ville, comme les choses dessus dites, ainsi faites de nostre commandement autorité et licence, aient esté et soient faites contre les estatuts, usaiges, loy, privilége ou coustume de ladite ville, et en eulx despointant de leurs anciens usaiges, et adfin que che ne chose que fait avons ou commandé, ne donne licence de faire, ne leur tourne ou feist ne à ladite ville et communité aucun préjudice, leur vousissions baillier noz lettres et leur rendissions et feissions rendre et délivrer lesdites lettres de grace et rémissions dessus dites en leur vertu. — Savoir faisons etc.

Suit la teneur des lettres de non préjudice.

(Archives de l'hôtel-de-ville d'Amiens. Registre aux chartres E, f.º 87. v.º)

(1) C'est encore là un des points sur lesquels le travail de M. Lavernier répandra la lumière la plus vive.

un homme d'une condition plus que modeste et qui savait à peine lire et écrire. Le roi informé de ce fait, cassa l'élection et nomma lui-même un autre officier comptable (1). Cette infraction aux priviléges de la commune excita dans la ville des séditions et des révoltes à la suite desquelles les mairies de bannières furent supprimées, leurs chefs exécutés ou bannis, et leurs biens confisqués au profit du domaine de la couronne (2).

(1) A la fin de l'Etat de la ville d'Amiens de 1382 se trouve cette mention :

« Nonobstant que Henri de Roye à ledite S. Si-
» mon eust esté par les maïeurs de bannières nommé
» grant compteur, pour cause qu'il estoit de petite
» chevance et ne savoit lire ni escripre et que audit
» office estoit accoustumé y mettre gens notables,
» vaillans hommes et riches, et que il s'efforchoit de
» faire prochès contre le ville affin de demourer au-
» dit office, le ville du roy impetra lettres par
» vertu desquelles le bailliu d'Amiens commist de
» par le roy Jehan de Beauval grand compteur. »

(2). — Le roi Charles VI, par des lettres données à Amiens, le 20 juillet 1385, le surlendemain de son mariage avec Isabeau de Bavière, rappelle quelques-uns des faits relatifs à la suppression des mairies de bannières. « Pour certains procès nagaires meus
» en nostre court de Parlement, entre les maïeurs de
» bannières qui lors étoient en nostre dite ville
» (d'Amiens) d'une part, et les maïeur et eschevins
» et autres habitans d'icelle ville d'autre part,
» pardevant certains commissaires ordenés par nos-
» tre dite court; ouquel procès lidit maïeur de
» bannières procédèrent si avant que, par nostre dite
» court, fut faite certaine ordenance par vertu de
» laquelle certaines aides furent ordené et ottroyé ad
» lever au profit de nostre dite ville, et aussi fut
» ordené sur pluiseurs points touchans et regardans
» nostre dite ville et entre autres que les coutz et
» frais par lesdis maïeurs de bannières fais et en-
» courus esdites poursieutes, leur seroient rendus
» par lesdis maïeur eschevins et habitans. — Et de-
» puis laquelle ordenance par nostre dite court ainsi
» faite et paravant icelle, lidit maïeur de bannières
» et pluiseurs autres gens du commun et de petit
» estat de nostre dite ville, meus de mauvaises vo-
» lentés et contre le consentement de la plus grande
» et plus saine partie des bourgeois et habitans de
» nostre dite ville, avoient et ont commis et per-
» pétré plusieurs rebellions, désobéissances, abus,
» assemblées, monopoles et conspiracions, cé-
» dicions et autres excez et déliz contre nostre
» majesté royale et le bien de la chose publique,
» si comme ces choses ont apparu aux réformateurs
» généraux de par nous depputez en la province de
» Rheims. — Pour lesquels crime et déliz, lidit réfor-
» mateur condempnèrent les auquns desdis maïeurs
» de bannières ad coper le teste et les autres ban-
» nirent de nostre royaume, et aucuns autres con-
» dempnerent envers nous en amendes arbitraires.
» — Et en oultre avenc che, lidit reformateur dirent
» et déclarèrent les mairies desdites bannières, les
» droits, pourfiz, émolumens, franchises, libertez
» et autres choses quelconques appartenant à icelles
» mairies estre confisquiés et acquis à nous et à notre
» demaine...... etc. »

(Archives de l'hôtel-de-ville d'Amiens. Registre A. f.º 123. r.º)

On doit croire que la raison qui décida à Paris la suppression de la prévôté des marchands et des confréries de métiers, détermina aussi l'abolition des mairies de bannières de la ville d'Amiens. En effet, c'est en 1382 qu'eut lieu la guerre de Flandre. Pendant les hésitations qui précédèrent le passage de la Lys, par l'armée française allant combattre les bourgeois de Gand, les grandes villes telles que Paris, Orléans, Blois, Rouen, Beauvais et Rheims manifestèrent, par des troubles et des séditions, leur peu de sympathie pour cette expédition. Les gens de Rheims avaient retenu Gui de Pontallier, maréchal de Bourgogne, et le duc fut obligé de payer une rançon pour le tirer de leurs mains. On sait avec quelle rigueur, après la victoire de Rosebecque, le roi sévit contre les communes de France. A Paris les offices qui étaient à l'élection des bourgeois furent supprimés, la prévôté des marchands fut abolie et la juridiction municipale ôtée à la ville. Les syndics des corporations furent remplacés par des visiteurs que pouvait nommer le prévôt de Paris. Rouen Rheims, Orléans, Troyes, Sens et

La cour de Charles VI poursuivait alors, sur les communes françaises, le succès qu'elle venait de remporter sur les communes flamandes, dans la sanglante journée de Rosebecque. En même temps que le duc de Bourgogne mettait à la raison les Gantois révoltés, le roi de France châtiait les bonnes villes de son royaume où l'esprit turbulent des corporations s'était manifesté avec une certaine énergie.

La ville d'Amiens, après la suppression des mairies de bannières, ne renouvela plus l'échevinage qu'en vertu d'une commission royale, de telle sorte qu'à défaut de cette commission, le corps de ville se trouvait continué dans ses pouvoirs pour l'année suivante et quelquefois pendant plusieurs années de suite.

L'échevinage sortant choisissait trois candidats à la place de maire; l'élection de ce magistrat ainsi que celle des douze premiers échevins, se faisait, en présence du bailli, par les bourgeois chefs de maisons convoqués en halle, le jour de la St.-Simon St.-Jude.

Le lendemain les douze échevins élus par le peuple nommaient entre eux douze autres échevins. De 1382 à 1507, ce mode d'élection subit peu de modifications. François I.er, au mois d'octobre 1520, restreignit aux chefs des portes, aux gentilshommes, aux officiers du roi et aux compagnies privilégiées, le droit de vote qui jusque-là avait été exercé par les bourgeois.

Enfin, le 25 novembre 1597, Henri IV ordonna qu'il n'y aurait plus à Amiens que sept échevins dont un, choisi par le roi, aurait le titre de premier échevin. Cet édit, il faut le dire, porta le dernier coup à la commune, car, en supprimant le *maïeur*, il lui ôta son représentant légal, et il réduisit sa municipalité aux mesquines proportions du plus simple échevinage.

Conduits, par les nécessités de notre sujet, à exposer rapidement la théorie des institutions coutumières de la ville d'Amiens, nous laisserions la tâche imparfaite si nous négligions, dans cet exposé, les faits qui peuvent le mieux nous en révéler l'esprit.

Nous venons de voir que parmi les quatre officiers comptables, était un payeur des présents et rentes à vie. Cette charge avait dans la cité une importance relative aux habitudes de commensalité et de fraternisation que les chefs de la commune s'efforçaient d'entretenir parmi les citoyens, pour

---

Châlons furent traitées de même que Paris. On y vit aussi beaucoup de supplices. (Hist. des ducs de Bourgogne par M. de Barante, édition in-12. tom. 2. pp. 84. 115. 116 et 118.— Ordonnances du Louvre, tom. VI, p. 685.— Ibid. préface p. XXVIII.)

resserrer les liens de l'association, pour donner plus de force et surtout plus d'unité à l'action de son gouvernement.

Le payeur des présents avait, sous ses ordres, quatre sergens des kanes ainsi nommés parce que leur emploi journalier consistait à porter à domicile les menus présents de vin que la ville répandait d'une main très libérale et que ce fonctionnaire avait mission de distribuer.

Pour donner une idée du but politique de cette espèce de dépense, nous avons, d'après un compte de 1389 à 1390, dressé un état de tous les menus présents de vins faits dans le cours d'une année. Ce tableau, véritable calendrier des éphémérides municipales, contient, mois par mois et pour ainsi dire jour par jour, l'énumération des causes qui motivaient ces distributions quotidiennes (1).

On présentait le vin de la commune aux grands personnages qui traversaient la ville ou qui y résidaient momentanément; au bailli, pendant la tenue des assises; au maire d'Amiens, quand il dînait hors de chez lui; aux maires des communes voisines, dans les fréquents voyages qu'ils faisaient à Amiens; on l'offrait aussi, à titre de pitance, aux Ordres mendiants le jour des fêtes solennelles; à titre de récompense, aux personnes qui avaient travaillé à éteindre un incendie, aux jeunes bourgeois qui s'étaient signalés dans une joute ou au jeu de la cholle, enfin à celui qui annonçait une bonne nouvelle, par exemple, l'extinction d'une rente viagère sur la ville.

Les rentes à vie, dans les moments de crise et de nécessité pressante, étaient une des principales ressources de la commune. S'agissait-il de réaliser promptement une contribution publique, ou un de ces emprunts forcés auxquels la ville était si souvent obligée de faire face, elle affectait une portion de ses revenus ordinaires au paiement de rentes viagères qu'elle constituait au profit des personnes qui avançaient leurs deniers. L'argent était alors d'autant plus facile à trouver que la fortune des habitans était presque toute mobilière, et que beaucoup de personnes préféraient ce mode de placement aux spéculations du commerce. Quand elle avait besoin de trouver des acheteurs, la ville n'avait que l'embarras du choix : aussi voyons-nous, dans les délibérations sur cette matière, l'échevinage prendre en très grande considération l'âge ou les infirmités, et toujours faire pencher la balance du côté où il y a plus de chance d'extinction (2). Les rentiers à vie avaient la

---

(1) Voir la note 42 de cette série.
(2) Du 5 août 1445: — « En le Malemaison, — sur ce que Philippe Lemaire, receveur de le baillie » d'Amiens, requeroit que, à Colin Lefebvre son » neveu, fil Willaume Lefebvre, notaire à le court » d'Amiens, fut acordé à vendre, à le vie dudit

faculté de transporter leur titre de créance, et la commune le droit d'éteindre la dette en remboursant à l'acquéreur le prix de la vente ; mais cette dernière était privée de l'exercice de son droit quand elle avait payé un terme d'arrérages (1). Les porteurs de rentes à vie avaient pour principale obligée la commune et, pour caution, chacun de ses membres. Ainsi, les rentiers domiciliés hors d'Amiens, pour être payés de leurs arrérages, faisaient quelquefois pratiquer des saisies sur les marchandises que les habitants colportaient dans les villes voisines : non pas que ceux-ci fussent personnellement leurs débiteurs, mais parce que la saisie était un moyen de forcer la commune à éteindre la dette pour dégager la marchandise.— On conçoit dès lors pourquoi le payeur des présents était en même temps le payeur des rentes à vie. C'est à ce comptable qu'étaient confiés les deniers auxquels la commune donnait l'emploi le plus conforme à l'esprit de son institution. Elle voulait que la main chargée de distribuer ses largesses, ne fût point fermée pour ceux qui avaient placé sur elle la garantie de leur existence.

Quand l'esprit de la Ghilde est aussi fortement enraciné dans les mœurs, il est pour ainsi dire impossible qu'il n'y en ait pas quelques traces dans les institutions. Celles de la ville d'Amiens avaient particulièrement ce caractère.

Relativement à l'objet qu'il se propose, le pacte organique de la commune se résume en deux points principaux : 1.º il règle les devoirs des citoyens entre eux et envers la commune ; 2.º il détermine les droits et les obligations réciproques de la commune et de ses membres, vis-à-vis des pouvoirs et des individus étrangers à l'association.

Les devoirs dont les citoyens sont tenus, l'un à l'égard de l'autre, sont spécifiés par l'article premier de la charte de 1209. Chacun, dit cet article, doit garder la foi à son juré et lui prêter secours et conseil, en toutes choses, selon ses moyens. Ainsi, lorsqu'un étranger ou un forain commet quelque méfait envers un membre de la commune et que celui-ci réclame main-forte de ceux qui sont liés par le même serment que lui envers la commune, le devoir du juré est de secourir son juré, de l'aider à prendre le malfaiteur et à le retenir jusqu'à ce qu'il lui ait fait satisfaction en justice (2).

Pour bien comprendre la portée de cette disposition, il faut se rappeler, ce

---

» Colin, 40 livres des 300 livres des rentes à vie
» derrenierement ottroiées à vendre par le roy nostre sire, sur ladite ville.— Délibéré a esté, considéré *le jone age dudit Colin* et qu'il y a per-
» sonnes assez plus agées de lui qui le requièrent,
» que ladite rente sera accordé *à la personne plus agée* et non audit Colin. » (2.ᵉ registre T.)

(1) Edit. du 10 novembre 1315 de Louis-le-Hutin.
— La Thaumassière à la fin de Beaumanoir, p. 365.
(2) Voir la note 1.ʳᵉ de cette série.

que nous avons dit plus haut, que la commune n'est qu'une application en grand du statut de la Ghilde : l'une généralise et adapte, aux intérêts politiques de la cité, ce que l'autre restreint et applique aux intérêts de caste et d'industrie.

La commune, en s'appropriant l'esprit de la Ghilde, a pour but de la ramener au principe de l'unité. A ses yeux, tous ceux qui ont juré la loi communale, par l'effet du serment qu'ils ont prononcé tous ensemble et dans les mêmes termes sacramentels, sont censés n'être plus que les membres d'un seul corps, unis par les mêmes sentimens et obéissant à l'impulsion de la même volonté : en un mot, ils entrent dans la commune avec tous les liens qui les attachaient à la Ghilde.

Dans les devoirs qu'elle prescrit, comme dans les peines qu'elle inflige, la loi communale considère moins l'intérêt des personnes que l'intérêt du corps auquel elles appartiennent. Plus le délit compromet la paix publique, plus la peine est sévère. L'amende de soixante livres, le bannissement, la destruction de la maison sont les châtimens réservés aux violateurs de la loi communale. Celui qui a reçu de son juré une offense personnelle et qui ne veut pas accepter la réparation que la commune a pouvoir de lui faire obtenir, est contraint de garantir, avec ses parens les plus proches, la sécurité de l'offenseur et des membres de sa famille dont on peut craindre qu'il tirera vengeance (1). S'il refuse de donner cette garantie sa maison est détruite et ses biens confisqués (2).

Dans l'usage des peuples Germains, les obligations de la famille, par rapport à la garantie réciproque et à la solidarité qui liait chacun de ses membres, allaient quelquefois jusqu'à les rendre responsables des délits commis par des étrangers qu'ils avaient logés plus de deux nuits sous leur toit (3). La crainte d'avoir à répondre de leurs méfaits empêchait qu'on leur accordât une plus longue hospitalité. Toutefois, avec le temps, la faveur due au commerce fit admettre des exceptions à ce principe rigoureux. L'article 3 de la charte de commune d'Amiens ne veut pas qu'on considère comme des étrangers les forains qui viennent trafiquer et vendre dans la ville. Pendant le temps que l'échoppe où ils ont étalé leurs marchandises reste dressée sur la place publique, ils jouissent de la même protection que les autres citoyens (4). Toute tentative pour les troubler, soit en allant soit en venant, est assimilée au crime de lèze commune.

---

(1) Marculfe. liv. 2 ch. 18. *securitas pro homicidio.* — Voir la note 10 de cette série.
(2) Meyer. Inst. jud. tom. 1.er p. 230 et suiv.
(3) Lois d'Edouard-le-Confesseur, ch. 27.
(4) Houard. cout. angl. norm. tom. 1.er p. 382. note 2.

La charte de 1209 ne donne qu'une idée imparfaite des lois civiles de la ville d'Amiens, car il n'y est question que du douaire de la femme, des avantages assurés à l'époux survivant, du retrait lignager et de la prescription de sept ans. Ces points étaient probablement les seuls qu'il importait de faire sanctionner par l'autorité souveraine. A cet égard, les *Anciens usages d'Amiens* sont beaucoup plus explicites, et c'est à eux qu'il faut recourir pour trouver la source des coutumes rédigées en 1507.

Le statut local d'Amiens différait peu de celui des autres villes de commune, en ce qui concerne la nature et la condition des biens immobiliers.

Au moyen de la redevance que le tenant en bourgage payait annuellement à son seigneur, ou de l'abonnement que la commune acquittait collectivement, tous les biens immobiliers situés dans la ville et dans la banlieue étaient essentiellement partageables ; chacun en pouvait disposer comme s'ils eussent été *meubles*, sauf que les biens recueillis par héritage ne pouvaient se transmettre que par héritage. Quant à ceux-ci, s'ils étaient vendus, ce n'était jamais que dans le cas d'absolue nécessité et qu'après avoir été offerts au plus proche héritier de la ligne. La possession bourgeoise gouvernée par la règle : *le mort saisit le vif* prise dans son acception la plus étendue, ne conférait pas plus de privilége à l'aîné qu'aux puînés, et aux fils qu'aux filles. Elle était donc essentiellement allodiale, car elle n'entraînait avec elle ni lods et vente, ni reliefs, ni rachats, en un mot, elle était exempte de toutes les prestations féodales autres que la modique censive qu'elle payait en reconnaissance de la directe seigneurie.

La commune d'Amiens réunissait en elle le pouvoir administratif et le pouvoir judiciaire. Les principes qui réglaient sa juridiction étaient à peu près les mêmes que ceux qui régissent la compétence de nos tribunaux modernes.

Ratione loci : la juridiction de la commune ne s'étendait pas hors des limites de la banlieue ; et encore, dans cette circonscription, fallait-il distraire les fiefs qui y étaient enclavés, les terres de l'évêque, les possessions du chapitre, l'enclos et le pourpris des églises, des monastères, les rues du Hocquet, du Rikbourg et de la Vigne l'Evêque, et même dans le *burgus* proprement dit, la police des frocz et flégards appartenait au Roi.

Ratione personnœ : En règle générale, on ne pouvait être jugé que par ses pairs. La commune n'ayant d'autorité que sur les membres de la commune, ne pouvait dire droit que quand les deux parties appartenaient à l'association : de juré à non juré la sentence était nulle (1). Le bourgeois défendeur n'était pas obligé d'ester en justice hors de la commune. Lorsqu'il était cité devant un juge royal, il avait le choix de répondre à la demande ou d'exiger son renvoi devant ses propres juges. Mais, si le bourgeois était demandeur contre un forain, la commune ne pouvait connaître du litige : seulement, s'il s'agissait pour le bourgeois d'obtenir la réparation d'un délit commis dans la banlieue, la commune dénonçait le fait aux officiers de la châtellenie où l'auteur du délit avait son domicile : après cette formalité accomplie, le prévôt royal pouvait, par la saisie de la personne ou des meubles du délinquant, le contraindre à payer l'amende au roi et à la commune.

Ratione materiæ : Le maire et les échevins ont la connaissance et le jugement de toutes les contestations civiles relatives à la propriété ou à la possession des héritages, autres que les héritages féodaux, situés dans la ville et dans la banlieue ; à la vente ou à l'achat des marchandises ; à l'exécution des marchés ou traités faits au comptant, car, s'il s'agit de conventions à terme, le prévôt seul peut en connaître.

La commune a aussi la connaissance et le jugement de tous les crimes et délits commis dans la ville et dans la banlieue, à l'exception de l'assassinat et du rapt qui sont cas réservés à la juridiction royale.

Les mots *connaissance* et *jugement* ont ici un sens dont on ne peut bien apprécier la valeur qu'en se plaçant au point de vue des mœurs du XIII.ᵉ siècle. En effet, la commune a le pouvoir de juger dans des occasions où on lui refuse le droit d'instruire. Ainsi, elle peut s'enquérir des faits et procéder jusqu'à l'audition des témoins, mais là s'arrête sa compétence exclusive. L'enquête dont les résultats, tant en matière civile qu'en matière criminelle, conduisent presque toujours au duel judiciaire, l'enquête, étant l'acte le plus solennel et le plus important de la procédure devant les tribunaux du moyen-âge, il n'est pas étonnant que, pour la conduire et la mettre à fin, la coutume exigeât le concours du représentant de l'autorité souveraine.

Par la même raison, la commune intervient seule dans le contrat d'assûrement et a tout pouvoir pour contraindre les parties à en accepter les conditions ; mais si le contrat est violé par l'une d'elles, la commune ne peut poursuivre l'infracteur sans appeler le prévôt.

---

(1) Art. 44 de la charte de 1209.

De même que la conciliation est, de nos jours, une mesure quelquefois efficace pour arrêter les procès à leur naissance, l'assûrement, dans l'origine des institutions communales, fut souvent un moyen de suspendre et d'éteindre les guerres privées, procès sanglans que l'esprit de vengeance et de représailles éternisait dans les familles.

Les coutumes de la cité d'Amiens, entr'autres précieuses traditions, nous ont transmis les règles de ce contrat qui donnait à la loi une force que les législateurs modernes n'ont pas su lui conserver, la force d'arrêter le bras de l'assassin déjà levé sur sa victime.

Lorsque des menaces de nature à donner des craintes pour la vie d'un citoyen ont été proférées, le maire et les échevins, soit qu'il y ait plainte ou non, contraignent les parties à se donner mutuellement des garanties de sécurité et à s'engager, par serment, pour eux et leurs parens les plus proches, que la paix ne sera pas troublée. Si l'une ou l'autre des parties veut mettre hors de l'assûrement quelques-uns des siens, elle le peut, pourvu qu'ils soient absents, clercs ou croisés, mais à la condition de les nommer par leurs noms et surnoms, de telle sorte que le contrat soit obligatoire pour tous les parens qui n'en ont pas été formellement exclus.

Si les menaces ne sont pas notoires, l'assûrement est restreint aux deux parties intéressées. Quant aux conséquences de l'infraction, elles étaient à peu près les mêmes pour l'assûrement individuel que pour l'assûrement collectif : on abattait la maison du coupable, on le condamnait à une amende de soixante livres et on le bannissait jusqu'à ce qu'il l'eût payée (1).

Pour faire prononcer l'infraction de l'assûrement et donner lieu à l'application de la peine, il suffit qu'il y ait main violente portée sur la personne. A l'égard des tiers, l'assûrement est nul de plein droit quand l'assuré se réconcilie avec l'assureur ; et cette réconciliation ne peut plus être révoquée en doute quand les parties ont bu et mangé ensemble.

La procédure, en matière civile comme en matière criminelle, réunissait trois éléments principaux, l'instruction, le jugement et l'exécution. Le premier acte de l'instruction était l'ajournement auquel se rattachaient les exceptions proposées par le défendeur, c'est-à-dire les contremans, les exoines les demandes en renvoi devant une autre juridiction. Puis venaient les différentes espèces de preuves : d'abord l'aveu de la partie, le serment du demandeur lorsque le défendeur a pris la fuite ou est légalement constitué

---

(1) Olim du parlement, tom. 1.ᵉʳ p. 450. n.° IX.

en défaut, la production et l'examen des témoins, et enfin la preuve par le combat, dernière ressource de la justice lorsqu'elle a épuisé tous les autres moyens de s'éclairer.

Le duel judiciaire avait cela de particulier qu'il pouvait précéder ou suivre le jugement. Dans le premier cas, c'était une voie d'instruction, dans le second, un recours contre la sentence elle-même. Par exemple, lorsqu'il y avait appel de faux jugement, le juge pris à partie descendait dans l'arène du champ clos, pour défendre devant le tribunal de Dieu l'opinion qu'il avait fait triompher devant le tribunal des hommes.

Toutes ces pratiques judiciaires qui nous paraissent aujourd'hui le résultat d'une déplorable aberration de l'esprit humain, sont cependant la déduction logique d'une très sage et très salutaire maxime dont les tribunaux d'origine germanique s'étaient fait une règle invariable. Il ne leur était permis d'asseoir leur conviction que sur la preuve équivalant à l'aveu de la partie. Les ordalies, c'est-à-dire les épreuves par l'eau bouillante, le fer rouge, les gages de bataille et même la torture qui a succédé aux ordalies, n'ont eu pour but que de forcer la vérité à se manifester aux yeux des juges chargés de la découvrir.

La commune d'Amiens, comme pouvoir judiciaire, avait des droits beaucoup plus étendus que ceux auxquels sa charte de fondation semble restreindre sa compétence. Pour tous les crimes, délits et contraventions, autres que l'assassinat et le rapt, elle jouissait des mêmes prérogatives que les seigneurs hauts justiciers. Elle jugeait sans appel l'homicide simple, l'infanticide, le suicide, l'incendie, la fausse monnaie, le péché contre nature, la sorcellerie et le vol. Les genres de supplice étaient presque aussi variés que les crimes. Le vol, suivant ses différents degrés de gravité, était puni par le fouet, la mutilation de l'oreille, le bannissement et la potence. Les femmes, par un motif de décence qui ne permettait pas de les accrocher à un gibet, étaient enfouies vivantes. Le gibet et la fosse étaient en général les deux genres de supplice les plus usités. Celui qui donnait la mort à son semblable dans l'emportement de la colère, la femme qui la donnait à son enfant nouveau-né et le malheureux qui se la donnait à lui-même étaient punis du même châtiment que le voleur. En matière de coups et blessures, la pénalité se résumait dans cette formule énergique : *vie pour vie; membre pour membre*. La flamme du bûcher faisait justice des incendiaires, des sorciers et des individus coupables de certains crimes moins répréhensibles aux yeux de la loi qu'aux yeux de la morale. (1) L'altération de la monnaie était punie par l'immersion du coupable dans l'eau bouillante. La ville d'Amiens conservait encore au xvi.ᵉ siècle une chaudière qui avait servi à cet usage.

Quelle que fût la nature du délit, le maire et les échevins prononçaient seuls, quand il avait été commis dans le territoire et par un homme de la commune, mais ils ne pouvaient juger qu'avec l'assistance du prévôt, lorsque l'une de ces deux conditions venait à manquer.

L'échevinage peut donc être considéré sous un double point de vue : comme juridiction communale, il protège et défend le corps politique qu'il représente ; comme juridiction prévôtale, il veille aux intérêts des citoyens dans leurs relations générales. A la vérité il ne provoque ni n'exécute les décisions qu'il rend sur l'interpellation du prévôt, mais au moins il empêche que cet officier du fisc ne favorise une partie au détriment de l'autre, et ne se laisse entraîner à infliger des amendes ou des peines qui ne seraient pas selon le droit et la raison.

L'échevinage envisagé sous ce point de vue, n'est autre que l'ancien scabinat, corps institué pour dire droit sur les questions qui lui sont soumises par le prévôt. Quoique ce corps, à Amiens, fût composé des mêmes éléments que la municipalité, il était, pour ainsi dire, indépendant de cette municipalité ; et cela est si vrai que ses attributions, identiques à celles de la Cour des bourgeois dont parlent les Assises de Jérusalem, étaient réglées non pas par la loi qui régissait la commune, mais par des coutumes tout-à-fait distinctes que nous a conservées le M.S. 1189 de la bibliothèque royale.

La commune n'était pas tellement liée à l'échevinage qu'elle ne pût subsister sans lui ; à Corbie, par exemple, où la commune n'avait aucun droit de justice sur les héritages situés dans la ville et dans la banlieue, la municipalité et l'échevinage formaient deux juridictions séparées (2) : il y avait la juridiction des maïeurs et jurés de la commune, et la juridiction des prévôt et échevins de la ville. Mais à Amiens où la commune connaissait des questions d'héritage situés dans sa circonscription, l'échevinage et la municipalité se confondaient, sinon dans les attributions, du moins dans les personnes.

Cet état de choses devait tendre nécessairement à la fusion des deux

---

(1) Olim du parlement, tom. 1.ᵉʳ p. 136. n.º v.
(2) Voir la notice sur Corbie. Mém. de la Soc. des Antiq. de Picardie, tom. II. p. 295.

— Voir en outre Olim du parlement, tom. 1.ᵉʳ p. 584. n.º xii.

pouvoirs judiciaires en un seul. Elle s'accomplit en effet, sur la fin du XIII.ᵉ siècle, par la réunion de la prévôté à la commune.

De la Prévôté.

Par bail à ferme perpétuelle du mois de mai 1292, Philippe-le-Bel, céda à la commune d'Amiens les revenus et l'administration de la prévôté, moyennant une rente de 690 livres payables par tiers, d'année en année, aux termes de la Toussaint, de la Chandeleur et de l'Ascension. On voit par deux reconnaissances du mois d'août 1311, que la commune paya en outre 2,000 livres à titre de don et de pure libéralité, mais à la condition que s'il plaisait au roi de reprendre la prévôté, la commune reprendrait pareillement la somme par elle déboursée.

On est porté à croire, d'après cette circonstance, que les 2,000 livres payées en dehors du traité déguisaient quelque chose de plus sérieux qu'un bail à ferme. Cependant on se demande à quoi aurait servi cette dissimulation? La qualité des parties s'opposait à ce que l'acte fût translatif de propriété. La prévôté, comme domaine de la couronne, était inaliénable, la commune, comme main morte, ne pouvait acquérir, même à titre onéreux, qu'à la condition de vider ses mains dans l'an et jour.

D'un autre côté, si on examine l'acte en lui-même, on voit qu'il ne contient et ne peut contenir en effet qu'une concession à titre précaire. Au moyen du bail à ferme, la commune ne peut jamais posséder *animo domini;* et, par le fait, le roi ne lui transporte aucun droit réel sur le domaine, ni aucune saisine de la justice qui continue d'être exercée en son nom. Il n'y a donc là, en réalité, qu'un abonnement, qu'un traité à forfait sur l'éventualité de certains profits fiscaux, et que la substitution d'un fermier à un autre.

L'acte de cession de la prévôté énumère tous les revenus domaniaux, tous les droits de justice dont elle se compose. Il détermine en même temps la manière dont elle sera administrée par la commune.

Les maire et échevins pourront créer et destituer les sergens de la prévôté. Ceux-ci exerceront leurs offices, sous l'autorité de la commune, de la même manière qu'ils l'auraient exercée sous l'autorité du prévôt royal.

La commune fera seule les bans et proclamations qu'elle ne pouvait faire sans l'assistance du prévôt.

Le roi se réserve la connaissance du rapt et du meurtre avec guet-à-pens; cependant, il autorise le maire et les échevins à faire appeler les délinquants par devant eux et à les faire arrêter et emprisonner, pour les livrer ensuite au bailli d'Amiens.

Le débiteur forain qui aura brisé les arrêts de la ville, sans payer la dette pour laquelle il aura été arrêté, sera contraint par le bailli d'y venir faire satisfaction à sa partie, sans préjudice de l'amende due au roi et à la commune.

Les fonctions de prévôt seront exercées au nom du roi, par le maïeur ou par le membre de l'échevinage qu'il lui plaira de désigner.

Le maïeur, chaque fois qu'il sera renouvelé et avant d'entrer en charge, prêtera serment, entre les mains du bailli d'Amiens, de maintenir les droits du roi dans toute leur intégrité.

La commune était à peine entrée en possession de la prévôté que son existence fut mise en péril : elle faillit perdre tout à la fois ses nouveaux et ses anciens priviléges. Philippe-le-Bel, sous prétexte que les habitans d'Amiens s'étaient rendus coupables de plusieurs rebellions et désobéissances, saisit la commune et la prévôté et les laissa ainsi, pendant plusieurs années, sous le coup de sa main-assise. Cependant, au mois de décembre 1307, en considération des services que la ville lui avait rendus dans ses guerres, surtout à la bataille de Mons-en-Puelle, il donna main levée de la saisie, en tant qu'elle frappait la commune, et décida qu'elle tiendrait à l'égard de la prévôté seulement, jusqu'à ce qu'il ait été statué sur l'opposition de l'évêque et du vidame.

Un arrêt du Parlement, du dimanche après l'Ascension de l'année 1311, contrairement aux prétentions de ces derniers, mit provisoirement la ville en possession de la prévôté, et assigna jour aux parties, devant le prochain parlement, pour ouïr droit sur le fond de la contestation.

Tout ce que nous savons sur la cause du litige, c'est qu'il avait pris naissance à l'occasion de l'exercice des droits de la prévôté par la commune. La ville en défendant à la demande formée contre elle par l'évêque, le chapitre et le vidame, avait conclu à ce que le roi prît fait et cause pour elle, et fût tenu de la garantir de toutes les éventualités du procès. Mais un arrêt du parlement du mois de janvier 1312-13 la débouta de cette prétention.

En juin 1332, Philippe de Valois saisit encore une fois la commune et la prévôté. Le maire et les échevins ayant été cités à comparaître devant la cour du roi pour entendre dire qu'ils avaient forfait la commune et qu'ils étaient forclos de la prévôté, déclarèrent qu'ils ne voulaient point plaider contre le roi et qu'ils étaient prêts à abandonner la juridiction prévôtale.

Le roi, en considération des services passés de la ville, lui rendit la commune avec tous les droits et toutes les offices de la mairie, et ne retint que la prévôté à laquelle elle avait renoncé formellement.

Malgré cette renonciation, la ville ne devait pas tarder à rentrer en possession de la prévôté, car, en la saisissant, on voulait moins lui en ôter la jouissance que la lui faire acheter une seconde fois. Le 3 juin 1337, Philippe de Valois, la lui rendit avec promesse qu'à l'avenir elle ne serait plus séparée de l'échevinage. Il est vrai que les maire et échevins, pour obtenir cette restitution, s'obligeaient à payer 700 liv. de rente annuelle, 6000 liv. comptant et renonçaient à jamais répéter les 2000 liv. tournois qu'ils avaient précédemment payés au roi Philippe-le-Bel.

Les mêmes tracasseries se renouvelèrent sous le règne du roi Jean et de son successeur, mais la commune fut assez heureuse pour les déjouer encore, et elle ne fut plus inquiétée, à ce sujet, qu'à l'époque de la rédaction des coutumes.

Avant d'aborder cette nouvelle série de faits, jetons un coup-d'œil rapide sur la destinée des institutions que nous venons d'analyser.

De 1209 à 1507, toutes n'ont pas eu le même sort, et cela tient à la diversité de leur nature.

Dans les institutions municipales, il faut, nous l'avons déjà dit, distinguer deux époques; l'ère républicaine ou des corporations, qui commence au berceau de la commune et se termine à l'avènement de Charles VI; l'ère aristocratique ou des grandes familles bourgeoises, qui commence avec le xv.⁵ siècle et finit avec le xvi.ᵉ Charles VI, en détruisant les corporations, consacra en principe que les mêmes personnes pourraient exercer, plusieurs années de suite, les fonctions de l'échevinage; ainsi on s'habitua à considérer ces fonctions comme un patrimoine qu'on pouvait transmettre à ses enfants. Louis XI, en autorisant les citoyens aisés à acquérir et à posséder des fiefs, les attacha à ces fiefs plus que ne l'exigeait l'intérêt de la commune : la fortune acquise par le commerce et l'industrie, tant qu'elle fut mobilière, fit la force de l'association, mais en s'immobilisant, elle en précipita la décadence. Quand la justice royale fut administrée par des juges titulaires et permanents, les ambitions personnelles se portèrent vers les offices de judicature et bientôt on vit des hommes sortis de l'échevinage devenir les ennemis acharnés de la commune.

Les coutumes qui réglaient l'ordre des successions, le mariage, la transmission des biens, par cela même qu'elles touchaient aux plus chers intérêts des familles ont subi moins de changements que les autres ; et on peut dire que, jusqu'à la révolution de 1789, elles n'ont été modifiées que par l'interprétation que leur donnaient, suivant les circonstances, les juges chargés de les appliquer.

Les institutions pénales ne devaient pas non plus résister à l'action du temps, ni au changement des mœurs publiques. C'est ainsi que les gages de bataille et toutes les pratiques du duel judiciaire tombèrent peu-à-peu en désuétude. Il en fut de même des assûremens, lorsque la société fut assez forte pour garantir la sécurité des citoyens sans exiger la caution des familles. Long-temps avant les édits de Crémieu, d'Orléans et de Moulins, on ne citait plus à la bretèque les individus coupables de blessures pouvant occasionner la mort, et on ne bannissait plus, sous peine de la hart, ceux qui refusaient de comparaître sur cette citation. Quoiqu'on lise dans les anciennes coutumes de la cité d'Amiens (M. S. Lavallière) : *quiconque par ire faite le maïeur ferra, le puing perdera*, il n'en est pas moins vrai que la commune, en 1289, expia par une amende de mille livres, la condamnation d'un certain Robert Latruye à qui elle fit couper le poing pour avoir frappé le maïeur. On lui refusa le droit d'infliger cette peine, parce que le cas n'était pas prévu par ses priviléges.

Ses priviléges ! ils n'étaient guères plus respectés que ses coutumes non écrites. Toutes les fois que, dans l'application, ils pouvaient donner lieu à un doute, on était presque sûr que ce doute s'interprétait contre elle. Delà, cette foule de procès que lui intentèrent, sous les motifs les plus frivoles, l'évêque d'Amiens, le chapitre de la Cathédrale, le vidame et même les officiers de la justice royale.

Aussi nous allons voir ces derniers, en dépit des titres les plus authentiques, contester à la commune les droits de juridiction qui lui avaient été concédés avec les profits de la prévôté.

Au mois de novembre 1505, le maïeur et les échevins firent appréhender au corps l'élu Ducaverel pour s'être permis d'enfreindre leurs ordonnances, en faisant sortir du beffroi par force, un individu qu'ils y avaient fait constituer prisonnier. Saint-Delys, lieutenant général du bailliage d'Amiens, qui avait épousé la nièce de Ducaverel, évoqua l'affaire et, malgré la récusation qui lui interdisait de juger, prononça la mise en liberté provisoire de Ducaverel.

Sur ce, appel et grand débat au parlement. Après que l'affaire eût été plaidée de part et d'autre, le procureur-général demanda la remise de la cause jusqu'à ce que la ville eût communiqué ses priviléges, attendu que la manière dont Ducaverel avait été arrêté ne pouvait se justifier qu'autant qu'il serait démontré que les maïeur et échevins avaient juridiction royale.

Cette communication fut faite. Malheureusement l'officier du ministère public ne se trouva pas plus édifié qu'auparavant. Il exposa qu'après avoir examiné, tout au long, les priviléges et documents produits par la ville, il n'y avait pas trouvé la preuve du droit par elle allégué ; qu'en supposant que les maire et échevins eussent juridiction du consentement du roi, il ne s'en suivait pas qu'ils fussent juges royaux ; que si on leur donnait cette qualification, il n'y aurait pas de raison pour ne pas la donner aussi à tous les autres juges du royaume, puisque tout est tenu du roi *mediatè vel immediatè*.

Au mois de juin 1506, le roi donna commission au seigneur de la Grutuze gouverneur de Picardie, d'interposer ses bons offices pour ménager un accommodement entre les parties. Ce seigneur offrit sa médiation, mais, s'il se trouva très satisfait des dispositions conciliantes de la commune, en revanche, il fut très choqué de l'arrogance de Ducaverel.

Ce procès n'était pas le seul qui fût intenté à la commune, à l'occasion des droits de la prévôté ; chaque jour le lieutenant Saint Delys lui suscitait de nouveaux embarras. Cependant cet homme était enfant de la cité. En 1502, il fut le 9.ᵉ échevin du jour nommé à la St.-Simon St.-Jude. Mais, le candidat qu'il voulait faire nommer 6.ᵉ échevin du lendemain n'ayant pas réuni la majorité des suffrages, il protesta contre l'élection et se retira, lui cinquième, avant la fin des opérations, dans l'espoir qu'elles ne pourraient continuer. Peut-être faut-il attribuer à cette circonstance l'espèce d'acharnement qu'il mit à persécuter la commune ? toujours est-il qu'à peine promu au grade de lieutenant-général du bailliage, il affecta d'agir, en toutes choses, au mépris des priviléges et au détriment de la juridiction de la ville. Au mois de décembre 1506, des plaintes furent portées contre lui, motivées sur ce qu'il faisait empoisonner les crieurs publics qui annonçaient le soir l'ouverture des étuves ; sur ce qu'il faisait passer des égyptiens à travers la ville, malgré les chefs des portes ; sur ce qu'il s'arrogeait le droit de juridiction sur les vivres ; enfin sur ce qu'il usurpait la place du maïeur à l'église et se présentait le premier à l'offertoire de la messe.

Le seigneur de la Grutuse fut encore une fois constitué arbitre de ce différend, mais Saint-Delys, tantôt sous un prétexte, tantôt sous un autre, évita toujours de donner des réponses catégoriques sur les interpellations qui lui furent adressées. Enfin, le parlement se montrant peu favorable à ses prétentions, des lettres du Roi, en forme d'édit, lui interdirent de connaître des causes et matières concernant le fait de la ville.

Le 14 janvier 1506 avant pâques, la ville, dans l'intention de mettre un terme aux procès et aux appellations dont elle était travaillée, arrêta qu'on ferait un voyage en cour pour obtenir du roi déclaration et ampliation de la charte de la prévôté qui était fort ancienne.

Le lendemain, Nicolas Fauvel, maïeur, M.ᵉ Louis Scorrion et Andrieu de Machy, procureurs de la ville, partirent avec le seigneur de la Grutuze qui était mandé auprès du roi. Les commissaires se rendirent d'abord à Paris, puis à Orléans, puis à Bourges. Ayant été admis en présence du roi, ils le supplièrent *d'éclaircir, par édit royal, les anciens priviléges et union de la prévôté, afin que les maïeur et échevins pussent s'intituler ensemble et juger en commun, tant au criminel qu'au civil, comme juges royaux, sous le ressort, en cas d'appel, du bailliage d'Amiens.* Cette requête fut d'abord accueillie très favorablement et les lettres d'édit étaient sur le point d'être expédiées, lorsque le bailli intervint en déclarant s'opposer à l'ampliation des priviléges de la ville comme devant diminuer les droits de son bailliage.

La ville présenta sa réclamation au Grand-Conseil qui ordonna qu'une enquête aurait lieu, à l'effet de vérifier si la prétention de la commune était ou non susceptible de porter atteinte à la juridiction du bailli. Elle commença le 2 juin 1507. Le résultat paraissait si peu douteux que le lieutenant Saint-Delys avait déjà reproché, comme étant ses ennemis personnels, la plupart des témoins entendus. Mais tout-à-coup survint un incident qui interrompit la procédure.

Le procureur-général du parlement intima l'ordre de discontinuer l'enquête, sous prétexte qu'elle avait pour objet de tirer hors de cette cour les procès qui y étaient pendants. En conséquence, le maïeur fut cité à bref délai et interrogé sur les intentions qui avaient poussé la ville à solliciter des lettres d'édit attentatoires aux droits de la cour souveraine. Puis intervint un arrêt qui lui fit défense de poursuivre, pour raison de cette matière, devant le Grand-Conseil.

Telle était la position des parties au 2 octobre 1507. Ce jour là eut lieu l'assemblée des trois états du bailliage, pour la vérification des coutumes. L'incident que provoquèrent celles de la ville, loy, échevinage et prévôté d'Amiens, s'explique naturellement par les faits qui précèdent. Ces faits sont d'autant moins ici un hors-d'œuvre qu'ils jettent un nouveau jour sur les énonciations consignées dans le procès-verbal de cette célèbre assemblée.

Le lieutenant Saint-Delys s'opposa à la vérification, en prétendant qu'on devait lui présenter les coutumes générales de la prévôté d'Amiens distinctes de celles de la ville. L'échevinage, après avoir résisté quelque temps, se décida, le 25 janvier 1507-8, à retrancher du cahier de ses coutumes tout ce qui concernait les priviléges de la commune. Mais malgré ces retranchements qui ôtaient tout prétexte à l'opposition, elles ne furent définitivement approuvées que dans le courant de l'année 1513.

Nous ne rechercherons pas quelle a été la destinée des institutions coutumières de la ville d'Amiens, postérieurement à leur rédaction. Après avoir subi les réformes que les mœurs, l'esprit et les tendances du XVI.ᵉ siècle avaient rendues nécessaires, elles ont vu leur autorité restreinte aux cas non prévus par la coutume générale ; puis, avec le temps, elles ont fini par n'être plus invoquées que comme simples usages locaux. Quelques dispositions sur les servitudes de voisinage (1), voilà de tous les statuts de cet ancien code municipal, les seuls que les révolutions aient respectés, les seuls qui soient venus jusqu'à nous : quelques rameaux perdus et rachitiques verdissant encore sur un vieux tronc sans vie, voilà tout ce qui reste du chêne antique qui étendait au loin son ombre tutélaire.

(1) les art. 38, 39 et 40 de la coutume de 1507.

Juin 1841.

A. BOUTHORS.

La charte de commune de 1209, le bail de la prévôté de 1292 et les coutumes locales de 1507, avec les *Anciens usages* publiés en 1840, par M. Marnier et le recueil de coutumes contenues dans le M. S. 1189 de la bibliothèque royale, forment le corps complet des statuts locaux de la ville d'Amiens. Nous reproduisons textuellement les trois premiers titres parce que, ayant été revêtus de la sanction de l'autorité souveraine, ils ont un caractère d'authenticité qu'on ne peut méconnaître. Il suffira d'extraire du quatrième les dispositions qui font connaître l'organisation de la municipalité. Quant au cinquième dont nous possédons une copie, un motif de haute convenance nous commande de ne point anticiper la publication d'un monument destiné à l'*Histoire du tiers Etat* ; nous nous bornerons à en citer quelques fragmens, pour faciliter l'intelligence des textes que nous publions.

COUTUMES LOCALES

DE LA

VILLE D'AMIENS.

SOMMAIRE :

1.º Charte d'Etablissement de la commune d'Amiens (1209).

2.º Anciens Usages d'Amiens, vers 1280.

3.º Bail a Ferme de la Prévôté (1292).

4.º Coustumes de la Ville, Loy, Mairie, Prévôté et Echevinage d'Amiens (1507).

5.º Procès-Verbal de la Coutume de 1507.

I.

CHARTE DE L'ÉTABLISSEMENT DE LA COMMUNE D'AMIENS.

1209.

Texte Latin (a).

D'après l'original en parchemin conservé aux Archives de l'Hôtel-de-Ville.

In nomine sancte et individue trinitatis amen. Philippus dei gratia francorum rex. Qum amici et fideles nostri cives Ambianenses fideliter sepius suum nobis exhibuere servitium. nos eorum dilectionem erga nos et fidem plurimam attendentes. ad petitionem ipsorum communiam eis concessimus sub observatione harum consuetudinum. quas se observaturos juramento firmaverunt.

1. Unusquisque jurato suo fidem (1). auxilium. consiliumque per omnia juste observabit.

2. Quicumque furtum faciens (2) intra metas communie comprehendetur vel fecisse cognoscet (3). preposito nostro tradetur. quidquid de eo agendum erit (4) judicio communie judicabitur et fiet. Reclamanti vero id quod furto sublatum est : si potest inveniri prepositus noster. reddet reliqua in usus nostros convertentur (5).

3. Nullus aliquem intra communiam ipsam commorantem vel mercatores (6) ad urbem cum mercibus venientes infra banni leucam civitatis disturbare presumat. Quod si quis fecerit : sciat communiam de illo ut de communie violatore si eum comprehendere poterit vel aliquid de suo. justiciam facere.

4. Si quis de communione alicui jurato suo res suas abstulerit ; à preposito nostro submonitus justiciam prosequetur. Si vero prepositus de jus-

---

(A) Imprimée dans le tome XI des Ordonnances du Louvre, pages 264 à 268.

I.

CHARTE DE L'ÉTABLISSEMENT DE LA COMMUNE D'AMIENS.

1209.

Texte Français (b).

D'après le registre A de l'Hôtel-de-Ville f.° 6 r.° à f.° 8 v.°

Philippe par la grâce de Dieu roy de France. Pour che que nostre amy et nostre feel li citoyen d'Amiens nous ont souvent servi feelment : pour l'amiste d'euls et par leur requeste nous leur avons otroyé commune ad teles coustumes, lesqueles il ont juré ad garder et ad tenir.

1. Chascuns gardera droiturierement en toutes coses à sen juré foy aide et conseil.

2. Quiconques faisans larrechin sera prins dedens les bonnes de le ville : et il est congneu que il l'ait fait : il sera livrés à nostre prevost et sera jugiés par jugement de commune qu'il en sera ad faire et sera fait. A chelluy qui claime chose emblée : se elle puet estre trouvée : nostre prevost le rendera. Les autres choses seront nostres.

3. Nuls n'entreprengne ad destourber homme qui maingne dedens le commune ne marcheant qu'il viengne ad la chité à toute marchandise dedens le banlieue de la chité. et s'auquns le faisoit : la commune en feroit justice si comme d'enfreingneour de commune se elle le puet prendre ou auqune cose du sien.

4. Se auquns de commune toult à sen juré les sienes choses : nostre prevost le semonra et poursieurra justice et se li prevos defaut de justice :

(b) Imprimée dans les Mém. de la Soc. des Antiq. de Picardie. Voyez tome 3. pages 471 à 480.

ticia defecerit : à maiore vel scabinis submonitus in presentia communionis veniet. et quantum scabini inde judicaverint. salvo jure nostro ibi faciet.

5. Qui autem de communione minime existens alicui de communia res suas abstulerit (7). justiciamque illi infra banni leucam se exequturum negaverit : postquam hoc hominibus castelli ubi manserit notum fecerit communia : si ipsum vel aliquid ad se pertinens comprehendere poterit (8). donec ipse justiciam exequtus fuerit : prepositus noster retinebit. donec nos nostram, communia similiter suam habeat emendationem.

6. Qui pugno aut palma aliquem de communia preter consuetudinarium perturbatorem vel lecatorem (9) percusserit. nisi se defendendo se fecisse duobus vel tribus testibus contra percussum dirationare poterit coram preposito nostro : vigenti solidos dabit. quindecim scilicet communie et quinque justicie dominorum.

7. Qui autem juratum suum armis vulneraverit nisi similiter se defendendo legitimo testimonio et assertione sacramenti se contra vulneratum dirationare poterit : pugum amittet. aut novem libras. sex scilicet firmitati urbis et communie. et tres justicie dominorum pro redemptione pugni persolvet. aut si persolvere non poterit : in misericordia communie salvo catallo dominorum pugnum tradet.

8. Si vero ita superbus (10) fuerit vulneratus quod emendationem nolit accipere, ad arbitrium prepositi et maioris et scabinorum vel securitatem prestare : domus ejus si domum habuerit (11) destruetur. et catalla ejus capientur. Si domum non habuerit : corpus ejus capietur. donec vel emendationem acceperit vel securitatem prestiterit.

9. Qui vero de communione minime existens aliquem de communia percusserit vel vulneraverit, nisi judicio communie, coram preposito nostro justiciam exequi voluerit : domum illius si poterit communia prosternet. et capitalia erunt nostra. Et si eum comprehendere poterit, coram preposito nostro, per majorem et scabinos de eo vindicta capietur et catalla nostra erunt.

10. Qui juratum suum turpibus et inhonestis conviciis lacesserit. et duo vel tres audierint : ipsum per eos statuimus convinci. et quinque solidos, duos scilicet conviciato et tres communie dabit.

11. Qui inhonestum alicui de communia (12) dixerit in audientia quo-

chils sera semons de maieur et desquevins et venra pardevant le commune : et fera illuec tant comme esquevin jugeront : sauve nostre droiture.

5. Se auquns qui n'est de commune : tolt à homme de commune les sienes choses et il ne li welt faire droit dedens le banlieue. puis que la commune l'aura fait savoir ad hommes del Castel où il maint : se nostre prevos puet prendre luy ou auqune chose du sien : il le retenra tant que il ait poursievy droiture. et que nons ayons eu nostre amende : et la commune le siene.

6. Qui fiert de puing ou de paulme auqun de commune : se n'est glouton ou lecheour : sil ne se puet deffendre ou desraisnier contre le feru par II. tesmoins ou par trois : pardevant nostre prevost : il donra. XX. sols. quinse à le commune et V. à seigneurs.

7. Qui navre sen juré d'arme : s'il ne se puet aussi deffendre par loial tesmoignage et par sairement contre le navré : il perdera le puing. ou IX livres. pour le raccat de sen puing. VI livres à le fermeté de la cité et à le commune. et LX solz à le justice des seigneurs. et se c'est chose qu'il ne puist rendre. il livrera sen puing en le mercy de le commune. sauf le catel à seigneurs.

8. Mais se li navrés est si orgueilleux que il ne veulle prendre amendise au jugement de prevost et de maieur et desquevins. ne seurté donner : sil a maison elle sera abattue et li catel prins. sil n'a maison : ses corps sera prins : tant que il ait prise lamende et seurté donnée.

9. Se auquns qui n'est de commune fiert ou navre homme de commune : sil ne welt poursuievir droiture pardevant nostre prevost. par jugement de commune : la commune abatera se maison se elle puet. et li catel seront le Roy. et se elle le puet prendre : pardevant le prevost du Roy en sera prinse venganche par maieur et par esquevins. et li catel seront le Roy.

10· Qui laidenge son juré de laides paroles et deshonnestes : et doi ou troi loent. se il en est attains : il donra chiunc sols. deus au laidengié. et trois à le commune.

11. Qui dist chose deshonneste à auqun de commune en oyanche dau-

rundam, si communie propalatum fuerit. et se quod illud non dixerit judicio communie defendere noluerit : domum illius si poterit posternet communia. ipsumque in communia morari donec emendaverit non patietur. quod si emendare noluerit catalla ejus erunt in manu nostra et communie.

12. Si quis de juratione erga juratum suum facta, vel de fide mentita comprobatus fuerit, coram preposito et maiore judicio commune punietur.

13. Si quis de communia predam scienter emerit vel vendiderit. si inde comprobari poterit. predam amittet. eamque predatis reddet. nisi ab ipsis predatis vel eorum dominis adversus dominos communie vel ipsam communiam aliquid comittatur.

14. Qui clamore facto de adversario suo, per prepositum et maiorem et judices communie justiciam consequi non poterit. si postea adversus eum aliquid fecerit illum rationabiliter communia conveniet. ejusque audita ratione, quid inde postea agendum sit, judicabit.

15. Qui a majoribus et judicibus et decanis scilicet servientibus communie submonitus justiciam et judicium subterfugerit (13). domum illius si poterunt prosternent. ipsum vero inter eos morari donec satisfecerit non permittent. et catalla erunt in misericordia prepositi nostri et majoris.

16. Qui hostem communie in domo sua scienter receperit (14). eique vendendo et emendo. edendo et bibendo. vel aliquod solatium impendendo communicaverit. aut consilium aut auxilium adversus communiam dederit. reus communie efficietur. et nisi judicio communie cito satisfecerit : domum illius si poterit communia prosternet et catalla nostra erunt.

17. Infra fines communie non recipietur campio conducticius (15) contra hominem de communia.

18. Si quis communie constitutiones scienter et absque clamore violaverit. et inde convictus fuerit : mox domum illius si poterit communia prosternet. eumque inter eos morari donec satisfecerit non patietur.

19. Statutum est enim quod communia de terris sive feodis dominorum non debet se intromittere.

quns : sil est fait savoir à le commune. et il ne sen veult deffendre par jugement de commune que il ne lait dit : la commune abatera se maison se elle puet et ne li soufrera à demourer en la commune jusques ad ce qu'il l'ara amende : et sil ne le veult amender : si catel seront en le main le Roy et le commune.

12. Se aucuns est attains de fauls sairement ou de foy mentie envers sen juré : il les penira par jugement de commune pardevant le prevost et par devant le maieur.

13. Se aucuns de commune accate à escient ou vent proie : se il en puet estre attains il perdera le proie : et si le rendera as prees. se li pree ou leur seigneur n'ont fourfait aucune cose as seignours de la commune ou envers la commune.

14. Chils qui ne puet avoir justice de clameur qu'il fait de son adversaire par prevost par maieur et par jugeours de commune : se il li fait après aucune chose : la commune le metera à raison. et quand la raisons sera oye : la commune jugera que on en doit faire.

15. Chils qui est semons de maieur ou desquevins ou de sergans de commune et il defuit justice et jugement : il abateront se maison se il pueent : et ne le lairont demourer entre euls dusques il l'aura amendé et li catel seront en le mercy le prevost le Roy et le maieur.

16. Qui rechete à escient en sa maison ennemi de commune. et qui communite. li porte soit en vendre ou en achater. ne en boire ne en mengier. ne en aucun confort. ou qui li donne conseil ne aide envers le commune : il est coulpables de commune. Et s'il ne lamende isnelement par jugement de commune : la commune abatera se maison s elle puet et li catel seront le Roy.

17. Dedens le banlieue ne sera receups campions lieveis contre homme de commune.

18. S auscuns enfraint à escient les establissemens de commune et sans clameur et il est attains de ce : la commune abatera se maison s elle puet et ne le laira demourer entreuls desque il l'aura amende.

19. Il est establi que la commune ne se doit entremettre des fiefs ne des terres as seigneurs.

20. Qui judices communie de falsitate judicii (16) comprobare voluerit, nisi ut justum est comprobare potuerit : in misericordia regis est. et majoris et scabinorum de omni eo quod habet.

21. Mulier dotem quam tenet nec vendere nec in vadium mittere potest. nisi propinquiori heredi. et nisi de anno in annum. Si autem heres aut non possit aut nolit emere : oportet mulierem tota vita sua tenere. per annum autem locare potest.

22. Si quis vir et uxor ejus, infantes habeant. et contingat mori infantes. qui supervixerit, sive vir sive mulier, quidquid simul possiderint de conquisitis. qui superstes erit quamdiu vixerit in pace tenebit. nisi in vita premorientis, donum vel legatum inde factum fuerit. Quod si antequam convenerint, vel vir vel uxor, infantes habuerint : post decessum patris vel matris hereditas infantum ad eos redibit : nisi sit feodum.

23. Si mortuo marito uxor supervixerit et infantes ejus vivi remanserint. mulier de omni possessione quam vir ejus in pace tenuerat. quamdiu infantes in custodia erunt (17), donec ipsa advocatum habeat nisi sit vadimonium, non respondebit.

24. Si quis ab aliqua vidua pecuniam requisierit : ipsa contra unum testem non contra plures per sacramentum se defendet. et in pace remanebit. Si vero ab ea aliquam ejus possessionem ut vadium requisierit. ipsa per bellum se defendet.

25. Si quis terram aut aliquam hereditatem. ab aliquo emerit. et illa antequam empta fuerit propinquiori heredi oblata non fuerit (18). et heres eam emere noluerit : numquam amplius de ea illi heredi in causa respondet. Si autem propinquiori heredi oblata non fuerit. qui eam emerit vidente et sciente herede per annum eam in pace tenuerit (1) : numquam de ea amplius respondebit.

26. Si quis septem annis (20) aliquam suam possessionem presente adversario in pace, tenuerit : numquam de ea amplius respondebit.

27. Si quis alienus mercator (21) aliquid vendiderit. et in ipsa hora pecuniam habere non potuerit : ad dominum emptoris aut ad prepositum domini prius clamorem faciet. et si tunc ei justicia defuerit. ad majorem clamorem deferet. et major ei cito pecuniam suam habere faciet : quecumque dies sit.

28. Quicumque de promissione clamorem fecerit : nichil recuperabit.

20. Qui veult prouver les jugeours de commune de faulseté de jugement : sil ne le puet prouver si com drois est : il sera en le mercy le Roy et le maïeur et les esquevins de quanque il a.

21. Femme ne puet vendre ne mettre en gages sen douaire fors au plus prochain hoir et d'an en an. Se li hoirs ne le veult ou il ne le peult accater : il convient la femme que elle le tiengne sa vie : et par an le puet louer.

22. Se aucuns homs et sa femme aient enfans ensamble et il avient que li enfant muirent : chils qui sorvivera soit li homs ou la femme tenra en pais ce qu'il tinrent ensamble de leurs acqueremens toute sa vie. se dons ou lais n'en est fais à la vie de chelluy qui avant mœurt. Mais se li homs ou la femme ont enfans anchois qu'il soient assamble : li heritage des enfans revenra à euls après le décès du père ou de le mère. se ce n'est fiefs.

23. Se la femme sorvit après le mort sen baron et li enfant remainent vif : la femme ne respondera de toute le possession que ses barons avoit tenu en pais tant com li enfant seront en garde. dessi là que elle ait advoué se ce n'est gages.

24. Se auquns demande avoir à auqune vesve : elle se defendera par sen sairement contre un tesmoing. nient contre plureus. et remanra en pais. Et se on luy demande auqune possession si comme gage : elle sen defendera par bataille.

25. Se auquns accate terre ou auqun héritage daucun. et elle est offerte au plus prochain hoir ains quelle soit accatée : et li hoirs ne le welt accater : nen respondera puis al hoir en plait. Et s elle ne luy est offerte et chils qui accaté l'aura : le tient en pais sen accat un an à sen sceu et à se veue : n'en respondera ensement puis.

26. Se auquns tient sept ans en pais aucune siene possession : sen adversaire present : nen respondera puis.

27. Se auquns Marcheans estranges vent auqune chose et il ne puet avoir son paiement : il se clamera tout avant au seigneur del accateur ou à sen prevost. et son li defaut de justice : il sen clamera au maieur et li maires li fera tantost avoir. quel jour que ce soit.

28. Qui se claime de promesse : riens ne recouverra.

29. Si quis aut maior aut scabinus aut aliquis qui de justicia maioris fuerit, premium vel requisierit vel acceperit. et ille qui dederit vel à quo premium quesitum fuerit. ad maiorem clamorem deferat et testem super hoc habuerit : accusatus vigenti solidos persolvet. et si premium acceperit. reddet. Quod si accusator testem non habuerit. ille qui accusabitur per sacramentum se defendet.

30. Si quis ad prepositum clamorem deferet : et prepositus ei justiciam facere noluerit. clamator ad maiorem clamorem deferet. et maior prepositum ad rationem mittet : ut ei justiciam faciat. Quam si facere recusaverit : maior salvo jure regio justiciam faciet secundum statuta scabinorum.

31. Si quis super aliquem aliquid quod suum est interciaverit. et ille qui accusabitur respondebit se illud non à latrone scienter emisse : hoc pro quo accusabitur perdet. et ante justiciam per sacramentum se defendet : si prepositus vel justicia voluerit et postea in pace abibit. et hoc idem faciet garannus si hoc idem dixerit tam primus quam secundus et tercius. Accusator autem hoc quod clamaverit confirmabit. si voluerit ille qui justiciam tenebit.

32. In omni causa et accusator et accusatus et testis per advocatum loquentur si voluerint.

33. De possessionibus ad urbem pertinentibus extra urbem nullus causam facere presumat (22).

34. Si vir et uxor aliquam possessionem in vita sua acquisierint. et eorum quispiam mortuus fuerit. qui superstes erit medietatem solus habebit. et infantes aliam. si vir mortuus fuerit. aut uxor mortua fuerit. et infantes vivi remanserint. possessionem sive in terra sive in redditu que ex parte mortui venit, ille qui superstes erit nec vendere nec ad censum dare. nec in vadium mittere poterit absque assensu propinquorum parentum mortui. aut donec infantes ejus absque custodia fuerint.

35. Si quis prepositum regis in placito vel extra placitum turpibus et inhonestis verbis provocaverit (23) : in misericordia prepositi erit ad arbitrium maioris et scabinorum.

36. Si quis majorem in placito turpibus et inhonestis verbis , provocaverit : (24) domus ejus prosternatur. aut secundum precium domus in misericordia judicum redimatur.

37. Si quis juratum suum percusserit (25) vel vulneraverit. et ille qui

29. Se auquns ou maires ou esquevins ou autres de la justice le maieur prent loyer ou demande. et chils qui le donne ou cui on le demande. sen claime au maieur. et il en a tesmoing : li attains donra XX solz et si reddera le loyer sil la prins. Et se li accuseres n'a tesmoing li accuses sen defendera par sen sairement..

30. Se auquns se claime au prevost et li prevos ne li veult droit faire : il se clamera au maieur. et li maires mettera le prevost à raison que droit li face. et se li prevost ne li veult droit faire : li maires li fera justice sauve le droiture le Roy. selon les establissemens des eschevins.

31. Se auquns enterce le soie chose autruy : et li accuses respont que il ne la accaté à escient à larron : il perdera ce dont il iert accuses. et si se deffendera par sen sairement se li prévos et la justice veult. et en pais sen ira. Et ce meesmes fera ses garans sil dist iche meesmes. Aussi fera li primiers et li seconds et li tiers. et li accuseres affermera par sen sairement chou qu'il claime. se la justice veult.

32. En toutes causes li accuses et li accuseres et li tesmoing parleront par advocat sil veulent.

33. Nuls n'entreprengne à plaidier hors de la cité de possession qui appartiengne à la cité.

34. Se li hom ou la femme acquierent auqune possession en leur vie. et li uns mœurt : chils qui remanra aura pour luy le moitié et li enfant l'autre. Se il hom muert ou la femme. et li enfant remaint vif : chils qui remanra ne porra vendre ne donner ad cens ne mettre en gages. la possession qui vient de le part au mort : soit en terre ou en ente : sans l'otroy des prochains parens au mort. ou dessi là que li enfant seront sans garde.

35. Se auquns laidenge le prevost le Roy en plait ou hors plait. de laides paroles et deshonnestes : il sera en le merci le prevost par jugement de maieurs et d'esquevins.

36. Se auquns laidenge le maieur en plait de laides paroles et deshonnestes : se maisons sera abatue ou raccatée : selon ce quelle vault : en le mercy d'esquevins.

37. Se auquns fiert ou navre sen juré et li ferus se claime que pour

percussus fuerit clamorem fecerit quod pro veteri odio percussus sit : percussor rectum faciet secundum statuta scabinorum pro ictu. et post hec pro veteri odio (26). aut per sacramentum se purgabit. aut rectum faciet communie. et novem libras dabit. sex libras scilicet communie. et sexaginta solidos justicie dominorum. et persolvet medietatem recti infra octo dies. aut totum si scabini voluerint. Nullus enim pro eo qui percusserit quicumque sit aut vir aut mulier aut puer sacramentum faciet (27).

38. Si maior cum communia et juratis sedeat. et aliquis ibi juratum suum percusserit : domus illius prosternatur contra quem testes plures in causa exierint : quod primus ictum dederit.

39. Qui autem in causa jurato suo conviciatus fuerit : vigenti solidos communie persolvet. Ibi justicia dominorum nichil capiet.

40. Qui juratum suum in aquam vel in paludem jactaverit (28). si clamator unum testem adduxerit. et maior immundiciam viderit : ille malefactor sexaginta solidos persolvet. et de hiis habebit justicia dominorum vigenti solidos. Si immundus nullum testem habuerit : accusatus contra sanguinem vel immundiciam per sacramentum se defendet : et liber abibit.

41. Qui vero juratum suum servum. recreditum. traditorem. wisloth id est coup appellaverit (29) vigenti solidos persolvet (30).

42. Si filius burgensis aliquod forisfactum (31) fecerit : pater ejus pro filio justiciam communie exequetur. Si autem in custodia patris non fuerit. et submonitus justiciam subterfugerit : uno anno à civitate ipsum extraneum esse oportebit. Si autem anno preterito redire voluerit : secundum statuta scabinorum preposito et majori rectum faciet.

43. Si conventio aliqua facta fuerit ante duos vel plures scabinos : de conventione illa amplius non surget campus nec duellum. si scabini qui conventioni interfuerint hoc testificati fuerint.

44. Omnia ista jura et precepta que prediximus majoris et communie tantum sunt inter juratos. non est equum judicium inter juratum et non juratum (32).

45. Ambianis solebat esse consuetudo. quod in festis apostolorum de unaquaque quadriga per unam quatuor portarum urbis in villam introeunte. Garinus Ambianensis archidiaconus obolum capiebat. Maior vero et scabini qui tunc temporis erant per consilium Theoderici tunc episcopi Ambianen.

viex haine soit ferus : li fereres fera droit selon les establissemens d'esquevins pour le cop. et apres pour le viex haine. ou il sespurgera par sen sairement. ou il fera droit à le commune par IX libres : VI à le commune. et LX solz à le justice des seigneurs. et rendra le moitié de sen droit dedens les VIII jours ou tout se li eschevin veulent. Nuls ne fera sairement pour chelluy qui fiert quiconques il soit ou homs ou femme ou varlés.

38. Se li maires siet aveuc la commune et aveuc ses jurés en plait. et aucuns fiert illuec sen juré. la maisons à chelli qui attains sera par pluiseurs tesmoings qu'il ait donné le premerai cop, sera abatue.

39. Qui laidenge sen juré en plait : il perdera XX solz et la justice des seigneurs ni partira nient.

40. Qui jecte sen juré en yaue ou en palu. et chils qui sen claime a un seul tesmoing : et li maires voit la conchiure : li malfaiseres perdera LX solz. de ce aura la justice des seigneurs XX solz et li maires le remanant. mais se li conchiés n'a nul tesmonig : il se defendera par son sairement encontre la conchiure. et ensement aussi encontre le sang. et ensi sen ira delivrés.

41. Qui appelle sen juré serf. recreant ou traiteur ou coup : XX sols paiera.

42. Se li fiuls au bourgois fait auqun meffait : li peres poursieurra droiture à le commune pour sen fil. et sil n'est en le garde au père et il est semons et il defuit justice : un an sera hors de la cité. et sil veult revenir après l'an passé : il fera droit au prevost et au maieur selonc les establissemens des esquevins.

43. Se aucune convenance est faite devant II des esquevins ou pardevant pluiseurs : de chelle convenance ne sera puis ne camp ne bataille. se li esquevin le tesmoingnent qui furent à le convenance.

44. Toutes ces droitures et chist commandement que nous avons dit devant sont tant seulement du maieur et de la commune entre leurs jurés. N'est pas jugans jugemens de juré et de non juré.

45. Il soloit estre coustume à Amiens que es festes des apostles de chascune charete qui entroit par lequele que soit des quatre portes de la cité : prendoit li archediaques Garins une maaille. Li maires et li eschevin qui adonc estoient. accaterent par le conseil l'evesque Tierry d'Amiens. ichelle

(33) consuetudinem prefatam ab archidiacono quinque solidos et quatuor capones emerunt et ad censum ceperunt. et censum illum ad furnum firmini de claustro extra portam sancti Firmini de Valle situm. archidiaconus sumit.

46. De omnibus tenementis ville justicia exhibebitur per prepositum nostrum ter in anno in placito generali. videlicet in natali domini. in pascha. in pentecosten.

47. Omnia autem forisfacta que infra banni leucam fient : maior et scabini judicabunt : et de illis justiciam facient sicut debent, presente baillivo nostro. si ibi interesse voluerit. Si vero interesse noluerit vel non potuerit : pro ejus absentia justiciam facere non desinent sed debitam facient justiciam. excepto murtro et raptu (34). que nobis et successoribus nostris in perpetuum retinemus, sine parte alterius. Catalla vero homicidarum incendiariorum et proditorum nostra sunt absolute sine parte alterius. In catallis vero aliorum forisfactorum retinemus nobis et successoribus nostris id quod habuimus et habere debemus.

48. Bannum in villa nullus facere potest nisi per regem et episcopum. (35)

49. Si quis bannitus est pro aliquo forisfacto. excepto murtro. homicidio. incendio. proditione et raptu (36). rex, senescallus vel prepositus regis et episcopus et maior : unusquisque eorum semel in anno : poterit eum conducere in villam.

50. Volumus etiam et communie in perpetuum concedimus. quod nec nobis nec successoribus nostris liceat civitatem Ambianensem vel communiam extra manum nostram mittere. sed semper regie inhereat corone.

Que omnia ut in perpetuum rata et firma permaneant. presentem paginam. sigilli nostri auctoritate. et regii nominis karactere inferius annotato. salvo jure episcopi et ecclesiarum et procerum patrie. et salvo alieno jure confirmamus.

Actum Peronne anno ab incarnatione domini millesimo. ducentesimo. nono (37). regni vero nostri anno tricesimo. astantibus in palatio nostro. quorum nomina supposita sunt. et signa. Dapifero nullo. signum Guidonis buticularii. S. Bartholomei camerarii : signum Droconis constabularii.

PHILIPPUS. Data vacante cancellaria *per manum fratris Garini..*

coustume à chelluy archediaque V sols et IV capons et prinrent ad cens. et celluy cens prent li archediaques au four Fremin du cloistre dehors le porte saint Fremin el Val.

46. De tous les tenemens de la ville sera faite droiture par notre prevost III fois en l'an en plait général. c'est assavoir au noel. à pasques et à penthecouste.

47. Tous les forfais qui seront fait dedens le banlieue de la cité : jugeront li maires et li esquevin et en feront justice si com ils doivent pardevant nostre bailliu sil y veult estre. Et sil ni veult estre ou il ni puet estre : il ne lairont mie à faire leur justice pour ce sil ni est. fors de rapt et de murtre que nous retenons à nous et à ceuls qui venront après nous. à tousiours sans part d'autruy. Mais li catel des homicides. des ardeurs et des traiteurs sont nostre sans part dautruy. et es cateuls des autres forfais retenons nous aveuc nostre.... et aveuc ceuls qui apres nous venront. ce que nous y avons eu et ce que nous i devons avoir.

48. Nuls ne puet faire ban en la ville fors par le Roy et par l'evesque.

49. Se aucuns est banis de la ville pour auqun forfait : li Rois. li senescauls. li prevos le Roy. li vesques et li maires : chascuns de chiauls le puet conduire en la ville une fois en l'an. fors de murtre et de homicide et de arsion et de traison et de rapt.

50. Nous volons et ottroions à tousiours à la commune que il ne loise mie à nous ne à ceuls qui apres nous venront mettre le cité d'Amiens ne la commune hors de nostre main. mais tousiours soit appendans à la couronne de France.

Et pour ce que toutes iches choses soient fermes et estables à tousiours : nous confremons cheste chartre par l'auctorité de nostre seel et par le forme et le figure des royals noms qui sont noté et escript ichi en droit, sauve la droiture l'evesques et des églises et des barons du paiis et sauf autruy droiture.

Cheste chartre du Roy Philippe fu donnée à Peronne et renouvellée l'an de l'incarnation nostre Seigneur Jhesu Christ M. CC et IX el trentisme an de son regne.

II.
LES ANCIENS USAGES D'AMIENS (38).
vers 1280.

Extrait de l'ouvrage intitulé: Ancien coutumier inédit de Picardie *publié par M. A. J. Marnier Avocat et Bibliothécaire de l'ordre des Avocats à la Cour Royale de Paris.* 1840.

1. Nus ne puet estre maires d'Amiens II annéez en ensievans l'une aprez l'autre (39). Ne nulz frèrez, seronges, ne pères ne fieulz, ne genres, ne cousins germains ne poent estre esquevin ensanlle en une anée.

2. Cascune banière fait sen maïeur fors li waides et li mesureur (40); et li maires et li esquevin d'Amienz font de ches II banièrez, maïeur.

3. Li maires et li esquevin nomment par leur sermens, III personnes de leur esquevinage ou de dehors leur esquevinage, pour faire maïeur de le chité de l'un de ches III, et portent as maïeurs de banières ches III personnes, et li maïeur des banières en prendent I par leurs sermens, le plus souffisant, et ne le poent li maïeur dez banières refuser que li uns de ches III ne soit pris (41). Et convient que chis qui pris est faiche serment de le mairie: et, se il ne veult faire, on abatera se maison et demourra en le merchi du roy au jugement de esquevins.

4. Li maïeur de banièrez font XII esquevins et maires nouviaus, et chil douze esquevin en font IV autres.

5. Li maïeur des banièrez font IV conteurs qui les deniers de le ville et les rentes et les présens (42), et les cauchies de le ville font et wardent: et li maires et li esquevin donnent à cascun sen office de ches officines IV. Et se il en i avoit aucun rebelle qui l'office ne vausist prendre, on abateroit se maison et l'amenderoit au jugement de esquevins.

6. Se li maires qui eslus seroit refusoit le mairie et vausist souffrir le damage, jà pour che ne demoureroit mie qu'il ne fesist l'office. Et se aucun refusoit l'esquevinage, on abateroit se maison et l'amenderoit au jugement de esquevins, et, pour chou, ne demoureroit mie que il ne fesist l'office de l'esquevinage. Se li IV conteur ou li I d'aus estoient rebelle de faire leur office, il seroient pugni aussi comme li esquevin, et pour che ne demourroit mie qu'il ne fesissent leur office.

7. Li IV sergant le maïeur mettent jus leurs verges le jour que on fait maïeur (43); et li maires et li esquevin quant il sont fait, leur rendent,

se il veulent; et, se il les voloient donner à autrui, il les porroient donner, mais onques ne fu fait, se il n'i eut cause. Et se aucun de ches IV sergans trespassoit ou estoit mis hors du serviche, li maires et li esquevin porroient donner le vergue de commun assentement, et là où li plus s'acorderoient, il seroit donné : ne li maires ne li esquevin ne le poent mie donner se n'est en plain esquevinage assanle, à cloque; se il n'estoit ainssi que en esquevinage, anchois qu'il fust esqueus, li eust-on promis où il li fust octroiiés par acort de esquevinage; et s'il en estoit ensi, li maires le porroit donner en le présence d'aucun de l'esquevinage.

8. Li maires ne puet donner le gauge fors par esquevinage assanle, à cloque, s'il n'est ottriés à le personne par esquevinage avant qu'il soit esqueus. Et se il li est ottriés en esquevinage, li mairez le poet donner sans l'esquevinage ainsi que de ses sergans, en le présence d'aucun de ses esquevins.

9. Li maires poent donner toutes les autres officinez de le ville sans parler à nul de ses esquevins, mais bien se prende warde que il ne le doinst à personne où il se meffache, car ch'est de sen office et seur sen sairment.

10. Li maires ne peut nulluy appeler au conseil de le ville (44), se che n'est par le conseil des esquevins.

11. Li maires ne poet ne ne doit de nulluy qui soit au conseil de le ville, ne nulle officine oster de sen serviche, se il ne le fait par conseil de esquevinage.

12. Il convient que li cheppiers qui warde le beffroi soit mis à serviche par conseil dez esquevins et plain esquevinage, et qu'il soit home de boine renommée.

Il convient que li maistres carpentiers et machonz de le ville qui font les œvres de le ville soient mis en leur serviche par esquevinage, et que che soient personnes creaules.

13. Li desquarkeur sont tenus de venir à berfroy quant il oent bondir le grant cloque et sont tenu de sonner le, et par che sont-il cuite de le taille. Et se aucunz descarquerres est malades qu'il ne se puist aidier, il partist à tous ses compaignonz aussi bien comme s'il faisoit sen office : mais se il estoit haittiés, et par se deffaute il ne faisoit sen mestier, il n'y partiroit riens : et si longuement porrait targier que il perderoit le mestier, et le donroit-on à autrui si comme l'on a accoustumé à donner.

Et aussi est-il des gaugeurs et de tous autres officines de le ville; exceptez les IV sergans le maïeur, car se li I est malades et il ne puet faire ses semonces il ne partist mie ad semonces de ses compaignons.

14. Nulle semonce qui soit faite des sergans le maïeur ne vault fors des IV sermentez ou de l'un d'aus, ne ne porte recort qu'il soit semons dont

on puist amende lever. — Mais se li crierrez des corps qui crie les bans, ou chieus qui quiert les canes de le ville, aloient du commandement du maïeur querre aucun, chis qui mandés seroit doit venir au maïeur; mais se ch'estoit en cas là où il convenist qu'il fust adjournés sans péril, il ne responderoit point s'il ne voloit devant che qu'il seroit adjornés. Mais se aucuns sergans ou waite voloient prendre aucuns malfaiteur, cascuns de le ville est tenus d'aus aidier les à prendre et de faire en leur pooir; et qui chou ne feroit il l'amenderoit au jugement de maïeur et d'esquevins.

15. On doit deffendre lez blés et les awaines cascun an que nus ne voist ens cœullir herbe ne mettre beste u tamps et en le saizon quant li maires voit que poins est; Et ly pastich et li marés doivent estre wardé de prendre wasons ne praiel de quoy li pastich soient empirié ; ne nuls n'en doit donner congié de prendre fors li maires (45).

16. Li fossé et les fermeté de le ville sont à soustenir et à retenir au maïeur et as esquevins pour le commun de le ville. Et li yretage appartenant à le communité de le ville, si comme les maisons leur, les portes, et les estaus à bouchiers et les cressonnières sont bailliés par maïeur et par esquevins. Les maisons et les cressonnières et les autres rentes de le ville ne pevent estre bailliés fors à terme ; à vie n'à yretage on ne les peut baillier.

17. Li maires doit sez sergans et tous chiaus qui ont les officines de le ville pugnir et corrigier par conseil de ses esquevins.

18. Le gent de mestier de le terre l'évesque soient boulenghier, bouchier, taneur, sueur, merchier, corriier sont tenu de warder les estatuts qui sont en leur mestier au commandement des maïeurs des banières; liquel commandement sont fait et le doivent estre du conseil du grant maïeur et les esquevins d'Amiens.

Et doivent avoir chele gent de mestier leurs tours as estaus le samedi par leur droiture paiant, et toute le sepmaine continual vendre leurs denrées là où il ont acoustumé sans faire tort à autrui.

Et s'il caioient en aucune amende par le raison de l'esward de leur mestier, et se li eswardeur des mestiers les voloient pugnir en levant l'amende ou à faire che qu'il appartient, et chil qui meffait aroient estoient rebelle, li eswardeur du mestier le doivent monstrer à le justiche l'évesque, et le justiche l'évesque les doit pugnir en se terre et est l'amende leur.

Et se li eswardeur des mestierz trouvoient as estaus par dedens le ville, ou sans estaus, denrrée appartement mises à vente, ou qui fuissent souspechonneusez sans mettre à vente, li eswardeur du mestier les porroient arrester et venir au maïeur et as esquevins, et seroient les denrées pugnies selonc leur fourfaiture, et selonc che qu'il le converroit faire si comme on a acoustumé d'usage.

Ne en chesti cas le gent l'évesque n'aroient mie les derrées de leur hommez, ne l'amende, fors pour l'amende paiant, lequele amende seroit à chiax à qui elle appartenroit selonc usage; et se aucun le gent l'évesque ou aucun de se terre estoient rebelle as cosez desseure dictes, le gent de le terre ne venderoient en le ville, ne tenroient estal, ne officine;

Et aussi est-il des hommes de capitre en le forme dessus dicte.

19. Li maires et li esquevin ont le connissanche et le jugement de tous débas d'yretages et de possessions de le chité et vile, excepté che qui est tenus de fief de quoy li jugemenz et la connissanche n'en appartient point à aus (46).

20. Il ont le connissanche et le jugement de tous débaz de marquandise et de tous marquiés et de toutes convenenches qui sont faites dedens leur banlieue, se termes ou respis n'est donnés de le debte; et se termes ou respis en est donnés, tant comme as debtes le connissanche en appartient au prévost ou au visconte (47).

21. Il ont le connissanche et le jugement des fourfais, des violences et des mellées qui sont faites par dedens leur banlieue et poent enquerre des fais et tesmoins oyr, mais il convient que li prévos le roy i soit appelés ou ses commans, car sans li ne poent-il oyr tesmoins, se li prévos ou ses commans ne les conduisoit.

22. Il ont le connissanche de faire asseurer parties quant manèches sont provéez; et se le manèche n'est prouvée il poent comander à tenir boine pais; et se aucuns enfraint l'asseurement donné ou le pais, li maires poet enquerre de l'enfrainture, le prévost appellé; et selonc l'enqueste li maires et li esquevin jugeront le malfaiteur et le pugniront selonc le meffait (48).

23. Li maires et li esquevin n'appeleront ne ne consentiront que à jugement qu'il faichent li prévos le roy soit, mais quant il aront fait leur jugement et il en seront à 1, il appeleront le prévost on sen commant, avant qu'il le dient, et li diront le jugement qu'il pensent à rendre, se ch'est jugement où il appartiengne amende, là où li roys et li seigneur prengnent, ou li roys sans les seigneurs ou jugemens ou appartiengne justiche. Car de jugemens d'iretages ne de possessions ne de convenences, ne de marquiés là où

il n'ait point de terme, li prévos ne sera point appelés, ne à tesmoings oyir ne à jugement rendre.

24. Li maires et li esquevin ne sont à meller en nulle cose de rat ne de murdre, car ch'est le roy sans part d'autrui; mais il sont bien tenu à conforter, et à consillier, et à donner forche et ayde au prevost le roy ou à sen command, en cas de rat et de murdre, se li prevos ou ses commans leur en requiert, et nient autrement (49).

25. Li maires et li esquevin ne sont à meller de nul cas, quel qu'il soit, ne de yretagez, ne de possessions qui aviengnent ne qui soient u Hoquet, ne en Riquebourt, ne en le Vingne l'Évesque : car ch'est terre l'évesque, si en appartient à li le justiche en toutes cosez.

26. En tous les lieus là où li évesquez et li capitres et autre signeur ont justice de catel qui les y ont par raisons de fief, li mairez et li esquevin y ont toute justiche quant elle y esquiet en tous cas, excepté le murdre et le rat; ne jà pour le justiche de catel, ne lairont qu'il ne justichient les hyretages et les personez couquans et levans en ches lieus.

III.
CHARTE DE LA PRÉVOTÉ.
MAI 1292

D'après l'original en parchemin conservé dans les archives de l'hôtel de ville d'Amiens scellé du grand sceau royal en cire verte, sur lacet de soie rouge et verte, parfaitement conservé.

PH. Dei gratia Francorum rex. Notum facimus universis tam presentibus quam futuris quod nos maiori scabinis et communie Ambian. ad firmam perpetuam, pensionis inferius annotate, tradidimus et concessimus preposituram nostram Ambianensem et banleuce civitatis ejusdem pro se et suis successoribus tenendam et, in perpetuum possidendam : videlicet omnes redditus, emendas, exitus et utilitates cum omnibus justiciis et dominiis que ad nos pertinebant ratione prepositure predicte. cum omnibus etiam illis dreitturis et emolumentis quas prepositus qui à nobis habebat eandem ad firmam sive in custodia percipiebat aut percipere debebat ibidem.

In quibus predictis contenta intelligimus ea que inferius annotantur.

1. Videlicet omne jus nobis competens, tam ratione domanii quam acquestus facti per genitorem nostrum carissimum à Drocone de Ambianis milite

quondam domino de Vinarcourt (50), vel quacumque alia causa in kaasgio et traverso Ambianen. in theloneo bladi et aliorum granorum. vieserie. escoerie. baterie. piscis. alleccis. lane agniculorum. filati et omnis generis animalium et pecudum. in foragio vini. in lege seu redibentia pistorum. in focagiis lignorum per terram et aquam.

2. Item in theloneo fructus, coriorum, ferri, calibis, et omnium aliorum metallorum et pinguedinum, pannorum et telarum.

3. Item in piscaria nocturna aquarum semel in anno.

4. Item in thorelagio cambariorum seu factorum cervisie et in cervisia ad quam nobis tenebantur. In censu frocorum regis. In censibus maisellorum et vici dicti Versiaus.

5. Item in eo quod dicta villa nobis annuatim reddebat pro justicia vici Cantus-Rane. in prepositura Magni Pontis. in justicia catallorum, in emendis, defectibus, arrestis, negationibus, cognitionibus, dierum assignationibus et omnibus aliis justiciis et explectis ad nos spectantibus et que spectare debebant ratione justicie catallorum et litterarum. eo modo quo prepositus firmarius eisdem litteris poterat et debebat uti. novarum dissesinarum, turbationum omniumque impedimentorum et novitatum. Hoc acto quod petitio proprietatis vel partis ejusdem in feodis nobis retinemus.

6. Item in casticiis (51) et edificiis super terram et aquam necnon sub terra in aqua et extra aquam. emendis, licentiis, dangeriis (52). intercionibus rerum furtivarum vel amissarum, sive veris an falsis. in omnibus melleiis, forefactis ac emendis excedentibus summam novem librarum: in quarum medietate ad nos pertinente dicta villa percipiet sexaginta solidos (53) ratione prepositure predicte. nobis ipsius medietatis residuo remanente. Hoc excepto, quod nichil percipimus aut clamamus in emenda decem et octo librarum in qua quicumque foraneus. non burgensis ambianen. si burgensem ambianen. cum baculo, custello, lapide, seu alio armorum genere feriat, ut dicitur, per legem ville tenetur. in omnibus bannis fractis. estraeriis seu derelictis et inventionibus, in quibus villa percipiet sexaginta solidos, sicut hoc noster prepositus firmarius consuevit, nobis residuo remanente.

7. Item in falsitate mensurarum et ponderum que ad nos solummodo pertinere dicebantur.

8. Item in custodia parci, in armendo pugiles, in gagiis duelli admittendis, sexaginta solidos villa percipiet nobis residuo remanente.

9. Item in cambiis, in custodia et ebolitura seu ruptura chiminorum,

in uno pari calcarium deauratorum, debito modo census et in omni jure quod in premissis habebamus ratione carucate que fuit predicti Droconis de Ambianis.

10. Item in duobus denariis censualibus quos Droco Malerbe nobis annuatim reddebat ratione acquestus quem fecit à Petro de Machello milite nostro ac in omnibus aliis ad nos pertinentibus et que pertinere poterant et debebant ratione domanii acquestus predicti seu quacumque alia causa spectante ad prepositurum predictam.

11. Et est sciendum quod maior et scabini predicti servientes dicte prepositure, pro suo libito, instituent et destituent (54) : qui servientes habebunt potestatem quam debent et consueverunt habere servientes ejusdem prepositure.

12. Habebunt etiam ipsi major et scabini custodiam et utilitatem prisionariorum arrestatorum pro debitis et emendis nobis et ville communiter debitis nec non custodis eorum : facientque absque nostra licencia banna sua que cum licentia prepositi faciebant antea (55). et si aliquis omnia bona sua foresfaciat habebit ex inde villa sexaginta solidos. nobis residuo remanente. et si aliqua banna nova vel alique defensiones fiant in villa et banleuca predictis ex parte nostra, ratione superioritatis nostre, percipiet dicta villa in utilitate que nobis perveniret ex inde sexaginta solidos tantum.

13. Murtrum et raptum nobis retinemus. Poterunt tamen major et scabini predicti suspectos facti appellare, capere, arrestare et incarcerare ut nobis vel ballivo nostro eos reddant sicut prepositus dicte prepositure alias facere consuevit : et habebunt ex utilitate que nobis inde perveniet sexaginta solidos, si tantus sit valor in bonis commissis prout id ipsius prepositure prepositus consuevit habere.

14. Ballivus noster Ambianensis qui pro tempore fuerit, tenebitur, ad sumptus petentium, frangentes arresta dicte ville et eos qui nobis et ville communiter tenebuntur in emendis, compellere seu compelli facere redire in villam satisfacturos de debitis in quibus tenebuntur. et de emendis nobis et dicte ville communiter debitis, ratione delictorum vel excessuum perpetratorum in villa et banleuca predictis.

15. Maior siquidem aut quicumque ab eo deputatus (56) prepositus dicte ville erit ex parte nostra, modo et forma quibus prepositus noster erat in nostra prepositura, tempore quo eadem prepositura et alia supra dicta ad eandem spectantia tenebantur in manu nostra.

16. Pro predicta autem firma (57) dicti maior scabini et communia Ambianen. reddent et solvent nobis et nostris successoribus, annis singulis, in

futurum sexcentas et nonaginta libras parisien. videlicet terciam partem eorum in festo omnium sanctorum, aliam terciam partem in festo candelose immediate sequenti, et reliquam terciam partem, in festo ascensionis Domini, Parisius apud templum. ita tamen quod feoda elemosinas et redibencias debitas et consuetas exsolvi de prepositura et aliis supradictis faciemus reddere et persolvi de nostro.

17. Sciendum est insuper quod maior Ambianen. quicumque pro tempore fuerit prestabit juramentum in creatione sua, singulis annis, ballivo nostro Ambian. pro nobis, quod jus nostrum et etiam pro nobis competens in emendis in dictis villa et banleuca evenientibus fideliter servabit et faciet observari; quodque id ad observationem juris nostri ballivo nostro Ambianen. quociens ad ipsius maioris noticiam devenerit, denunciabit pro nobis, ut jus nostrum in eisdem servetur.

Que ut perpetue stabilitatis robur optineant; salvo tamen in aliis jure nostro et jure etiam quolibet alieno, presentes litteras sigilli nostri fecimus impressione muniri.

Actum apud Vicennium anno domini millesimo ducentesimo nonagesimo secundo. Mense maii.

IV.
COUTUMES LOCALES DE 1507.

Bibliothèque royale. M.S. fonds Colbert. 8407 3. 3. folio 1 *recto à* 15 *recto.*

Ce sont les coustumes locales, usaiges et stilz gardez et observez en la ville, loy, mairie, prévosté, eschevinage et banlieue d'Amiens, que mettent et baillent par devers vous, noble et puissant seigneur, Monsieur le bailly d'Amyens ou votre lieutenant, les maire, prévost et eschevins d'icelle ville, en en suivant le teneur des lettres patentes à vous envoyées par le roy, notre sire, et l'injonction, sur ce par vous à eulx faite, pour lesdites coustumes, usaiges et stilz estre veues, et en faire selon le bon vouloir et intention du roy, notre dit seigneur, ainsy qu'il vocult et mande estre faict pour les dites lettres.

   Et primes.

1. Par la dicte coustume local le mort saisist le vif, son plus prochain héritier, habille à luy succéder, sans aultre appréhention de faict, et n'y a aucun relief en la dite ville et banlieue d'Amiens (58).

2. Par la dicte coustume, se au mariage de deux conjoincts a esté à la femme par le mary convenancé aucun douaire sur ses héritaiges, scituez en la dite ville, loy, prévosté et eschevinaige, et il a esté recongnu, par devant les maire prévost et eschevins d'icelle ville, tel douaire est et doibt estre héritaige aux enfans, qui seront yssus du dit mariage, après le trespas des dits conjoinctz, en telle manière qu'il ne se poeult vendre, ne autrement aliéner, ou préjudice desdits enfants, pourveu toutes voyes que les dits héritaiges soyent déclarez et spécifiez es lettres de la dite recongnoissance, ainsy passée par devant lesdits maieur, prévost et eschevins. (59)

3. Par la dicte coustume, en quelque manière que ce soit, que héritaiges viennent de père ou mère à leurs enfans, en ce cas, le dit héritaige est tenu et réputé pour héritaige aus dits enfans (60).

4. Par la dicte coustume, toutesfois que l'un de deux conjoincts va de vie à trespas et délaisse enfans procréez de leur mariage, en ce cas les biens meubles se partissent et divisent en trois parties, c'est à scavoir : ung tiers au survivant, ung aultre tiers à la disposition du déceddant et pour acomplir ses testamens, obsèques et funérailles, ou aultrement, et l'autre tiers ausdits enfans, à la charge de paier et aquiter les debtes aussy pour ung tiers sur chacune des dites trois parties. Et se tel déceddant alloit de vie à trespas, sans avoir disposé de son dit tiers pour testament, et il y avoit résidu après ses dits obsèques et funérailles aquicter, icelluy résidu appartiendroit ausdits enfants, à la charge du tiers des debtes qui se doibt prendre sur la part du dit défunct ; et s'il n'y a aucuns enfans, les dits meubles se partissent et divisent en deux, c'est à savoir : la moictié à la disposition du déceddant, et pour acquicter sa moictié des debtes avec ses obsèques et funérailles, et l'autre moictié au survivant, à la charge de l'autre moictié des dites debtes (61).

5. Par la dicte coustume, toutesfois que du mariage de deux conjoinctz sont yssuz aucuns enfans, et, durant et constant le dit mariage, il en y a aucuns aliés par mariage, aus quels aura esté donné par leurs père et mère aucuns de leurs biens meubles ou immeubles au traicté de leur dit mariage, se les dits conjoinctz ou l'un d'eulx vont de vie à trespas, en ce cas les dits enfans mariez s'ils voeullent venir à partaige et succession du déceddant à l'encontre des aultres enfans à marier, sont tenuz faire rapport de ce qu'il leur aura esté donné à leur dit mariage, ou autrement ilz ne viendront poinct au dit partaige (62).

6. Item, que, en tous les héritaiges cottiers que le dit mary et la femme

ont scituez et assiz en la dite ville, mairie, eschevinage et banlieue d'Amyens, leurs enfans après leur trespas partissent égallement, aultant l'un comme l'autre; et s'il y a aqueste, le père et le mère en peuvent faire et disposer à leur voulunclé; et s'ilz n'en disposent, les ditz enfans partiront, aultant l'un comme l'autre, comme des dits héritaiges; et se des ditz aquestes iceulx père et mère font disposition, elle doit estre tenue, et aussy poeult bien l'un d'iceulx conjoinctz disposer par testament de sa part et portion à telle personne et ainsy que bon luy semblera, sans ce que l'autre partie soit contraincte de ce faire, s'elle ne voeult, et est telle disposition réputée vallable (63).

7. Item, par la dicte coustume, chacun poeult donner par don d'entre vifs son héritaige à qui qu'il voeult, sans le consentement de son héritier; mais, s'il le donne en morte-main, il conviendroit que la morte-main le mist hors de sa main dedans an et jour que la justice l'en auroit sommé; et se, en dedans les dits an et jour, il ne le avoit faict, [le roy et les maire et échevins de la dite ville prendroient tous les fruictz et prouficlz, et seroient aquis aus dits maire et eschevins, tant et jusques à ce qu'elle seroit mise hors de la dite morte-main (64).

8. Item, s'aucuns quind est donné sur héritaiges, celluy à qui il est donné n'aura poinct l'héritaige du quint, se celluy ou celle à qui le dit héritaige est voeullent; mais tantost il finera d'argent contant, pour la valleur du dit quint, s'il se poeult accorder à celluy à qui le dit quint est donné; et s'il ne poeult concorder de l'argent, le dit quint sera prisé par droicte estimation des dits maire, prévost et eschevins et de leur conseil, et convenra que celluy ou celle, à quy le dit quint est ainsy donné, prende l'argent; et se celluy à quy est le dit heritaige ne voulloit tantost paier l'argent, prouficteroit du dit quint qui seroit aqueste (65).

9. Item, que on ne poeult quintier ung héritaige deux fois, et tant comme le dit héritaige qui a esté quintié demeure en la main des hoirs, quelque loingtains qu'ils soient, ne de quelz degrez ce soit descendus, on ne le poeult jamais quintier aussy bien s'il fine pour argent, comme s'il baille l'héritaige; mais se icelle heritaige yssoit hors de la cotte de l'héritier, quelque loingtain qu'il fust, et aucun l'acheptast aux hoirs ou à la justice, se le lieu estoit forfaict des hoirs, celluy qui trespasseroit sans en faire disposition, et il escheoit à ses hoirs ou il le donnoit à ses enfans aussy bien à ung que à plusieurs, il escherroit de nouvel en héritaige et prendroit costé; et aussy les hoirs à quy il escherroit poulroient tout de re-

chief et de nouvel quintier le dit héritaige sur les conditions dessus dites et seroit pour la cause de nouvel costé (66).

10. Item, se aucun donne son aqueste à son enfant ou à plusieurs, il chiet en héritaige; et se l'un ou plusieurs des dits enfans le vendoient, il cherroit en ratraict lignagier; et se le don leur estoit venu de leur père et de leur mère ensemble, il cherroit aussy en ratraict des deux costez, tant de par père que de par mère (67).

11. Item, se le père et le mère ensemble durant leur conjonction, ou l'un d'eulx après le trespas du premier mourant, donnoient à leurs enfans ou à l'un d'eulx leur aqueste, et celuy ou ceulx à qui le don seroit faict le vendoient, le père et le mère auroient obtion de le ratraire, c'est à savoir : s'ils estoient tous deux vivans, la totalité ensemble; et celluy qui surviveroit après le trespas du premier la moictié seulement; et quant à l'autre moictié, elle se poulroit ratraire par les lignagiers du dit trespassé (68).

12. Item, pour faict que le père forface puis la mort de la mère, ne mère puis la mort du père, douaire ne poeult estre empesché qu'il ne vienne aux hoirs qui sont yssuz du mariage, aussy bien de luy comme de plusieurs, ou aux hoirs qui d'iceulx seroient yssus (69).

13. Item, se homme a plusieurs héritaiges, des héritaiges dont il n'a point doué sa femme, il poulra, s'il se ramarie, douer de son héritaige qu'il nommera sa femme qu'il prendra; ne ses enfans de sa première femme n'auront rien ou douaire ne en l'héritaige de quoy il aura doué sa femme; ne les enfans de la nouvelle douée ne auront rien en l'héritaige de quoy la première femme fut douée; et ainsi est-il de tant de femmes qu'il prendra, s'il a tant d'héritaiges (70).

14. Item, chacun poeult douer sa femme de son acqueste qu'il aura fete aussy bien comme de son héritaige et de ses acquetz qu'ilz feront ensemble (71).

15. Item aussy, ung homme poeult douer sa femme de son consentement de l'heritaige d'elle, aussy bien comme du sien, et sera le douaire de toutes les conditions dessusdites (72).

16. Item, s'aucune personne se marie contre la voulonté de son père et sa mère, et il n'emporte rien de leurs biens, après le décedz du père ou de la mère, il emporteroit sa partie es meubles, héritaiges et acquestes par compte d'hoirs, se le décedant n'avait disposé de sa part des dits meubles et acquestes, autelle partie comme les enfans à marier auroient. Ne jà

pour ce s'il estoit marié, ne lairoit qu'il n'eust sa part, puisqu'il n'auroit rien emporté à mariage (73).

17. Item, s'aucun ou aucune marie son enfant puis la mort du père ou de la mère et luy donne de ses biens, celluy qui marié est ne lairra jà qu'il ne partisse au douaire, dont sa mère aura esté douée, et ès héritaiges qui viendront du costé de ceulx qui auront esté trespassez, soit son père ou sa mère (74).

18. Item, s'aucun homme a enfans de plusieurs femmes en mariage, les enfans ou enfant emporteront chacun le douaire de leur mère, aprez la mort du père; aussy bien l'un comme plusieurs; et s'aucun des enfans trespassoit sans hoir de sa chair de mariage, le dit douaire escherroit à ses frères ou à ses sœurs qui seroient yssuz de ce mariage; ne les enfans des autres femmes ne y auroient rien; mais se tous les enfans du premier mariage moroient sans hoir de leur chair de mariage, ou sans hoir qui fussent yssus des frères ou de ses sœurs en mariage, les enfans qui seroient yssuz de l'autre mariage auroient le dit douaire, ou leur hoir en commun. Et ainsy est-il du second mariage et du tiers et de tous les aultres ensuivans que l'homme auroit; et ainsy est-il du douaire qui seroit faict d'héritaige à la femme (75).

19. Item, la succession des grands père et mère, que l'on dit tayon ou taye, vient au nepveu ou à la niepce qui est yssu du filz ou de la fille, par devant le père ou mère du grand père ou tayon et par devant les frères et les sœurs du tayon (76).

20. Item, par ladite coustume et usaige, s'aucunes ou aucun acheptent aucun droict de cens constitué sur maison ou héritaiges seans en la jurisdiction des maire prévost et eschevins de ladite ville, il loist au propriétaire de l'heritaige ou héritaiges, sur lesquels se prendroient lesdits cens, en dedans demy an ensuivant la vendition desdits cens, rembourser l'achepteur ou achepteurs des deniers par eulx pour ce paiez, en quoy faisant le dit droict de cens vendu demeure confus et esteinct en l'acquit et descharge du dit propriétaire et de son dit héritaige, sur le quel se prenoit son dict droict de cens (77).

21. Par la dicte coustume, se aucuns ayans cens sur aucuns héritaiges estans en la dite jurisdiction vendent les dits cens aux propriétaires des dits heritaiges, en ce cas les dits cens venduz demeurent confus et esteinctz en la descharge d'iceulx héritaiges, les quelz partant ne se poeuvent depuis ratraire par proximité de lignaige (78).

22. Item, par ladite coustume et commune observance introduicte en ladite ville, prévosté et banlieue, nul ne poeult picquier, fouir, ne heuer, sur les frocs et flégards, ne en la terre et jurisdiction d'icelle, sans le gré, consentement et licence des dits maieur, prévost et eschevins, ne en icelle exploicter, que ce ne soit en commectant amende de LX sols parisis, en quoy les facteurs escheent, chacun et pour chacune fois, envers les dits maieur prévost et eschevins (79).

23. Par ladicte coustume, se aucunes bestes sont trouvées es ablaiz croissans sur les terres de ladite banlieue d'Amiens, ceuls à quy sont les dites bestes escheent, chacun et pour chacune fois, en amende de VII sols parisis, dont le sergent qui auroit faict la prinse serait creu par son serment; et se ce estoit à garde faite, ils encourroyent en amende de LX sols parisis.

24. Par la dicte coustume, se aucunes bestes à layne sont trouvées paissans en maraiz communs d'icelle banlieue, ils escheent en amende de LX sols parisis.

25 Par la dicte coustume, toutes choses trouvées espaves es mectes de la dite jurisdiction sont et demoureront au prouffict de la dite ville, se ainsi n'estoit qu'il y eust poursuite par celluy au quel elle appartiendroit deument vérifié; ou quel cas lui doibt estre restituée; et s'aucun aultre s'ingeroit prendre les dites choses ainsy trouvées espaves, sans le consentement des dits maieur prévost et eschevins, ou leur avoir dénoncé, tel facteur escheit en amende de LX sols parisis.

26. Par la dicte coustume, quiconque faict par le justice des dits maieur prévost et echevins empescher aucune chose pour luy avoir esté mal tollue ou emblée, et aprez le dit empeschement fait-il deffault de probation, il eschiet pour le faulx enters envers la dite ville en amende de LX sols parisis (80).

27. Par la dicte coustume, s'aucun est attainct avoir injurié aultruy par paroles, il eschiet pour le laid dict en amende de XX sols parisis envers icelle ville.

28 Et pour frapper de la main pareille somme de XX sols, dont au droict de ladite ville en appartient XVII sols II deniers pite.

29. Item pour férir et abattre par terre par couroux et débat, les délinquans escheent en amende de LX sols parisis chacun, dont au droict d'icelle ville appartient XLVII sols IX deniers.

30. Item, quiconque en la dite ville et banlieue tire cousteau ou espée en débat ou par malveillance, il eschiet, par la dite coustume, en amende de VI livres, dont au droict d'icelle ville appartient IV livres XVII sols VI deniers.

31. Item s'aucun fiert ou abat de baston, cailloux, espée ou d'arme moluc, il eschiest par la dite coustume en amende de IX livres parisis, dont à la dite ville en appartient la somme de VII livres, VI sols, IV deniers, et le surplus de toutes les dites amendes sont et appartiennent à monsieur l'évesque d'Amiens et monsieur le vidame, chacun pour son droict, quant elles sont deuement adjugées par les dits maieur prévost et eschevins, aus quelz en appartient la congnoissance et non aultrement.

32. Item, par la dicte coustume, quant aucun débat est faict en icelle ville et banlieue, et que, aus dits débats, y a aucunes personnes navrées ou mutillées, dont mort ou méhain s'en poeult ensuyvre, les dits maieur prévost et eschevins, aprèz information veue et et rapportée par devant eulx, font, par leurs sergentz et par cry public à la bretesque, appeller au droict du roy et de la dite ville les coupables des dites blessures et navrures à venir et eulx rendre prisonniers desdits maieur prévost et eschevins, en dedans le lendemain, heure des complies, du dit appel faict, pour droict faire et prendre sur ce que on les tient en coulpe du dit débat; et se les dits appellez sont deffaillans de comparoir en dedans la dite heure, ils escheent par ung seul deffault en amende de LX livres parisis, dont au roy en appartient XXVII livres et à la dite ville XXXIII livres; et se mort s'en ensuit, l'on procède contre les dits délinquans deffaillants de venir par bannissement, au son de la grosse cloche du beffroy, sur le hart (81).

33. Item, par la dite coustume, toutes aultres amendes procédans des délictz et enfrainctes des ordonnances d'icelle ville qui sont commises en la dite ville et banlieue, la congnoissance en appartient aus dits maieur, prévost et eschevins et sont telles amendes arbitraires au profict de la dite ville sans part d'aultruy.

34. Par la dite coustume, aus dits maire prévost et eschevins appartient la totale garde et jurisdiction de nuict et l'appréhension et congnoissance des personnes qui y sont trouvées délinquans, malfaisans ou transgressans les dites ordonnances, de quelque estat ou condition qu'ils soient, saouf à faire le renvoy des personnes privilégiées où il appartient, quant ilz en sont requis de temps deub (82).

35. Par la dicte coustume, les propriétaires ou possesseurs des maisons et héritaiges chargez de cens en icelle ville, sont tenuz paier les arrérages des dits cens aux termes de Noël, Pasques communaux et St.-Pierre entrant aoust, à chacun terme ung tiers, et les porter ou envoier à la personne à

quy ils sont deubz ou en sa maison à domicile, s'il est domicilié en ceste dite ville.

36. Par la dite coustume, les habitans de la dite ville et banlieue et autres y ayans ténemens ou héritaiges ne poeuvent aquerre possession, ou prescripre à l'encontre de son voisin, en choses olcultes et absconses estans en leur ténement.

37. Par la dite coustume, nul ne poeult faire en la dite ville et banlieue, sur froc de rue, aucune saillye portant plus de deux piedz et demy, et que la dite saillye soit assize en la haulteur de neuf piedz ou plus, tellement que l'on puist franchement passer à cheval par dessoubz (83).

38 Par ladite coustume, il n'est loisible à aucuns de faire fosse en ténement pour servir à faire retraictz, qu'il n'y aye, entre la dite fosse et la terre à son voisin, deux piedz et demy de franche terre ; et ne se poulroit tel qui ainsy auroit faict faire ledit retraictz, aucunement ensaisiner par prescription (84).

39. Par la dite coustume, quiconque veult édifier nouvel édifice, il peult depuis terre en amont eslever son ténement sy hault que bon luy semble et faire oster, à droicte ligne, tous empeschements qui y poulroient estre.

40. Par ladite coustume, s'aucun édifie à l'encontre de son voisin, et par avant y ayt eu ung noc commun, et il faict édifier de plus grand haulteur, le dit viel noc, en l'estat qu'il est, demeure à l'usaige de la maison non édifiée de neuf en le retirant par le propriétaire ou possesseur dudit viel ténement entièrement sur luy à ses despens ; et doibt ledit nouveau édifice estre nocqué de neuf aux despens de celuy qui le faict faire.

41. Par la dicte coustume, ung chacun doibt clotture suffisante, à l'encontre de son voisin, de sept piedz de haulteur et non plus, se bon ne luy semble.

42. Par la dite coustume, nul ne poeult en la dite ville faire ne faire faire en sa maisou ou ténement aucun nouveau four public, ne aussy asseoir nouvelle solle, seul ou muret sur rue, nouveau estal, nouvelle venelle et huissière à cellier, nouveau ruyot, ne nouveau travers à chevaulx que par la licence des dits maieur, prévost et eschevins, sur peine, pour chacune fois, de LX sols parisis d'amende, et qu'ilz n'ayent premièrement payé les droitz seigneuriaulx pour ce deubz aux seigneurs (85).

43. Item, par la dite coustume, s'aucun tient et occupe d'aultruy à tiltre de louaige aucune maison, jardin ou héritaige, il loist au propriétaire, pour les arrérages escheuz, faire prendre par exécution les biens trouvez et es-

tans en la dite maison, à qui que les dits biens puissent appartenir, et les faire vendre et distribuer pour le paiement du dit louaige ; et se sur la dite exécution il enterroient (*sic*) opposition, et au jour servant les opposans défaillent de comparoir, par ung seul deffault il est ordonné que la dite exécution se parfera sur les dits biens ; et sy peuvent estre prins et empeschez les aultres biens trouvez es la dite maison et héritaiges pour la seureté du terme prochain advenir.

44. Par la dite coustume, toutes personnes ayans droict de cens sur les maisons et héritaiges scituez en la dite ville et banlieue d'Amiens, peuvent, pour estre paiez de leurs dits cens, faire prendre et lever par exécution les huis ouvrans et fermans sur rue des dites maisons ; et se les propriétaires d'icelles se rendent opposans, ils y seront receuz, et leur sont leur dits huis et fenestres renduz, et jour à culx assigné par devant les dits maieur, prévost et eschevins ; au quel jour, se le dit opposant ne compart, par ung seul deffault, il est ordonné que la dite exécution se parfera sur les dits huis et fenestres, et ledit opposant condamné es dépens.

45. Par la dite coustume, il loist à tous propriétaires des dites maisons et héritaiges renoncer aus dits héritaiges, pour tous cens et arrérages à quoy ilz doivent estre receuz, sans aucune chose paier des dits arrérages, se ainsy n'est que par lettres ou faict spécial les dits propriétaires ne soient à ce faire tenuz (86).

En marge du quel article est escript ce qu'il s'ensuyt. Il a esté remonstré en l'assemblée tenue que cest article faict à corriger selon la coustume générale, par laquelle on ne doibt estre receu à renonciation d'héritaiges qu'en payant tous les arrérages.

46. Par la dite coustume, les sergens à masse des dits maieur, prévost et eschevins poeuvent, en vertu de leurs masses, faire cryées et subhastations des héritaiges scituez en la dite ville et banliene d'Amiens, pour aucune somme de deniers, en quoi le possesseur d'iceulx est tenu et obligé, soit par lettres obligatoires royaux ou par aultres obligations ou condamnations, et aprez ce que le dit sergent a faict diligence de trouver biens meubles, en deffault d'iceulx, il poeut prendre en la main des dits maire, prévost et eschevins, les dits héritaiges de telz obleigez ou condemnez, en la presence de deux personnes, et icelle prinse signifier aus dits maieur, prévost et eschevins et au dit obleigé ou à son domicile ; et en procédant aus dites criées, convient qu'elles soient faites, de huitaine en huitaine, par jour de samedy et à l'heure de marché à la bretecque, ayant avec luy

le sergent à verge d'icelle ville, et continuer par quatre huitaines ; et en dedans la IIIme doibvent les dits héritaiges estre mis à pris et les dites mises à pris signifiées au dit obligé ; et à chacune cryée est le dit sergent tenu afficher et apporter par escript, en l'auditoire des plaidz des dits maieur, prévost et eschevins, la publication par luy faite portant sy c'est la première, seconde, tierce ou dernière cryée ; et se, pendant et durant les dites cryées, aucuns s'opposent à icelles, ou mectent et escripvent leurs noms comme opposans au dessoulz de la dite publication, le dit sergent est tenu les recevoir à opposition pendant les dites cryées ; autrement n'est le dit sergent tenu ce faire ; et les dites cryées ainsy faictes et parfaictes, comme dict est, sont les opposans adjournez pour dire les causes de leur opposition : le mecteur à pris, pour wider ses mains, et le dit obligé, pour veoir adjuger le dit décret, avant que pouvoir procéder au parfaict de l'adjudication des dits héritaiges ; et se ainsy n'est faict, sont les dites cryées tenues et reputées de nulle valleur à l'encontre du quel obleigé par ung seul deffault, il est dict que le décret s'adjugera. Et sont les dits opposans, aussy par ung seul deffault, déboutez de leur opposition, et suffit faire les adjournements aus procureurs des opposans (87).

USAGES ET STILZ (88)

de la mairie, prévosté, eschevinage et banlieue d'Amiens.

47. Par les dits usaige et stilz, les sergens à masse d'icelle ville et prévosté poeuvent, sur les habitans en icelle, en vertu de leurs masses, faire tous adjournemens et significations à requeste de partie, et exécuter toutes sentences et obligations données des dits maieur, prévost et eschevins, ou autres juges royaulx, en lettres faites soubz sceaulx royaux et congnuz, sans pour ce avoir ne obtenir commission par escript ; et quant les habitans d'icelle ville et banlieue voeullent traicter et poursuyvre par devant : l'un l'autre, en l'ordinaire de leurs plaidz, tant en matière réelle que personnelle, la partie demanderesse faict par l'un des sergens à masse d'icelle ville adjourner sa partie deffenderesse au dit ordinaire des plaidz, du jour du dit adjournement au lendemain ou aultre jour que se tiennent les dits plaidz, aussy en vertu de sa masse ; et en matière d'exécution doibvent les dits sergentz bailler leurs relations par escrit.

48. Item, lesquelz sergens, au jour assigné, sont tenuz faire relation de bouche en jugement des dits adjournements, et doibt au dit jour la partie

demanderesse fournir sa demande et conclusions et le bailler par escript à sa partie adverse s'il le requiert.

49. Item, et se telz adjournez sont convenuz en matière réelle, ils poeuvent obtenir délay d'advis et d'absence, qui ne sont que de tiers jour en tiers jour, et aussy veue des lieux et héritaiges contentieulx, que le demandeur est précisément tenu faire au jour et heure assignez, sur peine de paier les despens de l'instance. Et, après icelle veue faite, peult demander délay de garand qui est de huitaine, pendant la quelle il poeult faire adjourner son dit garand et le constumasser par deux ajournements ; et se celluy qui est ainsy attraict en cas de garand, emprend le faict et charge, il poeult aussy requerre et avoir aultre garand ; et, le dit garand empreins, vont les garantis hors cause, et demeure le dit garand seul ès procez.

50. Item, en matière personnelle pœuvent les deffendeurs, avant deffendre, obtenir délay d'absence au tiers jour et délay de sommer à huitaine telle personne qu'il leur plaist, qui se pœuvent joindre en la cause ou acquicter, se bon leur semble, en prenant les quels délay de garand ou de sommer esdites matières réelles ou personnelles, partie deffenderesse est privée de toutes conclusions dilatoires ; et se ilz se laissent mectre en défault par avant avoir défendu, il convient, pour obtenir sentence et contumace vaillable, que le demandeur obtienne quatre défaulx, et que l'un des adjournemens aye comprins la personne de l'adjourné ; et se ainsy estoit que, avant le troisième défault obtenu, le deffendeur voulsist estre oy, il ne poulroit sinon blasmer les exploicts prins en la dite cause, et demourroit débouté de toutes deffences péremptoires.

51. Par le dit stil, s'il estoit ainsy que la cause fust défendue au principal, partie demanderesse et aussy partie deffenderesse contre le demandeur, pœuvent obtenir deffault ; mais par le dit deffault ilz ne seroient déboutez que de ce, sur quoy le jour et assignation serviroit.

52. Item, et se parties sont appoinctées contraires en escriptures, ilz sont tenuz les apporter à huitaine pour les changer et les rapporter accordées et débattues au tiers jour ; et s'aucune des parties débat et croist aucuns articles comme non plaidoiez, il convient que le procureur ou advocat de la partie les afferme avoir plaidoiez ; toutes voies qui debatteroit la conclusion ou offres portées par les dites escriptures, il convient de ce faire apparoir par acte, autrement ne seroyent creux.

53. Item, doibvent chacune des parties respondre aux faits en personne et par serment, et avoir délay de faire leur enqueste, c'est à scavoir : pour première production quinze jours, pour la seconde huit jours, et, pour la

production de leur enqueste, doibvent et pœuvent faire adjourner à brief jour et heure leur tesmoingz et la partie adverse jurer et produire.

54. Item, et se en dedans les dits deux délaiz ilz n'avoient achevé la dite enqueste, ilz pœuvent requerre avoir le troisième délay par préfixion qui est seullement d'une huitaine.

55. Item, et ce faict, se doibvent les parties ou leurs procureurs conclure sur faictz principaulx et prendre jour d'apporter reproches au tiers jour ensuivant pour tout délaiz; et, aprez qu'ilz ont changé de reproches, apporter leurs salvations au tiers jour en suivant, pour icelles servies, soy conclure en droict; ès quelles reproches et salvations ilz ne pœuvent mectre moyens servans au principal, et doibvent telz faitz escriptz au principal estre trachez se partie adverse le requiert.

56. Item, ces choses faictes, aprez le procez veu, par avant prononcer la sentence, doibvent les parties ou leurs procureurs estre appelées pour veoir leurs pièces et faire inventaire, se bon leur semble, et, aprèz le dit procez clos, sont les procureurs des parties, qui ont conclud le dit procez, tenuz de le sceller de leurs sceaulx; et se icelles parties ou leurs procureurs estoient absens le jour de la prononciation de la dite sentence, les dits maïeur, prévost et eschevins peuvent faire sceller le dit procez par deux auditeurs ou aultres par emprunt.

57. Item, se l'une ou l'aultre des dites parties ou son procureur se portoit pour appelant de la dite sentence *ilico* ou depuis, et il renonce, tel appelant escheent par sa dite renonciation envers la dite ville en amende de LX sols parisis.

58. Item, et aussy s'ils soustiennent leur dit appel et ils succombent, ilz escheent, pour l'amende du dit fol appel, en pareille amende de LX sols parisis.

59. Par les dits usaige et stilz, tous les habitans et aussy tous marchans forains et estrangers, en matières personnelles et provisionnalles et aussy regardans le faict de police des mestiers, pœuvent par les dits sergens à masse faire mander et sommèrement, de jour en jour et d'heure en heure, adjourner les dits habitans à comparoir par devant les dits maïeur, prévost et eschevins; et sont les dits sergentz tenuz comprendre la personne des dits adjournés et de ce faire rapport et relation de bouche aus dits maïeur, prévost et eschevins.

60. Item, et après la dicte rellation ainsy faite, se partie adjournée est deffaillant comparoir à la presentation, il est seconde fois adjourné, et se,

oudit second adjournement sommier, il ne compare ou envoye aléguer excuse, il est contrainct par prinse de corps, se mestier est, fournir audit adjournement et venir oyr, pourveu de conseil se bon luy semble, ce que sa partie demanderesse veult contre luy demander et conclure, pour y respondre sommièrement ; et selon la difficulté et provision quy y chet, sont les dites parties appoinctées, soit par faiz ou autrement, ainsy que l'on voit estre à faire par raison, pour leur faire droict le plus brief et au moindre fraiz que possible est.

61. Item, par les dictz usaige et stilz introduictz en matière d'arrest, il est loisible aus dits habitans et autres personnes foraines faire par les ditz sergens arrester, à la loy privilégiée d'icelle ville, tous forains, leurs debteurs et redevables, soit tant de grains, d'argent que autres choses et marchandises, dont ils pœuvent estre tenuz, pourveu que entre les parties y ait obligation, promesse ou compte faict. Et sont telz redevables contrainctz par prinse de corps ou tenuz namptir des biens non périssables de ce pourquoy le dit arrest est formé, et respondre de la dite dette par devant les dits maïeur, prévost et eschevins.

62. Item, par le dit stil, la partie qui a faict faire le dit arrest, se le dit arresté est prins au corps et il s'oppose, est tenu luy faire donner jour et comparoir en personne par devant les dits maïeur, prévost et eschevins en dedans XXIIII heures dudit arrest faict, pour illec affermer sa demande et soy restraindre, autrement le dit arresté doit avoir et emporter congié de court et despens.

63. Et s'il estoit ainsy que l'on eust faict faire aucun arrest sur les biens d'aucun debteur, comme bestes chevalines et autres bestes mortelles, et le dit debteur ne voulut namptir de biens non périssables, par les dits usaige et stilz, le juge poeult ordonner les dites bestes estre vendues; et, se c'est sur biens meubles non périssables, le dit debteur absent, il doibt estre décerné commission pour signifier le dit arrest au dit debteur et luy donner jour compétent pour y respondre; aultrement en deffault de y venir comparoir, le dit arrest, par ung seul défaut, seroit déclaré estre parfaict et en affermant par le dit demandeur sa demande comme il feroit paravant contestation en cause.

Les quelz usaige, stilz, coustumes cy-dessus déclarées les dits maire, prévost et eschevins mectent et baillent par devant vous, mon dit seigneur le bailly ou votre dit lieutenant, et messieurs les commissaires à ce commis et depputez, de par le roy notre dit sire, pour icelles veoir, examiner et interprecter soubz protestation et sans préjudice des droictz, priviléges, prééminences et prérogatives donnez, octroiez et confirmez par le roy et ses prédécesseurs de grande ancienneté à la dite ville et cité d'Amiens et aux habitans en icelle ; et les ditz priviléges, dons et octroiz demourans au surplus entiers en leur force et vertu. Signé, N. Fauvel, maieur d'Amiens. Robert, abbé de St-Fuscien. Jehan, abbé de St.-Acheul. Jacques, abbé de St.-Martin. Jehan de la Motte seigneur de Villes et plusieurs autres en grand nombre.

V.

PROCÈS VERBAL.

Tiré du 20.ᵉ registre T de l'hôtel de ville d'Amiens.

Pour obéir et acomplir, par nous maieur, prévost et eschevins de la ville et cité d'Amiens, le contenu des lettres patentes du roy nostre souverain seigneur, naguaires envoiées à monseigneur le bailly d'Amiens ou son lieutenant, et fournir l'ordonnance et injonction faite en vertu d'icelles par noble homme Anthoine de Saint Delyz, escuier seigneur de Hencourt, lieutenant général de monseigneur le bailly d'Amiens, en l'assemblée tenue le XXVIᵉ jour d'aoust de cest an mil cinq cens et sept, en ceste ville d'Amiens, pour le fait des coustumes générales dudit bailliage, aprez la publication faite en icelle assemblée desdites coustumes générales, par laquelle ordonnance a par lui esté enjoint à tous les prévostz roïaux et autres seigneurs justiciers et officiers ayans justice et juridicion subalternes, et ressortissans audit siège, faire et mettre et rédiger par escript les coustumes de leurs dites juridicions et les renvoier par devers lui signées et en forme deue, pour en faire selon le bon plaisir et intention du roy nostre sire ; pour ad ce procéder, en accomplissement dicelle ordonnance, avons fait mettre et rédiger par escript les coustumes locales et particulières de la dite ville, loy mairie, prévosté, eschevinage et banlieue d'Amiens. Et ce fait, à la requeste du procureur pour office d'icelle ville, avons envoyé nostre commission par vertu de laquelle, et par Pierre le Roux et Jehan Brunot nos officiers et sergens roïaux en ladite ville et prévosté d'Amiens, avons fait adjourner et appeler à comparoir pardevant nous, en la halle de ladite ville, au lieu que on dit la Malemaison au lundi XIX.ᵉ jour de septembre dudit an, pardedens heure de huit heures du matin, tous les prélatz, chapitres, et curez estans et demourans dedens l'enclos et fermetté d'icelle ville et banlieue, et aussi les chevaliers, nobles hommes et grand nombre des citoïens, bourgois et gens notables de ceste dite ville, avec les avocatz, procureurs et conseillers du siège dudit bailliage, pour eulx illec trouver en l'assemblée ordonnée estre tenue pour le fait desdites coustumes ; et en ensuivant lesquelz adjournemens et seignificacions, lesdits prélas, nobles, bourgois, avocatz procureurs, conseillers et autres habitans d'icelle ville et cité d'Amiens, ont comparu, ausquelz avons fait faire serment solempnel que au fait desdites coustumes ilz eussent à conseiller le roy et ladite ville, et lesdites coustumes usages et stilz augmenter, corriger ou diminuer, selon quilz les congnoissent estre tenues, gardées et observées en ladite ville, banlieue et prevosté d'Amiens. — Et ce fait............ de Cocquerel et Anthoine Deroguirel procureurs et conseillers de révérend pere en Dieu monseigneur, l'évesque d'Amiens, nous ont remonstré que combien que ledit révérend père eust sa juridicion lymittée en ceste dite ville, et ne soit que nostre pur voisin, pourquoy il ne avoit esté loisible à nosdits sergents, en vertu de nostre dite commission, le avoir fait adjourner ne exploictier en ladite terre, en protestant que lesdits adjournemens ne fussent tenuz à conséquence au préjudice de leur dite juridicion; et pareilles remonstrances que dessus ont esté aussy faites, par Jacques Lemaistre procureur des doïen et chapitre de l'Église Nostre Dame d'Amiens ; et pareillement par messeigneurs les abbez de St-Fuscien, de Saint-Martin-aux-Jumeaux et de Saint-Achœul ; ausquelz a esté fait responce que lesdits adjournemens contre eulx donnez, avoient esté faiz en vertu de ladite ordonnance et injonction à nous faite par le roy, et que ne entendions en riens entreprendre sur leurs drois et juridicions, mais seulement pour confermer et approuver lesdites coustumes et oyr se aucune chose y estoit mise autre que raisonnable ; et que volentiers dudit adjournement leur baillerions lettres de non préjudice, dont ilz se sont contentez. — Et avons fait lire et publier à haute voix le caier fait et redigé par escript desdites coustumes qui ont esté, par tous les dis prélas, gens d'église nobles, citoïens, avocatz, procureurs et gens notables estans en ladite assemblée en grant nombre, accordées signées et aprouvées pour véritables, comme il est contenu au cayer en parchemin auquel ce présent procès-verbal est attaché (89) soubz le contre seel de ladite ville. En faisant l'arrest et acceptacion desdites coustumes, usaiges et stilz, honorable homme maistre Bobert de Fontaines avocat du roy audit siège, a dit et remonstré que les gens et officiers dudit seigneur avoient plusieurs procès et questions pendantes en la court de parlement du roy nostre dit seigneur, à Paris alencontre de nous pour raison de nos droiz et juridicion royal, qui sont encore indécis : (90) à ceste cause, protestoit que lesdites coustumes ne leur peussent porter aucun préjudice. A quoy par Liénard Leclercq procureur d'icelle ville a esté protesté au contraire, et lesdites coustumes usages et stilz estre faites, examinées et passées pour véritables par lesdits assistants ; maistre Anthoine Leclercq procureur du roy nostre dit seigneur audit bailliage, a requis, paravant que lesdites coustumes fussent signées, que les lui volsissions baillier pour les veoir et visiter avec les gens et officiers du roy dudit siège ; à quoy par la bouche de maistre Loys Scorrion avocat dicelle ville, a esté remonstré au contraire, et que l'on estoit illec assemblé pour vériffier lesdites coustumes, ce qui desjà estoit fait, pourquoy n'estoit raison les mettre ne baillier en la main desdits gens et officiers, jusques à ce quelles fussent signées et deument approuvées par ceulx de ladite assemblée, pour les bailler et presenter en forme deue à mondit seigneur le bailly ou sondit lieutenant et à messeigneurs les commissaires et depputez de par le roy nostre dit seigneur sur le fait desdites coustumes, pour estre veues et en faire selon le bon plaisir et intention du roy nostre sire. Et ont lesdites coustumes, usaiges et stilz esté signées, vérifiées et approuvées par lesdits assistans ainsi et par la manière qu'il est contenu audit cayer en parchemin. — Et oultre avons fait publier à son de trompe et cry publicque, en lieux acoustumés à faire cris et publicacions, la commission donnée dudit monseigneur le lieutenant attachée en marge de nosdites présentes, en vertu de laquelle l'on a fait faire à tous prélas, gens d'église, nobles, praticiens et autres personnes qui se trouveront le 1.ᵉʳ jour doctobre prochain venant et les jours ensuivans, audit lieu de la Malemaison, pour oyr la publicacion qui se doit faire desdites coustumes générales des prévostez dudit bailliage, ensemble des locales et particulières des terres et seigneuries y ressortissans, pour lesdites coustumes accorder ou contredire, si receus y doivent estre, selon le bon vouloir et intention du roy nostre sire, ainsi qu'il estoit mandé faire par ladite commission. Et plus avant par nous n'a esté procédé en ceste matière. Ce que dist est certiffions estre vray et par nous avoir esté fait, par ces dites présentes ausquelles, en tesmoing de ce, avons fait mettre le seel aux causes de ladite ville. — Faites et données les jour et an dessus dits.

Ainsy signé MACHY.

NOTES

DE LA PREMIÈRE SÉRIE.

CHARTE D'ÉTABLISSEMENT DE LA COMMUNE D'AMIENS.

(*Les Notes de cette 1.re Série sont de l'Editeur.*)

Note 1. — Page 62.

Art. 1.er : *Unusquisque jurato suo fidem.*

L'obligation où étaient tous les membres de la commune de se prêter mutuellement foi, secours et conseil, comprend tous les devoirs auxquels les associés de la Ghilde étaient tenus les uns à l'égard des autres

— » Omnes...... ad amicitiam pertinentes villæ, » per fidem et sacramentum firmaverunt quod unus » subveniet alteri tanquam fratri suo. » (Charte de la ville d'Aire art. 2).

— » Si autem congilda confratri suo, in legi- » bus non astiterit, aut testimonium adversus ipsum » perhibuerit, testimonio convictus, emendet ei. » (Statuta Gildæ sancti Erici. Art. 8).

— » Quilibet burgensis debet esse plegius pro » alio, primò secundò, tertiò, et quousquè pro » eo aliquid amiserit : et tunc non tenetur plus » esse plegius. » (Leges burgorum (Scotiæ) cap. 129. — Houard cout. anglo-norm. tom. 2 p. 450).

— C'est au nom de la commune que le bourgeois en détresse sollicitait l'aide de son co-juré, soit pour se défendre contre une injuste agression, soit pour arrêter un malfaiteur et le livrer à la justice : « Quiconques soit estranges ou forains » qui fiert ou boute ou forfache à gent de Que- » muigne et cil cui on forfait crie ou apele aide » de Quemuigne, puet et doit retenir son droit et » deffendre son juré du prendre et du retenir ce- » lui, tant que il en ait plainement porsievi droi- » ture (Cout. d'Amiens M.S. Lavallière, ch. *de coi ou plaide devant le maieur*).

A Tournai, lorsqu'un juré était assailli par un forain, tous les voisins étaient obligés de porter secours, et le prévôt poursuivait en justice ceux qui s'en abstenaient sans excuse légitime. « Si » aliquis extraneus qui de communià non fuerit, » homini de communià fecerit assultum, vicini sui » eum juvare debent ; quod nisi fecerint, prepo- » situs super eos clamare debet dedecus civitatis, » et quidquid de eo fecerint, nullum debent ad- » versus civitatem incurrere forisfactum (Charte de Tournai art. 5. Ordonnances des Rois tom. xi p. 249).

— Cette obligation était même si étroite que l'article ii de la charte de commune de Noyon, n'admet d'excuse qu'en faveur des infirmes, des boiteux ou de ceux qui sont obligés de rester chez eux pour garder leur femme ou leurs enfants malades. (Ord. du Louvre tom. xi p. 224).

Voir dans le même recueil, tom. xi p. 249, charte de la commune de Soissons art. 1.er — p. 278, charte de Villeneuve en Beauvoisis art. 1.er — p. 305, charte de Crespy en Valois art. 1.er — p. 252, charte de Sens art. 1.er — p. 311, charte de Doullens, art. 1.er — tom iv p. 53, charte d'Abbeville art. 1.er etc.

Ces deux dernières ont de plus un grand nombre de leurs dispositions qui sont conformes à la charte d'Amiens. Il est facile de voir qu'Abbeville a copié ses privilèges sur Amiens, et Doullens sur Abbeville.

Note 2. — Page 62.

Art. 2. *Quicumque furtum faciens etc....* Dans les lois anglaises publiées au xe siècle, sous le règne d'Ethelstane, se trouvent des réglemens pour la cité de Londres qui donneraient à penser que les premières communes ont été des associations

contre les malfaiteurs. Rien en effet n'est plus contraire au développement du commerce et à la prospérité de l'industrie que l'impunité du brigandage. Delà l'obligation que ces réglemens imposent à tous les membres d'une même confrérie d'unir leurs efforts pour suivre la trace du voleur, jusqu'à ce qu'il soit arrêté et livré au châtiment qu'il mérite. « Diximus, ut quilibet totis
» viribus annitatur, quo omnis nostra injuria vin-
» dicatur, ut omnes in eâdem amicitiâ vel ini-
» micitiâ simus, quomodocumque tunc eveniat,
» ut de omnium nostrum pecuniâ prœmium 12
» denariorum habeat, po illo facto et effectû.
» (Judicia civitatis Londoniæ. Houart, cout.
anglo-norm. tom 1.er p. 122). Non seulement celui qui tuait un voleur publiquement avait gagné la récompense de 12 deniers, mais dans ce cas, il ne lui était pas permis de lui faire grâce de la vie, sous peine d'une forte amende, à moins que le voleur ne fût âgé de moins de 12 ans et que le prix de l'objet volé trouvé en sa possession, ne fût inférieur à 12 deniers. (Ibid. ibid. p. 113). Au surplus, ces réglemens qui se concilient très bien avec les mœurs du temps où ils ont été promulgués, donnent eux-mêmes la raison de leur sévérité. Tout voleur qui parvenait à tromper la vigilance de ses victimes ou à s'échapper de leurs mains, était presque toujours sûr de l'impunité, s'il appartenait à une famille nombreuse et puissante. Aussi l'autorité publique qui se reconnaissait impuissante à protéger elle-même les intérêts des citoyens, les invitait à se liguer entr'eux et à se faire justice par leurs propres mains, afin que la police des voleurs fût un peu mieux administrée qu'elle ne l'avait été jusque là :
» quod res totius populi in meliorem statum,
» contrà fures reducatur, quam antea fuerat. » (Ibid. p. 122).

L'article 2 de la charte d'Amiens, comme les articles 8 de la charte de Noyon et 28 de la charte de St.-Quentin, oblige celui qui trouve un voleur en flagrant délit à le livrer au juge ; mais l'article 25 de la charte de Roye va plus loin : il défend de se faire justice à soi-même.
» Si quis furem cum furto ceperit, justiciario nos-
» tro, coram scabinis reddere debet, ità quod
» burgensis nequaquam, de fure quem ceperit,
» se immiscat. » (Ordonnances du Louvre tom. xi p. 229.— Ibid p. 224 et 278).

Note 3. — Page 62.

Art. 2 : *Comprehendetur vel fecisse cognoscet etc.* Le vol, quant à la manière de procéder, était distingué en *vol manifeste* et *vol non manifeste.* Dans le cas de vol manifeste, la loi d'Ecosse *Regiam majestatem* prescrit à celui qui trouve un voleur dans sa maison, mains garnies, de pousser sa clameur sur le champ, soit avec une trompe soit avec la voix, pour avertir les gens du voisinage et le bailli du lieu. S'il parvient à saisir le voleur, il tâchera de le tenir jusqu'à ce que les officiers de justice soient présens ; si le voleur s'échappe de ses mains, il lui est permis de le tuer en fuyant et d'accrocher sa tête aux premières fourches patibulaires qu'il rencontrera : « Si autem
» latro exspectare noluerit : sed fugam acceperit,
» licitum est, et de jure concessum, talem latro-
» nem interficere et caput suum super propinquiores
» furcas suspendere » (lib. 4. cap. 23. n° 4.) mais s'il le tue, sans qu'au préalable il y ait eu clameur ou poursuite, il est passible de la même composition que s'il l'avait mis à mort injustement (Ibid. n.° 1.er). La même loi assimile au complice du larron toute personne convaincue d'avoir troublé ou empêché les hommes qui sont à sa poursuite, ou d'avoir fait perdre la piste au chien qui suit la trace du voleur ou de sa proie (Ibid. cap. 32 n.° 1.er).

Dans le cas de *vol non manifeste*, il n'y avait que l'aveu de l'accusé ou le jugement de Dieu qui pût trancher la question. C'est pourquoi la procédure était bien moins expéditive. Quand le demandeur avait formé sa plainte et offert de fournir la preuve, à son corps défendant, même par le duel, le défendeur pouvait proposer toute espèce d'exceptions et de déclinatoires (Fleta lib. 2 cap. 54). Il pouvait dire par exemple, lui-que l'objet revendiqué avait été trouvé en sa possession, qu'il lui avait été donné ou vendu ; et dans ce cas, un délai lui était imparti pour produire son garant : « Si quis autem latrocinium
» emerit quod crediderit esse legale, et fuerit
» insecutus ab aliquo qui rem vindicaverit, et talis
» emptor rem illam publicè emerit in foro vel in
» nundinis, coram ballivis et fide dignis qui indè
» sibi legale testimonium perhibuerint, consideran-
» dum erit quod emptor, quietus recedat, et quod
» rem vero domino petenti restituat, et quod
» proindè pacaverit amittat ; qui, si non testificen-

» tur prout dictum est, nec warrantum habuerit, » in periculo erit vitæ amissionis » (Fleta. lib. 1 cap. 36 n. 7.— Houard cout. anglo-norm. tom. 3. p. 120 .)

Ces mots de la charte d'Amiens *vel fecisset cognoscet*, semblent indiquer que, hors le cas de vol manifeste, pour que le coupable fût livré à la justice de la commune il fallait qu'il confessât le fait. Or, comme l'aveu d'un crime aussi honteux que le vol ne pouvait jamais être que le résultat d'une contrainte physique ou morale exercée sur la personne soupçonnée, on est conduit à penser que la justice avait déjà trouvé le secret de faire parler les muets volontaires. Si ce n'était pas encore *la question*, c'était peut-être cet autre genre de torture beaucoup plus lent mais non moins cruel, connu sous le nom de *carcere duro*.

La question était en usage à Amiens, au commencement du xv.ᵉ siècle. Quelquefois on l'appliquait avec rigueur; quelquefois aussi on se contentait d'une simple exhibition de l'appareil.

» Du 4 mars 1408-9.— En la Malemaison.— » Veue l'information faitte contre Marguerite fem- » me Colart de Chiraumont pelletier, pour les *pom-* » *mes* que on dist qu'elle a prins furtivement, » en le maison Jehan Thiessart et qu'elle a ven- » dues.... Délibéré a esté que la dite Margue- » rite sera accusée et interroguiée par serment » sur le dit cas et que, si aucune chose n'en » veut confesser, *elle sera menée à la question* et » lui sera *fait singne de la mettre à icelle ques-* » *tion* afin de savoir onc la vérité par se bou- » che (1.ᵉʳ registre T).

En matière criminelle, quelque concluante que fût une information, pour condamner, il fallait encore l'aveu du coupable qui devait nécessairement être relâché lorsqu'on ne parvenait pas à lui arracher cet aveu.

» Du 27 août 1461. Messeigneurs ont détenu » bien longuement prisonnier un nommé Charlot » de Gouy, qui se disoit estre natif d'Alquine en » Boulenois, pour ce que le dit Charlot estoit » renommé et véhémentement soupçonné d'estre » larron, et avoir fait plusieurs larchins, mais, » *nonobstant que les larchins avoient esté prouvés* » *contre lui* néantmoins il n'a rien voulu con- » fesser et a varié par plusieurs fois en ses dé- » positions, telement qu'on n'y eust peu ni seu » asseoir jugement, car quant il avoit dit une » chose, prestement il disoit le contraire, et » estoit trouvé menteur en chascun de ses propos ; » et pour ce que Messeigneurs ne le povoient at- » teindre et *n'avoient point assez de informacions* » *contre lui*, il ont ordonné qu'il sera mis » hors de prison ; banni de la dite ville et que » plus n'y reviengne, sur peine de avoir l'oreille » coppée. » (8.ᵉ registre T).

NOTE 4. — PAGE 62.

ART. 2. *Quidquid de eo agendum erit etc.*: Pour l'application pénale, on distinguait le vol du simple larcin et, à cet égard, l'Angleterre, l'Écosse et la France avaient à peuprès la même règle d'appréciation.

En Angleterre, il fallait un préjudice de 12 deniers pour livrer le délinquant à la potence. Dans les cas de moindre importance, il n'y avait que le pilori et la mutilation de l'oreille, si ce n'est cependant lorsqu'il y avait récidive. « Est enim fur- » tum de re magnâ et re parvâ. Pro minimo tamen » latrocinio 12 denariorum et infrà, nullus morti » condemnetur, pro hujusmodi modicis delictis in- » venta fuerunt judicia pilloralia et deformitates cor- » porum, ut scissio auricularum et hujusmodi. » Ex pluritate tamen et cumulo modicorum delicto- » rum, poterit capitalis sentencia generari. » (Fleta lib. 1. chap. 36 n. 10 — Britton chap. 15).

La loi d'Écosse *Regiam majestatem* et les lois de David 1.ᵉʳ sur la police des bourgs, veulent que l'objet volé soit au moins de la valeur de 32 deniers, pour que le voleur soit pendu : « Statutum » est quod nullus debet suspendi pro minori de- » licto quam pro duobus ovibus, quarum quælibet » valet decem denarios » (loi Reg. maj. lib. 4. chap. 16). — Pour voler un pain d'une obole, la loi des bourgs inflige la peine du fouet ; pour un objet d'une obole à quatre deniers, le fouet encore, mais administré avec plus de rigueur. Pour un larcin de 4 deniers et plus, le pilori et le bannissement ; en cas de recidive du même fait, la même peine plus la mutilation de l'oreille ; pour un larcin de 8 deniers à 16 deniers inclusivement, la même peine ; après cela, si le coupable tombe en récidive, le préjudice ne fût-il que de 8 deniers et un quart, la peine est celle du gibet, peine au surplus qui s'applique à tous les cas de vol où le préjudice est supérieur à 32 deniers (Leges burg. cap. 124).

D'après les Établissements de Saint-Louis, c'est le

prix d'un cheval ou d'une jument qui fixe la limite entre le vol et le larcin. Ce taux est certainement plus élevé que celui des lois écossaises, car un cheval ou une jument a bien plus de valeur que deux brebis. Du reste la gradation des peines applicables à la récidive, est à peu-près la même. « Qui amble » soc de charrue ou autre menue chose, doit per- » dre l'oreille au premier larcin, le pied au se- » cond et la vie au troisième. » (Etablissements de St.-Louis liv. 1.er chap. 29 — Ordonnances du Louvre tom. 1.er pp. 130 et 131).

Nous avons peu de monuments relatifs à l'administration de la justice criminelle, à Amiens, qui soient antérieurs au XVe siècle, attendu que la série des registres aux délibérations de l'échevinage ne commence qu'à l'année 1407. Les sentences criminelles émanées de la justice de la commune, postérieurement à cette époque, ne sont pas toujours une application bien rigoureuse des Etablissements de Saint-Louis. Par exemple, on ne coupait pas toujours l'oreille pour un premier larcin. Si un individu était reconnu coupable d'un vol de peu d'importance, si des circonstances atténuantes militaient en sa faveur, on se contentait de lui infliger la peine du fouet, comme le prouve l'exemple suivant : « Du 12 novembre 1408 — de la » Malemaison — veue par messeigneurs le confession » faite par Jehan Lecocq poure joule valeton de 13 » ans ou environ, par lequelle il confessoit que en » le boursette de cuidam autre jone homme avec » lequel il estoit couquié, il avoit prins et osté » de nuit et sans son seu trois blancs doubles et » trois petits blancs... Considéré sa jonesche, dé- » libéré a esté que par le bourrel ledit Jehan sera » *bastu de vergues un petit lez le pillori* et ce » fait, mené hors de la banlieue de le ville et par- » tant delivré (1.er registre T.) » Mais si le fait était plus grave, ou si le voleur était en récidive, on condamnait *à estre bastu de vergues, tout nu, par les carfours de le ville et à avoir l'oreille coppée*. Ne retrouve-t-on point là la distinction de la loi écossaise : « si quis captus fuerit « in burgo cum pane unius oboli, *debet per me-* » *diam villam verberari;* et de obolo usque ad quatuor denarios, *debet arctius verberari?* » (Leges burg. cap. 124). — A Amiens comme en Ecosse, le dernier supplice, pour vol, n'était pas appliqué de la même manière aux deux sexes : les hommes étaient pendus, et les femmes noyées dans une fosse profonde remplie d'eau et creusée exprès pour ce genre d'exécution : « Spelman, scribit » apud Scotos usu fuisse delinquentes masculos fur- » câ suspendere, fœminas puteo vel fossâ immer- » gere » (Ducange glos. V.° fossa). Le même usage paraît avoir été pratiqué en France, jusqu'au milieu du XVe siècle, car s'il faut en croire Jousse (Traité de la justice criminelle, tom. 1.er p. 45) ce n'est qu'en 1449, qu'on vit, pour la première fois à Paris, une femme punie du supplice de la potence. A Amiens, le 13 octobre 1431, deux filles de joie convaincues de vol furent bannies *sur peine d'être enfouies vives* (4.e registre T). Les comptes de la ville de 1432 à 1433 constatent qu'une malheureuse femme convaincue de vol dans une église fut réellement enterrée toute vive (32.e registre Y. 3.) — le 12 avril 1491, les maire et échevins d'Amiens rendirent cette sentence curieuse contre une nommée Marquette Chavatte qui s'était suicidée : « considéré que la dite Marquette a esté » omicide de soi mesmes, nous avons comdempné » et condempnons le corps d'icelle Marquette def- » funte *à estre mis en un sac et pendu à une » fourche ou potence* aux champs auprez de la jus- » tice de le ville. » Cette sentence est transcrite dans le registre aux chartres E. f.° 217. Peut-être cette transcription a-t-elle été faite pour constater le 1.er exemple d'un genre de supplice jusque là inusité.

Note 5. — Page 62.

Art. 2 : *Reliqua in usus nostros convertentur.* On entend par ces mots, tous les autres biens du condamné, lorsqu'il a été fait droit à la réclamation de la partie lésée ; tous ces biens passent dans les mains du roi, en vertu de la maxime : *qui confisque le corps confisque les biens*. Les Jugements de la cité de Londres, tout en admettant ce principe, en faisaient cependant une application moins rigoureuse. Dabord, on prélevait sur les biens du coupable le prix de la chose volée. Sur le restant, il était fait deux parts, savoir une moitié pour la femme si elle n'était pas complice, et une autre moitié qui se partageait entre le roi et la société urbaine : « dividatur postea reliquum in duas « partes, una pars uxori si munda et facinoris » conscia non sit, et residuum in duo, dimidium » capiat rex, dimidium societas. » (Jud. civit Lond. — Houard cout. angl. norm. tom. 1.er p. 122.)

Note 6. — Page 62.

Art. 3 : *Vel mercatores ad urbem cum merci-*

bus venientes etc. La charte de Corbie voulait également que les hommes de la commune accordassent aide et protection, selon leur pouvoir et dans toute la banlieue, à tous les marchands qui venaient à Corbie pour trafiquer. (Ordonn. du Louvre tom. XI p. 216.) Cette disposition, comme celle de la commune d'Amiens, se justifie par le besoin qu'avaient ces villes industrieuses de protéger le commerce qui les avait rendues florissantes.

Presque toutes les chartes de commune se montrent attentives à prévenir, les voies de fait dont les commerçants peuvent être l'objet. Mais aucune ne déploie à cet égard plus de sévérité que la commune de Laon ; le coupable qui refuse de satisfaire au jugement des échevins, en payant l'amende et en réparant le dommage, est chassé de la ville et on ruine ses maisons et ses vignes : « Li-» ceat juratis omnem malefactoris illius substanciam » destruere. » (Charte de Laon, art. 2.— Ordonn. du Louvre, tom XI. p. 185.)

Cette rigueur cesse de paraître excessive quand on se rappelle les faits qui l'ont motivée. On peut voir, dans le récit de Guibert de Nogent, à combien d'attentats étaient exposés les étrangers et les habitans de la campagne qui fréquentaient la ville de Laon, avant l'érection de la commune. « Urbi illi, tanta » ab antiquo adversitas inoleverat, ut neque Deus » neque Dominus quispiam timeretur, sed ad » posse et libitum cujusque, rapinis et cædibus » respublica misceretur. — Nemo de agrariis in-» grediebatur in urbem, nemo nisi tutismo com-» meatû accedebat ad ipsam, qui non aut incar-» ceratus ad redemptionem cogeretur, seu, occasione » objectâ, duceretur sine causâ in causam. » (Collection des hist. de Fr. tom XII p. 249, 250.)

Note 7. — Page 64.

Art. 5 : *Alicui de communia res suas abstulerit*, c'est-à-dire, si un forain enlève de la marchandise, sans payer ou sans donner bonne caution, le bourgeois peut le contraindre à lui faire raison dans la ville : *ut faciat rectum in burgo.* « Ce privilége, » dit Houard, n'était qu'en apparence contraire à » la maxime : *actor sequitur forum rei*, car » le domicile que l'étranger choisissait dans un » bourg, pour le temps durant lequel il y tra-» fiquait, quoique momentané, était son vérita-» ble domicile de fait et d'intention. C'était là » qu'était le siége de la fortune que ceux qui com-» merçaient avec lui, avaient pour sûreté de leurs » conventions. » (Coutumes anglo-norm. tom 2, page 383.)

L'ordonnance de 1673, pour les commerçants, a conservé cette maxime.

Note 8. — Page 64.

Art. 5 : *Si ipsum vel aliquid ad se pertinens comprehendere poterit.*

Il s'agit ici du droit d'arrêt qui s'exerçait sur le débiteur forain, dans toutes les villes de loi. Selon les coutumes d'Ecosse, tout bourgeois pouvait prendre un nantissement sur son débiteur étranger, fût-il même bourgeois d'une autre ville. (Leg. burg. cap. 3) mais dans ce cas, il fallait que le bourgeois fût débiteur principal ou caution, ou que le prévôt de la résidence du débiteur eût refusé de faire droit à la prétention du créancier. (Leg. burg. cap. 105.) Dans l'espèce prévue par l'article 5 de la charte de commune d'Amiens, le droit de saisir la personne et les biens du débiteur forain, était un droit réservé au prévôt, et encore ne pouvait-il l'exercer qu'après avoir mis en demeure les juges de la châtellenie où ce même débiteur était *couchant et levant*, c'est-à-dire domicilié.

Note 9. — Page 64.

Art. 6 : *Preter consuetudinarium conturbatorem vel locatorem.*

La charte française traduit ces expressions par *Glouton* et *Lecheour*, termes dont il est assez difficile de donner la signification exacte.

Au surplus, pour connaître le véritable esprit de cette disposition, il faut la comparer avec l'art. 54 de la charte de Roye, et l'art. 11 de la charte de Laon, qui permettent de donner quelques soufflets à la personne vile qui insulte une personne honorable. « Si qua vilis aut inhonesta persona, » honestum virum vel mulierem turpibus convi-» ciis inhonestaverit, liceat alicui probo viro de » pace, (*id est de communiâ*) si supervenerit ob-» jurgare illum ; et illum uno aut duobus vel tri-« bus colaphis, sine forisfacto, ob importunitate » suâ, compescere. » (charte de Laon art. 11, Ordonn. du Louvre tom XI p. 186.)

L'art. 54 de la charte de Roye est conçu dans les mêmes termes et ne diffère de l'art. 11 de la charte de Laon que dans le nombre des soufflets qu'il réduit à deux. (Ordonn. ut suprà, p. 231.)

Note 10. — Page 64.

Art. 8 : *Si verò ita superbus fuerit vulneratus,*

« Il avient souvent, dit Beaumanoir, que merlées
» meuvent ou contens ou menaches, entre gentix-
» hommes ou entre gens de poote, et puis chascune
» partie est si orgueilleuse que ele ne daigne de-
» mander trève ne asseurement, etc. (Coutumes de
» Beauvoisis, ch. 60.)

Le même auteur signale, comme étant un obstacle à la bonne administration de la justice, dans les villes de commune, les haines des familles et les rixes sanglantes qu'elles occasionnent. Or voici ce qu'il prescrit pour en prévenir les déplorables suites. « Quant contens muet, dit-il, entre chiaus
» d'une bonne ville, pour meslée ou par haine,
» li sires ne le doit pas souffrir, tant soit che que
» nule des parties ne se daigne plaindre, ainchois
» de son office il doit prendre les parties et les
» tenir en prison dusques à tant que chertaine pès
» soit faite entre aus ou drois asseurement, se pès
» ne se puet faire, car autrement se pouroient les
» bonnes villes perdre par les mautalens qui se-
» roient des uns lignages as autres. « Cout. de
Beauvoisis, ch. 50, p. 269.)

Au temps où écrivait Beaumanoir, il n'y avait plus que les seigneurs et les gentils-hommes qui eussent le droit de poursuivre par les armes la vengeance et la réparation de leurs injures. Les gens de poote et les bourgeois ne pouvaient le faire qu'avec le concours de la justice. De là les règles relatives aux guerres privées, aux trêves et aux assûremens. Entre gentils-hommes, il pouvait y avoir trève, mais entre bourgeois il ne pouvait y avoir qu'un traité de paix ou d'assûrement : « Gens
» de poote, dit Beaumanoir, n'ont point de trèves
» mais asseurement seulement se pès ne se fait
» entre parties, car gens de poote ne puevent
» guerre démener. » (Ibid. ch. 60.) La paix est un acte purement volontaire qui se fait par amis, l'assûrement est un contrat forcé qui s'accomplit par autorité de justice. Celui qui enfreint le traité de paix est seul responsable des conséquences de son infraction ; mais celui qui brise l'assûrement engage dans sa responsabilité, celui qui a donné l'assûrement, « car asseurement a tele vertu que celui qui
» le donne prent sur lui tout son lignage fors cheus
» que il en puet mettre hors par raison. » (Ibid. ch. 60.)

Les anciennes coutumes d'Amiens, (M.S. Lavallière) contiennent des dispositions spéciales, sur les assûremens qui concordent parfaitement avec la théorie de Beaumanoir.

Chi parole des asseuremens.

De rechief se mellée ou manaches ont esté encontre les jurés, li maires a le requeste de chiax qui se doutent, ou saus lor requestre, se li maires donte qu'il iait peril, il fera l'une partie et l'autre asseurer, et tout chil qui aura fait lait autresi ; et li I et li autre feront asseurement plainement d'aus et des lor, as chiax et a lors porche que il sont del tout chief. Mais s'il avenoit que l'une des parties desit ou les II parties qu'ils ne volsissent asseurer d'aus ne des leur, pour le peril d'aucun de son lignage qui ne fust mie en le ville, ou qui fust clercs ou croisiés, et ne les puet mie metre en l'asseurement, il asseurroient tout plainement tout fors de lor amis forains et des clercs ou croisiés, et on li dorroit 1 jour soffisamment de nomer par non et par sornon les clercs et les croisiés et les forains... A cel jor les nomera par non et par sornon et les metra hors de l'asseurement et del peril, et tout chil qui il ara mis en l'asseurement iseront queu, et cil qui il ara mis hors, nen seront mie. — De rechief qui que onques ait asseuré plainement autrui lui et li siens, de lui et des siens, sans metre ne clercs ne croisiés hors, il n'en porra mettre hors. — De rechief si estranges hom forains a mellée ne contens à cheus de le ville, et il vient en le ville ou il soit atains ; li maires le doit prendre et retenir et contraindre tant qu'il ait fait l'asseurement envers celui à qui il a contens ; et se li i a cols ferus ne menaches, li maires le tenra tant qu'il ara asseuré de lui et des siens, et tant com païs et le banlive sestent, ne porra li forains metre fors (hors) fors les clercs et les croisiés : et quemandera li maires à son juré faire autre tel asseurement. — De rechief saucune partie asseure, et autre partie ne soit en le ville et ne veille mie asseurer, le partie qui asseure puet requerre au maïeur qu'il soit quites de l'asseurement puis que cil n'a mie asseuré, et li maires doit l'asseurement restreindre et rappeler dusques à ce che que l'autre partie ait asseuré. — De rechief, se li maires comande aucun à tenir païs, ou asseurer à celui sans plus, de lui sans plus, l'un est en peril de l'asseurement se chil meisme non ; et se li cors meisme forfait au cors meisme chelui, et il li meffaisoit, n'enfraignoit l'asseurement et ataint en estoit, n'abateroit sa maison, ne ne le souffriroit-on à demourer en le vile dusques à tant qu'il averoit amendé et paié l'amende de lx libres : à le quemuigue xxx libres et au roi xxx.... — De rechief, quiconques ait asseuré plainement de lui et des siens, se femme est en l'asseurement avelques lui , car li hons est chiés de se feme , et quiconques soit asseurez plainement et li sien , se feme est aussi en l'asseurement et aussi asseure elle en l'esgart d'eskievins. — De rechief, asseurement n'est enfrains se par faite ni a cols ferus on jectez ou atains , on mis main li un à l'autre. — De rechief , puis que chis qui est asseurez fait pais à chelui qui l'a asseuré , li asseurement est queus et nus plainement. — De rechief puis que chis asseuré , et puis l'asseurement , boit et mengue avecque chelui qui il a asseuré , li asseurement est queus et nus plainement.

(Bibl. roy. M.S. Lavallière , fond Colbert , 1189.)

— Mars 1287. — Vieux style.

Lettres du Roi (Philippe Le Bel.) *ke le connissanche des asseuremens enfrains , donnés par le maïeur et les eskevins, appartient à aus seul , se mort d'homme ne s'en est ensievie.*

Philippus dei gratia etc... Cum major et scabini ville ambianen dixerent in nostra curia, quod ad eos pertinebat cognitio assecuramentorum fractorum coram se prestitorum, per quedam puncta carte sue (art. 18); et quod usi fuerant cognitione hujusmodi casuum consimilium , et quod ballivus ambianen, impediebat et turbabat dictos majorem et scabinos in hujusmodi saisina, in hoc quod ceperat et imprisionaverat Galterum de Abbatisvilla , civem ambinen. ratione assecuramenti prestiti a djcto Galtero , Philippo de Noviomo moranti Amb. coram predictis majore et scabinis , et fracti per eumdem Galterum, ut dicebatur. Dicto ballivo in contrarium dicente et asserente , quod ad nos pertinebat cognitio omnium assecuramentorum fractorum per punctum carte ville Amb. maxime quod in dicta carta contineatur, quod dicti major et scabini non habebunt cognitionem raptus et multri (art. 47), propter quod dicebat ballivus ad majorem et scabinos non pertinere cognitionem assecuramentorum fractorum, cum hujusmodi casus assecuramenti fracti esset de appendiciis multri ; Tandem visa apprisia , de mandato curie nostre, per dictum ballivum facta, super usu et saisina majoris et scabinorum in casu predicto , quia inventum fuit quod dicti major et scabini usi fuerunt, et sunt in saisina cognoscendi de assecuramentis fractis coram se prestitis. Pronunciatum fuit quod ipsi remanebunt in saisina predicta, nisi in frangendo assecuramentum homo fuerit interfectus, nobis questione proprietatis reservata. Actum Parisiis , anno domini M° CC° octagesino septimo , mense marcio. (Registre E f.° 10).

La commune d'Amiens devait d'autant plus se féliciter de ce succès, qu'elle obtenait du parlement une décision contraire à la jurisprudence de cette cour qui avait jugé, en 1260, contre la commune d'Athyes en Vermandois , en 1268 , contre la commune de Villeneuve-en-Beauvoisis , et au mois de novembre de la même année, contre la commune de Senlis, que l'infraction d'assûrement était, *comme accessoire ou appendice du meurtre*, un cas reservé à la juridiction royale : *quod , cum fraccio assecuracionis sit sequela multri , justicia hujusmodi pertinet ad regem non ad burgenses.*

(Olim du Parlement tom. 1er pp. 416. n° 7 — 748. n° 12. — 728. n° 8.)

— L'assûrement , quoique très efficace pour mettre un terme aux inimitiés des familles , était impuissant pour prévenir les vengeances qui s'exerçaient avant qu'il pût intervenir. « Trop mauvaise cous-
» tume , dit Beaumanoir, souloit courre en cas de
» guerre el royaume de France. Car quand aucun
» fet avenoit de mort, de mehaing , ou de bature,
» chil à qui la villenie avoit esté faite , regardoit
» aucuns parens à chaus qui li avoit faite le vil-
» lenie et qui manoient loin du lieu où le fet
» avoit esté fait , si que il ne sçavoient riens dou
» fet. Et puis alloient là de nuit et de jour , et
» sitost comme il le trouvoient, ils l'ocioient ou
» méhégnoient ou battoient ou en faisoient toute leur
» volenté, comme de chil qui garde ne sen don-
» noit et qui ne sçavoit riens, que nul qui li
» apartenist de lignage leur eust meffet. » (Cout. de Beauvoisis ch. 60).

C'est pour prévenir de semblables désordres que le roi Saint-Louis publia l'ordonnance nommée *la quarantaine le roy.* « Il fut établi de-
» puis les meurtres commis ou les injures faites
» jusques à 40 jours accomplis, il y auroit trève
» de plein droit, dans laquelle les parens et amis
» charnels des deux parties seraient compris , ex-
» ceptés les délinquans qui pourroient être empri-
» sonnés et punis aussi bien avant qu'après l'ex-
» piration de la trève. Que si, dans les 40 jours,
» quelqu'un des parens se trouvait avoir été tué,
» celui qui auroit commis le crime serait réputé
» *traître et puni de mort.* » (Ordonnances du Louvre tom. 1er préface p. 30.)

Cette ordonnance fut renouvelée le 9 avril 1353,

par le roi Jean, à l'occasion des désordres dont la ville d'Amiens était alors le théâtre. Nous en transcrivons ici un extrait qui n'a pas été publié dans le recueil des Ordonnances des Rois. (tom. 1ᵉʳ p. 56.)

« Cum in civitate nostra Ambianense, de die in
» diem, non multi cives habitatores dicte ville,
» Deum pre oculis non habentes, ac justiciam non
» verentes, eorum superbiâ, aut seminatore zizanie
» diabolo instigante, quam plures melleyas, rixas,
» maleficia, delicta fecerunt et commiserunt, de
» die in diem facere ac committere non desinunt ;
» ex quibus, quam plures fuerunt nuper atrociter
» vulnerati, alii mutilati et etiam interfecti, pro
» eo quod absque incontinenti absque dilacione seu
» mora quibuscumque post conflictus predictos,
» unus contra alium vindictam de se assumere pre-
» sumat, obmissa justicia, ausu suo temerario ac fu-
» ribundo satagie, prout fertur, dictas ordina-
» tiones et statuta temerè infringendo, quod in
» nostri populi malum exemplum atque periculum
» justicie lesionem cedit, quapropter multa mala
» et quamplurima inconveniencia ex inde futuris
» temporibus, oriri et provinere possent, nisi super
» hoc providere curaremus. etc. »

« Datum Parisiis IX.ª die aprilis anno Domini Mº
» CCº Lº IIIº. »

A l'avénement de Louis XI au trône, les collisions sanglantes que les ordonnances de Saint-Louis et du roi Jean, avaient eu pour but de réprimer, affligeaient encore la ville d'Amiens, ainsi que nous le voyons par une requête présentée par la commune à ce monarque.

Du 29 mars 1461, vieux style. — « Il a esté
» parlé audit eschevinage par messeigneurs qu'il
» serait bon de aler devers le roy qui de nouvel
» est venu à la couronne, affin qu'il lui plust,
» de sa grace, acorder à messeigneurs qu'ils peussent
» renouveler la loy de ladite ville etc.

» Et en outre, pour ce que, de jour et aussi
» de nuit, il y a plusieurs malfaiteurs dehors
» en icelle ville, qui battent, navrent et injurient
» les habitans et pauvres gens d'icelle ville ; et se
» viennent couvertement embusquier et muchier es
» maisons et hostels où ils sont logiés, et quand
» il voient leur coup, saillent emmi la rue et ba-
» tent et navrent ceulx qu'ils heent et ceulx qu'ils
» veulent dire que il leur ont fait déplaisir ; et
» puis s'en vont francement parmi les rues, ou,
» selon les cas qu'ils commettent, quant ils sont
» grans et énormes, se boutent es églises et en
» francise ; et aprez, soit de jour soit de nuit, se-
» cretement et par l'aide d'aucuns leurs affains, s'en
» vont ou bon leur semble dehors ladite ville et
» ne sont point pugnis ; *Que il plaise au roy*
» que quant telz batteurs affaintiez venront battre
» navrer, injurier les bonnes gens de ladite ville,
» que ilz se puisent assambler, et se mestier est
» sonner leur cloque tant qu'ils soient maistres
» desdits malfaiteurs et les prendent et menent à
» justice. Mais se iceulx malfaiteurs se revengent
» batent et navrent et injurient lesdits habitans et
» ne veulent obéir, se d'aventure aucun desdits
» délinquans estoit bléchié ou navré que on n'en
» demande rien à celui ou ceulx qui ce auroient
» fait, car les villes du roy sont en sa sauve et
» spécial garde, et doivent les bonnes gens estre
» seurs en leurs maisons, et qui leur meffait, il
» enfreint la sauve garde du roy, pourquoy la
» grâce du roi se peult bien estendre, s'il lui
» plaist, sur la ville. » (Archives de la ville d'Amiens 8.ᵉ Registre T.)

NOTE 11. — PAGE 64.

ART. 8 : *Domus ejus, si domum habuerit, destruetur.*

La destruction de la maison était la conséquence de la privation du droit de cité. « Si quis
» fuerit rebellis in burgo contrà communitatem
» villæ, vel fraudem fecerit in damnum burgi,
» domus ejus prosternetur ad terram, et ipsemet
» amoveatur à villa, » (Leg. burg. Houard. cout. angl. norm. tom 2 pag. 445).

L'art. 8 de la charte d'Abbeville et l'art. 8 de la charte de Doullens qui est, en quelque sorte, une copie de la première, contiennent une disposition qu'on ne trouve pas dans la charte d'Amiens. Lorsque le coupable n'avait pas de maison à livrer à la justice, on le forçait d'en acheter une de la valeur de cent sols, afin que la sentence pût être exécutée. Toutefois, Guillaume comte de Ponthieu, en 1212, et Philippe Auguste, en 1221, firent disparaître ce qu'il y avait de trop rigoureux dans l'art. 8 de la charte de Doullens, en autorisant le rachat de la maison condamnée à être détruite, et en permettant à celui qui n'avait pas de maison, de se rédimer, par une amende, de l'obligation d'en acheter une, dans tous les cas où la blessure faite *avec arme* n'avait pas occasionné la mort.

(Ordonnances du Louvre tom. XI page 311, 312. — ibid tom. IV. pag. 56 art. 8).

M. Dusevel, à la page 10 de sa brochure publiée en 1839, sur l'*Administration de la justice criminelle à Amiens au XVe siècle*, a avancé un fait qui nous paraît contraire aux principes et en opposition avec le texte des coutumes. « Il n'y avait, dit-il, qu'un cas où l'*assassinat* » était puni, outre le bannissement, de *l'abat de* » *la maison* du coupable, c'était quand il avait » été commis de complicité et en violant le do- » micile d'un citoyen. » L'auteur de la remarque ne s'est sans doute pas souvenu qu'au moyen-âge, on qualifiait *meurtre* l'homicide avec guet-à pens, et que le meurtre ainsi qualifié, c'est-à-dire l'assassinat, était un crime dont les juridictions communales ne pouvaient jamais avoir la connaissance. C'était même par une faveur toute spéciale du souverain, que l'échevinage d'Amiens jugeait les cas de simple homicide. Dans l'espèce citée par M. Dusevel, il ne peut être question d'*assassinat*, mais bien de la voie de fait à main armée et à force ouverte, qui est prévue par l'art. 8 de la charte de commune. Dans cette hypothèse, et seulement lorsque les blessures avaient occasionné la mort, on punissait, par le bannissement du hart et la destruction de la maison, non pas le délinquant *reconnu coupable*, mais le délinquant *refusant de comparaître* pour répondre à justice. Qu'on ne dise donc pas qu'à Amiens, on châtiait le voleur beaucoup plus sévèrement que le meurtrier : les officiers de l'échevinage, armés par la coutume de l'inflexible loi du talion, traitaient assez ordinairement les coupables comme ceux-ci avaient traité leurs victimes. (Voir les notes 13 et 14).

NOTE 12. — PAGE 64.

ART. 11 : *qui inhonestum alicui de communiâ*.

Cet article punit l'injure proférée contre la *commune*, à la différence de l'art. 10 qui ne punit que l'injure contre la *personne*.

NOTE 13. — PAGE 66.

ART. 15 : *Qui a majoribus.... submonitus justiciam subterfugerit*.

En matière criminelle et de délit, le défaut de comparution ou le refus d'obéissance aux sentences prononcées par les juges de la commune, étaient suffisans pour motiver le bannissement de l'individu coupable de l'une de ces deux infractions. Delà les formalités solennelles qui accompagnaient l'ajournement. (Voir traité de la Flète lib. 1.er chapitre 27 nombre 5). En Ecosse, la citation faite dans une ville de loi, par un sergent royal, était nulle si ce sergent n'était pas accompagné du bédeau de la commune: « Nam omnis citatio in burgo debet fieri per » bedellum burgi qui debet citare talem, tali » die, ad domum suam, coram talibus testibus » videntibus et audientibus, quod sit coram tali- » bus præposito et ballivis ad respondendum, » super tali re, seu causa vel tali brevi. » (Leg. Burg. cap. 112). Ces sortes d'ajournements étaient faits, à Amiens, par les sergens à masse, seuls compétens pour citer à domicile. Lorsqu'il s'agissait de l'ajournement d'un coutumace, la citation se faisait, non pas à domicile, mais par cri public, à la brétèque, par des sergens spéciaux nommés *crieurs des corps par ban* dans les anciens usages d'Amiens. (Voyez l'extrait de cette coutume art. 14), et sergens à vergue dans les titres du XVe siècle. Citons quelques exemples:
— Arrêt du Parlement de l'octave de la nativité de la vierge, 1250.

« Quidam burgensis Ambianensis, dum alium » burgensem Ambianensem assecurasset, ipsam asse- » curationem fregit et eum verberavit, ut dicitur; » ballivus Ambianensis vocavit eum *de die in diem*, » et quia non venit, eum bannivit de Regno : ve- » rum, cùm amici ipsius bannili peterent eum re- » vocari et duci per consuetudinem ville, quia » idem forisfactor, per consuetudinem terræ debe- » bat habere *quindenas suas*, adjornabitur idem » forisfactor per *quindenas* et revocabitur bannus » ballivi. » (Olim du Parlement tom. 1.er p. 450 n. IX).

— Du 28 octobre 1408. « A la Malemaison. « Sur ce que, par plusieurs de la partie de Estéve « Cuiguet jone homme demeurant à Fleissières, » avoit esté requis qué une amende de 33 livres « (c'est-à-dire de 60 livres y compris les 27 livres » dues au Roi) en quoy il estoit enqueu en- « vers la ville, pour *un appel à vergua* contre lui » fait en cas *d'asseurement*, après le baciné fait en « sa personne, par Jean Jacquemart et Estève Hur- « taut, lui fut quittiée. — Considéré sa poureté, « qu'il vint le lendemain de la baciné faite en sa » personne, et n'avoit de quoy payer, ladite » amende lui est quittiée » (1.er Registre T).

— Du 3 mars 1409 (1410). « Vu le requeste
« baillée de la part de noble homme Mgr. Colart
» de Raisse chevalier, par lequelle il supplioit que
« une amende de 33 livres, en laquelle il estoit
» tenu à ladite ville, pour non avoir comparu à
» *un appel à vergue* qui naguère avait esté fait
» contre lui, à le loy de le ville, pour avoir mis
» main injurieuse à Andrieu Clavel procureur en
» la cour du roy à Amiens.—Considéré que, au
« temps dudit appel, ledit chevalier estoit clerc
» non marié, que audit fait n'ot sanc ne plaie et que le-
» dit fait advint de caude colle (chaude mêlée), que
» ledit chevalier est homme d'honneur, déliberé
» fut que ladite amende lui sera quittiée. »
(Même registre).

Voir l'art. 32 de la coutume de 1507 qui se
refère à l'art 15 de la charte de commune.

NOTE 14. — PAGE 66.

ART. 16. *Qui hostem communie in domo sua scienter receperit..*

Toute communication était interdite avec un
homme banni par le roi. (Beaumanoir ch. 61) Il
n'était plus membre d'aucune communauté, ses liens
de famille était rompus. Personne ne pouvait lui
porter secours et assistance. Les lois Anglaises frappaient de réprobation les bannis des deux sexes.
Abandonnés à la merci de tout le monde, ils
étoient réellement *outlaw*, c'est-à-dire mis hors
de la loi, car la loi ne les protégeoit plus si
on leur faisait violence. Ils étaient considérés
comme ces animaux nuisibles que chacun peut
tuer impunément : « Utlagatus et Weyviata capita
» gerunt lupina quæ ab omnibus impunè poterunt
» amputi ; meritò enim sine lege perire debent qui
» secundum legem vivere recusant. » (Fleta lib.
1. cap. 27 n. 13.)

En était-il de même, en France, de ceux que
la commune rejettoit de son sein ? non sans doute;
car au delà des limites de la banlieue, ils étoient
à l'abri de toute poursuité et ne pouvaient plus
être inquiétés. Cependant si, à une distance aussi
rapprochée, il eût été permis à leurs parens, à
leurs amis de les aider dans leur détresse, on
conçoit que le banissement, hors de la commune
seulement, aurait été une peine illusoire. Il fallait
donc déclarer ennemi de la commune, tout membre de la commune convaincu de leur avoir prêté
assistance ou conseil.

Dans quelques cas aussi, pour donner plus de
sanction à la loi municipale, la justice royale pré-
tait son appui à la commune. Dans une transaction passée entre la ville et l'évêque d'Amiens,
au mois de novembre 1323, on voit que, encore
bien que les maïeur et échevins ne pussent bannir
que de la ville et de la banlieue, le prévôt, agissant
au nom du roi, pouvait, pour le même fait, bannir
à toudis, du royaume de France. » Car ils (les
» maïeur et échevins) bannissent aucuns de ladite
» ville et banlieue à toudis sur le hart, et si li
» prévos bannist tantost aprez leur bannissement
» de tout le royaume de France, sans autre en-
» queste faire » (Archives de la ville. Registre E
f.º 39.)

NOTE 15. — PAGE 66.

ART. 17. *Campio conducticius.*

Les lois écossaises autorisaient le duel judiciaire
de bourgeois à bourgeois, mais elles l'interdisaient
de la manière la plus absolue entre un forain et
un bourgeois : « si quis forinsecus burgensem de
» aliqua re appellaverit, non potest super bur-
» gensem pugnare, sed burgensis per legem burgi
» se defendet. — Nec burgensis super forinsecum
» hominem pugnare..... nisi prius exierit de
» burgo. » (Leges burgorum. cap. 14 n. 1 et 3.)

Le motif de cette prohibition est facile à deviner. Dans les contestations entre bourgeois, on ne
produisait guères que des cautions ou des témoins
de la localité dont les antécédents étaient bien
connus ; mais, dans les instances liées avec un forain, si celui-ci produisait des témoins du dehors,
la justice communale ou prévôtale n'avait pas les
mêmes moyens de s'éclairer ; et il arrivait souvent que
des champions à gages, dans les lieux où leur
profession n'était pas connue, s'offraient volontairement comme témoins de faits controuvés, ou
comme garants d'articulations mensongères, dans
l'espoir d'obtenir une forte récompense de la partie
à laquelle ils faisaient gagner son procès : « intrat
» enim interdum in warrantiam et defensionem
» aliquis malitiose et per fraudem, sicut *campio*
» *conductivus pro mercede*, quod quidem si fuerit
» coram justiciariis defectum, non procederetur
» ulterius ad duellum, sed per patriam inquiretur
» veritas, si talis mercedem receperit vel non, pro
» defensione facienda ; et si constiterit quod sic,
» pedem amittere debet et pugnum. » (Fleta lib. 1ᵉʳ
cap. 36 n. 8).

L'article 33 de la charte de Roye publiée par

Grégoire d'Essigny, consacre la même disposition que la charte d'Amiens, mais en des termes qui la rendent plus intelligible. « Si homo de com- » muniâ hominem de communiâ per vadia appel- » laverit, per se ipsum, aut per advocatum de » communiâ respondebit; nullus ab utralibet parte » erit advocatus, qui non sit de communiâ. « (Hist. de la ville de Roye par Grégoire d'Essigny fils, Noyon 1818, p. 59.)

NOTE 16. — PAGE 68.

ART. 20. *Qui judices cammunie de falsitate judicii.*

Appeler de faux jugement, c'était dire que le jugement avait été faussement et méchamment rendu. Or, si celui qui appelait ne prouvait pas que le jugement fût mauvais, ses biens étaient en la merci du roi et de la commune.

« L'appel alors, dit Montesquieu, était un défi » à un combat par les armes et non pas cette » invitation à une querelle de plume qu'on ne » connut qu'après. » (Esprit des lois livre 28 ch. 27.)

L'interprétation de l'article 20 de la charte de commune d'Amiens donna lieu à un procès assez curieux qui fut jugé, par arrêt du parlement, le 22 janvier 1333, vieux style.

Un nommé Jean de Beauval, condamné par sentence des prévôt, maïeur et échevins d'Amiens, avait appelé devant le bailli et renoncé à son appel. Un débat s'éleva sur la quotité de l'amende à appliquer ; le bailli voulait lever 100 livres, les prévôt, maïeur et echevins 50 livres. L'affaire fut renvoyée au parlement où Jean de Beauval soutint qu'il ne devait qu'une amende de LX sols attendu qu'il n'était pas noble ; le bailli et les officiers de la juridiction communale soutenant au contraire, qu'ils pouvaient lever une plus forte amende, attendu qu'il est dit, dans les privilèges de la ville, que celui qui voudra appeler des juges de la commune sous pretexte de faux jugement, sera en la merci du roi, jusqu'à concurrence de tout ce qu'il possède, pour chaque chef argué de faux jugement dont il n'aura pu prouver la fausseté. La cour, vu la charte de commune et l'article de ce faisant mention, décida que le cas en question n'était pas prévu par les privilèges de la ville, que Jean de Beauval ne devait qu'une amende de LX sols parisis au roi et à la commune, et que ce qui lui avait été pris, au dessus de ce taux, lui serait restitué. (Archives de l'hôtel de ville. Registre E. f.° 83 v.°).

NOTE 17. — PAGE 68.

ART. 23 *Quamdiu infantes in custodia erunt, etc.*

Le père et la mère ont la garde de leurs enfans mineurs et jouissent de tous leurs biens jusqu'à ce qu'ils aient atteint l'âge de majorité ; les orphelins de père et de mère, sont mis sous la protection de la commune et confiés par elle au plus prochain héritier qui a la garde de leurs personnes et l'administration de leurs biens.

— « De rechief père et mère a le warde des » enfans tant com il sont des a agié et de touz lor » biens qu'il ont, et sont lor tout li porfit qui en » isteront tant que il seront des a aigié en lor » main burnie, et tant com il seront rechevant del » lor et feront seurté de lor main burnie, tant » com il seront requerant se che n'est de rentes » qui fuissent esqueues de père et de mère qui » trespassez seront. Mais li père ou le mère qui a » le garde des enfans, quant amis requièrent en- » vers la ville, doivent faire bonne seurté souffi- » sant pardevers le quemune à rendre et à paier » as enfans tel partie com il doivent avoir en mue- » bles de tous lor biens et les rissues des rentes » qui sont as enfans esqueues quant li enfant seront » aagié et il le requiert tout. »

« De rechief li enfant qui sont orfelin de père » et de mère sont à le vile à conseillier et au » maïeur et as eskievins.

« De rechief, li enfant des aagié orfelin qui » n'ont ne père ne mère seront livré à conseiller » et à warder à le vile ; et seront li enfant et tout » lor bien en le warde au plus prochain oir, mais » li porfit et les rissues de tous lor biens, seront » as enfans. — Et cil doit faire bone seurté souffisant de rendre et paier as enfans tous lor biens, tous » lor porfit qu'il tenront de lor muebles et de tous » lor biens en quelconques manières que che soit » dusques à donc que li enfant seront aagié ou » tant com il les tenra. » (Anciennes coutumes de la cité d'Amiens. Bibliothèque royale, M. S. Lavallière, 1189).

Le choix du tuteur des orphelins était, dans l'usage des lois d'Angleterre et d'Ecosse, soumis à des formalités plus minutieuses.

Ainsi les lois de Lothaire et d'Edric au VII.ᵉ siècle, tout en conservant à la femme la garde de l'enfant mineur, confiaient l'administration de ses

biens au parent le plus proche, du côté paternel. « Si vir moriatur, viventibus uxore et prole, pro-
» les matrem sequatur et unus paternorum suorum
» cognatorum voluntarius fidejussor statuatur, fa-
» cultates ipsius conservandi, usquedum decennis
» fuerit. » (Leg. Lotharii et Eadrici cap. 6.)

Quand il s'agissait de possessions non féodales, la garde du mineur n'était jamais confiée à son présomptif héritier. « Heredes vero sokemanno-
» rum, mortuis antecessoribus suis, in custodia con-
» sanguineorum suorum propinquorum erunt. Ita ta-
» men quod, si hereditas ipsa ex parte patris des-
» cenderit, ad consanguineos ex parte matris des-
» cendentes, custodia ipsa referatur. Sin autem ex
» parte matris descenderit hereditas ipsa, tunc ad
» consanguineos paternos custodia pertinet. Nun-
» quam enim custodia alicujus de jure alicui rema-
» net, de quo habeatur suspicio quod possit vel
» velit aliquod jus in ipsâ hereditate clamare »
(Glanvilla lib. 7. cap. XI.)

Le même principe réglait, par rapport à la possession bourgeoise, le sort de l'enfant mineur en Ecosse. « Si burgensis moriatur, *hæres et catalla*
» *sua*, erunt in custodia parentum suorum, ex par-
» te matris. Et *tota hereditas* in custodia parentum
» suorum, ex parte matris. » (Leges. burgorum.
cap. 106.)

Cette sage précaution s'était aussi introduite dans quelques coutumes de France, notamment dans le Maine et l'Anjou, par une ordonnance de Saint-Louis, du mois de mai 1240, — « ille autem qui
» tenet *ballum*, si terra debet ad ipsum devenire
» *non habet custodiam puerorum*, immo proximior
» post ipsum » (Ordonn. du Louvre tom. 1.er page 59 art. 5.)

Voir aussi la coutume d'Anjou art. 89.

« Nam illæ leges dicunt 'quod committere tute-
» lam infantis illi qui est ei proximè successurus,
» est quasi agnum committere lupo ad devorandum
(Ordonn. ut suprà page 59 note F.) »

Note 18. — Page 68.

Art. 25. *Propinquiori heredi oblata non fuerit.*

L'obligation d'offrir à l'héritier le plus proche les biens qu'on voulait vendre, n'existait que pour les biens transmis par héritage, car chacun avait la libre disposition de ses acquets : « se aucuns vent
» se acqueste, ou il le veult vendre, il n'i a point
» d'offre tant l'ait tenu longuement. » (Ancien coutumier inédit de Picardie p. 448)

Tel était au surplus l'usage de la cité d'Amiens, lorsque l'acquet avait été donné à un étranger, celui-ci en pouvait disposer librement, mais lorsqu'il était donné, par le père et la mère, à leurs enfants, alors l'acquet tenait nature d'héritage et ne pouvait être vendu qu'après avoir été offert à l'héritier le plus proche : « Se aucuns donne s'ac-
» queste à sen enffant ou à pluiseur, il quiet en
» hyretage, et se li enfès ou pluiseurs le ven-
» doient il y aroit offre (ibid. p. 148.) — se au-
» cuns homs et se femme, ou li homs puis le
» mort de se femme, donne s'acqueste à autre per-
» sonne que a sen enffant, ch'est acqueste à cheli
» qui le don reçoit aussi bien comme ch'est à cheli
» qui le donne, et em poet faire se volenté comme
» de s'acqueste, car cascuns donne s'acqueste où
» il li plaist (ibid p. 149). »

Quant aux formalités que devait observer le vendeur pour faire l'offre de l'héritage à son héritier le plus proche, elles prévoyaient le cas où la femme venderesse était mariée ou non mariée, majeure ou mineure ; « se ch'est femme, et elle
» a baron, il convient qui soit présent avœuc se
» femme, comme avoués de se femme ; et se ch'est
» femme sans baron qui soit aagié, il convient que
» elle ait nullui aveuc li d'avoué présent ; et se
» elle est desaagié, il convient que elle ait sen
» cureur aveuquez li, qui donnés li soit souffisam-
» ment par maïeur et par esquevins, et par l'acort
» de quemuns amis, se il y en a nul ; et se il
» y en a nul, jà pour che ne lairoit li maires
» que cureur ne li donnast par le conseil de es-
» quevins ; et convient que li accatères soit présent
» et li maires, ou un esquevins en lieu de maïeur,
» et II esquevins au* mains ; et convient que li
» venderres ou le venderesse offre à sen proisme
» le vente qui est faite de sen hiretage, et li
» venderres toutes les condicions de la vente. Et
» se li proismez veult, il aira serment du ven-
» deur et de l'acateur ; et se li venderres ou le
» venderesse est menres d'anz, il ara le serment du
» cureur ; et se l'on ne le veult prendre, il peut
» demander quinsaine de li consillier, et au quief
» de la quizaine sil veut, il ara les sairmens et
» retenra se vente par le bourse, et donra le pro-
» chaineté de le bourse à cui qui lui plaira, et
» en prendra argent s'il veult. Ne jà, ses proismez
» le prochaineté n'ara, ains demourerra à chelui
» à qui elle sera donnée, soit privés ou estranges
» Ne nulz qui soit parenz au vendeur, puis qu'il

» est offert au plus proisme, puis ne l'ara, se li
» plus proismes ne le voloit prendre et le voloit
» quittier à l'acateur. Et se li proismes qui aroit
» retenu se quinzaine, ne venoit au quief de le
» quinsaine, li acaterres aroit sen acat par les de-
» niers payant au vendeur, li seroit se cyro-
» graphe délivrée par le recort du maïeur et des
» esquevins, qui aroient esté à l'offre faire et qui
» le rapporteroient en l'esquevinage. — Et se li
» proismes voloit très le premier jour quittier
» l'offre à l'acateur, ou retenir le par le bourse,
» il aroit les sermens du vendeur et de l'acateur,
» se il voloit, que ès conditions de le vente n'a-
» roit ne fraude ne barat ; et se li proismes voloit
» offrir à monstrer que ès condicions de le vente
» n'aroit ne fraude ne barat, il convenroit que li
» venderres et li accaterres y respondeissent : et se
» les fraudes estoient prouvées, le vente ne seroit
» mie tenue ; mais se on veoit que li proismes
» proposast aucune fraude et voloit avoir lonc
» jour de prouver, il ne l'aroit mie... (ibid pp.
» 149 et 150.) »

L'esprit de ces dispositions se retrouve aussi dans les lois écossaises : « si aliquis burgensis ven-
» diderit terram suam pro necessitate , et oblata fue-
» rit parentibus propinquioribus , et ipsi non ha-
» buerint undè possint eam emere, tempore ven-
» ditionis ; et postea, si venerint quidam de pro-
» pinquioribus amicis et obtulerint se emere dictas
» terras... nullo modo debent audiri nec venditi-
» onem illam ullo modo revocare. (Leges burgo-
» rum cap. 96.) »

NOTE 19. — PAGE 68.

ART. 25. *Per annum eam in pace tenuerit.*

« Nus n'offre sen acat qui ne veut, *et qui an et
» jour le tenroit* puis qu'il l'aroit acaté, nulz n'aroit
» l'acat par le bourse tant fut proisme. » (Ancien
coutumier inédit de Picardie p. 149).

Telle était la coutume d'Amiens, telle était la coutume écossaise : — « Quicumque tenuerit terras
» in pace, per unum annum et unum diem, et sine
» calumniâ , quam fideliter emit per testimonium
» duodecim vicinorum suorum , si quis eam calum-
» niaverit post annum et diem, et fuerit in eâdem
» regione, et de ætate, et non in carcere, et ip-
» se infrà prædictum terminum clameum indè non
» moverit, super hoc nunquam audietur. » (Leg.
burgorum cap. 9).

Ce n'était pas seulement la possession territoriale, mais aussi la liberté civile qui se prescrivait
par l'an et jour : « si quis moram fecerit per an-
» num et diem , in communiâ Senonensi in pace ,
» et sine juris vetatione, et aliquis postea eum re-
» quisierit quod sit homo suus, non illi de ea res-
» pondebunt jurati (charte de Sens art. 19. Ordonn.
» des Rois tom. XI p. 263. »

(Voyez aussi la charte de Bray art. 12. Ordonn.
ut suprà p. 296.)

NOTE 20. — PAGE 68.

ART. 26 : *Si quis septem annis.*

Cette prescription de sept ans est purement locale ; mais pour être complètement édifié sur le
sens de l'article 20 , il faut le conférer avec l'a-
vant-dernier paragraphe des anciens usages d'A-
miens , publiés par M. Marnier : « Se aucuns a l
» hiretage de lès sen voisin et li murs est tout
» siens , il poeut hebergier et prendre tout sen
» mur : et se ses voisins se voloit aiser du mur ,
» il ne le porroit, mais convenroit que il s'en
» soufrist, se chieus cui le mur est le contredi-
» soit, et l'amenderoit chix qui le édifice aroit
» fait sur autrui hyretage. — Et se chiex cui l'i-
» retage est souffroit que ses voisins s'aisast sur
» sen mur : fust de reposer ses entrebendes ou
» ses soliaus, ou de ses caveronz ou aucuns au-
» tres aisemens *et s'en toust sept ans ou plus* ,
» et en laissant sen voisin en le possession del aaise-
» sement sans nul débat, li voisins ou ses hoirs
» gorroit (jouiroit) à tous jours del aisement »
(ancien coutumier inédit de Picardie p. 162.)

NOTE 21. — PAGE 68.

ART. 27. *Si quis alienus mercator.*

Le but de cette disposition est d'assurer bonne
et prompte justice aux commerçants étrangers.—
» Si placitum oriatur inter burgensem et mercato-
» rem , terminari debet infrà tertiam refluxionem
» maris ; (Leges burgorum cap. 8) scilicet infrà
» unum diem et unam noctem (Ibid. cap. 134.)

NOTE 22. — PAGE 70.

ART. 33 : *Extrà urbem nullus causam facere
presumat.*

« Si burgensis appelletur de aliquâ querelâ , non
» placitabit extrà burgum. » (Leges burgorum
cap. 7).

Note 23. — Page 70.

Art. 35 : *Si quis prepositum regis in placito, vel extrà placitum turpibus et inhonestis etc.*

L'injure contre le *prévôt royal* était toujours punissable de la même manière, quelles que fussent les circonstances dans lesquelles elle avait été proférée ; mais l'injure *contre le maïeur* n'était considérée comme un crime de lèze commune, que lorsqu'elle avait été adressée au maïeur rendant la justice. (Voyez l'art. 36 de la charte de commune). Le prévôt devait, sans doute, à sa qualité de représentant du souverain cette protection qui s'attachait à sa personne et la couvrait d'une espèce d'inviolabilité. La loi des bourgs écossais applique au même cas, l'amende honorable, mais seulement lorsque l'injure a été dite *in pland curiá* (Leg. burg. cap. 104). (Voyez note 25.)

Note 24. — Page 70.

Art. 36 : *Si quis majorem in placito turpibus et inhonestis* (Voyez la note 25).

Note 25. — Page 70.

Art. 37 : *Si quis juratum suum percusserit.* Entre cet article et le précédent, il semble qu'il manque une disposition essentielle. En effet, la charte de commune ne dit pas comment étaient reprimées les voies de fait dirigées contre la personne du prévôt et du maïeur. Voici à cet égard ce que portent les anciennes coutumes de la cité :
— » De rechief, quiconques le prévôt le roi ferra,
» en le volenté et en le merchi le roi plaine-
» ment sera.— De rechief, quiconques par ire
» faite le maïeur ferra, le poing perdera.— De
» rechief, quiconques fiert eskievin par ire faite,
» LX libres d'amende paiera, XXX libres à le
» Quemuigne, et XXX libres au roi ; et se il ne
» les puet paier, il sera banis et eskaex de la
» ville et de la banlieue, dusques à tant qu'il aura
» paié l'amende et fait gré. » (Bibl. Roy. M.S. Lavallière n.° 1489).

Quiconques par ire faite le maïeur ferra, le poing perdera. Cette disposition reporte la date des coutumes insérées dans le M.S. Lavallière, au delà de l'année 1289-90 puisque, en cette année comme nous allons le voir, intervint une célèbre sentence arbitrale qui ne reconnait pas ce droit de justice à la commune.

» Philippe par la grâce de Dieu etc.. Sur ce
» que Robert la Truye disoit que li maires et
» eskevin à tort et sans raison lui avoient fait
» copper le main, pourquoi il requéroit que cieus
» meffait li fust amendé et seur tel meffait fus-
» sent puni. Li maires et eskevin et le commu-
» nité disant à l'encontre que par jugement il
» avoient fait copper la main du dit Robert, à
» droit et boine . raison, pour che que le dit
» Robert avoit mis main violente au maïeur d'A-
» miens, qui représente le personne du roi, et
» plusieurs fois publiement et de jour, et l'avoit
» feru d'un baston en la teste dusques au sanc,
» sachant lui estre maïeur. Et encore que che
» peurent et povoient faire, par privilège octroié
» à eus, et tele painne à faire povoit issir de leur
» privilège, et che povoient faire plus et par la
» coustume des viles voisines, si comme il disoient.
» A la parfin, pour bien de pais, les dites par-
» ties se compromirent en Pierre seigneur de
» Chambly chevalier, tant comme amiaule com-
» positeur, lequel prononcha son dit comme il
» s'ensuit.— C'est assavoir, que les dits maire,
» eskevins et la communité pour bien de pais et
» pour che que ils venissent à concorde dudit
» Robert et de ses amis, seroient tenu de paier
» et de rendre au dit Robert mille livres parisis,
» des quelles le dit Robert s'est tenu pour payé.
» Le dit Robert, de lui et des siens, a asseuré bien
» et loyalement pardevant nostre gent comme
» pardevant nous, de boen asseurement, le dit
» maïeur, les eschevins, la communauté et les
» personnes singulières de la dite ville et les
» leur, présent Gui Latruye chevalier, frère du
» dit Robert lui assentant à che.

» Le vendredi devant la cathédre de Saint-
» Pierre, en l'an del incarnacion Nostre-Seigneur
» mil deux chens quatre vins et nuef. » (Registre aux chartres E. f° 19. r.° v.°)

Note 26. — Page 72.

Art. 37 : *Pro ictú et post hec pro veteri odio.*

Entre jurés de la même commune, comme entre membres de la même confraternité, la plus basse de toutes les actions, est celle qui décèle une vieille rancune. « Si autem confratrem suum
» propter nimiam stultitiam suam et negligentiam
» et *longevo rancore existente* interfecerit, exeat
« è consortio omnium confratrum cum malo nomi-
» ne nithing, (*homme de rien*) et recedat. (Statuts de la Ghilde du roi Eric art. 4. Récits Mérovingiens tom. 1.ᵉʳ pièce justificative 5).— Voir aussi

la charte de Roye art. 11. Ordonnances du Louvre tom. XI p. 228.

NOTE 27. — PAGE 72.

ART. 37: *Nullus pro eo qui percusserit... sacramentum faciet.*

Celui qui était accusé d'avoir frappé un membre de la commune, pour satisfaire une vieille animosité, pouvait bien se purger par son serment et même par le duel, mais il lui était interdit de produire des témoins. Pourquoi cela ? Sans doute, parce qu'il n'en est pas des sentiments de l'homme comme de ses actions : ses actions, quelque soin qu'il prenne pour les couvrir de mystère, peuvent être rendues patentes par le résultat d'une enquête ; mais, quant à ses sentiments, personne ne peut témoigner de leur sincérité.

NOTE 28. — PAGE 72.

ART. 40. *Qui juratum suum in aquam vel in paludem jactaverit, etc.*

Cet article consacre une exception à la maxime *testis unus, testis nullus*; lorsqu'une personne avait été jetée à l'eau ou dans un bourbier, il suffisait qu'elle se présentât devant le maïeur, avec un seul témoin, pour attester le fait : la souillure qui couvrait ses vêtemens, dans ce cas, lui tenait lieu de second témoin.

NOTE 29. — PAGE 72.

ART. 41. *Wisloth, id est coup.*

Terme de mépris pour désigner l'époux dont la femme avait été infidèle. Pasquier, en parlant des Bohémiens qui vinrent à Paris, pour la première fois en 1427, dit : « En la compagnie avoit sorcières » qui regardoient es mains des gens, et disoient ce » qu'advenu leur estoit ; et muirent grans contens en » plusieurs ménages, car elles disoient : *ta femme* » *t'a fait coup.* » (Pasquier, Recherches liv. 4 ch. 19.)

NOTE 30. — PAGE 72.

ART. 41. *Viginti solidos persolvet.*

Nous voyons, par une sentence de l'échevinage d'Amiens du 29 mars 1474, que l'injure n'excusait pas l'injure. Dans ce cas, la justice frappait sur les deux parties sans distinction et percevait double amende. « Messeigneurs, veue le requeste bailliée » par Jehan Lefebvre fèvre, adfin que il leur » plust quittier la somme de XX sols qu'il avoit » amendé, pour paroles injurieuses qu'il avoit dites » de Jehan Levasseur cordouanier, dont il se di- » soit innocent ; ont remis et modéré ladite somme » à X sols. — Et pareillement ont remis la somme » de XX sols que ledit Jehan Lavasseur avoit » amendé, pour pareilles paroles injurieuses par lui » dites audit Jehan Lefebvre, à la somme de X sols. (8.ᵉ Registre T.)

NOTE 31. — PAGE 72

ART. 42. *Si filius burgensis aliquod forisfactum.*

Le M.S. Lavallière reproduit cet article dans les termes suivants : « De rechief, se· li fix au bur- » gois qui est en le main burnie son père, for- » fait aucun forfait, li père porsuirra droiture à » le quemune, por son fil dusques à le grant » amende de IX libres ; et se il n'est en le warde » au père et il est semons, et il défuit de jus- » tiche, I an sera hors de le cité, et s'il velt » revenir aprez l'an passé, il fera droit au pré- » vost et à le quemugne par l'eswart des eskevins.

L'article 14 de la charte d'Athyes, laisse au maïeur et aux échevins le soin de décider si le mineur est ou non excusable pour les crimes qu'il a commis. « Si quis infra ætatem, aliquem casu occi- » derit, considerationi legitime majoris et juratorum » debet relinqui utrum ille qui infra ætatem fuerit, » debeat penas solvere, aut immunis à delicto re- » manere. » (Ordonnances du Louvre tom. XI p. 300.)

NOTE 32. — PAGE 72

ART. 44. *Non est equum judicium inter juratum et non juratum.*

De juré à non juré la sentence était nulle, en vertu de la maxime : *par debet judicari per parem*: maxime du reste qui était une règle du droit commun dans presque toutes les cours de justice de l'Europe : « Statuit dominus rex, quod nullus debet » recipere judicium neque judicari à minori persona » quam à suo pari, scilicet comes per comites, » baro per barones, vavassor per vavassores, et » *burgensis per burgenses.* » (Loi d'Ecosse *Quoniam attachiamenta.* cap. 67.)

NOTE 33. — PAGE 74

ART. 45. *Per consilium Theoderici tunc episcopi Ambianensis.*

Thierry 40.ᵉ évêque d'Amiens occupa le siége depuis 1144 jusqu'en l'année 1165.

Note 34. — Page 74.

Art. 47 : *excepto murtro et raptu.*

Les cas réservés comprenaient ordinairement, outre le meurtre (avec guet-apens) et le rapt, l'incendie, la trahison, l'homicide et en général tous les crimes punissables de la peine capitale. Lorsqu'il y avait condamnation, les biens du coupable étaient confisqués au profit du domaine de la couronne; c'est pourquoi les juges inférieurs ne pouvaient jamais s'attribuer la connaissance de ces crimes. « At ante vicarios, nulla criminalis actio » diffiniatur, nisi tantum leviores causæ quæ faci- » liter possunt judicari. » (Capitul, excep. ex leg. Longob. an 801. cap. 27.—Chignac tom. 1.ᵉʳ p. 353.)

On conçoit dès lors pourquoi le roi, en accordant à la commune d'Amiens le droit de juger, les homicides, les incendiaires et les traîtres, y met cependant cette restriction que les biens meubles des condamnés lui appartiendront sans part d'autrui.

Note 35. — Page 74.

Art. 48 : *bannum in villa.*

Cet article a été modifié par l'art. 12 de la charte portant concession de la prévôté. (Voir note 55).

Note 36. — Page 74.

Art. 49 : *excepto murtro, homicidio, proditione raptu.*

« *Murdrum* est occulta hominum occisio à ma- » nibus hominum nequiter perpetrata, quæ nullo » sciente vel vidente facta est, præter solum in- » terfectorem et suos coadjutores et fautores, ità » quod non statim assequatur clamor popularis. » (Fleta lib. 1. cap. 30.

Homicidium, tous les cas de mort violente, y compris le suicide.

Incendium. « Si quis ædes alienas nequiter, ob » inimicitiam vel prædæ causâ, tempore pacis, » combusserit, capitali sententià debet puniri. » (Fleta lib. 1.ᵉʳ cap. 35). » — Ceux qui ser- » rouont de ceo atteynts soient ars; issint que » eux soient punys par mème cele chose dount ils » peschèrent. Et mesme cel jugement ayent sorcers » et sorceresses et sodomites et mescreaunts apper- » temens atteints. » (Britton ch. 9.)

Proditio : « treson est chascun domage que l'en » fait à escient ou procure de faire à celuy à qui » on fait amy. Et poit estre treson graund et petit, » dont ascun demande jugement, de mort et ascun » amission de membre. » (Britton ch. 87.) On est coupable de grand'trahison, quand on conspire contre le souverain, quand on contrefait son sceau, ou qu'on altère sa monnaie, et encore quand on empoisonne son seigneur (ibid), quand on entretient commerce charnel avec la femme, la fille ou la nourrice de son seigneur. (Fleta lib. 1 cap. 35.)

Raptus. « Crimen est quod aliqua mulier impo- » nit viro quæ proponit se a viro vi oppressam. » (Glanvilla lib. 14 cap. 6).

Note 37. — Page 74.

Art. 50. In fine : *Actum Perone anno millesimo, ducentesimo nono.*

Au bas de la Charte de la commune d'Amiens, publiée dans le XI.ᵉ volume des Ordonnances des rois de France, on lit: *actum Lorriaci, anno incarnati verbi M.° C.° nonagesimo, regni nostri XI.°.* Ainsi, il faut admettre ou qu'il y a eu erreur de date dans le texte publié dans les Ordonnances des rois, ou que Philippe-Auguste a confirmé deux fois la commune d'Amiens. Cette dernière hypothèse nous paraît la moins vraisemblable. En effet, la charte originale que possède l'hôtel-de-ville d'Amiens est de 1209, toutes les copies insérées dans les différents cartulaires de la mairie, et même dans le plus ancien des cartulaires du Chapitre de la cathédrale portent cette même date 1209. Dans ce dernier, la transcription de la charte est précédée de cette rubrique : *de confirmacione primâ communiæ Ambianensis.* D'ailleurs, la parfaite identité du texte que nous publions avec celui des Ordonnances, ne permet pas de croire que Philippe-Auguste, en 1191, aurait donné à la ville d'Amiens une charte de commune qu'il aurait renouvelée, en 1209 sans rien ajouter ni retrancher à la première rédaction. Tout se réunit donc pour démontrer l'erreur. Si elle n'est pas imputable à l'éditeur des Ordonnances du Louvre, elle est au moins le fait du copiste qui aura été chargé de transcrire la charte d'Amiens sur le registre de Philippe-Auguste : au moment de dater, il aura pris une pièce pour une autre, et ainsi, il aura mentionné comme passé à Lorris, en 1191, un acte accompli à Péronne, en 1209.

ANCIENS USAGES D'AMIENS.

Note 38. — Page 76.

Anciens usages d'Amiens. L'éditeur , M. Marnier , fixe , dans les vingt trois premières années du xive siècle , la date des *anciens usages d'Amiens.* Selon nous , ces coutumes sont d'une époque plus reculée , car elles constatent qu'au moment où elles furent rédigées, la *commune* et la *prévôté* formaient deux juridictions distinctes. Or elles étaient déjà réunies en 1292. On ne peut donc pas leur assigner une date postérieure à cette réunion.

Note 39. — Page 76.

Art. 1.er *Nus ne puet estre maires d'Amiens deux années en ensievans l'une aprez l'autre.*

Tant qu'ils eurent la liberté de choisir leurs magistrats, les habitans d'Amiens se conformèrent à cet usage. L'état de la ville de 1345 à 1382 , constate en effet que , pendant cet intervalle , on ne vit jamais la même personne exercer deux années de suite les fonctions de maïeur. Mais après la suppression des mairies de bannières , comme il fallait un mandement exprès du roi pour renouveler l'échevinage, il arriva souvent que ce mandement ne fut point accordé, et que les mêmes personnes restaient investies des offices municipaux aussi long-temps qu'il plaisait au roi d'autoriser leur remplacement. Jusqu'à Louis xi cependant , aucune autre atteinte n'avait été portée au droit d'élection, ce prince fut le premier qui s'avisa de créer un maïeur d'Amiens et qui voulut déterminer la durée de ses fonctions. Voici à quelle occasion.

Le 28 octobre 1463 , Philippe de Morviller , écuyer , qui déjà avait été revêtu plusieurs fois de la charge de premier magistrat de la cité , fut porté le premier sur la liste des trois candidats à la place de maïeur. Mais le résultat de l'élection fut tel qu'il ne réussit même pas à se faire nommer échevin. Malheureusement, cet ambitieux désappointé était parent assez proche du chancelier de Louis xi. C'en fut assez pour l'engager à solliciter , pour l'année suivante , du bon plaisir du monarque, le poste qu'il n'avait pu obtenir des suffrages de ses concitoyens. Le roi signa à Nouvion le 13 septembre 1464 , une ordonnance qui l'instituait *maïeur d'Amiens pour trois ans* , Nous en transcrivons ici le préambule.

» Louis par la grâce de Dieu , etc... comme ,
» à cause de nostre souveraineté et majesté royal,
» nous compette et appartiengne le général gou-
» vernement et administration de nostre royaume,
» soit en offices, juridicions ou aultrement , et aussy
» en toutes nos bonnes villes et cités et mairies ,
» loys et eschevinaiges ; lesquelles mairies , loys et
» eschevinaiges nous puissions renouveler , créer et
» ordonner à nostre bon plaisir et volonté , sans
» que nulz y aient que veoir ne que congnoistre ;
» et il soit ainsy que , en nostre bonne ville d'A-
» miens, nos prédécesseurs roys de France aient
» ordonné dès long-temps maïeur , eschevins , loy ,
» corps et communaulté , sous la couronne de
» nostre royaulme ; laquelle loy se renouvelle *d'an
» en an et par grâce* , au jour St.-Simon St.-Jude ,
» comme il peut apparoir par lettres royaux , chas-
» cun an obtenues par iceulx maire et eschevins ,
» leurs bourgois , manans et habitans de nos pré-
» décesseurs. Savoir faisons etc... (8.e registre T).

Le 28 octobre 1464 , ces lettres furent communiquées à l'échevinage assemblé à l'hôtel des Cloquiers. Il fut aussitôt délibéré qu'on enverrait remontrer à Philippe de Morviller, l'intérêt qu'il avait à se relâcher de sa prétention pour éviter l'indignation des habitans ; et que , s'il voulait s'en rapporter à la nomination des échevins et à l'élection du peuple , on ne faisait nul doute qu'il ne réussît à être élu maïeur — « Philippe de
» Morviller fit response aux commissaires , qu'il
» avoit toujours été pour la ville , mais que , puis-
» qu'il plaisoit au roi qu'il fût maïeur, il vouloit toujours
» obéir au roi, et se tenoit à ses lettres , à la grâce et
» honneur que le roi lui faisoit : oye laquelle res-
» ponse , messeigneurs conclurent d'eslire trois hom-
» mes pour la dite mairie , *nonobstant les lettres*

» *du roy*, assavoir le dit *Philippe de Morviller*,
» Jehan Lenormant et Jacques Clabaut, lesquels
» noms ils portèrent en halle, pardevers le lieu-
» tenant du bailly et le conseil du roy, en don-
» nant tous leurs voix audit *Philippe de Morviller*,
» et ainsi feist le peuple. (Archives de l'Hôtel-
de-Ville. 8.ᵉ registre T)

NOTE 40. — PAGE 76.

Art. 2 : *Li vaides et li mesureur*.

L'ancien Etat de la ville de 1345 à 1382, ne permet pas d'élever le moindre doute sur l'identité de ces deux bannières avec celles des *vaidiers* et des *taverniers*, puisqu'en effet, les maïeurs de ces deux corporations étaient nommés par l'échevinage. Le mot *mesureur* peut s'entendre très-bien de ceux dont la profession était de vendre le vin en détail. (Voyez Gloss. de Ducange V° *Missorium*).

NOTE 41. — PAGE 76.

Art 3 : *Et ne le poent li maïeur des banniéres refuser que li uns de ches III ne soit pris*.

Le Grand maïeur était élu, par les maïeurs de bannières, sur une liste de trois candidats choisis par les échevins sortans, soit dans l'échevinage, soit hors de l'échevinage. Ce mode de candidature était encore en usage au commencement du XVI.ᵉ siècle, mais avec le temps il s'introduisit un abus que nous devons signaler Presque toujours le maïeur sortant était un des trois candidats ; or, la coutume s'opposant à ce que la même personne fût nommée aux fonctions de maire deux années de suite, il s'ensuivait par le fait, que le choix des électeurs ne pouvait s'arrêter que sur deux des trois candidats présentés. C'est pourquoi le bailli d'Amiens, par une ordonnance de l'année 1503, prescrivit que : « Doresna-
» vant les maire et eschevins prêteront serment
» de , en fin d'année, eslire trois personnes notables
» autres que celui qui, en ladite année, est cons-
» titué en office de maïeur. (Registre E f.° 227).

Dans le principe, chaque échevin émettait hautement et librement son opinion sur le choix des candidats, mais ce mode de procéder donnant lieu à des débats fort orageux, il fut, le 27 octobre 1460, remplacé par le vote au scrutin secret.
« Messeigneurs ont ordonné que demain qui sera
» le jour de St-Simon St-Jude, auquel jour se
» renouvellera la loi de la ville, chascun d'eulx
» baillera, en ung brevest par escript, trois noms de
» ceulx qu'il eslira pour estre maïeur de l'un
» d'eulx, et sera ledit brevest mis telement que
» on ne sara quel eschevin qui l'ara baillié, et
» ainsy chascun eschevin en baillera un , et ne
» sera point escript le nom de celui qui le bail-
» lera ; Et puis lesdits brevestz mis et déposé, se-
» ront mis par escript par le clerc de la ville, les
» noms contenus es brievetz, et les trois plus nommé,
» seront portés en la halle comme on les y porte
» tous les ans, pour l'un d'eulx estre fait maïeur.
» Et par ainsy mesdits seigneurs ne nommeront
» point, en la présence l'un de l'aultre, les noms
» de ceulx qu'ils esliront pour être maïeur, comme
» ilz souloient faire en temps passé ; et ceste
» ordonnance fut faite adfin de demourer toujours
» l'un avec l'autre en plus grande confraternité. »
(8.ᵉ Registre T).

NOTE 42. — PAGE 76.

Art. 5 : *Les rentes et les présens*.

Nous l'avons dit plus haut (page 45), l'office du payeur des présents était celui qui caractérisait le mieux le véritable esprit des institutions communales. Le vin qu'il distribuait était bien moins une libéralité qu'un symbole emprunté aux traditions de la Ghilde, et cela est si vrai que la kane, c'est-à-dire le vase dans lequel on l'offrait, figurait aux processions parmi les bannières et les autres insignes municipaux. Les comptes des dépenses de 1390 constatent qu'il fut payé, « pour quatre paires
» de gants données aux quatre sergens des kanes
» qui portèrent les *kanes-banniéres*, le jour de l'As-
» cension, la somme de II sols VIII deniers. »
Heureuse la maison où les sergens des kanes se présentaient avec le vin de la ville ! car cette démarche signifiait ou que le maïeur allait s'asseoir à la table du chef de la famille ou que l'un des membres de cette famille avait bien mérité de la commune. Or, aucun document n'est plus propre à constater la vérité de cette assertion que les comptes des menus présents de vin rendus à la fin de chaque année. Celui que nous donnons ici, sous la forme de tableau, est extrait des dépenses de l'année 1389—1390 et tiré du 6.ᵉ registre Y. 3. de l'hôtel-de-ville d'Amiens.

AMIENS. (117)

Dates.	TAVERNES. OÙ LE VIN ÉTAIT PRIS.	Nombre des kanes.	Prix de la kane.	DESTINATION DU PRÉSENT.	CAUSE DU PRÉSENT.	PRIX TOTAL.	OBSERVATIONS.
				OCTOBRE 1389.			
3	Au Sartarion	1	4ˢ 4ᵈ	Au Maïeur d'Amiens	Qui dingna avec la demoiselle de Lens	4ˢ 4ᵈ	
4	Au Sartarion	2	4 »	Aux Frères Mineurs	Pitance	8 »	
	A le Vente au Marchié as Fromaches	2	2 8	Aux mêmes	Pitance	5 4	
5	As rouges Cappeaux	1	4 8	Au Prévost d'Amiens	Qui avoit annoncé la mort d'une rentière à vie sur la ville	4 8	
	A le Vente	4	2 8	Au Sire de Hangest chambellan du Roi	»	10 8	
6	As rouges Cappeaux	2	4 8	Au Sire de Rambures	»	9 4	
	Au Cappel de Vingnes	2	2 8	Au même	»	5 4	
	As rouges Cappeaux	2	4 8	La Vidamesse de Picquigny	»	9 4	
	A le Fauchille	2	3 4	A la même	»	6 8	
	A le Vente	4	2 8	A un des Trésoriers de Franche	»	10 8	
	A le maison Mᵉ Jehan des Rabuissons	1	5 4	Au Maïeur d'Amiens	Qui dingna à le maison sire Jaque de Hangard	5 4	
	A l'Oriflambe	1	4 »	Au même	Même cause	4 »	
	Au Lion d'Or	2	3 4	Au même	Même cause	6 8	
	As rouges Cappeaux	2	4 4	Au Maïeur de Doullens	»	8 8	
13	As Marmousets	2	4 »	Au Trésorier de Franche	»	8 »	
	Au Lion d'Or	2	3 4	Au même	»	6 8	
16	As rouges Lupars	4	4 »	A Sire Tristran Dubos chevalier	»	16 »	
17	As rouges Lupars	1	4 »	Au Maïeur d'Amiens	Qui dingna chez le curé de St.-Martin aux Waides	4 »	
	A l'Oriflambe	4	4 »	Au même	Qui dingna chez le grand Compteur	16 »	
	As rouges Lupars	1	4 »	Au Procureur de la ville	»	4 »	
	Au Lion d'Or	1	4 4	Au même	»	4 4	
18	As rouges Lupars	1	4 »	Nicaise Lefebvre Procureur au Parlement	»	4 »	
	A le Cuignie	1	3 »	Au même	»	3 »	
	A le Cuignie	1	3 »	A un Messager	Qui avait apporté lettres de Paris	3 »	
	As rouges Cappeaux	1	4 »	As Clocquiers	Pour une collation du Maïeur et des Echevins	4 »	
	A le Vente	1	2 8	A 1 Messager des Comptes	»	2 8	

(118)   PREMIÈRE SÉRIE.

Dates.	TAVERNES. OÙ LE VIN ÉTAIT PRIS.	Nombre des kanes.	Prix de la kane.	DESTINATION DU PRÉSENT.	CAUSE DU PRÉSENT.	Prix TOTAL.	OBSERVATIONS.
	OCTOBRE 1389.						
19	As rouges Lupars .	1	4ˢ ᵈ	Au Maïeur d'Amiens . .	Qui dingna chez Colart Mouret	4ˢ ᵈ	
	A le Maison M.ᵉ Jehan Richart . .	1	5 4	Au Maïeur d'Amiens . .	Qui y dingna.	5 4	
	A l'Etœuf d'Argent.	2	3 4	Au même	»	6 8	
	Au Double Chercle.	4	3 4	Au Maistre d'hostel de la Royne.	»	13 4	
24	As rouges Lupars .	2	4 »	Au Maïeur d'Amiens . .	Qui dingna chez Colart du Gard grand Compteur .	8 »	
	Au Double Chercle.	2	3 4	Au Maïeur d'Amiens . .	»	6 8	
	As rouges Lupars .	1 pot.	»	As Cloquiers	Pour une collation qui s'y fit	2 »	
25	Au Pié de Vaque. .	1	2 8	A deux personnes . . .	Porteurs de la nouvelle que la demoiselle de Morisel rentière à vie de la ville étoit morte.	2 8	
26	As rouges Lupars .	2	4 »	Au Maïeur d'Amiens . .	Qui dingna aux nœupces de la fille Bernard Liscorgne	8 »	
	Au Double Chercle.	2	3 4	Au même	Même cause.	6 8	
	A l'Estœuf d'Argent.	8	3 4	A plusieurs compagnons.	Qui avoient éteint le feu à l'Hospital devant St.-Leu.	26 8	
	A l'Estœuf d'Argent	2	3 4	Laurent Bellette	Même cause.	6 8	
	Au Double Chercle.	2	3 4	Aux Sergens.	Qui ont balayé le Male-maison	6 8	
	Au Double Cercle .	1	4 4	Perret d'Arondel	Pour besognes pour la ville	4 4	
27	As Escureux. . . .	1	4 4	As Cloquiers.	Collation de l'échevinage	4 4	
	Au Haubergon. . .	1	2 8	Au même lieu	Même cause.	2 8	
	A le Maison Mᵉ Jehan Richart . .	2	5 4	Au Bailly d'Amiens. . .	»	10 8	
	Au même lieu. . .	2	5 4	Au Maïeur de Montreuil.	»	10 8	
28	Au même lieu. . .	1	5 4	A le Malemaison. . . .	»	5 4	St.-Simon. — St-Jude.
	Au même lieu. . .	2	5 4	Au lieutenant du Bailly .	»	10 8	
	As rouges Lupars .	1	4 »	A le Malemaison. . . .	Collation avec les gens du Roy	4 »	
	As Escureux. . . .	6	3 4	Au même lieu	Même cause.	20 »	

AMIENS.

Dates.	TAVERNES. OÙ LE VIN ÉTAIT PRIS.	Nombre des kanes.	Prix de la kane.	DESTINATION DU PRÉSENT.	CAUSE DU PRÉSENT.	PRIX TOTAL.	OBSERVATIONS.
				OCTOBRE 1389.			
28	A l'Estoille....	3	3ˢ 4ᵈ	Au même lieu.....	Même cause......	10ˢ »	
	Au Double Chercle.	2	3 4	A deux Sergens.....	Qui avoient ajourné les bourgeois en le halle pour élire le Maïeur..	6 8	
	Au Double Chercle .	1	3 4	A un Messager du Roy .	Qui avoit apporté lettres.	3 4	
29*	As Escureux....	5	3 »	A un sergent à mache et deux autres	»	15 »	* Veille de Toussaint. (sɩ̄c.)
					Somme toute....	20ˡ 13ˢ 8ᵈ	
				NOVEMBRE 1389.			
1	As rouges Toriaux.	9	3ˢ 4ᵈ	Aux 3 ordres Mendiants.	Pitance........	30ˢ »ᵈ	
	As rouges Toriaux.	2	3 4	Au Guetteur du Beffroy .	»	6 8	
	As rouges Toriaux.	2	3 4	Au Maïeur de Montdidier	»	6 8	
3	Au Paon.....	2	2 8	Au Maïeur de St-Riquier	»	5 4	
	Au Double Chercle.	3	3 4	Tristram Dubos chevalier	»	10 »	
	A le Cuignie ...	1	3 4	Au même.......	»	3 4	
	As Escureux....	4	3 4	Au sieur de Raineval. .	»	13 4	
4	As Papegais	4	2 8	Au Maïeur de Monstreuil	»	10 8	
	As Papegais....	2	2 8	Hue Poulette maçon de le ville	»	5 4	
	As Escureux....	2	3 4	Colart de Tenques écuyer	»	6 8	
5	Au Cornet d'Or ..	1	3 4	A FreminGridaine et autres	Qui avoient apporté les mesures au nouveau Maïeur à le Malemaison ..	3 4	
9	Au Dragon.....	1	3 4	Portée as Cloquiers ..	Pour une collation de l'Echevinage.....	3 4	
	Au Sangler	2	3 4	Au Clerc de la ville de Douay........	»	6 8	
	A la Gueule-Bée. .	7 pots	»	As Cloquiers	Pour une collation qui s'y fit	1 8	
10	Au Sangler	4	3 4	Au lieutenant du Bailly et au Procureur du Roy.	Qui avoient scellé lettres pour la ville	13 4	
	Au Sangler	4	3 4	Aux 8 Sergens à masse..	A l'occasion de la St-Martin	13 4	
	Au Sangler	2	3 4	Aux Sergens des kanes .	Même cause......	6 8	
11	As Toriaux	2	3 4	Au Bailly de Tournesis .	»	6 8	
	Au Double Chercle .	2	3 4	Au même.......	»	6 8	

Dates.	TAVERNES. OÙ LE VIN ÉTAIT PRIS.	Nombre de kanes.	Prix de la kane.	DESTINATION DU PRÉSENT.	CAUSE DU PRÉSENT.	Prix TOTAL.	OBSERVATIONS.
				NOVEMBRE 1389.			
14	Au Dragon....	2	3ˢ 4ᵈ	Au Maïeur d'Abbeville.	»	6ˢ 8ᵈ	
	Au Double Chercle.	2	3 4	Au même.......	»	6 8	
	A le Fauchille...	2	3 4	Au Maïeur de Doullens.	»	6 8	
15	Au Double Chercle.	4	3 4	Au Bailly d'Amiens...	A l'occasion de l'ouverture de l'Assise d'Amiens	13 4	
	Au Double Chercle.	1	3 4	As Sergens de la Prévosté	Qui furent à l'Assise..	3 4	
	Au Saumon d'Argent	1	3 4	Aux mêmes......	Même cause......	3 4	
	Au Double Chercle.	1	3 4	Aux Sergens des kanes.	Pour avoir porté les kanes au Payeur des présens.	3 4	
18	Au Double Chercle.	4	3 4	Au Bailly d'Amiens...	»	13 4	
	Au Saumon d'Argent	1	3 4	Aux Echevins as Cloquiers	Pour la collation qui s'y fit.	3 4	
19	Au Double Chercle.	4	3 4	Au Bailly d'Amiens..	A l'occasion de l'Assise tenue par lui.....	13 4	
20	Au Double Chercle.	4	3 4	Au même......	id.	13 4	
21	Au Double Chercle.	4	3 4	Au même......	id.	13 4	
22	id.	4	3 4	Au même......	id.	13 4	
23	id.	4	3 4	Au même......	id.	13 4	
24	id.	4	3 4	Au même......	id.	13 4	
25	id.	4	3 4	Au même......	id.	13 4	
26	id.	4	3 4	Au même......	id.	13 4	
27	id.	4	3 4	Au même......	id.	13 4	
	Au Dragon....	2	3 4	Au même......	id.	13 4*	* Erreur. 2 kanes à 3 sols 4 deniers ne font que 6 sols 8 deniers.
28	id.	4	3 4	Au même......	id.	13 4	
	A le Gueule-Bée..	1	3 4	Aux Echevins as Cloquiers	Pour une collation qui s'y fit.......	3 4	
	Au Double Chercle.	4	3 4	Au sieur de Raineval panetier de Franche...	»	13 4	

Somme toute.. 20ˡ 12ˢ 4ᵈ

AMIENS (121)

Dates.	TAVERNES où le vin était pris.	Nombre des kanes.	Prix de la kane.	DESTINATION DU PRÉSENT.	CAUSE DU PRÉSENT.	Prix TOTAL.	OBSERVATIONS.
				Décembre 1389.			
1	Au Dragon	2	3s 4d	Au Procureur du Roy en Ponthieu	»	6s 8d	
	Au Dragon	1	3 4	As barilleux des waides.	Pour avoir fait la prisée.	3 4	
	Au Dragon	2	3 4	Au Maïeur de Doullens.	»	6 8	
9	As Cornes	2	3 4	Au sire de Saveuse Cher. de Bourgogne	»	6 8	
	As Cornes	1	3 4	As clercs des Cloquiers.	Qui avoient fait plusieurs escriptures pour la ville.	3 4	
	As Cornes	1	3 4	A 1 sergent du Roy	Qui justichoit le ville.	3 4	
11	As Cornes	4	3 4	Au Gouverneur de Ponthieu	»	13 4	
12	Au Double Chercle.	2	3 4	A Broyart d'Offay	Ami de le ville	6 8	
	Au Double Chercle.	8	3 4	Au Comte de St.-Pol.	»	26 8	
16	As Cornes	4	3 4	Au Sire de Rambures.	»	13 4	
18	Au Double Chercle.	4	3 4	Au Bailly d'Amiens.	»	13 4	
	Au Double Chercle.	4	3 4	A Sire Tristram Dubos, chevalier	»	13 4	
20	Au Double Chercle.	4	3 4	Au Sire de Raineval	»	13 4	
	Au Double Chercle.	2	3 4	Au Maïeur de Montdidier.		6 8	
22	Au Double Chercle.	8	3 4	Aux bonnes gens de la ville	Qui avoient assisté à la Malmaison à l'audition des comptes qu'on y rendit.	26 8	
	Au Dragon	2	3 4	Au Receveur du bailliage d'Amiens	Commis pour oyr lesdis comptes.	6 8	
	Au Dragon	2	3 4	Au Lieutenant du Maïeur d'Amiens	Qui dina avec le Receveur du Bailliage.	6 8	
	Au Dragon	2	3 4	Au Maïeur de Montreuil	»	6 8	
	Au Dragon	2	3 4	Au Receveur du bailliage	»	6 8	
	Au Dragon	2	3 4	Au Lieutenant du Maïeur d'Amiens	»	6 8	
	Au Double Chercle.	6	3 4	A l'Évêque de Thérouane.	»	20 »	
24	Au Dragon	2	3 4	Au Receveur du Bailliage.	Qui ooit les comptes de la ville	6 8	
	Au Dragon	5	3 4	A 8 sergens à masse.	Pour la solennité de Noël.	16 8	
	Au Dragon	2	3 4	As menestreux	Qui jouèrent et trompetèrent au Beffroy.	6 8	

16.

Décembre 1389.

Dates.	TAVERNES OÙ LE VIN ÉTAIT PRIS.	Nombre des kanes.	Prix de la kane.	DESTINATION DU PRÉSENT.	CAUSE DU PRÉSENT.	Prix TOTAL.	OBSERVATIONS.
25	Au Dragon....	9	3ˢ 4ᵈ	Aux Ordres mendiants.	Pitance de 3 kanes à chaque Ordre....	30ˢ ″ᵈ	Noël.
27	Au Dragon....	4	3 4	Au Bailly d'Amiens..	»	13 4	
28	Au Double Chercle.	2	3 4	Aux Echevins aux Cloquiers........	Collation avec le Bailly.	6 8	
	Au Double Chercle.	4	3 4	A Nicole Pernel, conseiller du Roy....	»	13 4	
29	Au double Chercle.	4	3 4	Au Bailly d'Amiens...	»	13 4	
	Au Dragon....	4	3 4	Au Maistre d'hostel de la Royne........	»	13 4	
	Au Dragon....	4	3 4	Aux Élus qui avaient mis sus l'aide de la ville..	»	13 4	
31	Au Dragon...	2	3 4	Au Bailly d'Amiens..	»	6 8	
	Au Dragon....	2	3 4	Au Prince des sots d'Abbeville.......	»	6 8	
	Au Dragon....	1	3 4	Au clerc d'Abbeville..	»	3 4	
	Au Dragon....	1	3 4	Au même.......	»	3 4	
	Au Dragon....	1	3 4	A un messager du Roy.	»	3 4	
					Somme toute..	49ˡ 3ˢ 4ᵈ	

Janvier 1389 — 1390.

Dates.	TAVERNES	Nombre	Prix	DESTINATION	CAUSE	Prix TOTAL	OBSERVATIONS
1ᵉʳ	Au Double Chercle.	4	3ˢ 4ᵈ	Mahieu de Linière, trésorier de Franche..	»	13ˢ 4ᵈ	
	Au Double Chercle.	4	3 4	Au Maistre des eaux et forêts du Roy....	»	13 4	
	Au Double Chercle.	2	3 4	A Regnaut-Bigan, receveur du Bailliage...	»	6 8	
	Au Double Chercle.	2	3 4	Au clerc de la ville de Douay........	»	6 8	
	Au Double Chercle.	2	3 4	Dépensés aux Cloquiers.	Par les Maïeur et Eschevins à leur retour de Montières, là où ils furent saluer l'Evêque d'Amiens à sa première venue........	6 8	
	A le Gueule-Bée..	1	3 4	Aux Cloquiers.....	Collation de l'échevinage	3 4	
	Au Double Chercle.	2	3 4	A 4 sergents à masse..	Pour avoir été saluer l'Evêque à Montières...	6 8	

AMIENS. (123)

Dates.	TAVERNES où le vin était pris.	Nombre de kanes.	Prix de la kane.	DESTINATION DU PRÉSENT.	CAUSE DU PRÉSENT.	PRIX TOTAL.	OBSERVATIONS.
				Janvier 1389 — 1390.			
1	Au Double Chercle.	1	3s 4d	Aux sergens des kanes.	Même cause.	3s 4d	
	Au Double Chercle.	2	3 4	Au Maïeur de St.-Riquier	»	6 8	
5	Au Double Chercle.	5	3 4	Aux 8 sergens à masse.	»	16 8	Veille des Rois.
8	Au Double Chercle.	2	3 4	Au Maïeur de Montdidier	»	6 8	
	Au Double Chercle.	2	3 4	Au secrétaire du Roy.	»	6 8	
	Au Double Chercle.	2	3 4	Au Bailly d'Arras	»	6 8	
	Au Double Chercle.	2	3 4	A 1 Conseiller du parlement.	»	6 8	
10	Au Double Chercle.	2	3 4	Hugue Beinsoulas notaire du Roy	»	6 8	
	Au Dragon	4	3 4	Pierre de Metz général des finances	»	13 4	
	Au Dragon	6	3 4	A la Vidamesse de Picquigny	»	20 »	
	Au Dragon	1	3 4	A 1 messager du Roy.	Qui avoit apporté lettres.	3 4	
11	Au Double Chercle.	1	3 4	Au gouverneur de Ponthieu	»	3 4	
	Au Dragon	3	3 4	Au même	»	10 »	
	Au Double Chercle.	4	3 4	Tristran Dubos chevalier	»	13 4	
14	Au Dragon	2	3 4	A Me Regnaut du Mont St.-Eloy	»	6 8	
	Au Dragon	1	3 4	A deux messiers	Qui avoient fait certaines besognes pour la ville.	3 4	
	Au Dragon	1	3 4	As sergens de nuit.	Qui portèrent en terre une femme tuée par accident.	3 4	
	Au Double Chercle.	2	3 4	Au Maïeur de Doullens.	»	6 8	
15	As Escureux	6	3 »	A l'Evêque de Thérouane	»	18 »	
	Au Double Chercle.	2	3 4	Au Maïeur du Crotoy.	»	6 8	
	As Escureux	2	3 4	Au Bailly d'Arras	»	6 8	
	As Escureux	2	3 4	A 1 messager	Qui avoit apporté lettres de Paris	6 8	
21	Au Dragon	2	3 4	Au clerc de la ville de Tournay.	»	6 8	

Dates.	TAVERNES où le vin était pris.	Nombre des kanes.	Prix de la kane.	DESTINATION du présent.	CAUSE du présent.	Prix TOTAL.	OBSERVATIONS.
				Janvier 1389 — 1390.			
	Au Dragon	1	3s 4d	Aux porteurs du présent fait par la ville à l'Evêque.	À l'occasion de la 1.re venue de l'Évêque d'Amiens.	3s 4d	
23	Au Double Chercle.	4	3 4	Au Maïeur d'Amiens . .	Qui dingna à le maison Jehan de Conty. . . .	13 4	
24	Au Double Chercle.	3	3 4	A l'Amiral de France. .	»	10 »	
	Au Castel derrière la court de l'Evesque	3	5 4	Au même.	»	16 »	Vin de Poitou.
	Au Double Chercle.	4	3 4	Au Bailly d'Amiens. . .	»	13 4	
	Au Double Chercle.	4	3 4	Au Mre d'hostel de la Royne	»	13 4	
	Au Double Chercle.	4	3 4	Au Maïeur d'Abbeville .	»	13 4	
	Au Double Chercle.	4	3 4	Au gouverneur du Ponthieu	»	13 4	
	Au Double Chercle.	4	3 4	Au Maïeur de Montdidier	»	13 4	
	Au Double Chercle.	4	3 4	Au Maïeur de Montreuil.	»	13 4	
	Au Castel.	2	5 4	Au Capitaine d'Amiens .	»	10 8	Vin de Poitou.
	Au Double Chercle.	2	3 4	Au même.	»	6 8	
25	Au Double Chercle.	2	3 4	A sire Jacques de Harcourt	»	6 8	
	Au Castel-	2	5 4	Au même.	»	10 8	
	Au Double Chercle.	2	3 4	Au Maïeur de Doullens.	»	6 8	
29	Au Double Chercle.	6	3 4	A l'Évêque d'Amiens. .	Avec lequel les Maïeur et Echevins dinèrent .	20 »	
	Au Dragon	6	3 4	Au même.	Même cause.	20 »	
	Au Dragon	2	3 4	Au Maïeur de Doullens.	»	6 8	
	Au Dragon	4	3 4	A Tristran Dubos chevalier.	»	13 4	
31	Au Double Chercle.	4	3 4	A Sire Jacques de Harcourt	»	13 4	
					Somme toute. . .	24l 04s 0d	

AMIENS

Dates.	TAVERNES où le vin était pris.	Nombre des kanes.	Prix de la kane.	DESTINATION du présent.	CAUSE du présent.	Prix total.	OBSERVATIONS.
				Février 1389 — 1390.			
2	Au Dragon	1	3s 4d	A la Malmaison	A l'occasion de l'assise de la gondalle	3s 4d	
	Au Double Chercle	1	3 4	Au même lieu	Pour la même cause	3 4	
	Au Double Chercle	8	3 4	Au Comte de St.-Pol	»	26 8	
13	A le Maison Jehan l'Orfevre	2	5 4	Au Bailly d'Amiens	»	10 8	Vin de Poitou.
	Au Double Chercle	2	3 4	Au même	»	6 8	
	Au Double Cercle	1	3 4	A 1 sergent du Roy	Qui avoit justicié la ville	3 4	
14	Au Cappel de Vingne en la rue au Lin	4	5 4	Au Maïeur d'Amiens	Qui dingna avec le Bailly d'Amiens	21 4	Vin de Poitou.
	Au Double Chercle	4	3 4	Au même	Même cause	13 4	
	Au Cappel de Vingne	2	5 4	Au Bailly d'Amiens	»	10 8	
	Au Double Chercle	2	3 4	Au même	»	6 8	
15	Au Cappel de Vingne	2	5 4	Au Bailly d'Amiens	A l'occasion du jour des Quaresmaux	10 8	Mardi-Gras.
	Au Double Chercle	2	3 4	Au même		6 8	
	Au Double Chercle	6	3 4	Aux compagnons	Qui avoient éteint le feu de la maison Jehan de Romescamps	20 »	
	Au Cappel de Vingne	1	5 4	As Cloquiers, aux Maïeur Echevins et Bailly	Pour une collation au retour de cet incendie	5 4	
	A le Noire Teste	1	5 4	Au même lieu	Même cause	5 4	
	Au Double Chercle	2	3 4	Au même lieu	Même cause	6 8	
	Au Double Chercle	4	3 4	A 8 sergens à mache	Qui avec Messgrs avoient esté à le cholle montés et armés	13 4	
	Au Double Chercle	1 pot.	»	A Fremin Gridaine	Qui avoit esté à ledite cholle	1 8	
	Au Double Chercle	1	3 4	A 1 sergent des kanes	Même cause	3 4	
	Au Double Chercle	2	3 4	A Leurin Bellette et les compagnons de sa dixaine	Même cause	6 8	

Février 1389 — 1390.

Dates.	TAVERNES où le vin était pris.	Nombre des kanes.	Prix de la kane.	DESTINATION DU PRÉSENT.	CAUSE DU PRÉSENT.	Prix TOTAL.	OBSERVATIONS.
	Au Double Chercle.	4	3s 4d	A Messre Tristran Dubos.	»	13s 4d	
	Au Double Chercle.	2	3 4	Au Procureur de la ville d'Abbeville	»	6 8	
	A Dragon	2	3 4	Au Maïeur de Doullens.	»	6 8	
16	Au Cappel de Vingne.	2	5 4	Au Bailly d'Amiens. . .	»	10 8	
	Au Double Chercle.	2	3 4	Au même.	»	6 8	
17	Au Cappel de Vingne.	2	5 4	Au même.	»	10 8	
	Au Double Chercle.	2	3 4	Au même.	»	6 8	
	Au Cappel de Vingne.	2	5 4	A la femme du Receveur du Bailliage	Nouvellement arrivée à Amiens	10 8	
	Au Double Cherche.	2	3 4	A la même	Même cause.	6 8	
18	Au Cappel de Vingne.	2	5 4	An Bailly d'Amiens . .	»	10 8	
	Au Double Chercle.	2	3 4	Au Bailly d'Amiens . . .	»	6 8	
	Au Double Chercle.	1	3 4	A Jehan Faicquet . . .	Qui avoit fait plusieurs escriptures pour la ville .	3 4	
19	Au Cappel de Vingne.	2	5 4	Au Bailly d'Amiens. . .	»	10 8	
	Au Double Chercle.	2	3 4	Au même.	»	6 8	
20	Au Cappel de Vingne.	2	5 4	Au même.	A l'occasion du Bouhourdis	10 8	Premier dimanche de Carême.
	Au Double Chercle.	2	3 4	Au même.	Même cause.	6 8	
	Au Cappel de Vingne.	1	5 4	As Cloquiers, aux Maïeur et Eschevins	Au retour de la Cholle .	5 4	
	Au Double Chercle.	1	3 4	Au même lieu. . . .	Même cause.	3 4	
	Au Dragon	1	3 4	Au même lieu. . . .	Même cause	3 4	
	Au Saumon d'argent	1	3 4	Au même lieu.	Même cause.	3 4	
	Au Double Chercle.	4	3 4	A 8 sergens à masse . .	Qui avoient esté à le Cholle montés et armés . . .	13 4	
	Au Double Chercle.	1	3 4	Aux Sergens des kanes .	Même cause.	3 4	

AMIENS (127)

Dates.	TAVERNES OÙ LE VIN ÉTAIT PRIS.	Nombre des kanes.	Prix de la kane.	DESTINATION DU PRÉSENT.	CAUSE DU PRESENT.	PRIX TOTAL.	OBSERVATIONS.
				FÉVRIER 1389 — 1390.			
	Au Double Chercle.	1 pot.	3ˢ 4ᵈ	A Fremin Gridaine...	Même cause......	1ˢ 8ᵈ	Le pot était donc la moitié d'une kane.
	Au Double Chercle.	2	3 4	A Leurent Bellette et sa dixaine.......	Même cause......	6 8	
21	Au Cappel de Vingne.	3	5 4	Aux Maïeur, Eschevins et Conseil de la ville...	Dinant chez le Prevost d'Amiens Guillaume des Rabuissons......	16 »	
	Au Saumon d'argent.	5	3 4	Aux mêmes......	Même cause......	16 8	
	Au Cappel de Vingne.	2	5 4	Au Bailly d'Amiens...	Même cause......	10 8	
	Au Saumon d'argent.	2	3 4	Au même.......	»	6 8	
	Au Cappel de Vingne.	4	5 4	A madame de St.-Pol..	»	21 4	
	Au Saumon d'argent	4	3 4	A la même......	»	13 4	
	Au Cappel de Vingne.	2	5 4	A la dame de Liches..	»	10 8	
	Au Saumon d'argent.	4	3 4	A la même......	»	13 4	
22	Au Cappel de Vingne.	2	5 4	Au Bailly d'Amiens...	»	10 8	
	Au Saumon d'argent.	2	3 4	Au même.......	»	6 8	
	Au Double Chercle.	2	3 4	Au Bailly d'Arras...	»	6 8	
23	Au Cappel de Vingne.	2	5 4	Au Bailly d'Amiens...	»	10 8	
	Au Double Chercle.	2	3 4	Au Maïeur de Montreuil.	»	6 8	
	Au Double Chercle.	2	3 4	Au Bailly d'Amiens...	»	6 8	
24	Au Cappel de Vingne.	2	5 4	Au même.......	»	10 8	
	Au Saumon d'argent.	2	3 4	Au même.......	»	6 8	
	Au Cappel de Vingne.	1	5 4	Au lieutenant du Maïeur d'Amiens.......	Qui dîna chez le Procureur du Roy....	5 4	
	Au Double Chercle.	1	3 4	Au même.......	Même cause......	3 4	
	Au Saumon d'argent.	2	3 4	A un Notaire du Roy..	»	6 8	
	Au Saumon d'argent.	1	3 4	Aux clercs des Cloquiers.	Pour plusieurs escriptures	3 4	
25	Au Cappel de Vingne.	2	5 4	Au Bailly d'Amiens...	»	10 8	
	Au Double Chercle.	2	3 4	Au même.......	»	6 4	
26	Au Cappel de Vingne.	2	5 4	Au même.......	»	10 8	
	Au Dragon	2	3 4	Au même.......	»	6 8	
	Au Dragon	4	3 4	Au même.......	»	13 4	
	Au Dragon	4	3 4	Au Seigneur de Rambures	»	13 4	

Février 1389 — 1390.

Dates.	TAVERNES OÙ LE VIN A ÉTÉ PRIS.	Nombre des kanes.	Prix de la kane.	DESTINATION DU PRÉSENT.	CAUSE DU PRÉSENT.	Prix TOTAL.	OBSERVATIONS.
26	Au Dragon	4	3ˢ 4ᵈ	Au Maïeur d'Arras.	»	13 4	
	Au Dragon	1	3 4	As Cloqniers, aux Maïeur et Echevins	Pour une collation.	3 4	
	Au Double Chercle.	2	3 4	Au Maïeur de Doullens.	»	13 4	Erreur, c'est le prix de 4 kanes.
	Au Bos	2	2 8	As Menestreux du sire de Raineval.	Qui allèrent as escolles.	5 4	
					Somme toute. .	32ˡ 9ˢ 4ᵈ	

Mars 1389 — 1390.

Dates.	TAVERNES	Nombre	Prix	DESTINATION	CAUSE	Prix TOTAL	OBSERVATIONS
6	As Rouges Lions.	4	3 4	Au Maïeur d'Amiens.	Dinant avec l'abbé du Gard et le Bailly d'Amiens	13 4	
10	As Rouges Lions.	4	3 4	Au Seigneur de Rambures.	»	13 4	
	As Rouges Lions.	2	3 4	Au Receveur du Bailliage.	»	6 8	
13	A le Gueule-Bée.	2	3 »	A Jehan Pingnère chevalier.	Commis par le Bailly pour régler, à la Fosse-Ferneuse, le différent de la ville avec l'Evêque.	6 »	Mi-Carême.
15	As Cornes.	2	3 4	M.ᵈᵉ de Boulainviller.	»	6 8	
	Au Double Chercle.	1	3 4	A 1 mesureur	Qui avoit mesuré les terres de la ville	3 4	
16	As Cornes.	4	3 4	Au Bailly d'Amiens.	»	13 4	
	Au Double Chercle.	6	3 4	Au comte *Deunesserie* d'Angleterre.	»	20 »	
17	As Cornes.	4	3 4	Au Maïeur d'Amiens.	Dinant chez Jehan Picquet	13 4	
19	As Cornes.	4	3 4	Au même.	Dinant chez Esteule de Blanc-Fossé	13 4	
	As Cornes.	1	3 4	A 1 héraut venu à Amiens.	Pour publier une feste.	3 4	
20	Au Double Chercle.	4	3 4	Au Bailly d'Amiens.	»	13 4	
	Au Double Chercle.	4	3 4	Au Gouverneur de Ponthieu	»	13 4	

AMIENS

Dates.	TAVERNES OÙ LE VIN A ÉTÉ PRIS.	Nombre des kanes.	Prix de la kane.	DESTINATION DU PRÉSENT.	CAUSE DU PRÉSENT.	PRIX TOTAL.	OBSERVATIONS.
				MARS 1389 — 1390.			
	Au Double Chercle.	4	3 4	A Tristran Dubos chevalier.........	»	13 4	
	Au Double Chercle.	4	3 4	Au Seigneur de Rambures	»	13 4	
	Au Double Chercle.	2	3 4	Au Bailly d'Arras...	»	6 8	
	Au Double Chercle.	2	3 4	A Nicole de Riencourt.	De la Ch. des Requestes.	6 8	
	Au Double Chercle.	2	3 4	A sire Pie Lenganeur d'Abbeville.......	»	6 8	
	Au Double Chercle	4	3 4	Au sire Guy de Hencourt.	Naguères Bailly d'Amiens	13 4	
24	Au Double Chercle.	2	3 4	A Mahieu le Mortier cangeur.........	»	6 8	
	As Escureux...	1 pot.	»	As Cloquiers.....	Aux Maïeur et Échevins.	1 4	
	As Cornes....	2 pots	»	Au même lieu.....	Même cause......	3 4	
25	Au Double Chercle.	4	3 4	Au Capitaine de Boulogne.........	»	13 4	
26	Au Double Chercle.	1	3 4	Aux Échevins as Cloquiers	Où était le Bailly d'Amiens........	3 4	
	Au Quarrel...	1 pot.	»	Au même lieu.....	»	1 4	
	A le Balanche...	1 pot.	»	Au même lieu.....	»	1 4	
	Au Double Chercle.	2	3 4	A Jacques de Mercamez des Aumer......	»	6 8	
29	Au Dragon....	3	3 4	A la Comtesse de Bar..	»	10 »	
31	Au Double Chercle.	4	3 4	Au Chevalier Boucicaut.	Au retour des joûtes de Calais*.......	13 4	* Voir la chronique de Boucicaut. 1ʳᵉ partie, ch. XVI, dans le Froissart de Buchon, tom. III p. 583.
					Somme toute.. 13ˡ 10ˢ 2ᵈ		

				AVRIL 1390.			
3	Au Double Chercle.	9	3ˢ 4ᵈ	Aux 3 Ordres Mendians.	Pitance de 3 kanes...	30ˢ »ᵈ	Jour de Pâques.
	Au Double Chercle.	5	3 4	A 8 sergens à masse et 2 autres, à chacun 1 pot.	Pour la solennité du jour.	16 8	
6	Au Bos, en le rue des Fevres...	4	3 4	Au Maïeur d'Amiens..	Dinant chez Jehan de Conty........	13 4	

17.

Avril 1390.

Dates.	TAVERNES où le vin était pris.	Nombre des kanes.	Prix de la kane.	DESTINATION DU PRÉSENT.	CAUSE DU PRÉSENT.	Prix TOTAL.		OBSERVATIONS.
	Au Double Chercle.	2	3s 4d	A Mahieu de Linières trésorier de Franche...	»	6	8	
	Au Double Chercle.	2	3 4	A Martin Doublet avocat	»	6	8	
	Au Double Chercle.	4	3 4	Au Seigneur de Rambures.	»	13	4	
	Au Bos.....	2	3 4	A 1 chapelain de l'Evêque de Beauvais.....	Qui avait apporté lettres.	6	8	
	A le Gueule-Bée..	1	3 »	Aux Sergens des kanes.	Pour leur flanc de Pâques.	3	»	
9	Au Double Chercle.	4	3 4	A sire Nicolas des Planty membre de la Ch. des comptes......	»	13	4	
10	Au Double Chercle.	4	3 4	Au Bailly d'Amiens...	»	13	4	
13	A le Noire Teste..	2	3 4	Au Bailly de Caux...	»	5	4	Erreur.
	Au Double Chercle.	4	3 4	Au Bailly de Tournesis.	»	13	4	
14	Au Double Chercle.	4	3 4	Nicolas des Planty...	»	13	4	
16	A le Maison Jehan Lorfevre.....	4	5 4	Au Comte de St.-Pol..	»	21	4	
	Au Dragon....	2	2 8	Au Comte de St.-Pol..	»	5	4	
17	Au Double Chercle.	2	3 4	Au Maïeur de Doullens.	»	6	8	
18	Au Double Chercle.	6	3 4	A l'Évêque de Bayeux.	»	20	»	
	Au Double Chercle.	4	3 4	Au Chancelier de Bourgogne.........	»	13	4	
	Au Double Chercle.	4	3 4	Au Bailly d'Amiens..	»	13	4	
20	Au Double Chercle.	4	3 4	A Mess. Regnaut de Roye.	A son retour des joûtes de Calais *.....	13	4	* Voir chroniq. de Boucicaut ut suprà p. 583.
21	Au Double Chercle.	2	3 4	A Aléaume Feret recev. du Bailliage.....	»	6	8	
	Au Double Chercle.	1	3 4	A Guerard le Messier..	»	3	4	
23	Au Double Chercle.	4	3 4	Au Vicomte d'Archy chevalier.........	»	13	4	
	Au Double Chercle.	4	3 4	A Tristran Dubos chevalier........	»	13	4	
24	Au Double Chercle.	2	3 4	A Guillaume Dannel m.e des requêtes et doyen de N. D. d'Amiens..	»	6	8	
	Au Saumon d'Argent	2	3 4	Au même......	»	6	8	
	Au Double Chercle.	2	3 4	A sire Jehan Le Merchier.	»	6	8	
	Au Bos, en le rue des Fevres..	2	3 4	Au même......	»	6	7	

AMIENS (131)

Dates.	TAVERNES où le vin était pris.	Nombre des kanes.	Prix de la kane.	DESTINATION du présent.	CAUSE du présent.	Prix TOTAL.	OBSERVATIONS.
				Avril 1390.			
24	Au Saumon d'Argent	2	3 4	Au Maïeur de Hesdin. .	»	6 8	
25	Au Double Chercle.	4	3 4	A 1 chevalier d'Ecosse .	Allant à Paris.	13 4	
	Au Double Chercle.	2	3 4	Au Maïeur de Rue. . .	»	6 8	
26	Au Double Chercle.	3	3 4	A l'Evêque de Thérouanne	»	10 »	
	Au Bos, en le rue des Fevres	3	3 4	Au même.	»	10 »	
27	Au Double Chercle .	2	3 4	A Guy Brochier notaire du Roy	»	6 8	
	Au Double Chercle.	3	3 4	Au m.ᵉ maçon du Roy .	Qui avoit visité le porte Montrescu.	10 »	
28	Au Double Chercle.	4	3 4	Au Batard de Lancastre.	»	13 4	
	As Griffons, en le rue des Fevres	2	3 »	Au Bailly d'Arras . . .	»	6 »	
	Au Bos.	2	3 4	Au Maïeur de Montdidier.			
					Somme toute . 20ˡ 7ˢ 8ᵈ		
				Mai 1390.			
3	As Cornes	2	3 4	A Th. de Corbie, frère du Chancelier.	»	6ˢ 8ᵈ	
	A le Louche d'Or.	2	3 4	Au même.	»	6 8	
4	A le Louche d'Or.	4	3 4	Au Maistre d'hostel de la Royne.	»	13 4	
	A le Louche d'Or.	2	3 4	As Cloquiers pour Messeigneurs	Quant on y partagea les draps de livrée de la ville	6 8	
	As Cornes . . .	1	3 4	As Cloquiers pour Messeigneurs	Même cause.	3 8	
	Au Dragon	1	2 8	A le Maison du Maïeur.	Même cause.	2 8	
7	As Cornes . . .	1	3 4	As Cloquiers.	Même cause.	3 4	
	Au Dragon	1	2 8	A plusieurs personnes. .	Au retour de la Malemaison	2 8	
8	A le Louche d'Or .	4	3 4	Au Grand-Maître des Arbalétriers (Guichart d'Offin)	»	13 4	
	As Cornes. . . .	1	3 4	A Pierre du Rondel. . .	Dénonciateur d'une contravention aux droits sur les waides.	3 4	

(132)   PREMIÈRE SÉRIE.

Dates.	TAVERNES où le vin était pris.	Nombre des kanes.	Prix de la kane.	DESTINATION DU PRÉSENT.	CAUSE DU PRÉSENT.	PRIX TOTAL.		OBSERVATIONS.
				Mai 1390.				
10	As Cornes.....	8	3 4	A Madame de Saint-Pol.	»	26	8	
	A le Louche d'Or .	6	3 4	A Madame de Liches . .	»	20	»	
11	As Cornes.....	1	3 4	A la femme du receveur du Baillinge.....	»	3	4	Ascencion.
	As rouges Cappeaux	1	3 4	A la même......	»	3	4	
12	A le Gueule-Bée..	5	3 »	Aux 8 sergens à masse et à deux autres	Pour avoir été avec les Maïeur et Échevins à la procession.....	15	»	
	A le Gueule-Bée..	2	3 »	Au Maïeur de Montdidier.	»	6	»	
	A le Gueule-Bée..	2	3 »	A Mahieu Roussel sergent du Roy......	Qui avait fait courtoisie à la ville.....	6	»	
	A le Gueule-Bée..	1	3 »	A M.e Pierre de Crespy	Qui avait taillé les draps de livrée de la ville . .	3	»	
	Au Sangler	1	2 8	A Jacques du Gard. . .	Qui avait hébergié les draps pris aux halles pour les dettes de la ville	2	8	
14	A le Louche d'Or .	8	3 »	A Madame de Nevers. .	»	24	»	
	A le Louche d'Or .	1	3 »	A un messager du Roy .	»	3	»	
	A le Gueule-Bée..	2	3 »	As Cloquiers pour Messeigneurs......	Quant ils eurent convoyé la duchesse de Bourg .	6	»	
	A le Louche d'Or .	4	3 »	Aux 8 sergens à masse .	Qui avaient accompagné les Maïeur et Echevins à ce convoi	12	»	
15	A le Louche d'Or .	4	3 »	Au Gouverneur de Ponthieu	»	12	»	
16	A le Louche d'Or .	4	3 »	A 1 chevalier d'Angleterre	»	12	»	
	A le Louche d'Or .	1	3 »	Aux sergens.....	Qui avoient gardé la feste de Cagni......	3	»	
19	A le Louche d'Or .	4	3 »	Au Bailly de Tournesis .	»	12	»	
	A le Louche d'Or .	4	3 »	A Jehan Poiret conseiller au Parlement.....	»	12	»	
20	A le Louche d'Or .	12	3 »	Au Comte de Nevers . .	»	36	»	
	A le Louche d'Or .	6	3 »	A l'Evêque de Lodeve. .	»	18	»	
	A le Louche d'Or .	4	3 »	Au Bailly de Tournesis .	»	12	»	
	Au Sangler	2	5 4	Au Seigneur de Rambures.	»	10	8	
	Au Sangler	2	2 8	Au même......	»	5	4	

AMIENS

Dates.	TAVERNES où le vin était pris.	Nombre des kanes.	Prix de la kane.	DESTINATION du présent.	CAUSE du présent.	Prix total.	OBSERVATIONS.
				Mai 1390.			
22	Au Saumon d'Argent.	2	3 4	A Mahieu de Linières trésorier de France . . .	»	6 8	
	Au Double Chercle.	2	3 4	Au même.	»	6 8	
	Au Saumon d'Argent.	3	3 4	A 1 Evèque qui estoit de Seeche	»	10 »	
	Au Double Chercle.	3	3 4	Au même.	»	10 »	
	Au Saumon d'Argent.	1	3 4	A M.e Jehan de Drach .	»	3 4	
	Au Double Chercle.	1	3 4	Au même.	»	3 4	
25	Au Double Chercle.	1	3 4	A 1 messager du Roy. .	»	3 4	
27	Au Double Chercle.	2	3 4	A la femme du Bailly d'Arras	»	6 8	
	Au Double Chercle.	7	3 4	Aux sergens à masse et des kanes	Qui allèrent avec l'échevinage au devant du duc de Bourgogne	23 4	
28	Au Double Chercle.	4	3 4	Aux trésoriers de Franche	»	13 4	
	Au Saumon d'Argent.	4	3 4	A Martin Donblet avocat au Chastellet.	»	13 4	
	Au Double Chercle.	4	3 4	A Regnault de le Vicomté chevalier	»	13 4	
29	A le Louche d'Or .	4	3 »	A Mess de Honcourt bailly de Vermandois. . . .	»	12 »	
	A le Louche d'Or .	4	3 »	A Robert le Cordelier M.e des Requestes	»	12 »	*Kainage ·Impôt mis par la ville d'Abbeville sur les waides, pour la perception duquel une chaîne avait été tendue en travers de la rivière de Somme. La ville d'Amiens réclama contre cette entreprise et son opposition eût plein succès.
	A le Louche d'Or .	4	3 »	Au Seigneur de Rambures	»	12 »	
	Au Double Chercle.	3	3 4	A plusieurs bourgeois de Bruges	»	13 4	
	A le Louche d'Or .	4	3 »	Au gouverneur de Ponthieu	»	12 »	
	A le Louche d'Or .	1	3 »	A Jehan de Maillefer sergent gardien de la ville.	Qui était venu de St.-Valery avec les commissaires sur le fait du Kainage*.	3 »	
					Somme toute	25¹ 3ˢ 8ᵈ	
				Juin 1390.			
1	A le Louche d'Or .	6	2ˢ 8ᵈ	Aux 3 Ordres Mendiants	Pitance.	16ˢ »ᵈ	Jeudi jour du St.-Sacrement.
	Au Dragon	3	3 4	Aux mêmes	Même cause.	10 »	
	Au Dragon	1	2 8	A un Messager du Roy .	»	2 8	
	A le Louche d'Or .	5	2 8	Aux 8 sergents à masse et 2 autres personnes. .	»	13 4	

Dates.	TAVERNES OÙ LE VIN ÉTAIT PRIS.	Nombre des kanes.	Prix de la kane.	DESTINATION DU PRÉSENT.	CAUSE DU PRÉSENT.	Prix TOTAL.	OBSERVATIONS.
				Juin 1390.			
	A le Louche d'Or .	1	2ˢ 8ᵈ	A Mess. as Cloquiers. .	Quant sire Jehan Picquet revint d'Hesdin. . .	2ˢ 8ᵈ	
2	A le Louche d'Or .	2	2 8	A Mᵐᵉ de Nouvion femme Jehan le Mercier trésorier de Franche . .	»	5 4	
	Au Saumon d'Argent.	2	3 4	A la même	»	6 8	
	A le Louche d'Or .	1	2 8	A 1 messager du Roy. .	»	2 8	
	A le Louche d'Or .	2	2 8	Au Comte de Melun . .	»	5 4	
	Au Saumon d'Argent.	2	3 4	Au même.	»	6 8	
	A le Louche d'Or .	2	2 8	Au Vicomte d'Arcy. .	»	5 4	
	Au Saumon d'Argent.	2	3 4	Au même.	»	6 8	
	A le Louche d'Or .	1	2 8	A Fremin Gridaine. . .	Pour sa déposition, comme témoin, en faveur de la ville contre Raoul de Berry	2 8	
4	A le Louche d'Or .	1	2 8	Au clerc du Procureur du Roy	Pour certaines escriptures pour la ville. . . .	2 8	
	A le Louche d'Or .	2	2 8	Aux Maïeur et Échevins.	Qui ont diné avec l'Evêque d'Amiens	5 4	
	Au Saumon d'Argent.	2	3 4	Aux mêmes.	»	6 8	
7	A St.-Nicolay as Vergiaux.	3	3 4	A l'Evêque de Cambray.	»	10 »	Vin rouge.
	A St.-Nicolay . . .	3	2 8	Au même.	»	5 4	Vin blanc.
8	A St.-Nicolay. . .	4	2 8	Au sire de Raineval pannetier de Franche. . .	»	10 8	
	Au Sangler	4	2 8	Au Maïeur d'Amiens .	Dinant avec le sire de Raineval.	10 8	
9	A St.-Nicolay. . .	2	3 4	A 1 commissaire du Parlement	Venu à Amiens pour le kainage	6 8	Vin rouge.
	A St.-Nicolay. . .	2	2 8	Au même.	»	5 4	
	A St.-Nicolay. . .	1	3 4	Au Procureur du Roy et à Jeh. Plantehaie. . .	Pour certaines besognes pour la ville	3 4	
	Au Double Chercle .	1	2 8	Aux mêmes.	»	2 8	
10	A St.-Nicolay. . .	2	3 4	Au clerc du Bailliage d'Amiens	Pour escriptures. . . .	6 8	
11	Au Dragon	4	2 8	A Jeh. de Hangest Chambellan du Roi	»	10 8	
	A le Louche d'Or .	2	2 8	A le Malemaison. . .	Le jour qu'on donna l'assize des 2 deniers pour livre	5 4	

AMIENS.

Dates.	TAVERNES où le vin était pris.	Nombre de kanes.	Prix de la kane.	DESTINATION DU PRÉSENT.	CAUSE DU PRÉSENT.	Prix TOTAL.	OBSERVATIONS.
				Juin 1390.			
11	A le Louche d'Or	1	3s 4d	Au même lieu	Même cause	3s 4d	Vin rouge.
	A le Louche d'Or	2	3 4	A 1 nouveau chanoine de St.-Martin	Qui chanta sa 1.re messe.	6 8	
	A le Louche d'Or	2	2 8	Au même	»	5 4	
	A le Louche d'Or	2	3 4	A sire Tristran Dubos	»	6 8	
	A le Louche d'Or	2	2 8	Au même	»	5 4	Vin blanc.
	Au Double Chercle	4	2 8	Au Vicomte de Melun	»	10 8	
13	A le Louche d'Or	2	3 4	Au Vicomte d'Arcy	»	6 8	
	A le Louche d'Or	2	2 8	Au même	»	5 4	Vin blanc.
	A le Louche d'Or	2	3 4	A Madame de Nouvion	»	6 8	Vin rouge.
	A le Louche d'Or	2	2 8	A la même	»	5 4	Vin blanc.
17	Au Cornet d'Or	2	3 4	A Herbert Lescripveur commissaire sur le fait du kainage	»	6 8	
	A le Louche d'Or	2	2 8	Au même	»	5 4	
	A le Louche d'Or	2	2 8	Aux sergents	Qui warderent le feste	5 4	
20	A Laguiller	4	2 8	Au Maïeur d'Amiens	Qui dina chez Mahieu de Berry	10 8	
21	A Laguiller	4	2 8	Au même	»	10 8	
	A Laguiller	4	2 8	A Regnaut le Vicomte M.e d'hostel de la Royne	»	10 8	
22	A Laguiller	6	2 8	A Robert de la Bone nouveau Bailly d'Amiens	»	16 »	
23	A Laguiller	8	2 8	Au Maïeur d'Amiens	Qui dina avec le nouveau Bailly en son hôtel.	21 4	
	A Laguiller	4	2 8	Au Maïeur et au Conseil de la ville d'Arras	»	10 8	
24	A Laguiller	2	2 8	A Mahieu Lemerchier d'Abbeville	»	5 4	
	A Laguiller	1	2 8	A Mahieu Roussel sergent.	Qui avait justicié la ville	2 8	
	A Laguiller	4	2 8	Au Commissaire sur le fait du kainage	»	10 8	
	A Laguiller	1	2 8	Aux sergeus	Qui warderent la feste de Mez	2 8	
25	Au Saumon d'Argent	2	3 4	Au Maïeur d'Amiens	Qui dina avec le Bailly.	6 8	
	As Rouges Lupars	2	2 8	Au même	Même cause	5 4	

Dates.	TAVERNES OÙ LE VIN ÉTAIT PRIS.	Nombre des kanes.	Prix de la kane.	DESTINATION DU PRÉSENT.	CAUSE DU PRÉSENT.	Prix TOTAL.	OBSERVATIONS.

Juin 1390.

Dates.	TAVERNES	Nb	Prix	DESTINATION	CAUSE	TOTAL	OBS.
26	Au Dragon....	2	2s 8d	A 1 chevalier Ecossais.	»	5s 4d	
	A le Fauchille...	2	2 8	Au même.......	»	5 4	
27	Au Dragon....	2	2 8	Au Maïeur d'Amiens..	Qui dina chez Raoul de Berry avec le Bailly..	5 4	
	A le Fauchille...	2	2 8	Au même......	Même cause......	5 4	
	A le Fauchille...	2	2 8	Au Maïeur de Montdidier.	»	5 4	
	Au Dragon....	4	2 8	A Hue Poulette, maçon.	Qui assista à la pose de la 1.re pierre de la porte Montrescu......	10 8	
	Au Double Chercle.	6	2 8	A l'Evêque de Lodève.	»	16 »	
	Au Double Chercle.	4	2 8	Au sire de Raineval..	»	10 8	
28	Au Double Chercle.	4	2 8	Au Bailly d'Amiens..	»	10 8	
	Au Double Chercle.	4	2 8	Au Bailly de Tournesis.	»	10 8	
	Au Double Chercle.	4	2 8	A sire Tristran Dubos.	»	10 8	
	Au Double Chercle.	6	2 8	A l'Evêque de Paris...	»	16 »	
29	Au Double Chercle.	4	2 8	Au Bailly d'Arras...	»	10 8	
	Au Double Chercle.	6	2 8	A l'Evêque de Noyon..	»	16 »	
	Au Double Chercle.	4	2 8	Au sire de Hangest Chambellan du Roy....	»	10 8	
	Au Double Chercle.	2	2 8	Au Maïeur de Montreuil.	»	5 4	

Somme toute 26l 2s 8d

Juillet 1390.

Dates.	TAVERNES	Nb	Prix	DESTINATION	CAUSE	TOTAL	OBS.
1	Au Dragon....	2	2 8	Au Gouverneur de Ponthieu........	»	5 4	
	A le Fauchille...	2	2 8	Au même.....	»	5 4	
	Au Dragon....	2	3 4	Au Maïeur de Doullens.	»	6 8	
3	As Flogos'....	2	2 8	Aux Commissaires du kainage........	»	5 4	
	A le Louche d'Or.	2	2 8	Aux mêmes......	»	5 4	
4	As Flogos	2	2 8	Au Seigneur de Rambures.........	»	5 4	

AMIENS

Dates.	TAVERNES OÙ LE VIN ÉTAIT PRIS.	Nombre des kanes.	Prix de la kane.	DESTINATION DU PRÉSENT.	CAUSE DU PRÉSENT.	PRIX TOTAL.	OBSERVATIONS.
				JUILLET 1390.			
	A le Louche d'Or .	2	2ˢ 8ᵈ	Au même.	»	5ˢ 4ᵈ	
6	As Flogos.	2	2 8	»	»	5 4	
	A le Louche d'Or .	2	2 8	Au même.	»	5 4	
7	A le Louche d'Or .	4	2 8	Au Bailly d'Amiens . .	»	10 8	
	A le Louche d'Or .	2	2 8	A Pʳᵉ Blanchet secrétaire du Roy	»	5 4	
	Au Sengler	3	5 4	A sire Jehan Lemerchier.	»	16 »	
	A le Louche d'Or .	3	2 8	Au même.	»	8 »	
	A le Louche d'Or .	1	2 8	A 1 messager du Roy . .	Qui avoit apporté lettres.	2 8	
9	A le Louche d'Or .	4	2 8	Au Vicomte d'Arci. . .	»	10 8	
	A l'Orfaveresse . .	4	2 8	A Guerard de Beauquesne Cangeur.	Qui avoit entendu au prêt fait pour la porte de Montrescu.	10 8	
	As Pastouriaux . .	1	2 8	Aux sergents à masse. .	Pour plusieurs escriptures	2 8	
10	Au Sengler	2	5 4	Au Maïeur d'Amiens . .	Qui dina chez Jehan Picquet avec le Bailly d'Amiens.	10 8	
	A le Louche d'Or .	2	2 8	Au même.	»	5 4	
	A le Louche d'Or .	1	2 8	A M.ᵉ Hugue Gongart notaire du Roy. . . .	»	2 8	
	Au Sengler	1	5 4	Au même.	»	5 4	
	A le Louche d'Or .	2	2 8	Aux maçons de la ville .	Qui travailloient à la porte Montrescu.	5 4	
	Au Sengler	1	5 8	Au Maïeur de Montreuil.	»	5 8	
	A le Louche d'Or .	1	2 8	Au même.	»	2 8	
	A le Louche d'Or .	4	2 8	A sire Mah. de Linières trésorier de France. .	»	10 8	
11	Au Sengler	2	5 4	Au Maïeur d'Amiens . .	Qui dina à l'hôtel du Bailly d'Amiens . . .	10 8	
	A le Louche d'Or .	4	2 8	Au même.	»	5 4	
	A le Louche d'Or .	3	2 8	A l'Évêque de Bayeux.	»	8 »	
	Au Cornet d'Or . .	3	2 8	Au même.	»	8 »	
	Au Cornet d'Or . .	1	2 8	A M.ᵉ Yve Dargent secrétaire du Roy. . . .	»	2 8	
	A le Louche d'Or .	1	2 8	Au même.	»	2 8	
12	A le Louche d'Or .	6	2 8	A l'Évêque de Paris . .	»	16 »	
	Au Sengler	4	5 4	Au Comte de St.-Pol . .	»	21 4	

(138) PREMIÈRE SÉRIE.

Dates.	TAVERNES OÙ LE VIN ÉTAIT PRIS.	Nombre des kanes.	Prix de la kane.	DESTINATION DU PRÉSENT.	CAUSE DU PRÉSENT.	PRIX TOTAL.	OBSERVATIONS.
				JUILLET 1390.			
	A le Louche d'Or .	4	2ˢ 8ᵈ	Au même.	»	10ˢ 8ᵈ	
15	Au Sengler	2	5 4	Au Bailly d'Amiens. . .	»	10 8	
	Au Double Chercle.	2	2 8	Au même.	»	5 4	
	Au Sengler	1	5 4	As Cloquiers pour Messeigneurs	Où il y eût assemblée. .	5 4	
	Au Double Chercle.	1	2 8	A 1 sergent à masse . .	Pour besogne pour la ville	2 8	
16	Au Sengler. . . .	2	5 4	Au Bailly d'Amiens. . .	Pour visiter la porte Montrescu.	10 8	
	Au Sengler	2	2 8	Au même.	»	5 4	Vin Franchois . .
	Au Sengler	4	5 8	Au Duc de Lorraine . .	»	21 4	Vin de Beaune.
	A le Louche d'Or .	4	2 8	Au même.	»	10 8	
	A le Fauchille. . .	4	2 8	Au même.	»	10 8	
19	As Cornes.	3	2 8	A mess. Jacq. de Bourbon	»	8 »	
	Au Double Chercle	4	2 8	Au même.	»	10 8	
20	Au Sengler	4	5 4	Au Duc de Lorraine . .	»	21 4	
	As Cornes	4	2 8	Au même.	»	10 8	
21	As Cornes	1	2 8	A Esteule de Blanc fossé lors lieutenant du Maïeur d'Amiens	»	2 8	
	Au Double Chercle.	1	2 8	Au lieutenant du Maïeur d'Amiens	Pour certaine cause . .	2 8	
22	As Cornes	2	2 8	Au Doyen de l'église N. D. d'Amiens	»	5 4	
	A le Fauchille. . .	2	2 8	Au même.	»	5 4	
23	As rouges Cappeaux	3	2 8	A l'Évêque de Meaux. .	»	8 »	
	A le Balanche. . .	3	2 8	Au même.	»	8 »	
24	Au Saumon d'Argent.	1	2 8	Au Bailly d'Arras . . .	»	2 8	
	A le Fauchille. . .	1	2 8	Au même.	»	2 8	
26	Au Saumon d'Argent.	2	2 8	Au sire d'Engondessent chevalier	»	5 4	
	As rouges Cappeaux	2	2 8	Au même.	»	5 4	
28	Au Saumon d'Argent	2	2 8	Au Gouverneur de Ponthieu	»	5 4	
	A le Fauchille. . .	2	2 8	Au même.	»	5 8	

AMIENS

Dates.	TAVERNES OÙ LE VIN ÉTAIT PRIS.	Nombre des kanes.	Prix de la kane.	DESTINATION DU PRÉSENT.	CAUSE DU PRÉSENT.	PRIX TOTAL.	OBSERVATIONS.
				JUILLET 1390.			
29	As Cornes	3	2s 8d	A Madame de Bar	»	8s »d	
	A le Fauchille ?	3	2 8	A la même	»	8 »	
	A le Fauchille	2	2 8	Aux Commissaires du prêt	Pour la porte de Montrescu	5 4	
	Au Double Chercle	2	2 8	Au lieutenant du Maïeur d'Amiens	Pour certaine cause	5 4	
31	Au Double Chercle	2	2 8	A le Mesquine du Maïeur	Qui espousa	5 4	Dimanche.
	Au Saumon d'Argent	2	2 8	A le même	»	5 4	
					Somme toute	23l 10s »d	
				AOÛT 1390.			
1	As Coqueles, devant N. D.	1	5 4	Au Bailly d'Arras	»	5 4	
	Au Double Chercle	1	2 8	Au même	»	2 8	
2	As rouges Lions	2	2 8	Au lieutenant du Maïeur d'Amiens	»	5 4	
3	Au Double Chercle	2	2 8	A 1 clerc de Bruges	Député vers les marchans de waides pour certaine affaire	5 4	
4	A Lorfaveresse	2	2 8	Au lieutenant du Maïeur d'Amiens	»	5 4	
	A le Balanche	1	2 8	Au Bailly de St.-Valery et Cayeu	»	2 8	
	Au Double Chercle	1	2 8	Au même	»	2 8	
5	Au Double Chercle	4	2 8	Aux Jacobins	En pitance pour leur feste	10 8	St.-Dominique.
6	A le Louche d'Or	4	2 8	A 1 Chambellan du Roy	»	10 8	
	Au Double Chercle	4	2 8	A sire Jacques de Harcourt	»	10 8	
7	Au Sengler	2	5 4	A 1 chevalier Anglais	Porteur d'un message pour le Roy	10 8	Vin de Beaune.
	A le Fauchille	2	2 8	Au même	»	5 4	
9	As rouges Lions	1	4 »	A 1 messager	Porteur de lettres pour la ville	4 »	

Dates.	TAVERNES où le vin était pris.	Nombre des kanes.	Prix de la kane.	DESTINATION DU PRÉSENT.	CAUSE DU PRÉSENT.	PRIX TOTAL.	OBSERVATIONS.
				Août 1390.			
	A le Fauchille...	4	2ˢ 8ᵈ	A Tristran Dubos...	»	10ˢ 8ᵈ	
12	As Flogos....	4	2 »	A M.ᵉ Hue Poulette et ses compagnons maçons..	Pour le travail de la porte Montrescu.....	8 »	
	As Flogos....	1	2 »	A 1 quarrieur.....	Travaillant es carrières de la ville.......	2 »	
13	Au Cornet d'Or..	2	2 8	A 2 commissaires du Parlement.......	»	5 4	
	A le Fauchille...	2	2 8	Aux mêmes......	»	5 4	
14	A le Louche d'Or.	4	2 8	Au Maréchal de Bourgogne........	»	10 8	
	A le Louche d'Or.	4	2 8	Au M.ᵉ maçon et autres.	Qui ont reçu l'ouvrage à la porte Montrescu..	10 8	
15	A le Louche d'Or.	1	2 8	A 1 maçon......	Qui visita une maison qui doit appartenir à la ville	2 8	
	Au Bos......	1	2 8	A Jehan Lostigier clerc.	Pour plusieurs escriptures.	2 8	
	Au Bos......	1	4 »	As Clocquiers pour Messeigneurs......	Qui y étaient avec le Procureur du Roy....	4 »	Vin de Beaune.
16	A le Louche d'Or.	4	2 8	A Madame de Bar...	»	10 8	
	Au Lion d'Or...	2	2 8	A Colart de Tenques écuyer du Roy.......	»	5 4	
	As rouges Lions..	2	4 »	A M.ᵉ Hugue Boinsoulas notaire du Roy....	»	8 »	
	A le maison Wᵐᵉ des Rabuissons...	2	2 8	Au Maïeur de Doullens.	»	5 4	
19	A le Louche d'Or.	1	2 8	A 1 Sergent du Roy..	Qui avait justicié la ville à la requeste Jehan le Seneschal......	2 8	
25	As Cornes....	2	2 8	Aux commissaires du kainage........	»	5 4	
	Au Double Chercle.	2	2 8	Aux commissaires du kainage........	»	5 4	
	As Cornes....	1	2 8	A Jehan de Maillefeu sergent du Roy.....	Gardien de la ville...	2 8	
28	A le Louche d'Or.	2	2 8	Au Couvent des Augustins.	Pour leur feste....	5 4	
	As Cornes....	2	2 8	Au même......	»	5 4	
29	A le Louche d'Or.	2	2 8	Au Maïeur de Montreuil.	»	5 4	
	Au Double Chercle.	2	2 8	Au Maïeur de Montdidier.	»	5 4	
30	As Cornes....	2	2 8	Aux commissaires du kainage........	»	5 4	

AMIENS. (141)

Dates.	TAVERNES OÙ LE VIN ÉTAIT PRIS.	Nombre de kanes.	Prix de la kane.	DESTINATION DU PRÉSENT.	CAUSE DU PRÉSENT.	PRIX TOTAL.		OBSERVATIONS.
				Août 1390.				
	A le Louche d'Or .	2	2s 8d	Aux mêmes	»	5s	4d	
31	Au Bos	1	4 »	A Colart de Tenques écuyer du Roy	»	4	»	
	A le Louche d'Or .	1	2 8	Au même.	»	2	8	
	Au Lion d'Or . . .	4	2 8	A Mess. Tristran Dubos.	»	10	8	
	Au Lion d'Or . . .	2	2 8	Au Maïeur de Doullens .	»	5	4	
	Au Saumon d'Argent.	2	2 8	Au Bailly d'Arras . . .	»	5	4	
	Au Double Chercle.	4	2 8	Au sire de Raineval . .	»	10	8	
	A le Louche d'Or .	4	2 8	A Mess. Tristran Dubos.	»	10	8	
	A le Louche d'Or .	2	2 8	Au Maïeur de Doullens .	»	5	4	
					Somme toute . .	13l 15s	4d	
				Septembre 1390.				
1	Au Sengler	2	5 4	Au Maïeur d'Amiens . .	Qui soupa avec le Vidame et autres	10	8	Vin de Beaune.
	A le Louche d'Or .	2	2 8	Au même.	»	5	4	
	A le Louche d'Or .	1	2 8	Au Maïeur de Doullens .	»	2	8	
	Au Quarrel	1	2 8	Au même.	»	2	8	
	Au Bos, rue des Fevres	2	2 »	Aux commissaires de l'emprunct	Pour la porte Montrescu.	4	»	
2	Au Sengler	1	5 4	A Hugues Boinsoulas notaire royal.	»	5	4	
	Au Sengler	1	2 »	Audit Hugues Boinsoulas.	»	2	»	
	Au Sengler	2	2 »	A Jehan Estocart . . .	Nouvelle du décès d'une rentière à vie sur la ville	4	»	
3	Au Sengler	1	5 4	Au Bailly d'Amiens . . .	»	5	4	Vin de Beaune.
	Au Double Chercle.	2	2 »	Au même.	»	4	»	
	A le Louvière . . .	2	2 8	A 2 commissaires du Parlement	»	5	4	
	Au Double Chercle.	2	2 »	Aux mêmes.	»	4	»	
	A le Louvière . . .	1	2 8	Au Maïeur de Rue . . .	»	2	8	

(142)   PREMIÈRE SÉRIE.

Dates.	TAVERNES où le vin était pris.	Nombre des kanes.	Prix de la kane.	DESTINATION du présent.	CAUSE du présent.	Prix total.	OBSERVATIONS.
				SEPTEMBRE 1390.			
	Au Double Chercle.	1	2s 8d	Au même.	»	2s 8d	
9	Au Saumon d'Argent	2	2 8	Au Maïeur de Montreuil.	»	5 4	
10	As Cornes	1	4 8	Au sire d'Hangest chambellan du Roy	»	4 8	
	Au Saumon d'Argent	1	2 8	Au même.	»	2 8	
	A le Fauchille.	2	2 »	Au même.	»	4 »	
11	As Cornes	2	5 4	Au Maïeur d'Amiens	Dinant chez Guerard le Cambier	10 8	Vin de Beaune.
	Au Saumon d'Argent	2	2 »	Au même.	»	4 »	
	As Cornes	2	4 8	Au Vicomte de Melun	»	9 4	Vin de Beaune.
	Au Saumon d'Argent	2	2 8	Au même.	»	5 4	
	A le Fauchille	2	2 »	Au même.	»	4 »	
	As Flogos.	4	2 »	Aux ouvriers de la porte Montrescu	Quant le capitaine d'Amiens visita les travaux.	8 »	
14	Au Sengler	2	5 4	Au Capitaine d'Amiens	»	10 8	Vin de Beaune.
	Au Double Chercle.	2	2 »	Au même.	»	4 »	
	As Flogos	1	2 »	A 1 compagnon quarrier.	Qui tirait des pierres pour la porte Montrescu	2 »	
18	As Cornes.	1	4 »	A un nommé Houchart.	Nouvelles du décès d'un rentier à vie	4 »	Vin de Beaune.
	A le Louche d'Or	4	2 8	Au Sire de Hangest.	»	10 8	
20	As Cornes	1	4 »	A Estienne de Blancfossé lieutenant du Maïeur d'Amiens	»	4 »	Vin de Beaune.
	Au Gantelet.	1	2 8	Au lieutenant du Maïeur.	»	2 8	
	A le Louche d'Or	2	2 4	Au Bailly d'Arras	»	2 4	
	Au Dieu d'Amour	1	2 8	A Wme de St.-Pierre et ses compagnons.	Pour besognes pr la ville.	2 8	
	Au Gantelet.	1	2 »	Aux mêmes.	»	2 »	
23	As Cornes	4	4 »	Au Comte de St. Pol	»	16 »	
	A le Louche d'Or	4	2 »	Au même.	»	8 »	
	A le Louche d'Or	4	2 »	Aux Maïeur et Eschevins d'Abbeville	»	8 »	
24	As Cornes	2	4 »	Au Seigneur de Labret	»	8 »	Vin de Beaune.
	A le Louche d'Or	3	2 »	Au même.	»	6 »	

Dates.	TAVERNES où le vin était pris.	Nombre des kanes.	Prix de la kane.	DESTINATION DU PRÉSENT.	CAUSE DU PRÉSENT.	Prix TOTAL.	OBSERVATIONS.
				Septembre 1390.			
	As Cornes	2	4ˢ ⁿᵈ	Au Bailly d'Amiens. . .	»	8ˢ ⁿᵈ	
	A le Louche d'Or .	2	2 »	Au même.		4 »	
	As Cornes	1	4 »	Au Curé de St.-Martin .	Décès d'un rentier à vie.	4 »	Viu de Beaune.
	As rouges Lions . .	1	2 8	Au même.	Même cause.	2 8	
25	As Cornes	2	4 »	Au Maïeur de St.-Omer.	»	8 »	Vin de Beaune.
	A le noire Teste. .	1	3 4	Au même.	»	3 4	
	Au Double Chercle.	1	2 »	Au même.	»	2 »	
	As Cornes	1	4 »	Au Procureur du Roy. .	Pour plusieurs besognes pour la ville. . . .	4 »	Vin de Beaune.
	As Cornes	1	4 »	A 4 Sergens à masse de le Prévosté.	Diner à la St.-Firmin avec le Prévost d'Amiens . .	4 »	Vin de Beaune.
	A le noire Teste. .	1	3 4	Aux mêmes.	Même cause.	3 4	
26	As Cornes	1	4 »	A Broiart d'Offoy écuyer.	»	4 »	Vin de Beaune.
	A le noire Teste. .	1	3 4	Au même.	»	3 4	
28	As Cornes.	4	4 »	Au Comte de St.-Pol. .	»	16 »	Vin de Beaune.
	A le noire Teste. .	2	3 4	Au même.	»	6 8	
	Au Lion d'Or . . .	2	2 »	Au même.	»	4 »	
29	As Cornes	1	4 »	Au Maïeur d'Amiens . .	Qui dina chez Fremin Lorfèvre.	4 »	Vin de Beaune.
	A le noire Teste . .	1	3 4	Au Maïeur d'Amiens . .	Même cause.	3 4	Vin nouvel.
	As rouges Lupars .	1	4 »	Au même.	Même cause.	4 »	Vin de Poitou.
	Au Lion d'Or . . .	1	2 »	Au même.	Même cause.	2 »	
	Au Lion d'Or . . .	4	2 »	Aux Maïeur et Eschevins de St.-Omer	»	8 »	

Somme toute . . 16ˡ 2ˢ 8ᵈ

Total pour l'année. 255ˡ 14ˢ 10ᵈ

NOTE 43. — PAGE 76.

Art. 7. *Li IIII sergant le maïeur mettent jus leurs vergues le jour que on fait le maïeur.*

Du 29 octobre 1499. — Les sergens à mache sont venus audit eschevinage aporter leurs maches, en signe de obéissance, qu'ilz ont mises sur le bureau, lesquelles leur ont esté rendues; en quoy faisant, leur a esté enjoint assister mondit seigneur le maïeur et mesdits seigneurs, et aussi de estre aux plais des Cloquiers, pour relater les ajournemens ou les baillier au greffier par escript (18.ᵉ registre T).

Dudit jour. — Messeigneurs ont veu audit eschevinage certaine requeste à eulx bailliée par Jehan Cohen, l'un des commis à la garde de la porte de la Hautoye, par laquelle il dist que Guillaume Muydeblé, sergent à mache d'icelle ville avoit receu des portiers, à la part dudit Cohen, pour le droit de la garde d'icelle porte, la somme de 79 sols 6 deniers qu'il avoit dès long-temps en sa main, sans voloir de ce paier ledit suppliant : requérant à ceste' cause icelluy suppliant qu'ilz voulsissent empeschier cejourd'huy et *retenir la mache* dudit Guillaume Muydeblé, quant il la mettroit, avec les autres sergens à mache, sur le bureau, par devant mesdits seigneurs audit eschevinage, et la dite mache retenir tant et jusqu'à ce que ledit Guillaume auroit paié ladite somme de 79 sols 6 deniers audit suppliant. — Veue laquelle requeste, et sur ce eu conseil et advis, nous avons ordonné et ordonnons que, quant ledit Guillaume apportera, avec ses compaignons, sa dite mache, qu'il lui sera dit qu'il paie ledit suppliant de la dite somme, en dedans le vespre, ou aultrement on lui ostera sa mache (18.ᵉ registre T).

Du 26 novembre 1499. — Le même Cohen présente une seconde requeste pour avoir paiement dudit Guillaume Muydeblé, d'une somme de 4 livres 11 sols, 6 deniers à lui due par celui-ci, pour la même cause que ci-dessus. — En conséquence il est ordonné qu'on prendra *la masse* dudit Guillaume jusqu'à ce qu'il aura duement payé ledit Cohen de la somme qu'il lui a une fois confessé devoir. (18 Registre T).

Du 26 octobre 1502. — Les sergens à masse de ladite ville sont venus devers mesdits seigneurs à *tous leurs maches*, en signe d'obéissance, sauf Jehan Obry (nommé maitre des présens) et *Guillaume Muydeblé auquel sa mache a naguère es-té vendue* par justice, pour fournir à aucunes dettes qu'il devoit ; Et quant à icelluy Guillaume, pour ce qu'il est fort en dette, et qu'il y a eu plusieurs plaintes par aucuns de ses créanciers, ils ont ordonné, parlant auxdits sergens, qu'il lui soit dit par iceulx sergens, que mesdits seigneurs lui enjoindent de *avoir vendu son office*, en dedans le jour saint Andrieu prochain venant, ou qu'il ait satisfait à ses créanciers et renouvelé sa mache, en dedans le jour saint-Andrieu prochain venant, ou aultrement mesdits seigneurs feront vendre ledit office au son de la cloche du beffroy. (19.ᵉ Registre T).

Du 10 janvier 1502 (1503). — L'office de Guillaume Muydeblé sergent à masse est crié à la bretèque et aux principales paroisses, mais, personne ne se présentant pour se rendre adjudicataire de son office, on ordonne qu'il sera constitué prisonnier au beffroy et qu'il y demeurera jusqu'à ce qu'il ait satisfait ses créanciers. (19.ᵉ Registre T).

Du 29 janvier 1502 (1503). — Guillaume Muydeblé vend son office de sergent à masse moyennant 180 livres, francs deniers, à Robert des Fontaines l'un de ses créanciers. En conséquence, celui-ci demande à être reçu à exercer ledit office, en payant les droits de vente seulement, sans venterolles: on le lui accorde moyennant 40 livres. (19.ᵉ Registre T).

— Les sergens à masse étaient vêtus d'habits de livrée mi-partie qui se renouvelaient tous les ans aux dépens de la ville, vers l'époque de l'Ascension. Ils ne portaient jamais les mêmes couleurs que les sergens des kanes.

— 1425. (14 avril.) « Fut délibéré que, pour le « jour de l'Ascension prochain venant, les draps » de livrée de la ville seront tels que s'ensuit : » — Les draps des sergens à mache, moitié drap » vert et moitié drap noir ; — Les draps des » sergens des kanes et autres officiers de la » ville, moitié sanguine et moitié blanc. » (3.ᵉ Registre T).

« 1426. (27 avril.) — Fut délibéré que les pro-» cureurs, sergens à mache et autres officiers por-» teront drap moitié vermeil, moitié vert. — Les » sergens des kanes moitié gris, moitié noir. » (3.ᵉ Registre T).

— Les sergens à masse, pour qu'on eût moins de peine à trouver leur demeure, avaient soin de faire peindre sur la façade de leurs maisons, des écussons et des emblèmes qui les signalaient à l'attention du public.

« Du 6 novembre 1425. — Veue la supplicacion
» baillée par Pierre Deleplanque sergent à mache,
» par laquelle il supplioit que aucune amende lui fust
» donnée pour *païer les armes de le ville qu'il*
» *avoit fait mettre sur le maison en lequelle il de-*
» *meure.* Délibéré a esté que l'*Epi-Escu* et autres
» coses qu'il a fait mettre sur ledite maison, sont le
» décoration d'icelle maison, qu'il ara pour celle
» cause des deniers de la ville, la somme de six
» livres parisis. » (3.e registre T.)

Note 44. — Page 77.

Art. 10. *Li maires ne puet nulluy appeler au conseil de la ville.*

Le roi, les princes, les seigneurs, les communes, les universités, les colléges, tous les corps enfin exerçant une juridiction quelconque, avaient leur conseil particulier. La Grande Boucherie de Paris, et la corporation des mariniers, en avaient un composé de gens de pratique qu'elles consultaient dans leurs affaires. (Ordonnances du Louvre tom. VI p. 592.— tom. V page 356.) Les communes dont les sentences étaient exposées à être querellées de *faux jugement*, et les échevins qui jugeaient à *péril d'amende*, avaient le plus grand intérêt à s'entourer de personnes connues par leurs lumières et éprouvées par une longue expérience. C'est pourquoi le choix d'un nouveau conseiller, par cela seul qu'il intéressait tout l'échevinage, ne pouvait pas être laissé à la discrétion du maïeur.

La ville d'Amiens, à la fin du XIV siècle, avait un avocat et un procureur, aux gages de 8 livres et 5 livres par an, pour défendre ses intérêts *en la cour de l'Église*; cinq avocats aux gages de 8 livres et un procureur aux gages de 12 livres par an, pour suivre les procès pendants *en la cour de parlement*; les autres conseillers de la ville, ceux dont elle prenait les avis pour l'expédition des causes ordinaires ou quelle employait à des négociations difficiles, recevaient 120 livres, 50 livres, 30 livres, ou 10 livres de pension par année, selon l'importance de leurs services. (Voir le 6.e registre aux comptes Y. 3. au chapitre des dépenses intitulé : *pensionnaires.*)

Les deux actes d'investiture que nous allons transcrire déterminent la nature des obligations que la ville imposait à ses conseillers pensionnaires.

« Du 4 juillet 1409. — M.e Estène de Blangy, ad-
» vocat licencié en decret, en faveur que, par
» M.e Jacques Le Petit son oncle, il soit aidé et
» secouru et conseillé, ledit M.e Estène est retenu,
» à la pension *de dix livres parisis*, au conseil de
» le ville, tant en court laie comme en court d'E-
» glise : au lieu de feu M.e Jehan Le Petit nagaires
» trespassé, en son vivant conseillier de la dite
» ville. Lequel M.e Estène, ledit jour, *fit serment*
» *de bien et loyalement aidier, conseillier ladite ville*
» *contre toute personne, excepté celles auxquelles il*
» *estoit paravant à pension;* aler hors, en voiage,
» pour le ledite ville, par devers le roy nostre sire, en
» sa court, aux despens de le ville, venir aux plais
» du maïeur, venir en l'eschevinage, visiter procès
» et faire tout ce qui à bon et loyal conseillier
» appartient, et tout en le volenté et rappel des
» maïeur et eschevins. » (1er Registre T.)

Du 29 octobre 1409. — « Pour le bon sens et
» diligence de maistre Robert le Joule advocat en
» court laie, délibéré a esté par l'oppinion des
» eschevins... de retenir ledit Robert à le pension
» de la ville, par 10 *livres l'an*; lequel maistre
» Robert, celuy jour, aprez diner, en l'œurieul des
» clocquiers fit serment au maïeur, présens plu-
» sieurs eschevins, de servir bien et loyalement
» ladite ville contre tous, excepté contre monsei-
» gneur l'evesque et autres auxquels il estoit par-
» avant retenu à pension, tant et si longuement
» qu'il sera à ladite pension, et que la ville lui
» aura donné congié, ou lui à le ville ; auquel
» serment faire il déclara qu'il n'estoit point à la
» pension du Capitle d'Amiens, de monseigneur le
» Vidame, des religieus de St-Jean, de St-Martin-
» aux-Jumiaux, de Ferri de Lorraine, etc. »
(1er Registre T.)

Note 45. — Page 78.

Art. 15. *Doivent estre wardés de prendre wa-sous ne praïel.*

« Du Samedi XIVe jour de juing de l'an M.
» CCC. cinquante huit, Pierre Lebouque dit Le
» normant demeurant à Camons, amenda cognois-
» samment à Jacques du Blanc-Fossé, lieutenant du
» maïeur d'Amiens, che qu'il avoit haudraguié et
» sacquié de terre et heué de le deuve d'un fossé
» joignaut au quemin... sans licence et congié
» du maïeur et des eschevins. » (Registre aux chartres E f.o 86.)

19.

Note 46. — Page 79.

Art. 19. *Excepté ce qui est tenus de fief.*

En effet, l'art. 19 de la charte de commune interdit au maïeur et aux échevins la connaissance des matières féodales.

Note 47. — Page 79.

Art. 20 *Au prevost et au visconte.*

Le vicomte dont il est ici question et qui exerçait dans la ville une juridiction analogue à celle du prévôt, ne peut être que le successeur des anciens châtelains d'Amiens, c'est-à-dire le seigneur Dreux de Vignacourt, qui céda ses droits à Philippe-le-Hardi, ainsi que le constate la charte de la prévôté. Or, Philippe-le-Hardi mourut en 1285 ; donc il n'est pas possible d'admettre que les Anciens usages d'Amiens aient une date postérieure à cette année.

Note 48. — Page 79.

Art. 22. *Il ont le connissanche de faire asseurer parties, etc.*

(Voir la note 10 de cette série.)

Note 49. — Page 80.

Art. 24. *En nulle cose de rat ne de murdre.*

(Voir page 74, art. 34 et 36, de la charte de commune, page 82, charte de la prévôté, art. 13.)

CHARTE DE LA PRÉVOTÉ.

Note 50. — Page 81.

Art. 1.er *A Drocone de Ambianis milite quondam Domino de Vinarcourt, etc.*

A l'époque de l'érection de la commune, il y avait à Amiens quatre seigneurs, le comte, l'évêque, le châtelain et le vidame. Le vidame, comme l'évêque dont il était le vassal, se montra favorable à l'émancipation des habitants, mais le châtelain, vassal du comte, épousa chaudement les ressentimens et les intérêts du comte, et il fallut deux années de siège pour le forcer à rendre la grosse tour du Castillon. La destruction de cette forteresse ne le priva pas de tous les droits qu'il avait eus sur la ville. Les héritiers d'Adam, c'est-à-dire les seigneurs de Vinacourt, continuèrent de s'appeler *d'Amiens* et de jouir des droits fiscaux et profits de justice que Philippe-le-Hardi racheta enfin à Dreux de Vinacourt. Au moyen de cette cession, la vicomté et la prévôté se trouvèrent confondues, de telle sorte qu'en prenant cette dernière à ferme perpétuelle, la commune réunit dans sa personne les droits de deux seigneurs et diminua ainsi de moitié le nombre des pouvoirs qu'avait tous les jours à combattre.

Note 51. — Page 81.

Art. 6. *Item in casticiis et edificiis super terram et aquam.*

On entend par ces mots toute construction, toute entreprise sur la voie publique, pouvant constituer un fait de possession.

(Voir la note suivante.)

Note 52. — Page 81.

Art. 6. *In dangeriis.*

Ceux qui voulaient construire devant la façade de leur maison un étal de marchand, un travail pour les chevaux, une ouverture de cellier, une percée de venelle, ou entreprendre d'une manière quelconque sur la voie publique ou sur un cours d'eau, étaient obligés d'en demander l'autorisation au prévôt, comme gardien des frocs et flégards, et de payer, à titre de cens annuel, une poule ou un chapon, pour marquer que la possession était de pure tolérance et qu'elle ne pouvait jamais engendrer la prescription.— Exemples :

— *Du 7 juillet* 1502. Jean Gaillart avait acquis une maison, au carrefour de la Belle-Croix, chargée de 40 sols de cens foncier envers la ville,

Il y avait dans cette maison un cellier qui, au moyen de ce qu'il était fort profond, n'avait point de venelle pour lui donner de l'air. Gaillart demanda en conséquence à être autorisé à en faire percer une, au-dessous du premier pas de la Belle-Croix : ce qui lui fut accordé à la condition, qu'outre sa redevance annuelle, il paierait, chaque année, un chapon de cens. (19.ᵉ registre T.)

— *Du même jour*. L'échevinage autorise un batelier à placer une huche à poisson en face de sa maison, dans la rivière au-dessous du grand pont du Quai, moyennant un chapon de cens. (Même registre).

Ce sont précisément des revenus de cette nature qui sont qualifiés *Dangers de la Prévôté*, dans les anciens comptes de la ville.

NOTE 53. — PAGE 81.

ART. 6. *Sexaginta solidos ratione prepositure*.

On voit, par les anciennes coutumes transcrites dans le M.S. Lavallière, que, toutes les fois qu'une amende supérieure à neuf livres était prononcée par le maïeur et les échevins, pour forfaiture, cette amende se divisait en deux parts égales, dont une était attribuée à la commune et l'autre au roi qui la partageait avec l'évêque, le vidame et le châtelain. Mais par le bail de la prévôté, la commune devint aussi partie prenante dans la moitié réservée au roi jusqu'à concurrence de soixante sols ; or, ceci nous explique pourquoi, postérieurement à 1292, la commune, dans la grande amende pour défaut sur appel à verge et pour infraction d'assûrement, prélève 33 livres au lieu de trente, tandis que le roi, au lieu de trente, n'en perçoit plus que vingt-sept.

(Voir l'art. 32 de la coutume de 1507, p. 89.)

NOTE 54. — PAGE 82.

ART. 11. *Servientes dicte prepositure instituent et destituent*.

Lorsque la ville prit à ferme la prévôté, il y avait déjà, pour les besoins de la commune, quatre sergens à masse et quatre sergens des kanes. L'extension de sa juridiction nécessita la création de quatre autres sergens qu'on appela sergens de la prévôté. Mais ceux-ci, comme le constatent les anciens comptes de la ville, n'étaient payés qu'à raison de cinq livres par an, tandis que les sergens à masse et les sergens des kanes recevaient dix livres de gages et étaient habillés aux frais de la ville. (6.ᵉ registre Y 3.)

NOTE 55. — PAGE 82

ART. 12.... *Quæ cum licentia prepositi faciebant anteà*.

Le droit de faire des édits, de publier des ordonnances étant une prérogative inhérente à la qualité de seigneur haut-justicier, il n'y avait dans la ville d'Amiens que le roi et l'évêque qui pussent prétendre à l'exercice de ce privilége. La commune n'avait pas plus de droit à cet égard, que les autres seigneurs vicomtiers, c'est-à-dire que le vidame et le châtelain ; mais l'acte de 1292, la mettant au lieu et place de celui qui exerçait, par délégation, une portion de l'autorité souveraine, il s'ensuivit tout naturellement qu'elle pût faire, *seule*, les bans et proclamations qu'elle ne pouvait faire autrefois sans l'autorisation du prévôt. Ainsi l'art. 12 de la charte de la prévôté donne à la ville un droit que lui refuse l'art. 48 de la charte de commune.

(Voir ci-dessus page 74.)

NOTE 56. — PAGE 82

ART. 15. *Major aut quicumque ab eo deputatus*.

Cet article, dont le sens n'est pas équivoque, confère au maïeur de la commune le droit d'exercer l'office du prévôt ou de déléguer qui bon lui semblera pour le remplir en son lieu et place. Or, s'il a joui de ce privilège, il faut qu'on le lui ait retiré, car nous avons, dans les registres aux délibérations, la preuve que le prévôt était pris dans le sein de l'échevinage et nommé par les échevins eux-mêmes à la pluralité des voix. (Voir notamment le renouvellement de la loi du mois d'octobre 1502.— 19 ᵉ registre T.)

NOTE 57. — PAGE 82

ART. 16. *Pro predicta autem firma*.

Il existe, dans les cartulaires de l'hôtel-de-ville, deux actes des 2 et 10 août 1311 qui prouvent qu'indépendamment de la rente de 690 livres qu'elle s'obligeait à payer annuellement pour la ferme de la prévôté, la ville versa en outre comptant, pour le même objet, une somme de 2000 livres *ex pura liberalitate seu dono*. (Registre aux Chartes E. f.º 3.)

En 1332, la prévôté fut saisie par Philippe-de-Valois. La charte que ce monarque donna le 3 mai 1337, fait voir que ce n'est qu'au prix des plus grands sacrifices que la commune obtint la main-levée de cette saisie : « Et nous ont, » donné lesdits maire, eschevins et communaulté » 6000 livres tournois, à une fois, lesqueles ils » ont paié à nostre trésor à Paris, et avec » che nous ont quittié 2000 livres tournois les- » queles ils avoient donné à nostre dit seigneur » et oncle (Philippe-le-Bel) quant il leur baillia » ladite prévosté, par tele condicion que eles » leur seroient rendues au cas que le prévosté » leur seroit hostée. » (Registre aux Chartres E. f.° 84. v.°)

COUTUMES DE 1507.

NOTE 58. — PAGE 83.

ART. 1.er *Le mort saisit le vif....*

Le sort de la propriété foncière, au moyen-âge, était, en matière de succession, réglé par deux principes contraires. Les biens d'origine féodale retournaient de plein droit à la table et domaine du seigneur, de telle sorte que l'héritier était censé les racheter en accomplissant les devoirs et en payant les droits introduits par la coutume. Les biens tenus en roture, d'origine allodiale, passaient, par la force même du lien de famille, aux héritiers du possesseur décédé, lesquels en étaient saisis *ipso facto*. Delà la maxime : *le mort saisit le vif.*

NOTE 59. — PAGE 84.

ART. 2. *Se au mariage de deux conjoincts.*

La même disposition se trouve dans les Anciens usages d'Amiens, mais avec des développements que les rédacteurs de la coutume de 1507 n'ont pas cru devoir reproduire.

Voyez Coutumier inédit de Picardie par M. Marnier, Paris 1840, pages 151 à 153.

NOTE 60. — PAGE 84.

ART. 3. *Tenu et reputé pour héritage auxdits enfants.*

Voir la note 48, page 110.

NOTE 61. — PAGE 84.

ART. 4. *Toutes fois que l'un de deux conjoinctz va de vie à trespas......*

La première partie de cet article copie presque textuellement une disposition des Anciens usages d'Amiens dont voici les termes : « Si tost » que li quelz que soit de l'omme et de le femme » va de vie à mort, si biens (meubles) sont parti » en III. : et en a li mors le tierch, et le vif le » tierch, et li enfant l'autre tierch, aussi bien I. » que pluseurs.

La coutume de 1507 est plus explicite en ce qu'elle détermine l'emploi du tiers réservé au mort. C'est, dit-elle, *pour accomplir ses testaments obsèques et funérailles*. Mais cette disposition fut abrogée comme injuste lors de la réformation des coutumes en 1567, sur l'observation des praticiens du bailliage qui firent remarquer que cette division de la succession mobilière en trois parts était contraire à l'ancienne coutume du bailliage d'Amiens portant que : « Par le trespas du pre- » mier mourant de deux conjoinctz *ab intestat*, » les biens meubles se partissent par moitié éga- » lement assavoir la moitié au survivant et l'autre » moitié aux héritiers du décédé. »

NOTE 62. — PAGE 84.

ART. 5. *Toutefois que du mariage de deux conjoincts etc.*

« Se aucuns hom et se femme marient aucuns » de leurs enfans et leur donnent de leurs biens, » chil qui sont matié au vivant leur père et » leur mère ne poent riens demander u rema- » nant de tous les biens leur père et leur mère » soient mœuble ou hyretage ou acquestes, ne » en l'iretage dont leur mère est douée, s'il n'est » ensi que le condicion du mariage ne soit tele » que pour cose que il emporte ne quitte, il » (n'auront) mie le remanant ; car toutes condi- » cions de mariage qui sont faittes sans fraude

» font à tenir. » (Anciens usages d'Amiens *ut supra* page 158.)

Par cette disposition, les enfants mariés du vivant de leur père ou de leur mère, à condition qu'ils se contenteront de la dot à eux donnée par contrat de mariage, ne peuvent plus partager avec leurs frères et sœurs le surplus des biens de leurs parents ; mais, par la coutume de 1507, *s'ils veulent venir au partage avec les autres enfans à marier, ils sont tenus de rapporter tout ce qui leur a été donné en mariage.*

NOTE 63. — PAGE 85.

ART. 6. *En tous les héritages cottiers* ....

« En tous les hyretages de le chité que li
» homz et le femme ont, partissent autant li
» aisnés de leurs enfans comme li mainsnés, et
» le femme comme li homs. Et, se il y a ac-
» questes, li pèrez et le mère en poent faire
» leur volenté ; et, se il en font nul devis, li en-
» fant partiront par conte d'oirs ; et, se il en
» font devise, le devise est tenue : et si poet li
» uns d'aus II. faire sen devis de se partie, et
» li autres ne le fait mie s'il ne veult ; li devis
» de le partie à chelui qui fait la est tenus, et
» le partie qui n'est devisée va as hoirs. » (Anciens usages d'Amiens *ut supra* page 146.)

Cette disposition, comme on le voit, est pour ainsi dire reproduite textuellement dans l'art. 6 de la coutume de 1507.

NOTE 64. — PAGE 85.

ART. 7. *Chacun peut donner par don d'entre vifs son heritaige à qui il veut.*

« Cascuns peut donner *le quint* de ses hiretages
» à cui que il veult sans faire tort à sen hoir,
» mais se il le donnoit en morte main, il con-
» venroit que le morte mains le mesist hors de
» se main dedens an et jour que le justiche l'en
» aroit sommé ; et, se dedens là ne l'avoit fait,
» li roys, li maires et li esquevin prendroient
» tous les fruis et les pourfis et seroient fourfait
» au jugement du maïeur et des esquevins. » (Anciens usages d'Amiens, *ut supra* page 146.)

Ainsi, par la coutume du XIII.e siècle, on peut donner le cinquième de ses propres, sans préjudicier aux droits de l'héritier, mais, par la coutume de 1507, on peut, par acte entre vifs, donner tout son héritage, sans le consentement de l'héritier, pourvu que la donation ne soit pas faite à une communauté ou à tout autre corporation de main-morte. Cette dernière accorde donc plus de faveur aux actes entre vifs, puisqu'en effet elle permet qu'ils absorbent la totalité du patrimoine. Aussi, lors de la réformation des coutumes en 1567, la commission d'examen nommée par la ville, pour donner son avis sur les articles de la coutume locale susceptibles d'être modifiés, proposa de réserver une légitime aux enfants, mais cet amendement ne fut point accueilli et l'article fut maintenu dans les termes de sa rédaction primitive. (Voyez l'art. 3 de la coutume de la ville d'Amiens réformée et l'art. 46 de la cout. générale.)

— Nous avons, dans une délibération de l'échevinage du 21 février 1345-46, un exemple de la manière dont la ville procédait, pour rentrer dans ses droits, lorsqu'un immeuble situé dans sa juridiction, tombait en main-morte.

« Pour ce que, sans le volenté des maïeur et
» esquevins d'Amiens, Fremins Limonnier et Agnez
» se femme avoient donné as Augustins d'Amiens
» qui est main-morte, le maison seant en le pla-
» che auprez des Augustins, ce qu'il ne pooient
» faire, sans l'assentement et licence desdits
» maïeur et esquevins ; comme lesdits Fremins et
» se femme se fuissent obligiez pluseurs fois de
» leurs corps et par chirographe, que ledite mai-
» son il ne mettroient ni donneroient en main-
» morte ne en main d'autruy, que ele ne fust
» taillaule et justichiaule à ledite ville d'Amiens
» et que à che il eussent obligié ledite maison...
» Jehans Lofficial sergent de le ville au comman-
» dement desdis maïeur et esquevins, print ledite
» maison en le main de le ville et commanda
» que à ledite maison on ne fesist yssue ne en-
» trée ; et audit Fremins et se femme qu'il vi-
» daissent ledite maison ; lequel Fremins et se
» femme obéirent. » (Archives de l'hôtel-de-ville. Registre aux chartes E f.º 84.)

NOTE 65. — PAGE 85.

ART. 8. *S'aucuns quind est donné sur heritaiyes etc.*

« Se aucuns quins estoit donnés seur aucun hy-
» retage, chil à qui il ert donnés n'ara mie l'y-
» retage du quint, se chil ou chelles ne veulent
» cui li hyretages est, mais tantost il finera

» d'argent sec le valeur que li quins vaut, se il
» se poent concorder à cheli cui li quins y ert
» donnés ; et, se il ne se poet concorder del ar-
» gent sec, li quins sera prisiés par droite esti-
» mation du maïeur et des esquevins et de leur
» conseil ; et converra que chil ou cele à qui li
» quins est donnés prengne l'argent ; et, se cil
» cui l'yretages est, ne voloit tantost paiier l'argent,
» chieux à qui l'iretage seroit donnés emporteroit
» le quint, et seroit li quins partis et seroit siens
» comme se acqueste. » (Anciens usages d'Amiens
ut suprà pages 146-147.)

Ici, il faut le dire, la coutume de 1507 n'a fait que changer seulement les expressions et la forme du langage : quant au fond, les deux dispositions sont les mêmes.

NOTE 66. — PAGE 86.

ART. 9. *On ne peut quintier ung heritaiges deux fois.*

« On ne poet quintier hyretage que une fois ;
» et tant que l'iretagez qui a esté quintiés de-
» meure en le main des hoirs quel lointaing
» que il soient, ne de queus degrés che soit
» deschendus, on ne le peut jamais quintier,
» aussi bien si fine pour l'argent, comme s'il baille
» l'iretage : or fait-il que sagez qui instrument
» em prent quant l'yretage est quintiès. Mais se
» li hyretages issoit hors du costé de l'oir quel
» lointains qu'il fust, et aucuns l'accatast as
» hoirs ou à le justiche, se li lieus estoit four-
» fais dez hoirs, chieus qui trespasseroit sans
» faire ent devis, et il escaoit à ses hoirs, ou
» se il le devoit à sez enfans, aussi bien à un
» comme à pluseur, il carroit de nouvel en
» hyretage et prenderoit costé, et aussi li hoir
» à cui il esquerroit, porroient tout de nouvel
» de requief donner le quint del hyretage sur
» les condicions dessus dittes, et seroit pour le
» cause du nouvel costé. » (Anciens usages d'A-
miens *ut suprà* page 147.)

L'observation mise au bas de la note précédente, peut aussi s'appliquer à l'article 9 copié, pour ainsi dire, littéralement sur la disposition que nous venons de transcrire. Aussi les praticiens du bailliage qui composaient la commission d'examen pour la révision des coutumes en 1567, furent-ils unanimement d'avis que l'art. 9 *devait estre couchié en meilleur langage*. Or voici la rédaction qu'ils proposaient. « On ne

» peult quintier ung héritage patrimonial deux
» fois ; et tant que l'héritage quintié demourera
» en la main des hoirs, de quelque degré que
» ce soit et quelque long temps qu'il y puisse
» avoir : il ne se peult jamais quintier, encores
» que ledit quint ait été remboursé pour argent ;
» mais si l'héritage issoit hors de la coste de
» l'héritier par vendicion ou forfaiture, et celluy
» qui l'aurait par aprez le donnoit ou escheoit à
» ses enfans, il cherroit de nouveau en héritage
» et prendroit costé ; et ainsi les hoirs à qui il
» escherroit poulroient de rechef et de nouveau
» quintier ledit héritage sur les conditions sus-
» dites. » (Bibl. royale M.S. fonds Colbert n.°
8,407—3.3.)

Grâce à cette triple rédaction, le véritable sens de l'article 9 ne peut plus être mal interprété.

NOTE 67 — PAGE 86.

ART. 10. *Se aucuns donne son acqueste à son enfant......*

La même disposition se trouve reproduite dans un passage des Anciens usages d'Amiens transcrit à la page 110, note 18.

NOTE 68. — PAGE 86.

ART. 11. *Se le père et le mère ensemble...*

« Se li pères ou le mère en li pères sans le
» mère, ou le mère sans le père donnoient à
» leurs enfans leurs acquestes ou à l'un d'aus,
» et chil ou chiaus à cui seroit fais, le vendoit,
» li pères et le mère aroient l'offre s'il vivoient
» ensanlle ; et se li hom vivoit, il aroit l'offre
» du don qu'il aroit fait, car u don de se femme
» il n'aroit point d'offre, ne se femme du sien,
» puis qu'il seroient départi par mort ; mais li
» costés du mort arroit l'offre du costé du mort :
» et enssi seroit-il s'il esqueoit par raison de
» trespas de nul des enfans. » (Anciens usages d'Amiens *ut suprà* p. 148. 14..)

La donation faite par le père ou la mère d'un bien d'acquisition, à un ou plusieurs de leurs enfans, étant toujours considérée comme un avancement d'hoirie, imposait aux donataires les mêmes obligations que si ce bien leur eût été transmis par héritage : ils ne pouvaient le vendre, sans que la vente donnât ouverture au retrait lignager. Or, si nous nous attachons au mode d'exercice de ce droit, nous voyons que les deux coutumes posent des règles différentes. La coutume du XIII.ᵉ siècle, exige qu'au préalable le vendeur offre la préférence au parent le plus proche de la ligne et du côté d'où provient l'héritage qu'il veut vendre. On en devine la raison. Dans un temps où la tradition symbolique était le seul acte qui manifestât la translation de la propriété, il fallait bien que ceux qui avaient intérêt à connaître la mutation pour en prévenir les effets, fussent avertis et mis en demeure autrement que par un acte auquel ils n'étaient point parties nécessaires. Mais, lorsqu'à la formalité du vest et du devest on eut substitué les lettres d'ensaisinement et l'insinuation du contrat sur les registres du seigneur, la vente eut alors toute la publicité désirable et le vendeur fut dégagé de ses obligations envers le lignager à qui un an fut accordé à partir de la saisine, pour opérer le retrait de l'héritage. C'est pourquoi la coutume de 1507 n'a reproduit aucune des dispositions des Anciens usages d'Amiens relatives à l'offre au plus proche parent lignager. Cette formalité était depuis longtemps tombée en désuétude.

Voir au surplus la note 18 page 110.

Note 69. — Page 86.

Art. 12. *Pour fait que le père forface..*

« Pour fourfait que li pères fourfache puis le
» mort de le mère, ne le mère puis le mort
» du père, li douaires ne poet estre empekiés
» que il ne viegne as hoirs qui sont issu du
» mariage, aussi bien de l'un comme de pluseur,
» ou as hoirs qui de chiaus seront issu ; *mais
» se il fourfaisoit le corps, et il n'estoit tenus,
» tant comme il viveroit le justiche tenroit les
» profis du douaire.* » (Anciens usages d'Amiens *ut suprà* page 153.

La dernière partie de la disposition qui précède n'a pas été reproduite dans l'article 12 de la coutume de 1507 ; on avait sans doute reconnu qu'il était trop rigoureux de rendre les enfants responsables de la contumace de leur père.

Note 70. — Page 86.

Art. 13. *Se homme a plusieurs heritaiges....*

« Se li homs a pluseur hiretages ; des hyre-
» tages dont il n'ara point doué se femme, il
» porra, s'il se marie, douer de sen hyretage
» que il nommera se femme que il prendera ;

» ne li enfant de se première femme n'aront
» riens u douaire ne en l'yretage de quoy il ara
» doué se femme ; ne li enfant de le nouvele
» femme n'aront riens en l'iretage de quoy le
» première femme fu douée : et ainssi est-il de
» tant de femmes qu'il prendra s'il a tant de
» yretages. » (Anciens usages d'Amiens *ut suprà* page 154.)

Cette disposition, quant à son esprit, a été maintenue par l'article 5 de la coutume locale d'Amiens réformée en 1567 : les commissaires en ont seulement changé la rédaction.

Note 71. — Page 86.

Art. 14. *Chacun pœult douer sa femme de son acqueste.*

« Cascuns poet douer se femme de s'aqueste
» qu'il ara faite aussi bien comme de sen hire-
» tage et des acquestes qu'il feront ensanle. »
(Anciens usages d'Amiens *ut suprà* page 154.)

Voyez l'art. 6 de la coutume locale réformée en 1567.

Note 72. — Page 86.

Art. 15. *Ung homme pœult douer sa femme de son consentement.....*

« Li hom peut douer se femme de sen con-
» sentement del hyretage se femme aussi bien
» comme du sien ; et sera li douaires de toutes
» les condicions desseur dictes. » (Anciens usages d'Amiens *ut suprà* page 154.)

Cette disposition a été retranchée de la coutume locale d'Amiens réformée en 1567.

Note 73. — Page 87.

Art. 16. *Se aucune personne se marie contre la voulonté etc.*

« Se aucune personne se marie outre le vo-
» lenté sen père ou se mère, et il n'emporte
» riens de leurs biens, après les debtes du père
» et de le mère ou du quel que soit qui mor-
» roit, il emporteroit se partie ès moebles et
» hyretages par conte d'oirs, et ès acquestez, se
» elles n'estoient devisées, autele partie comme
» li enfant à marier aroient ; ne jà pour che s'il
» estoit mariés ne lairoit qu'il n'eust se partie
» puis qu'il n'aroit riens emporté au mariage des
» biens sen père et se mère. » (Anciens usages d'Amiens *ut suprà* page 158.)

Note 74. — Page 87.

Art. 17. *Se aucun ou aucune marie son enfant.*

« Se aucuns ou aucune marie sen enfant puis
» le mort du père et le mère, et li donne de
» ses biens, chiex qui mariés est ne laira jà
» pour chou qu'il ne partisse à che dont se mère
» ara esté douée, et ès hyretages qui venront du
» costé de chiaus qui seront trespassé, soit ses
» pères ou se mère, pour che qu'il n'a mie esté
» mariés du vivant de père ou de mère. » (Anciens usages d'Amiens *ut suprà* page 159.)

Note 75. — Page 87.

Art. 18. *S'aucun homme a enfans de plusieurs femmes etc.*

« Se aucuns homs a enfans de pluseur femmes de
» mariage, li enfant emporteront cascun le douaire
» leur mère, après le mort du père, aussi bien li
» I. comme pluseur. Et se aucuns des enfans trespassoit sans hoir de se char de mariage, se esquéanche esquerroit à ses frères et à ses sereurs
» qui seroient yssu de se mère et engenré de
» sen père, ne li enfant des autres femmes n'i
» aroient riens. Mais se tout li enfant du premier
» mariage moroient sans hoir de leur char de
» mariage, ou sans hoir qui fust issus des frères
» ou des sereurs de mariage, li enfant qui seroient issu des autres mariages aroient l'esquéanche ou leur hoir tout de commun; et ainssi
» seroit-il du second mariage et du tierch et de
» tous les mariages ensieuvis que li homs aroit.
» Et ensy seroit-il du douaire qui seroit fais del
» hyretages à le femme. — *Ne ne vous merveilliés
» mie se en chel cas, li nies qui seroit issus
» du frère ou de le sereur du père et de mère
» emportoit l'esquéanche ou de s'antain del hyretage qui seroit venus à sen oncle
» ou à s'antain par raison de douaire se mère,
» par devant le frère ou le sereur qui ne seroient mie de père ou de mère, car li nies
» ou le nièche est issu du sanc de le char et de
» l'estoc du mariage de quoy li mariages fu fais,
» et par raison du douaire l'emporte il. Mais se
» li oncles ou l'ante avoient hyretage qui sans
» cause de douaire leur fust venus, et li trespassoient, l'esquéanche venroit à ses frères et à
» ses sereurs qui li appartenroit du costé del
» hyretage, et y partiroient tout de commun li
» enfant qui seroient du costé del hyretage, aussi

» bien chil qui n'en seroient mie de père et de
» mère, comme li enfant qui seroient de père
» et de mère mais qu'il appartenisse au costé.
» Ne li neveu qui seroient enfant des frères et
» des sereurs en tel cas n'aroient mie l'esquéanche tant qu'il y eust frères ou sereurs. » (Anciens usages d'Amiens *ut suprà* pages 160. 161.)

La dernière partie de la disposition qui précède
a été supprimée lors de la rédaction de l'art. 18
de la coutume de 1507. Mais il n'en est pas
moins vrai que ce passage présente un utile
commentaire de l'article même auquel il se réfère, en ce sens qu'il énonce le motif qui l'a dicté.

Note 76. — Page 87.

Art. 19. *La succession des grand père ou grand mère que l'on dit tayon....*

« L'esquéanche du tayon et de le taye vient au
» neveu ou à le nièche qui est issus' du fil ou
» de la fille, par devant le père ou le mère du
» tayon et par devant les frères et les sereurs
» du tayon. *Et ne vous merveilliés mie de che*,
» car li niés ou le nièche sont issu de le char
» et du sanc qui est issus du taion et de le
» taye et en sieut li degrés, mais li tayons n'est
» issus fors du sanc du père ou de le mère;
» ne li frères ne les sereurs ne sont issu fors
» du sanc et de la char dont il issi, or n'estoient il fors du costé, si que par ches raisons, li niés ou le nièche doivent emporter
» l'esquéanche du tayon ou de le taye. » (Anciens usages d'Amiens *ut suprà* page 161.)

L'art. 19 de la coutume de 1507 est la reproduction textuelle de la première phrase du passage ci-dessus. Tout le reste a été retranché comme inutile.

Note 77. — Page 87.

Art. 20. *S'aucuns ou aucun acheptent aucun droict de cens.....*

Le droit que consacre cet article n'existait pas
au XIIIe siècle : il date de la fin du XIVe C'est un
privilége que le roi Charles VI accorda à la commune d'Amiens, par des lettres patentes données
à Abbeville, au mois d'avril 1393.

Voici la teneur de ces lettres.

Charles par la grâce de Dieu..... savoir faisons à tous présens et avenir, à nous avoir esté
exposé de la partie de nos bien amez les maïeur

et eschevins de nostre boine ville d'Amiens, pour eulx et pour toute la communauté de ladite ville et de la banlieue d'icelle : que en ladite ville et banlieue d'icelle sont assis et situet grand quantité de édifices maisons et autres heritaiges appartenans à plusieurs propriétaires d'icels lieus qui sont chargiés de tres grans cens ou rentes envers pluseurs et diverses personnes. Desquels cens et rentes li seigneur proprietaire desdites maisons, édifices ou heritaiges deschargeroient volontiers par rachetand yceuls cens ou rentes : par juste quarche, lesdites maisons et heritaiges demourroient entiers et sans ruine. Et jasoit che que il aviengne de jour en jour ou au moins bien souvent : que pluseurs de ceuls aquels lesdis cens ou rentes sont deubs sur lesdites maisons et heritaiges, vendent lesdis cens ou rentes à autres personnes que à proprietaires diceuls heritaiges et maisons, pour certain pris : et que ichil proprietaire pour deschergier leurs dites maisons diceuls cens : les vosissent bien ravoir, racheter ou reprendre pour le pris que il sont vendu. Et que che ne feist point grief ou domaige à vendeurs. Neantmoins ichil proprietaire n'en pœuvent finer. Et par che demeurent leurs dites maisons chergiés d'iceuls cens ou rentes. Par quoy est avenu et avient souvent : que lidit proprietaire laissent leurs dites maisons tourner ad ruine, sans icelle retenir ne reparer ; et puis, quand elles sont toutes destruites ou si diminuées que elles sont inutiles et de peu ou neant de valeur : ichil proprietaire renoncent et deguerpissent desdites maisons et heritaiges au pourfit des chensiers. Par quoy nostre dite ville, en pluseurs lieus et parties : est et encore sera au temps avenir difformée de tres grans ruines, se par nous ni est genereusement pourveu : si comme ils dient. — Nous chels choses considerées et pour le bien pourfit et utilité de ladite ville et de toute la chose publique, avons ordené et ordenons et as dis exposans ottroyons par ces presentes de grace especiale, et par deliberacion de nostre conseil, que touteffois que desormais auquns qui aroit ou prendroit, habt (a) ou prent cens ou rentes sur aucunes des maisons ou heritaiges de ladite ville : venderoit ou vendera sesdis cens ou rentes à quelque personne et pour quelque pris que ce soit : à autre que à proprietaire du lieu sur lequel lesdis cens ou rentes sont ou seront deubs : que ichils proprietaire puist havoir et reprendre yceuls cens ou rente pour le pris quil auront esté vendu dedans demi an ensievant. Et que en ce cas li acheteur d'iceuls cens ou rente seront tenu de les rendre, baillier, delivrer asdis proprietaires par prenant et recevant d'euls le pris de ladite vente. Et par euls remboursant de tous leurs frais raisonnables.....

Donné à Abbeville l'an de grace mil CCC quatre-vins et trese et de nostre regne le tresime, ou mois d'avril apres paques. (Archives de l'hôtel-de-ville, registre aux chartes A f.° 28.)

La faculté de retraire les rentes et surcens qui grévaient leurs maisons, fut, comme on voit, concédée aux propriétaires de ces mêmes maisons pour les stimuler à les tenir en bon état. Plus tard, Henri II et Charles IX renouvelèrent, dans un but d'utilité générale, le réglement que Charles VI avait fait dans l'intérêt particulier de la ville d'Amiens. Ils permirent de racheter au denier 20 les rentes de bail d'héritages, dans l'espérance que cette mesure ne contribuerait pas peu à l'embellissement des cités. (Voir le commentaire de Dufresne sur les art. 7 et 8 de la Cout. locale de la ville d'Amiens. — Coutumier de Picardie, tom. 1.er, 2.e partie, page 351).

Les villes, alors, étaient loin de présenter à l'œil cette élégante symétrie qui les distingue de nos jours. Plus d'une cause s'opposait à ce que les maisons y fussent bâties avec luxe et solidité : d'abord l'abus que signale l'ordonnance de Charles VI, et en second lieu, l'usage qui s'était introduit, dans presque toutes les villes de loi, d'abattre la maison de celui qui avait forfait envers la commune. A la fin du XV.e siècle, cette coutume était passée de mode, mais il y avait encore à Amiens beaucoup de maisons qu'on pouvait détruire en quelques minutes. Une délibération de l'échevinage du 24 novembre 1594 interdit pour l'avenir de couvrir en chaume sur les flégards, à cause du danger des incendies. (17.e registre T.)

NOTE 78. — PAGE 87.

ART. 21. *Se aucuns ayans cens sur aucuns heritaiges....*

Le privilège accordé par l'article 29 aurait été illusoire, si le droit des parents de la côte et ligne avait pu s'exercer dans toute sa rigueur. C'est pourquoi l'article 21 consacre une exception au principe général, en matière de retrait lignager, lorsque la vente a pour objet d'éteindre les charges réelles de la propriété.

Voir au surplus la note précédente.

Note 79. — Page 88.

Art. 22. *Par ladite coustume et commune observance.*

Avant la cession de la prévôté, la police des flots et flégards appartenait à la commune, mais celle-ci n'avait point le profit des amendes.

Voyez ci-dessus page 81 art. 6.

Note 80. — Page 88.

Art. 26. *Il eschet pour le faulx enters..*

Faulx enters, mot dérivé du latin *interciare* saisir sur un tiers.

Voyez la charte de commune page 70, art. 31, la charte de la prévôté page 81 art. 6.

La rédaction de 1567 substitua à cette expression celle de *fausse plainte*. (Coutume locale de la ville d'Amiens art. 11.)

Note 81. — Page 89.

Art. 32. *Quand aucun débat est fait en icelle ville.*

L'appel à vergue, au commencement du xvi.e siècle, n'avait plus pour objet de contraindre l'appelé à assûrer sa partie adverse, car, à cette époque, les assûremens étaient tombés en désuétude, mais seulement de l'obliger à se constituer prisonnier pour répondre aux interpellations de la partie publique. Lors de la réformation de la coutume, la commission des praticiens du bailliage, émargea l'article 32 de l'observation suivante :

« A esté advisé qu'il sera besoing le rayer en
» tout, parce que la forme et ordre de procéder
» est abrogé par édit et ordonnance royal et
» qu'il ne se pratique plus dès longtemps. »

(Bibliothéque royale. M.S. Fonds Colbert n.o 8407. 3. 3.)

Malgré cet avis, l'art. 32 de la coutume de 1507, fut maintenu par les commissaires royaux. C'est l'art. 19 de la coutume réformée.

Note 82. — Page 89.

Art. 34. *Ausdits maire, prévost et eschevins appartient la totale garde et juridiction de nuict.*

Voyez l'art. 21 de la coutume réformée.

Cet article énonce un privilége qui était vivement contesté à la commune d'Amiens, à l'époque de la rédaction des coutumes. Il n'est donc pas inutile de faire connaître la circonstance qui, selon toutes les probabilités, fut la cause de son insertion dans le cahier de 1507. C'est le procès avec l'élu du Caverel dont nous avons déjà parlé. (Voyez ci-dessus pages 56 57.) Lorsque cette affaire fut plaidée au parlement, au mois de janvier 1506, l'avocat de la commune, M.e Jehan Lantier exposa :

« Que les rois de France ont donné à la
» ville plusieurs beaux droits et priviléges et,
» entre autres, juridiction ordinaire et royale, et
» dans la ville et banlieue où ils ont (les
» maïeur, prévôt et échevins) toute juridiction
» civile et criminelle, et la police et gouverne-
» ment, *tant de jour comme de nuit*; qu'on sait
» assez la situation de ladite ville qui est un
» lieu limitrophe et clef et frontière de Picardie
» et combien elle est nécessaire; que les maïeur
» et eschevins, en usant de leurs droits, *ab an-
» tiquo juribus suis utendo*, ont fait plusieurs
» statuts et ordonnances concernant le fait de la
» police et juridiction, parce qu'ils sont juges or-
» dinaires royaux, et qu'il n'y a aucun que eux
» en ladite ville qui ait juridiction de nuit; et
» à cette cause ont 24 sergens de nuit; et, entre
» autres ordonnances, il y en a une ancienne par
» eux faite par laquelle est défendu à tous brou-
» tiers et autres trayneurs de ne mener ne tray-
» ner aucunes (choses), par avant la cloche du
» jour sonnée, ne apprez celle du veppres; la-
» quelle ordonnance de tout temps a esté gardée
» pour le bien des fermiers du roi et de la
» ville; et pour ce que le fermier du vingtième
» du vin, pour le roi, et le fermier de l'ayde sur
» les vins vendus à broque et en détail, pour la
» ville, s'estoient complains de ce que plusieurs
» gens enfraindoient ladite ordonnance à leur
» préjudice, ils l'avoient de rechef fait publier le
» 8 novembre 1505. — Et néantmoins fut, ce
» même jour, trouvé broutant de nuit un certain
» Adenez qui, pour avoir enfraint ladite ordon-
» nance, fut constitué prisonnier au Beffroy.—Ce
» que sachant Jehan du Caverel l'un des Esleux
» pour le roi, qui n'a aucune juridiction de
» nuit, sans délibération de ses compagnons Es-
» leux, monta sur sa mule, environ 8 heures de
» nuyt, ayant aprez lui bien 80 personnes, s'estoit
» rendu à la maison de la Truie qui file, laquelle

AMIENS.   (155)

» il avoit fustée pour y trouver Mahieu d'Ardre
» fermier de la ville ; et delà s'en alla au Bef-
» froy duquel il tira et fit évader ledit broutier ;
» et en s'en retournant apprehenda ledit d'Ardre
» et le constitua prisonnier en la Barge. — Que
» les Maïeur et eschevins advertis desdits excès
» et rompture de prison, pour éviter inconvénient
» plus grand, avoient de ce fait faire informa-
» cion et dénoncé prise de corps contre ledit
» du Caverel et ses adhérens. »

De son côté du Caverel avait fait plaider.

« Que les Esleux ont juridiction distincte en la
» ville d'Amiens et en toute leur ellection : que
» le Roy prend sur tout le vin qui est amené des
» villages en l'Estaple, quand il est vendu, le
» droit du vingtième dont il est fait registre par
» le fermier qui en baille le signet pour en
» faire délivrance ; au moyen duquel signet est
» loisible mener le vin ; or estoit-il ainsy que
» le 8 novembre 1505, qui estoit jour de sa-
» medi, que les vins non vendus avant l'heure
» de six heures du soir, demouroient audit mar-
» ché, jusques au lundi ensievant que la franche
» feste commençoit, au préjudice du roy ; que
» les maïeur et eschevins, pour empescher ledit
» droit, avoient, dès ledit samedi, fait publier et
» défendre à tous que s'ils n'avoient brouté ou
» délivré leurs vins avant sept heures du soir,
» que lesdits vins demouroient sur place jusques
» au lundi, sur peine de soixante sols d'amende
» et de prison ; et pour ce que ledit jour il y
» avoit eu beaucoup de gens qui avoient vendu
» leurs vins, dès quatre heures, et prins le signet du
» fermier du vingtième, et qu'ils ne peurent re-
» couvrer celui du fermier de la ville, ils vont
» à provision devers les Esleux ; et lors ordonna
» ledit du Caverel deux sergens afin de dépes-
» cher les bonnes gens et faire brouter leurs
» vins ; mais, quelque commandement que lesdits
» sergens aient fait aux broutiers, le fermier de
» la ville n'en a rien volu souffrir, ainchois en
» jurant, blasphemant, dit que si on y touche il
» les emprisonnera ; et combien que ung nommé
» Adenez Regnier broutier ait chargé du vin, en
» ensievant le commandement à lui fait, lesdits
» maïeur et eschevins le font constituer prisonnier au
» Beffroy ; que du Caverel, de ce adverti, va et
» trouve ledit broutier emprisonné et fait com-
» mandement au cheppier de le délivrer et aux
» autres broutiers de brouter le vin ; en quoy

» faisant, il trouva le fermier de la ville qui pro-
» céda contre lui par injures, pourquoy il le fit
» constituer prisonnier ; et de ce n'est plus parlé
» jusques au 18.e ou 19.e jour de novembre que
» lesdits maïeur et eschevins le font ignominieu-
» sement constituer prisonnier au Beffroy dont il
» a appelé aux Généraux ses souverains. » (Archives de l'hôtel de ville. Registre T n.º 20.— Délibérations de l'échevinage des 1.er et 9 décembre 1505,
24 janvier, 12 et 16 mars 1505, avant pâques.)

On ne voit pas quelle fut l'issue de ce
procès. Toujours est-il que, sans le démêlé avec
du Caverel et la question qu'il souleva, la commune n'aurait peut-être jamais pensé à faire in-
sérer dans le cahier de ses coutumes locales, la
disposition de l'article 34.

Quant au droit en lui-même, il n'aurait pas été
possible de le contester à la commune, car des
lettres de non préjudice du 25 décembre 1387,
l'établissent de la manière la plus formelle :
« Pierre de Courant bailli d'Amiens *allant de*
» *nuit* par la ville avec ses sergents royaux, pour
» trouver certains bannis et houliers qu'on disoit
» y roder, découvrit Colin de Vaulx houlier et
» le mit au Beffroy, comme en prison du roy, et
» le bannit sur le hart. La commune s'étant
» plainte que le ban du bailli lui faisait préju-
» dice, demanda le renvoi de Colin de Vaulx de-
» vant sa propre juridiction et le rétablissement
» de sa justice. — Sur ce, le bailli, après en
» avoir référé au parlement, déclare qu'il met sa
» sentence au néant et qu'elle doit être considé-
» rée comme non avenue. » (Archives de l'hôtel
de ville. Registre aux chartes E, f.º 52.)

NOTE 83. — PAGE 90.

ART. 37. *Nul ne pœult faire sur froc de rue
aucune saillye.*

Lors de la réformation de la coutume locale
en 1567, la commission des praticiens du bailliage fut d'avis que cet article devait être rayé
d'autant qu'il avait été abrogé depuis l'édit des
États tenus à Orléans en janvier 1561, art. 96 et 97.

Voir la note 77 de cette série.

NOTE 84. — PAGE 90.

ART. 38. *Il n'est loisible à aucun de faire
fosse etc.*

Cet article n'a pas été reproduit dans la coutume réformée. Il était en effet inutile qu'il y

figurât, puisque l'art. 166 de la coutume générale du bailliage d'Amiens qui prévoit le cas, dispose absolument dans les mêmes termes.

Note 85. — Page 90.

Art. 42. *Les droits seigneuriaux pour ce deubz aux seigneurs.*

Voyez la note 52 de cette série.

Note 86. — Page 91.

Art. 45. *Il loist à tous propriétaires de maisons et heritaiges renoncer auxdits héritages.*

Le cens étant un droit réel dû par l'héritage et non par le censitaire, il était toujours permis à ce dernier de se soustraire à l'obligation d'acquitter ses arrérages en déguerpissant; auquel cas on dépendait les portes et les fenêtres de la maison et on le couchait en travers.

Nous avons un assez grand nombre de coutumes locales qui consacrent le même principe.

Toutefois, comme la coutume générale du bailliage avait admis un principe contraire, l'article 45 de la coutume de 1507 ne fut pas reproduit dans la coutume réformée, et la ville d'Amiens rentra sous l'empire du droit commun.

Note 87. — Page 92.

Art. 46. *Les seryens à masse peuvent en vertu de leurs masses.*

Cette disposition, moins quelques développements, est reproduite dans l'art. 27 de la coutume réformée.

Note 88. — Page 92.

Art. 47. *Usages et stils.*

« *Stils* est une chose ordonnée en court des
» juges et gardée par long-temps; par laquelle
» stille le clerc des cours de bailliage et d'au-
» tres cours met en escript les présentations des
» causes. » (Ordonnances de police de Corbie f.º
122 v.º M.S. conservé aux archives de la Cour royale d'Amiens.) Ainsi on entend, par ce mot, les dispositions des coutumes qui s'appliquent spécialement à la procédure.

Il est évident que ce titre *usages et stils* aurait dû être placé avant le 46.ᵉ article, et non point, comme il l'est, avant le 47.ᵉ, car il sépare deux dispositions qui se lient nécessairement l'une avec l'autre. Cette transposition ainsi que les nombreux non-sens qu'on remarque dans cette partie de la coutume de 1507, sont probablement l'effet d'une erreur du copiste.

PROCÈS-VERBAL.

Note 89. — Page 97.

Comme il est contenu au cayer en parchemin auquel ce présent procès-verbal est attaché.

Une délibération de l'échevinage, du 6 octobre 1507, prouve que ce procès-verbal ne demeura pas long-temps annexé à la coutume. Ce même jour, il fut fait rapport de la présentation des coutumes à l'assemblée des trois états du bailliage d'Amiens qui avait eu lieu à la Malmaison le 2 octobre précédent.

Le lieutenant-général du bailliage qui présidait l'assemblée refusa de les publier, malgré la demande formelle qui lui en fut faite, donnant pour motif de son refus qu'on ne lui présentait pas les coutumes de la prévôté d'Amiens distinctes de celles de la ville. « Sur quoi, il lui fut
» remontré que les maïeur prévôt et échevins
» étaient un seul corps en commun, et que les
» coutumes usages et stils de la ville étaient
» aussi celles de la prévôté qui y est annexée et
» perpétuellement bailliée à ferme par le roy, en
» la main desdits maïeur et échevins qui élisent
» et ordonnent ledit prévôt.

» M.ᵉ Anthoine Leclercq, procureur du roy illec
» estant, fut sommé de garder, pour le roy, les
» droits de ladite ville et prévôté; et s'y fut dit
» au lieutenant-général par Liénard Leclercq et
» Jehan Leprevost procureurs de la ville que les-
» dites coustumes et procès-verbal lui avaient, par

» ledit Leprevost, esté bailliées en forme deue, mais que ledit lieutenant-général avoit *destaché et coppé ledit procès-verbal* et le rendit audit Leprevost duquel il fit ostension en ladite assemblée ; et par plusieurs fois fut requis faire lire lesdites coustumes et procès-verbal et qu'il pleust à mondit seigneur le lieutenant demander aux assistans se ainsi se devoit faire, dont de tout il n'avoit tenu compte, et répondit qu'il n'en feroit riens ; et sy ne avoit volu rendre lesdites coustumes pour les porter ou envoïer en la court de parlement à Paris, ou à messeigneurs les commissaires ordonnés par le roy sur le fait desdites coustumes : pourquoy par ladite ville avoit esté appelé ; et nonobstant lequel appel, il avoit enjoint audit monseigneur Leprevost de lui bailler, pour tout le jour delai seul, son procès-verbal à peine de cent livres parisis ; et que à ce faire il le contraindroit par prinse de corps et détention de sa personne ; à quoy ledit monseigneur Leprévost avoit repondu que desjà messeigneurs maïeur prevost et eschevins avoient baillié leur dit procès-verbal, en déclarant par ledit monseigneur Leprevost que desdites injonctions, au cas où il voldroit procéder contre lui sous les dites peines, ledit monseigneur Leprevost se portoit pour appelant de rechef, en adhérant audit appel ; fut au surplus protesté de attentat et pour la véhémente suspicion qui estoit en la personne dudit monseigneur le lieutenant-général allencontre des drois et juridictions de la ville, fut par lesdits procureurs suspecté de fait de non plus congnoistre, ne soy entremettre des affaires d'icelle ville, et requis des choses dessus dites avoir lettres, et auxdits assistans qu'ils en eussent mémoire et souvenance. » (Archives de l'hôtel de ville d'Amiens. Registre T n.° 10.)

NOTE 90. — PAGE 98.

Procès au parlement qui sont encore indécis.

Tous ces procès étaient suscités à la ville par le lieutenant-général Anthoine de Saint-Delys. L'un des plus curieux est celui qui concerne un nommé Petit Jehan de Valines, condamné à mort par les maïeur prévôt et échevins d'Amiens, le 28 avril 1506, pour vol, étant en récidive.

— Délibération de l'échevinage du 16 juin 1506.

« Il est parlé audit eschevinage de l'appel interjetté du lieutenant Anthoine de Saint Delys lieutenant-général du bailliage d'Amiens qui avoit connu, comme juge immédiat, de l'appel interjetté par de Valines condamné à estre pendu ; attendu que, par sa sentence, il avoit dit qu'il avoit esté bien jugé par *maïeur et eschevins*, sans avoir égard au *prevost* et renvoié devant lesdits *maïeur et eschevins* dont ledit de Valines avoit appelé dudit lieutenant.... Qu'en distraiant le prevost de ladite sentence, la juridicion de la ville estoit grévée ; que le lieutenant n'a pu dire que *bien ou mal jugé* ; et qu'il devoit régler sa sentence selon la qualité de la sentence rendue par messeigneurs maïeur prevost et eschevins, sans pouvoir distraire le nom du prevost ; et du refus fait de bailler son dictum par escript et autres torts et griefs, messeigneurs ont ordonné que l'on se réglera, en ceste matière, sur l'avis et opinion des conseillers de la ville à Paris, et que l'on relevera sur la fin de trois mois ladite appellacion. »

— Du 27 janvier 1506 avant pâques.

« Andrieu de Machy rend compte du voyage qu'il a fait à Paris, le 21.ᵉ jour de décembre, pour l'affaire pendante au parlement entre la ville et le lieutenant du bailliage qui avoit annullé la sentence rendue contre de Valines, en tant qu'elle touche le prevost de la ville comme étant juge incapable de congnoistre de matière criminelle. »

Après la plaidoirie de l'avocat de la ville, par les gens du roi avoit été répliqué : « Que, en l'arrêt donné au profit de la ville contre Germain Levaasseur, le nom du prevost estait supposé ; que les maïeur et eschevins jugent à péril d'amende ; que leur appel estoit mal fondé pour ce que ledit lieutenant avoit, sur l'opposition faite par ledit de Valines de la sentence à lui adjugiée, esté renvoié seulement par devant les maïeur et eschevins pour parfaire son procès, pourquoy l'on ne pouvoit procéder au parachevement de son procès par ausdits noms des maïeur et eschevins et non par devant le prevost ; que ce sont deux juridictions distinctes, même que le prevost ne doit congnoistre de matière criminelle ; lequel prevost à cette fin, disoit ledit lieutenant, avoit esté mandé par devant lui ; qu'il avoit déclaré avoir fait ledit procès, *comme eschevin* et non pas *comme prevost*, pourquoy ledit renvoy étoit

» seulement fait par devant lesdits maïeur et es-
» chevins dont n'avoit esté appelé, et partant es-
» toit d'accord que ledit prevost ne povoit juger
» de matière criminelle.

» Jehan Lantier voyant, ainsi que les autres
» conseillers de la ville, la surprise que l'on voloit
» faire sous couleur de ladite déclaration, soutint,
» par leur avis, que le prevost n'avoit pas fait
» ladite déclaration telle que le maintenoit partie
» adverse, et que l'acte de ce fait estoit faulx et
» ainsy il en apperroit bien par le procès contre
» Germain Levaasseur, fait par ledit prevost
» qui ne povoit désavouer ; et aussy que la sen-
» tence de renvoi dudit de Valines ne portoit
» aucunement les noms et qualités dudit prevost
» combien que le procès eût par lui esté fait ;
» qu'il persistoit à dire qu'il estoit juge capable
» de en avoir congneu ; — Et avoit esté ledit de-
» Machy fort en danger d'estre envoié à la con-
» ciergerie pour ce qu'il avoit fait maintenir le-
» dit acte estre faulx sans procuration expresse.

Sur quoi l'échevinage, après avoir entendu ce rapport, décida que, « pour garder les drois et
» juridictions de la ville et mettre fin aux pro-
» cès et appellacions qui, à cette occasion, pour-
» roient chascun jour sourdre en grant multitude,
» l'on doit faire un bon voyage en court afin d'ob-
» tenir du roy déclaration et ampliation de la charte
» de la prévôté qui est fort anchienne. » (Archives de l'hôtel de ville, registre T n.° 20.) Voir ci-dessus, page 53.

La ville attachait une grande importance à faire décider, par arrêt souverain, que le prévôt était juge compétent pour connaître, en première instance, des matières criminelles, car si on lui eût retiré ce droit, un grand nombre de causes dont elle s'était jusques là attribué la connaissance, auraient échappé à sa juridiction, et bientôt les profits de la prévôté ne l'auraient plus indemnisée des sacrifices qu'elle avait faits pour l'acquérir. Aussi se défendait-elle, comme on vient de le voir, en alléguant sa longue possession et en citant ses précédents, c'est-à-dire les causes criminelles que le prévôt avait jugées concurremment avec les maïeur et échevins, notamment l'affaire d'un nommé Germain Levaasseur condamné à mort, un an auparavant, pour crime de fausse monnaie. Cet argument était sans réplique ; mais pour le détruire, il lui fut répondu que, dans l'affaire Levaasseur, le nom du prévôt *étoit supposé* et que ce magistrat lui-même avait déclaré au lieutenant-général du bailliage que, dans l'affaire en ce moment soumise au parlement, il avait procédé comme *échevin* et non pas comme *prévôt*. Cette déclaration, si elle eût été vraie, était de nature à compromettre singulièrement la cause de la ville, c'est pourquoi son représentant, n'hésita pas à la repousser par le démenti le plus énergique.

C'est donc principalement à ce procès que l'avocat du roi, Robert de Fontaine, a voulu faire allusion par son dire consigné au procès verbal de la coutume de 1507.

FIN DE LA PREMIÈRE SÉRIE.

COUTUMES LOCALES.

DEUXIÈME SÉRIE.

PRÉVOTÉ DE BEAUVOISIS.

NOTICE

SUR LA

PRÉVÔTÉ DE BEAUVOISIS.

La prévôté foraine de Beauvoisis qui avait son siège à Grandvillers, s'étendait, au midi de la Somme, depuis cette rivière jusqu'à la limite du département de l'Oise vers la Seine-Inférieure. Quoique elle ne renfermât point la ville de Beauvais dans sa circonscription, elle y comprenait cependant plusieurs parties de ce diocèse telles que le vidamé de Gerberoy et le temporel des abbayes de St.-Lucien-de-Beauvais, de St.-Germer-de-Flay et de N. D. de Beaupré.

Dans l'Amiénois proprement dit, la principauté de Poix, les châtellenies-baronnies de Boves et de Picquigny étaient presque tout entières dans le ressort de cette prévôté.

Les Coutumes de la prévôté de Beauvoisis ne sont, pour la plupart, que des parchemins en lambeaux. Nous citerons, entre autres, celles de Saint-Germer-de-Flay, de N. D. de Beaupré, de Saint-Lucien-de-Beauvais, de Saint-Fuscien-au-Bois et de Saint-Acheul-lès-Amiens. Sur 32 originaux qui composent cette série, il n'y en a pas quatre qui aient été préservés complètement des atteintes de l'humidité; mais si ces coutumes sont les moins bien conservées de la collection, il faut dire aussi que, eu égard à l'uniformité de leurs dispositions, à leur parfaite concordance avec la coutume générale et au petit nombre d'exceptions qu'elles consacrent, elles forment la série la moins intéressante du recueil et celle dont la perte eût été le moins regrettable.

Tout le monde sait que la coutume de la prévôté de Beauvoisis ne dérogeait à la coutume générale que sur un point seulement. Elle affectait au douaire de la femme la moitié, au lieu du tiers, des immeubles cottiers possédés par le mari; mais les statuts locaux restreignent presque toujours le douaire dans les limites posées par la coutume du bailliage.

21.

Rarement les coutumes locales s'expliquent sur la nature et la condition des fiefs. Elles se bornent le plus souvent à déterminer la quotité des droits seigneuriaux garantis par la coutume générale; elles ne changent rien aux principes, elles en modifient seulement les conséquences. Tels sont les droits de rachat que le seigneur perçoit à la mutation des immeubles possédés en roture. C'est tantôt le 6.°, tantôt le 20.° denier du prix de la vente. Tel est encore le droit de vif herbage qui permet au seigneur de prendre, sur un troupeau de 10 bêtes à laine, la meilleure qu'il peut trouver après que le propriétaire du troupeau en a distrait une à son choix et ce contrairement à la disposition de la coutume générale du bailliage d'Amiens qui ne l'autorise à exercer ce droit que sur un troupeau de 20 bêtes au moins.

La coutume locale du vidamé de Gerberoy qui forme un cahier volumineux diffère sur un grand nombre de points de la coutume générale. La raison la voici : le pagus de Gerberoy, par les mœurs, par les usages de ses habitants, de même que par sa position géographique, appartenait plutôt au Beauvoisis qu'à l'Amiénois.

Lors de l'assemblée des trois Etats, en 1507, pour la rédaction des coutumes, l'évêque de Beauvais soutint que le vidamé de Gerberoy ne faisait qu'une seule et même seigneurie avec le comté-pairie de Beauvais, que lui-même, en sa qualité de pair du royaume de France, ne reconnaissait de juridiction supérieure à la sienne que celle du parlement de Paris, que par conséquent il n'était point sujet du bailliage d'Amiens. Malgré cette protestation, Gerberoy fut maintenu dans la prévôté de Beauvoisis. Ce serait donc un motif suffisant pour nous d'en publier la coutume locale avec celles de cette seconde série, mais, comme elle a déjà été imprimée dans le coutumier de Picardie, nous ne croyons pas devoir en donner ici une seconde édition.

Les coutumes locales des châtellenies de Boves et de Picquigny se recommandent particulièrement à notre examen, car ces coutumes rappellent, dans quelques unes de leurs dispositions, les principes qui ont réglé dans l'origine la condition des grands fiefs de l'Amiénois, et, à ce titre, on ne peut se dissimuler qu'elles ne soient un sujet d'étude du plus haut intérêt. C'est pourquoi nous avions d'abord eu l'intention de faire précéder cette seconde série d'une esquisse topographique et féodale du comté d'Amiens au XII.° et au XIII.° siècle, mais nous n'avons point tardé à reconnaître que cette notice ne devait pas être séparée des documents qui lui serviront de pièces justificatives. Nous avons donc résolu de la réserver pour l'introduction aux coutumes locales de la prévôté de Fouilloy où elle sera beaucoup mieux placée.

Nous ne pouvons malheureusement donner qu'un fragment de la coutume de Picquigny, parce que la copie que nous avons trouvée aux archives du département s'arrête à l'article 16. Pour combler cette lacune nous avons en vain interrogé les M.SS. de la bibliothèque royale. Ce riche dépôt possède très peu de titres anciens relatifs à Picquigny.

Tout incomplète que soit la coutume de Picquigny, néanmoins, on voit, par le rapprochement de quelques uns de ses articles avec certaines dispositions de la coutume de Boves, la grande analogie qui existait entre les prérogatives de ces deux châtellenies. Leurs baillis avaient le droit d'anticiper les délais de l'appel, et de faire à cet effet ajourner les appelants devant leur juridiction, même lorsque l'appel avait pour objet de faire infirmer leur propre sentence. Pour bien comprendre la portée de ce droit, il est bon de savoir que l'appel de faux jugement qui, dans l'origine des institutions féodales, n'était autre qu'une provocation à un combat singulier s'interjetait verbalement, à la barbe du juge à l'instant même où il formulait sa sentence. Plus tard, lorsque l'appel eut pris un caractère plus pacifique, l'usage d'appeler verbalement à l'instant du prononcé du jugement subsista toujours, mais le délai de trois mois fut accordé à l'appelant pour relever son appel. Pendant ce temps l'exécution du jugement restait suspendue et ce n'est que par l'assignation donnée à la partie, à l'expiration du délai, que celle-ci pouvait connaître les points sur lesquels elle aurait à se défendre. L'anticipation fut donc imaginée comme un moyen de forcer l'appelant de suivre ou de déserter son appel. C'était, comme il est facile de le voir, un simple acte de mise en demeure qui n'attribuait aucun droit de ressort ni de juridiction supérieure.

Une coutume uniforme réglait, dans les deux châtellenies de Boves et de Picquigny, l'exercice du droit de paturage dans les marais communs. Les chevaux ne pouvaient y entrer que déferrés des deux pieds de derrière.

Un réglement de police tout spécial au village de Boves obligeait chaque habitant d'entretenir auprès de sa maison une mare ou fosse toujours remplie d'eau pour porter secours en cas d'incendie.

Le seigneur de Boves jouissait du privilége exorbitant de pouvoir seul, depuis la Saint-Martin d'hiver jusqu'à l'Epiphanie, vendre le vin en détail, dans les villages de Boves, Sains, Grattepanche, Cottenchy et Remiencourt, et d'en interdire le débit à tous taverniers autres que ses fermiers ou commis.

Trois coutumes locales celles de Bettembos, de Crouy et de Lignières, dans le partage des immeubles roturiers, accordent au moins âgé des enfans un privilége que d'autres coutumes n'accordent qu'à l'aîné. Elles lui attribuent hors part le manoir où le père de famille a fait sa principale résidence et est allé de vie à trépas. Cette coutume qu'on appelait droit de *maineté* en France et *madel-stede* dans la Flandre était sans doute basée sur la considération que le dernier des enfans est ordinairement celui qui reste le dernier à pourvoir d'un établissement.

La coutume de l'échevinage de Molliens-Vidame justifie ce que nous avons dit plus haut de l'influence que la commune d'Amiens a exercée sur les institutions municipales des villes et bourgs situés dans son voisinage. Mais nous réservons pour les notes de cette seconde série, la démonstration d'une vérité qui ne peut résulter que de la comparaison et du rapprochement des textes.

Quelques autres coutumes (nous croyons aussi devoir mentionner cette circonstance) se distinguent par la bizarrerie des marques apposées en guise de signatures. Ces marques consistent, le plus souvent, dans la reproduction plus ou moins fidèle, d'un objet caractéristique de la profession ou du nom de celui qui l'emploie. Lorsque la marque est l'attribut de la profession, la roue désigne un charron, la charrue ou la herse un laboureur, la hache un bûcheron, le fléau un journalier; la clé est tantôt la marque du serrurier, tantôt celle de l'officier de justice qui exécute les mandats de prise de corps. Lorsque le signe est l'attribut du nom propre, la *roue* indique que le signataire s'appelle Caron, *le couteau ouvert la pointe en bas* qu'il s'appelle Boucher, et *le poignard la pointe en haut* qu'il se nomme Dague. Faut-il voir là une burlesque imitation des armoiries des grands seigneurs? ou bien l'effet de cet instinct naturel qui porte le plus grossier et le plus illettré des paysans à constater son individualité par un signe qui lui soit propre?

Les bornes de cette notice ne nous permettent pas de développer les considérations qui militent en faveur de l'un et de l'autre système.

A. B.

AGNIERES.

SEIGNEURIE.

Deux feuillets de parchemin, très-lisibles, sauf le bas des pages. 15 articles.

Coustumes locales de la terre et seigneurie d'Agnières, Haudicourt, Bré_ thencourt, Frestemolle, Hescamp, Saint-Cler-Ellencourt, bailliées par les officiers de noble et puissant seigneur Mgr. Jehan de Soissons, chevalier, seigneur de Morœul, prince de Poix et seigneur desdites villes.

1. Quant aucun succède par droit d'héritage en aucune chose tenue cottièrement de ses père et mère ou autres ses parens, il doit, pour droit de relief, seullement deux sols de tout ce qui est scitué et assiz es villes, terres et seigneuries desdits lieux ; et aussi, en toutes lesdites seigneuries, y a relief, saouf le village de Blangy que les habitans ont déclaré devoir deux sols trois deniers.

13. Item, est ladite coustume telle que nul ne pœult, sans demander congié, commencher danses, prendre est œulx, boulle, estaller, tendre quilles ne aultres semblables choses faire, que en ce faisant ilz ne commectent amende de LX sols parisis envers ledit seigneur.

14. Item, toutes et quanteffois que défense est faicte de par les officiers d'icelles seigneuries à toutes personnes estant à la feste ou autres esbas quilz mectent leurs bastons jus ad ce quilz ne faissent aucune noise ou débat à peine de LX sols parisis d'amende, se ilz ne veulent obeyr et font le contraire, ils commectent ladite amende de LX sols envers le seigneur. (1)

Fait le xxiiij^e jour de septembre l'an 1507. *Signés :* Anthoine de Fourdrinoy *prêtre vice-gérant de Blangy* — Ferry de la Chapelle — Robert Blimont — Jehan Dupont — Joseph Fransières *prêtre* — Jehan Boitel *à cause de mon fief* — Robert Mannoël — Sire Jehan Moutonnier *prêtre curé de Ellencourt a ici signé* — Jehan Desmolins — Pierre Goin le Mangnier — Jehan le Moutonnier — Jehan Roussel — Barbier *pour Mgr. Dufresnoy* — Jehan Saint-Aubin — Jehan Duval — P. Malo — Herry Fernand — Sire Anthoine de Sailly *curé de Soupplicourt.*

Marques : Pierret le Mangnier — Colin Lelong — Mahieu de Saint-Aubin — Pierre des Crois — Fremin Poissonnier — Jehan Petit — M. Bonnart — Colin Crespin — Jehan Leurin — Colin Petit — Robinet de Mailly — Pierre Mongnart *et autres illisibles.*

Signés à la fin : Jacotin Boulet *greffier d'Agnières* — de Cohen *procureur de Mgr.* Dufresnoy — Jacques Bigant et Jehan Bigant *hommes de fief.*

BEAUPRÉ.

TEMPOREL.

Cahier en parchemin pourri et rongé par le bas, contenant cinq pages d'écriture. 18 articles lisibles en partie.

Ce sont les coustumes locales que ont les religieux, abbé et couvent de N. D. de Beaupré de l'ordre de Cisteaux au diocèse de Beauvais... sous les saings de Mons Loys abbé, et damp Anthoine le Besgue procureur et receveur de ladite abbaye et Jehan Lefévre conseiller en court laie, bailly et Jehan Pilatte greffier de la justice temporelle desdits religieux abbé et couvent.

Le 23.ᵉ jour de septembre l'an 1507.

Art. 2. Item que tous subgetz et tenans desdits religieux abbé et couvent, en leurs dites terres et seigneuries et aultres en deppendant sont tenus respondre, pardevant le bailly ou son lieutenant audit Beaupré (aux plaids) qui se tiennent par ledit bailly et aultres officiers, en ung hostel appartenant ausdits religieux assiz à Marseilles nommé le Mont-Saint-Michel.

16. Touttes et quanteffois que défense est faite par les officiers d'icelles seigneuries à touttes personnes estans à la feste ou esbatz de mettre jus leurs bastons pour eschever noises ou débatz, en paine de LX sols parisis d'amende, s'ilz ne veullent obeyr et font le contraire, par ladite coustume, ils commectent et chascun de eulx amende de LX sols parisis envers lesdits religieux.

18. Item semblablement ont lesdits religieux en touttes leurs dites terres et seigneuries, tous droitz de justice haute, moyenne et basse, et entre aultres terres et seigneuries, ils sont seigneurs des villages et hameaulx, c'est assavoir de Bryet-le-Ville, Grandbos, Haultbos, Hayons, les Castelletz et la D.... tous de la paroisse dudit Bryet, ensemble de la partie de la ville de Saintmor, etc.....

(Il n'existe plus trace des signatures.)

BEAUVOISIS.

BETTEMBOS.

SEIGNEURIE.

Une grande page en parchemin pourrie et rongée sur le côté droit, de telle sorte qu'il existe une lacune au bout de chaque ligne. 5 articles.

Ce sont les coustumes localles et particulières que l'on a acoustumé faire et user en la terre et seigneurie de Bettembos (appartenant) à hault et puissaint seigneur Messire Anthoine de Roye, chevalier, seigneur dudit Roye.... tenue de la chastellenie, terre et seigneurie de Pinquigny.

5. En excédant la coustume générale du bailliage d'Amiens et en dérogeant à icelle, quand aulcuns (meurent audit lieu de) Bettembos au mainsné héritier de telz deffuncqz compette et appartient l'héritaige et maison tenus en cotterie.... ligne et hoirie, sans faire partage d'icelluy héritaige à nulz de ses frères ou sœurs. (2)

Signés : Jehan Blanchart *prêtre curé*—Jehan Ballesdens *homme de fief*—Jacob de Chiternes—Colin de Fourmeries *et autres illisibles.*

BOVES.

CHATELLENIE, SEIGNEURIE, BARONNIE.

Copie de 1620 — écrite sur un cahier de papier de 16 rôles — lisible sauf quelques mots effacés au bas de la première page.

Ce sont les coustumes particulières dérogeantes aux coustumes génerralles du bailliage d'Amyens, de la chastellenye seigneurie et baronye de Boves appartenant à haut et excellent prince Réné, par la grace de Dieu, roi de Hiérusalen et de Cicile, duc de Lorrayne et de Bar, comte de Vaudemont d'Aumale et et de Guise, seigneur baron dudit Boves ; lesdites coustumes mises et rédigées par escript en obéissant au bon plaisir et vouloir du roy nostre sire et en vertu de l'ordonnance et commission de Monsieur le bailly d'Amiens ou son lieutenant juge commissaire dellégué en ceste partye pour le roy nostre dit seigneur, comme il peut apparoir en ladite commission.

1. Primes, est vray que, par laditte coustume localle et particulière de

laditte chastellenye de Boves, les droitz de relliefs d'hoir à aultre, par quelque tiltre ou moïen que ce soit gisant en relliefs, sont telz que des fiefs tenus en parrye d'icelle chastellenye y a dix livres parisis de relliefs principal et cent sols parisis pour chambelaige et telles aydes quant le cas y eschet.

2. Item, quant aux aultres fiefz tenus en plains hommages sans pairrier, les héritiers ou aultres les voullans rellever et aprehender audit tiltre de rellief sont tenus en paier pour chascun homme et pour chascun fief, soixante solz parisis de rellief, en enssuivant la coustume géneralle dudit bailliage d'Amyens, et trente solz parisis de chambellaige qui est chose dérogatoire à ladite coustume généralle; et au regard de l'ayde elle est de soixante solz parisis comme la ditte coustume généralle.

3. Item, que lesdits droitz d'ayde se doibvent païer en enssuivant ladite coustume généralle assavoir, quand ledit seigneur dudit lieu de Boves fait son fils aisné chevalier ou marye sa fille aisnée auquel que mieux luy plaist.

4. Item, au regard des droits seigneuriaux de quind et requind des fiefs pairries et terres nobles tenues de ladite chastellenye, terre, seigneurie et baronnye de Boves, ilz sont semblables et telz que ladite coustume d'Amyens le porte c'est à savoir le quind denier de la vente ou valleur diceux selon les cas particuliers et le requind que on apelle venterolle qui est le quind denier de la somme à quoy le tottal dudit droit de quind monte quand lesditz fiefz se vendent francqz deniers.

5. Item, par laditte coustume ung chascun héritier d'aultruy ou aultre prétendant droit, audit tiltre de reliefz, des héritaiges cottiers tenus de ladite chastellenye et seigneurye de Boves, les membres et appendances d'icelle, à savoir les subjetz et tenans des villes de Sains, Grattepanche, Remiencourt, Contenchy, Fouencamp, Bovelles, Cayeux, Thennes et aultres villaiges estans du domaine d'icelle chastellenye sont tenus rellever dudit lieu de Boves ou de ses officiers tous et chascun les manoirs, masures, vingnes, terres, aulnois et autres héritaiges roturiers qu'ilz tiennent d'icelle chastellenye, terre, seigneurye et baronnye de Boves, par payant audit seigneur ou son receveur, pour chascun homme ou femme relevant, c'est à savoir ceux dedans l'enclos de ladite chastellenye et seigneurye de Boves, pour les héritaiges y scituez, chascun deux solz parisis d'entrée; et les aultres des villes ci-dessus nommées au dehors de ladite ville douze deniers parisis.

6. Item, par icelle coustume quand ung ou plusieurs desditz hommes et tenans cottièrement va de vie à trespas, incontinent icellui trespas advenu,

leurs héritaiges quilz tiennent en cottière sont réunis à la table et domaine dudit seigneur et aultres ses vassaux en telle façon que si, aprez sept jours et sept nuitz ledit trespas advenu, les héritiers ou ayant cause ne ont relevé et payé lesditz droitz en ses mettes, lesditz seigneurs et vassaux peuvent faire les fruitz desditz héritaiges leurs tant et jusqu'à ce que ledit relief sera fait, sans pour ce faire aucune saisye actuelle se bon ne leur plaist, et se aprez lesditz sept jours et sept nuitz passez, lesditz héritiers ou ayans cause tenoyent ou entroyent en la jouissance desditz héritaiges cottiers sans faire ledit relief, ilz encourroient envers lesditz seigneurs en amende de soixante solz parisis avecq restitution de ce quilz auroient prins et levez.

7. Item et quand lesdits tenans dudit Boves des héritaiges cottiers y situez vendent et acheptent, ils doibvent pour tous droitz deux solz parisis d'entrée pour chascun achepteur et deux solz parisis d'issue pour chascun vendeur, et à l'égard des aultres hommes et tenans hors dudit lieu de Boves cottièrement, ils doibvent le XIIIe denier du prix de la vente ou valleur quand le cas eschet en ensuivant ladite coustume d'Amyens portant ledit XIIIe denier estre deub en vente de rotures et cotteryes.

8. Item, par ladite coustume particulière locale de ladite chastellenye et seigneurye de Boves, il ne loist à nul ne noulz de quelque estat ou condicion quilz soient, chasser ne faire chasser, prendre par eulx ne par aultruy à cor, cry, chiens, fillets, fuirons, harnas avec arbalestre ne aultres instrumens, au rouge, au noir, au pied pelu ne pareillement aux oisseaux de bois et garenne d'icelle chastellenye et seigneurye de Boves ne aultres des dites terres de Contenchy, Remiencourt, Grattepanche, Fouencamp, Sains et autres circonvoisins sur et à peine de soixante sols d'amende pour chascun faiteur pour chascune fois et pour chascune beste quilz y auroient prins, avecq restitution d'icelle beste ou la juste prisée ou valleur, et de confiscation audit seigneur de Boves des filletz, chiens, fuirons, arbalestres, harnas et autres habillemens à ce servans; touttefois ce s'estend esdites chastellenye de Boves, terre et appendance d'icelle estant de la domaine de ladite seigneurye, et sy peuvent les haults justiciers de ladite chastellenye, et non aultres que eulx sauf le souverain, chasser sur leurs bois et seigneuries à peine que dessus (3).

9. Item, et par conséquent ne peuvent nulz desdites villes ne aultres mener avec eulx ou faire mener esdites garennes aucuns chiens sans, par iceux chiens, porter le landon ou baston pendre à leur col, à peine de pareille amende de soixante solz parisis à appliquer audit seigneur.

10. Item, nul ne peut par le moyen dudit droit de garenne qui est royalle et que ledit seigneur a esdites terres et seigneurie, tenir filletz, fuirons ne aultres instrumens servant au fait de ladite chasse au rouge au noir ne audit pied pelu, sans le congé, vouloir ou permission dudit seigneur de Boves ou de ses officiers ; et se aucun ou aucuns ont fait le contraire ledit seigneur et ses dits officiers ont peu et peuvent prendre de fait lesdits filletz, fuirons, instrumens, les brusler publiquement, confisquer et totalement en faire à leur plaisir et volonté et davantage calengier d'amende de soixante sols parisis tels trouvés délinquans (4).

11. Item, par ladite coustume, nul ne peut en rivière desdites chastellenye terres et seigneuryes ci-dessus nommées si que en rivière de Noye, Morœuil et Cayeux, depuis les villes d'Ailly-sur-Noye, de Hailles, de Quaits (Caix) en venant en bas jusqu'au pont de Longueawe-lez-Amyens, porter arcqs, arbalestres pour chasser aux cygnes, ne aultres oyseaux, ne pescher, fouir, heuer, planter estocque, ne mettre aulcun harnas ou filletz pour pescher poissons ou prendre lesdits oyseaux à peine de LX sols parisis d'amende pour chascune fois et confiscacion desdits filletz, arcs, arbalestres ou aultres harnas et instrumens et restitution des choses par eux emportées (5).

12. Item, par ladite coustume, il n'est loisible à nul tel qu'il soit de coupper, escacher, émondre, prendre ne emporter aucuns génévres, espeines ne escheller buissons, haïeures et aniers (sic) esdits bois et garenne de Boves appartenant audit seigneur de Boves ; et se aulcun ou aucune estoyent trouvez ce faisant ilz eschoiroient, envers ledit seigneur, en LX solz parisis pour chascun d'eulx et pour chascune fois.

13. Item, par ladite coustume, il n'est loisible à aulcun ou aulcuns quelz quilz soient, mener ou faire mener leur bestial soyent vaches, chevaulx, blanches bestes ne aultres esdits bois et garenne à peine de LX solz parisis d'amende pour chascune fois à appliquer comme dessus.

14. Item, par ladite coustume, quand aulcun ou aulcuns prennent à tiltre de ferme muable ou héritaige les fermes dudit Boves des officiers d'icelle seigneurie, le prendeur ou prendeurs des biens de XX solz (payeront) XII deniers pour le vin dudit bail auxditz officiers à partir entre ceux quy seroient présens à faire ledit bail.

15. Item, par ladite coustume, toutes personnes menans leur bestial en nouveaux compos et esteulle de blé, auparavant le troisième jour, quy sont portez et ensilez escheent chascun et pour chascune fois, en amende de LX

solz parisis envers le seigneur ou seigneurs hauts justiciers de ladite chastellenye en les mettes desquelz ce seroit fait et trouvé.

16. Mais, par icelle coustume, en cas de prévention ladite amende appartient au seigneur de ladite chastellenye et par toutes les mettes d'icelle et sans ce que en ceste matière il soit tenu en faire aucun renvoi à ses vassaux.

17. Par ladite coustume, tous les subjetz dudit seigneur de la chastellenye et de tous ses vassaux et tenans féodaux, en prime instance, sont poursuivables en toutes matières réelles personnelles et mixtes, même en cas de crime et délitz, par devant le bailly et hommes dudit Boves, audit lieu de Boves, pourvu que, quant à matière personnelle, la somme monte à cinq solz et sauf les renvois là où et quand il appartient si ilz estoient requis et demandez par les *sieurs* (sic) ou leurs procureurs.

18. Par ladite coustume, en cas d'appel interjetté des bailly et hommes des vassaux de ladite chastellenye, ensemble de toutes appellations de bouche des sentences tant dudit bailliage de Boves que de tous les bailliages, prévostés et eschevinages y subjets et ressortissans, le bailly dudit Boves peult bailler commission pour adjourner et anticipper audit cas d'appel lesdits appelants pardevant lui et lesdits hommes, audit lieu de Boves (6).

19. Par ladite coustume, ledict seigneur n'est tenu de recevoir aucun collége, corps d'église, corps de ville et communauté que on dit main-morte d'hommes, tenans d'aucuns héritaiges féodaux ou cottiers à eux donnés ou legattez ou autrement transportez, que ce ne soit à la charge de par eux en vider leurs mains et les mettre en main non morte, par dedans un an enssievant la saisine qui leur en seroit baillée (7).

20. Par ladite coustume, il loist audit seigneur de Boves et à ses officiers de faire toutefois que bon leur semble, visitations des fosses communes estant devant et derrière les maisons et héritaiges dudit Boves, savoir si ilz sont bien nettoyez ou non et que l'eau y puist facilement fluer pour esviter aux inconvéniens des feux qui y pourroient advenir; et les propriétaires possesseurs ou occupeurs desdites maisons, jardins et héritaiges qui seroient trouvez estre négligens d'avoir nettoyé à l'endroit de leurs dites teneures, tant derrière que devant, en ce cas, ilz eschoiroient envers ledit seigneur en amende de V solz, pour chascune foys qui seroient trouvez négligens et que ainsy seroit trouvé par ladite visitacion (8).

21. Item, par ladite coustume, nul ne peut aller faucher ne faire herbe en maretz communs dudit Boves, mais seulement aller soyer à la faucille par les habitans dudit Boves seulement, à peine de LX solz parisis envers ledit

seigneur, pour chascune fois quilz feroient le contraire, et pour chascun fauteur ; ne pareillement ne peuvent mener vache ne aultre beste à peine que dessus, sauf au maretz seans audessous dudit Boves, entre le Fortmanoir, tant à un lez qu'à l'aultre de la rivière esquelz sont ordonnez envoïer pasturer lesdites bestes.

22. Par ladite coustume, il est loisible au sieur dudit Boves de faire faire par sa justice informant *(sic)* précédant appeaux et appeller à ses droitz, par trois tierchaines et trois quinzaines, toutes manières (de) malfauteurs et délinquans de ladite chastellenye, seigneurye et baronnye de Boves. Et quant iceulx délinquans se absentent, sont en délai de venir estre à droit en la justice, ledit sieur, pour yceux appeaux, a droit de prendre sur lesdits délinquans LX sols parisis qui est pour chascune tierchaine dix sols parisis et autant pour chascune quinzaine.

23. Par ladite coustume, en cas criminel, ledit seigneur de Boves peut faire appeller par trois tierchaines et trois quinzaines, comme dit est, les crimineulx à peine de banissement d'icelle ladite chastellenye ; et, au jugement des hommes féodaux, les bannir de fait sur le hart quand le cas le requiert (9).

24. Par ladite coustume, tous les tenans féodaux de ladite chastellenye de Boves sont tenus de servir les plaids dudit seigneur de Boves, en leurs propres personnes, quant ilz sont suffisamment adjournez à peine chascun et pour chascun deffault de dix solz parisis d'amende envers ledit seigneur de Boves.

25. Item, par ladite coustume, nul ne peut renoncer aux terres et héritaiges cottiers par lui possessez, pour les cens et arrérages que lesdites terres et héritaiges cottiers doivent que préalablement ils n'aient payé tous les arrérages quilz doivent à cause desdits cens au seigneur féodal dont lesdites terres et héritaiges cottiers sont tenus.

26. Par la coustume de ladite chastellenye, terre, seigneurye et baronnye de Boves ressortissant à celle de Coussy dont partye et la plus grant part est tenue, ledit seigneur de Boves est maître des eaux et forestz en ses mettes, et a garenne et a droit de chasse tant en ses bois comme en ceux y adjacens, avec les eaux, rivières, terres labourables et autres, à toutes bestes et oyseaux comme dessus est dit (10).

27. Par ladite coustume, nul ne peut passer à cheval ne mener beste à corne, brouette, carette, charriots et autres choses par la digue que on dit le haut escluse dudit Boves, à peine de V solz parisis d'amende, pour chascune fois et pour chascun de eeux quy feroient le contraire à appliquer audit seigneur de Boves.

28. Par ladite coustume, nul ne peut faucher herbe croissant en marretz comme subjectz à pature de ladite chastellenye, ne y picquer, fouir, heuer, carier, ne mettre chevaux pour pasturer en yceux maretz sy ce n'est que yceux chevaux fussent defférez des deux pieds de derrière à peine de chascun et pour chascune fois, de LX sols parisis d'amende à appliquer au profit dudit seigneur de ladite chastellenye de Boves (11).

29. Item, audit seigneur, appartient esdites villes de Boves, Sains, Grattepanche, Contenchy et Remiencourt, droit de vin quy est tel que nul ne peut vendre vin à détail esditz lieux, depuis la Saint-Martin d'hiver jusques au jour de l'Epiphanie de nostre Seigneur, autre que ledit seigneur ou ses fermiers ou commis, à peine de LX solz parisis d'amende à appliquer audit seigneur touttes les fois que l'on feroit le contraire (12).

30. Par ladite coustume, toutes personnes subjectes et non prévilegiez au droit de travers dudit seigneur de Boves, qui passent ou rapassent par les limittes d'ycelluy travers soit par terre ou par eau sans payer le droit quilz doivent à cause d'ycelluy pour les bestes, chevaux, chariots, charettes, brouettes et autres baquets, vins, marchandises et autres choses quilz maisnent, doivent audit seigneur pour chascune fois amende de LX sols parisis ; lequel seigneur et ses officiers traversiers ou commis peuvent poursuivir les les délinquans,. les empescher de retourner en enmenant leurs dites dérées, marchandises et autres choses et les ramener audit lieu de Boves, quelque part quilz se trouvent, pour estre à droit et payer lesditz droitz et amende ; lesquels prévilegiez sont les gens d'église, nobles fiefvez et arrière-fiefvez selon qu'il est contenu au droit dudit travers (13).

31. Item, et si telz délinquans ou aultres redevables à cause dudit travers, veulent estre receus à oppositions et autres main-levée de leurs corps et biens quy pour ledit droit peuvent estre empeschez, il convient préalablement quilz nantissent et garnissent la main de justice dudit Boves, d'ycelluy travers ensemble des amendes ou amende dont on leur feroit demande, ou que, à tout le moings, pour yceulx droits et amendes ils baillent caussions subjettes.

32. Et quant aux autres coustumes desdites chastellenye et seigneurye, elles sont telles et semblables comme sont les généralles dudit bailliage d'Amyens naguères rédigées par escript, appouvées, consenties et accordées par les trois Etats dudit bailliage pour ce assemblez audit lieu d'Amyens sauf, que, par ladite coustume de Boves, les hommes et tenans en cottières d'icelle seigneurie et autres dessus nommées, ne peuvent diviser leurs ténemens cot-

tiers que ce ne soit que chascune des portions divisées ne soyent responsables l'une pour l'autre et chascune pour le tout, touchant les cens et charges fonssières que tels héritaiges doivent ; pour lesquelles le seigneur les peut poursuivre à payer le tottal des cens, sauf le recours allencontre des autres possesseurs des autres portions.

Sont lesdites coustumes signées :

J. de May *bailly de Boves.* — Robert *abbé de Saint-Fussien.* — Fombourg *prieur de Boves.* — De Basincourt *homme de fief.* — Lenormand *id.* — N. Fauvel *id.* — Prieur de Fouencamps *id.* — A. de Cocquerel *procureur pour office du roi de Cicile.* — N. de Coruchetti *pour les religieuses du Paraclet.* — Le Rendu *homme de fief.* — Adrien de Rubempré *seigneur de Humbercourt.* — Maupin *prieur de Remiencourt.* — Choquet *pour le seigneur de Villers.* — R. le Prevost *procureur de Mgr. de Domart-sur-la-Luce.* — Anthoine de Fricourt *homme de fief.* — Olivier de Sera *id.* — Anthoine de Berny *id.* — Hanicque *procureur de M. de Heilly.* — Jehan d'Ais *homme de fief.* — Guillaume Laisné *id.* — Nicolas Houchart *id.* — Jehan Fleury *pour le bailly de Cenlis.* — Jean de Lambray *homme de fief.* — Soulart *procureur de la dame de Rouzière.* — Anthoine de Cotte *procureur de la dame Jehanne Levasseur.* — Pierre Bernard *procureur de Adrien de Cais et Claude Dupuis et demoiselle de Humières.* — Jehan Coullon *procureur de Jehan Moissant.* — Jehan Vredière *homme de fief.* — Jehan de Berry *procureur d'Anthoine de Berry mon fils.* — Jehan d'Argonne *procureur de Gilles d'Argonne homme de fief.* — *Marque* de Jehan Pillon dit Denys *homme de fief.* — Lescuyer *procureur de Anthoine Hangard.* — Colart de Vaux *homme de fief.* — *Marque* de Guillems *id.* — *Marque* de Jehan le Mano dit Nottau *id.* — Pierre Lecaron. — Jehan Cornette *homme de fief.* — Locquet *pour M. de Marœuil.* — Noël Val *lieutenant du Bailli, commis par le roy en la seigneurie de Démuin et Maisières de ce qui est en litige.* — P. Douchet *lieutenant du Bailly de Démuin, pour M. de Lacheguy, de ce qui est assis au bailliage d'Amiens.* — Letellier *procureur de messire de Hargicourt par commandement.* — Lesellier *homme de fief et comme receveur de M. de Mouflers.* — N. Brahier *au lieu de Guillaume Férand homme de fief de la chastellenie de Boves.* — A. Groul *procureur de Ancel Lebon, homme de fief dudit Boves.* — Guiot Cocquet *lieutenant du bailly de Boves.* — *Marque* de Pierre Boullefroy *vigneron demeurant à Boves.* — Portier *juge de la prévosté de Boves.* — *Marque* Miquiel de Villers *homme de fief.* — Jacques Martin *garennier de la garenne de Boves.* — Colin de Flandre *garennier de la garenne de Boves.* — A. Lebesgue *procureur au bailliage de Boves.* — Boullanger *au lieu du curé de St.-Nicolas de Boves.* — Sire Foursy Boullanger l'aisné *maître de l'Hôtel-Dieu*. — Leroy *fermier du travers de Boves.* — Jehan Vivien *musnier du moulin de Boves.* — Jérosme Bouchon *procureur au bailliage de Boves.* — Granthomme *quy est vice-gérant de N. D. de Boves.* — Jehan Herlin *signe emprunté par Mathieu Lepher vigneron demeurant à Boves* (14). — Jehan Herlin. — *Marque de* Colin Lefèvre dit Lecomte *manéglier de la ville de Boves.* — Nicolle Bourgeois *vigneron demeurant à Boves.* — Cressonnier *ancien de Boves et conseiller au bailliage dudit lieu.* — Jehan Coffins *manouvrier et soubz manant de la ville de Boves.* — Jehan Lefèvre dit Hennequin *herdier de la vacherie de Boves.* — *Marque de* Anthoine Foyer dit M. de Cornaille *manéglier dudit Boves.* — Jehan Lepher *laboureur demeurant à Boves.* — *Marque de* Jehan Fouer *forestier et sergent des bois dudit Boves.* — *Marque de* Adam Pinchemelle *thuillier demeurant à Boves.* — *Marque de* Collin Lefèvre dit Regnault.

Au château de Boves le jeudi XVI.ᵉ jour de septembre 1507 (15).

Collation faite de la présente copie à une copie en papier non signée par moi greffier civil du bailliage d'Amyens soubs signé, sur la requeste de M.ᵉ Noël Pezé procureur de messire Bénigne Bernard conseiller et M.ᵉ d'hostel ordinaire du roy, seigneur baron de Boves et des chastellenies de Caix et Harbonnières, suivant la sentence de M. le lieutenant-général audit bailliage, le XXIIIᵉ jour de juin 1612, pour d'icelle copie estre délivré copie collationnée, par le greffier, qui sera mise aux archives et trésor littéral dudit Boves pour y avoir recours quand besoing sera.

Fait ce huitiesme jour de juillet mil six cens et vingt signé : Daraynes.

Au bas de cette copie on trouve cette mention d'une autre écriture.

L'original de la coustume locale de Boves a esté envoyé à Paris pour produire au procès contre le sieur prieur de Boves. Cette coustume estoit escripte sur 4 grands feuilletz de parchemin. Les signatures estoient apposées assavoir, partye à la fin du quatriesme feuillet et le reste au cinquiesme.

BOVELLES.

SEIGNEURIE.

Une page en parchemin, rongée et pourrie sur le côté droit, du haut en bas. 3 articles sans suite,

Coustumes localles et particulières. . . . . . . et ancienneté gardées et observées en la ter. . . . . appartenant à noble homme Jehan de Bilque escuyer. . . . .

Fait audit lieu de Bovelles. . . . .

Signés : de Bilque. — Carpentier. — Jehan Fourré. — *Marques :* Hue Martel *(une coqnée).* — Pierre Lesueur *sergent. (une clef.)* — Gilles de la Mare *sergent.* — Michel Valois. — Simon Castelet. — Colin Lenoir. — Colart de Vaulx. — Jehan Bernard. — Pierre de Mons.

CLÉRY ET FORÊT D'AILLY.

SEIGNEURIE.

Une page en parchemin, écrite en long, pourrie et rongée sur la droite. 5 articles.

Ce sont les us et coustumes locaux observées et gardées en la terre et. . . . . appartient à noble homme messire Imbert de Batarnay seigneur du Bouchage, d'Argies et de Clary . . . . . . du roy nostre sire et de son ordre, tenue en plain hommage de noble et puissant seigneur messire. . . . . baron de Pinquegny.

Les deux premiers articles sans suite.

3. Item, ont lesdits eschevins ung aultre droit qui est tel que quant ils sont requis d'aller visiter aucuns (héritages) scitués es mettes de ladite seigneurie dont question se pœult mouvoir entre les parties, il fon. . . . . . et pour ce leur est deu de chascune visitacion cinq solz.

Articles 4 et 5 indéchiffrables.

Le second jour de (octobre) 1507.

Signés : Prévost *bailly dudit Clary.* — Jehan Maille *lieutenant.* — Simon Maille. — Noël Deflers. — Le Prévost *receveur dudit Clary.* — Pierre Cresson *eschevin dudit Clary.*

CROY.

SEIGNEURIE.

Une feuille en parchemin, formant deux rôles in-4.° et contenant deux pages écrites. 6 articles lisibles, sauf les art. 1 et 2.

BEAUVOISIS. (177)

Coustumes localles et particulières de la terre et seigneurie de Croy appartenant à noble et puissant seigneur Mgr. Philippes de Croy, comte de Porcien, de Soninguehen, de Renty, d'Airaines et dudit lieu de Croy, laquelle terre et seigneurie de Croy, il tient en plain hommage de la chastellenie et baronnie de Pinquegny, publiées audit lieu de Croy le jeudi XXIIIe jour de septembre mil cinq cents et sept en la présence des subjetz.

1. Aprez le trespas des père, mère ou prédécesseurs, à l'enfant maisné ou filz ou fille appartient les héritages cottiers, lesquelz ils sont tenus relever, en payant audit seigneur simple relief qui est de IIII deniers parisis pour chascun ténement; et pour chascune pièce de terre, pré ou aire douze deniers parisis.

2. A mondit seigneur appartient faire status et ordonnances touchant le fait et estat politique de ladite terre et seigneurie de Croy. . . . .

Signés: Du Gard *bailly de Croy.* — Ricquier *lieutenant du bailly de Croy.* — N. Leroy *procureur pour office.* — Miquiel d'Avesne *homme cottier.*

Marques: Thomas Caron *(une herse.)* — Frémin Mallot *(ciseaux ouverts.)*

COURCELLES-SOUS-MOYENCOURT.

SEIGNEURIE.

Une page en parchemin, écrite en long, pourrie et rongée par le bas. 2 articles lisibles, sauf les signatures.

Coustumes localles et particulières de la terre et seigneurie de Courcelles soubz Moïencourt appartenant à Jehan le Carpentier escuier seigneur dudit lieu mises et rédigées par escript. . . . . le second jour d'octobre l'an 1507.

1. Primes, se aucun joissant et possessant d'aucuns héritaiges cottiers tenus de ladite seigneurie, va de vie à trespas, les enffans ou parens du deffunct sont tenus de relever, audit seigneur et bailly ou officiers, lesdits héritaiges cottiers et luy paier ses drois de relicfz tels que de deux solz trois deniers pour chascune personne qu'il veult relever et ce en dedens sept jours et sept nuitz, après le jour du trespas. Et quant aux héritaiges féodaulx, ilz se reliesvent selon la coustume générale du bailliage d'Amiens.

2. Déroge à l'article 181 de la coutume générale en ce que le droit de vif herbage est dû au-dessus de neuf bêtes à laine.

23.

GUIGNEMICOURT.

SEIGNEURIE.

Ecrite sur le recto d'une grande page de parchemin, rongée par l'humidité sur toute la hauteur du côté droit, de manière qu'aucun article ne présente un sens complet. 12 articles.

Coustumes localles et particulières de la ville, terre et seigneurie de Gaignemicourt. . . . . escuyer seigneur dudit lieu, mises et rédigées par escript par Pierre Demonchy bailly de ladite ville.

Signés : Charles de Greboval *seigneur dudit lieu.* — Demouchy *bailli.* —
Et autres illisibles.

GERBEROY.

VIDAMÉ.

Un cahier de neuf feuilles de papier in-4.°, contenant 17 rôles d'écriture. La partie inférieure du cahier a été atteinte par l'humidité, et l'encre a tellement pali qu'à peine la moitié supérieure des pages est lisible. Il ne porte point de signatures parce que la minute, ainsi que le constate l'inventaire de 1559, fut envoyée au Parlement, et ne fut jamais, depuis lors, réintégrée dans le dépôt du bailliage.

Voir cette coutume dans le coutumier de Picardie tom 1.er, 3.e partie p. 259.

Voir aussi l'histoire du château et de la ville de Gerberoy par Jean Pillet in-4°, Rouen, 1679, page 233.

HANGEST-SUR-SOMME.

SEIGNEURIE.

Une grande page en parchemin très-lisible et bien conservée. 5 articles.

Ce sont les coustumes locales dont l'on a acoustumé user et use en la ville et seigneurie de Hangetz-sur-Somme, appartenant à noble et puissant seigneur Mgr. Ferry de Croy, chevalier, seigneur de Rœux, Beaurain, Long et Lompré et dudit lieu de Hangest.

1. Tous les manoirs, terres, prés et héritages cottiers scituez en ladite seigneurie, appartenans à l'un de deux conjoints par mariage et qui leur sont venus et escheux de héritage de leurs prédécesseurs, aprez leur trespas, iceulx héritages succèdent et appartiennent à leurs enffans autant à l'un comme à l'aultre, se appréhender le vœulent.

2. Lesdits enffans ainchois quilz puissent appréhender lesdits héritaiges sont tenus de relever audit seigneur ou ses officiers et paier pour ledit relief : c'est assavoir de chascune mazure, et chascun desdits enffans, quatorze deniers seullement, se ainssy n'est que, par fait espécial, lesdites terres soient chargées de plus grand droit de relief, comme sont aulcunes scituéez audit terroir.

5. Chascune femme vesve, aprez le trespas de son mari, pœult demander et lui appartient pour douaire coustumier le tierch des héritaiges cottiers dont possessoit son dit mary au jour de leurs nœpches et qui durant leur mariage lui sont succédés et escheus de ligne directe et qu'elle pœult demander par l'une des trois voies observées au bailliage d'Amiens.

Lesquelles coustumes ont esté affermées et accordées par les habitans pour ce assemblés et signées par le lieutenant du bailli et plusieurs d'iceulx habitans audit Hangest le XIIIIe jour d'octobre l'an mil chincq cens et sept.

Signés : Enguerran Grenier *lieutenant*. — Fresmin de Boisbergue *prévost*.— Jehan Boullenguier. — Simon Malot.—Anthoine Carpentier. — Pierre Vuet. —Colin Grenet. — Bernard Rohault. —Pierre Cotterel.—P. de Fourdrinoy. —Guill.^e de Bernapré.— P. de Boisbergue.—Colart Carpentier.—Anthoine de Gamache.—Antoine de Bougainville.—Gaillard.—Anthoine de Boisbergue. — Renier. —Gallant.— Anthoine Ortu.— Pierre Leroux. — Jacques Millon.— Jean de Fourdrinoy. — Jehan Lenglebon. — Miquiel Fossier. — Pierre Levray. — — Pierre Lesage. — Jehan Leroux.— Anthoine Wallencourt.— Andrien Grenet.

HAMEL-DE-METZ.

SEIGNEURIE.

Deux pages un quart de grand parchemin, y compris les signatures.

Cette coutume contient neuf articles lisibles, sauf quelques bouts de ligne à la première page.

Coustumes, usage et commune observance de la terre et seigneurie de Hamel de Metz appartenant à demoiselle Marguerite de Berry vesve de feu Jehan de Thorigny, demoiselle dudit lieu, laquelle terre et seigneurie elle tient en plain hommage de la chastellenie de Vinacourt, publiées audit Hamel de Metz, le lundi XX.ᵉ jour de septembre mil cinq cens et sept.

4. Par ladite coustume, usage et stil, à ladite demoiselle appartient droit de rouage qui est tel que, pour chascun chariot chargié de vin en ladite seigneurie du Hamel de Metz, il est dû quatre deniers parisis et, pour le charette deux deniers; lesquels chariot et charrette nulz ne nulle ne pœut ne doit transporter hors d'icelle seigneurie sans le congié d'icelle demoiselle ou son commis sur peine de LX sols parisis d'amende, pour chascune fois que on feroit le contraire.

Opposition des habitants à cet article. Ils prétendent n'avoir point veu user ne païer ledit droit de rouage.

5. Tout homme féodal qui a reçeu commandement devant le bailly ou son lieutenant d'icelle seigneurie de païer aucune somme de deniers à aultruy et, par faulte de paiement, le créditeur se retire envers ladite demoiselle ou sa justice, il eschiet en amende de dix sols parisis pour chascune fois; et les hommes cottiers, pour pareille cause, en VII solz VI deniers parisis.

8. Toutes personnes ayans vingnes assizes ou terroir dudit Hamel de Metz, sont tenus de aller presser la despoulle d'icelles au pressoir de ladite demoiselle, et païer, pour le droit de pressurage, de sept potz un pot, et ce sur peine de LX sols parisis d'amende.

9. Tous ceux qui ont guédes croissans au terroir dudit Hamel de Metz, sont tenus de aller battre au molin de ladite demoiselle, et pour ce païer pour le droit de chascun journel treize sols parisis sur peine de LX sols parisis d'amende (16).

Signés: N. Leroy *lieutenant du bailly dudit lieu.* — Lenormand *homme de fief.*

Marques: Jehan le Fournier *lieutenant du bailly.* — Jehan Warin *homme cottier.* — Hercher *homme cottier.* — Pierre Feret *homme cottier.* — Colin Lefèvre. — Colart le Verrier. — Jehan Feret. — Anthoine Warin. — Pierre Lefèvre. — Jehan le Petit. — Jehan Warin le Josne. — Agnez Moliens.

BEAUVOISIS.

HETOMESNIL.

SEIGNEURIE.

En deux pages de parchemin contenant un rôle d'écriture. 12 articles, presque tous sans suite, attendu que le parchemin est rongé sur toute la hauteur de la tranche.

CE sont les coustumes et usages de la terre de . . . . . Hetomesnil lues et publiées par nous Pierre de Regn . . . . . . dudit lieu, pour noble dame madame Périnne de Pisseleu le vingt quatre *(septembre)* 1507.

6. Quant aucun desdits subjetz est négligent de labourer . . . . tellement qu'il soit vraysemblable que ledit . . . . pour l'année, en ce cas il est loisible à ladite dame le faire achever de. . . . . . . prester fers et semences à iceulx recouvrer ensemble son droit de champart . . . . premièrement et avant que le propriétaire y puist riens.

Signés : Pierre de Régnoval. — P. Billard. — Jehan Menard *lieutenant.* — Pierre de Maisnières. — Jehan Belin. — Jacotin Mesnart. — Roussel.

LE FAY-LÈS-HORNOY.

SEIGNEURIE.

Un feuillet de papier contenant deux articles lisibles, à l'exception des deux lignes au bas de la première page.

En la terre et seigneurie du Fay-lez-Hornoy appartenant à noble homme Jehan Grisel qu'il tient en plain hommage de la terre et seigneurie de Prousel l'on a acoustumé user de toute anchienneté des coustumes qui senssièvent.

1. Quant un possesseur de maison ou héritage cottier va de vie à trespas, les héritiers du dernier possesseur sont tenus relever ladite maison ou héritage auparavant qu'ils en puissent avoir la jouissance et possession, et païer au seigneur pour son droit de relief de chascune maison deux sols parisis, et des terres cotières situées au terroir dudit lieu de Fay, enclavées entre les villages de Boullainviller, Hornoy, Verrines et Bettembos, iceulx héritiers sont tenus les relever par tel cens, tel relief. Et appartiennent

audit seigneur tous les proffitz desdits héritages tant que lesdits reliefs seront payés.
Le dernier jour d'août 1507.
Signés : Jehan Lenormant. — Adam Gillebert. — Colin Lenormant.

LIGNIÈRES.

SEIGNEURIE.

Ecrite sur deux feuillets de parchemin, lisible, sauf le bas des pages qui est rongé par l'humidité.

Coustumes localles, usaiges et commune observance que on a acoustumé faire et user en la ville, terre et seigneurie de Lignières, appartenant à noble homme Cardin des Essars, seigneur dudit lieu de Lignières, tenue en plain hommage de noble et puissant seigneur, Mgr. le Vidame d'Amiens, à cause de sa terre et chastellenye de Pinquegny.

8. Au maisné soit filz ou fille demeurant audit lieu de Lignières compecte et appartient, aprez le trespas de leur père ou mère, le chief-lieu que délairont iceulx deffunctz principallement celuy auquel il yront de vie à trespas sans que ses autres frères ou serœurs le puissent aucunement empescher.

9. Ledit seigneur est et se pœult dire hault voyer et non autre es chemins cy-aprez déclarés assavoir au chemin qui maisne de sa dite terre de Lignières à Caullières, ung autre depuis icelle ville de Lignières, en allant par le chemin d'Aumalle jusques en Normandye, et un autre chemin au chemin flegart qui maisne d'ycelui lieu de Lignières à Pinquegny, avec deux aultres chemins vers qui vont, assavoir l'un à Auffignyes et l'autre à Marlers; esquels chemins ne sur partie d'yceulx, aucuns ne pœuvent picquer, fouyr ne heuer en quelque manière que ce soit, sans eschoir pour chascune foys en amende de LX sols parisis.

13. A ledit seigneur de Lignières en sa dite seigneurie regard sur toutes mesures quelles qu'elles soient, comme potz, lotz, demys-lotz, pintes, demys-pintes, aunes, poix, sestiers, demys-sestiers, poix, balances, boisseaux et aultres choses; sçavoir se toutes les choses dessusdites ou chascune d'icelles sont justes, lealles, de poix et especial, compectentes et s'il estoit faulte sur la totallité ou porcion d'icelles, telz délinquans sont et doibvent estre condempnez en amende envers ledit seigneur de soixante sols parisis et confiscacion des choses trouvées mauvaises.

Fait et accordé audit lieu de Ligniéres le vingt quatrième jour de septembre mil cinq cens et sept.

Marques : M. Lebrun *(un couteau ouvert la lame en haut.)* — E. du Friez *(une hache de charpentier.)* — Jean du Friez *(une roue.)* — E. Dague *(une dague la lame en bas.)* — Chepy. — Bedel. — A. Friez *(une plane de charron.)* — Dague *(une téte de cheval.)* — R. le Boucher *(un couteau la lame en bas.)* — E. Bedel. — Lombart. — De Saint-Martin.

LINCHEU.

SEIGNEURIE.

Une page de parchemin, pourrie et rongée sur la droite. 2 articles dont il est impossible de deviner le sens.

Coustumes localles dont on a usé de tout temps et use l'on chascun jour quant. . . . . terre et seigneurie de Lincheu appartenant à noble homme Jehan Bertin seigneur dudit lieu. . . . . . qu'il tient en plain hommage, en deux fiefs, l'un de haut et puissant prince Mgr. . . . . Soissons chevalier seigneur de Morœul et de Poix à cause d'icelle seigneurie de Poix et . . . . aussi de haut et puissant prince Mgr. Jehan de la Grutuze, chevalier de l'ordre du roy à cause de sa terre de Famechon.

Le II.ᵉ jour de . . . . ct sept.

Signés : S. P. de Brotonne. — Wateblée. — Martin Levasseur. — Jehan Lenglet. — Jean de Brotonne. — Jacques Bellenger. — Miquiel de Brotonne. — Franchois de Corbie. — Colart Roisin *et autres.*

MOLLIENS-VIDAME.

ÉCHEVINAGE. (17)

Un rôle en parchemin de 1 mètre de longueur sur 15 centimètres de largeur, composé de plusieurs peaux réunies, écrit d'un seul côté, lisible, sauf en trois endroits où le parchemin est troué. 25 articles.

Coustumes localles et particulières de la ville, loy et eschevinage de Molliens-le-Vidame, sont telles et déposées par Michiel Sallembier maïeur dudit lieu, Jehan Leviel l'aisné, Guerard Christophe, Jehan du Val, Colard Joly, Jacques Desjardins, Jehan Leroy l'aisné, Jeh. Becquet l'aisné, que il est chy-après indiqiest par escript, le XXIII° jour d'aoust l'an mil cinq cens et sept.

1. Par ladite coustume local, icheulx habitans de Molliens-le-Vidame ont ung prévost qui pœult congnoistre tant de matières d'arrest que aussi fait-il des aultres quilz se font entre parties non habitantes et demeurantes en ladite ville de Molliens, comme aussi fait-il des habitans de ladite ville, y aiant aucuns eschevins aveuc luy pour juger.

2. Par ladite coustume, se aucunq frape aucun desdits habitans dudit lieu de Molliens de puing, sans luy faire sang, il eschiet en XX solz parisis d'amende, assavoir quinze solz parisis aux maire et eschevins et V. sols parisis au seigneur.

3. Par ladite coustume, se aucuns bourgois de ladite ville frape l'ung desdits eschevins qui est . . . . à sang et que il celuy qui aura ainsi [frapé] sondit juré, ne vérifie que il ait fait en . . . . il celuy qui aura navré sondit juré, sera tenu de bailler son puing en le mercis desdits maire et eschevins, ou il paira pour rachater sondit puing neuf [livres] est assavoir six livres ausdits maire et eschevins et LX solz au seigneur (18).

4. Par ladite coustume local, quiconque frape de main garnie ung homme ou femme en ladite ville il eschiest en LX solz parisis d'amende est assavoir quarante solz ausdits maire et eschevins et vingt sols parisis audit seigneur.

5. Par ladite coustume se habitans dudit Molliens ou aultres dient l'ung à l'aultre aucunes injures ou quilz desmentent l'ung l'aultre par les deus celluy qui aura dist lesdites injures paira V solz parisis d'amende est assavoir au lendengé ij solz parisis et auxdits maire et eschevins iij solz parisis (19).

6. Par ladite coustume, se aucun malfaiteur est appelé au droit desdits maire et eschevins par le sergent desdits prévost, maire et eschevins, et le malfaicteur ne compare par devant eulx ou ledit prévost, icheulx maire et eschevins le pourront banir hors de ladite ville jusques à ce qu'il sera venu ester à droit par devant lesdits maire et eschevins ou prévost.

7. Par ladite coustume se aucun enfraint la justice desdits maire et eschevins et qu'il en soit constraint il sera prins jusques à ce qu'il aura amendé le meffait à la vollonté desdits maire et eschevins (20).

8. Par ladite coustume local, touttes et quanteffois que le sergent messier de ladite ville prend de veue aucunes bestes pasturans, ou aucuns passans et rapassans par dedens les ablaiz où il y ait faulx sentiers, il celluy sergent

doibt avoir iiij deniers parisis pour son salaire et icheulx maire et eschevins vnj deniers parisis.

9. Par ladite coustume local nul ne pœult picquer, ne heuer, planter, ne arracher sur frocz et flégars de rue en ladite ville de Molliens sans le consentement et congié desdits maire et eschevins, sur paine de LX solz parisis d'amende.

10. Par ladite coustume, nul ne pœult descharger vin en ladite ville et banlieue de Molliens, sans le consentement et congié desdits maire et eschevins, ne bailler, ne vendre icheulx vins que lesdits maire et eschevins ne l'ayent afforé et mis à prix, sur paine de LX solz parisis d'amende.

11. Par ladite coustume, ung chacun qui vœult vendre vin en ladite ville est tenu de livrer ausdits maire et eschevins, affin d'afforer et de mettre à prix sondit vin, ung lot de vin, ung pain et ung fagot pour chascune pièce de vin.

12. Par ladite coustume, nul ne pœult vendre vin, bière, mesurer ne peser quelque aultre marchandise, que che ne soit selon le poix, loy et mesure dudit Molliens du consentement desditz maire et eschevins et messire d'Amiens.

13. Par ladite coustume local, se aucuns bourgois dudit Molliens vendent ou achattent, durant l'an et tous les jours de la sepmaine, ilz ne doibvent quelque chose d'acquist quelques marchandises quilz facent, sinon de chevaulx, de vaches, brebis et pourchaulx silz en vendent tant seulement en jour de lundy, auquel jour ilz doibvent un denier tournois que le vendeur doibt payer, et de quelque aultre marchandise quilz fachent ilz ne doibvent riens.

14. Par ladite coustume le prévost ne pœult avoir sergent se il ne luy a esté baillié par lesdits maire et eschevins et s'il n'a esté juré par lesdits maire et eschevins.

15. Par ladite coustume local, quiconque fait adjourner aucuns desdits bourgois de ladite ville de Molliens par le sergent desdits prévost, maire et eschevins, lesdits bourgois ne sont tenus payer que un denier d'ajournement.

16. Par ladite coustume se le prévost ne fait raison et justice des malfaiteurs de ung chascun, lesdits maire et eschevins le feront et de luy mesme (21).

17. Par ladite coustume, se aucun vacabonde amaine vin ou bière à aucuns taverniers de ladite ville, se lesdits taverniers le vendent à détail, ilz doibvent six deniers tournois ausdits maire et eschevins pour chascune pieche.

18. Par ladite coustume, ung chascun pœult vendre ou achetter aucunes

masures, terres et héritages cottiers en ladite ville et terroir de Molliens, sans pour ce paier aucuns drois seigneuriaulx aux seigneurs fors seulement que saisine et dessaisine quy est telle que de XIV deniers tournois pour la dessaisine que est tenu payer le vendeur et XVI deniers tournois pour la saisine que paie l'acheteur, se ce n'est fief.

19. Par ladite coustume se aucun de ladite ville vend maison séant en ladite ville, il doibt paier deux septiers de vin au seigneur, est assavoir le vendeur un septier et l'achetteur un septier.

20. Par ladite coustume, se aucuns aliés par mariage ont aucuns enfans et quilz aient acquesté aucuns héritages durant leur conjonction, et l'ung voit de vie à trespas sans en avoir disposé, aux enfans appartient la moitié et l'aultre moitié au survivant; et se l'enfant va de vie à trespas sans hoir de sa char en mariage, et le père ou la mère survit son dit enfant, ladite moitié desdits héritages ainsy acquestez quilz seront escheux audit enfant, appartiendront audit survivant sa vie durant seulement, et aprez son trespas aux héritiers dudit enfant (22).

21. Par ladite coustume, une femme ne pœult vendre ne engager son douaire, se ce n'est pour ung an, se ce n'est au plus prochain héritier à qui appartient l'héritage et se ledit héritier ne le vœult achter, il convient que ladite femme le tiengne en sa main sadite vie durant (23).

22. Par ladite coustume local, le mort saisit le vif son plus prochain héritier à luy abille à succéder sans aultre appréhension de fait, et ne y a aucun relief en ladite ville se ce n'est fief (24).

23. Par ladite coustume, lesdits habitans de Molliens et tenans cottièrement dudit Molliens-le-Vidame sont francqz quictes et exemps du droit d'ayde envers ledit seigneur Vidame, et de tous aultres seigneurs, moyennant la somme de XX livres parisis que les maire, eschevins et communaulté dudit Molliens sont tenus paier audit seigneur Vidame, quant il fait son filz aisné chevalier ou quil marie sa fille aisnée lequel qui mieulx plait audit seigneur.

24. Par ladite coustume, nul boucher ne pœult tuer bœuf, ne vache, ne aultres bestes et toutes choses là où il y a agard (25) quilz ne soient agardé desdits maire et eschevins sur paine et amende de LX solz parisis.

25. Par ladite coustume, nul ne pœult agarder bestes ne aultres choses qu'il [ne soit à ce com]mis par lesdits maire et eschevins sur paine et amende de LX solz parisis.

Lesquelles coustumes dessus transcriptes nous, etc. . . . . ci-dessus nommés, aprez serment solennel que nous a fait faire Michel Sallembier, maïeur affermons ainsy en avoir veu user et usons quand le cas y eschet. Tesmoingz nos signes manuelz chi mis, l'an et jour dessus dits.

Signés : Michel Sallembier *maieur.* — Jehan Leviel. — Jehan du Val. — Collard Jolly. — Hacquin Becquet. — J. Leroy. — Jacques du Gardin. — Guérard Christophe.

NAMPS.

SEIGNEURIE.

Une page en parchemin rongée par le bas. 4 articles lisibles.

A. Guillaume Bournel escuier seigneur de Namps, entre autres terres et seigneuries, lui compecte et appartient ladite terre et seigneurie de Namps qu'il tient noblement et en fief de noble et puissant seigneur Mgr. Jehan de Bruges seigneur de la Grutuze et de Famechon.

2. Quant les possesseurs d'héritages cottiers vont de vie à trespas, les héritiers qui veullent relever ou appréhender telz héritages sont tenus luy payer pour chacun homme douze deniers parisis pour toute la succession cottière ou roturière.

Le second jour de septembre l'an mil cinq cens et sept.

(Il n'y a plus trace des signatures.)

PICQUIGNY.

CHATELLENIE, BARONNIE. (26)

Archives du département de la Somme. Titres de Picquigny, 3.ᵉ liasse, case 1.ʳᵉ n.° 67.

Un livre relié couvert de bazanne rouge tannée, fermant à deux tirans de cuir, commençant au premier feuillet par ces mots :

Registre des coustumes généralles et locales des ville, baronnie, chastellenies et seigneuries de Picquigny, Vinacourt, Flixcourt et la Broye, accordées et concordées par les trois états d'icelle ville, baronnie, chastellenies et seigneuries. Et sont, sur ledit premier feuillet, les armes d'Ailly, de Picquigny, de Crevecœur et de la Trimouille.

28 août 1507 : Procès-verbal fait par Jean Rohaut, bailli du vidamé d'Amiens, et de la chastellenie et baronnie de Picquigny, à la réquisition du procureur d'office d'icelle chastellenie et baronnie, portant avoir fait assembler les gens d'église, nobles et praticiens de ladite chastellenie et baronnie de Picquigny, et après leur avoir lu les coustumes de ladite chastellenie et baronnie et pris leurs serments, icelles coustumes furent par eulx corrigées, interprétées, conclues et par eux signées ainsi que ci-après est contenu :

COUSTUMES GÉNÉRALLES DE LA CHASTELLENIE ET BARONNIE DE PICQUIGNY.

1. Par la coustume générale de ladite chastellenie et baronnie de Picquigny, tous les subgetz d'icelle chastellenie sont tenus aprez le trespas de leurs prédécesseurs, relever leurs ténemens cottiers qui appartenoient à leurs prédécesseurs et pour ce payer aux seigneurs ou seigneur dont telles cotteries sont tenues, chacun héritier, douze deniers parisis.

2. Par ladite coustume, il est dû à Mgr. le vidame d'Amiens pour chascun fief tenu en plain hommage de ladite chastellenie et baronnie de Picquigny, de la part qui est tenue de l'évesché d'Amiens, (27) LX solz parisis de relief et vingt sols de chambellage d'hoir à autre, et pour chascun fief tenu en pairie dudit Picquigny, mouvant et tenu dudit évesché X livres parisis de relief et LX sols parisis de chambellage. Et pour chascun fief tenu dudit Picquigny, de la partie mouvante et tenue du comté de Corbie, (28) LX sols parisis de relief et XXX sols parisis de chambellage aussy d'hoir à autre. Et pour chascun fief tenu en pairie dudit Picquigny mouvant et tenu de ladite comté de Corbie, X livres parisis de relief et cent sols parisis de chambellage. Et des demi pairies en est autant deu de chambellage que des pleines pairies.

3. Par ladite coustume il est deu à mondit seigneur le vidame et à ses vassaux ayans fiefs tenus d'eux relief de bail ; c'est à savoir, touttes et quantefois qu'un fief eschet à aucune femme mariée icelle femme et sondit mari sont tenus de relever ledit fief de propriété et de bail, et pour ce payer double relief, autrement les fruits et profits desdits fiefs appartiendroient audit seigneur féodal jusques à ce que lesdits reliefs soient payés ; toutes

voies audit relief de bail il n'y a point de chambellage. Et si ladite femme n'est mariée, elle peut relever de propriété et en jouir et faire les fruits siens tant et jusques à ce qu'elle soit mariée, auquel cas et incontinent qu'elle se marie, son mary est tenu relever de bail autrement les fruits de tels fiefs appartiendroient audit seigneur féodal.

4. Par ladite coustume à mondit seigneur le vidame appartient le droit d'aide quant il fait son fils chevalier ou quant il marie sa fille aisnée lequel que mieulx lui plaist, par tous les subgetz tant féodaux que cottiers. C'est assavoir pour les féodaux et chascun qui tiennent en plain hommage LX sols tournois. Ceux qui tiennent en pairie X livres parisis. Et ceux qui tiennent en cotterie autant qu'ils doivent de cens, c'est assavoir tel cens, tel ayde. Et pour les fiefs abrégez tel ayde qu'ils doivent de relief.

5. Par ladite coustume, le droit des veuves sur cotteries est tel que un tiers viagèrement ; supposé que la plus grande partie de ladite chastellenie de Picquigny soit assize es mettes de la prévosté de Beauvoisis où l'on dit le douaire estre tel que de la moitié d'icelles cotteries.

6. Par ladite coustume, tous les subgetz de mondit seigneur le vidame et de tous ses vassaux et tenans féodaux, en première instance, sont poursuivables en toutes matières réelles, personnelles et mixtes, même en cas de tous crimes et délitz, par devant les bailly et hommes audit Picquigny, pourveu que, quant en matière personnelle, la somme monte jusqu'à V solz, sauf les renvois là où et quant il appartient, s'ils estoient requis et demandés par les seigneurs ou leurs procureurs de temps deu, c'est assavoir auparavant leurs contestations et délai péremptoire (29).

7. Par ladite coustume, en cas d'appel entre jecté des bailly et hommes des vassaux de ladite chastellenie, ensemble de toutes appellacions de bouche des sergens, tant dudit bailliage de Picquigny que de tous les bailliages, prévostez et eschevinages y subgetz et ressortissant, le bailly dudit Picquigny peut et lui est loisible bailler commission pour ajourner et anticiper audit cas d'appel, lesdits appelans pardevant luy et lesdits hommes audit Picquigny (30).

8. Par ladite coustume, quant les parens lignagers d'aucuns mineurs d'ans ou leurs tuteurs sont négligens de relever de bail, aprez le trespas de leurs prédécesseurs, les fiefs succedez à iceulx mineurs, en ce cas, les seigneurs dont iceulx fiefs sont tenus et mouvans, peuvent prendre et appliquer à leur profit les revenus d'iceulx fiefs tant et jusqu'à ce quilz auront esté relevés, pour lequel relief de bail, il n'y a point de chambellage.

9. Par ladite coustume, un seigneur n'est tenu de recevoir aucuns collé-ges, corps d'église, de ville ou communaulté qu'on dit *main-morte*, à hommes et tenans d'aucuns héritages féodaux ou cottiers à eulx donnés et légatés ou aultrement transportés, que ce ne soit à la charge de par eulx en vider leurs mains et les mettre en main non morte par dedans un an, en-suivant la saisine qui leur en seroit baillée (31).

10. Par ladite coustume, tous seigneurs hauts justiciers de ladite chastel-lenie ont la congnoissance, perquisition et correction de tous les cas crimi-nels et civils sauf des cas privilégiés au roy.

11. Par ladite coustume, aucun ne pœult mettre ni faire pasturer ez marais estans en ladite chastellenie, aucunes bestes à layne ou pourceaulx, à peine de LX sols parisis d'amende à appliquer au profit des seigneurs ou seigneur es mettes desquels seront et sont iceulx marais.

12. Par ladite coustume, nul ne pœult faucher herbe croissans ez marais de ladite chastellenie, ne y picquer, fouïr, heuer, carier, ne mettre che-vaulx pour pasturer en iceulx marais, si ce n'estoit que iceulx chevaux fussent defférés des deux pieds de derrière à peine, chascun et pour chascune fois que l'on feroit le contraire de ce que dit est, de LX sols parisis d'amende à appliquer au profit de mondit seigneur le vidame; semblablement les vas-saux et tenans féodaux de ladite chastellenie ayant justice (32).

13. Par ladite coustume, pour un laid dit et injure verbale de partie à aultre, est deu au seigneur haut justicier ou vicomtier ez mettes duquel telle injure seroit faitte ou profférée, amende de VII sols et VI deniers parisis, pour chascun injuriant et pour chascune fois.

14. Par ladite coustume, tous les seigneurs hauts justiciers de ladite chastellenie peuvent et leur est loisible faire estatuts et ordonnances touchant le fait et estat politique de leurs subgetz; mesmement en tant qu'il touche les breuvaiges, poids et mesures, vivres et autres choses quelconques.

15. Par ladite coustume, avant qu'aucun puisse avoir hypotecque et droit réel sur aucuns fiefs tenu dudit seigneur vidame ou de ses vassaux seigneurs féodaux, pour aucune rente, il convient garder l'une des trois voies intro-duites par la coustume génerale du bailliage d'Amiens; et davantage il faut que celuy qui veut acquérir ledit hypotecque tienne ladite rente hypotecquée en fief du seigneur féodal duquel le fief principal est tenu, par semblable re-lief foy et hommage et service que doit icelui fief principal.

16. Par ladite coustume, il est loisible. . . . . (33).

PROUSEL.

SEIGNEURIE, PAIRIE.

Deux feuillets de parchemin contenant deux pages et demie d'écriture. Six articles lisibles à l'exception des trois premières lignes du 5.ᵉ

Coustumes locales de la terre, seigneurie et pairie (34) de Prousel-le-Mont et Prousel-le-Val.

1. Tous les subgetz d'icelle seigneurie sont tenus rellever aprez le trespas de leurs prédécesseurs leurs ténemens cottiers et pour ce payer douze deniers parisis.

2. Quand le seigneur fait son fils chevallier, ou quant il marie sa fille aisnée, lequel que mieulx lui plaist, tous ses subgetz tant féodaux que cottiers sont tenus lui payer droit d'ayde, c'est assavoir ceux qui tiennent fiefs en plain hommage, soixante sols parisis, ceulx qui tiennent en pairie dix livres parisis, et ceulx qui tiennent en cotterye autant quils doibvent de cens.

3. Par ladite coustume, le douaire des veuves sur cotterie est tel que de ung tiers viagèrement, supposé que ladite terre et seigneurie soit assize es mettes de la prévosté de Beauvoisis où l'on dist ledit douaire estre tel que de la moittié d'icelles cotteries.

4. Toutes personnes qui sans le congié dudit seigneur se ingérent de pescher, fouyr, heuer, ficher estocqs, faire pons, planques et mettre aucuns harnas ou filles pour pescher et prendre aucuns poissons, ou de chasser aux chines en la rivière de Selle, depuis le wiz de Conty jusques à Bacouel, chascun d'eulx et pour chascune foys eschet en amende de LX sols parisis; et sy demeurent tous les harnas et filles des facteurs confisquez au droit d'icelluy seigneur de Prousel seul et pour le tout; et avec ce luy compecte et appartient toute la pescherie, justice et seigneurie en icelle rivière de Selle depuis ledit wiz de Conty jusques audit Bacouel, supposé que plusieurs autres seigneurs. . . . . ténemens contigus joignans et tenans à ladite rivière.

5. . . . . mener chiens sans landon pour chasser ne . . . . tendre fillez ou aultres harnas ne. . . . . le Vengne, Saint-Damiens et Quesnoy qui sont quatre bos esquelz ledit seigneur de Prousel a droit de garenne à toutes bestes et oyseaulx, sans le consentement d'icelluy seigneur, à peine de LX sols parisis d'amende.

6. Quant aucuns héritages cottiers sont divisés soit par vendition, dona-

cion ou aultrement, en ce cas chascune porcion de l'héritage cottier divisé est responsable du total de la censive d'iceulx héritages divisés.

Et quant aux aultres coustumes, on se règle selon les coustumes générales du bailliage d'Amiens, terres, chastellenyes, seigneuries et baronnie de Pinquigny, Vinacourt et Flixecourt.

Signés : Decourt, *bailly de la terre de Prousel.* — Tellier *procureur pour office de ladite terre de Prousel.* — Lointel. — Leroy *procureur et receveur de Prousel.* — Jacques Lecaron *lieutenant du bailly de Prousel.* — J. Domart *homme de fief.* — Laurent Magnier *clerc de l'église de Prousel.* — Antoine Bonhome *sensier de Prousel.*

Marques : Jacques Gaudry *sergent.* — Robin Parmentier *sergent de ladite seigneurie (une bannière.)* — André Gorin. — Martin Delattre *homme cottier.* — Jacques de Famechon *homme cottier.* — Simon Lecaron. — Fremin Lecaron — Gaspard Ducauroy. — Denis Flour *pour ma mère.* — Jehan le Parmentier *homme cottier (un carreau de tailleur d'habits.)* — Geffroy Bazile *homme cottier.* — Jehan Gaudry *homme cottier.* — Jehan de Gouy *homme cottier.* — Simon Leboulanger *homme cottier.* — Valentin Wardelet *homme cottier.* — Jehan Lemaire dit Romain *homme cottier.* — Jehan Moysan. — Jehan Brunel. — Denis de Camon *(une roue.)*

QUEVAUVILLERS.

SEIGNEURIE.

Une page en parchemin rongée sur le côté droit de sorte qu'il manque à peu près le quart de chaque ligne. 5 articles.

Coustumes locales et particulières de la terre et seigneurie. . . . . de feu Jehan de la Tramerye en son vivant aussi escuyer et seigneur dudit Quevauvillers.

1. En succession cottière il est dû relief de deux sols parisis.
2. A la vente il est dû relief du XIIe et XIIIe denier.
3. Le droit de vif herbage est dû au dessus de neuf bêtes à laine.
4. La veuve jouit sa vie durant de la moitié des cotteries et de la moitié des fiefs selon la coutume générale du Beauvoisis.

Le pénultiesme jour de septembre l'an 1507.

Signés : Mas *bailli.* — Jean Piart. — Jean Lepreux.

Marques : Jehan Lefeuvre. — Guyot Quignon. — Jehan Hanicle. — Jehan

Mille dit Massiot. — Jehan Gadrée. — Pierre de Senlis. — Anthoine Pinchinat. — Pierre Lecointe. — Jehan Lecointe. — *Signé* : Desessars *procureur Claude d'Ainval.*

RIENCOURT.

SEIGNEURIE.

Une page en parchemin contenant 5 articles lisibles sauf quelques bouts de ligne.

En la terre et seigneurie de Riencourt appartenant à Hues de Riencourt, filz mineur d'ans de Mgr. Jehan, en son vivant, chevalier seigneur dudit lieu, laquelle il tient en plain hommage de la baronnie de Pinquegny; duquel mineur madame Marie de Montmorency, veuve dudit chevalier a le bail, l'on a acoustumé user de toute anchienneté des coustumes suivantes.

1. Se aucuns vend maisons, terres ou héritages cottiers, situez audit village et . . . . de Riencourt, audit seigneur appartient le tierch denier de la somme à quoy se monte la vendicion (35).

4. Ledit seigneur a un droit que l'on nomme issue de ville, lequel droit est tel que de chascun cheval, jument ou vache vendu audit village de Riencourt, audit seigneur appartient un denier; et de chascune brebis ou mouton aussi vendus audit village, en appartient audit seigneur de Riencourt une obole : et ne pœuvent ceulx ausquelz sont vendues lesdites bestes, les transporter hors dudit village sans avoir payé audit seigneur ou ses commis icelluy droit, sur peine et amende de LX sols parisis; et sy pœult ledit seigneur prendre et retenir à soy lesdites bestes vendues en remboursant aux achetteurs ce quilz affermeront en avoir païé.

Le XVIII.ᵉ jour de septembre l'an 1507.

Signés : Jehan de Vermelle. — Andrieu Jacob. — Guillaume Rousse. — Collart Lanier. — Jehan Sade. — Jehan Cattu. — Charlot de Quiestion.

ROMESCAMPS.

TEMPOREL.

Une petite page en parchemin plus qu'à moitié rongée par l'humidité. 3 articles.

Coustumes et usages notoirement tenus et gardés en la paroisse de Romescamps. . . . . prévosté de Beauvoisis, appartenans au commandeur de Saint-Maulvis. . . . .

> Nota. Les trois articles de cette coutume ne présentent plus aucun sens. On voit seulement que le droit d'herbage se perçoit conformément à la coutume générale du bailliage d'Amiens.

ROGY, FRANSURES, LORTOY.

SEIGNEURIE.

Une grande page en parchemin pourrie par le milieu, au point qu'elle forme deux lambeaux séparés. 6 articles.

A cette pièce est jointe une copie du XVII.ᵉ siècle un peu mieux conservée que l'original.

Coustumes localles dont l'on a usé et use l'en chascun jour es villes, fiefz, terres et seigneuries de Rogy, Fransures et Lortoy, appartenant à noble et puissante dame madame Jacqueline d'Auchy, dame de Raimboval et desdits lieux, lesquels elle tient en plain hommage, tant de la chastellenie de Brestœuil, Bonnœuil, Monsures comme d'Ailly-sur-Noye.

4. Item, icelle dame a en icelles terres et seigneuries de Rogy, Fransures et Lortoy un droit de rouage qui est tel que de chascuns cars chargés IV deniers parisis, de chascune carette, II deniers parisis, et de chascun cheval un denier parisis, que sont l'achepteur ou achepteurs tenus paier paravant faire tourner tour de roues ausdits cars ou carettes ainsi chargés pour emmener dehors ; ce qu'ilz ne pœuvent faire sans le congé de ladite dame ou ses officiers, sous peine et amende de LX sols parisis.

Le lundi vingtiesme jour de septembre l'an 1507.

Signés : Pierre Senescal *homme de fief.* — J. Briou. — J. Lecat. — Bigant *bailly desdits lieux.* — J. du Puch. — Mahieu Bonhomme *et autres illisibles.*

SAINT-ACHEUL-LEZ-AMIENS.

TEMPOREL DE L'ABBAYE.

Une longue page en parchemin pourrie et rongée sur toute la hauteur du côté droit. 5 articles.

Coustume localle et particulière dont l'on a usé de tout temps. . . . . .
les religieux abbé et couvent de Saint-Acheul . . . . seigneurie et
juridiction temporelle.

4. Item, par icelle coustume, nul ne pœult aller es vingnes de . . . . .
transporter aucune porcion du fruit croissant sur icelles, sur peine. . . . .
. . . . lesdits religieux abbé et couvent et de pugnicion de prison
avec de rest . . . .

5. Item, et par icelle mesme coustume, nul propriétaire ne. . . . . . .
le fruit et vendenge qui auroit esté croissant sur lesdites vingnes . . . . .
premièrement avoir demandé le congié à mesdits seigneurs ou leurs. . . . .
. . . . . . seroient deubz ; ne pareillement entonner le vin qui auroit
. . . . . esté paiés de leur droit de disme que ce n'ait esté et . . . . . .
pour chascune fois amende de LX sols parisis envers . . . .

Signés : d'Ardre *bailli*. — Caron. — J. E. Boulenger *curé de la Neuville*.
Marques : Jehan Dufour. — Jehan Dupuis *(un cœur traversé d'une flèche)*
— N. Dupuis *et autres*.

SAINT-FUSCIEN-AU-BOIS.

TEMPOREL DE L'ABBAYE.

Une grande feuille de parchemin tellement en lambeaux qu'il n'en reste plus que le cadre. 5 Articles sans suite.

SAINT-GERMER DE FLAY.

TEMPOREL DE L'ABBAYE.

Une grande page de parchemin pourrie dans le milieu sur toute la hauteur. 8 articles

Ce sont les coustumes locaulx de Saint-Germer de Flay, appartenans à Mgrs. abbé de Saint-Germer de Flay, comte de Wardes, et le couvent de ce lieu.

1. Iceulx seigneurs ont droit de haute moyenne et basse justice . . . . .
3. Ils ont congnoissance de pugnicion corporelle comme d'abrision de

membre, fustigation, bannissement de leur seigneurie à temps et à toujours et faire déclaracion de confiscacion.

4, 5, 6, illisibles.

7. Contient les noms, âge, profession des comparans.

SAINT-LUCIEN DE BEAUVAIS.

TEMPOREL DE L'ABBAYE.

Un cahier de quatre rôles en parchemin. 2 rôles de procès-verbal et 2 rôles de coutumes. 14 articles. Cette coutume est rongée et pourrie sur la tranche et ne contient que des bouts de lignes sans liaison et sans suite.

L'an mil cinq cens et sept, le jeudi seizième jour de septembre, pardevant nous Jehan Lecaron, licencié. . . . . bailly de l'église et abbaye Saint-Lucian près Beauvais.

Suit la teneur du procès-verbal. — Parmi les comparans, on distingue : Maistre Tristan Warin prêtre curé de Grandvillers avec les marguilliers de cette paroisse. — Messire Jehan Feuvre curé de Roy. — Messire Nicolle d'Othermes curé de Juvegnies. — Le chapelain de Soulqueuses et les marguilliers. — Jehan de la Treille curé de Bonnières et les marguilliers. — Les curés et marguilliers d'Ondeur. — De N.D. du Thil. — De Tieulx. — De Villers sur Therain. — Messire Guillaume Danse prêtre curé de Fontaines. . . . . Le curé de Froissi, etc.

Parmi les seigneurs. . . . . . *Messire Guillaume de Pisseleu de Heilly à cause de son fief de Feuquières. — Marc d'Ainchy pour son fief de Rueul-sur-Bresche. — Colinet Delamare pour son fief de Saint-Lucian et autres en très grand nombre.*

1. Entre autres coustumes est vray que. . . . . Saint-Lucian qui est une belle et noble abbaye de fondacion royale. . . . . leurs terres, justices et seigneuries, droit de haulte, moyenne et basse justice . . . . et subgetz indifféremment.

2. Item, que pour exercer ladite justice il y a un bailly, lieut . . . . . général avec trois aultres prévostz et juges subalternes audit bailly . . . . . prévost. Le prévost de Grantvilliers et le pennetier qui tous sont . . . . . tenant chascun jour, quant le cas y eschet siège et juridicion. . . . . . . et congnoissent lesdits prévotz en première instance des. . . . . et quant d'eulx est appelé, tel appel se relève devant le . . . .

de ladite église aux assises qui se tiennent quant pl. . . . . de fiefz sont subgetz et contrains de comparoir à chasc . . . . ainsy que à hommes de fiefz loist de faire.

3. Item que les appellacions desdits bailly et hommes . . . . seul si son plaisir est de juger sans les appeler ressortissent. . . . . qui touche les subgetz dudit bailliage d'Amyens . . . . .Amyens. En tant qu'il touche les subgetz du bailliage . . . . audit Senlis; et quant aux subgetz dudit Montdidier. . . . . pardevant le gouverneur dudit Montdidier.

6. Aux villages de Bonnières, Fourquegnies, Glatigny, Courcelles, Villers. . . . . Basincourt, Roy, Boissy qui sont du bailliage d'Amiens sur tous héritages tenus d'icelle église en cotterie, les religieux ont de relief, en toutes mutacions et de toutes mains, qui est de cinq solz pour les masures et douze deniers pour mine de terre.

En la prévosté de Montdidier. . . . .

Signés : Lecaron.— Ducroquet.— Boullie.— Depan.— Roger et Mesconnette *bailli et officiers de l'église.*

SAINT-PIERRE-A-GOUY.

PRIEURÉ.

Une petite page en parchemin très lisible et bien conservé. 2 articles.

Coustumes locales et particulières de la ville, terre et seigneurie de Saint-Pierre-à-Gouy, appartenant à Mgr. le prieur dudit lieu.

1. Le prieur a droit de vif herbage sur cent bêtes à laine.
2. Pour les autres cas, on se règle sur les coutumes de la baronnie de Picquigny.

Lesquelles coustumes ont esté lues, publiées et accordées par les soussignans, pardevant nous Mahieu Lymeu, bailly dudit Saint-Pierre-à-Gouy, pour damp Hue Mannessier prieur dudit lieu ; le xxviij.ᵉ jour de septembre

Signés: Mannessier, *bailly dudit Saint-Pierre.*— Jehan de Roberval *homme cottier.* — *Marques :* Guillaume du Mesge *homme cottier.* — Jehan Lecaron.

SAINT-ROMAIN.

SEIGNEURIE.

Ecrite sur deux feuillets de parchemin dont il ne reste plus que la moitié; la partie inférieure a été complètement détruite par l'humidité.

Coustumes locales et particulières de Saint Romain et autres droits appartenans à Jehan Demay escuyer et Baude Fouquelin seigneurs dudit lieu par indivis.

1. En ladite ville de Saint-Romain y a toute justice haulte, moyenne et basse appartenant aux seigneurs dudit lieu, soit en cas criminel ou civil.

6. Nul ne pœult frapper à main garnie soit d'espée, glaive ou baston sur aultruy par felongnie sans escheoir en LX sols d'amende pour chascune foys et d'estre pugni de prison; et s'il n'y a point main garnie, il n'y a que VII sols VI deniers parisis d'amende.

7. En ladite ville et seigneurie, nulz taverniers ne peuvent vendre vin sans congié desdits seigneurs ou leurs officiers et sans cę que leur vin soit afforé et de païer pour le droit d'afforage un lot de vin et un pain de chascune pièce, et se soit cervoise, un lot de cervoise et un pain; et se faulte y avoit il devcroit LX sols d'amende pour chascune fois.

8. Se ung tavernier vent vin en ladite ville, il doit de chascune pièce de vin qu'il vendera deux lots de vin aux seigneurs dudit lieu.

13. Nul ne pœult prendre estœuf ne commencer la danse le jour du patron sans le congié desdits seigneurs ou de leurs officiers, sur peine de VII sols VI deniers parisis d'amende.

Ils peuvent faire défendre de porter des bâtons et condamner en amende de LX sols ceux qui désobéissent, etc.

Le reste illisible.

WARLUS.

SEIGNEURIE.

Deux pages de parchemin dont il manque la partie inférieure, mais du reste très-lisibles.

Coustumes locales de la terre et seigneurie de Warlus, bailliées par les officiers de noble et puissant seigneur Mgr. Jehan de Soissons, chevalier, seigneur de Morœul, prince de Poix et seigneur dudit Warlus.

1. En succession cottière, il est dû relief de XVI deniers.

2. Les sujets de ladite seigneurie doivent de 30 bêtes à laine et au-dessous, une obole par bête, pour droit de mort herbage, pour 30 bêtes et au-dessus une bête vive.

3. Item, doibvent tous les habitans dudit Warlus tenans cottièrement dudit seigneur queute à court, c'est assavoir une nuit et point l'autre s'il n'appert aultrement par lettres (36).

4. Item, toutes et quanteffois que aucun va de vie par mort et délaisse aucuns ses enffans par ladite coustume gardée en ladite seigneurie de Warlus, lesdits enffans partissent chascun à porcion en tous les acquetz conquetz et biens mœubles à eulx succédés par ledit trespas autant à l'un comme à l'autre; saouf et réservé que tous les héritages venans de costé et ligne, sont et appartiennent, par ladite coustume, au filz moins né.

5. Le douaire coutumier n'est que du tiers des héritages cottiers et de la moitié des fiefs. Pour le reste on se règle sur les coutumes du bailliage de Poix.

Le xxij.ᵉ jour de septembre l'an 1507.
Signés: G. Acatebled *et autres illisibles.*

VIEFVILLERS.

SEIGNEURIE.

Écrite sur le recto d'un long rôle de parchemin formé de la réunion de trois peaux cousues ensemble. Pourrie et rongée sur tout le côté droit. 27 articles émargés de contredits.

Ce sont les coustumes locales dont l'on use. . . . . de Viefvillers, appartenant à noble homme Jehan de. . . . .

Les 5 premiers articles règlent la condition des fiefz.
6. A la vente des héritages cottiers il est dû le XIIᵉ denier.
Le seigneur a droit de voirie, de champart, de rouage, de forage, d'herbage, de tonlieu, d'étallage et bornage.

21. Item, icelluy seigneur a en sa ditte terre et seigneurie droit d'herbage qui est tel que ceulx qui ont bestes à layne, de treize et au-dessus doivent chascun an au seigneur une beste choisie aprez ce que le bergier . . . . . . et au-dessous de treize bestes ils doivent audit seigneur une obole pour une beste au jour saint Jehan Bap. . . . .

Opposition: les habitans dient quilz ne doibvent que de xiii agneaux l'un et audessoubz de xiii de chascun agneau une obole au jour saint Jehan; et s'en rapportent à la coustume générale.

Parmi les signatures on distingue: Jehan Deulin. — Evrardin Cornet. — Anthoine Pourquier. — Anthoine Cornet *prêtre.* — Sire Jehan Descousti *prêtre.* — Benoit le Parmentier. — Anthoine Descousti. — Jehan Descousti dit Lamoureux *et autres illisibles*

NOTES

DE LA DEUXIÈME SÉRIE.

(*Les Notes non signées sont de l'Editeur.*)

Note 1. — Page 165.

AGNIÈRES. — ART. 4 : *Quils mettent leurs bastons jus.*

Les fêtes des campagnes auraient été trop souvent ensanglantées par les rixes des paysans, si la coutume n'avait pas donné au seigneur le moyen de les prévenir. C'est comme gardien de la paix publique, qu'il défend que l'ouverture des jeux et des divertissements ait lieu avant qu'il ait donné son consentement. C'est dans cette vue que les coutumes locales d'Agnières et de N.-D. de Beaupré lui permettent d'interdire le port de bâtons sur le lieu et pendant la durée de la fête patronnale, et punissent l'infraction de cette défense d'une amende de LX sols parisis.

« Qui va contre le defense au seigneur, dit
» Beaumanoir, si comme se li sires deffent en se
» terre jeu de dés et aucun y joue, ou li sires
» deffent à porter coutel apointé, ou aucune au-
» tre arme molue ou arc ou sajetes, et aucunz
» les porte... Quiconque contre tex deffenses va,
» li hons de poeste est à V saus d'amende et li
» gentix hons à X saus. » (Cout. de Beauvoisis
ch. 30 art. 34.)

La différence dans le taux de l'amende provient sans doute de ce que, dans le cas spécifié par Beaumanoir, il s'agit d'une interdiction absolue de porter des armes offensives, tandis que la coutume d'Agnières dispose pour un cas tout à fait éventuel. Ici la peine est d'autant plus sévère que, la prohibition ayant moins de durée, il est plus facile de s'abstenir.

Note 2. — Page 167.

BETTEMBOS. — ART. 5 : *Au maisné héritier..... compette et appartient.*

Il n'y a que quatre coutumes dans la prévôté de Beauvoisis qui accordent une semblable réserve au moins âgé des enfants, dans la succession des père et mère. On en compte à peu près un pareil nombre dans la prévôté de Vimeu. Presque toutes ces coutumes disposent dans des termes différents et ne s'accordent point entre elles sur le *quantum* des avantages qu'elles garantissent au puiné. Sans rechercher la cause de leurs variations à cet égard, nous croyons qu'il est infiniment plus intéressant d'essayer de découvrir, s'il se peut, l'origine de ce droit de succession tout à fait exceptionnel et en dehors des usages et des principes de la féodalité. Mais c'est un soin que nous devons laisser à notre collègue M. Breuil.

ORIGINE DU DROIT DE MAINETÉ.

D'anciennes coutumes germaniques consacrent le privilége du plus jeune en matière de succession. Ce privilége n'est guères observé parmi les princes, mais bien parmi les nobles et les paysans, et souvent il se restreint à certains objets de la succession. Dans la seigneurie d'Or, l'aîné succédait, dans celle de Chor, c'était le cadet. (Rive, *Bauerngüterwesen*, page 237.) — A Corvei (Corbie, nouvelle Corbie) en Westphalie, le plus jeune des fils héritait de la maison. (*Wigand provinzialrecht von Corvei*, p. 9.)

Jacob Grimm, qui cite ces exemples, dans son livre des Antiquités du droit germanique, appelle en même temps l'attention sur un autre privilége du cadet, non moins important que celui qui nous occupe, et consacré par un assez grand nombre de coutumes. La règle générale du droit germanique était que, si le père et la mère se trouvaient tous deux dans les liens du servage proprement dit, ou du servage mitigé qu'on appelait *hærigkeit*, l'enfant auquel ils donnaient le jour était comme eux serf ou *hærig*. En Saxe, on admit quelques exceptions à cette loi rigoureuse, et, chose remarquable, les exceptions favorables aux cadets, furent plus nombreuses que celles favorables aux aînés. Ainsi, tandis que le droit d'Osnabrück déclarait libre le premier né d'une femme serve, d'autres droits westphaliens (Rietberger landrecht 3. 48; Sandweller goding § 143; Twenter hofrecht) statuaient que, de deux jumeaux mis au monde par une femme serve, le cadet devait être libre. — Souvent, disent les Kindl.hœrigk. p. 229-236 (années 1101, 1134) le fils aîné, issu de parens *hœrige*, devenait *hœrig* comme eux, et les puînés étaient libres.

Revenons au privilége du cadet dans les successions. Grimm, toujours soigneux de rechercher dans les traditions populaires, dans les contes d'enfans même, la plus légère trace, le plus léger reflet des institutions du droit germanique, ne manque pas de signaler la tradition suivante, fort répandue en Allemagne. La Mandragore, autrement appelée galgenmœnnlein (petit homme de potence), est une plante que l'on dit être née des larmes ou du sperme que répand un pendu; celui qui la veut posséder doit accomplir plusieurs formalités difficiles. S'il parvient à s'en emparer, la Mandragore devient, sous la forme d'un petit être humain, un gage de richesse et de prospérité. Elle répond aux questions qui intéressent l'avenir et le bien-être de son possesseur; la pièce d'argent qu'il place la nuit sous elle, se trouve doublée le matin, etc.

L'héritage d'un pareil talisman est sans doute d'un prix inestimable; eh bien! dit Grimm, quand le possesseur *du petit homme de potence*, ou Mandragore, vient à mourir, c'est son plus jeune fils qui en hérite, à la condition toutefois de mettre dans le cercueil de son père, pour être enterrés avec lui, un morceau de pain et une pièce d'argent. L'héritier meurt-il avant le père, la Mandragore devient alors le partage du fils aîné, mais toujours à condition que le *plus jeune* aura été enterré avec du pain et de l'argent.

Telle est cette intéressante tradition de la Mandragore, qui témoigne si bien de la popularité acquise au privilége du cadet. M. Michelet, au lieu de la mettre en relief, comme nous venons de le faire, a écrit dans ses Origines du droit français, quelque chose de faux et d'inintelligible à la fois. « L'héritage du cadet, dit-il, s'appelait en vieil allemand galgenmœnnlein (petit homme du gibet, petit pendard) », et il renvoie le lec-

teur à la page 474 des *Antiquités du Droit*, de Grimm. Or, si l'on examine cette page 474, on y trouve une note ainsi conçue : « das galgenmœnnlein erbt auf den iüngsten sohn. Deutsche sagen, n° 83. » Ce qui signifie en français : « le petit homme de potence, ou Mandragore, passe en héritage au plus jeune fils. Voyez es Traditions allemandes, n° 83. »

M. Michelet n'a pas compris la phrase allemande, et, sans se soucier de recourir aux *Traditions* qui l'eussent éclairé, il fait dire à Jacob Grimm une absurdité. On doit déplorer qu'un historien, dont la science et le talent sont incontestables, ait apporté dans son travail sur les Origines du droit, tant de précipitation et de légèreté. Que doivent penser de nos écrivains d'élite, les savans de l'Allemagne, lorsqu'ils voient leurs œuvres ainsi défigurées, travesties?

Sachons gré cependant à M. Michelet d'avoir ajouté quelques citations nouvelles à celles déjà faites par Grimm sur le privilége du cadet.

M. Michelet rapporte d'abord la Coutume de Kent, portant que *l'astre* (astrum, le foyer) *demurra al puné*. Dans cette coutume, dit-il, le plus jeune a le foyer et quarante pieds autour.

Il montre ensuite que le privilége du cadet n'était pas inconnu dans notre Bretagne; et il allègue en preuve deux dispositions, l'une de l'usance de Quevaize, l'autre de l'usement de Rohan. *L'homme laissant plusieurs enfans légitimes, le dernier des mâles succède seul au tout de la tenue, à l'exclusion des autres; et, à défaut des mâles, la dernière des filles, sans que les autres puissent prétendre aucune récompense*. Usance de Quevaize, art. 6.

En succession directe de père et de mère, le fils juveigneur et dernier né desdits tenanciers succède au tout de ladite tenue, et en exclut les autres, soient fils ou filles. — Le fils juveigneur, auquel seul appartient la tenue, comme dit est, doit loger ses frères et sœurs jusques à ce qu'ils soient mariés; et d'autant qu'ils seraient mineurs d'ans, doivent les frères et sœurs être mariés et entretenus sur le bail et profit de la tenue pendant leur minorité; et estans les frères et sœurs mariés, le juveigneur peut les expulser tous. Usement de Rohan, art. 17 et 22.

Maintenant quelle cause assigner à ce privilége du cadet, constituant une dérogation si étrange aux lois de succession généralement établies? Remarquons d'abord qu'on le rencontre surtout en Westphalie, c'est-à-dire dans une partie du pays occupé anciennement par cette vaste confédération saxonne, qui s'étendait depuis l'Elbe jusqu'aux rivages de l'Océan germanique. Les Saxons étaient les navigateurs les plus hardis, les guerriers les plus intrépides. Nés dans une contrée pauvre et sauvage, dédaignant la culture du sol, ils ne vivaient que du butin conquis dans leurs émigrations ou dans leurs combats avec les tribus voisines. On conçoit facilement dès lors que chez un tel peuple, le père de famille voulût contraindre les aînés, c'est-à-dire les plus forts, les plus habiles, à faire eux-mêmes leur fortune, et qu'il transmît ses biens, ou du moins le meilleur de ses biens, au cadet, qui était incapable, à cause de son âge, de se procurer des ressources personnelles.

Si le privilège du cadet se trouve consacré par la Coutume de Kent, n'est-il pas probable qu'il aura été importé par les Saxons dans ce pays, premier siège de leur invasion et de leur domination en Angleterre? Et si ce même privilège apparaît dans plusieurs coutumes locales de la Picardie, de la Flandre et du Hainaut, ne peut-on conjecturer encore qu'il aura été emprunté aux Saxons transportés en France par Charlemagne. Eginhard ne dit pas, en faisant mention de cette translation, quels furent les lieux de résidence assignés à la colonie saxonne; mais elle fut sans doute établie en grande partie dans les contrées qui forment aujourd'hui la France septentrionale; car, pour empêcher les exilés de retourner dans leur patrie, il était naturel qu'on les mêlât de préférence avec des populations qui parlaient l'idiome germanique, et dont les mœurs étaient les plus analogues aux leurs.

Il est difficile d'attribuer une origine saxonne aux dispositions des usances de Bretagne que nous avons citées; mais rappelons-nous que les Bretons étaient essentiellement navigateurs et guerriers; ainsi les mêmes motifs qui avaient développé, dans une partie de la confédération saxonne, le privilège du cadet, ont pu le faire naître spontanément aussi dans diverses localités de la Bretagne.

A. BREUIL.

NOTE 3. — PAGE 169.

BOVES. — ART. 8 : *Il ne loist à nul de quelque estat ou condition qu'il soit, chasser ne faire chasser...*

L'exercice de la chasse a été, dans tous les siècles, d'autant plus commun que les nations étaient moins civilisées. Encore aujourd'hui, les hordes sauvages qui vivent au milieu des forêts du nouveau monde, ne sont, à vrai dire, que des peuples chasseurs, car dans le premier âge de la vie sociale, la chasse étant un moyen de se procurer l'existence, chacun s'y adonne par nécessité; mais à mesure que la civilisation fait des progrès et que l'agriculture et l'industrie fournissent amplement à tous les besoins, la chasse n'est plus et ne doit plus être qu'un délassement réservé à ceux qui ont le loisir de s'y livrer. Dès lors on conçoit que la société se partage en deux classes : l'une à laquelle le droit de chasse est attribué comme un privilège, comme une marque de noblesse et de distinction; l'autre à laquelle il est interdit comme incompatible avec les devoirs et les exigences de sa profession.

Les Germains lorsqu'ils n'étaient pas en guerre avec leurs voisins, n'avaient d'autre distraction que la chasse. Aussi paraît-il certain qu'en France la liberté de cet exercice a été restreinte dès l'origine de leur établissement, car nous les voyons punir comme un crime capital la chasse dans les domaines du fisc : témoin ce chambellan que Gontran roi de Bourgogne fit lapider pour avoir tué un buffle dans la forêt de Vangenne. La loi salique défendait de mettre à mort un cerf élevé pour la chasse et punissait d'une forte amende celui qui tuait un cerf ou un sanglier poursuivi par un autre chasseur. Les rois de la seconde race, avaient un grand-veneur parmi les officiers de leur maison. Charlemagne prescrivait à ses forestiers de veiller à la conservation du gibier dans les forêts domaniales. Charles-le-Chauve désignait celles où son fils et ses leudes ne pourraient chasser.

La chasse doit être prise ici dans son sens le plus absolu et s'entendre de tout fait de l'homme ayant pour objet la destruction de toutes les espèces d'animaux qui courent sur la terre, qui volent dans les airs ou qui nagent dans l'eau. C'est pourquoi le droit de garenne, c'est-à-dire l'interdiction de chasser dans une circonscription donnée, embrasse non-seulement les forêts et les plaines mais encore les étangs et les rivières; et les coutumes, dans ce cas, prononcent la confiscation des armes, chiens, oiseaux, filets, engins

et autres instruments qui manifestent l'action ou la tentative du délit de chasse ou de pêche.
(*Voyez la note suivante.*)

Note 4. — Page 170.

Boves. — Art. 10 : *Nul ne peut par le moyen dudit droit de garenne.*

Sirmond, dans ses notes sur les capitulaires, Ragneau, dans son Glossaire du droit français, Ménage, dans son Dictionnaire étymologique, ont remarqué que le nom de *forêt* comme celui de *garenne* convenait également aux *rivières* et aux *bois* parceque les bêtes nommées *feræ* y sont garanties comme dans un fort.

Garenne est un mot générique qui signifie toute terre, tout héritage défensable, c'est-à-dire, où il n'est pas permis d'entrer et dont personne ne doit user sans la permission du seigneur ou du propriétaire.

Ce mot s'applique aux bois, broussailles, bruyères où il y a du gibier, et aux rivières et étangs où il y a du poisson.

Il y avait autrefois deux sortes de garennes, les garennes ouvertes et les garennes fermées.

Les garennes ouvertes comprenaient toute l'étendue de pays où un haut seigneur exerçait exclusivement le droit de chasse. Personne ne pouvait avoir garenne ouverte sans la permission du roi, la possession quelque longue qu'elle fût ne suffisait pas pour légitimer un semblable privilège ; car rien n'était plus triste que la condition des paysans sur lesquels pesait la servitude du droit de garenne ouverte. Il leur était interdit sous les peines les plus sévères de tuer les lapins, fléau de leurs récoltes et même les loups destructeurs de leurs troupeaux (ordonnance de Charles VI du 25 mai 1418 art. 241.) Si les rois de temps en temps, se montraient disposés à accueillir leurs doléances sur ce point, c'était aux époques calamiteuses où ils avaient besoin de subsides. On peut voir par les ordonnances du roi Jean de 1350, 1352, 1353 et 1354 qui interdisent les nouvelles garennes dans le bailliage de Vermandois, combien ces ordonnances étaient mal exécutées, puisqu'il fallait les réitérer pour ainsi dire chaque année. L'ordonnance du roi Jean du 28 octobre 1355 et l'article 20 de l'ordonnance faite en conséquence des Etats de la Langue-d'Oil en 1356, permettent à toutes personnes de chasser sur les terres où des garennes ont été induement établies (Ordonnances tom III p. 31 et 136. — *Ibid* tom IV p. 447.) Mais ce n'était qu'avec la plus grande réserve qu'on accordait cette faveur aux non-nobles. On donnait pour prétexte qu'il ne fallait pas que la chasse les détournât du labourage ou du commerce, ou les rendît fainéants et les portât à devenir voleurs et meurtriers. (Ibid. tom VIII, p. 117.) Le réglement fait pour la police du royaume le 25 mai 1418, montre, mieux encore, jusqu'à quel point on craignait que le paysan n'abusât du droit de détruire les animaux nuisibles aux biens des champs. « Plusieurs seigneurs, porte l'art. 242 de
» cette ordonnance, de nouvel et puis XL ans en
» ça, par le grant force et puissance et par la
» faiblesse et povreté et simplesse de leurs sub-
» jetz, ont fait nouvelles garennes et estendu les
» anciennes, en despeuplant les pays voisins des
» hommes et habitans, et les peuplant de bestes
» sauvages, parquoy les labourages et vingnes
» des povres gens ont esté tellement ravagez et
» gastez par icelles bestes sauvages, que icelles
» povres gens n'ont pas de quoy vivre et leur a
» convenu laissier leur domicile. Parquoy .. don-
» nons congié à toutes personnes de chasser es
» nouvelles garennes et accroissemens d'anciennes
» garennes, pourvu quilz ne soient mie laboureurs
» ou gens de petit estat qui sy pourroient oc-
» cuper en délaissant leur mestier. » (Ordonn. tom X, p. 133 et 242.)

Il y avait aussi des garennes fermées de murailles ou de fossés remplis d'eau. Tels étaient ces parcs immenses où de hauts et puissans seigneurs élevaient à grands frais des cerfs, des chevreuils, des faisans. Mais, en général, on donnait ce nom à des parties de bois closes de fossés ou de haies vives qui étaient interdites à l'usage des habitants, pour que le gibier s'y conservât mieux et multipliât davantage. Les lapins constituaient le principal revenu de ces réserves qui quelquefois étaient données à ferme, quelquefois exploitées par les seigneurs. Les lapins de la garenne de Picquigny, en 1410, étaient vendus pour le compte du vidame. Voici l'état de tous ceux qui furent livrés à un marchand de Paris depuis le 16 octobre 1409 jusqu'au 18 février 1410.

« Le 16 octobre livré à Colin de Vaulx, pou-
» laillier demeurant à Paris, cent vingt coins au
» prix de onze francs le cent et quatre d'avantage
» sur chacun cent, cy 120. — Le 24 octobre,
» 120. — Le 29 octobre, 120. — Le 5 novembre,

» 120. — Le 12 novembre, 120. — Le 19 novembre,
» 140. — Le 27 novembre, 140. — Le 3 décembre,
» 140. — Le 10 décembre, 140. — Le 17 décembre,
» 140. — Le 25 décembre, 140. — Le 31 décembre,
» 140. — Le 7 janvier, 140. — Le 14 janvier, 140.
» — Le 21 janvier, 140. — Le 28 janvier, 140.
» — Le 3 février, 160. — Le 11 février, 160. —
» Le 18 février, 160. — Total 2,620. » (Archives du département de la Somme, Titres de Picquigny. Compte de 1409 à 1410.)

Par cet aperçu, on peut juger de l'importance de la garenne de Picquigny et du revenu que le seigneur tirait de ses lapins. Ce seigneur payait, à raison de 22 sols par mois, chacun des gardes qui avaient la charge de surveiller sa garenne depuis le premier août jusqu'au jour de carême prenant. « A Jehan Damiens pour avoir esté à le ga-
» renne depuis le premier d'aoust jusques au jour
» de caresme prenant le vingt-deuxième jour de
» février qui font six mois et trois sepmaines à lui
» payé vingt-deux sols par mois qui font 7 livres
» 8 sols 6 deniers. (Ibid.) — A Colin le faucon-
» nier pour avoir aidié à garder le warenne pen-
» dant ledit temps, au même pris, 7 livres 8 sols
» 6 deniers. (Ibid.)

Cette sévérité de surveillance, coûta la vie, en 1409, à un nommé Jean Potel. Il fallut bien des peines et bien des démarches pour obtenir le pardon des garenniers qui s'étaient rendus coupables de ce meurtre, et le bailli d'Amiens ne consentit à entériner les lettres de grâce qu'à la condition qu'ils se constitueraient prisonniers, ce qui eut lieu le jour des brandons. « A Gilles
» de Rivières à lui baillié pour aler à Paris pour
» impétrer la rémission des warenniers pour le mort
» de feu Jehan Potel XVI sols. — Item baillié
» aux warenniers le jour des brandons, au com-
» mandement du bailli, pour faire leurs despens,
» pour ce que ad ce jour ils allèrent en prison
» pour eux purger et faire entériner leurs lettres
» de rémission, XXXVI sols. » (Ibid.)

NOTE 5. — PAGE 170.

BOVES. — ART. 11 : *Pour chasser aux cygnes.*
Il parait, d'après cet article, que le seigneur de Boves avait, sur la rivière d'Avre et ses affluens, par rapport à la chasse aux cygnes, les mêmes priviléges que l'abbé de Corbie, l'évêque, le chapitre d'Amiens et quelques-uns de leurs vassaux, avaient sur la rivière de Somme.

Pour les détails de cette chasse, on peut consulter les Antiquités d'Amiens par le chanoine de la Morlière, les inventaires de Corbie et du chapitre de la cathédrale. On y trouve des procès-verbaux et des pièces qui ne sont pas sans intérêt, du moins si l'on en juge par les extraits qu'en a donnés l'auteur d'une publication récente, M. ROGER, *secrétaire particulier de M. le Préfet de la Somme*, dans ses *Archives historiques et ecclésiastiques de la Picardie et de l'Artois*, tom. Ier, page 159.

NOTE 6. — PAGE 171.

BOVES. — ART. 18 : *En cas d'appel, le bailli dudit Boves peut baillier commission pour adjourner et anticiper.*

Dans l'usage de la jurisprudence coutumière, on entendait, par *anticipation*, l'assignation que l'intimé faisait donner à l'appelant pour accélérer le jugement de l'appel. A une époque plus reculée, ce mot avait une signification différente : il désignait la commission du juge en vertu de laquelle l'intimé faisait assigner l'appelant avant et hors le temps des assises ordinaires : « Aucuns, dit
» Ragueau, dans son Glossaire, estiment que le roi
» seul peut donner lettres d'anticipation ; tellement
» que le pouvoir de donner anticipation a été
» débattu aux pairs lais. »

L'article 18 de la coutume de Boves, consacre donc un privilége dont ne jouissaient pas les autres baronnies.

NOTE 7. — PAGE 171.

BOVES. — ART. 19 : *Le seigneur n'est tenu de recevoir aucun collége... que on dit main-morte d'homme.*

Existimatur immortalis possessio ecclesiæ, collegii, municipii, civitatis, cœnobii et corporis alicujus : quia nunquam heredem habere desinunt, nec prædia jurave sua alienare possunt. (De Laurière, Gloss. tom 2, p. 79.)

Voir ci-dessus, p. 149, note 64.

NOTE 8. — PAGE 171.

BOVES. — ART. 20 : *Visitacions des fosses communes... pour esviter aux inconvéniens des feux.*

Cette coutume, toute particulière au village de Boves, s'explique par la position de ce village au milieu d'un marais. Elle prescrit à chaque habitant de curer, chacun à l'endroit de son ténement, les fosses ou réservoirs à eau qui doivent servir en cas d'incendie. On se demande pourquoi un usage aussi salutaire n'était pas plus généralement répandu.

NOTE 9. — PAGE 172.

BOVES. — ART. 23 : *Ledit seigneur, peut faire appeler par trois tierchaines.*

« Se aucuns, dit Beaumanoir, (Cout. de Beau-
» voisis, ch. 30, art. 13.) est apelés pour cas
» de crieme et il ne vient pas, ains atent qu'il
» est banis, s'il est puis repris, il doit estre jus-
» ticiés selonc le meffait pourquoi il est banis. »
Ceci explique pourquoi la peine de la hart était ajoutée à celle du bannissement en matière de contumace. (Voir ci-dessus page 102, note 4 *in fine.*)

NOTE 10. — PAGE 172.

BOVES. — ART. 26 : *Mouvance de Coucy.*

A cette énonciation si positive de l'article 26 de la coutume de Boves qui place cette baronnie, du moins pour la plus forte part, dans la mouvance de Coucy, il est curieux d'opposer un acte d'investiture du dixième jour de novembre 1458 qui la contredit de la manière la plus formelle.

« Le dixième jour de novembre l'an mil quatre
» cens cinquante-huit, noble et puissant seigneur
» monseigneur Ferri de Lorraine, comte de Wau-
» demont, *seigneur de Boves et de Caix*, fit hom-
» mage à révérend père en Dieu monsieur Michiel
» abbé de Corbie *des deux fiefs dessus dits, te-*
» *nus de ladite église*, c'est assavoir *ledit fief*
» *de Boves en pairie* et le fief de Caix à soixante
» sols parisis de relief et trente sols de cham-
» bellage : lesquels fiefs avoient été relevés par
» Guy de Talmas, procureur dudit seigneur, comme
» il appert ci-devant; auquel hommage il fut reçu
» par mondit seigneur; et fit les sermens en tel
» cas accoutumés : et fut fait ledit hommage de
» bouche et de mains, devant les corps saints en
» l'église St-Pierre de Corbie ; présens Miquiel de
» Bulles, Jehan le Sénéchal, Martin le Cocq, Si-
» mon d'Amiens, hommes liges, mons. Jehan le
» Villain, bailli de Corbie et Dampt Jehan Roussel
» official, Dampt N. Jardin, prévôt et plusieurs
» autres; et lui bailla monseigneur de Corbie un
» annel d'or. » (Mémoire pour l'abbé de Corbie,

contre le sieur Calmer, au sujet de la mouvance de Picquigny, in-4°, Paris 1779, p. 20.)

NOTE 11. — PAGE 173.

BOVES. — ART. 28 : *Chevaux déferrés des deux pieds de derrière.*

Nous cherchons le motif de la disposition de la coutume de Boves qui ne permet qu'aux chevaux déferrés des deux pieds de derrière, l'entrée du marais où les habitants envoient paître leurs bestiaux. Peut-être a-t-on voulu, par ce moyen, s'assurer qu'on n'y introduirait que les chevaux malades, puisque l'opération du déferrement indique suffisamment que le cheval qui l'a subie est hors d'état de faire un service journalier.

NOTE 12. — PAGE 173.

BOVES. — ART. 29 : *Audit seigneur appartient droit de vin qui est tel...*

Le seigneur de Boves n'était pas le seul qui jouit du droit exorbitant mentionné dans l'art. 26 de la coutume de cette baronnie. La charte de commune donnée en 1246 par Jean, comte de Dreux et de Saint-Valery, à la ville de Domart en Ponthieu, contient une réserve à peu près semblable : « Lorsque le seigneur, porte l'art. 34,
» vend le vin de sa provision, il a le droit d'em-
» pêcher qu'on en vende dans la ville autre que
» celui qui est en perce : *Preter vina illa que*
» *jam sunt afforata.* » (Ordonnances, tom VII, p. 692, art. 34.)

Dans les lettres de privilége qu'il accorda en 1174 aux habitans de la ville de Tonnerre, Gui comte de Nevers, retient le *banvin*, c'est-à-dire le droit de vendre seul le vin en détail, pendant deux mois de l'année, savoir en août et en l'un des trois mois de mars, d'avril ou de mai. (Ordonnances, tom XI, p. 218, art. 7.)

De même, dans un accord du mois de janvier 1392 V. S. avec les habitants du lieu nommé Laudusum, l'évêque de Clermont en Auvergne, réserve à lui seul ou à ceux à qui il l'affermera, le droit de vendre le vin pendant le mois d'août. (Ordonnances, tom VIII, p. 206, art. 46.)

Enfin, on lit dans la charte d'établissement de la commune de Saint-Dizier de 1228, art. 29 :
« Sciendum quod in predicta villa, ex parte do-
» mini, de cetero bannum aliquod non erit, nisi
» quod in vino habebit dominus bannum per men-
» sem, et incipiet illud in crastino natalis do-

» mini, et durabit continue per quatuor septi-
» manas et non plus. » (Les Olim tom II, p. 707.)

Note 13. — Page 173.

Boves. — Art. 30 : *Toutes personnes subjectes au droit de travers.*

« Anchiennement, dit Beaumanoir, fu fes uns » establissemens comment on maintenroit le lar- » guece des voies et des quemins, si que le pue- » ples peust aler de vile à autre, de castel à au- » tre et de cité à autre ; et que marceandise » peust aler partout et corre sauvement le pays, » en le garde des seigneurs. — Et pour les mar- » ceans garder et garantir furent estavli li travers. » (*Cout. de Beauvoisis*, chapitre 25, *édition de M. Beugnot*, tom 1er, pages 356-357.)

Ce droit était donc payé par le marchand en retour de la protection que le seigneur bénéficiaire du péage, garantissait à sa marchandise pendant le temps qu'elle mettait à traverser sa seigneurie. Mais pour que ce droit pût être exigé, il fallait que le seigneur fût assez puissant pour maintenir la sécurité de la voierie : aussi n'y avait-il que le possesseur du fief tenu par baronnie qui pût établir un travers et en percevoir les émoluments. « De droit commun, ajoute le même au- » teur, si tost comme li marqueant entrent en au- » cun travers, il et lor avoirs sont en le garde » du seigneur qui li travers est, moult doivent » mettre grant peine li seigneur qu'il puissent aler » sauvement, car moult aroit li siècles de sou- » freté se marceandise n'aloit par terre. » (Ibid. Ibid.) Un arrêt rendu au parlement, de la Toussaint 1265, tend à établir que, une fois le droit de travers acquitté, le seigneur devenait responsable de tout ce qui pouvait être pris au marchand, dans les limites de sa juridiction. Voici cet arrêt : « Cum Renaudus de Rostigas, mercator » Placentinus, multritus fuisset juxtà Attrebatum, » primâ die Quadragesime, et quedam pecunia » fuisset eidem ablata, quidam mercatores socii » ejusdem, pecierunt, à comite sancti Pauli, qui » tunc tenebat comitatum attrebatensem, quod dic- » tam pecuniam, ipsi multrito ablatam, sibi red- » deret, cùm in pedagio ipsius comitis, in quo » dictus mercator fecerat quod debuerat, sicut » dicebant, fuisset multritus. Ad hoc responde- » batur pro ipso comite, quod non tenebatur » ipsam pecuniam restituere, cùm idem mercator » fuisset multritus post solis occasum ; et secundum

» consuetudines Francie, pecunias ablatas mercato- » ribus, infrà pedagia dominorum, ante ortum » solis et post solis occasum non teneantur ipsi » domini eas restituere, sicut dicebatur pro ipso ; » quod quidem ex parte ipsorum mercatorum ne- » gabatur expressè : — Tandem auditis hinc inde » propositis, quia inventum fuit per inquestam, » de mandato domini regis inde factam, quod » idem mercator multritus fuit post occasum solis » ita quod non potuisset ivisse, per unam leucam » sicut quidam testium dicebant, vel per dimi- » diam sicut alii asserebant, usque ad noctem, » determinatum fuit quod idem comes non tene- » batur ipsam pecuniam, sic ablatam, restituere. » (Olim, tom 1er, page 624. XIV.)

C'est sans doute de cet arrêt qu'Adrien de Ileu a voulu parler, en ses observations sur l'article 192 de la coutume d'Amiens (p. 605 n° 57.) « Anciennement, dit-il, si aucun estoit détroussé » en chemin public, le seigneur qui levoit le » droit de passage et avoit la justice du lieu, » estoit tenu de le rembourser suivant qu'il a esté » jugé dès l'an 1369 contre le seigneur de Vier- » zon et encore contre le comte de Bretagne en » l'an 1273 et contre le comte d'Artois en l'an » 1285; *mais si le vol estoit fait devant soleil » levé ou apres soleil couché le seigneur n'en » estoit tenu, comme il a été jugé pour ledit » comte d'Artois et le comte de Saint-Pol en » 1295.* » (1265.)

Pour le mode de perception et les exemptions de droit de travers, voyez Beaumanoir *ut suprà* chap. 30, articles 68 et 69.

Note 14. — Page 175.

Boves. — Signatures : *Signe emprunté par Mathieu Lepher.*

Ordinairement, lorsqu'une personne ne savait pas signer, elle apposait une marque ou un signe quelconque, et le greffier mentionnait, à côté de cette marque, le nom de celui qui l'avait faite. Mais ici la signature de *Jehan Herlin* est apposée deux fois, une fois sans commentaire et une fois avec cette mention : *Signe emprunté par Mathieu Lepher vigneron demeurant à Boves.* Veut-on dire par là que le nom ou plutôt la marque de *Jehan Herlin* a été, du consentement de celui-ci, imitée par Mathieu Lepher? Cette supposition est permise, et nous l'adoptons d'autant plus volontiers qu'il nous serait difficile de donner une autre explication des mots : *signe emprunté.* Au moyen-âge, (du moins cela n'est pas sans exemple) un seigneur qui n'avait pas encore de sceau qui lui fût propre, se servait, pour sceller ses actes, du sceau de son prédécesseur. Par la même raison un paysan illettré, croyait pouvoir emprunter, comme signe représentatif de sa propre individualité, la signature d'un ami ou d'un voisin, pourvu toutefois qu'une autre main se chargeât d'exprimer la sigification de cet emprunt.

Note 15. — Page 175.

Boves. — *In fine : Le jeudi XVIe jour de septembre* 1507.

Cette date paraît fautive. En effet, sous la date du *jeudi XV septembre*, nous avons une délibération de l'échevinage d'Amiens de laquelle il résulte qu'une assemblée indiquée, ce jour-là, pour la vérification des coutumes de la prévôté de cette ville, n'a pu avoir lieu parceque *un grand nombre de personnes dont la présence aurait été nécessaire, étaient allées à Boves pour assister à la rédaction des coutumes de cette châtellenie.* (*Archives de la Mairie*, 20.e registre T.)

Note 16. — Page 180.

Hamel de Metz. — Art. 9 : *Qui ont guèdes croissans...*

La guède ou pastel, plante destinée à la teinture en bleu, fut long-temps l'objet d'un commerce d'exportation considérable, pour les habitants d'Amiens. Cette ville avait placé en tête de ses corporations d'arts et métiers, la classe de citoyens qui s'adonnait à cette industrie, sans doute par reconnaissance de la prospérité qu'elle avait attirée sur elle. Malheureusement les découvertes des Portugais dans les Grandes-Indes, changèrent cet état de choses et l'indigo détrôna la guède. L'article 9 de la coutume de Hamel-de-Metz ne permet pas de douter que le sol des environs d'Amiens ne convint parfaitement à cette plante qui paraît y avoir été cultivée avec succès pendant les XIIIe, XIVe et XVe siècle. (Voir ci-dessus la notice sur Amiens, p. 38, 39 et 40.)

Note 17. — Page 183.

Molliens-Vidame : *Echevinage.*

Molliens-Vidame, comme le mot l'indique, a toujours été sous la dépendance immédiate des seigneurs de Picquigny qui, dit-on, l'érigèrent en commune au commencement du XIIIe siècle. La coutume de son échevinage que nous publions aujourd'hui contient la preuve que la charte organique de cette commune était, quant à l'esprit de ses principales dispositions, conforme à la charte de commune d'Amiens.

Note 18. — Page 184.

Molliens-Vidame. — Art. 3 : *Se aucuns bourgois frape l'ung desdits eschevins...*

Le bourgeois qui a frappé un échevin est condamné à perdre le poing ou à le racheter par une amende de neuf livres, dont la commune a les deux tiers et le seigneur l'autre tiers. Cette disposition pénale n'a été empruntée ni à la charte de commune d'Amiens qui est muette sur ce point, ni aux Anciens usages de cette cité qui prononçaient seulement une amende de LX livres ou le bannissement. (Voir ci-dessus p. 112, note 25.)

Note 19. — Page 184.

Molliens-Vidame. — Art. 5 : *Se habitans dudit Molliens dient l'ung à l'aultre aucunes injures.*

Cet article traduit presque littéralement l'art. 10 de la charte de commune d'Amiens. (Voir ci-dessus, p. 64.)

Note 20. — Page 184.

Molliens-Vidame. — Art. 7 : *Se aucuns enfraint la justice desdits maire et eschevins.*

L'article 18 de la charte de commune d'Amiens punit aussi d'une amende arbitraire celui qui enfreint à escient les establissemens de commune. (Voir ci-dessus p. 67.)

Note 21. — Page 185.

Molliens-Vidame. — Art. 16 : *Se le prévost ne fait raison et justice.*

Ici il ne peut pas y avoir d'équivoque. il est évident que cette disposition de l'art. 16 de la coutume de Molliens-Vidame a été copiée sur l'article 30 de la charte de commune d'Amiens. (Voir ci-dessus p. 71.)

Note 22. — Page 186.

Molliens-Vidame. — Art. 20 : *Se aucuns aliés par mariage ont aucuns enfans.*

Copié sur l'article 34 de la charte d'Amiens. (Voir pp. 70-71.)

NOTE 23. — PAGE 186.

MOLLIENS-VIDAME. — ART. 21 : *Une femme ne peut vendre ne engager son douaire.*

Copié sur l'article 21 de la charte d'Amiens. (Voir pp. 68-69.)

NOTE 24. — PAGE 186.

MOLLIENS-VIDAME. — ART. 22 : *Le mort saisist le vif...*

Cette disposition est conforme à celle de l'article premier des coutumes locales de la ville d'Amiens, rédigées en 1507. (Voir pp. 83 et 148, note 58.)

Cette règle de droit est formulée dans le chapitre IV, livre II des Etablissements de Saint Louis. *Li usage de Paris et d'Orliens si est tieux que le mort saisist le vif.* (Ordonn. tom 1ᵉʳ, p. 250.) « On voit par là, dit Laurière, (*loco citato.*) que cette règle est fort ancienne en » France et que c'est à tort que Cujas et Pithou » l'ont regardée comme un proverbe traîné dans » les ruisseaux des halles, en l'appelant *vocem* » *de via collectam.* »

NOTE 25. — PAGE 186.

MOLLIENS-VIDAME. — ART. 24 : *Là où il y a agard.*

Agard, pour *esward* inspecteur, surveillant.

NOTE 26. — PAGE 187.

PICQUIGNY : — *Seigneurie baronnie.*

La baronnie de Picquigny, une des plus anciennes et une des plus importantes du royaume, par l'étendue de ses domaines et par le nombre de ses vassaux qui montaient à plus de dix-huit cents, était autrefois un franc-aleu noble que les seigneurs ont de leur plein gré soumis à la mouvance de l'évêché d'Amiens. L'auteur des antiquités d'Amiens, la Morlière, d'accord en cela avec les actes de 1300 et de 1302, dont nous aurons bientôt occasion de parler, dit « qu'il est » prouvé par raison et par titres que la baronnie » de Picquigny est de celles qu'on nomme primi- » tives du royaume ou seigneurie de franc-aleu... » « Que le seigneur de Picquigny mu de dévotion, » ne mouvant auparavant de personne, avoua tenir

» sa terre du bras de monsieur Saint-Firmin, » comme il est évident par la charte de son tré- » sor littéral, cotée T. 3. »

Telle était originairement la nature de la baronnie de Picquigny, à laquelle est venu s'adjoindre l'état et office du vidamé d'Amiens.

Les vidames, comme l'on sait, étaient des hommes puissants que les églises choisissaient pour leurs défenseurs. Quelquefois ils accordaient gratuitement leur protection, quelquefois aussi ils exigeaient des concessions pour prix de leurs services. Celles que le seigneur de Picquigny se fit faire par l'évêque d'Amiens, consistaient dans le partage de la justice de cette ville, dans le droit de faire mesurer les grains qui se vendaient sur les marchés et dans quelques autres profits de même espèce.

Le seigneur de Picquigny était en même temps vidame d'Amiens et avoué de l'abbaye de Corbie. Nous le voyons en effet, au commencement du XIIIᵉ siècle figurer en cette qualité sur la liste des vassaux de la même abbaye.

Jusqu'au commencement du XIVᵉ siècle, ce seigneur ne parait pas avoir soumis son fief à aucune espèce de dépendance féodale. Quel motif a donc pu le porter à se reconnaître, à cette époque, vassal de l'abbé de Corbie et de l'évêque d'Amiens ? Pourquoi fait-il à ces deux prélats une déclaration explicite des fiefs et arrière-fiefs composant sa baronnie, *lui qui n'estoit mie tenu par droit ni par coustume, de donner dénombrement de son fief, chose qui n'avoit onc esté acoustumée ni faite par aucun de ses devanciers ?*

La raison la voici :

Le droit de convertir leur fief en arrière-fief, le droit de garde des églises et abbayes, le droit d'amortir les biens des fondations religieuses par eux faites, le droit de battre monnaie, le droit de haute justice criminelle, le droit de chasse et de garenne, le droit de foire et marché, le droit d'établir des communes et des échevinages dont le seigneur de Picquigny et ses prédécesseurs avaient toujours joui jusque-là, constituaient autant de droits régaliens dont le roi régnant, Philippe-le-Bel, s'efforçait chaque jour d'enlever la possession aux vassaux de la couronne.

Ainsi le droit d'amortissement avait été attaqué par Philippe-le-Hardi en 1275 et par Philippe-le-Bel en 1294. (Ordonn. tom 1ᵉʳ, p. 303 et 322.) Peu de temps après, ce dernier donna une nouvelle ordonnance qui conserva le droit d'amortir aux barons du premier ordre; mais qui enleva, aux barons du second ordre, l'amortissement des ventes et des donations faites par leurs vassaux aux églises, et qui leur refusa, pour l'avenir, le droit de fonder des abbayes, ne leur permettant que des fondations d'anniversaires pour le repos de leurs âmes. Le droit de battre monnaie dont ils avaient toujours eu le libre exercice, après avoir été restreint par Saint-Louis et Philippe-le-Hardi, fut, sous Philippe-le-Bel, subordonné à une confirmation expresse de ce monarque, puis suspendu jusqu'à nouvel ordre, et enfin supprimé en 1313. (Ordonn. tom 1er, passim.) — Le droit d'établir des communes et des échevinages, à l'époque où écrivait Beaumanoir, était déjà réservé au roi seul : « De nouvel, dit cet auteur, nus » ne puet faire vile de quemune ou royaume de » France sans l'assentement dou roi, fors que li » rois. » (Cout. de Beauvoisis, ch. 50.)

Le vidame de Picquigny n'aurait pas été fondé à se prétendre arrière-vassal du roi ; car Jean figure parmi les vassaux immédiats de la couronne qui furent sémons au mois de juillet 1302, pour faire partie de l'expédition contre les Flamands, après la bataille de Courtray. (De la Roque, Traité de la noblesse, du ban et arrière-ban, page 95.) C'est donc la crainte de perdre la possession des plus belles prérogatives de sa baronnie, des droits régaliens dont Philippe-le-Bel dépouillait ses vassaux, qui porta Jean de Picquigny à abandonner la mouvance du roi et à reconnaître l'abbé de Corbie et l'évêque d'Amiens pour suzerains. La preuve de la connivence de ces deux églises avec le vidame se reconnaît par la comparaison des deux traités. Pour en mieux démontrer l'identité nous les transcrivons ici en regard l'un de l'autre.

TRAITÉ
AVEC L'ABBÉ DE CORBIE
Du mois de Novembre 1300.

A tous chiaux ki ches presentes lettres verront ou orront. Jehans, Vidames d'Amiens, sires de Pinkeigny, salut en nostre seigneur. Sachent tous que nous avons les lettres de notre chier pere et seigneur Garnier, par la grace de Dieu, abbé de Corbie et du couvent de che mesme lieu, contenans la fourme qui sen suit. A tous chiaus ki ches presentes lettres verront et orront. Garnier, par la grace de Dieu, abbé de Corbie, salut en nostre seigneur. Comme nous aions entendu des anchiens que li seigneur de Pinkeigny, vidame d'Amiens, aient tous jours esté feable et ami à nostre eglyse de Corbie et à nos predecesseurs, et se soient porté envers eaus bien et loiaument et par leur œuvres appere quil aient esté sage et prudomme, et amé Dieu et sainte eglise. Et li bien qu'il ont fait ne sont a oublier, mais avoir en memoire a tous jours. Nommement de noble homme et no chier feable et ami Jehan, vidame Damiens, seigneur de Pinkeigny, qui tant pour laffection et lamour quil a à nous et à nostre eglise. Comme pour ensiewir les œuvres de ses anchisseurs. Et à nostre requeste a traveillié et

TRAITÉ
AVEC L'ÉVÊQUE D'AMIENS
Du mois de janvier 1302. (1303.)

A tous chiaus qui ces présentes lettres verront ou orront, Jehans, sires de Pinkeigny, vidame d'Amiens, salut en nostre seigneur. Comme une ordouanche et une amiable composition soit faite entre reverent pere en Crist et no chier seigneur Guillaume, par la grace de Dieu, evesque d'Amiens, du conseil, du gré et de l'assentement de honorables hommes le dyen et le capitle de l'églyse Notre-Dame d'Amiens, d'une part, et nous seigneur de Pinkeigny et vidame d'Amiens, du gré et de l'assentement de Renaut, nostre aisné fils et hoir apparant, d'autre part, en le fourme et maniere que il est contenu es lettres quy seur che ont esté faites, seelées des seaus de l'evesque et du dyen et du capitle dessus nommés, de lequele lettre le teneurs est tele comme chi après sensuit. — A tous chiaus qui ces présentes lettres verront ou orront... Guillaume, par la grace de Diu, evesque d'Amiens, salut en nostre seigneur. Comme entre nous, d'une part, et noble homme nostre chier et amé feal Jehan, vidame d'Amiens, seigneur de Pinkeigny, d'autre part, fust née matere de plaist et de discorde de che s'il est à labouré au pourfit de nous et de nostre eglyse en mout de manieres. Especiaument denquerre et savoir en sen tans tout che quil a en demainne en fief et en arriere fief en le terre de Pinkeigny, et en le vidamée Damiens et es appartenanches qui muevent de nos fies, et nous en a avisé au mieux et le plus loiaument quil a pew et sew. Et pour que che que ches choses dont il a esté penés et traveilliés en boinne maniere en aukun tans ne fussent oubliées. Il nous en a donné à nostre requeste se lettre de cognoissanche tout ni fust il tenus par droit, ne par coustume se par grace et de bonne volonté ne leust fait.

Lequele chose est mout à le paix et au repos de nous et de nos successeurs.

savoir que lidis vidame de che qu'il tient de nous en fief par le raison de l'evesquié d'Amiens avoit donné à ses enfants pour nom de vivre et de partie de terre, et les en avoit reçus en foi et hommage en faisant de nostre fief, arriere-fief, sans le gré et l'assentement de nous, et derechef par plusieurs fois li aviesnes requis, prié et commandé que il nous monstrast tout chou que il tient et doit tenir de nous en demainnes et en hommages et par espécial, et qu'il nous en donnast ses lettres, ledit vidame disant au contraire et affirmant que faire le puet de sen droit et de se nobleche en poursuivant l'usage et le bonne possession de ses devanciers, qui tousjours en ont usé et exploitié paisiblement, si comme il dist comme chil qui moult frankement et en moult grant nobleche ont tenu leur terre de nos prédécesseurs evesques d'Amiens, si comme il appert par leurs faits et en moult de choses dont ils ont usé et exploitié paisiblement, si comme de donner à leurs enfants, à leurs freres et à leurs sereurs, pour partie de terre, et à leurs cliens et familiers, en rénumération de leur service, de leurs propres hiretages, en retenant les hommages à eux, de fonder et estorer prouvendes, capeleries, abbeies et autres maisons de religion, en retenant à eux et à leurs hoirs les patronages, les collations et les gardes et les seignouries, de faire monnoie propre courant en leur terre et en leur fief, de avoir en leur terre l'eskat et toute haute justice, et de droit le seignourie de warennes de grandes bestes et de petites, et d'oisiaux, de faire les vuarder, cangier, oster et remettre, de estaulir et faire en leurs viles markiés, frankes festes marcandes, communes et eschevinages, et de faire en leur terre plusieurs autres choses qui à hautes seignouries appartiennent : desquels choses toutes devant dites et chascune par li, li dis vidame et si hoir de Pinkeigny puevent user et exploitier par leur droit et de toutes autres justices et seignouries hautes et basses quelescunques eles soient et puissent être, et de tout che aussi qui as devant dittes nobleche, frankises, justices et seignouries appartiennent ou puevent et doivent appartenir, ou qui s'ensuivent ou puevent et doivent ensivir, si comme il disoit; et disoit encore ledit vidame que il n'estoit mie tenus par droit ne par coustune de nous monstrer par espécial les fief et arriere-fief que il tenoit de nous, ne de bailler ses lettres, et que tel chose

Et pour chou que nous veons le siecle croistre en malice, et ledit vidame continuer en le bonne volenté et en le loial amour que si predecesseur ont ew as nostres. Nous volons et sommes tenu aussi de l'aimer, et de pourvoir au pourfit et à le paix de li et de ses hoirs en toutes manieres. Nommeement en chou que nous ne volons ne che nest nostre entente que pour che se il nous a monstré par especial chou que il tient et doit tenir de nous. Et nous en a baillé ses lettres, il et si hoir en tienne moins frankement, ne soient aminci de seignouries, ne de nobleche, anchois volons et est droit et raisons que il si hoir et si successeur seigneur de Pinkeigny tiengnent de nous et de nos successeurs au nom del eglyse et de le comtée de Corbie tout chou quil tienent et tenront de nous aussi frankement et aussi noblement comme si devancier ont tenu on tans passé de nous et de nos devanciers et de leur autres seigneurs en le baronnie et le terre de Pinkeigny, et de le vidamée d'Amiens et de toutes les appartenanches.

Comme chil qui ont esté moult grant et noble et tenu en grant seignourie, si comme nous avons entendu, et que il appert par mout desplois dont li seigneur de Pinkeigny ont usé et esploitié en leur terre et en leur fies. Si comme de donner à leur enfans, à leur freres et à leur sereurs pour partie de terre, et à leur clians et familiers pour Dieu et en remuneration de leur serviche de leurs propres hiretages en retenant les hommages à eaus et à leur hoirs. De fonder et destorer abbeies et autres maisons de religion, en retenant à eaus et à leurs hoirs les wardes et les seigneuries desdittes maisons fondées de eaus. De fonder et destorer provendes, capelleries et autres benefices de sainte eglyse, en retenant à eaus et à leur hoirs le patronnage et le colla-

n'avoit onques esté accoustumée, ne faite de ses devanciers à leurs seignours, par quoy passer s'en voloit.

Nous disans, au contraire, c'est à savoire, qu'il estoit tenus de droit et de coustume général du royame nommer par spécial à nous quanques il tenoit de nous, et qu'il ne pooit faire de nostre fief, arriere-fief sans nostre congié, toute voies, moiennans preudommes, tant pour bien de partis, comme pour le très-grant pourfit de l'une partie et de l'autre, non contestant le droit dudit vidame qu'il dist que il a, une amiable composition a été faite en le maniere qui s'ensuit.

C'est à savoir, que lidis vidame par sen serment coignoistra et nommera par espécial tout chou que il sara que il tient et doit tenir de nous en demaine et en fief, et les lieux et les hommages le miex et le plus loiaumant que il porra et nous en donra ses lettres, et si après ceste congnoissance et cest aveu fait, lidis vidame avoit aukune chose oublié ou il en fut par nous, ou par autrui chertainement enfourmés que plus deust tenir de l'evesque d'Amiens, toutes les fois qu'il s'en souvenra ou il en seroit chertain, ou il en sera souffisamment enfourmés, il seroit tenus nommer et adjouster avec le premier aveu et par ses lettres; et ensement, se en che que ledit vidame aroit avoué de nous, avoit aukune chose quy fust ou deust être tenue de autruy que de nous, nous ne volons ne che n'est nostre entente que il en fust liés envers nous, ne envers autruy, ne qu'il en puist cair en painne ne en damage, puisque nous en seriesmes chertain ou souffisamment enfourmé.

Derekief il est accordé que toutes les fois que lidis vidame, si hoir ou si successeurs seigneur de Pinkeigny, qui après lui venront, donront terre à leurs freres et à leurs sœurs, à leurs enfants, ou a autres personnes quelcunques ils soient, du fief qui de nous ou de nos successeurs evesques d'Amiens seroit tenus, que li hommages en demeure au droit hoir seigneur de Pinkeigny, et ne puet lidis vidame doreenavant lesdits hommages plus eslongier que tousjours ne soit tenus dudit seigneur de Pinkeigny, se n'estoit par l'assentement de nous et de nos successeurs evesques d'Amiens et du vidame.

Derekief quicunques sires de Pinkeigny en sen tans vuelle fonder ou estorer abbeie ou autre maison de religion, prouvende ou capelerie ou autre bé-

tion. De faire monnoie propre et de faire le courre en leur terre et en leur fief. De avoir en leur terre toutes manieres de warennes de grans bestes et de petites et d'oisiaus. De faire les warder cangier et oster et remettre. Destaulir et faire en leur viles markies, frankes festes marchandes, communes et eskievinages. De avoir en leur terre leskat et le rat, et toutes autres justiches hautes et basses. Et de faire venir ses hommes et chiaus de ses fies as plais à Pinkeigny pour faire jugemens et pour faire et paier leur estages cheaus qui les doivent et faire pour obéir à li, en ches cas et en autres, si comme ils ont accoustumé tout soient il dautres fies et dautres seignourages que du seigneur de Pinkeigny. Et de avoir et de faire en leur terre plusieurs autres choses qui à hautes seignouries et nobleches appartiennent. Desqueles choses toutes devant dittes, et chascune par li, lidis vidames, si hoir et si successeur seigneur de Pinkeigny peuvent user et exploitier de leur droit par tout en leur terre et en leur fies, et especiaument en tous les lius et les appartenanches des lius qui de nous sont tenu et avoué à tenir. Et avœc tout chou qui dore en avant i sera avoué et adiousté, lequeles choses toutes lidis vidames et si hoir avœc toutes les frankises, nobleche et seigneuries devant dittes tienent et tenront de nous frankement et noblement en parrie, tout à un fief et à un hommage lige, par dix livres d'oir à autres, et par serviches en armes et en chevaux sans estage. Lequel serviche lidis vidames est tenus de faire par li ou par autre a nos coust, toutes les fois que mestiers en sera à nous et à nos successeurs, se il ou si hoir en aront esté semons souffissamment sans souspressure; et se il ou si hoir seigneur de Pinkeigny estoient semons de nous et de nos successeurs ou de no chertain commant par raisnable semonse sans souspressure, de venir à nos assises, pour estre as consaus et as jugemens avœc nos autres hommes, qui sont si per, il doivent venir, se il n'ont essoinne souffissant. Et toutes les fois le li seigneur de Pinkeigny feront hommage à nous ou à nos successeurs abbes de Corbie, l'hommage fait, il doivent avoir de leur droit en present, le propre anel d'or de labbé auquel il aront fait hommage; et ensi lont usé lidis vidames et si devancier envers nous et envers nos devanciers.

néfice de sainte eglise, de l'hiretage qui tenra en fief de l'evesque d'Amiens, le garde et le seignourie temporelle des maisons de religion, et li patronages et les collations des prouvendes, capeleries ou autre bénéfice de sainte eglise, de che qu'il aroit fondé et fonderoit doreenavant, demourront audit seigneur de Pinkeigny, et à ses hoirs seigneurs de Pinkeigny, et n'est mie à oublier que quicunques sires de Pinkeigny vuelle donner ou aumosner de sen héritage que il tenra de nous et de nos successeurs evesques d'Amiens, à quelcunque personne ou en quelcunque maniere que che soit, li demaines de la baronnie de Pinkeigny et de le vidamée d'Amiens, qui de nous sera tenus en fief avec le chastel de Pinkeigny, ne puet ne ne doit estre amenuisiés, que toudits ne demeure mil livres de terre apar-appendans au castel de Pinkeigny et à le vidamée d'Amiens, à tenir lesdittes mil livres de terre, avec le chastel et le baronie de Pinkeigny et le vidamée d'Amiens, et les pers et les demi-pers appendans audit castel de Pinkeigny et à ledite vidamée d'Amiens, liquel per et demi-per ne sont mie ne ne queïent en le prisée desdittes mil livres de terre tous dits demourant audit castel et vidamée, ains demourront tous dits avec lesdittes mil livres de terre, de nous et de nos successeurs evesques d'Amiens, tout à un fief et à un hommage; et puevent ledit seigneur de Pinkeigny cascuns à sen tans seur le plus, se il i estoit, faire assenemens, devis et ordonnances et dons, soit pour mariages, ou en autre maniere à leurs enfants, fiex ou filles, freres et sœurs, ou à autres personnes à prendre seur lesdittes mil livres de terre, ou seur le plus se il i estoit à tans et à terme, sans amenrir la propriété desdittes mil livres de terre, asquels dons et devis ou assenemens fais dudit seigneur de Pinkeigny ou de ses hoirs, nous et nos successeurs evesques d'Amiens, ne poons ne devons debattre, anchois, nous i devons consentir et en devons bailler nos lettres de confremanche, se nous en sommes requis dudit vidame seigneur de Pinkeigny ou de ses hoirs.

Derekief il doit estre entendu, se ledis vidame ou si hoir ou si successeur seigneur de Pinkeigny a tans avenir s'accroissoient par dons ou par acat d'aucuns hommages ou d'aucun demaine, che qui leur aroit esté donné ou qu'ils aroient acaté ou acquis par quelcunque maniere que che fust, tout

Derekief il est accordé entre nous d'une part et lidis vidame d'autre, tant pour le pourfit de lui et de ses hoirs, comme pour lonneur et le pourfit de nostre eglyse, que toutes les fois ke lidit vidames et si successeur seigneur de Pinkeigny qui apres lui venront, à leur freres, à leur sereurs, à leur enfans, ou à autres personnes quelconques il soient, donront terres fies ou hommage du fief qui de nous et del eglyse de Corbie seroit tenus, que li hommage de ches dons fais en le maniere dessus ditte, demouront au droit hoir seigneur de Pinkeigny, qui tous jours en demourra en l'hommage del eglyse et de le comtée de Corbie avœc sen autre fief, tout à un hommage : et ne puevent li don ke li seigneur de Pinkeigny feront plus eslongier, que tous jours ne soient tenu dudit seigneur de Pinkeigny, se nestoit par l'assentement de nous et de nos successeurs abbes de Corbie et du seigneur de Pinkeigny qui adonc seroit ; et aussi et en autre tel maniere des maison de religion, de prouvendes, capelleries et autres beneficies de sainte eglyse, que il fonderont ou estorront des fies qui de nous mouveroient, les wardes, les seignouries, li patronnages et le collation en demourront au seigneur de Pinkeigny, à tenir de nous et de nos successeurs, avœc sen autre fief tout à un hommage.

fust-il dépendans de nos fiefs, ils porroient, en tout ou en partie ces choses remettre hors de leur main, ou autre tel point ou autre tant eslongier de aux et de nous, comme les choses aroient esté pardevant che qu'il les eussent acquis.

Et pour che si lidis vidame pour bien de partis, et pour le proufit de nous et de nostre eglise et a nostre priere, s'est obligiés envers nous monstrer et nommer par espécial les fiefs et les hommages que il tient de nous avœc son demainne, et se soit liés et estrains en aucunes autres choses si comme il est devant dit et devisé, uous ne volons ne che n'est nostre entente que lidis vidame, si hoir et si successeur pour chose qui faite soit, soient ou puissent être en aucune partie grevé ou aminci de nobleche, de franquises et de seignouries, ne en autre maniere que il est pardevant especiaument expressé en ches lettres, ainchois volons que tout le droit dudit vidame, de ses hoirs et de ses successeurs seigneurs de Pinkeigny, avœc toutes les droitures, nobleche, franquises et seigneuries appartenans à eaus et à leur terre de Pinkeigny et de le vidamée d'Amiens et des appartenances, leur demeurent entièrement, et que ils en goent, usent et esploitent el tans avenir paisiblement, et de tout che aussi qui as devant dites nobleche, franquises, justices et seignouries appartiennent ou puevent et doivent appartenir ou ensivir, et de tout che especialement dont li seigneur de Pinkeigny ont usé anchiennement, sauf les points espéciaus, qui par l'assentement de nous sont contenu et spécifié en chest lettres.

Et toutes ches autres nobleche, justices et seigneuries hautes et basses, appendant au castel et à le haronie de Pinkeigny et le vidamée d'Amiens, avœc les fiefs et les hommages mouvans de nos fiefs quy audit castel et le vidamée d'Amiens appartiennent, lidis vidame, si hoir et si successeur, les tiennent et tenront de nous et de nos successeurs evesques d'Amiens noblement et en paarrie par dix livres de relief d'oir à autre et par tel serviche que li fief nous doit toutes les fois que mestiers en sera, se il et si hoir en seront ou aront esté semons souffisamment sans souspressure, et toutes les fois que il seigneur de Pinkeigny feront hommages à nous ou à nos successeurs evesques d'Amiens.

L'hommage fait, ils doivent avoir de leur droit en présent l'anel d'or de nous et de nos successeurs asquels ils aront fait hommage.

De rekief et est encore accordé de nous et dudit vidame, que se nous ou no successeur abbé de Corbie, ou lidis vidames, si hoir ou si successeur seigneur de Pinkeigny, acqueriesmes aukune saisine ou aukun usage li uns contre lautre, en venant contre les poins de cheste lettres, che ne doit, ne puet valoir à nule des parties en avoir acquis aukun droit de propriété ou de saisine; anchois doit demourer cheste lettre en se valeur et en se vertu tous tans. Et sil avenoit que ja n'aviengne, que entre nous et ledit vidame ou nos successeurs abbes de Corbie et les hoirs et les successeurs dudit vidame seigneurs de Pinkeigny, naissoit aukuns debas, descors ou controversie pour loccoison des choses devant ditte et pour autres, dont plais ou erremens fust meus ou peust mouvoir en quel maniere que che fust, et li vidames si hoir ou si successeur seigneur de Pinkeigny nous requeroient 'que nous menissions par droit ou par loy en nostre court laie, par le jugement de ses pers; nous et no successeur abbé de Corbie sommes et seriemes tenu du faire.

Et nest a oublier que toutes les fois que il ara nouvel abbé a Corbie, se li sires de Pinkeigny qui adonc sera li requiert que cheste lettre soit renouvellée, faire le doivent li abbes et li couvens de Corbie : et aussi toutes les fois que il aura nouvel seigneur à Pinkeigny, se li abbé qui adonc sera et li couvens requierent que ele soit renouvellée, faire le doit li sires de Pinkeigny.

Et est accordé de nous et dudit vidame, que se nous et no successeur, ou lidis vidame, si hoir ou si successeur seigneur de Pinkeigny auqueriesmes aukune saisine ou aukun usage li uns contre l'autre en venant contre les points de ceste lettre, che ne doit ne ne puet valoir à aucune des parties en avoir acquis aucun droit de propriété ou de saisine; anchois doit demourer cette lettre en se valeur et en se vertu tous tans ; et se il avenoit que ja n'aviegne, que entre nous et ledit vidame et nos successeurs evesques d'Amiens, et les hoirs et les successeurs dudit vidame seigneur de Pinkeigny naissoit aucuns debas, descors ou controversie pour la raison des choses dessus dittes ou pour autres dont plais ou erremens fust meust ou peust mouvoir en quele maniere que che fust; et li vidame, si hoir ou si successeur seigneur de Pinkeigny requeroient à l'evesque d'Amiens qui à tel tans seroit ou à sen liutenant que on le menast par droit et par loi en nostre court laie par le jugement de ses pers, nous et no successeur evesques d'Amiens ne le poons n'en..... anchois sommes et serons tenu du faire nommeement estas qui toukeroint se personne ou se paarrie de le baronie de Pinkeigny et de ledite vidamée d'Amiens et des appartenances et des autres ca... estre menés et jugiés par nos nobles et gentiex hommes de fief.

Et n'est mie à oublier que toutes les fois que it ara nouvel evesque à Amiens, se il sires de Pinkeigny qui adonc sera li riquiert que... lettre soit renouvellée, faire le doivent li vesques et li dyens et li capitles, et aussi toutes les fois qu'il ara nouvel seigneur à Pinkeigny, se li vesques qui a donc sera et li capitles requerent que eles soient renouvellée faire le doit li sires de Pinkeigny. Et pour che que ces choses sont à nous et à nostre eglise d'Amiens pourfitaules et que eles soient tenues pardurablement fermes et estaules, nous Guillaume, evesque d'Amiens, avons ces présentes lettres scelées de no scel, du gré et de l'assentement du dyen et du capitle d'Amiens, asquels nous prions et requerons qu'il si vuellent assentir et mettre leur scel à cheste lettre avœc le nostre qui mis i est.

Et nous dyen et capitles d'Amiens, pour le pais et pour le pourfit de nous et de nos successeurs et de nostre eglise d'Amiens, à toutes les choses dessus dittes à le priere et à le requestre du reverent pere en Crist l'evesque devant nommé,

Et pour chou que ches choses sont à nous et à nostre eglyse de Corbie pourfitables, et que eles soient tenues perduraulement, nous, Garnier, par le grace de Dieu, abbes de Corbie, et nous li couvens de chu meisme lieu, qui à toutes ches choses dessus dittes nous sommes accordé et assenti, et assentons bonnement, avons mis nos seaus à ches presentes lettres, et baillies audit vidame. Che fu fait en lan de grace mil et trois cens, le lundi prochain après le feste saint Martin en hyver. Et nous Jehans, vidames d'Amiens, sires de Pinkeigny, dessus nommés, en tesmoignage des choses dessus dittes, avons ches presentes lettres seelées de no seel, faites en l'an et el jour dessus dis. (Archives du département de la Somme.— Titres de Picquigny.)

nous sommes accordé et assenti et assentons bonnement, et avons mis no scel à ces présentes lettres, avœc le scel de nostre chier pere et evesque dessusdit qui mis i est.

Et est à savoir que nous Guillaume, evesque, et nous dyen et capitle dessusdit sommes tenus, se lidis vidame nous en requiert, de prier et supplier à très-excellent prince et puissant no chier seigneur le roi de France, que il toutes ces choses dessusdittes, vuelle greer et octroier, consentir et approuver, et faire vuarder frankement et entierement a tousjours. En tesmoignage et en seureté desquelles choses, nous avons baillié audit vidame ces présentes lettres, scelées de nos seaus, quy furent faites en l'an de grace mil trois cens et deus, el mois de jenvier. Nous Jehans, sires de Pinkeigny et vidame d'Amiens, et Renaus de Pinkeigny, sen ainsné fiex et hoir apparens, toute l'ordonnance, le composition si comme il est écrit par chi de seure, de point en point et tout entierement, volons, greons et nous assentons bonnement, et avons mis nos seaus à ces présentes lettres, qui furent faites en l'an de grace mil trois cens et deus, el mois de jenvier.

Sous la date du 7 décembre 1455, le seigneur de Picquigny fit hommage à l'évêque d'Amiens et reçut l'investiture de son fief dans la forme prescrite par la transaction de 1302. Voici les termes de cet acte :

« Pardevant M.ᵉ Jehan Villain, bailly de Mgr.
» de Conty, évesque d'Amiens au palais épiscopal
» à Amiens où se tiennent les plaids de la cour
» temporelle dudit eveschê. — Est comparu en
» personne noble messire Jehan d'Ailly vidame
» d'Amiens et seigneur de Picquigny, fils aisné
» et héritier de feu Mgr. Raoul d'Ailly, en son
» vivant vidame d'Amiens et seigneur de Picquigny,
» auquel en presence de Mgr. de Conty et de
» Jehan de Colmont hommes liges dudit évesché,
» et plusieurs autres personnes, nous avons fait
» faire le serment de fidélité en tel cas requis
» et acoustumé, et qu'il estoit tenu de faire à
» cause dudit vidamé et seigneurie de Picquigny,
» tenus en pairie dudit évesché. — Après lequel
» serment ledit seigneur à fait hommage de bouche
» et de mains à l'évesché es mains dudit seigneur
» évesque qui le rechust sauf ses droits en tout.
» — Et ce fait icelluy évesque baillia et delivra
» audit Mgr. le vidame un anneau d'or auquel il
» y avoit une pierre nommée saphir, à cause
» dudit hommage. » (Archives du département de la Somme, Titres de Picquigny.)

La transaction de 1302 établit le droit qu'avait le seigneur de Picquigny de disposer des terres de sa baronnie à peu près selon son bon plaisir; un acte postérieur de peu d'années à cette transaction, constate qu'il continua d'user de ce droit avec la plus parfaite indépendance, au point de pouvoir convertir une possession cottière en possession féodale.

Par lettres du mois de juillet 1343, Renault, seigneur de Picquigny déclare mettre en franc-fief un manoir séant à Picquigny, en la rue Nôtre-Dame, avec onze journaux de terre et quatre journaux de pré, tenus à cens par michel Lagaux, bourgeois et échevin de Picquigny : « Avons mis
» le devant dit manoir, les terres et les prés du-
» dit Michel Lagaux en franc-fief, en telle ma-
» nière que le devant dit Michel Lagaux précé-
» demment censif et ses hoirs auront doresnavant

» héritablement de nous et de nos hoirs les choses
» dessus dites en un fief et hommage, par X
» sols parisis de relief rendu à nous et à nos
» hoirs. — Ledit Michel Lagaux et ses hoirs vien-
» dront à nos plaids à Picquigny avec nos autres
» francs hommes, quant ils seront adjournés. —
» Seront tenus ledit Michel Lagaux et ses hoirs
» de faire peindre à leurs propres coustz, en
» suivant la vigile de la Trinité, la pierre là où
» reposent les corps saints de la férie de l'eglise
» Saint-Martin de Picquigny, le jour de le feste
» de la Trinité et de si souffisantes peintures
» comme il est acoustumé de peindre ladite pierre;
» sur laquelle pierre ledit Michel Lagaux ou ses
» hoirs seront tenus de mettre deux douzaines de
» belles verges pelées que les chevaliers qui se-
» ront à la procession prendront s'il leur plaist. »
(Archives du département de la Somme, Titres de Picquigny.)

Les actes que nous venons de transcrire ou d'analyser ont ici une véritable importance et on doit les regarder les uns comme la source, les autres comme le complément indispensable des coutumes locales rédigées en 1507 dont malheureusement nous ne pouvons donner ici qu'un fragment.

NOTE 27. — PAGE 188.

PICQUIGNY. — ART. 2 : *Tenue de l'evesché d'Amiens.*

Le dénombrement servi par Jean de Picquigny à l'évêque d'Amiens, au mois de janvier 1302, en exécution de la transaction rapportée dans la note précédente, fait connaître avec les plus grands détails, la situation des fiefs et arrière-fiefs, soit de la baronnie de Picquigny, soit du vidamé, qui relevaient de l'évêché. Nous en donnons ici un aperçu d'après une ancienne copie déposée aux archives du département qui nous paraît conserver le sens plutôt que les expressions de l'acte original.

A tous chiaus qui ches présentes lettres verront ou orront, Jehans, sires de Pinkeigny, vidame d'Amiens, salut en nostre seigneur. Comme reverent pere en Christ et nos chiers sires Guillaume par la grace de Diu, evesque d'Amiens, nous ait par maintes fois requis en foy et amitié que nous, à nos tans, vausissions traveiler et labourer à acquerre et savoir tout che que en le terre de Pinkeigny et en le vidamé d'Amiens et es appartenanches, est et doit estre tenu de l'évesque d'Amiens, et que l'y vausissions nommer par especial et donner nos lettres; et tout soit-il que tele chose à faire soit pénible et couteuse, ne n'entendons qu'aucuns de nos devanciers l'ait fait pardevant nous à aucuns de leurs seigneurs par quoi nous y pensons prendre exemple ne que pendant nous volons, selon nostre poiir descendre a faire se requeste au pourfit de luy et de ses successeurs eveskes d'Amiens au miex et au plus loyaument que nous porrons.

Premièrement nous avons entendu et apris que anchiennement li chastiaux de Pinkeigny et le vile et les appartenanches de ledite vile qui estoit de franc-aleux furent de nos anchisers seigneur de Pinkeigny qui adonc estoient avoué à tenir de l'evesque d'Amiens qui adonc estoit; lequel chastel de Pinkeigny et le pourpris, si comme il se comporte en fermeté et en manoir, nous vidame devant dit tenons et avouons à tenir de no chier seigneur l'eveske d'Amiens dessus nommé avec les autres choses qui aprez sont nommées et adjoustées en chest avec ledit chastel; c'est assavoir le patronnage et la collation des provendes et des capeleries de l'église Saint-Martin de Pinkeigny et d'ailleurs es lieux chi aprez nommés et adjoustés.

Item, la ville de Picquigny et les appartenances d'icelle entièrement.

Item, le pont de Picquigny et peage et les poursuites, les amendes et la seigneurie qui audit pont et peage appartiennent.

Item, la rivière de Somme et de Sommele à commencer entre Amiens et Montière, à l'écluse qu'on appelle le Calloel, depuis ladite écluse en aval sans part d'autruy, voilà ce que j'ay en ladite rivière en pescheries, en wardes, en justices et en seigneuries, jusques à l'eau de la Noire, (Nièves) vers Moreaucourt.

Item, les prés et les marais de Picquigny et d'Ailly.

Item, les bois de Maully et de la Haye.

Item, le bois que on appelle de Fontaine.

Item, le bois de Hamery et le bois du Gard.

Item, les varennes es bois devant dits, de bestes et d'oyseaulx, la warde, la justice et la seigneurie es lieux devant dits.

Item, les terres wagnables, les rentes des terres, les cens, les fours, les moulins, les cens de chapons et de deniers et toutes les autres values de ladite ville de Picquigny et St-Pierre à Gouy.

Item, le chasteau de Hangest la ville et les appartenances en eaues, en prés, en marais, en moulins, en terres wagnables, en vignes, en rentes en cens, en hostes, en justice et en seigneuries et en toutes autres values.

Item, le marais de Berchicourt, le yeaues, les prés, les terres arables; les rentes, les cens, la justice, la seigneurie et toutes appartenances dudit lieu.

Item, le chasteau de Moiliens et la ville, en hostes, en cens, en rentes, en bois, en terres arables, en moulins, en justice et en seignourie; excepté en une partie de la ville ou aucune chose qui mûe du fief d'autre seignourie dont je ne suis pas bien certain : toutefois demeurent es fiefs de l'evesque le chasteau et la plus grande partie de la ville.

Item, le manoir d'Oissy, le vivier, le moulin, les yeaues, les prés, les terres wagnables, les rentes, les cens, les hostes, les bois, la justice, la seigneurie et toutes les appartenances de ces lieux.

Item, à Dreuil dessoubz Moiliens ce que nous y avons en hostes, en cens, en rentes et en toutes autres values et rissues entièrement.

De rechef, avec le chasteau, et la baronnie et les autres choses cidessus escrites y appartenans, nous en tenons en la cité et banlieue d'Amiens et es appartenances, pour raison du vidamé en domaine;

C'est assavoir les rentes et les droitures qu'on appelle sesterage, le cayage et l'estaplage, la rente et le terrage que nous prenons à Metz et à Camons et ailleurs en la ville d'Amiens et toutes les autres rentes et droitures, justices et seigneuries que nous avons en ladite ville et les appartenances de ces choses, excepté ce que nous tenons du roy quartier de la prévôté et en autre chose : et excepté nostre manoir d'Amiens et les appendances.

Et de rechef, avec les domaines de la baronnie de Picquigny et du vidamé d'Amiens et des appartenances cidessus nommées, nous en tenons et avouons à tenir les hommages et les fiefz des hommages qui ciaprès seront nommés :

C'est assavoir l'hommage du seigneur de Lignières qui *est pair entier* et chastelain du chasteau de Picquigny; lequel chastelain tient de nous ligement et en pairie ce qu'il a à Picquigny et les appartenances et le manoir et la ville de Lignières et le manoir de Bethembos, la ville et les appartenances de ces deux lieux entièrement et les hommages qui en dépendent.

C'est assavoir : l'hommage de Robert de Lignières, — de Laurent de Lignières; — de Gerard de Lignières, — de Pierron de Lignières et autres etc *au nombre de* 21.

Tous les fiefz des hommages dessus dits sont à Lignières, à Bethembos, à Auffignies, à Caullières, à Mainieux, à *Grosselue* et à Caurrions, et le dernier à Nams-el-Val.

Item, nous tenons l'hommage lige du seigneur de la Ferrière qui tient de nous, *en pairie*, la Ferrière et les appartenances de son fief.

Avec 2 *hommages.*

Item, nous tenons l'hommage du seigneur de Taisny (*Taisnil*) *lige et per.* (*Manoir, ville, cens, bois, etc.*)

Avec 4 *hommages.*

Item, nous tenons l'hommage du seigneur de Wailly *lige et per* qui tient de nous ce qu'il a à Picquigny et es appartenances, son manoir de Wailly, et ce qu'il a en ladite ville en domaine et en fief et la moitié du moulin de Lannoy.

Avec 4 *hommages.*

Item, nous tenons l'hommage l'hoir Pierron de Croy *lige et per*; et tient de nous ce qu'il a à Dreuil-sous-Moiliens en cens rentes, en hostes, en toutes values et rissues.

Avec 2 *hommages.*

Item, l'hommage l'hoir de Cauchie, seigneur du Grenier *lige et per* de son fief de Cavillon etc.

Item, nous tenons l'hommage du seigneur de Saint-Vaast *lige et per* de ce qu'il a à Saint-Vaast, en manoirs, en hostes, en cens, en rentes, en terres, en dixmes, en bled, en avoine et en toutes values et rissues, justice et seignouries entièrement.

Item, nous tenons l'hommage du seigneur de Fluy *lige et per* de son manoir de Fluy, de la ville et des appartenances, en hostes, en cens, en rentes, en terres, en justices et en seigneuries excepté les terres qu'il tient par un autre hommage lige sans pairie.

Et tient en core en son fief de pairie, avec Fluy, l'hommage Bernart Mouret.

Avec 5 *autres hommages.*

Item, nous tenons l'hommage du seigneur de Breilly *lige et per* de son manoir de Breilly, de la ville et des appartenances, en hostes, en cens, en rentes, en prez, en yeaues, en terres waignables, en bois, en justice, en seigneuries, en toutes autres values et rissues.

Item, nous tenons l'hommage du seigneur des Rivières *lige et per* de son manoir des Rivières, de la ville et appartenances, en hostes, en cens, en rentes, en terres, en bois, en prez, en yeaues, en justice, en seigneuries, et en toutes autres values et rissues, hormis 15 journaux de terre et 2 hostes qu'il tient de Robert Mellet.

Avec plusieurs hommages.

Item, nous tenons l'hommage du seigneur de Vinacourt *lige et per*, et d'une partie de la ville de Vinacourt, et d'une partie des appartenances qui à ce appartiennent, en hostes, en cens, en terres, en bois, en garennes, en rentes, en travers, en justice et seigneuries.

Et avec ce, du chasteau de Flixecourt, de la ville et des appartenances, en hostes, en cens, en rentes, en terres, en bois, en foins, en moulins, en estallages, en forages, en tailles, en viviers, en prez, en yeauves et en toutes autres values et rissues : excepté les hostes et les autres choses qui sont pardelà le ponchel Mᵉ Robert, pardevers le Ponthieu et les marais de l'Etoille.

Et avec ces deux chasteaux de Vinacourt et Flixecourt, il tient de nous les marais de l'Etoille et les hommages qui appartiennent à ce fief.

Avec 25 hommages.

Item, nous tenons l'hommage de dame Loride de Belloy *lige et demi-per* de ce qu'elle tient à Fourdrinoy.

Avec 4 hommages.

Item, nous tenons l'hommage de Huon de Fourdrinoy *lige et demi-per*.

Item, nous tenons l'hommage du seigneur de Bacouël *per et homme lige* de son manoir de Bacouël.

Avec 8 hommages.

Item, nous tenons l'hommage du seigneur de Belloy-sur-Somme *per lige* de ce qu'il tient à Champuis, à Sommereux et à Hamel entièrement, en manoirs.

Avec 20 hommages.

Item, nous tenons l'hommage du seigneur d'Oissy *lige et per* qui tient de nous son manoir d'Oissy.

Avec 12 hommages.

Item, nous tenons l'hommage du seigneur de Blangis-sous-Pois *lige et demi-per* lequel tient de nous ce qu'il a en la ville de Poix, entièrement, en four, en cens, en rentes, en hostes et en toutes autres values et rissues.

Avec 6 hommages.

Item, nous tenons l'hommage du seigneur de Nouvion *lige et per* des hommages qui sensuivent.

C'est assavoir l'hommage du seigneur de Riencourt, etc.

En tout 12 hommages.

Item, nous tenons l'hommage du seigneur de Saveuse *per du vidamé d'Amiens*, lequel en tient son chasteau de Saveuse.

Avec 4 hommages.

Et tient aussi la franchise qu'il a au sesterage et es portes d'Amiens par la raison de son fief qu'il tient de nous en pairie.

Item, nous tenons l'hommage du seigneur de Rivery *per et homme lige dudit vidamé*, de sa maison de Rivery, de la ville et des appendances.

Et aussi tient de nous l'hommage du mayeur de Rivery.

En tout 5 hommges.

Et aussy tient la franchise qu'il a au sesterage et es portes d'Amiens par la raison de son fief.

Item, l'hommage du seigneur de Taisneel *per et homme lige du vidamé* avec pareille franchise que ci-dessus.

Item, l'hommage du seigneur de Saloël *per et homme lige dudit vidamé*.

Avec 3 hommages entre autres :

L'hommage du *mayeur de Metz*, avec la franchise qu'il a au sesterago et es portes d'Amiens et la droiture qu'il prend aux chars des bouchers pour les oyseaulx.

Avec les hommages de pairie demye pairie, nommés ci-dessus et écrits, nous en tenons les hommages liges et autres, comme ils sont ci-aprez nommés et écrits.

C'est assavoir l'hommage lige du seigneur de Bethancourt, — de Mgr Jehan de Picquigny, du manoir de Flaiaus, — les fiefs de Hisnu et Oresmiaux, — les Routieux de Vinacourt, etc.

Avec 26 hommages d'autres seigneurs pour rentes infeodées sur le revenu du pont de Picquigny.

Item, l'hommage du chastelain de Hangest avec ce qu'il a à Hangest.

Avec 10 hommages.

Item, l'hommage du seigneur du Quesnoy-sur-Airaines et des 9 hommages qui en dépendent. Hencourt et 13 hommages. *Saisseval* et 7 hommages.

Item, nous en tenons l'hommage du chastelain de Moiliens du fief de sa chastellenie.

Et les hommages de Moiliens qui relèvent directement de Jacques de Picquigny.

Item, et tenons l'hommage lige du seigneur de Croy qui tient de nous la ville de Croy.

Et toutes ces choses dessus nommées, en domaines, hommages, fiefz et avant-fiefz, avec le chasteau et la baronnie de Picquigny, tout en un fief et à un hommage, nous les tenons et avouons tenir de nostre cher seigneur en Christ l'evesque d'Amiens dessus nommé.

En tesmoignage desqueles choses, nous Jean sire de Picquigny, vidame d'Amiens, et nous Renault sen fils ainés et hoirs apparans avons mis nos sceaux à ces présentes lettres qui furent faites en l'an de grace en nostre Seigneur 1302, au mois de janvier.

NOTE 28. — PAGE 188.

PICQUIGNY. — ART. 2 : *Tenue de l'abbaye de Corbie.*

Les fiefs pour lesquels le seigneur de Picquigny se reconnaissait vassal de l'abbé de Corbie, sont spécifiés dans le dénombrement du mois de novembre 1300.

* Par ce dénombrement, Jean, vidame d'Amiens, sire de Picquigny, avoue tenir de l'abbé de Corbie :

Premièrement ce qu'il a à Vignacourt, en Pierre-Cleuée et en le Vicogne, aux parties vers le Boccage, avec les hommages qui cy-après sensuivent :

L'hommage du seigneur des Auteux, du fief de Flexelles, qu'il tient en pairie de Vinacourt par sa femme, fille du seigneur d'Auxy.

L'hommage du seigneur de Querrieux, de son fief de Herissart.

L'hommage de madame de Querrieux sa mère, du fief qu'elle a à Herissart.

L'hommage de Gautier de Bertangle, qu'il a à Herissart.

L'hommage de monseigneur Walerand de Bertangle, de ce qu'il a à Bertangle.

L'hommage qui fut de la femme de monseigneur Pierron Devillers de Verderoy, de ce qu'elle avoit à Bertangle; et tous ces hommages devant nommés, sont pairs et estagers à Vinacourt.

L'hommage de Gautier de Meaute, de ce qu'il a à Herissart.

L'hommage du Seigneur de Querrieux, de son fief à Beauvoir, et de plusieurs hommages qui appartiennent à ce fief.

L'hommage du seigneur de Toutencourt, de son fief de Contay et des appartenances.

L'hommage du seigneur de Coisy, du Travers de Coisy, et des terres qui sont au terroir de Vaux.

L'hommage du seigneur d'Hardincourt, de son fief de Flaisserolle, et de plusieurs hommages appartenans à ce fief.

L'hommage de monseigneur Jean de Flexelles, de son fief de Flexelles.

L'hommage de demoiselle Jeanne de Hallencourt, femme Grenier, de son fief qu'elle a à Flexelles.

L'hommage du prévôt de Vaux, de son fief qui est à Vaux.

L'hommage du seigneur de Leuilly, de son fief de Lamote de Rumigny.

L'hommage de Pieron Delbais, de son fief qui est à Vaux.

L'hommage de Wilbert de Waynast, de son fief de Vinacourt.

L'hommage de Mathieu le Magnier, de son fief de Vinacourt.

L'hommage de demoiselle Mehaut Moniote, de son fief de Vinacourt.

L'hommage de Jehan Wattant, de son fief de Rainneville.

L'hommage d'icelui Jean, d'un autre fief.

L'hommage du seigneur de Moreuil, du bois de Castel.

L'hommage de Jean de Savières de son fief de Savières et de Wadencour.

L'hommage de Jean Devillers, de son fief de Rainneville.

L'hommage de monseigneur Jean de Montonviller, de son fief de Montonviller.

L'hommage de l'héritier de monseigneur Aleaume de Mes, de la maison de Mes, près Vinacourt.

L'hommage du seigneur de Rubempré, de son fief de Rubempré et des appartenances.

L'hommage du seigneur de Behencour, de son fief de Behencour et de Jeanlieu.

L'hommage de Simon de Saint-Gratien, de son fief de Saint-Gratien.

L'hommage de Amauri de Toutencour, de son fief qui est à Piergost.

L'hommage de l'héritier de Couin, de son fief de Couin en Artois, et des appartenances avec les hommages qui s'ensuivent.

C'est à savoir l'hommage de Simon Ragot, lige du fief qu'il tient de Couin.

L'hommage de Colart Digel, demi-lige.

L'hommage de Malo de Henencour.

Et l'hommage de Enguerand de Souastre.

Item, Je tiens l'hommage du seigneur de Querrieux, de tout ce qu'il a à Querrieux, en la ville et ès appartenances, en maisons, en cens, en rentes, en terrages, en terres, en bois, en eaux, en hommages, et spécialement ceux qui suivent.

L'hommage qui fut au seigneur de Mareuil.

L'hommage de monseigneur Robert d'Aubiguy de Villers.

L'hommage de monseigneur Gerard de Bertaucourt.

L'hommage de Folard Duhamel.

L'hommage d'Huon Duhamel.

L'hommage de Gautier du Chastel.

L'hommage de Robert Havellant.

L'hommage de Martin de Tronville.

L'hommage de Jean le Mayeur.

L'hommage de Robert Courtefoi.

L'hommage de monseigneur Bauduin de Longueval.

Et l'hommage de Gillon Cailleux.

Et de rechef je tiens l'hommage du seigneur de Bailcut de ce qu'il a à Querrieux.

Item, l'hommage de la dame de Querrieux, qui fut femme de monseigneur Gerard, de ce qu'elle a à Querrieux.

Item, l'hommage de monseigneur Gerard de Montmorency.

Item, j'en tiens l'hommage du seigneur de Frechencour, et des appartenances, en ville, en maisons, en vassaux, en cens, en terres, en rentes, en bois, en eaux, en prés, en justices, en seigneuries, en hommages et en toutes autres choses.

Item, j'en tiens l'hommage de monseigneur d'Allonville, de la ville, des bois et du terroir d'Allonville et des appartenances.

Item, j'en tiens l'hommage de ce que Folard tient de moi à Perrousel près Cardonnette.

Et l'hommage du seigneur d'Iseu, de ce qu'il tient de moi à Cardonnette.

Et l'hommage du seigneur d'Haydincour, de ce qu'il tient de moi à Haydincour et au terroir de Beauvoir, et les hommages qui en dépendent, c'est à savoir :

L'hommage du seigneur Bernard d'Iseu.

L'hommage de Paillart de Haydincour.

L'hommage de Jean de Tirencour.

L'hommage de Thibault le Vasseur.

Item, j'en tiens l'hommage de ce que le seigneur de Tany tient de moi à Talma.

L'hommage de ce que le fils de monseigneur Dufay tient de moi à Talma.

L'hommage de ce que le seigneur des Auteux tient de moi à Ossonville.

L'hommage de ce que Jean de Beauvoir tient de moi au Val-des-Maisons.

L'hommage de ce que Hariere tient de moi au Val-des-Maisons.

L'hommage de ce que Jean de Vicogne tient de moi à la Vicogne et au terroir et ès appartenances.

L'hommage de ce que l'avoué de Brach tient de moi à Ossonville et vers Moreuil.

Comme aussi j'en tiens l'hommage de Havrena et des appartenances, avec les hommages ci-après dits, c'est à savoir :

L'hommage de Enguerand son oncle.

Item, l'hommage du seigneur de Havrena d'un autre fief, qui fut à Wagnast.

Comme aussi je tiens l'hommage du seigneur de Mayencour de son manoir à Haydincour, et des appartenances, et les hommages qui en dépendent, c'est à savoir :

L'hommage de Jean Dernencour.

L'hommage de Clément de Torillon.

Comme aussi je tiens l'hommage de l'hoir Pilard d'Argœuve.

Comme aussi je tiens encore l'hommage de Bauduin de Rubempré de sa rente au Val-des-Maisons.

Item, l'hommage de Simon de Crouy, de ce qu'il tient de moi à Guisy.

Comme aussi je tiens encore l'hommage de l'hoir de Couin, de ce qu'il tient de moi à Couin et ès appartenances.

Toutes ces choses devant dites et ces hommages avec les fiefs et arrière-fiefs qui en dépendent, le vidame avoue les tenir en hommage-lige en un fief et par un seul hommage de son très cher et amé seigneur Garnier par la grâce de Dieu abbé de Corbie, au nom de l'église et du comté de Corbie, et les tenir de lui en pairie, par dix livres parisis d'hoir à autre, et par service en armes et en chevaux, sans stage.

NOTE 29. — PAGE 189.

PICQUIGNY. — ART. 6 : *En première instance sont poursuivables..*
Cet article reproduit presque textuellement l'article 47 de la coutume de Boves.

NOTE 30. — PAGE 189.

PICQUIGNY. — ART. 7 : *Il lui est loisible bailler commission pour ajourner et anticiper audit cas d'appel.*
Reproduction presque textuelle de l'art. 48 de la coutume de Boves.

NOTE 31. — PAGE 190.

PICQUIGNY. — ART. 9 : *N'est tenu de recevoir aucun collége.*
Cet article reproduit la disposition de l'art. 19 de la coutume de Boves.

NOTE 32. — PAGE 190.

PICQUIGNY. — ART. 12 : *Chevaux déferrés des deux pieds de derrière.*
La même interdiction est prononcée par l'article 28 de la coutume de Boves.

NOTE 33. — PAGE 190.

PICQUIGNY. — ART. 16 : *Il est loisible.....*
C'est par ces mots que se termine la copie des coutumes locales de la baronnie de Picquigny que nous avons trouvée aux archives du département. Il est vraisemblable que cette coutume, comme celle de Boves avec laquelle elle offre tant de points de ressemblance, contenait aussi des dispositions sur la prohibition de la chasse et l'interdiction des garennes. Quant au péage du pont de Picquigny, nous savons, par le procès-verbal même de l'assemblée des trois Etats du bailliage en 1507, que les nobles et les ecclésiastiques n'en étaient pas exempts.

NOTE 34. — PAGE 191.

PROUSEL : — *Seigneurie pairie.*
Il est assez remarquable que Prousel, situé au midi de la Somme, ne figure point parmi les pairies qui relevaient immédiatement de Picquigny. Les anciens seigneurs servaient leurs aveux et dénombrements à Vignacourt. C'est sans doute pour cela que les cas non prévus par sa coutume locale étaient réglés par les coutumes de Vignacourt et de Flixecourt, autant que par celles de Picquigny. (Voyez Prousel, art. 6 § 2.)

NOTE 35. — PAGE 193.

RIENCOURT. — ART. 1er : *Audit seigneur appartient le tierch denier de la somme à quoy se monte le vendicion.*
Le droit de mutation que le seigneur percevait à la vente des immeubles tenus en roture, variait à l'infini ; il était tantôt très-minime, tantôt très-élevé. A Riencourt, par exemple, ainsi qu'au village de Hamel, prévôté de Fouilloy, le taux de la perception était le tiers du prix de la vente, mais à Fresneville, prévôté de Vimeu, et à Villers-Bretonneux, prévôté de Fouilloy, il était égal à la moitié du prix. Quel motif a donc fait porter des dispositions aussi rigoureuses ? Naturellement on doit le chercher dans le rapprochement et la comparaison des textes où elles sont formulées. Nous ne nous arrêterons pas à la coutume de Riencourt qui n'est pas entière, mais nous interrogerons les coutumes de Hamel, de Fresneville et de Villers-Bretonneux : — La première frappe du droit de tiers denier la vente des maisons, masures et manoirs, et n'exige que quatre sols et quatre setiers de vin, pour la vente des terres à labour ; — La seconde dispose que, de quelque manière que les tenans cottiers aliènent leurs héritages, soit par vente, soit par donation ou transport, il est dû la moitié du prix ou de l'estimation ; — La troisième enfin, ne réserve au seigneur la moitié du prix de la vente que dans un cas déterminé, c'est-à-dire lorsqu'un habitant de Villers-Bretonneux vend sa maison pour aller demeurer ailleurs. Il est possible que cette dernière ait été dictée par un motif particulier par exemple , pour empêcher les émigrations ; mais les autres, à coup-sûr, se rattachent à des considérations d'un ordre plus élevé. En effet, une des grandes préoccupations du droit coutumier est de conserver à la famille les biens qui lui ont été transmis par héritage, particulièrement les maisons et manoirs. Sous l'empire de ce droit, chacun peut faire de ses acquets tel usage que bon lui semble, mais il n'a pas la libre disposition de ses propres. Il ne peut être autorisé à les vendre que dans le cas d'absolue nécessité ; et s'il les vend, les parents du côté d'où les biens proviennent ont l'an et jour pour rembourser le

prix à l'acquéreur et rentrer dans la possession des biens vendus. N'est-ce pas, par une conséquence du même principe, que les coutumes dont nous venons de parler soumettent la vente des maisons et héritages cottiers au droit exorbitant du tiers et de la moitié du prix? Ce droit qu'on croirait dicté par un intérêt fiscal n'était peut-être qu'un moyen de prévenir la dilapidation des patrimoines, qu'une garantie de plus ajoutée au retrait lignager, pour assurer la stabilité des familles.

NOTE 36. — PAGE 198.

WARLUS. — ART. 3 : *Doibvent tous les habitans... queute à court.*

On appelait ainsi le droit qu'avait le seigneur d'exiger de tous ses tenants cottiers, une contribution de lits et de couvertures pour coucher les chevaliers qu'il recevait dans son château. « Queute « à court qui est entendu lit à plume, traversain, » couverture. » (Voyez, dans la prévôté de Vimeu, l'art. 7 de la coutume d'Etruiseulx.)

FIN DE LA DEUXIEME SÉRIE.

COUTUMES LOCALES.

TROISIÈME SÉRIE.

PRÉVOTÉ DE FOUILLOY.

NOTICE

SUR LA

PRÉVOTÉ DE FOUILLOY.

De toutes les prévôtés foraines de l'ancien bailliage d'Amiens, celle de Fouilloy était la moins importante par son étendue. Le nombre de ses coutumes locales, d'après l'inventaire de 1559, ne dépassait pas dix-huit.

Le dépôt de la cour royale ne possède plus, en originaux, que deux de ces coutumes, celles de Hamel et de Vecquemont; les autres ont disparu. Mais, par les soins et les obligeantes recherches de M. Henri Géraud, membre de la Société des Antiquaires de France et employé au cabinet des MSS. de la bibliothèque royale, nous avons pu nous procurer quelques copies, dans la collection des documents rassemblés pour l'histoire de Picardie, par le bénédictin D. Grenier. Nous avons des extraits suffisants des coutumes de Camons, de Daours et de Villers-Bretonneux : cette dernière contient une charte en latin portant concession de priviléges ; enfin nous avons une copie littérale de la coutume du comté de Corbie.

Indépendamment de la coutume du comté, l'inventaire de 1559 mentionne la Coutume locale et particulière de l'échevinage et banlieue de Corbie, écrite sur cinq feuillets de parchemin. Peut-être cette coutume est-elle identiquement la même que celle que nous publions aujourd'hui et qui est tirée d'une espèce de cartulaire en papier conservé dans le dépôt de la cour royale. Ce manuscrit qui est intitulé, *Ordonnances de Police de Corbie*, est de la seconde moitié du XVIe siècle, mais la coutume dont il s'agit est évidemment beaucoup plus ancienne, car le style, quoique altéré par le copiste qui a transcrit le cartulaire, est bien celui du XIVe siècle. D'ailleurs, l'ordonnance de 1319 relative aux droits des veuves et qui forme le chapitre II de la coutume, indique assez l'époque où elle a été décrétée.

Au surplus, il est un fait qui met sur la voie pour en découvrir la véritable origine : c'est la suppression de la commune de Corbie en 1310.

Aussitôt que la juridiction des maire et jurés eut remis ses pouvoirs entre les mains de l'abbaye, il fallut de toute nécessité en créer une autre pour la remplacer, et c'est dans ce but que fut institué le prévôt de la ville. Celui-ci fut investi de toutes les attributions qui avaient appartenu à la commune. Il eut la police et l'administration des corps de métiers, le choix et la nomination des esgards. Il lui fut interdit de connaître des cas criminels et privilégiés et des matières touchant au fonds des héritages réservées à la cour des hommes-liges ou à l'échevinage; mais il eut pouvoir de juger les simples délits, les contestations civiles, les débats entre marchands et toutes les actions purement personnelles. Le prévôt, dans toutes les causes de son office, prononçait des amendes arbitraires et jugeait par lui-même et sans l'assistance d'aucun assesseur.

En matière purement personnelle, le demandeur avait le choix de porter son action devant la cour des hommes-liges ou devant le prévôt; et le défendeur qui était traduit devant la première de ces deux juridictions, pouvait demander le renvoi de l'affaire devant le prévôt sans que ni la partie adverse ni le bailli de Corbie pussent s'y opposer.

Il y avait une raison puissante qui portait les parties à préférer la juridiction prévôtale à celle du bailli : c'était l'économie de temps et de frais. La première avait surtout l'avantage d'être beaucoup plus expéditive que l'autre. Ainsi le bailli tenait ses audiences de quinzaine en quinzaine, le prévôt siégeait deux fois le jour. La justice la plus lente était aussi la plus dispendieuse. Pardevant le bailli, un ajournement coûtait deux sols, un défaut VII sols VI deniers, une plaidoirie d'avocat quatre sols; pardevant le prévôt, le prix d'un ajournement était de quatre deniers, le prix d'un défaut et d'une plaidoirie de douze deniers seulement.

L'échevinage de Corbie était en quelque sorte un corps judiciaire mi-partie composé de trois sergens à verge et de douze échevins. Ces derniers étaient nommés par l'abbé de Corbie et ne se renouvelaient qu'au fur et à mesure des extinctions. Les sergens à verge faisaient tous les ajournemens et exécutions ; les échevins jugeaient sur la réquisition des sergens à verge. La mission spéciale des échevins était de connaître de toutes les contestations relatives au fonds des héritages situés dans la ville et dans la banlieue. Ils mettaient le prix au vin vendu en détail; faisaient la recette des chapons et poules de cens, et décidaient les questions relatives à la contrainte par corps. En cette matière, le prévôt n'avait aucune espèce de juridiction, par la raison que la contrainte par corps ne pouvait jamais être exercée contre personnes domiciliées dans la ville ou dans la banlieue, car la coutume interdisait aux habitans de Corbie, *sous peine de LX sols d'amende de se faire arrester l'un l'autre, pour eschever le honte et blame et le grant perte qu'il se porroit enssievir.*

Tout forain objet d'une prise de corps pouvait exiger du sergent qui l'arrêtait qu'il le conduisit immédiatement devant l'échevinage. Il pouvait même, lorsqu'il n'avait pas de quoi satisfaire à l'exigence de son créancier, racheter sa liberté en jetant son chapeau ou son bonnet devant les juges. Dans ce cas, il devait déclarer sous la foi du serment que *s'il venait un jour à fortune de biens, hors son vivre, il ferait satisfaction et paiement à son créditeur.*

L'échevinage de Villers-Bretonneux n'était pas comme celui de Corbie un corps purement judiciaire, car il administrait au nom du seigneur les affaires de la ville, réglait l'assiette et la répartition des tailles pendant les deux années que duraient ses pouvoirs. A l'expiration des deux années, les échevins sortans s'assemblaient le jour de la Pentecôte et élisaient sept candidats qu'ils présentaient au seigneur afin qu'il en choisît trois pour être échevins. Celui-ci avait jusqu'à la Saint-Remi suivante pour faire connaître son choix.

La coutume de Villers-Bretonneux transcrit littéralement, mais sans en énoncer la date ni l'auteur, une charte ancienne en forme de transaction, au moyen de laquelle le seigneur et les habitans règlent, pour l'avenir, les conditions de leurs rapports réciproques.

Tous les ans à la Saint-Remi, les habitans paieront au seigneur, à titre de cens, quarante livres d'argent selon le cours et le poids de la monnaie de Corbie. Celui qui n'aura pas acquitté sa part au terme indiqué, sera à l'amende de V sols que les échevins emploieront aux plus urgentes nécessités de la ville, ainsi que toutes les autres amendes prononcées par eux pour crimes et délits.

Si un habitant de Villers a eu sa maison détruite par un incendie les autres habitans l'aideront selon leurs facultés.

Celui qui veut sortir de la ville pourra vendre sa maison, mais le seigneur aura la moitié du prix. Il en sera autrement si le besoin le force à la vendre. Dans ce cas, il ne sera dû au seigneur que quatre setiers de vin, savoir deux par le vendeur et autant par l'acheteur, pourvu toutefois que le vendeur continue de demeurer dans la ville.

La charte de Villers n'est pas une charte communale, c'est un traité à forfait des habitans avec le seigneur, sur les droits et redevances que celui-ci pouvait exiger d'eux.

On voit dans quel but ce traité a été consenti par le seigneur. Pour mieux retenir sous son obéissance ceux de ses sujets que l'appât des franchises municipales d'Amiens ou de Corbie aurait pu déterminer à déserter sa seigneurie, il leur accorde quelques uns des privilèges dont ces villes jouissent; et, afin de resserrer davantage le lien qui les attache au sol, il met à la vente de leurs héritages des conditions telles qu'en les aliénant, ils ont la certitude de perdre la moitié du prix.

Cette coutume plus politique que fiscale se rencontre encore dans la seigneurie de Hamel, où le droit de vente des maisons et héritages cottiers est du tiers denier, tandis que la vente des terres à champ n'entraîne qu'un simple droit de quatre setiers de vin, dont moitié est payé par le vendeur et l'autre moitié par l'acheteur.

L'article 14 de la coutume de Daours copie l'article 20 de la coutume de l'échevinage de Corbie qui est ainsi conçu : « la femme veuve emportera » pour sa vefvete, hors part, sa meilleure robe, son plichon, son lit es- » toré de deux paires de draps, deux oreillers et deux couvertures. Si elle » est de grand estat sa meilleure huche ou forgier, sa meilleure ceinture et » son anneau si elle le porte au doigt. »

Parlerons-nous maintenant de la coutume du comté de Corbie, sans dire un mot des circonstances qui l'ont fait naître. Par quelle succession d'évènements cette abbaye fondée au VIIe siècle, ruinée au IXe par les Normands, reparait-elle, au commencement du XIIIe, avec tous les attributs de la puissance féodale, au point que l'abbé de Corbie, revêtu du titre de comte, commande à de nombreux vassaux, bat monnaie, reçoit des hommages et donne des investitures de fiefs ? en cela le comté de Corbie ne diffère pas beaucoup du comté d'Amiens, car, si la prélature abbatiale était toute puissante dans l'un, la prélature diocésaine ne l'était pas moins dans l'autre. Ces deux comtés se touchent par tant de points de contact qu'il est impossible de les considérer isolément et de ne pas confondre les éléments de leur histoire.

Ici ne seront donc pas déplacées les considérations que nous voulons présenter sur l'organisation féodale et les institutions judiciaires de l'Amiénois aux XIIe et XIIIe siècle.

A. B.

ESQUISSE FÉODALE

DU COMTÉ D'AMIENS

AUX XII.ᵉ ET XIII.ᵉ SIÈCLE.

Id sequimur quod in regione in quâ actum est frequentatur.
(Digeste , lib. 50 , tit. 17, *de regulis juris.* l. 34.)

SOMMAIRE :

1. — Objet de cette notice : mettre en lumière les documents précieux que renferment les cartulaires de l'Amiénois.
2. — Topographie du comté d'Amiens. — Essai de délimitation au nord et au midi de la Somme.
3. — Suzeraineté temporelle de l'évêque d'Amiens démontrée par du Cange. — Cierge d'offrande dû par le roi comme comte d'Amiens.
4. — Questions.
5. — Nature des fiefs de Picquigny , de Boves et de Poix.
6. — Feudataires de la marche. — Avantages et dangers de leur position.
7. — Comment il faut distinguer les fiefs. — Les différents modes de tenure et les différentes espèces de service. — Fiefs nobles et fiefs roturiers. — Fiefs abrégés et restreints.
8. — Rôle des fieffés de Corbie en 1200. — Pairs , hommes-liges, maïeurs , doyens , *famuli.*
9. — Abbayes au XII.ᵉ siècle régies , quant à leur temporel, comme les maisons royales sous la 1.ʳᵉ et la 2.ᵉ race. — Rôle de Corbie comparé à la Loi Salique , aux lois galloises et aux Capitulaires.
10. — Cas où le vassal était responsable vis-à-vis du suzerain du fait de l'arrière-vassal. — Bris de prison fait perdre la justice.
11. — Service de plaids obligation rigoureuse. — Fiefs concédés à cause de ce service.
12. — Institutions judiciaires. — Deux juridictions : comte et vicomte. — Charte des comtes d'Amiens, Gui et Yves. — Lumières qu'on en peut tirer.
13. — Transformation du droit féodal du XII.ᵉ au XIII.ᵉ siècle. — Contrats écrits substitués aux actes solennels du plaid général.
14. — Causes de la renaissance du droit romain. — Mineurs. — Femmes mariées. — Compromis , arbitrages.
15. — Des abbayes royales sous les deux premières races. — St.-Riquier, Corbie. — Comment cette dernière est entrée dans la confédération féodale.
16. — Abbayes provinciales. — Leur fondation expliquée par les terreurs de la mort et la crainte de la fin du monde.

17. — Abbayes de l'Amiénois fondées au XII.ᵉ siècle. — Clairfay. — Saint-Jean-d'Amiens. — Le Gard. — Selincourt.

18. — Concessions aux abbayes profitables aux hauts seigneurs. — Forêts improductives converties en riches cultures. — Terrage augmente leurs revenus.

19. — Etablissement religieux signe caractéristique du fief de dignité. — Pourquoi ? Droit de fonder prébendes implique droit d'amortir : qui amortit doit protéger. — Sauvegarde des églises découle de cette obligation.

20. — Société ecclésiastique au milieu de la société féodale. — Les croisades et Pierre l'Hermite. — Les communes et Saint-Geoffroy. — Conclusion.

1. Le système féodal qui procède du démembrement de la puissance publique, aurait manqué à sa loi d'origine s'il avait imprimé une marche régulière à la civilisation. Telles n'en ont pas été les conséquences. Comme de la diversité des gouvernemens naît la diversité des mœurs, chaque pays où le pouvoir seigneurial a été assez fort pour usurper les droits régaliens, a vécu pendant plus de trois siècles de la vie politique qui lui était propre. Il faut donc à chacune de nos provinces coutumières, une monographie qui résume tous les éléments de son histoire locale, depuis Charles-le-Simple jusqu'à Philippe-Auguste. Qu'on ne dise pas qu'un semblable travail est aujourd'hui impossible à cause de la dispersion ou de la rareté des documents ; les documents ne manquent pas : ce sont les chartes, les diplomes de nos abbayes. La bibliothèque royale, les bibliothèques publiques et les archives des départements en conservent un grand nombre. Pourquoi ne continuerait-on pas, pour ces titres précieux, les résumés analytiques, dont M. Guérard, membre de l'Institut, vient de donner un spécimen si complet en tête du cartulaire de Saint-Père de Chartres?

L'histoire du droit féodal, pour les temps antérieurs au règne de Philippe Auguste, n'a pas d'autres sources que les archives des communautés religieuses, car on ne peut pas considérer comme des guides certains, infaillibles, les Assises de Jérusalem et les lois publiées en Angleterre après la conquête des Normands. Le code des institutions féodales du comté d'Amiens n'a jamais été rédigé. Cependant les principes de ce code non formulé se trahissent, pour ainsi dire à chaque pas, dans les cartulaires du chapitre de la cathédrale, des églises de Saint-Jean-d'Amiens, de Saint-Martin-aux-Jumeaux, des abbayes de Corbie, de Selincourt, du Gard, de Berthaucourt et de Valoires. Le but de cette notice est de mettre en lumière les documents qu'ils renferment.

2. Le comté d'Amiens est peut-être de toutes les fractions de la France

féodale celle dont il est le plus facile d'étudier l'organisation primitive. Les titres innombrables que nous ont conservés les chartriers d'Amiens, de Corbie, de Picquigny, de Boves, soit qu'on les interroge sur les limites ou les divisions du *pagus ambianensis*, sur la généalogie des grandes familles qui y ont vécu, sur les événements qui s'y sont accomplis, soit qu'on y cherche des révélations sur l'origine et la destinée des institutions locales, ces titres, sous quelque point de vue qu'on les envisage, répondent à toutes les questions qu'on peut se faire.

L'acte de fondation de l'abbaye de Corbie de l'an 662 (1), fait connaître, pour ainsi dire, par bouts et côtés, toute la partie de l'Amiénois située au nord de la Somme. Pas d'incertitude possible sur ce point. La parfaite identité des noms de lieux que cet acte énumère, avec les dénominations modernes, résulte d'un procès-verbal dressé, au mois de juin 1186, par des arbitres que Philippe-Auguste, le comte de Flandre, le comte de Ponthieu, et l'abbé de Corbie, chargèrent de faire la délimitation de leurs possessions respectives (2). Ainsi la ligne qui sépare, au nord-ouest, l'Amiénois du Ponthieu, part de l'Etoile, sur la Somme, et vient aboutir à un saule sur la rivière d'Authie, à Outrebois. Celle qui forme la limite vers le *pagus Atrebatensis* remonte le cours de l'Authie et de la Grouche son affluent jusqu'à la source de ces deux rivières, et delà, se dirige, en passant, entre Ochonvillers et Bucquoy, par Miraumont, Martinpuich, Pozières, Longueval, Montauban et Fricourt.

Par le nom des parties qui sont reprises dans cet acte solennel, nous voyons de suite la portion de territoire que chacune représentait. En première ligne figure Jean comte de Ponthieu, à cause de sa châtellenie de Doullens qui ne fut réunie au bailliage d'Amiens que par le traité de 1225 (3); Gauthier seigneur de la Ferté-lez-Saint-Riquier, à cause de la

(1) Sirmond. Concil. Gall. tome 1. page 500.
(2) V. à la Bibliothèque royale. MSS. Fonds de Corbie. n.º 19. Cette charte, qui fournit de si précieux détails sur la topographie de l'Amiénois à la fin du XII.ᵉ siècle, est transcrite littéralement à la fin de l'histoire des comtes d'Amiens, par Du Cange, publiée en 1840.
(3) La châtellenie de Doullens dont Guillaume, comte de Ponthieu, se disait seigneur dans son contrat de mariage avec Alix de France, sœur de Philippe-Auguste, a été réunie au comté d'Amiens par le traité fait à Chinon, au mois de juin 1225, entre Louis VIII et Marie, comtesse de Ponthieu (V. Dupuis. *Des droits du Roi.* pages 415 et 416.) — Le cartulaire de l'abbaye de St.-Jean-d'Amiens, MS. du XIV.ᵉ siècle, appartenant aujourd'hui à M. Rigollot, contient plusieurs chartes de Gui II et de Jean, comtes de Ponthieu, desquelles il résulte que la châtellenie de Doullens s'étendait jusqu'au village de Talmas. Gui II, en 1144, confirme la donation faite par Gérard, vidame de Picquigny, d'une portion de la forêt de Vicogne, appelée le Val-des-Maisons: *que Viconia dinoscitur pertinere ad*

châtellenie d'Authie (1); Bernard de Saint-Valery, à cause de sa châtellenie de Domart et Bernaville; Germond IV vidame de Picquigny, seigneur suzerain de Vignacourt; Dreux de Vignacourt, châtelain d'Amiens; Hugues Campdavaine II, avoué d'Encre; Raoul Campdavaine, châtelain de Corbie et Gui Campdavaine, seigneur de Beauval, vassal du comte de Ponthieu et du vidame de Picquigny, à cause du terrage de Val-des-Maisons (2).

On pourrait se demander si le comté de Corbie qui comprenait un grand nombre de villages, sur la rive droite de la Somme, formait un pagus distinct du comté d'Amiens. Mais cette question est résolue négativement par un diplome de l'an 844 environ, contenant donation par Charles-le-Chauve du péage du pont de Daours à l'abbaye de Corbie, où ce monarque était venu séjourner : *venientes ad monasterium Corbeie quod est constructum in pago Ambianense* (3). Cela résulte en outre d'une charte de Charles-le-Simple de l'an 902, par laquelle ce monarque accorde plusieurs privilèges au château bâti par l'abbaye de Corbie, dans l'enceinte de cette ville, du consentement d'Ermenfroy comte d'Amiens : *annuente, immo supplicante Ermenfrido ejusdem comitatus comite* (4).

Sur la rive gauche de la Somme, entre cette rivière et le petit ruisseau de la Luce qui vient de Cayeux se jeter dans l'Avre, un peu au-dessus de Fouencamps, s'étend de l'ouest à l'est, sous la forme d'un carré long, le doyenné de Fouilloy presque tout entier composé des domaines de Corbie. Cette partie de l'Amiénois est bornée, à l'occident, par la rivière d'Avre, et à l'est, par les villages de Morcourt, d'Harbonnières et de Cayeux.

Au midi et à l'ouest de la Somme, et de l'Avre, l'Amiénois comprend la châtellenie de Boves, les doyennés d'Amiens, de Poix, de Picquigny et une partie de celui d'Airaines. Il est borné au sud-est par la rivière d'Ailly-sur-Noye jusqu'à la Faloise. Sa ligne de démarcation au midi, enserre Hallivillé, la Warde-Mauger, Fransures, l'Orthoy, Gouy-lès-Groseillers vil-

meum feodum. (Cartulaire de l'abbaye de Saint-Jean-d'Amiens, page 356.) — Le Valheureux, suivant une donation de Jean, comte de Ponthieu, à l'abbaye du Gard, du mois de février 1155, faisait aussi partie de la même forêt : *quinque carrucatas terre in eleemosinam in Viconiâ apud locum qui dicitur Valleros*. (Charte de l'abbaye du Gard, conservée aux archives du département de la Somme.)

(1) Voir la Cout. locale de la châtellenie d'Authie dans ce recueil. Prévôté de Beauquesne.

(2) Par une charte de 1160, Jean de Ponthieu cède à titre d'aumône, à l'abbaye de Saint-Jean-d'Amiens : Quindecim carrucatas terre, in territorio Viconie, retento tantummodo terragio hominibus meis *Guidoni Campoavene et Girardo de Pinchonio*. (Cartulaire de Saint-Jean-d'Amiens, pages 358-359.)

(3) Cette charte est transcrite littéralement dans l'hist. des comtes d'Amiens, par Du Cange, page 23. *note*.

(4) Dachery. Spicil. tom. 3. page 348.

lages contigus à la châtellenie de Breteuil, Bonneuil, Fontaine-sous-Catheux, Dommeliers villages donnés par Angilvin au chapitre de la cathédrale, vers l'an 850 (1) ; Vieuvillers, Beaudéduit derniers villages du doyenné d'Amiens; Choqueuse, Cempuis, Grandvilliers, Zoteux, Haion, Plenville, Bouvresse, Boutavent-la-Grange, Formerie, villages limitrophes du Beauvoisis ; Blargies, Romescamps, Bernapré, Saint-Clair et Hescamps, limitrophes de la Normandie ; Lignières-Châtelain, Bettembos, Thieulloy-l'Abbaye, Gouy, Lincheux, Camps-en-Amiénois et Warlus, limitrophes du Vimeu ; et enfin la moitié d'Airaines, c'est-à-dire toute la portion de territoire à droite de la rivière qui traverse ce bourg et va se jeter dans la Somme en face de l'Etoile (2).

3. Il est un fait constant et désormais acquis à l'histoire, c'est que, jusqu'à l'année 1185, l'Amiénois a été gouverné féodalement, sous la suzeraineté de l'évêque d'Amiens. Il n'est même pas douteux que le pouvoir du comte ait été, du moins hiérarchiquement, subordonné à celui du prélat diocésain, car dans un diplome de cette même année 1185, Philippe-Auguste reconnait que le comté d'Amiens, qu'il vient de réunir à sa couronne, relève de l'évêque, et qu'à ce titre, il lui devrait l'hommage que tout vassal doit à son seigneur, s'il n'en était dispensé par sa qualité de roi de France. Pour se libérer de ce devoir, le roi lui fait remise à lui et à ses successeurs du droit de gîte et de procuration qu'il était en possession d'exiger (3).

(1) Ego Angilguinus et conjux mea Rumildis.... donamus ad sacras sanctas Basilicas Sancte Marie et Sancti Firmini in Ambian. civitate.... res proprietatis nostre quas quondam Ludovicus imperator et Carolus rex nobis, jure proprietario, per preceptum dederunt, in pago Ambianensi, in villa nuncupata Fontanas super fluvio Salam.... et quidquid habere videmur usque Bonoglo et de subtus Bonoglo, usque ad pervium publicum qui vadit per Crisciacum.... etc. (Voyez cette charte dans le Spicil. de Dachery. tom. XIII. page 260. — Hist. des comtes d'Amiens, par Du Cange, in-8.° 1841. page 28. — V. le cartulaire n.° 1.ᵉʳ du chapitre de la Cathédrale, conservé aux archives du département de la Somme, f.° 93.)

(2) Item feodum Corbeyensis ecclesie quod fuit Gotlandi comitis Corbeyensis, incipiebat a Sidere que est l'Estoile, super Summam, Warluis Warluisiaux et medietas d'Arennes cum appendiciis eorum.... etc. — (Voir le procès-verbal de délimitation du comté d'Amiens, du mois de juin 1186. Bibl. royale. Cartul. de Corbie, n.° 19. — Histoire des comtes d'Amiens, page 358.)

(3) Voluit ecclesia et benigne concessit ut feodum suum absque faciendo homínio teneremus, *cùm itaque nemini facere debeamus hominium vel possimus.* (Hist. des comtes d'Amiens *ut suprà.* pag. 416.) Cet exemple rappelle celui de Frédéric Barberousse, qui ne voulait point faire hommage, comme empereur, du duché qu'il possédait avant son élévation à l'empire, prétendant : *non teneri fidelitatem facere cùm omne genus hominum sibi fidelitatem debeat et ipse soli Deo et romano pontifici.* Mais il fut jugé : *feudum amissum esse, vel alium ducem in ducatu constituendum, qui feudo servire debeat et domino fidelitatem faciat.* — (Feud. lib. II. cap. 100.)

Selon du Cange, cette reconnaissance de la supériorité temporelle de l'évêque, par rapport au comte, peut s'expliquer par le privilége que les rois de la première race accordaient à certaines églises et à certaines abbayes d'être exemptes de la juridiction fiscale. « C'est ainsi, » ajoute notre auteur, que Dagobert réunit à l'église Saint-Martin de Tours, » sur les instances de Saint-Eloi, le cens et le tribut dus au fisc. Depuis » cette époque, l'église se trouva en possession de tous les droits régaliens, » et si bien que l'évêque donnait l'investiture au comte (1). » Il est possible aussi que l'église d'Amiens ait obtenu une faveur semblable à celle que Clotaire III, à la prière de la reine Bathilde, accorda à l'église du Mans de ne pouvoir être gouvernée par aucun comte qui ne fût choisi par l'évêque. Il est possible encore, comme cela se pratiquait quelquefois (2), que les comtes d'Amiens aient soumis volontairement leur seigneurie à l'évêque, soit par un motif de dévotion envers Saint-Firmin, soit, ce qui est plus vraisemblable, pour couvrir leur possession du privilége de l'immunité ecclésiastique.

Ce dernier motif donné pour expliquer la mouvance extraordinaire du comté d'Amiens nous paraît le plus plausible. En effet, le comte se trouvait, vis-à-vis du chef diocésain, dans la même position que les trois principaux feudataires de sa juridiction. Les seigneurs de Boves, de Picquigny et de Poix devaient tous les ans, le jour de la fête de Saint-Firmin-le-martyr, présenter à l'offertoire de la messe, un cierge pesant cinquante livres (3). Or, ce cierge a toujours été considéré comme une reconnaissance de la suzeraineté épiscopale, surtout pour ce qui concerne le sire de Picquigny qui avouait tenir son fief *du bras de Saint-Firmin* (4). Si donc on peut tirer de là la conséquence que ces trois baronnies étaient, au re-

(1) Hist. des comtes d'Amiens, *ut suprà*. page 381.

(2) Bernardus Castelli Domni-Medardi dominus, ab infirmitate quâ multis diebus detinebatur, Sanctâ Mariâ et reliquiis ejus ecclesie adjuvantibus, convalescens venit ad ecclesiam *et homo ejus efficitur*, dando per annum vigenti solidos ad opus luminaris emendi.... etc. (Cartulaire de Berthaucourt, page 188. col. 2.)

(3) Dans un compte des recettes et dépenses de la baronnie de Picquigny, pour les années 1409 et 1410, on lit :

« A Jehan Gallet espicher demeurant à Amiens, » pour un sierge pesant cinquante deux livres de » chire, lequel est deub chascun an au jour » Saint-Fremin-le-Martyr et qui se doit présenter » celuy jour par mondit seigneur ou ses gens à » l'offrande de la grant messe, en l'église N.-D. » d'Amiens, pour ce payé audit Jehan Gallet » pour chascune livre XXXIIII deniers, et pour » les escuchons armoiés des armes de Varennes » II sols, font VII livres IX sols IIII deniers. » (Archives du département de la Somme. Titres de Picquigny.)

(4) Inventaire des titres de Picquigny. tom. 1.er chartes de 1302.

gard de l'église d'Amiens, de véritables fiefs de dévotion, il faut admettre aussi que le comté d'Amiens, quoique supérieur en dignité, était un fief de même nature que les autres, puisqu'il était comme eux soumis à la prestation d'un cierge d'offrande (1).

4. Ici se présente tout naturellement à notre examen une série de questions historiques toutes d'un haut intérêt, mais toutes également difficiles à résoudre. Comment se sont formés les grands fiefs de l'Amiénois? quelle était leur nature? quels étaient les rapports qui les liaient les uns aux autres? est-il possible, par l'analyse des monuments relatifs à la Picardie, de distinguer le caractère particulier des institutions qui ont régi ce comté avant sa réunion à la couronne? Les institutions judiciaires surtout n'ont-elles point changé dans l'intervalle du XIIe au XIIIe siècle? Peut-on, par la comparaison des actes de l'une et l'autre époque, indiquer quelques unes des modifications qu'elles ont subies?

5. Dans un célèbre procès jugé à la fin du siècle dernier, et suscité à l'occasion de la mouvance de Picquigny, on a soutenu, avec succès, dans l'intérêt des deux églises d'Amiens et de Corbie, que les fiefs de l'Amiénois, pour la plus grande partie, avaient été détachés de leurs domaines par des seigneurs qui les avaient usurpés (2). Malgré l'arrêt du parlement de Paris qui a fait triompher ce système, nous croyons que les prétendues usurpations des seigneurs ont moins appauvri les églises que leurs libéralités ne les ont enrichies.

La féodalité a eu cela de particulier qu'elle fut moins une révolution dans l'état des personnes, qu'une transformation dans la nature des biens. C'est par des recommandations, par des offrandes volontaires, que la propriété allodiale fut peu à peu assimilée à la possession bénéficiaire. Un homme libre transportait son alleu à un seigneur ou à une église qui le lui rendait à titre de fief. Souvent même ce seigneur ou cette église y ajoutaient ou une somme d'argent, ou d'autres immeubles pour être tenus d'eux par un seul hommage avec l'alleu converti en fief. Par ce moyen, les deux pro-

---

(1) Le roi lui-même offrait annuellement un cierge à St.-Firmin, comme comte d'Amiens. — (Réponse au mémoire du sieur Calmer, pour l'abbé de Corbie. 1779. page 12.

(2) Un arrêt du 24 mars 1779, rendu après cinq années de débats, après des mémoires sans nombre, après des productions de titres compulsés dans tous les dépôts d'archives de la Picardie et de la capitale, a adjugé la mouvance de la terre de Picquigny aux églises d'Amiens et de Corbie, et condamné le sieur Calmer, acquéreur de cette terre, à acquitter les droits de reliefs réclamés par les deux prélats. (Voir les mémoires publiés de 1777 à 1783 sur le procès et sur la demande en revendication de cette mouvance, intentée par le comte d'Artois, au nom du Roi.)

priétés se confondaient en une seule. L'un des deux possesseurs conservait la qualité de nu propriétaire et de seigneur dominant, tandis que l'autre avait tous les droits utiles du domaine avec les charges du vasselage. L'histoire nous a conservé une foule de titres qui témoignent que ces sortes de contrats étaient d'un usage fréquent au X.ᵉ et au XI.ᵉ siècle (1).

Sans doute, dans l'origine, les églises d'Amiens et de Corbie possédaient des propres considérables dans l'Amiénois. Mais il y avait d'autres alleux que les leurs. Les guerriers francs y eurent aussi des domaines allodiaux d'une certaine étendue; la charte de l'an 850 dont nous avons déjà parlé, prouve que les terres données par Angilvin au chapitre de la cathédrale d'Amiens, étaient tenues par ce seigneur, *jure proprietario*.

La baronnie de Picquigny a été possédée d'abord à titre d'alleu. En effet, dans un aveu servi, au mois de janvier 1302, à l'évêque Guillaume de Mâcon, le vidame Jean de Picquigny s'est exprimé en ces termes : « Nous » avons entendu et appris que anchiennement le chasteau de Picquigny, la » ville et les appartenances de ladite ville qui *estoient de franc-alleu*, fu- » rent de nos prédécesseurs seigneurs de Picquigny qui estoient alors avoués » à tenir de l'évesque d'Amiens qui alors estoit, lequel chasteau de Pic- » quigny et le pourpris comme il se comporte, nous vidame devant dit » tenons et advouons tenir de monseigneur l'évesque d'Amiens (2). »

D'après les termes de cet aveu, la baronnie de Picquigny, si elle n'est pas un fief de dévotion, serait au moins un fief de reprise qui procéderait de la soumission volontaire qu'un des anciens propriétaires aurait faite de son alleu à la mouvance de l'évêché d'Amiens dont il aurait obtenu, à titre de récompense, les immeubles et les autres droits qui ont constitué le vidamé, sous la condition que ce vidamé, ainsi que la baronnie de Picquigny, serait désormais tenu en une seule pairie et par un seul hommage.

La position du seigneur et du fief de Picquigny, vis-à-vis de l'évêque d'Amiens, était à peu près celle du seigneur et du fief de Boves, vis-à-vis de l'abbaye de Corbie, car le baron de Boves qui prenait le titre d'avoué de Corbie, se reconnaissait aussi vassal de ce célèbre monastère.

Les avoués exerçaient auprès des abbés les mêmes fonctions que les vidames auprès des évêques. Ils étaient les intendants de leurs biens, les gé-

(1) Uldaricus-Zazius dit que cela se pratiquait ainsi de son temps : *Id quod vidimus in persona cujusdam baronis qui magnam patrimonii sui partem episcopo obtulit et ab eo in feodum recognovit.* — (In Epitom. in usu feud. part. 3. n.º 20. — V. Esprit des lois. liv. 31. ch. 23. — Brussel. p. 126.)

(2) Archives du département de la Somme. Titres de Picquigny.

néraux de leur milice, les juges de leurs vassaux, en un mot, ils avaient l'administration civile et militaire des églises (1). Au XII.ᵉ siècle, on donnait aussi le nom d'avouerie à un fief au moyen duquel une abbaye achetait la protection et les services d'un seigneur puissant (2). Cependant comme l'avouerie de Corbie était partagée entre cinq seigneurs, elle n'était pas à beaucoup près aussi profitable que le vidamé d'Amiens dont les revenus n'étaient point partagés. Par conséquent le titre d'avoué de Corbie n'a jamais dû être d'un prix tel, pour les seigneurs de Boves, qu'ils aient dû nécessairement offrir leur propre héritage pour en acquérir la possession. Boves a relevé de Corbie, le fait est constant et attesté par des témoignages trop nombreux pour être révoqués en doute, mais jamais pour l'intégralité, ni même pour la plus forte part de ses domaines.

C'est pour des fiefs particuliers et tout-à-fait indépendants de sa terre, que le seigneur de Boves se reconnaissait vassal de l'abbaye de Corbie. Il tenait d'elle la châtellenie de Caix et d'Harbonnières; il tenait d'elle, à Thennes, des bois et des marais qu'il lui vendit en 1219, 1224 et 1267; il tenait d'elle l'avouerie de Bonnay qu'il avait inféodée au seigneur d'Heilly lequel la revendit à l'abbaye en 1247; enfin il tenait d'elle les avoueries de Cachy et de Gentelles qu'il lui vendit en 1243, moyennant 660 livres parisis (3).

Mais le château de Boves avec ses dépendances, de quelle seigneurie relevait-il ? à cet égard, les monuments ne sont pas bien d'accord. Suivant un aveu de 1381, la ville et le château de Boves et tous les fiefs qui en sont tenus, au nombre de 25 terres à clocher et de 97 fiefs, relèvent de la terre de Coucy. Suivant un aveu du 10 novembre 1458, Ferri de Lorraine, comte de Vaudemont, seigneur de Boves et de Caix, avoue tenir *ces deux dernières terres* de l'abbaye de Corbie (4); suivant l'article 26 de la cou-

(1) *Vicedomini et advocati idem sonant*, dit Du Cange. (V. Glossaire V.ⁱˢ *advocatus — vicedominus*.)

(2) Dans une transaction du mois de juin 1096, avec l'abbaye de Corbie, Robert II, comte de Flandre, partant pour la première croisade, reconnait que la forêt d'Holstulde ou de Warnoise, appartenait anciennement en totalité à l'abbaye de Corbie, et que la moitié en avait été donnée aux comtes ses prédécesseurs, *à titre d'avouerie*, pour la conservation de l'autre moitié. En restituant la moitié dont l'abbaye avait été dépouillée, il déclare tenir l'autre moitié *en avouerie* de l'abbé Nicolas 1.ᵉʳ (Réponse au mémoire du s.ʳ Calmer pour l'abbé de Corbie. Paris 1779. page 17.).

(3) Mémoire pour prouver la mouvance du roi sur la terre de Picquigny. Paris. 1783. in-4.º, 2.ᵉ partie. page 72.

(4) Ibid.

tume locale de Boves, la plus grande partie de cette châtellenie était tenue de la terre de Coucy (1).

Enfin si nous remontons à des temps plus rapprochés de la féodalité primitive, nous avons des titres qui attribuent la mouvance de Boves au comté d'Amiens. Guillaume-le-Breton, poète historien du règne de Philippe-Auguste, dit que le château de Boves était un de ceux que le comte d'Amiens, Philippe d'Alsace, avait fait fortifier et qu'il était commandé par Raoul vassal du comte : *multa castra quibus urbs circumcluditur ipsa.... inter quœ castrum Bobarum nomen habebat.... Cui prœerat comitis juratus in arma Radulphus* (2).

Un fief dont les déclarations de mouvance sont aussi contradictoires ne peut être rangé dans la catégorie des fiefs ordinaires dits de concession. Il accuse nécessairement une origine allodiale, car si ce fief avait eu pour cause une libéralité du suzerain au vassal, celui-ci n'aurait jamais pu, sans se rendre coupable de désaveu et sans encourir la déchéance de son fief, avouer un autre seigneur que celui duquel il tenait la concession.

Nous n'avons pas sur la seigneurie de Poix de documents aussi précis. Mais du moins nous avons la certitude qu'au XII.ᵉ siècle elle était déjà décorée du titre de *principauté*, preuve de son origine allodiale (3).

6. Les barons féodaux dont les fiefs avaient été primitivement des alleux étaient assez disposés à transporter leur hommage d'un seigneur à un autre. Deux raisons les y poussaient : c'était, d'une part, le besoin de se rendre nécessaires à ceux qu'ils voyaient en position de payer chèrement leurs services ; et, de l'autre, l'ambition d'ajouter de nouvelles terres à leurs domaines. Par un acte d'hommage volontaire, ils se reconnaissaient vassaux d'un comte, d'un évêque ou d'un abbé, et ils obtenaient, en retour de cette soumission, la rente ou la terre qu'ils convoitaient. C'est ainsi que les seigneurs de Boves se sont agrandis, en transportant l'hommage de leur baronnie aux sires de Coucy, aux comtes d'Amiens et aux abbés de Corbie. C'est ainsi que les seigneurs de Picquigny sont devenus successivement les vassaux des évêques d'Amiens pour le vidamé, des abbés de Corbie pour les hommages de Vignacourt, des comtes de Ponthieu et des seigneurs de Poix, pour des concessions de même nature. Ces deux baronnies étaient, pour ainsi dire,

---

(1) Coutume locale de Boves, art. 26.
(2) Collection des hist. de France.
(3) Dans une charte de 1159, souscrite en faveur de l'abbaye de Selincourt, Gauthier Tirelte se qualifie : *Dei Gratia dominus et princeps de castello de Poix*. (Cartulaire de Selincourt. f.º 54.)

flanquées de tous côtés par des fiefs mouvans de chacune des principautés avec lesquelles elles se trouvaient en contact.

Nous admettrons donc, avec Mézerai et Brussel (1), que les possesseurs des terres en frontière étaient ordinairement hommagers de deux souverains ou hauts seigneurs voisins. Mais nous irons plus loin, car le fait qui vient d'être signalé nous autorise à soutenir que ce mode d'inféodation était pratiqué dans les plus petites, comme dans les plus importantes fractions de la France féodale.

Il faut peut-être remonter un peu haut pour trouver l'origine de cet usage. César (2), en parlant des mœurs des anciens germains, dit que chaque nation avait pour habitude de désoler le pays autour de ses cantonnements afin d'empêcher d'autres peuplades de venir se fixer trop près d'elle.

Mais l'établissement des Germains dans des pays plus fertiles, les obligèrent à se relâcher de leur sauvage politique et à prendre d'autre mesures pour se mettre à l'abri des entreprises de leurs voisins. Dans la vue de garantir, autant que possible, l'inviolabilité de leurs frontières, ils y fondèrent le droit des neutres. Pour atteindre ce but, ils imaginèrent que les terres de la marche devaient toujours être possédées par des feudataires mixtes, c'est-à-dire relevant de deux hautes seigneuries limitrophes. C'était, en effet, un moyen d'empêcher deux hauts seigneurs d'être continuellement armés l'un contre l'autre, que de placer sur leurs frontières respectives des seigneurs intéressés au maintien de la paix. Lorsque la guerre était sur le point d'éclater entre les deux rivaux, ceux qui tenaient des fiefs de tous les deux, devaient éprouver quelque embarras avant de prendre parti pour l'un ou pour l'autre. Ils avaient d'autant plus d'intérêt à ne pas se jeter témérairement dans la lutte que le résultat pouvait tromper leurs prévisions et les obliger à partager la mauvaise fortune de celui dont ils auraient embrassé la cause.

La fidélité des seigneurs qui se trouvaient dans cette position délicate, dit Mézerai, était quelquefois assez vacillante. Selon le temps et leurs intérêts, ils penchaient tantôt d'un côté, tantôt de l'autre. Pour ne pas multiplier les citations, nous nous bornerons à un seul exemple emprunté à l'histoire de la Picardie. En 1198, Philippe-Auguste, pour attacher plus fortement à son service, Hugues VI, comte de Saint-Pol, qui était déjà son

---

(1) Brussel, Nouvel examen de l'usage général des fiefs. ch. 28. page 352.

(2) De Bello Gallico.

vassal, lui donna en augmentation de fief, la terre et la châtellenie de Lucheu (1). Par l'acte d'hommage, Hugues s'engagea à servir le roi envers et contre tous, excepté contre le comte de Boulogne dont il était plus anciennement le vassal (2). Or, le fief plus ancien qu'il tenait de ce seigneur était le comté même de Saint-Pol lequel, comme on sait, était un démembrement du comté de Boulogne. Cela n'empêcha pas, en 1214, Gauthier de Châtillon, comte de Saint-Pol, par sa femme, de soutenir vaillamment la cause du roi de France à la sanglante journée de Bouvines (3), et cela sans s'inquiéter si le comte de Boulogne son suzerain, combattait sous la même bannière ou dans les rangs opposés. Toutefois, pendant les guerres de Louis XI contre Charles-le-Téméraire, Louis de Luxembourg, comte de Saint-Pol, tint une tout autre conduite. Il crut, à cause des fiefs considérables qu'il possédait dans les états des deux princes rivaux, qu'il était de son intérêt de ne prendre ouvertement parti pour l'un ni pour l'autre. Ce fut là précisément ce qui le perdit. Il était assez puissant peut-être pour faire triompher la cause de celui des deux qu'il aurait favorisé ouvertement; mais il n'osa jeter son épée dans la balance. Il fut décapité pour avoir manqué, sinon de courage, du moins de résolution.

7. Nous venons de signaler les rapports qui existaient entre les fiefs de différentes circonscriptions politiques et de faire voir comment ils se trouvaient quelquefois liés les uns aux autres. Nous recherchons maintenant, sans sortir de la sphère du finage, quels étaient les principes qui réglaient les relations du vassal avec le suzerain.

Envisagés sous le point de vue de l'intérêt du vassal, les fiefs se distinguent par le mode de tenure.

Il y a trois sortes de tenures: la tenure en pairie, la tenure en plein hommage et la tenure en fief proprement dite.

Le mode de tenure se détermine par l'importance du relief (4). Dans

---

(1) Brussel *ut suprà*. page .

(2) La loi d'Ecosse *Regiam majestatem* lib. 2. cap 61, détermine ainsi les obligations de ceux qui ont prêté foi et hommage à plusieurs seigneurs, lorsque la guerre vient à éclater entre eux: « Si quis plura hommagia fecerit de diversis » feudis, diversis dominis qui se invicem infestant, » et si capitalis dominus suus ei præceperit, ut » secum in propriâ personâ vadat contrà alium » dominum, oportet eum in hoc sibi obtempe-

» rare. » (Houard. Cout. angl. norm. tom. 2. page 168.)

(3) La chronique de Flandre, ch. 15, nomme Gauthier de Châtillon, comte de Saint-Pol, parmi les hauts seigneurs qui étaient avec le roi de France.

(4) Le relief était une redevance payée à titre de *rachat du fonds inféodé*, pour la conservation de ce fonds dans la famille du possesseur décédé. Cette redevance, qui variait selon la valeur

la tenure en pairie il est de X livres, dans la tenure en plein hommage de LX sols et dans la tenure en fief de la moitié, du tiers ou du quart de cette dernière somme. Lorsque le relief est inférieur à LX sols, le fief est abrégé ou restreint On appelle fief *abrégé*, celui dont une partie du domaine et de la justice a été éclipsée; et fief *restreint*, celui auquel aucun droit de justice n'est annexé. Les fiefs de cette dernière espèce sont toujours roturiers.

Relativement aux droits de justice et profits seigneuriaux qu'elle accorde au possesseur du fief noble, la coutume d'Amiens rédigée au commencement du XVI.ᵉ siècle, ne distingue point la tenure en pairie de la tenure en plein hommage. Celui qui tient par soixante sols, aussi bien que celui qui tient par dix livres de relief, a dans son fief tous les droits de justice que le seigneur dominant a dans le sien (1). Cette coutume autorisait le propriétaire d'un noble ténement à en disposer par acte entre-vifs, selon son bon plaisir. L'effet de cette donation était de rendre l'héritage ainsi transporté divisible et partageable entre tous les donataires, de telle sorte que chacun d'eux appréhendait sa part en la relevant du seigneur féodal par semblable relief, foi, hommage et service que devait le propriétaire du fief dont elle avait été détachée (2).

C'est pour cela sans doute que le nombre des fiefs ayant justice haute, moyenne et basse, était si considérable dans les pays régis par la coutume d'Amiens. Dans quel but cette coutume les a-t-elle ainsi multipliés? sans doute pour donner plus d'unité à l'administration de la justice. Elle créait des fiefs égaux en prérogatives pour éviter l'inconvénient du droit de ressort, c'est-à-dire du droit de juridiction supérieure que chaque seigneur dominant n'aurait pas manqué de vouloir exercer sur les fiefs et arrière-fiefs de sa mouvance. Elle plaçait sous le même niveau toutes les tenures nobles sans distinction, afin que l'appellation des sentences du juge féodal fût toujours, au second degré de juridiction, soumise au juge royal qui devait en connaître souverainement. C'est pourquoi tout possesseur de fief noble qui avait *cour et justice* ne reconnaissait pas la justice de son suzerain pour être supérieure à la sienne, car c'était une maxime certaine, dans cette coutume, que les juges seigneuriaux n'y avaient aucun ressort (3).

---

(1) Coutume d'Amiens, rédigée en 1507. art. 26.
(2) Ibid. art. 11.
(3) De Heu, premier commentateur de la coutume d'Amiens, sur l'article 247 (de la coutume réformée), dit qu'il *n'a aucune connaissance qu'en l'étendue du bailliage les seigneurs, soit pairs de France, soit comtes ou barons, aient aucun droit de ressort.*. Ils n'avaient, en effet,

A quelle époque ce principe si sage de la coutume d'Amiens a-t-il été proclamé? est-ce avant ou après la réunion du comté à la couronne? nous ne saurions l'affirmer, car si l'usage de soumettre la sentence du premier juge à un second degré de juridiction ne date que du règne de Saint-Louis, il faut reconnaître que *l'appel pour deffaute de droit* ou *pour faux jugement* est aussi ancien que l'institution des fiefs. Or, ce principe qui avait pour but de prévenir les abus des appellations, peut tout aussi bien s'appliquer à celles qui se formulaient par des paroles et par un gage de défi, qu'à celles qui se manifestaient par une intimation devant une juridiction supérieure; et d'ailleurs, comme ce principe était circonscrit dans le comté et non point dans le bailliage d'Amiens, c'est, selon nous, une preuve suffisante qu'il ne s'est pas développé sous l'influence de l'autorité souveraine, mais bien sous l'influence et pendant la domination du pouvoir seigneurial.

Envisagés sous le point de vue de l'intérêt du suzerain, les fiefs se distinguent par les devoirs et services auxquels ils sont assujettis.

On a dit et souvent répété que, dans l'origine des fiefs, le service militaire était l'unique objet de leur concession (1). En cela on a commis une grave erreur, car de même qu'il y avait des fiefs nobles possédés à charge de foi et hommage et de service militaire, il y avait des fiefs roturiers dont les possesseurs étaient obligés de payer des tailles et de faire certaines corvées ou services de vilain.

Dans l'usage des lois anglo-normandes, on distinguait deux espèces de fiefs nobles par rapport au service. On appelait fiefs de la *grande serjenterie* ceux dont les possesseurs étaient astreints au service militaire, y compris les vassaux qui étaient tenus de présenter un cheval de combat tout caparaçonné (2). On appelait fiefs de la *petite serjenterie* ceux dont les possesseurs, à raison de leur tenure, devaient un éperon, un gant ou toute autre pièce de l'armure d'un chevalier (3).

Cette distinction se reproduit aussi dans nos coutumes françaises. Tout fief qui devait l'ost et la chevauchée *(exercitum et equitatum)* était réputé noble; tout fief qui devait un relief moindre de soixante sols était réputé

---

qu'un droit de supériorité pour les saisies féodales et pour les actes de vasselage. L'article 248 de la coutume d'Amiens donne au bailli seul le ressort des justices seigneuriales.

(1) Brussel. Nouvel examen de l'usage général des fiefs. ch. 1.er § II.

(2) Magna autem serjantia dici poterit cùm quis ad eundum cum rege in exercitu, cum equo cooperto vel hujus modi, ad patriæ tuitionem feoffatus. — (Fleta lib. 1. cap. X.)

(3) Parva vero (serjantia) ut si quis saccum cum brochia, calcaria, cirothecas vel hujus modi minuta servitia facere teneatur. (Ibid. cap. XI.)

non noble. Cependant, dans certains cas, le relief pouvait être inférieur à soixante sols sans que, pour cela, le fief cessât d'être tenu noblement. Par exemple, lorsqu'il y avait eu démembrement pour l'établissement de puînés nobles, le seigneur ne pouvait exiger, pour chaque partie qui avait été tenue en parage, qu'un roncin de service ou toute autre prestation proportionnée à l'importance de la tenure (1). Si la part revenant aux puînés était trop exigüe pour qu'ils pussent tenir honorablement l'état de chevalerie, on y suppléait en les déchargeant d'une partie des devoirs de cette profession, mais on avait soin que leur prestation exprimât la noblesse et la franchise de leur tenure ; au lieu de LX sols de relief, ils ne payaient que XXX sols, XV sols ou VII sols VI deniers. Quant à la prestation, c'était tantôt un cheval bridé, sellé et ferré des quatre pieds ; tantôt un haubert ou cotte de mailles; tantôt un gant, tantôt une paire d'éperons, tantôt les sonnettes d'un épervier ou tout autre objet semblable qui faisait allusion ou à la noble profession des armes ou à la chasse au vol délassement favori des chevaliers (2).

Il est une autre espèce de fiefs nobles que Du Cange a désignés sous le nom de fiefs *de camerâ*, c'est-à-dire fiefs de revenu, par ce qu'ils étaient assignés sur la chambre du roi ou sur le trésor d'un haut seigneur. Il y en avait de plusieurs sortes, entre autres : le *feodum guerdiæ* qui consistait en une rente annuelle pour la garde d'un château ou d'une forteresse; le *feodum guastaldiæ* pour la charge d'intendant; le *feodum de cavenâ* ou *de caverâ* pour celle de maître d'hôtel ; le *feodum advocatiæ* pour celui qui défendait les causes du seigneur en justice ; le *fief de pléjure* pour celui qui lui servait de caution ainsi qu'à sa famille ; le *feodum procurationis* pour celui qui avait la charge de le recevoir comme hôte et de lui offrir certains repas. Ces fiefs, quoique sans glèbe et sans justice, n'en étaient pas moins rangés parmi les fiefs nobles car ils étaient tenus à charge de foi et hommage, et les devoirs qu'ils accomplissaient n'avaient rien d'incompatible avec la dignité du gentil-homme.

---

(1) Voici ce qu'on lit au chapitre 44. livre 1.er des Etablissements de St.-Louis: « Li sires ne li » puet asseoir qu'un roncin de service pour ce » que le fiés est issu de parage. » (Ordonn. du Louvre. tom. 1.er p. 140.) — « Il sont aucun » fiés, dit Beaumanoir, que l'en apelle fiefs abre- » giés ; quant l'en est semons pour service de tex » fiés, l'en doit offrir à son seignor che qui est » deu pour le reson de l'abregement, ne autre » chose li sires ne puet demander se li abrege- » mens est prouves ou conneus. » — (Cout. de Beauvoisis. ch. 28.)

(2) Fleta lib. 1.er ch. XI. — Etablissements de Saint-Louis. liv. 1.er ch. 131. — Beaumanoir. Coutumes de Beauvoisis. ch. 28. et les notes de La Thaumassière sur ce chapitre.

Lorsque l'inféodation avait pour objet les avantages personnels que le seigneur pouvait retirer de l'industrie ou du service journalier de celui à qui elle était faite, il y avait alors, dans la prestation, quelque chose qui indiquait l'origine roturière de la concession. Par exemple, l'obligation imposée au feudataire de payer annuellement ou à chaque mutation, *un couteau, une livre de poivre, un peigne, une paire de chausses*, ou tout autre redevance semblable (1), annonçait plutôt un emploi domestique dans la maison, qu'un service militaire sous la bannière du suzerain. Ces fiefs sans glèbe étaient aussi constitués sur les revenus d'un champart, d'un moulin, d'un four banal, d'un travers ou de tout autre droit seigneurial. Ils différaient des autres fiefs, en cela surtout que les possesseurs étaient dispensés de l'hommage et ne prêtaient que la foi seulement.

8. Pour justifier ce qui précède nous citerons un monument qui s'applique spécialement à l'histoire de l'Amiénois. C'est un rôle en parchemin de 28 pieds de long qui existe aux archives du département de la Somme (2). Ce manuscrit présente l'état nominatif de tous les fieffés de l'abbaye de Corbie, nobles et non nobles, au commencement du XIII.ᵉ siècle et ne contient pas moins de 230 articles. Les pairs, hommes-liges, maïeurs, doyens et serviteurs de l'abbaye y sont classés selon l'ordre décroissant des dignités et des reliefs. On peut les diviser en deux grandes catégories et comprendre dans la première, comme représentant les *fiefs nobles*, tous les vassaux qui doivent *la foi et l'hommage*; et dans la seconde, comme représentant les *fiefs non nobles*, tous les feudataires qui ne doivent que *la foi seulement*.

Parmi les vassaux qui doivent la foi et l'hommage, viennent en première ligne les 14 pairs de l'abbaye. Cependant, quoique leur tenure soit la même, ils se distinguent néanmoins entre eux par le service auquel ils sont assujettis. Les 14 pairies doivent, à la mort du vassal, dix livres de relief à l'abbé et le manteau au chambellan, l'ost et la chevauchée à l'abbaye lorsque les circonstances l'exigent, la foi et l'hommage à l'abbé chaque fois qu'il y a changement de vassal ou d'abbé. Les possesseurs des cinq premières pairies,

(1) Voir La Thaumassière, notes sur le ch. 28. des coutumes de Beauvoisis, par Beaumanoir. page 407.— Voir aussi Du Cange. V.⁰ *Sportla* et *Relevia*.

(2) Ce rôle qui ne porte ni titre, ni date, ni signatures, ni sceau, est composé de seize feuilles de parchemin, de neuf pouces de largeur, attachées les unes au bout des autres par des lanières de parchemin qui entrelacent deux feuilles ensemble. Il commence par ces mots: *Dominus Encre homo noster est ligius* et finit par ceux-ci: *Iterum fidelitatem faciunt domino abbati*.

c'est-à-dire, le seigneur d'Encre, le baron de Boves, le vidame de Picquigny, le seigneur de Breteuil et le châtelain de Corbie, lorsqu'ils prêtent foi et hommage à l'abbé, à cause de la dignité de leurs fiefs qu'ils tiennent comme avoués et défenseurs de l'abbaye, en reçoivent l'investiture par un anneau d'or que l'abbé leur met au doigt (1). Les possesseurs de la 5.ᵉ, de la 6.ᵉ et de la 7.ᵉ pairie, c'est-à-dire, le châtelain de Corbie, les seigneurs d'Heilly et de la Neuville sont astreints à un stage perpétuel, en ce sens qu'ils doivent demeurer à Corbie toute leur vie, tandis que les possesseurs des sept dernières pairies ne sont tenus d'y demeurer que pendant quatre mois chaque année (2).

En seconde ligne, viennent les fiefs tenus en plein hommage. Ceux-ci doivent soixante sols de relief à l'abbé de Corbie, l'ost et la chevauchée à l'abbaye; la foi et l'hommage à l'abbé, toutes les fois qu'il y a changement de vassal ou promotion d'un nouvel abbé. Cependant, dans cette espèce de tenure, tous les vassaux ne se présentent pas sous la même dénomination. L'un est qualifié homme-lige, *homo ligius;* l'autre *homo ligius et major*, celui-ci est dit tenir au même titre que ses ancêtres: *homo sicut antecessores fuerunt* (3); celui-là enfin, est homme selon la nature de son fief: *homo sicut feodus debet.*

Les hommes-liges et maïeurs se distinguent des *hommes-liges* proprement dits, en ce que, dans leur hommage, ils comprennent les fiefs tenus d'eux et leurs justices: *faciunt hominium de hominio et justiciis.* Or, il nous semble que les expressions, *homo ligius et major*, si elles ne désignent pas les fiefs de mairie dont il sera bientôt question, ne peuvent s'entendre que des fiefs tenus en parage, car lorsqu'un aîné noble, dit Secousse (4), garantissait ses puînés en parage sous son hommage, il paraissait seul seigneur de

---

(1) Et toutes les fois ke li seigneur de Pinkeigny feront hommage à nous ou à nos successeurs abbes de Corbie, l'hommage fait, il doivent avoir de leur droit en présent le propre anel d'or de l'abbé auquel il aront fait hommage. (Acte de réception du dénombrement de la terre de Picquigny servi à l'abbé de Corbie le 14 novembre 1300.)

(2) Radulphus castellanus Corbeie homo noster est ligius.... *omnibus diebus vite sue debet manere Corbeiam.*

Bernardus Morolii.... *quatuor menses per annum debet manere Corbeiam omnibus diebus vite sue.* (Rôle de Corbie. n.ᵒˢ 5 et 8.)

(3) Dans l'origine de la monarchie française, on appelait *homme* d'une église le colon des terres d'un évêché ou d'un monastère. (V. Greg. Turon. lib. IV. cap. 34. — Flodoard. hist. Rem. lib. III. cap 26.)

Après l'institution des fiefs, la qualification *homo* fut réservée à celui qui contractait, envers un seigneur laïque ou ecclésiastique, les devoirs du vasselage.

(4) Ordonn. du Louvre. tom. 1.ᵉʳ p. 138. note sur les Etablissements de St.-Louis.

tout le fief, quoique ses puînés y eussent leur part; et par cette raison, il n'y avait que l'aîné seul qui couvrît le fief par la foi qu'il portait au seigneur dominant.

Ceux là probablement étaient dits tenir *au même titre que leurs ancêtres* qui étaient engagés, envers un autre seigneur, par une tenure plus ancienne et par un lien plus étroit qu'ils ne l'étaient envers l'abbaye. Nous avons remarqué, et ceci donne quelque poids à notre opinion, que tous les pairs de Corbie sont qualifiés hommes-liges, à l'exception du seigneur de Breteuil et du Vidame de Picquigny. Ceux-ci, en effet, ne pouvaient promettre de servir l'abbaye *envers et contre tous* puisqu'ils étaient déjà liés par la foi et hommage lige, l'un envers l'évêque d'Amiens, l'autre envers le comte de Clermont (1).

Toutes les fois que le fief est abrégé ou restreint, le vassal est dit *homo sicut feodus debet*. Les fiefs de cette espèce ne présentent pas tous les mêmes caractères. Les uns doivent *la foi et hommage*, les autres ne doivent que *la foi* seulement. Quant au relief, il suit cette progression descendante: 60 sols, 30 sols, 15 sols, 10 sols, 5 sols et 3 sols. Quelquefois il est d'un demi marc d'argent, quelquefois il est égal au revenu d'une année, quelquefois aussi, il n'est dû qu'une livre de poivre pour tout relief.

Tout fief dont le relief est inférieur à 60 sols n'est pas nécessairement roturier. Il n'est qu'abrégé s'il doit la foi et l'hommage. Ainsi on trouve, dans le rôle de Corbie, l'exemple d'un fief noble partagé en trois fiefs distincts. L'un représente *la moitié* et les deux autres *les deux quarts* du fief dont ils ont été démembrés. Le vassal qui possède *la moitié* est qualifié *homme-lige*; il paie un relief de 30 sols (2); ceux qui possèdent *les deux quarts* sont qualifiés hommes selon la nature de leur fief, et paient 15 sols de relief (3); tous les trois sont assujettis *à la foi et hommage* comme les possesseurs des fiefs nobles (4).

---

(1) On pouvait tenir des fiefs de différentes seigneuries, mais on ne pouvait être *homme-lige* que d'un seul seigneur, c'est-à-dire celui de qui on tenait le principal fief: *de quo tenet capitale seu principale tenementum*. (Loi d'Ecosse. *Regiam majestatem*. lib. 2. cap. 64.)

(2) Rogerus de Vers *homo noster est ligius de medietate feodi Eligii*. Quando heres ejus ad terram venit XXX.ª *solidos pro relevamine* debet domino abbati, etc. (Rôle de Corbie. n.º 123.)

(3) Fulco de Guiencort *homo noster est sicut feodus debet de quarta parte feodi Eligii*. Quando heres ejus ad terram venit XV *solidos pro relevamine* debet domino abbati. (Ibid. n.º 31.)

Item, Walterus major de Vers, *homo noster est sicut feodus debet de quarta parte feodi Eligii*. Quando heres ejus ad terram venit XV *solidos pro relevamine* debet domino abbati. (Ibid. n.º 103.)

(4) Quando novus abbas fit Corbeie, iterum hominium et fidelitatem facit domino abbati. (Ibid. n.ºˢ 123, 31, 103.)

Tout fief dispensé de l'hommage est nécessairement roturier. On l'appelle fief restreint parce qu'il ne doit que le serment de fidélité au seigneur.

Enfin, dans un ordre inférieur, sont les fiefs de mairie et les offices subalternes. Les *majores villarum*, les *decani*, les *famuli* ne doivent ni relief ni hommage. Pour tous, la seule condition d'investiture est le serment de fidélité.

Le titre de *major* et de *famulus* n'empêche pas celui qui est pourvu de ces offices de posséder en même temps des fiefs nobles. Ainsi Hugues le Monétaire, à cause de son fief n.° 128, est attaché à l'atelier des monnaies : *famulus est de monetaria;* mais à cause du fief n.° 124, il est homme-lige et maïeur de Bonnay ; et, à cause du fief n.° 125, homme-lige et maïeur de Béthencourt.

Le rôle de Corbie contient aussi de précieuses révélations sur les devoirs et prestations exigés de chaque nature de fief. Ainsi, tous les pairs sans distinction doivent l'ost et la chevauchée. Quelques uns seulement sont astreints au stage, c'est-à-dire à une résidence forcée; tous les hommes-liges, sans exception, doivent pareillement l'ost et la chevauchée, mais quelques uns sont soumis à la prestation d'un cheval de bataille *(roncinum)* d'une jument de fardeau *(summarium)* ou d'un repas *(sumpneiam)* qui doit être servi, au moins une fois l'an, à quelqu'un des grands officiers de l'abbaye, tels que le camérier, le cellerier, l'hospitalier, le trésorier ou le prévôt. Gauthier de Fouilloy, lorsque l'abbé se rend à l'armée du souverain, a soin du cheval qui porte le bagage du prélat, le prend le matin et le remet le soir au chef de l'écurie, et le ramène à Corbie lorsque la campagne est terminée (1).

Robert de Saint-Aubin est gardien du bois de Cérisy (2) ; Pierre de Péronne doit chevaucher avec l'hospitalier (3); et Loup de Hamelet doit aller sur l'eau avec le cellerier (4), toutes les fois que ces deux officiers en manifestent la volonté.

L'obligation de servir le past une fois l'an aux grands officiers de l'ab-

---

(1) Walterus filius Walteri de Folloi, homo noster est ligius.... Quando abbas vadit in exercitum regis, summarium debet ducere et custodire a mane usque ad vesperam, et reddere stabulario ; et debet reducere Corbeiam. (Rôle de Corbie. n.° 83.)

(2) Robertus de Sancto Albino homo noster est ligius.... Nemus de Chirisiaco debet custodire.

(Ibid. n.° 33.

(3) Petrus de Paronna, homo noster est ligius.... cum hospitario debet equitare quando hospitarius vult. (Ibid n.° 110.)

(4) Lupus de Hamelet, homo noster est ligius.... servire debet camerario de uno roncino semel in anno, et cum celerario debet ire in aquam, quando celerarius vult. (Ibid. n.° 76.)

baye, était susceptible de division comme le fief lui-même. C'est ainsi que le maïeur de Warloi ne devait que la moitié d'un repas au camérier (1), à cause de la moitié du fief qu'il desservait.

La prestation du fief, quand on descend dans la classe des *famuli* devient caractéristique de la profession à laquelle ils appartiennent. Celui-ci doit fournir un âne (2), celui-là tous les blutoirs, pour le service de la boulangerie (3). Raoul Vislenge est chargé de bluter la moitié de la farine et de confectionner la moitié du pain (4). Simon Testefors a deux fiefs : à cause du premier, il est maïeur de l'eau, depuis le pont de Daours jusqu'à la chaussée de Sailly-Lorette (5) ; à cause du second, il est cuisinier du seigneur abbé et doit faire son service dans la cuisine des moines (6). Trois autres feudataires remplissent à Naours, à Thennes et à Mainières l'office de chasseurs de grenouilles *(fugatores ranarum)*. Le rôle de Corbie leur donne la qualification d'hommes libres, dans la crainte sans doute qu'on ne confonde avec les esclaves ceux qui sont voués à un emploi aussi dégradant (7).

Viennent ensuite les serviteurs attachés à la personne de l'abbé, du camérier, du cellerier, de l'hospitalier, de l'infirmier, de l'aumônier. Jean Vacca, comme serviteur de l'abbé, lui doit tous les ans deux couteaux payables la veille de Noël. Il répare les ferrements de la charrue qui entre dans la cour *(in curia)* du seigneur abbé (8). Hugues Chafos, serviteur du camérier, est chargé de pourvoir à l'habillement des moines. Il fait confectionner à neuf et réparer, quand il est nécessaire, les frocs, les braies, les étamines, les chemises, les ceintures (9). Florent Postels, serviteur du camérier, fait les souliers neufs et raccommode les vieux souliers (10). Enguerran de la Vigne travaille, tous les jours de ses propres mains, dans la vigne de l'abbaye (11).

---

(1) Bertfridus maior de Warloi homo noster est ligius. Quando heres ejus ad terram venit debet domino abbati XXX^a solidos de relevamine; debet nobis exercitum et equitatum de medietate feodi; *dimidiam sompneiam* debet camerario. (Ibid. n.° 90.)

(2) Bartholomeus fumulus noster est; asinum debet tradere pistrino. (Ibid. n.° 474.)

(3) Bernardus Wagnis famulus noster est, et omnes buletellos debet tradere pistrino. (Ibid. n.° 175.)

(4) Debet buleter medietatem totius farine, et medietatem totius panis facere. (Ibid. n.° 476.)

(5) Symon Testefors maior de aqua a ponte de Dors usque ad calceiam Sailliaci-aquatici. (Ibid. 141)

(6) Item Symon Testefors cokus est domini abbatis; servitium suum debet facere in coquina monachorum. (Ibid. n.° 142.)

(7) Fugator ranarum de Naordis.... fugator ranarum de Tanes.... fugator ranarum de Maneriis, fidelitatem facit domino abbati, et quando novus abbas fit Corbeie, iterum fidelitatem facit domino abbati.

Omnes isti liberi famuli nostri sunt. (Ibid. n.ºs 188. 189 et 189 bis.)

(8) Ibid. n.° 191.
(9) Ibid. n.° 198.
(10) Ibid. n.° 199.
(11) Ibid. n.° 201.

Gréberge du Jardin travaille tous les jours, de ses propres mains, dans le jardin de l'abbaye (1).

9. Un des caractères distinctifs de la féodalité primitive a été de confondre, dans les devoirs du fief, le vasselage et la domesticité. Les Capitulaires, Hincmar (2) et les Assises de Jérusalem (3), nous font voir que les sénéchaux, les connétables, les bouteillers, les maréchaux, les camériers étaient tout à la fois les ministres du prince et ses valets en titre. Les lois galloises rédigées par Houël-Dà, au commencement du X.ᵉ siécle, rendent cette vérité plus palpable encore, car elles font connaître, avec des détails qu'on ne trouve pas ailleurs, l'ordre, l'économie et la distribution des offices du palais.

Houël-Dà les divise en deux classes. La première comprend les *officiales*, la seconde les *domestiques*.

Le premier dans l'ordre des dignités était le préfet du palais. Les autres officiers logeaient auprès de lui, afin d'être prêts à toute heure à exécuter ses commandements. On le servait à table après le roi; s'il mangeait seul, on lui offrait trois plats et trois cornes de la meilleure liqueur de la bouche du roi. A chaque grande fête, il recevait du prince un habit de laine, un cheval, des chiens et des éperviers. La reine lui fournissait le linge, et le maréchal du palais lui ferrait son cheval quatre fois par an.

Le juge du palais qui, dans le pays de Galles, représentait le chancelier des Francs et des Anglais, couchait dans la chambre du roi. La reine lui donnait une couverture, un matelas, et des matelas qui ne servaient plus, on lui faisait des oreillers. Comme symbole de l'investiture de son office, il recevait de la main du roi un échiquier d'ivoire et, de la main de la reine, un anneau d'or. Toutes les charges de judicature étaient à sa nomination.

Le dépensier, *buticularius*, était inspecteur de la cuisine et du cellier. Il partageait avec le cuisinier la peau de toutes les bêtes destinées à la table royale. Il faisait les provisions de bouche, réglait le service des tables, présentait au roi l'assiette et la coupe pendant tout le repas et faisait l'essai des liqueurs.

Le chambrier, *camerarius*, veillait le roi pendant la nuit. Tous les vieux habits du prince lui appartenaient. Il mangeait dans sa chambre et avait la garde de son trésor.

Parmi les autres grands officiers du palais, on remarque *le chapelain du*

---

(1) Rôle de Corbie n.º 202.
(2) De ordine Palatii.
(3) Ch. 289, 290, 291, et 292.

roi qui avait tous les habits de pénitence que le roi et la reine avaient portés durant le carême ; *le fauconnier* qui logeait dans les greniers de peur que la fumée qu'on ne pouvait éviter dans les autres appartements, ne fît mal à ses oiseaux ; le chef de l'écurie, *stabularius*, qui avait toutes les selles des chevaux dès que le bois dont elles étaient fabriquées avait perdu sa couleur naturelle ; *le musicien* du roi que la reine avait la liberté de faire chanter à toutes les heures, pourvu que ce fût à demi voix ; *le grand veneur* qui ne prêtait serment que par son cor et ses chiens ; *le mielleur de vin* qui avait, pour son profit, toute la cire des rayons de miel qu'il employait ; *l'échanson* qui avait toutes les toiles dont les vases de liqueur étaient couverts ; *le portier de l'intérieur du palais, janitor,* qui ne pouvait s'écarter de son poste que de la longueur de son bras et de sa lance ; enfin *le cuisinier* qui goûtait tous les mets, plaçait sur la table du roi le dernier plat, allumait les bougies et avait du haut de chacune d'elles ce qu'il pouvait en arracher avec les dents.

Les officiers subalternes ont aussi leurs attributions et leurs profits déterminés. Le *maréchal* tient l'étrier quand le roi monte à cheval ou en descend ; *le porte-pieds,* quand le roi se met au lit, lui soutient les pieds sur ses genoux et les lui frotte doucement jusqu'au moment où il s'endort ; le portier du dehors, *ostiarius,* prend de chaque somme de fruits ou de harengs qui entrent au palais, une corbeille ; de chaque voiture de bois, une bûche ; de chaque troupeau de porcs pris sur l'ennemi, un porc à son choix, pourvu qu'il puisse le lever de terre jusqu'à ses genoux, en le tenant par les soies. Tous les ouvriers employés au palais sont avertis par lui de reprendre leurs travaux ; pour son salaire, il a toutes les vaches sans queue des métairies royales. *Le veilleur de nuit* est gardien de la personne du roi. Pour marquer que la vigilance est le principal attribut de ses fonctions, on lui donne tous les yeux des animaux tués pour la consommation du palais.

Les lois d'Houël-Dà ont cela de remarquable qu'elles offrent, dans la relation des différentes classes de fonctionnaires avec les différentes espèces de services, la propre image de la constitution des fiefs. En effet, parmi tous ces officiers dont le législateur gallois détermine les attributions, les uns sont attachés à la personne du roi, les autres ne sont, pour ainsi dire, que les serviteurs de ses serviteurs. Les libéralités, les présens qu'ils se font à certaines époques marquent les rapports de supériorité et de subordination. Ainsi, aux quatre grandes fêtes de l'année, en même temps que le préfet du palais se couvre de l'habit de laine qu'il tient de la munificence du souverain, le bouteiller porte le manteau du préfet du palais, le musicien du roi le manteau du bouteiller, et le portier des appartements celui du musicien.

Nous retrouvons dans le rôle de Corbie la plupart des offices spécifiés dans les lois galloises. Presque tous les devoirs qu'accomplissent les feudataires de cette abbaye se rapportent aux officiers chargés de la haute administration. Par exemple, en prêtant foi et hommage à l'abbé, les pairs sont obligés d'abandonner leur manteau au chambellan. Les autres vassaux qui sont tenus à la prestation du roncin de service ou du past appelé *sumpneia* doivent s'acquitter de cette obligation, moins entre les mains de l'abbé qu'en celles du prévôt, du cellerier, du camérier, du trésorier ou de l'hospitalier. On voit par là, que l'état personnel des abbayes, au commencement du XIII.ᵉ siècle, différait peu de celui des maisons royales. Leurs celleriers, leurs prévôts, leurs chambellans, leurs chefs de l'écurie, rappellent les sénéchaux, les connétables, les chanceliers du palais carlovingien. Dans l'abbé, symbole de l'unité, se concentrait tout le pouvoir séculier; mais celui-ci en communiquait, à chacun des officiers de la manse abbatiale, une portion analogue au service qu'il faisait auprès de sa personne. Le cellerier avait la haute main sur les étangs, les marais, la pêche fluviale, les moulins; le camérier sur les professions concernant l'habillement, de même que, dans l'économie des maisons royales, l'échanson avait la police des taverniers, le connétable celle des selliers, lormiers et autres professions analogues.

Quant à cette foule d'officiers subalternes, que le rôle de Corbie désigne sous les noms de maïeurs, doyens, monétaires, cuisiniers, boulangers, portiers, chasseurs de grenouilles, vignerons, jardiniers, ils rappellent cette classe d'hommes libres, dont il est parlé au titre XI, art. 6 de la Loi Salique (1), et ceux auxquels Charlemagne confiait le soin d'administrer ses domaines (2).

Au commencement du XVI.ᵉ siècle, il existait encore quelques traces des offices de mairie dont il est question dans le rôle de 1200. La coutume locale de Vecquemont, seigneurie mouvante de Corbie contient, sur les attributions de ces officiers, des données assez précieuses. Ainsi le maire a le tiers de l'amende qui appartient au seigneur, lorsqu'un défaut a été

---

(1) Pactus Legis Salicæ antiquior apud Canciani tom. 2, page 35.

(2) Capitul. de villis de l'an 800. (art. 40, 13, 26, 36, 58 et 60).

prononcé, moyennant quoi, il ne peut exiger aucun salaire pour les exploits d'ajournement que les habitants font faire l'un contre l'autre. En matière de bornage, il lui est dû quatre deniers par borne qu'il plante, mais à la charge par lui de la faire transporter à ses frais sur le lieu où elle doit être assise.

10. Le service, quelle que fût la nature du fief, constituait une obligation à laquelle le possesseur ne pouvait se soustraire sous peine de perdre son fief ou sa justice. Les conséquences de ce principe étaient poussées si loin qu'on rendait le vassal responsable envers le seigneur dominant, du fait de l'arrière-vassal : l'exemple suivant en fait foi. Un nommé Baudouin de Selincourt tenait du seigneur de ce même lieu le fief de la vicomté, pour raison duquel il était obligé de garder, dans le château de Selincourt, les prisonniers que ce seigneur y renfermait. Or, il arriva que Baudouin laissa échapper un meurtrier confié à sa garde, ce qui l'obligea à résigner son fief entre les mains du seigneur de Selincourt; celui-ci se trouvant, par la négligence de son vassal, exposé à perdre sa justice ou à payer une forte amende au prince de Poix, son seigneur suzerain, se vit dans la nécessité, pour se libérer, de vendre à l'abbaye de Selincourt une partie de son propre domaine. Ainsi, en matière de bris de prison, la coutume de la châtellenie de Poix était beaucoup plus sévère que les Établissements de St. Louis, lesquels, tout en décidant que le *vavasseur ne peut, sans le consentement du chef seigneur, relâcher larron ni larronnesse, sous peine de perdre sa justice*, le déclarent néanmoins *quitte envers son seigneur, lorsqu'il peut prouver, par son serment, que l'évasion du prisonnier n'a pas eu lieu par sa faute* (1).

Une charte du seigneur de Selincourt, de l'an 1271 (2), relate toutes

---

(1) Etablissements de Saint-Louis, livre 1.ᵉʳ, chapitre 39.

(2) Je Hues sires de Selincort escuiers fais savoir à tous chiaus qui ches presentes lettres verront et orront que comme Baudnins visquens de Selincort mes hons me deust warder mes prisonniers à men kemandement à men chastel de Selincort pour le raison du service en quoi il estoit tenu à mi pour le visconté de Selincort que il soloit tenir de mi et je li eusse baillé en le présence des mes homs à men chastel de Selincort seur sen cors et seur sen hiretage. Un vallet qui estoit appeles Hunaudins fiex Wattier le sueur d'Andainville qui avoit este pris u terouoir du Bos Raoul et amenes en m'en chastel devant dit pour homecide. Et chil Hunaudins sen fut pour che alles et fuis hors de me justice et de me seignourie. Et je eusse fait ajourner par mes homes souffisamment en me cort le devant dit Bauduins de venir à droit en me cort seur chest fait. Et apres che le devant dit Bauduins de se bonne volonté fust repairés venus à me cort; et je li eusse offert à faire droit et loi en me cort seur chest fait, par le jugement de mes homes. Chil Bauduins nient veltans atendre seur che jugement m'eust rendu et guerpi du tout en tout en me main pour seu meffait

les circonstances du fait que nous venons de citer. Quoique postérieure d'une année à la date des Établissements, cette charte paraît faire allusion à des événements accomplis avant leur promulgation, car, à moins de ranger la principauté de Poix parmi les baronnies qui n'acceptèrent pas de suite les réformes du saint roi, on ne concevrait pas qu'après 1270, le seigneur de Selincourt pût encore être responsable de la faute de son vassal, même en prouvant qu'il n'était pas complice de sa négligence.

Au surplus, Beaumanoir, jurisconsulte contemporain, donne une raison très-plausible pour justifier la sévérité du principe de la responsabilité, en matière de bris de prison. Après avoir dit qu'il ne faut pas qu'un vassal soit privé de sa justice, pour une évasion qui a eu lieu malgré sa volonté, il ajoute : « Neporquant, c'est en le volenté du comte de ren-
» dre le justice ou du retenir, car se li home n'estoient en péril de per-
» dre lor justices, en tel cas li aucun mettroient les malfeteurs en foible
» prison à essient, par amor ou par prière ou par loier, et por ce est-il
» bons que tex baras ne lor vaille riens (1). »

11. De toutes les obligations qu'imposait la loi féodale, le service de plaids était une des plus rigoureuses. Ce service était tellement de l'essence du fief qu'il pesait aussi bien sur le feudataire roturier que sur le vassal homme d'épée. Il y avait même des fiefs qui vouaient nécessairement à la profession du barreau, celui qui était appelé à en recueillir l'héritage. Tels étaient certains fiefs d'avouerie, *feoda advocatiæ*, d'une nature toute particulière : le rôle de Corbie en mentionne douze de cette espèce (2). Les possesseurs avaient mission spéciale d'assister aux plaids de l'abbaye, tantôt en Artois, tantôt en Flandre, tantôt dans le territoire de St.-Pierre (3). Ceux

---

tout che entièrement quil tenoit de mi à faire de che toute me volonté, et spécialement pour les cous et pour les damages que je avoie eus seur chest fait, par laquoison de sen meffait. Je, pour me délivrer et aquitier envers noble homme monseigneur Williame chevalier seigneur de Pois des damages en quoi je estoie encorus envers li par laquoison du fait devant dit. Ai vendu yretaulement par loial vente a religieus homes et honestes à l'abbes et au couvent de l'abbeie de Saint-Pierre de Selincort etc..... che fust fait en l'an del incarnacion M.CC.LXXI. apres les octaves de Saint-Martin en esté. (Cartul. de Selincourt. f.° 63.

L'auteur des Lettres sur le département de la Somme, page 444, a publié une charte de Baudouin vicomte de Selincourt, sur le même objet.

(1) Cout. de Beauvoisis, ch. 58.

(2) N.os 29, 42, 51, 55, 130, 131, 139, 148, 152, 155, 158, 159.

Il y avait deux espèces d'*advocati*, car alors on commençait à distinguer *les advocati sayati* ou armés, des *advocati togati* chargés seulement de l'instruction des affaires civiles.

(3) Robertus Carpins homo noster est sicut feodus debet... ad placita nostra vadit in territorio sancti Petri (Rôle de Corbie. n.° 29).

à qui ces fiefs étaient concédés, contractaient l'obligation de défendre, comme conseils ou avocats, les intérêts de l'abbaye dans ses diverses cours de justice, et trouvaient, dans la pension qui leur était accordée à titre de fief, le juste salaire de leurs soins et de leurs démarches. Les conseillers pensionnaires de la ville d'Amiens, au commencement du XV.ᵉ siècle, prêtaient serment, en prenant possession de leurs offices, dans des termes qui se rapprochent beaucoup de ceux de l'hommage lige. Ils juraient « de bien » et loialement aidier conseiller ledite ville, contre toutes personnes excepté » celles auxquelles ils estoient paravant a pension, aler hors en voyage » pour ledite ville, par devers le roy, en se court, aux despens de le » ville, venir aux plais du maïeur, venir en l'eschevinage, visiter procès, » et faire tout ce qui à bon et loial conseiller appartient (1). » — Mais au XII.ᵉ siècle, on exigeait des défenseurs des églises autre chose que la connaissance du droit, on voulait qu'ils y joignissent le courage, la force physique, et l'expérience du métier des armes (2), car lorsque le sort du procès était abandonné aux chances du duel judiciaire, ce n'était plus l'éloquence ou l'habileté de l'avocat, mais la bravoure ou l'adresse du champion qui décidait l'affaire.

12. Sous les rois de la 1.ʳᵉ et de la 2.ᵐᵉ race, il y avait deux espèces de juridictions provinciales, celle du comte et celle du vicomte. Les plaids du comte, à l'époque de Dagobert, avaient lieu de 15.ⁿᵉ en 15.ⁿᵉ Tous les hommes libres, sans exception, étaient tenus d'y assister, sous peine de XII sols d'amende (3). Mais à l'époque de Charlemagne et de Louis-le-Débonnaire, on ne pouvait exiger des hommes libres qu'ils assistassent à plus de trois plaids généraux, dans le cours d'une année. Les plaids ordinaires du vicomte n'étaient obligatoires que pour les parties, les témoins et les juges (4). Ces juges, dont la loi exigeait la présence, étaient appelés *scabini*. Ils devaient être au nombre de sept pour valider la sentence du vicomte ou du centenier (5). Alors c'était la nature des causes et la difficulté de la procédure qui déterminaient la compétence. Personne ne pouvait être

---

(1) Archives de l'Hôtel-de-Ville d'Amiens. Délibération de l'échevinage du 14 juillet 1409. — 1.ᵉʳ Registre T.

(2) Vero id munii attributum, non viris scholasticis sed militaribus et potentioribus, ut essent qui non linguâ tantum, sed et armis jura tuerentur ecclesiarum, quarum protectionem in se recepiebant. (Du Cange, Gloss. V.° *advocati*).

(3) Capitul. de l'an 630 cap. 45. apud Chigniac, tome 1.ᵉʳ, page 105.

(4) Ad placita centenarii non alius venire jubeatur, nisi qui aut litigat, aut judicat, aut testificat. — Capitul. de l'an 829 ; Chigniac, tome 1.ᵉʳ page 671).

(5) Ibid.

condamné à perdre la liberté ou la vie, à délaisser son patrimoine ou ses esclaves que devant l'assise du comte; car les questions d'état, les revendications d'héritage et les poursuites criminelles se terminaient presque toujours par les épreuves de l'ordalie, et le comte était le seul magistrat qui eût le pouvoir de les ordonner. Il n'y avait donc que les affaires d'un intérêt minime qui pouvaient être portées devant l'assise du vicomte. Par une conséquence du principe qui lui attribuait les causes faciles à juger, il pouvait condamner au dernier supplice le voleur pris en flagrant délit. Aussi le capitulaire de l'an 813, qui lui accorde le droit d'avoir un gibet, lui refuse celui d'avoir une prison (1).

Après l'établissement de la féodalité, les hommes libres se trouvèrent partagés en deux classes, les nobles et les non nobles : pour les premiers il y eut la juridiction du comte, pour les autres la juridiction du vicomte. De là, la distinction établie par les Assises de Jérusalem, entre les plaids de la cour des chevaliers, dite la Haute-Cour, et les plaids de la cour des bourgeois, dite la Cour-Basse.

On s'accorde généralement à donner une origine française aux Assises de Jérusalem et aux lois publiées en Angleterre, sous le règne de Guillaume-le-Conquérant et de Henri I.er Un seul exemple va nous prouver combien ces deux recueils de lois étrangères sont utiles pour l'intelligence de nos titres nationaux.

Le plus ancien titre qui constate les usages judiciaires de la Picardie est, sans contredit, la charte des comtes d'Amiens, Guy et Yves, de l'an 1085 environ. Par cet acte solennel, intervenu pour mettre un terme aux exactions que commettaient les vicomtes dans l'administration de la justice, on régle qu'à l'avenir ils ne pourront obliger personne à répondre devant eux, en fait de larcin, s'il n'y a partie et accusateur; que, s'il y a accusateur et si l'accusé nie le fait, il sera loisible à ce dernier de prendre conseil avant de répondre sur ce dont il est accusé; que, s'il est convaincu par les moyens de droit, il sera condamné à restituer la chose dérobée et en trois livres d'amende, et même en une moindre somme si le vicomte veut modérer la peine; que le délinquant, une fois l'amende payée, ne pourra plus être poursuivi, à raison du même fait, par les autres vicomtes (1).

(1) Ut comites, unusquisque in suo comitatu, carcerem habeant, et judices atque vicarii patibulos habeant. (Capitul. de l'an 813, cap. 11. apud Chigniac, tome 1.er, page 509).

(2) Histoire des Comtes d'Amiens par Du Cange. — Amiens 1841, page 227.

Pour bien comprendre les énonciations de ce titre, il faut savoir qu'il y avait deux manières de poursuivre en justice la réparation d'un délit. Pour le seigneur agissant dans un intérêt fiscal, il y avait l'action publique; pour la partie qui avait souffert un dommage, il y avait l'action privée.

L'action privée se révélait toujours par une instance engagée devant l'assise ordinaire du comte ou du vicomte. Lorsqu'une partie se présentait pour répondre à l'interpellation de sa partie adverse, soit sur la demande principale, soit sur les exceptions, elle avait le droit, avant de répondre, de requérir conseil de cour, c'est-à-dire de demander au seigneur tel ou tel de ses assesseurs présents qu'elle lui désignait, pour la conseiller et la diriger dans son plaidoyer. Le conseil de cour devait être requis, *in limine litis*, aussi bien par le demandeur que par le défendeur, car, une fois le débat engagé, il fallait le consentement de l'adversaire pour qu'il pût être accordé (1).

Ce principe consacré par les Assises de Jérusalem, reçoit, en quelque sorte, une application anticipée dans la charte de Guy et d'Yves. En effet, en matière de vol, cette charte accorde à l'accusé qui nie le fait à raison duquel il est poursuivi, le droit de requérir conseil de cour, avant de répondre aux interpellations de son accusateur (2). D'un autre côté, on peut se convaincre, par le rapprochement des textes, combien il y a d'analogie entre cette même charte et une loi anglo-normande de la fin du XI.ᵉ siècle, qui n'admet, en cas de vol, d'assassinat et de félonie, l'accusé au bénéfice du conseil de cour, qu'à la condition qu'il aura dénié formellement le fait qui lui est imputé (3).

L'action publique s'exerçait dans les assemblées générales qui se tenaient trois fois l'an. Tous les hommes libres, à moins d'excuse légitime, y devaient comparaître pour dénoncer tous les délits venus à leur connaissance,

---

(1) Pour ce qu'il est de coustume que qui commence plait en cour sans conseil, que aprez de celle querelle, ne peut ne doit avoir conseil de court, se son aversaire li contredit (Ass. de Jerusalem. Chap. XIV).

(2) Si vero accusator presens fuerit, qui accusatus furtum illud se perpetrasse absque circuitu verborum tantum denegabit, et per negationem furti, a vicecomite detur ei licentia consulendi, et, consilio accepto, verbis tantum utens que ad rem pertinent, de re illa respondeat de quâ accusatus fuerit. (Hist. des Comtes d'Amiens par Du Cange, page 229, note 1).

(3) De furto et murdro et proditione domini et roboria... et falsaria, et causis criminalibus vel capitalibus, nemo quærit consilium quin implacitatus statim perneget sine omni petitione consilii cujuscumque nationis vel conditionis sit. (Lois anglaises d'Henri I.ᵉʳ, ch. 47. — Houard, tome 1.ᵉʳ, page 341).

dans l'intervalle d'une session à une autre. Si l'individu ainsi dénoncé, était un larron, on le jugeait, séance tenante, et absent comme présent (1); mais si le cas, à raison de sa gravité, n'était pas de la compétence du vicomte, on en renvoyait la connaissance au juge supérieur.

La charte de Guy et d'Yves restreint l'exercice de ce droit, car elle décide qu'en matière de vol, le silence de la partie lésée paralysera toujours l'action de la partie publique (2).

Elle défend aux vicomtes d'Amiens la poursuite d'office, par voie d'enquête, dans les assemblées générales, parce que, le plus souvent, ils n'avaient recours à ce moyen d'inquisition que pour extorquer des amendes et augmenter les profits de leur juridiction. Leur rapacité était devenue si intolérable que les habitans de l'Amiénois, pour nous servir des expressions mêmes de la charte, ressemblaient au peuple d'Israël courbant la tête sous le joug de Pharaon (3). L'autorité de la chose jugée était par eux méconnue et foulée aux pieds. Il arrivait fréquemment qu'un malheureux se voyait pour le même fait traduit devant plusieurs vicomtes successivement (4). Par cela seul qu'un soupçon de vol ou de recel de vol planait sur lui, il était exposé à subir autant de poursuites qu'il y avait de seigneurs désireux de recueillir le bénéfice de sa condamnation.

La charte de Guy et d'Yves n'est pas seulement précieuse pour l'histoire du droit coutumier elle contient aussi des révélations intéressantes sur l'action de l'autorité administrative et sur le concours que lui prêtaient les différentes classes de citoyens. Elle fait voir que ce n'était pas uniquement pour l'expédition des affaires contentieuses que les comtes demandaient les conseils de certains hommes spéciaux, mais que, même dans les cas où ils agissaient comme organes du pouvoir législatif, ils s'entouraient aussi des lumières des personnages les plus éminents par leur position sociale, ou qui se distinguaient, dans le clergé et dans le peuple, par leur savoir et par

---

(1) Cette proposition est justifiée par les textes d'un grand nombre de coutumes locales.

(2) Ex edicto decrevimus, modis omnibus prohibentes, in urbe et extra urbem, in toto comitatu Ambianensi, quod vicecomes de furto neminem respondere compellat, nullusque de furto a vicecomite accusatus respondeat, nisi clamor alicujus ad aures vicecomitis pervenerit. (Hist. des Comtes d'Amiens, ut suprà, page 230, note).

(3) Attendentes quoniam miserabiliter plebs Dei, in comitatu Ambianensi, à vicecomitibus novis et inauditis calamitatibus affligebatur, quasi populus Hierusalem oppressus in Ægypto ab exactoribus Pharaonis. (Hist. des Comtes d'Amiens par Du Cange, page 230, note).

(4) Si autem de furto legitimè convictus fuerit, pecuniam quam furatus est clamatori restituat, et libras tres tantum vicecomiti.... posteà liber de negotio illo, et nullam rationem ceteris vicecomitibus redditurus, si forte plures fuerint. (Ib. p 231).

leur prud'hommie. La charte dont nous parlons fait mention qu'elle a été délibérée dans un conseil composé de l'évêque, des deux archidiacres et des habitans les plus notables de la ville (1).

Nous voilà donc suffisamment édifiés sur la signification des mots *service de plaid* et les obligations qui en découlent. Quoique ce service pesât sur tous les vassaux sans exception, il y en avait cependant qui y étaient plus étroitement astreints que les autres : c'étaient ceux que leur expérience désignait au choix des parties comme avocats, ou que le seigneur retenait à son conseil pour l'aider à préparer ses jugements ou ses édits.

Le service de plaid exprime par fois tout autre chose que l'accomplissement d'un devoir de judicature. Il comprend aussi les devoirs politiques que la société réclame, et qui se résument, pour chaque citoyen, dans l'obligation d'assister aux assemblées générales du canton. Le chevalier tenu au service militaire doit s'y montrer en armes, le censitaire y doit acquitter les termes de sa redevance, celui qui est *homme de plaid par la nature de son fief*, doit y venir également, soit pour rendre la justice, soit pour éclairer de ses conseils les parties qu'il n'est pas appelé à juger. Tous ceux dont la parole n'a jamais trahi la vérité, sont là aussi pour répondre aux interpellations qu'on aura à leur adresser, ceux-ci pour faire éclater l'innocence d'une personne faussement accusée, ceux-là pour servir de caution à l'exécution d'une promesse, ou pour donner l'authenticité à des conventions non écrites et constater par leur témoignage les transactions civiles passées devant eux (2).

Dans les assises que tenaient les seigneurs, personne ne gardait note des paroles qu'échangeaient les parties, personne ne formulait par écrit la sentence que prononçait le juge : l'idée n'était pas encore venue aux tribunaux laïques de demander aux monastères des clercs lettrés pour recueillir et enregistrer leurs actes. Les catastrophes sanglantes du duel judiciaire les tenaient au courant de leur propre jurisprudence et rappelaient à leur mémoire les points de doctrine qu'ils avaient décidés. Le résultat de ces terribles épreuves, dit Montesquieu, étant regardé comme le triomphe du bon

---

(1) Concilio accepta adomno episcopo Guidone et archidiaconis Anssello et Fulcone et a primoribus urbis, et ab aliis viris in clero et plebe habentibus pondus testimonii. (Ibid).

(2) Pour justifier la dernière partie de cette proposition, nous citerons ce passage curieux d'une charte de Thomas, abbé de St.-Jean d'Amiens, du mois de janvier 1191 (vieux style) relative à une transaction avec un chanoine de St.-Firmin-le-Confesseur : « Ut autem firmiorem statum habeat hæc conventio, recordata est *in placito generali* coram Petro de Bestesiaco preposito Ambianensi et Bernardo de Cruce majore communie et scabinis. (Cartulaire de St.-Jean d'Amiens. Mss. du XIV.ᵉ siècle, sur vélin, appartenant à M. le docteur Rigollot, pages 109 et 110.)

droit, devait aussi servir de règle pour l'avenir (1). L'arène du champ-clos était le seul livre où ils puisaient leurs enseignements. Le doigt de Dieu en formulant, sur le sable des lices et en caractères sanglants, la table de leurs arrêts, leur apprit, sinon l'art de l'écriture, du moins l'usage qu'ils en devaient faire.

13. L'époque la plus curieuse peut-être à observer, pour quiconque veut suivre toutes les transformations du droit féodal, est celle du XII.ᵉ au XIII.ᵉ siècle. Il s'est, en effet, opéré pendant le cours de ces deux siècles, une révolution importante dans l'esprit des coutumes et surtout dans la forme de procéder. Pour rendre cette vérité manifeste, il suffit de comparer les monuments qui ont précédé avec ceux qui ont suivi le règne de Philippe-Auguste.

On ne voit guères figurer, dans les actes du XII.ᵉ siècle, que les grands seigneurs féodaux et les hauts dignitaires du clergé. Ces actes sont accompagnés de formes plus ou moins solennelles selon que l'objet en est plus ou moins important. C'est presque toujours dans un placitum, en présence du suzerain assisté de ses vassaux, que les donations sont passées ou reconnues. Comme la rigueur de la loi féodale s'oppose à ce qu'il soit rien changé au fief à l'insu et au détriment des seigneurs qui ont un droit actuel ou présomptif, utile ou honorifique sur le domaine, la transmission de la propriété ne peut avoir lieu sans que le fief ait fait retour, de degré en degré, jusqu'à celui qui a le droit d'en donner l'investiture (2). S'il se rencontre une femme dont le douaire grève un immeuble vendu par son époux, un mineur n'ayant pas encore atteint l'âge requis pour stipuler ses intérêts, on a soin d'exprimer les conditions qui doivent valider l'acte vis-à-vis du mineur et de la femme : le mineur reçoit une nouvelle tunique emblème de la virilité dont il se revêt pour contracter (3) ; la femme au moyen d'un

---

(1) Esprit des Lois, livre 28, chap. 25.

(2) Ego Johanes comes Pontivi. Notum fieri volo quod Liegardis de Viloncels totam terram suam et nemus quod tenebat apud Viloncels de Waltero Boteri, in perpetuam elemosinam ecclesie Balantiarum, voluntate et concessione meâ, dedit. Et ipsam terram et nemus in manu ipsius Boteris reddidit. Ipse vero Valterus supra dictam terram et nemus... in perpetuam elemosinam, ecclesie Balantiarum in manû meâ reddidit... hæc ego in manû Theobaldi Ambianensis episcopi reddidi — ille autem hoc ecclesie Beate Marie de Balantiis, per manum domini Hugonis ejusdem ecclesie abbatis, reddidit. (Charte de Jean, comte de Ponthieu, de l'an 1177. — Cartulaire de l'abbaye de Valoires Ms. des Arch. du dép. de la Somme, p. 103, n. 326).

(3) Hoc idem.... Aya uxor sua concessit cum filio suo Valtero qui indè novam tunicam ut concederet, habuit. (Charte de Gui II, comte de Ponthieu, de 1140 environ. Cartulaire de Valoires, n.° 317, page 98).

Anscherus de Houdencort et uxor ejus et heres

échange ou d'un objet matériel représentatif du revenu que la terre aliénée est susceptible de produire, reçoit l'équivalent de ce qu'elle peut prétendre pour raison de son douaire.

Ainsi on voit, par un cyrographe de l'an 1143 environ, que Robert prévôt de Maintenai donne à l'église de Valoires, à titre d'aumône, tout ce qu'il possède de bien patrimonial dans la terre de Potelles ; que la femme de Robert adhère à cette donation moyennant une vache qui lui est délivrée ; et que les sœurs de ce dernier à leur tour, pour prix de leur acquiescement, reçoivent chacune trois sols et un fromage (1). L'indemnité donnée à la femme et aux sœurs de Robert nous fait croire que la terre objet de la donation était un marais puisque la vache et le fromage désignent symboliquement le revenu qu'une prairie est susceptible de produire.

Les actes d'aliénation contiennent, dans leurs dispositions finales, les clauses qui doivent en assurer l'exécution, telles que la promesse de garantie, la désignation des pleiges ou cautions qui s'engagent à en soutenir la validité devant toutes les cours de justice, et à combattre en champ-clos contre quiconque ramassera leur gage de défi. — Dans une charte de reconnaissance non datée, passée devant Gui II comte de Ponthieu (vers 1140), on rappelle que Bernard de Maurepas, a vendu à l'abbaye de Valoires le tiers de Mezoutre, tant en terres qu'en bois, et que pour raison de cette vente, il a donné sa foi dans la personne d'un chevalier nommé Roger Guerres, contre tous ceux qui voudront revendiquer cette terre ou troubler les moines dans leur jouissance : promettant de soutenir la légitimité de leur droit devant toutes les cours de justice où il pourra se présenter avec un sauf-conduit (2).

---

ejus recognoverunt et concesserunt ecclesie Beate Marie de Bertolcort decimam de Tumbâ... Nicolaus vero primogenitus filius ejus tunicam plunicatam suscepit de recognitione. (Charte de Hugues Bouteri, de l'an 1129. — Cartulaire de Berthaucourt, pages 134, 135).

(1) Uxor sua quemdam vaccam habuit ; et sorores Roberti similiter concesserunt et quatuor solidos et unum caseum habuerunt. (Cart. de Valoires, n.º 370, page 131).

(2) Si quis vero fortè, quod absit, predictis Cisterciensibus aliqua ex hiis auferre aut minuere voluerit, ipse Bernardus, datâ fide in manu cujusdam militis nomine Rogeri Guerres, contra Valterum Vetulam et omnes alios illam terciam partem calumpniantes, in omnibus curiis aut locis ubi salvè conduci poterit, sine aliquâ expensione Cisterciensium, se pacificaturum procul dubio, promisit. (Cartulaire de Valoires, page 98, n.º 317).
— Ego et abbas et Allardus et Girardus cellerarius, apud Ruam, ante comitem ambulavimus et pactum coram ipsum recognovimus et confirmavimus ; et ipsum Johannem comitem abbati et ecclesie pleigium dedimus. (Charte de Robert d'Argoules, de l'an 1160 environ. Même cartulaire, page 409, n.º 336).

Au XII.ᵉ siècle, l'autorité des seigneurs et des évêques est presque la seule en évidence. La puissance royale ne se montre guères que pour donner des lettres de protection et de sauve-garde aux abbayes ; mais à partir du XIII.ᵉ siècle, la démarcation des pouvoirs commence à devenir plus nette et plus tranchée. Le roi, le clergé et les communes se dessinent, chacun dans la position qu'il a conquise sur l'autorité des seigneurs. Le roi, par la salutaire institution de ses baillis et de ses prévôts, protège les biens et les personnes aussi loin que la main de sa justice peut s'étendre. Le clergé, au nom de la sainteté du mariage, est en possession de faire sanctionner par les officiaux les conventions où le douaire des femmes et l'héritage des mineurs peuvent se trouver engagés. Les communes confirment, par l'autorité de leur sceau, les transactions passées dans l'étendue de leur échevinage et dans les limites de leur juridiction.

Les diplomes de cette seconde période ne sont plus, comme ceux du XII.ᵉ siècle, des procès-verbaux énonciatifs des circonstances qui ont précédé, accompagné et suivi la stipulation. Ils se bornent, le plus souvent, au simple exposé des faits qui manifestent la volonté des parties. S'il s'agit d'un mineur, si l'acte doit être corroboré du consentement de la femme sous puissance de mari, ou s'il doit être approuvé par le seigneur supérieur, l'acquiescement des uns et la confirmation de l'autre donnent lieu à autant de chartes séparées qu'il y a d'intérêts distincts.

Adam Vilain de Vironchaux, avec le consentement de sa femme, avait constitué une aumône annuelle de vêtemens et de chaussures pour être distribuée aux pauvres devant les portes de l'abbaye de Valoires. Pour l'entretenir, il concédait à l'abbaye cinquante-trois journaux de bois à défricher, ne se réservant que le terrage et le cens annuel d'un couteau avec sa gaîne. Cette donation est d'abord reconnue, au mois d'octobre 1222, par la femme, en présence de Hugues Botteris, son seigneur direct, dont la charte règle le mode de paiement du terrage stipulé ; et au mois de décembre suivant, elle est encore reconnue, par la femme, devant le doyen de Rue qui constate sa renonciation aux prétentions qu'elle pourrait avoir à exercer, à raison de son douaire, sur les biens concédés par son mari (1).

Au mois de mars 1245, Thomas Bonnars homme-lige et parent de Hugues Cheret seigneur de Dourrier, procédant sous l'autorité de Jacques Dansai, son oncle et son curateur et du consentement de Marguerite son héritière,

---

(1) Cartulaire de Valoires, page 64, n.ᵒˢ 194-195.

celle-ci assistée de son mari, reconnaît qu'il a vendu, moyennant 126 livres parisis payées intégralement, tout le terrage de Mezoutre et de Hatinangle que l'abbaye de Valoires lui rendait tous les ans et qu'il tenait en fief de la seigneurie de Dourrier. Les hommes de fief de Hugues Cheret, siégeant en cour de justice, jugent que cette vente est légitime et que le mineur Bonnars a pu l a consentir ; et attendu que celui-ci déclare, sous la foi du serment, par le conseil de son tuteur et de ses amis, qu'il l'a faite pour son utilité, pour éviter un plus grand dommage et pour rendre meilleure sa condition et celle de ses héritiers, ils sont d'avis que le seigneur peut donner son approbation. En conséquence, Hugues Cheret la confirme *tanquam dominus feodi*.

Par un rescrit du mois d'avril suivant, le doyen de Labroye informe l'official d'Amiens qu'il a été témoin de la convention passée à Dourrier. En rappelant toutes les circonstances qui l'ont accompagnée, il déclare que, moyennant ladite somme de 126 livres payée par le mineur Bonnars à Hugues Cheret, celui-ci lui a cédé en augmentation de son fief et en échange du terrage objet de la vente, soixante journaux de bois sur le terroir de Gouy, pour être tenus en un seul hommage. Il déclare en outre que Jeanne de Pont-Rohard, épouse du seigneur de Dourrier, a approuvé la convention, en tant qu'elle concerne la seigneurie, l'hommage et le relief auxquels elle a droit pour cause de son douaire, attendu que son mari lui a donné en échange 40 journaux de bois dans la forêt de Merlemont.

Par un autre rescrit portant la même date, le doyen de Labroie dénonce tous ces faits à l'évêque d'Amiens : celui-ci sanctionne la mise en possession de l'abbaye de Valoires par une charte du mois d'avril 1245 (1).

Il ne faut pas chercher bien loin la raison politique qui a fait attribuer au clergé la connaissance des conventions concernant les mineurs et les femmes mariées. Ce fut la nécessité de constater, autrement que par les solennités du plaid général, le consentement qu'ils pouvaient prêter à des actes susceptibles de compromettre leurs intérêts. On laissa aux officiaux des évêchés et aux curés des doyennés le soin de recevoir leurs déclarations à cet égard, parce que le clergé était alors le seul corps où l'on pût trouver des hommes lettrés, le seul corps qui eût conservé l'habitude de garder note des actes et des faits jugés dignes d'être transmis à la postérité.

---

(1) La partie de cette notice comprise sous le n.° 13, est empruntée au Rapport sur le cartul. de Valoires que l'auteur a publié dans le 2.e vol. des Mémoires de la Soc. des Antiq. de Picardie.

Les conséquences de cette attribution de juridiction ont été de vulgariser l'usage de l'écriture et de hâter la renaissance du droit romain.

Et d'abord, pour prouver combien l'art de l'écriture était peu pratiqué en Picardie, au commencement du XII.ᵉ siècle, surtout dans les justices seigneuriales, il suffit d'ouvrir et d'interroger les cartulaires des abbayes. Presque tous les diplômes de ce temps ne sont que des chartes notices, c'est-à-dire, des espèces de procès-verbaux mémoratifs d'actes qui ne résultent point d'un engagement écrit, mais d'une promesse solennelle. Les chartes que donnaient les évêques complètent, au surplus, la démonstration de la thèse que nous soutenons. Presque toujours leurs préambules roulent sur cette idée : « la vie de l'homme est courte et la mémoire fugitive; les générations pas-
» sent et se succèdent ; celle qui suit est naturellement oublieuse des obli-
» gations de celle qui l'a précédée à moins qu'elles ne soient rendues
» présentes à ses souvenirs au moyen de l'écriture ».

L'écriture! cet art précieux sur lequel repose aujourd'hui toute la sécurité des transactions civiles, l'écriture n'était, au commencement du XII.ᵉ siècle, qu'un moyen extraordinaire et inusité d'en constater l'existence. Des formules, des symboles tenaient lieu d'actes! Le seul titre que pût invoquer la partie qui réclamait l'exécution d'une promesse était la mémoire du peuple, ou, pour mieux dire, la mémoire de ces hommes d'élite dont le témoignage, parmi le peuple et parmi le clergé, avait la même valeur qu'un engagement écrit. Les caractères essentiels du contrat qu'ils certifiaient se retraçaient à leurs esprits, par la nature même des différents symboles qui en avaient marqué l'accomplissement. Ils se rappelaient la ratification d'un mineur, par la nouvelle tunique dont il avait été revêtu ; le consentement de la femme à l'aliénation de l'immeuble grevé de son douaire, par la vache ou le fromage qu'elle avait accepté à titre de présent; la donation de tel seigneur à telle abbaye, par le bâton ou la motte de gazon que ce seigneur avait déposée sur l'autel, en signe de tradition.

Les évêques, comme l'on sait, suivaient aussi très-assiduement les assises des comtés, et leurs diplômes témoignent du soin qu'ils mettaient à recueillir tout ce qui s'y passait. L'on voit, en effet, que, lorsqu'il s'agit de l'intérêt des églises ou des abbayes de leurs diocèses, ils n'omettent pas de mentionner toutes les solennités qui se sont accomplies en leur présence.

La dignité de l'épiscopat ajoutait un grand poids à la déclaration qui ne devait jamais être suspectée, même lorsqu'elle portait, en quelque sorte, sur des actes passés au profit de celui qui la faisait. Ainsi, Milon évêque de Thérouanne, vers l'an 1140, écrivait à l'archévêque de Rheims, au légat du pape et à l'évêque d'Amiens, pour les informer qu'à une époque déjà fort ancienne, où il était encore abbé de Saint-Josse-au-Bois, il avait reçu, en sa qualité de curé de l'église St.-Firmin d'Amiens, la déclaration d'un bourgeois de la même ville, lequel s'était donné à lui avec tous ses biens et héritages (1).

14. En confiant au clergé le soin d'authentiquer les transactions où les intérêts pupillaires et dotaux se trouvaient engagés, on hâta la renaissance du droit romain, et cela par une raison toute simple. Le droit coutumier ne couvrant plus le mineur et la femme mariée d'une garantie suffisante, il fallait bien chercher ailleurs les principes qui devaient les protéger. Or, des juges lettrés et familiers avec la langue latine n'avaient qu'à ouvrir les codes de Théodose et de Justinien, pour trouver des préceptes et des formules applicables à toutes les espèces d'actions.

Une autre cause contribua aussi puissamment à faire prévaloir peu à peu la loi romaine sur le droit coutumier : ce fut l'usage généralement adopté, à la fin du XIIe et au commencement du XIIIe siècle, de saisir la juridiction volontaire des affaires les plus importantes. Lorsqu'une contestation s'élevait entre deux parties justiciables, l'une des tribunaux laïques et l'autre des tribunaux ecclésiastiques, presque toujours la décision du procès était remise à des arbitres dont l'un était toujours choisi dans le sein du clergé. Un tribunal ainsi composé devait nécessairement s'écarter des formes de procéder suivies devant les tribunaux ordinaires, car ceux qu'on investissait du droit de prononcer, en dernier ressort, sur de graves intérêts qu'on n'avait pas osé confier à d'autres juges, devaient souvent cette préférence à leur réputation d'habiles interprètes du droit écrit.

L'arbitrage était toujours précédé du compromis. Le compromis indiquait le nom des arbitres, l'objet du litige et stipulait un dédit proportionné à son importance. Chacune des parties acquiesçait au compromis par acte sé-

(1) Notum vobis facio quod antequam ad hujus curie officium advocatus essem, cùm adhuc monasterio Sancti Judoci de Nemore preessem, et ecclesia sancti Firmini Amb. sub mea cura penderet, quidam burgensis ejusdem civitatis, Radolphus cognomine qui non ridet, sese in manu meâ et suâ omnia tradidit, nec non et totam hereditatem suam quam uxori sue in dotem dederat, post illius obitum, perpetuo jure, concessit.... hujus rei veritatem coram Deo et vestra caritate, testificor. Quod si quis deinceps contraria temptaverit et inquietationes atque jurgia commoverit, vos illi, obsecro, vestraque auctoritate, resistite ; et pietatis respectu, vestram opem injustè calumpniam patientibus, impedite. Vale. (Cartul. de St.-Jean d'Amiens, col. 75, 76, n.° 27).

paré et presque toujours de la manière suivante : « Hugues abbé de Saint-
» Riquier à hommes vénérables et discrets M.ᵉ Waucost prêtre de Domart
» et Gillebert de Paris, salut en notre seigneur. Que votre discrétion soit
» informée qu'une difficulté s'est élevée entre notre église et celle de Ber-
» thaucourt, au sujet des dîmes de Vauchelles ; et que, pour mettre fin à
» ce procès, nous vous avons choisis pour arbitres, promettant, sous peine de
» 20 livres parisis, de nous conformer à votre décision. L'an du seigneur
» 1233, au mois de juillet. »

La sentence arbitrale intervenue quelques jours après, résume sommairement le compromis et constate que les parties ont été représentées par procureurs, que les dépositions des témoins entendus dans l'enquête ont été notifiées, que les titres produits ont été examinés par les arbitres.

Le clergé dans les arbitrages mixtes, c'est-à-dire dans les questions où les intérêts des séculiers étaient mis en balance avec les siens, avait un grand avantage, car, en cas de contradiction d'opinions parmi les arbitres, c'était, le plus souvent, dans le sein de cet ordre, qu'on prenait le tiers arbitre chargé de les départager, et alors l'issue du procès était facile à prévoir.

Sous l'épiscopat de Thibaut évêque d'Amiens, Flandrine la jeune, abbesse de Berthaucourt, vendit à Bernard de Saint-Valery seigneur de Domart un marais avec faculté d'y bâtir des maisons. Après la mort de Flandrine, Marie nouvelle abbesse revendiqua cette même propriété contre Robert de Domart fils et héritier de Bernard de Saint-Valery, prétendant que la vente en avait été faite sans le consentement et malgré l'opposition du chapitre. Sur le procès intenté par l'abbaye, intervint un compromis portant, entre autres clauses, que, dans le cas où les deux arbitres choisis seraient d'avis différents, l'archevêque de Reims prononcerait. Les arbitres n'étant point tombés d'accord, rendirent chacun leur sentence. Celle de l'arbitre laïque était conçue en ces termes : « Symon de Domart à son vénérable seigneur
» l'archevêque de Reims salut en toute humilité. Que votre paternité sache
» que, pour terminer le procès de l'abbaye de Berthaucourt contre le sei-
» gneur de Domart, au sujet de la vente faite par l'abbesse Flandrine,
» deux arbitres ont été nommés. Le premier est M.ᵉ Chrétien chanoine et
» official d'Amiens, je suis le second. Comme le compromis porte que, dans
» le cas où les deux arbitres ne s'accorderaient pas, chacun d'eux rédigerait
» et vous adresserait séparément sa sentence, pour que vous vous rangiez à
» l'opinion qui vous paraîtra la plus juste, je vous fais savoir que mon
» opinion est telle : Flandrine jadis abbesse de Berthaucourt a vendu à Ber-

» nard père de Robert le marais objet du litige, moyennant une redevance
» annuelle d'une mine de blé et d'une mine d'avoine. L'abbesse d'aujour-
» d'hui, comme les autres religieuses de sa communauté, a donné alors
» son libre consentement à cette vente qui a été scellée du sceau de l'ab-
» besse et du sceau du chapitre. Bernard père de Robert a possédé jusqu'à
» sa mort, paisiblement, au vu et au su de tout le monde, le marais que
» l'abbaye revendique aujourd'hui parce que les maisons construites sur
» une partie de ce marais produisent 40 sols de cens chaque année. C'est
» pourquoi je dis dans mon ame et conscience que Robert de Domart doit
» être maintenu dans sa possession. »

Malgré cette conclusion, l'archevêque donna gain de cause à l'abbaye par le motif qu'à l'époque de la vente, l'abbesse Flandrine avait en sa possession, outre son propre sceau, le sceau du chapitre, ce qui lui permettait de signer tout ce qu'elle voulait sans le consulter : *quod eadem abbatissa tunc temporis utrumque habebat sigillum, unde irrequisito capitulo signare poterat quod volebat* (1)

Cette sentence est du mois d'avril 1219. Il paraît toute fois que le prélat qui la rendit ne voulut pas en assumer sur lui seul toute la responsabilité, car l'évêque d'Arras déclare, par une charte du 4 des kalendes de mai 1219, qu'il partage l'opinion qui l'a dictée et que consulté, par l'archevêque, il a, ainsi que plusieurs autres personnes très versées dans ces sortes de matières, donné son avis dans ce sens (2).

Les compromis, les sentences arbitrales, les transactions occupent une place importante parmi les diplomes du XIII.ᵉ siècle. En compulsant les cartulaires des abbayes, on est étonné du nombre de procès qu'elles ont eu à soutenir et de la faveur qui s'attachait à leur cause lorsqu'elles avaient des laïques pour adversaires ; mais cette multitude de procès qui marque la période du XIII.ᵉ siècle, était la conséquence de la multitude de donations et d'aumônes qui avaient marqué la période du XIIᵉ. Les abbayes fondées par les seigneurs, et si richement dotées par eux qu'elles leur avaient enlevé, pour ainsi dire, la moitié de leurs terres, se montrèrent aussi désireuses d'acquérir de nouveaux biens que ces mêmes seigneurs montraient d'ardeur à récupérer ceux dont ils avaient été dépossédés. De-là ces conflits perpétuels d'intérêts entre l'autorité séculière et l'autorité cléricale, conflits dont le résultat ne manqua jamais de tourner au profit du clergé, par

---

(1) Cartulaire de Berthaucourt, page 118.   (2) Ibid., page 119.

la raison toute simple qu'il savait se ménager les moyens d'être juge dans sa propre cause.

15. Toutefois, ce n'est pas du point de vue restreint des luttes judiciaires qu'il faut considérer l'histoire des abbayes. La part qu'elles ont prise aux événements et aux institutions politiques du XI.ᵉ, du XII.ᵉ et du XIII.ᵉ siècle, offre un champ plus vaste à nos observations ; il y aurait quelque chose d'incomplet dans cette esquisse si nous ne parlions pas des communautés religieuses dont l'existence se trouvait liée à la constitution féodale du comté d'Amiens.

Un mot d'abord sur les abbayes royales.

On donne ce nom aux communautés religieuses que les rois de France fondèrent au VI.ᵉ et au VII.ᵉ siècle. Les rois alors recherchaient l'appui du clergé romain pour cimenter leur conquête. C'est pourquoi un pacte intervint entre eux et lui, au moyen duquel les deux parties contractantes promirent de s'aider mutuellement, l'une de la force matérielle dont elle était armée, l'autre de l'ascendant moral qu'elle exerçait sur l'esprit des populations. Aussi le baptême de Clovis doit-il être considéré comme le symbole de l'alliance de ces deux principes. Le roi Sicambre devant qui tout tremble et s'incline lorsqu'il a le glaive à la main, à son tour courbe la tête et reconnaît son impuissance lorsqu'il s'agit de concevoir, d'exécuter un plan de gouvernement. Pour fonder un nouvel empire sur les ruines de celui qu'il a détruit, l'Eglise chrétienne lui prête son concours, mais à la condition qu'elle aura une portion de la puissance, et une portion du domaine : une portion de la puissance, parce qu'elle en a besoin pour suivre l'accomplissement de ses grands desseins; une portion du domaine, parce que la puissance n'est durable qu'autant qu'elle repose sur la possession territoriale. Or, on sait l'usage qu'elle fit de ses domaines et de sa puissance : ses domaines, sous la main des moines qui les défrichèrent se convertirent bientôt en riches campagnes ; sa puissance, elle sut la faire tourner au profit de l'humanité, et l'un de ses bienfaits fut l'extirpation de l'esclavage. Citer Saint Remi et Saint Vaast dont les instructions ont fait d'un roi barbare un roi chrétien; citer Saint Valery, Saint Riquier, Saint Omer, Saint Bertin qui ont été, ou les propagateurs de la foi, ou les fondateurs d'abbayes célèbres; citer Saint Eloi, Saint Léger, tous deux ministres de leurs souverains et illustrés, l'un par l'emploi de ses richesses qu'il consacrait au rachat des esclaves, l'autre par sa constance à braver les persécutions auxquelles sa vie fut en butte, n'est-ce point rappeler des noms qui peuvent, à meilleur titre que ceux des conquérants des Gaules, revendiquer la gloire d'avoir fondé la monarchie française?

Qu'advient-il vers le milieu du VIII.ᵉ siècle? le haut clergé, par sa longue expérience des affaires publiques, s'est rendu nécessaire à la marche d'un gouvernement qui manque, sinon de bras pour l'action, du moins de tête pour le conseil. Pourquoi Charlemagne est-il un instant arbitre absolu des destinées de l'occident? parce qu'il sait allier, dans son gouvernement, toute la force matérielle de la société barbare qu'il représente à la force intelligente dont la société ecclésiastique lui a révélé le secret. Mais à sa mort, l'équilibre des deux principes est rompu; l'un n'est plus maîtrisé par son génie, l'autre n'est plus soutenu par sa redoutable épée. Le clergé domine seul, aussi bien dans le conseil du prince que dans les assemblées de la nation. Pour que Vala abbé de Corbie osât demander et faire prononcer par des évêques la déposition de Louis-le-Débonnaire, il a fallu que la société ecclésiastique eût pris un bien grand ascendant sur la société barbare.

Tant que la famille de Charlemagne fut sur le trône, l'Église régla toujours la marche du gouvernement ; et il est probable qu'elle aurait perpétué sa domination si cette dynastie s'était maintenue au pouvoir. Dans les conciles où elle dominait, se discutèrent les plus graves intérêts de l'état. Les légations les plus importantes furent confiées à des évêques, à des abbés. Les souverains, habitués à considérer les monastères comme les lieux d'étape de leurs éternelles pérégrinations, choisissaient tantôt l'un, tantôt l'autre, pour y venir solenniser les grandes fêtes de l'année. L'esprit de pénitence qu'ils y apportaient ne faisait que les mieux disposer à acquiescer aux exigences de l'hospitalité monacale. Qui pourrait dire aujourd'hui tout ce que le luxe, tout ce que les délices de Centule et l'éloquence des disciples d'Alcuin, ont exercé d'influence sur les actions de Charlemagne et de ses successeurs !

Mais bientôt arrivent les Normands, avec eux la dévastation des monastères, la dispersion des moines, la fermeture de leurs écoles et, pour comble à tous les maux qui signalent cette malheureuse époque, l'anéantissement de la puissance royale : empires, royaumes, provinces, tout se divise, se fractionne et tend à s'isoler de plus en plus. L'Église elle-même obéit et cède au mouvement qui l'emporte. Les abbayes et les diocèses subissent le joug d'un gouvernement séculier et sont administrés comme les grands fiefs.

L'Amiénois ne comptait qu'une seule abbaye royale, celle de Corbie. Tout porte à croire qu'elle conserva les formes de son organisation primitive et se gouverna selon la tradition romaine, jusqu'au règne de Louis-d'Outremer, époque où il paraît constant qu'elle subit une transformation complète.

Voici au reste comment l'auteur de la préface du cartulaire noir de Corbie (1) raconte cet événement.

En 946, dit-il, Louis-d'Outremer chassé de ses états par ses sujets révoltés, alla implorer la protection du roi d'Austrasie. Othon, à la tête de trente deux légions, entra dans la Neustrie et fit rendre au monarque détrôné les villes de Reims et de Soissons. Pendant cette guerre, deux chefs lorrains, Hémond et Godard, de leur propre autorité, s'instituèrent comtes de Corbie, s'emparèrent de toutes les terres, s'attribuèrent les droits de la haute et de la basse justice, créèrent des avoués, des chevaliers, des maïeurs, des doyens, sans que personne osât élever la voix contre l'injustice de leurs prétentions. Non contents de retenir indûment les biens de l'Église, ils en conférèrent les dignités à des laïques, sans s'inquiéter de leur religion ni de leur origine (2).

Ce fait de l'usurpation des seigneurs lorrains précise l'époque où l'abbaye de Corbie entra dans la confédération féodale, avec le titre de comté. En effet, l'institution des chevaliers, des avoués, des maïeurs dont parle la chronique, suppose nécessairement une hiérarchie de feudataires analogue à celle que mentionne le rôle de 1200.

C'est généralement à la fin du X.ᵉ siècle qu'on fait remonter la création, par les églises, des vidamés et des avoueries. Lorsqu'elles virent que les rois n'étaient plus assez puissants pour les couvrir de leur autorité, elles sacrifièrent une partie de leurs domaines à la nécessité de se procurer des défenseurs, et elles choisirent, pour cela, les seigneurs qu'elles croyaient les plus capables de les protéger (3). Ainsi l'abbé de Saint-Sauve de Montreuil, en l'an 1000, s'expliquant sur le motif qui l'a porté à choisir le comte d'Hesdin pour avoué de cette abbaye, déclare qu'il lui a accordé cette préférence, parce qu'il est le plus fort, le plus puissant, le plus en position de faire respecter les propriétés et la justice de son église (4).

---

(1) Jean du Candas, prévôt de l'abbaye de Corbie, en 1295.

(2) Mss. de la Bibliothèque royale. Fonds Corbie, 19, folio 27.

(3) Bonorum ecclesiasticorum partem aliquam eis in beneficium, ultrò concedebant, ut reliquorum essent patroni ac defensores. (Du Cange. Gloss. V.° *Vicedominus*).

(4) Halulfum comitem Hesdini advocatum constitui, quod neque fortiorem neque compotentiorem rectitudini nostræ tuendæ cognovi, ut ejus potentia, dominos res nostras invadentes reprimeret, et habitatores qui rebelles essent ad justiciam nostram venire, compelleret. (Gall. Christ. tome X. Preuves coll. 283).

Les abbayes royales, au commencement du XI.ᵉ siècle, se trouvaient donc, sinon complètement annihilées, du moins dépouillées de toute espèce d'influence.

16. Pour qu'elle pût récupérer, dans l'ordre politique, son ancienne position de pouvoir dirigeant, la société ecclésiastique a dû renouveler, au milieu de la société féodale du XI.ᵉ siècle, le système qu'elle avait suivi au milieu de la société barbare du VI.ᵉ Il lui fallut s'organiser dans le finage de chaque baronnie, comme elle s'était organisée alors dans les provinces conquises par les Francs. Elle s'efforça de persuader à tous les hauts seigneurs avec lesquels elle se trouvait en contact qu'à l'exemple des rois dont ils avaient usurpé les pouvoirs, ils devaient aussi fonder des monastères et doter des églises. Elle demanda et obtint de chacun d'eux une portion du domaine et une portion de la puissance.

Il convient donc de rechercher ici le principe qui a placé la force intelligente et civilisatrice des institutions ecclésiastiques, à côté et comme contrepoids de la force brutale de la féodalité.

Ce principe c'est le sentiment religieux.

Ce sentiment ne se développe jamais avec plus de force qu'au milieu des grandes calamités qui affligent l'espèce humaine. Quelle époque fut plus féconde en guerres d'extermination, en pestes, en famines que le XI.ᵉ siècle? mais aussi quelle époque vit accomplir plus de vœux, plus de pélerinages, ouvrir plus d'hospices, plus de maladreries, fonder plus de temples, plus de monastères que le XII.ᵉ siècle ? Quand on a éprouvé la justice du Dieu qui châtie on aime à se confier en la miséricorde du Dieu qui pardonne. Ces fléaux dont le monde avait été frappé étaient, aux yeux du vulgaire, autant de signes précurseurs de la fin des temps prédite par l'Évangile. C'est pourquoi, chacun voulant se préparer, par le repentir et la pénitence, à subir la terrible épreuve dont il était menacé, donnait tout ou partie de son patrimoine pour le salut de son ame.

Partout où il y avait un seigneur jouissant des prérogatives de la souveraineté, on vit s'élever un ou plusieurs monastères, selon la protection qu'il pouvait garantir et l'étendue de pays soumis à sa domination. Ceux qui n'étaient pas assez puissants pour faire respecter leur sauve-garde hors de l'enceinte crénelée du château qu'ils commandaient, y fondaient une collégiale de chanoines, un hospice, une léproserie, quelquefois une simple chapelle dont le desservant et la prébende étaient placés sous leur patronage. Ceux qui n'avaient pas de terres ou qui ne pouvaient les aliéner sans le consentement des seigneurs supérieurs, offraient quelques portions de leur revenu. Celui-ci donnait du vin pour la célébration de la messe ; celui-là du froment pour faire les hosties ; un autre de la cire pour l'entretien des cierges ; un autre enfin des vêtemens ou des chaussures pour être distribués aux pauvres. Par cela seul que le chef d'une circonscription féodale avait fondé ou doté une abbaye, c'était une raison pour que les seigneurs dont les fiefs étaient situés dans sa mouvance, s'empressassent d'imiter l'exemple de leur suzerain, afin que, par l'enchaînement de toutes ces libéralités, chaque donateur se trouvât contribuer à l'œuvre de la piété commune, en poportion du rang qu'il occupait dans la hiérarchie de la baronnie. Toutes ces concessions dont les diplomes du XII.ᵉ et du XIII.ᵉ siècle présentent tant d'exemples, prouvent que chacun alors comprenait l'importance des devoirs que l'Église avait à remplir et s'y associait avec amour selon ses facultés.

Les divers besoins de la société ont donné naissance aux diverses natures d'établissements religieux. Les abbayes furent instituées dans les campagnes pour régénérer l'agriculture, les collégiales pour entretenir la discipline parmi le clergé, les hospices pour y recueillir l'humanité souffrante, les léproseries pour y séquestrer le fléau contagieux qui décimait les population des villes.

Remontant des effets à la cause, nous nous demandons par quel enchaînement de circonstances l'Église a pu ainsi, au milieu des orages de la période capétienne, jeter dans les esprits ces craintes salutaires qui devaient contribuer si puissamment à augmenter sa richesse et sa puissance.

Par la confession, le sacerdoce s'est insinué dans le secret des consciences ; il en a sondé les replis les plus intimes ; il a, tour-à-tour, porté la terreur dans les ames timorées et l'enthousiasme dans les ames ardentes ; il a effrayé les unes par le tableau des peines de l'enfer ; il a consolé les autres par la peinture des joies du paradis. Ces idées de résurrection, avec l'alternative d'un châtiment ou d'une récompense éternels, en pénétrant dans les esprits par la voie mystérieuse de la confession, ont mis le pénitent à la merci du confesseur. Dès-lors, celui-ci, parlant au nom du Dieu qui lui a donné le pouvoir de tout lier et de tout délier sur la terre, a pu impunément tout prescrire et tout défendre et, dans l'acte qui scellait la réconciliation du pécheur, stipuler les conditions du pardon de la manière la plus profitable à ses intérêts. Plus le pénitent était élevé par sa fortune et son rang, plus la pénitence était onéreuse, et l'on peut dire que, dans ce cas, on proportionnait l'expiation au degré de la puissance bien plus qu'à la gravité du péché.

L'Église, en outre, pour ployer les têtes superbes et dompter les esprits rebelles, avait l'arme de l'excommunication et de l'interdit : arme terrible dont jamais elle ne fit usage, même contre les rois, sans que le succès couronnât son audace. Il lui suffisait de dire : — Détachez-vous des princes qui me désobéissent — pour qu'aussitôt chacun se reculât loin d'eux comme si l'Éternel avait marqué ces grands coupables du signe réprobateur qu'il mit sur le front de Caïn.

17. C'est, à vrai dire, pour se faire absoudre des énormités de leur jeunesse que les hauts barons de la Picardie dotèrent tant d'abbayes au XII.ᵉ siècle. Celle de St.-Fuscien-au-Bois le fut par ce fameux Enguerrand de Boves, dont les crimes n'ont peut-être été surpassés que par ceux de Thomas de Marle, son fils. Hugues Camp-d'Avesne, comte de St.-Pol, éleva les abbayes de Cercamp et de Clairfay afin de se purger de l'excommunication que le concile de Reims avait fulminée contre lui pour avoir tué un prêtre à l'autel, dans l'église de Beauval, et pour avoir, en 1131, porté le fer et la flamme dans l'abbaye de S.-Riquier. Guillaume de Talvas, comte de Ponthieu, le complice du comte de St.-Pol dans cette dernière entreprise, signa en 1138, avec Gui II son fils, l'acte de fondation de l'abbaye de Valoires. En la même année, Robert d'Ailly, seigneur de Beaurain, qui avait été également frappé d'excommunication pour la même cause, donna aussi à l'abbaye de Valoires tous les bois et toutes les terres qu'il possédait dans le territoire de Mezoutre (1). Le vidame, Girard de Picquigny, fondateur de St.-Jean d'Amiens et de N.D. du Gard, se laissa aller, comme les autres seigneurs ses contemporains, à des actes de violence, qu'il expia comme eux par des donations pieuses. Celle qu'il fit, en 1144, à l'abbaye de Selincourt n'était que la réparation du dommage qu'il lui avait causé en enlevant par force de ses métairies 1,600 moutons et 600 porcs (2). Jean I.ᵉʳ, comte de Ponthieu, avant d'être le bienfaiteur de Va-

---

(1) Robertus de Alli, cum in incendio ville, Sancti-Richarii mata que non debuerat perpetrasset, penitencia motus, pro absolutione peccati illius et anime sue... omnia que apud Mosultram possidebat... libere concessit fratribus Cistercii qui in Pontivo morantur. (Cartul. de Valoires, page 30, n.ᵒˢ 84, 85.)

(2) Girardus, cum ex secularium oppressione necessitatum, et guerrarum tumultibus quibus illud humanum genus facile implicari vel potius alligari solet, in angustia positus, MDCL oves porcosque CC de curtibus Beati Petri (de Selincuria) in predam rapuisset, tandem culpam suam agnoscens, et bonis super hoc consiliis acquiescens, ad satisfaciendum Deo et ecclesie Beati Petri, presertim cum ecclesiastica instanter eum super hoc ur-

loires, avait été son plus ardent persécuteur. Pour mettre un terme à ses violences, il ne fallut rien moins que l'intervention du roi d'Angleterre et la crainte de l'excommunication dont il était menacé (1).

18. Les libéralités excessives dont les monastères furent comblés pendant le cours du XII.ᵉ siècle, seraient, malgré la ferveur dont on doit supposer que les donateurs étaient animés, un fait inexplicable, si l'on n'avait pas une intelligence complète des mœurs de cette époque. La société guerrière qu'on est convenu d'appeler la Féodalité, passait sa vie dans les rapines et les largesses. Un haut baron n'avait pas sitôt conquis de nouvelles possessions, qu'il était obligé d'en concéder une partie pour se créer des vassaux et augmenter sa puissance. Ses propres domaines à lui consistaient, presque toujours, en forêts improductives, peuplées de bêtes féroces qui désolaient les cantons d'alentour, mais qui lui procuraient le plaisir de la chasse. Dans un pays couvert de bois comme l'était alors le comté d'Amiens, les propriétaires de ces vastes forêts avaient un véritable intérêt à en abandonner une partie aux monastères, car la réserve du champart qu'ils stipulaient comme condition de la faculté de défricher, leur créait de nouvelles ressources pour stipendier des hommes d'armes. Cette réserve d'un droit utile sur le domaine concédé constituait une véritable dérogation au principe de l'inféodation, acte essentiellement gratuit de sa nature, et qui alors, comme chacun sait, se résumait pour le cédant en un droit purement honorifique. Il était donc plus avantageux pour les seigneurs de faire des concessions aux monastères que des inféodations à leurs vassaux, puisque, dans le premier cas, la libéralité laissait quelque chose au donateur, tandis que, dans le second cas, elle le dépouillait entièrement.

Les abbayes de Cîteaux et de Prémontré ont à elles seules défriché presque toutes les forêts de l'Amiénois septentrional. Les fermes du Valheureux, avant d'appartenir aux Cisterciens du Gard, faisaient partie de cette immense forêt de Vicogne, dont le défrichement, ainsi que l'attestent les titres de cette abbaye (2), fut rendu nécessaire par le grand nombre de

---

geret justicia... hoc pacto, absolutionem suam impetravit et meruit.... (Cartul. de Selincourt, f.º 7, r.º).

(1) Johannes comes filius et heres juvenis, virorum bonorum consilio privatus... elemosimam patris monachis longo tempore prohibuit... et abbatiam quam pater suus, in tempore suo, fecit... tam guerra quam malo consilio suorum, multis injuriis et dampnis, pecuniisque ablatis, oppressit...

tandem apostolicam auctoritatem et ecc.esiasticum rigorem quo feriendus erat, metuens... necnon prece regis Anglie, et abbatis Cistercii litterarum missione consilio et ammonitione,..... omnimodam satisfactionem, et a se suisque firmam pacem ecclesie tenendam, spopondit. (Cartul. de Valoires, p. 98, n.º 319).

(2) Archives du département de la Somme.— Cartul. de l'abbaye du Gard. *Titres du Valheureux.*

loups qui infestaient les campagnes voisines. Les fermes de Septenville, de Val-des-Maisons, de Rosel, de Valvion, d'Olincourt, de Savières, se sont formées successivement et à mesure que les Prémontrés de St.-Jean d'Amiens, obtinrent la permission d'abattre et de livrer à l'agriculture quelques lambeaux de cette même forêt (1).

Hommes simples et laborieux, les Prémontrés et les Cisterciens établissaient des colonies agricoles dans les cantons encore incultes. Les premières concessions qui leur furent faites n'étaient grevées d'aucune redevance seigneuriale, parce qu'on ignorait que des terres, jusque-là sans valeur, pussent être fécondées par leur travail. Mais quand on eut l'expérience de leur habileté, quand on vit, par l'abondance de leurs récoltes, tout ce qu'ils savaient faire produire à la terre, on ne leur accorda plus la faculté de défricher les bois pour les mettre en culture, qu'à la condition de réserver une part des fruits au seigneur. Seulement ils continuèrent de n'être assujettis à aucune prestation pour les pâturages et les terrains clos dépendant de leurs maisons d'exploitation.

Ainsi la concession de trois cents journaux de bois à défricher dans la forêt de Vicogne, faite par les seigneurs de Doullens et d'Orville, de 1131 à 1140, pour l'établissement de la ferme de Valvion, ne contient aucune réserve *de terrage* (2). Mais la concession de 1800 journaux, dans la même forêt, par Gui Camp-d'Avesne et Girard de Picquigny vidame d'Amiens, vers 1160, pour l'établissement des fermes de Val-des-Maisons, contient réserve expresse *du terrage*, pour les terres arables seulement (3).

La perception du droit de terrage fut souvent une cause de trouble pour les moines. Le seigneur qui se croyait lésé dans ses intérêts, avait recours à des voies de fait au lieu de s'adresser à la justice. Tantôt il suspendait les travaux des bûcherons (4), tantôt il enlevait les chevaux et les récoltes (5). C'est pourquoi les abbayes ne tardèrent pas à diriger leurs efforts

(1) Cartulaire de l'abbaye de St.-Jean d'Amiens. *passim*.

(2) Cartulaire de Saint-Jean d'Amiens, col. 392, 393, n.os 207, 208. La preuve de ce fait résulte, au surplus, de la note 5 ci-dessous.

(3) Ego Guido Candavena, assensu etc... concessi et in elemosinam dedi quinque carucatas terre in territorio Viconie... nichil in eadem terra retinens *preter terragium*. pascua etiam ejusdem territorii libera... curtem quoque fratrum que nunc Vallis-Domorum dicitur ab omni exactione et violentia liberam et fossis cingendam. (Cartul. de St.-Jean 'd'Amiens. Col. 364, 365, n.º 193).

(4) Cartul. de Valoires, page 31, n.º 86.

(5) Ego Guido Candavene dominus de Pulchra valle... sed quum in curiis principum non desunt consilia malignantium, promisse pacis immemor, largitiones dominorum Viconie adnichilare pretentans, contra rationem terragium totius terre quam fratres Vallis-Guidonis excolebant in Viconia, cepi violenter exigere, fratribus vero contradicentibus, et terram illam quam excolebant in Viconia

vers le rachat de ce droit onéreux; lorsqu'elles n'y pouvaient parvenir, elles s'appliquaient à ménager des accommodements qui le rendissent moins vexatoire. Souvent c'était à l'intervention d'amiables compositeurs qu'elles devaient l'assoupissement de toutes ces querelles, et cela est si vrai qu'on peut dire que les coutumes régulatrices du champart sont nées de l'arbitrage, car on retrouve dans les transactions du XIII.ᵉ siècle, une foule de dispositions que les coutumes ont plus tard consacrées en principes.

19. La société féodale, vers le milieu du XII.ᵉ siècle, était partout organisée, sinon régie d'une manière uniforme. Partout, le clergé et les seigneurs se trouvaient, relativement du moins, dans la position que nous venons de signaler. Partout, la marque distinctive de la baronnie était d'avoir d'ancienneté forêt, église collégiale, abbaye ou prieuré conventuel, hôpital ou maladrerie, foire ou marché, ville close ou château, péage ou travers (1). Tels sont en effet les éléments dont se composaient les deux principales baronnies de l'Amiénois. Celle de Boves avait une forêt très-vaste avec droit de garenne, un hôtel-dieu, deux prieurés dont l'un était sous la protection de sa forteresse, un travers dont les limites allaient jusqu'au pont de Longueau, et en outre le patronage des abbayes de Saint-Acheul-lès-Amiens, de Saint-Fuscien-au-Bois et du Paraclet-des-Champs que ses seigneurs avaient fondées (2). Le vidame de Picquigny, avec les forêts d'Ailly et de Vignacourt où il avait droit de garenne, possédait un péage considérable au pont de Picquigny dont les nobles eux-mêmes n'étaient pas exempts (3). Il avait, en outre, le droit de battre monnaie, celui d'établir francs-marchés, fêtes marchandes, communes, échevinages, celui de fonder prébendes, chapelles, hospices, léproseries, abbayes, en retenant pour lui et ses successeurs, le patronage, la collation et la garde desdites maisons de religion (4). La première condition d'un fief de dignité était

a dominis ejusdem terre *liberam a terragio et decima* accepisse, et liberam per annos plurimos tenuisse, affirmantibus — homines mei, timore Dei et hominum reverentia postposita, cum magna quadrigarum multitudine curtem Vallis-Guidonis intraverunt, et grangiam fratrum spoliantes, frumenti et avene innumerabiles manipulos asportaverunt. (Cartul. de St.-Jean d'Amiens, col. 368, n.° 194).

(1) Loyseau, Traité des Seigneuries, page 60, n.° 70.

(2) An 1085, charte par laquelle Enguerrand de Boves fonde l'abbaye de St.-Acheul, à une demi-lieue d'Amiens.

An 1105, le même seigneur fonde l'abbaye de St.-Fuscien-au-Bois.

An 1219, Enguerrand II, seigneur de Boves, fonde l'abbaye des filles du Paraclet-des-Champs, ordre de Citeaux.

(3) Procès-verbal de la coutume d'Amiens. — Commentaire de Du Heu sur cette coutume.

(4) Transaction de Jean de Picquigny, avec Guillaume de Mâcon du mois de janvier 1302. — Archives du département de la Somme.

donc de réunir les deux éléments civil et ecclésiastique. Pourquoi cela? parce que sans la force morale dont était armé le pouvoir ecclésiastique il eût été impossible de soumettre à des idées d'ordre l'esprit turbulent des barons féodaux. Mais pourquoi l'établissement religieux est-il considéré comme l'un des attributs caractéristiques de la baronnie? parce que le droit de fonder la plus simple prébende suppose nécessairement la possession du droit d'amortissement; car l'amortissement, comme sanction définitive de la transmission de la propriété, commande à celui qui le garantit, de mettre le possesseur à l'abri de toutes les chances d'éviction : ce qu'il ne peut faire qu'autant qu'il est assez fort pour lui assurer la répression de toute tentative ou voie de fait ayant pour but de le troubler dans sa jouissance. L'inviolabilité des domaines ecclésiastiques n'était donc pas seulement assurée par la crainte de l'excommunication et de l'anathème : elle l'était encore par le droit d'amortir le temporel des abbayes et maisons de religion que s'attribuaient les hauts seigneurs. L'intérêt qu'ils avaient à s'ériger en protecteurs des églises, s'explique par le besoin de légitimer leur usurpation des droits régaliens. Les églises, en partageant avec eux les bénéfices de cette usurpation, s'y associaient en quelque sorte et s'obligeaient par un juste retour à mettre sous la protection de l'autorité ecclésiastique ceux qui les avaient placées sous la sauve-garde de l'autorité temporelle (1).

Au surplus, cette sauve-garde ne profitait pas seulement aux églises, elle étendait aussi ses bienfaits aux populations disséminées sur leurs domaines. Dans un temps où les guerres privées et les dissensions des seigneurs exposaient les habitans des campagnes à craindre sans cesse les voies de fait ou les représailles de leurs voisins, il n'y avait pour ainsi dire de sécurité que dans les possessions des églises et des abbayes. Celles-ci avaient l'heureux privilége d'être moins en butte que les autres aux violences des parties belligérentes. Plus elles élargissaient leur territoire, plus elles ajoutaient à l'étendue de leurs domaines, moins elles laissaient d'espace aux combattans et plus elles resserraient la zône de la guerre, c'est-à-dire, le terrain où il était permis de venger une querelle particulière.

20. Quelles auraient été les destinées de la société féodale, si le clergé ne se fût trouvé là pour partager avec elle le domaine et la puissance?

(1) Ly roys, dit Beaumanoir, a le garde de toutes les eglises dou royaume, mais especiaument chacun baron l'a en sa baronnie.... Voirs est que nus n'a le garde des eglises se che n'est li rois ou chil qui du roy tiennent par baronnie. (Beaumanoir, Contumes de Beauvoisis, ch. 46.— Du Cange, Gloss. V.° *Wardæ*).

jamais elle n'aurait pu surmonter les obstacles que sa constitution, image du chaos, opposait à sa régénération politique. Pour réunir, par le lien de l'unité, cette foule de petits états qui s'étaient formés du démembrement de l'empire de Charlemagne, qu'a fait l'église? elle a renouvelé l'œuvre de résurrection accomplie par l'un des prophètes d'Israël ; elle s'est unie à chacun des tronçons du corps mutilé, pour leur communiquer à tous la chaleur et la vie. Aussitôt qu'elle les a sentis se ranimer sous l'action de son souffle divin, elle leur a dit : levez-vous et marchez contre l'Infidèle, et l'Europe s'est précipitée vers l'Orient.

Par la spontanéité de ce grand mouvement, l'Église a pu se convaincre qu'elle était maîtresse de l'opinion et qu'elle pouvait désormais tout oser et tout entreprendre.

Deux hommes que l'Amiénois compte au nombre de ses plus illustres citoyens, ont pris aux événements qui ont marqué la fin du XI.e siècle et le commencement du XII.e, une part trop active pour que nous taisions ici leurs noms. L'un est ce solitaire enthousiaste qui donna l'élan à la première croisade ; mais il est moins glorieux pour lui, peut-être, d'avoir aidé à planter la croix sur les murs de Jérusalem que d'avoir réuni dans une pensée commune les mille et une peuplades qui s'ébranlèrent à sa voix. L'autre est ce prélat vénéré auquel la ville d'Amiens a dû l'heureux succès de son insurrection populaire et qui, consacrant sa vie au soulagement des misères que la tyrannie traîne à sa suite, n'hésita jamais à mettre la protection des libertés communales au nombre des devoirs de son saint ministère. Condamné à subir le contact journalier des Enguerrand de Boves, des Thomas de Marle, des Wermond de Picquigny, des Adam d'Amiens, il opposa constamment une vie toute de bienfaits et de consolations, aux injustices et aux atrocités de ces déprédateurs sanguinaires : jeté au milieu d'eux, comme Daniel dans la fosse aux lions, il réussit quelquefois, sans autre fascination que celle de ses vertus, à désarmer la férocité de ses redoutables voisins.

L'Église n'est devenue toute puissante au moyen-âge que parce que des hommes de la trempe de Saint Geoffroy lui ont ouvert et préparé la route. C'est en adoucissant l'âpreté des mœurs féodales, c'est en favorisant le progrès de la liberté dans les villes et la renaissance de l'agriculture dans les campagnes, c'est en couvrant de son droit d'asile et du privilége de ses immunités les malheureux qui avaient besoin de son appui, qu'elle est parvenue à s'environner de l'amour des peuples et à conquérir le sceptre de la domination universelle.

L'Église, au commencement du XI.ᵉ siècle, semble surgir du sein du désordre, pour reconstituer un gouvernement régulier. Avec elle et par elle le système féodal s'organise, l'unité politique se rétablit. Empereurs et rois, comtes et barons, nobles et vilains, bourgeois et manans, clercs et séculiers, tous lui prêtent foi et hommage comme à leur suzeraine médiate ou directe. Tandis qu'autour d'elle tout se désunit, se morcelle, se divise, elle seule reste compacte et unie. Sans armes, elle gouverne des sociétés armées et belliqueuses. S'il se fait un mouvement, elle le dirige; s'il s'élève un pouvoir rival, elle le domine; un obstacle, elle le surmonte; une question, elle la décide; un litige, elle le termine. Reine de l'Occident, arbitre des rois et des peuples, elle tient dans sa main tous les fils de cette machine aux mille rouages qui se meut et s'arrête au gré de son caprice. Du haut de la chaire évangélique, sa voix retentit en éclats majestueux et, malgré la confusion des langues, fait entrer la persuasion dans tous les cœurs; car sa langue à elle est intelligible au milieu de tous les idiomes que les barbares ont semés sur leurs pas : avec ce seul héritage que lui ont transmis les Romains, elle continue, par la parole, l'empire qu'ils avaient fondé par le glaive.

Décembre 1842.

A. BOUTHORS.

CAMONS.

SEIGNEURIE.

Bibliothèque royale. Collection D. Grenier. 14.e *paquet, n.º* 7, *page* 98. 4 *articles.*

Coustume locale et usages notoirement tenus et gardez au village, terre et seigneurie de Camons que les subgets et tenans d'icelle seigneurie ont mis et rédigé par escript en ensievant les ordonnances, etc.

1. Premièrement, pœvent lesdits habitans et ont accoustumé de tout temps créer et instituer trois eschevins, chacun an, oudit village, lesquels ont le gouvernement d'icellui village et le principal regard sur le bien publique ; et sont tenus iceulx eschevins faire serment de bien et léalement eulx en acquitter.

2. Item, ont accoustumé lesdits eschevins de asseoir, chacun an, sur tous les tenans et subgets d'icelle seigneurie de Camons quelque somme de deniers, selon ce qu'ils voient que le cas le requiert et qu'il est besoin pour l'entretenement des puis, ponts, passages et voiries d'icelluy village, pour laquelle assiette lesdits subgets et tenans sont justichables (1).

3. Item, par ladite coustume, lesdits subgets pœvent picquier, fouyr, heuer, quant il est besoin, sur les frocqs et flégards dudit village, sans pour ce demander aucun congié à MM. du chapitle d'Amiens, seigneurs dudit lieu; et à ceste cause ont accoustumé paier audit de chapitle ung droit que on dit advourie, qui est tel que de 40 sous et un denier chacun an.

4. Item, par ladite coustume, lesdits subgets, à cause de leurs prez situés en ladite seigneurie, ne doivent aucun droit de dixme des fruits croissans sur lesdits prez, et au regard des fruits croissans sur leurs terres et pareillement de leurs fruits et bestail, ils doivent seullement de chent huit qu'ils sont tenus mener à leur dépens.

Le 24 septembre 1507.

Signé : Bourcel, *lieutenant de Camons.*

CORBIE.

COMTÉ.

Bibliothèque royale, D. Grenier, vol. 33, paquet 5, art. 2, A. 26 articles.

Ce sont les coustumes gardées et observées de toute anchienneté en le comté de Corbie, mises et escriptes, en ensuivant l'ordonnance de M. le bailly d'Amiens, commissaire en ceste partie, et les commandemens faits par Charles Béranguier, juge et garde commis de par le roy nostre sire en la prévosté de Fouilloy, en vertu de certaine commission émanée dudit bailliage d'Amiens, par maistre Pierre Boileau, lieutenant du bailly de la comté dudit Corbie, Guerard Leprévost, prévost dudit Corbie, Garain de Riencourt, Jehan Choquet, Regnauld Leprévost, Loys Tournemine, Jehan Hanicque, Jehan de Riencourt et Jehan Bauduin, procureurs et conseillers es sièges de ladite comté et prévosté, pour ce appelez par ledit prévost de Fouilloy ce jourd'hui septième jour de d'aoust 1507.

1. Premiérement, la coustume générale de ladite comté est telle que incontinent que la femme est conjoincte par mariage avecque son mari, et que ce mariage est solempnisé, parfait et accomply, ladite femme au moyen de ladite conjonction, acquiert droit de douaire coustumier en et sur tous les héritaiges tant féodaulx que cottiers qui appartenoient à sondit mary et dont il apert saisine au jour de leurs nopces et espousailles, semblablement en tous les héritages qui, constant ledit mariage, lui succèderont de ligne directe; lequel droit de douaire est tel : que de jouyr par icelle vefve, si elle survit sondit mary, de la moitié de tous lesdits héritaiges féodaulx comme cottiers en tous proffitz durant sa vie, à commencer du jour que elle se y sera fait mettre de fait, ou que l'héritier de sondit mary lui aura consenty et accordé icelluy droict de douaire.

2. Item, et sy a coustume générale es mettes de ladite comté que se aulcun par ire frappe violentement de main garnie, il commet amende de LX sols parisis; et de main non garnie, il commet amende de VII sols VI deniers parisis.

3. Item, y a coustume générale en toutes les mettes de la comté dudit Corbie, que quant aucune personne saisyc et propriétaire d'aucuns fiefs, terres et héritaiges cottiers, tenus et mouvans immédiatement ou par moyen de ladite comté, va de vie par trespas, les héritiers du trespassé sont te-

nus de rellever lesdits héritages des seigneurs dont ils sont tenus; c'est assavoir, lesdits fiefs en dedans quarante jours complets, et iceulx heritaiges cottiers en dedans sept jours complets, à compter du jour du trespas, et ce sur peine que se ce ne font, les seigneurs dont lesdits fiefs et héritaiges cottiers sont tenus, pourront prendre et appréhender à leur prouffit tous les fruits et prouffits desdits héritages, tant et jusqu'à ce que lesdits reliefs leur aient esté pour ce faits : c'est assavoir desdits fiefs, aprez les XL jours passés, et desdits héritages cottiers, aprez lesdits sept jours passés et expirés et non devant : assavoir pour chascun fief tenu en pairie (2) X livres parisis de relief et cent sols parisis de chambellage, et pour chascun fief noble, tenu en plain hommage, LX sols parisis de relief et XXX sols parisis de chambellage ; et se relief se fait de bail, tant pour le mary de la femme pour laquelle le relief se fait, comme pour le relief de l'enfant mineur d'ans, il est dû même rellief, sans chambellage ; et pour lesdites cotteries seroit dû de relief, selon la nature des lieux où lesdites cotteries sont assyses, car il y en a en divers lieux.

4. Item, y a aucune coustume générale es mettes de la dite comté que quant aulcun délit se commet en aulcun bois et s'y prend bos manouvré, il commet, contre le seigneur qui a la seigneurie dudit bos, amende de XX sols parisis ; et s'il coppe ou abat bos estallon, il commet amende de XII sols parisis pour chascun d'iceulx estallons ; et s'il coppe ou abat aulcun bos, il commet amende de VII sols VI deniers parisis, avec restitution de ce qui seroit par luy coppé ou emporté.

5. Item, y a audit coustumier : que touttes manières de bestiaulx qui sont trouvés es bos d'aulcuns seigneurs hauts justiciers, ils commettent, s'ils sont trouvés es taillis de trois ans et au-dessoubs, amende de LX sols parisis; et au-dessus deppuis trois ans, amende de VII sols VI deniers parisis, avec restitution de l'intérest.

6. Item, y a audit coustumier : que quant aulcun blancs bestiaulx ou pourchaulx sont trouvés pasturans es marais d'aulcuns seigneurs hauts justiciers, iceulx blancs bestiaulx ou pourchaulx sont submis à payer LX sols parisis d'amende; et se ils sont trouvés en aulcun prez ou aux champs ez ablais, ils commettent amende de VII sols VI deniers parisis.

7. Item, y a coustume que quiconque picque, feue, heue esdits maretz. il commet amende de LX sols parisis. Si on met ou laisse aller auxdits maretz aulcunes bestes chevalines, foires durant, on commet, pour chascune beste et pour chascune fois, pareille amende de LX sols parisis ; et pareille-

ment bestes qui n'auroient droit de communaulté esdits maretz commettent pareille amende de LX sols parisis, envers le seigneur ayant la seigneurie d'iceulx maretz.

8. Item, y a coustume que ung seigneur qui, à cause de son fief, a justice et seigneurie vicomtière et en dessoubz, ayant droit de bannée et de four, ses hommes et tenans subgetz à ladite bannée, ne pœuvent aller cuir pain à aultre four que au four banal dudit seigneur, sous peine de confiscation du pain qui seroit trouvé cuir à autre four que audit four banal; et s'ils sont aussi banniers aux molins, ils ne peuvent aller moudre leur blé à aultre molin que au molin dont ils sont banniers, sous peine de confiscation des farines, sacques ou aultres vaisseaulx en quoy ils seroient trouvés, mesmement des chevaulx sur lesquels seroient trouvées lesdites farines : toutes lesdites confiscations à appliquer au seigneur qui auroit la seigneurie dudit droit de bannée.

9. Item, y a coustume que ung homme tenant fief noble et en plain hommage, est tenu de servir en personne les plaids de XV.^{ne} en XV.^{ne}. en la court de son seigneur, quant il est suffisamment adjourné, à peine de deux sols parisis pour chascun jour que il seroit defaillant, à applicquer audit seigneur. Et se doibt faire l'adjournement sur le chef-lieu dudit fief, soit que ledit homme de fief y soit demeurant ou non, et suffit qu'il y ait VIII jours frans en dedans le jour de l'adjournement et le jour assigné, s'il n'y a expresse restriction.

(Cet article n'a pas été accordé par les conseillers qui, à cet égard, ont affirmé qu'il n'y avait pas d'autre coutume que celle du bailliage d'Amiens.)

10. Item, il y a coustume en ladite conté que tous fiefs nobles ou abrégiés sont chargiés du quint denier des ventes, se ils ne sont, par fait espécial, restraints par lettres ou anchiens enseignements dont il appert.

11. Item, y a coustume que aulcun quel qu'il soit, ne pœult picquier, fouyr, ne heuer sur les voiries, tant par eaux, tant par terre d'un seigneur haut justicier ou vicomtier, sur peine et amende de LX sols parisis à appliquer audit seigneur.

12. Item, y a aussy coustume que aulcun ne pœult vendre à détail vin ne aultres breuvaiges es mettes d'un seigneur hault justicier ou vicomtier, sans premier avoir afforé ledit vin ou breuvaige, sur peine et amende de LX sols pour chascune pièce, et avœuc de payer ledit droit de forage selon la nature et condicion du lieu.

13. Item, par ladite coustume, nul ne pœult, ne doibt pescher à engin,

nasses, ne aultres harnas disposés à pescherie es eaues du seigneur ayant justice et droit de pescherie de poisson qui est en son eaue et seigneurie, sur et en peine de LX sols parisis d'amende, en quoy il se meffait envers le seigneur à qui appartient ladite eaue, pour chascune fois que le cas advient.

14. Item, toutes personnes possessans terres ou héritaiges chargés envers aultruy de droit de terrage ou champart, avant que ils puissent transférer hors du camp les ablais qui ont creu sur icelluy camp ou terre, ou partie d'icculx, sont tenus de appeller celluy à qui est deu ledit droit de terrage ou champart ou son commis, pour choisir sondit droict, à peine de LX sols parisis d'amende envers celui à qui appartient ledit droit pour chascun camp et pour chascune fois.

15. Item, quant le propriétaire d'une terre chargiée dudit droit de terrage est négligent et défaillant de labourer ou faire labourer et chemencer, trois ans durant, l'héritage chargé dudit droit, il loist et est permis audit seigneur ayant ledit droit de terrage, de faire labourer et chemencer à son prouffit le quatriesme année, une fois en quatre ans, ainsi que lesdits conseillers ont oy dire que l'on a toujours usé.

16. Toutes choses trouvées espaves es mettes de la seigneurie d'aulcun haut ou moyen justicier, se pœuvent prendre par ledit hault ou moyen justicier ou par sa justice, et les appliquer à son prouffit, se ainsy n'est que aulcun poursiève la chose et qu'il vérifie icelle lui appartenir; auquel cas, icelluy seigneur est tenu le rendre; mais se aulcun aultre que ledit seigneur ou ses officiers avoit prins ladite chose ainsy trouvée espave, sans le consentement dudit seigneur ou les avoir dénonchés à sa justice, il commettroit envers lui amende de LX sols parisis

17. Quiconque joyt et possesse ou demeure paisible (sic) d'aulcun héritage droit réel ou personnel, par le temps ou espace de vingt ans completz, continuels et enssuivans l'un l'autre, à tiltre ou sans tiltre, entre présens et absens, parties et personnes eagiés sur privillégiés et aultres gens d'église et privillégiés, par l'espace de 40 ans aussy explets que dessus, tele possession acquiert et a droit de la chose ainsy par luy possessée ou dont il est demouré paisible par ledit temps et espasse : en telle manière que, aprez icelluy temps passé et expiré, aultruy n'est recevable à en faire demande, action ou poursuite : et sont toutes actions sospites et proscrites et estaintes par le temps dessus dit.

18. Se aucune personne ou personnes vendent à aultruy, pour pris d'ar-

gent, aucuns héritages, soit féodaulx ou cottiers venus de leur patrimoine ou succession de leurs prédécesseurs, il est en la faculté d'aulcun de leurs parens de la cotte et lingne dont lesdits héritaiges vendus procèdent, ravoir et rattraire par proximité de lignage, ledit héritaige ou héritaiges vendus, par remboursant les deniers principaulx de ladite convention, frais de lettres et aultres leaulx coustumes, en dedans l'an en sus le jour de la saisine baillée d'iceulx à l'achetteur.

19. Item, quiconque est troublé et empesché de fait en la jouissance d'aulcuns biens meubles ou héritages à lui appartenans, desquelz lui ou ses prédécesseurs dont il auroit le droit et cause, auroient joy plus d'un an, cestuy ou ceulx qui auroient esté ainsi troublés se pœuvent complaindre, en cas de saisine ou de nouvelleté, de cestui ou ceulx qui lui auraient fait ledit trouble et empeschement, en dedans un an à compter du jour dudit trouble.

20. Quiconque, après le trespas d'un deffunct ou deffuncte, comme son héritier ou aultrement, prend et applique à soy les biens et héritages d'iceulx deffunct ou deffuncte, il est coupable et poursuivible de payer et acquitter les dettes desdits deffunct et deffuncte.

21, 22, 23, 24. *Relatifs à la procédure en matière de saisie et subhastation.*

25. *Contribution et distribution des deniers.*

26. Item, quiconques rescout ou enfraint la main d'un seigneur ayant justice, commet amende de LX sols parisis envers ledit seigneur.

Et quant aux aultres coustumes non posez ne déclarez ci-dessus, lesdits conseillers se sont toujours réglés et règlent selon les coustumes générales du bailliage d'Amiens.

Signés : H. Cannesson. — De Riencourt. — P. Boileau. — Chocquet. — Tournemine. — Hanicque. — R. Seneschal. — J. de Riencourt. — Bauduin. — Gaspard Fauvel. — R. le Prévost.

CORBIE.

VILLE ET BANLIEUE. (1308.)

(*Archives du département de la Somme.* — *Corbie, armoire* 1.re, *liasse* 23, n.° 10. — *Copie certifiée de* 1662. — 31 *articles.*)

Coutumes particulières de la ville et banlieue de Corbie, extraites d'un mémoire présenté au roi, en 1308, par l'abbaye, afin de faire rejeter la demande de la commune qui voulait être autorisée à imposer une taxe sur la ville, pour l'acquit de ses dettes.

1. Premièrement, li abbes de Corbie est sires de la ville de Corbye, par la raison de l'église de Corbie.

2. Item, que ledite ville et le seignoirie dessus dite, il tient tout amorti avec moult d'autres villes, terres, prés, yeaues, rivières, fiefz, arrière-fiefz, hommages, hommes-liges, seignories, et mout d'autres coses en comté et baronnie, et en fait hommage au roi nostre sire et en est en se garde espécial.

3. Item, que en ledite ville, liditz abbes a le justice et le seignorie de mœuble, de cateux et d'yretages; et se aucuns en voloit lesdits maïeur et jurés faire son juge il ne le pourroit.

4. Item, que le dite église a le congnissance de le marcandise faite en ledite ville se on s'en traite à li dedans les huit jours que ledite marcandise ara esté faite (3) et aprez les huit jours lidit mayeur et jurés n'en puevent estre juge.

5. Item, li arrest des personnes qu'on puet arrester en ledite ville, appartiennent audit abbé; et a lidiz abbés en ledite ville ses sergens qui prendent et arrestent et menent les arrestés en le prison dudit abbé, laquelle est en le ville devant dite; et les warde un siens sergens qu'on appelle le chepier de l'église; et a lidit abbé se droiture de chascune personne arrestée.

6. Item, ledite église de son droit et de se nobleche ou son lieutenant puet donner sauf conduit à cui qui lui plaist, en allant et venant, en demourant à Corbye; et ne puet nul faire arrester celui à cui ladite église donne tele conduite (4).

7. Item, le treffonds de ladite ville et de le banlieue sont à ledite église ou tient de lui (d'elle) en fief ou en chences; et tout li chens qui sont deu en la ville de Corbie par raison du treffons appartiennent à ladite église.

8. Item, toutes les yeaues de ledite ville sont à ledite église; et les rivières, pesqueries et fossez de quoi ledite ville est enclose; et toutes autres en le ville et banlieue.

9. Item, tout li four et li molin de ledite ville sont à ledite église; et ne puet nuls faire fourniaux à cuir tartes ou pastez ou séminiaux sans son congié et sont tous si bannier, car ils ne puevent aler à autres fours ne à autres molins que as siens.

10. Item, tous les tonlieux des denrées que on vent et acate en ledite ville et des marcandises est à ledite église et nus autres ni à riens.

11. Item, li sesterage de toutes manières de grains qu'on vent ou acate ou met en grenier en ledite ville appartient à ledite église et à nuz autres.

12. Item, le roage et le forage de ladite ville appartiennent à ladite église, et li vinages c'est assavoir de tous les vins qui sont amené en ledite ville vendre.

13. Item, ledite église fait mettre feur es vins que on vent à broche quand mestier est (5).

14. Item, tout li estallage sont à ledite église.

15. Item, toutes les denrées qui sont amenées par yeaue et par terre en ledite ville pour vendre li doivent se droiture et nient as autres.

16. Item, toutes les marchandises qui sont vendues à Corbie, est assavoir de bled et autres grains, de waide et toutes marchandises, les coustumes et droitures qui sont deues par le raison de ledite marcandise, pour le cause de seignourie, sont deues à ledite église comme à seigneur et non à autruy.

17. Item, li plusieurs de ladite ville de Corbie li doivent corvées à ses prez fener et autres cosés faire comme à seigneur.

18. Item, li plusieurs de ladite ville li doivent queute à court, quant ils en sont semons.

19. Item, s'il avient aucuns cas qui convienge de mener par wages de bataille en ledite ville, li wage devant dit doivent estre demenés en le court de ledite église; et li camps wardé par ses gens (6).

20. Item, lidit maïeur et juré, par raison de commune, sont tenus à venir as ajournemens de le dite église en se court du jour à lendemain.

21. Item, nuls ne puet faire puchoirs, ne ferir estoc es yeaues de ledite église, en le ville sans son congié; et pour ledit congié donner ladite église a se droiture; nul ne puet faire un heurelant ne autre ouvrage sur le froc de le ville, quel que il soit, sans le congié de ledite église, et en a se droiture.

22. Item, nul ne puet faire, en ledite ville, bouche de chellier, ne siège ne estal sur rue, ne en marbre, ne en froc de ville, ne salie de maison sans le congié de ladite église, et a se droiture pour le congié donner.

23. Item, nul ne puet faire cambe ne brasser cervoise, ne gondale sans son congié, et a se droiture du congié donner; et a toutes débites et redevances qui sont deues par raison de brassin sans part d'autruy.

24. Item, ledite église puet faire monnoye à Corbie si comme li roy tesmoingne par ses lettres (7).

25. Item, si ledit maïeur et jurés de ledite ville ont aucune justice en ledite ville de meffait, se ne puevent-ils faire exécucion de leur subges fors que en le manière qui sensuit : est assavoir que, le jugement fait des devant diz cas, il convient que li maires ou son lieutenans aveuques un ou deux de ses jurés à tout le mains viengnent à l'abbaye, à l'abbé comme à seigneur, ou au lieutenant de l'abbé et le requièrent en le fourme, par les mots et paroles qui s'ensièvent (8) : *sires, nous venons à vous, car nous avons fait tel jugement, et li diront tout le fait et le fourme du jugement* ; et ce fait, ils requerront que il leur doint congié de faire l'exécucion du devant dit fait ou jugement; et jurera li maires ou cil qui sera en son lieu avec un des jurez que bien et loyaument en ladite besoingne se sont conduits selon leur conscience ; lesquelles coses ainsi faites, lidit abbes ou chil qui sera en son lieu leur donne congié de faire l'exécucion ; et se aucuns cas y a dont lidit abbes a coustume à avoir amende pécuniaire, il il en doit avoir l'amende tout de plein sans fraude, en le manière qu'il l'a acoustumé à avoir ; et est assavoir que des biens de chaus qui sont condempnez par jugement, que les . . . . et li bien immeuble et li hiretage qui sont dedans les mettes de le banlieue demeurent audit abbé comme a seigneur sans part d'autrui ; mais li bien mœuble sont parti par moitié entre ledit abbé d'une part et les maïeur et les jurez d'autre.

26. Item, ledite église a bien en ledite ville mil personnes et plus assez lesquelles ne se puevent marier sans son congié, et du congié donner elle a se droiture.

27. Item, elle a se droiture acoustumée en tant qu'il sont ensemble par mariage ; chascune personne paie à ledite église deux deniers parisis de son kief, et appelle on icelle condicion, en nom vulgal, caveliche, pour ce que il est paié par le kief (9).

28. Item, ledite église pour toutes ses rentes et redevanches, puet prandre ou faire prandre en ledite ville ou en le banlieue ; et se rescousse li est faite ladite église en a les amendes par le jugement de ses eschevins, lequele amende lesditz eschevins sont tenus à jugier au commandement de ladite église et de ses gens.

29. Item, lesdits maïeur et jurés ne puevent bannir, pour quelque cas que che soit, aucune personne sans le congié de ledite église; ne ne puevent rappeler espécialement tous ceux qui sont bannis, pour cas de criesme, sans

son congié; et convient, quant ils bannissent, que l'église soit nommée avant et le ville aprez, ou autrement le bannissement seroit de nule valeur.

30. Item, li esquevin et l'esquevinache de ladite ville sont et appartiennent à ledite ville.

31. Item, si deux personnes se combattent l'un contre l'autre en ladite ville, li un et li autre paie un sol et demi d'amende à ledite église.

32. Item, ladite église et ses gens ont en ladite ville le prinse du petit pain, des mauvais vins, des aunes, des pois et des mauvaises mesures, et le jugement, exécucion et correction de ces coses dessus dites; et font enfondrer les tonnaus quant li vin est trouvés mauvais.

CORBIE.

COUTUME LE COMTE.

(Archives de la cour royale d'Amiens. — Ordonnances de police de Corbie, MSS. du XVI.ᵉ siècle, folio 102. — 8 articles.)

C'est l'ordonnance que l'on dict le Coustume le Conte laquelle ne dure que depuis les vespres de le nuict Saint-Mahieu, jusques aux vespres de le nuict Saint-Fremin après enssuivant.

1. En laquelle coustume y a certains usaiges et droictz de recepte comme cy-aprez sensuyt : c'est assavoir que le prévost de l'église, à cause de son office, pœult et doibt aller le nuict Saint-Mahieu en tous les chelliers des taverniers vendans vin en ladite ville de Corbie, les justiciers à vergue et eschevins de ladite ville et le prévost dedens ladite ville et les chercles avec ledit prévost, pour faire ce qui sensuyt :

2. Assavoir, que les justiciers à vergue doivent entrer es chelliers des taverniers dessus dits et assaier de tous les vins qui seront esdits chelliers; et avec eulx doibvent estre les eschevins adfin de sçavoir s'il y a aucuns maulvais vins; et s'il y en avoit aucuns qui fussent soupechonnés d'estre mauvais, ledit prévost de l'église le fait juger par lesdits eschevins, présens les justiciers à vergue; et sy par iceulx justiciers et eschevins en estoient aucuns vins jugez mauvais, le prévost de l'église fait commandement au prévost dedens le ville qu'il face tirer ledit vin condempné hors du chellier et mettre sur rue, affin que tous ceulx qui veoir le vouldront, le puissent

veoir; et ad ce commandement le prévost dedens ledite ville fait par lesdits chercles tirer ledit vin et mettre sur rue; et ycellui mis sur rue, ledit prévost dedens ladite ville effonce icelle (pièce); et lesdits chercles ont pour leur sallaire le fut d'icelluy.

3. Item, s'il advenoit que celui à qui ledit vin seroit appelast en jugement paravant ce que ledit fut fust effondré le prévost dedens ladite ville ne pœult plus avant procéder; pour le doubte des attentats, remede y est mis par le garde des exemptions qui, aprez ledit appel, fait assaier dudit vin condempné comme dist est par plusieurs gens en ce congnoissans; et s'il est tel trouvé par luy que lesdits eschevins le auront jugié, il parfera ladite exécucion de par le roy; et se le garde des exemps y met doubte aucune, ledit vin sera par lui mis en lieu saouf jusques ad ce que aultrement par justice en sera ordonné et appointié.

4. Item, quiconques appelle de le justice des eschevins pour le cause dicte, s'il deschet de son appel, il doibt au prévost de l'église LX sols d'amende.

5. Item, que pour faire la visitacion desdits chelliers, le prévost de l'église doibt livrer torches et chandailles; et doibvent estre lesdites torches portées par les chercles de nuict, et les chandailles par les justices à vergue pour ce quilz sont les premiers esdits chelliers.

6. Item, tous taverniers qui vendent vin en ladite ville de Corbie et à Fouilloy, depuis les vespres de le nuict Saint-Mahieu jusques aux vespres de le nuict Saint-Firmin, doivent de chascune pièce de vin quilz tirent à broche et en vente, un septier de vin.

7. Item, toutes gens quilz viennent en ladite ville Corbie pour vendre ou achepter vin ou quelque derrée que ce soit, es jours dessus dits, doibvent de tout ce quils acheptent, pour une fois, ung denier et non plus; et pour bien entendre ceste clause, se un marchant acheptoit pour mil livres ou plus en plusieurs derrés sy ne doibt-il que ung denier comme dit est; et telle est ladite coustume, et nul n'en est exempt saouf ceulx de la ville d'Encre.

8. Item, pour rapaisier les fermiers à quy messieurs de Corbie baillent ceste coustume à ferme, qui demandent de tout cars qui yssent de ladite ville au temps dessus dit, quatre deniers et d'une carette deux deniers, il n'en est riens deub si ledit car ou carette n'estoit vendu ou achepté; et quant il seroit vendu ou achepté sy ne doibvent-ils que ung denier, supposé que celuy à quy le car ou carette fust n'eust autre chose achepté ou vendu (10).

TROISIÈME SÉRIE.

CORBIE.

ÉCHEVINAGE.

Archives de la cour royale. — Registre aux ordonnances de police de Corbie, MSS. du XVI.ᵉ siècle, f.° 149. — 68 articles.

CHAPITRE I.ᵉʳ

C'est la déclaration de la loi et eschevinage de Corbie, comment et par quy ladicte loy et eschevinage doibt estre gardée.

1. Audit eschevinage a et doibt avoir trois sergens à verge que l'on dit justices qui sont créés par Monsieur de Corbye; et avec eulx doibt y avoir douze eschevins (11) qui sont prins en ladicte ville des plus saiges et notables que l'on pœult trouver en ladicte ville; et sont créez et sermentez par mondict seigneur de Corbye; mais tant y a que deux frères ne deux cousins germains ne pœuvent ne doibvent estre eschevins ensemble. Et est vrai que quant lesdits eschevins sont esleux et sermentez, ils sont et doibvent estre eschevins toute leur vye, ou quilz voissent demourer silz ne le fourfaisoient; et pour ce furent ordonnez douze eschevins, affin qu'il n'y eust faulte de ladite loy; et s'il advenoit que aucun d'iceulx eschevins, voient de vye à trespas, il est de coustume, en ladicte ville, que le lendemain de Noël que les justices et eschevins se assemblent ensemble avec le prévost de l'Église pour mettre pris au vin, cappons, poulles et fouares (sic). Et sy ad ce jour fault aucun eschevin, les survivans en eslisent ce quy luy en fault pour lors; et iceulx esleux sont mandez et emmenez par devant mondict seigneur de Corbye; et là leur fault faire le serment acoustumé; et ont lesdits eschevins chascun deux chappons pour faire la prisié dessus dicte et les doibt paier l'enffermier de l'Église de Corbye.

2. Item, il est vrai que lesdits eschevins doivent avoir congnoissance de tous arretz cercommanemens (sic) et bournaiges qui eschcent estre faitz en ladicte ville; et sont tenus de juger toutes causes qui sont et eschcent audict eschevinaige, au commandement desditz justices à verge, lesquelz sont menneurs des causes; et est acoustumé que, de huitaine en huitaine, les plaids dudit eschevinage se doibvent tenir en le maison de l'Estaque et par jour de jœudy à heure de sacrement; et ne sont deffaultz donnez jusques à grande messe chantée à Saint-Pierre; et là doibvent estre eschevins et justices à verge; et convient que du moins il y ait une justice à verge ou deux eschevins; et se le lieutenant du bailly y estoit assis au siége des eschevins,

il pourroit faire et tenir le lieu de deux eschevins au besoing, mais le mellieur est d'en avoir toudis deux ou trois ou plus s'il y avoit procès à juger; et sont tenus lesdits sergens et justices de assembler lesdits eschevins toutes fois que mestier est, et au commandement desdits justices, les eschevins doibvent obéir s'il n'y a excuse légitime en peine de ingratitude et de serment non acquitié.

3. Item, il est vray que en ladicte ville a loy d'arrest quy est loy estroite; et sont tenus lesdits justices faire lesditz arretz, c'est assavoir des gens forains ou des bestes chevalines ou aultres bestes ou des biens mœubles; et iceulx arretz faits de personnes, lesdits sergens les doibvent mettre au chepaige, en la maison du franc portier qui, à cause de son office, doibt garder les prisonniers en son péril; et sy sont chevaulx ou aultres bestes, les doibvent mettre au chepaige, et demourent audit lieu au péril du chepier; et se les sergens les mectent à le fourière, et sy en vient péril, ce seroit aux dépens dudit sergent; et sy sont biens mœubles, lesditz sergens les pœuvent garder de eux-mêmes sans les mettre au chepaige.

4. Item, les habitans de la ville de Corbye ne pœuvent ne doibvent faire arrester l'un ne l'aultre, en la ville ne dehors, sur et en peine de LX sols tournois; et ainsy a il esté ordonné par Monsieur de Corbye, par l'accord et consentement de tous les habitans d'icelle ville, et fut ainsy fait pour eschever la honte et blame des habitans et le grant perte qu'il s'en pourroient ensuivir; et aussy pour ce que en ladicte ville il y a plusieurs cours comme baillif, official, prévost de ladite ville et le court dudit eschevinage, là où l'on plaide de huitaine en huitaine, et pardevant ledit prévost deux fois le jour.

5. Item, se un clerc est arresté par la loi dudit eschevinage, s'il se dict clerc, la justice n'en congnoistera point se ce n'est que la partye vœule proposer de mectre en fait que icelluy ne soit point clerc; et pœult on faire en ce cas procez et prœuve.

6. Item, on pœult bien faire arrester les biens d'un clerc, et demouroit arestez se, par monition de la court de l'official, n'est deffendu, par laquelle ilz seront délivrez se partie ne le deffend.

7. Item, sy ung home lay est arresté par ladicte loy pour aucunes debtes, s'il n'a de quoy, il se pœult faire mener par les *justiciers* (sic) à vergue pardevant les eschevins; et là pœult dire : *je n'ai de quoy païer mes créditeurs et pour ce je abandonne tous mes biens ou quilz soient, en jectant*

son chapeau ou bonnet devant les juges ; et ad ce doibt estre receu et délivré d'iceulx arretz en faisant serment solempnel que, s'il venoit à fortune de biens hors son vivre, il fera satisfaction et paiement à sesdits créditeurs ; et est ainsi ordonné audit eschevinage qui est loy estroite, parce que chose dure seroit se le prisonnier arresté demouroit toujours prisonnier qui ne seroit lyé, obligé, condempné ne convaincu que par les dits de se partye adverse (12).

8. Item, se aucun arresté requiert aller pardevant eschevins, les sergens sont tenus de prime face ce faire ; s'il ne leur plaist ou quilz sentissent que les eschevins ne fussent pretz à l'heure, ains le menront que bon leur semblera en chepaige ; et le bailleront en garde au chepier qui doibt respondre de iceulx quant ilz sont en se garde ; et ce fait lesdits sergens doibvent diligenter de assembler lesdits eschevins et amener icelluy prisonnier devant eulx ; et lors doibt estre ledit demandeur prêt pour former sa demande ; et s'il ne vient ledict arresté doibt aller délivré d'icelluy arrest ; se les partyes comparent et l'arresté veult prendre quelque délay, il demourra prisonnier ou baillera nampt ou bonne cauxion ; et jour leur doibt estre assigné en ce faisant à l'ordinaire qui est jour de jœudy, affin de procedder en la cause par la manière qu'il appartiendra par raison, en eslisant, quant aux forains, domicilles en ladicte ville ; et s'ils requièrent que cauxion juratoire soit bailliée de l'une ou de l'autre partye, faire doibvent et jurer que de ladite court ne se partiront sy ce n'est par faulte de droit ou mauvais jugement jusques en fin de cause ; et le partye qui deschiet doibt VII sols demy d'amende au sergent qui aura fait ledit arrest ; et se accord se faisoit dudit procès, sy aura ledit sergent ladite amende soit au demandeur ou deffendeur ; et ainsy est ordonné par ladite loy ; de tout ce se doibt ledit sergent asseurer avec principal.

9. Item, se ledit procez se fait tout au long et qu'il conviengne que jugement se face, se preuve y fault, les eschevins et une justice à vergue, orront les tesmoingz des parties ; et s'il convient juger, par les eschevins et justice à vergue le jugement se fera ; et sy les partyes vœullent avoir lettre de sentence, le greffier les fera soubz le sceau du bailly ou son lieutenant, ou soubz le scel du prévost de l'Église se mestier est ; et se de ladicte sentence estoit appellé et que l'appelant vaulsist relever son appel en parlement ou pardevant le bailly d'Amiens ou la cour de le comté de Corbye, faire le pœult ; mais où que l'appellant reliesve, la cause sera renvoyée en ladicte court de le comté de Corbye se on le requiert ; et silz

appellent de ladite comté, ledit appel ressortist au bailliage d'Amyens, et d'Amyens en parlement.

10. Et s'il estoit dit, en la cour de ladicte comté, bien jugié et mal appellé, l'appellant l'amenderoit par LX sols parisis et seroit escheu es dépens; et est l'amende audit prévost de l'Église et aussy sont toutes amendes qui sont jugiées par eschevins; et s'il estoit dit mal jugié par les eschevins, l'appellant auroit ses dépens acquis sur partye adverse; et quant est à l'amende, les eschevins en seront quittes pour ce quilz n'ont point la justice à garde ne quelque prouffit, et pour ce ne doibvent estre en riens constrains de amende, pour ce que, se amende y escheoit, l'on ne trouveroit homme qui vaulsist estre eschevin.

11. Item, s'aucune cause ou procès est pendant en la court dudit eschevinage, pour cause de cercommanemens ou bournage ou d'autres choses ayans regard au fons de héritages, se l'une des partyes requiert veue, elle lui doibt estre faite (13); et se elle se fait par les justices et eschevins, iceulx eschevins auront deux sols et la justice deux sols; et se l'on y assiet bournes, chascun eschevins auront pour chascune bourne deux sols et les justices deux sols; et se paient par chascune desdites partyes qui font faire lesdits bournages; et se les parties vœullent avoir lettres, chirograffes en seront faictes par le clerc dudit eschevinage (14); et fera ledit clerc trois lettres pareilles chirograffées dont chascune partye en aura une et les eschevins en auront une qui sera prinse au milieu des deux; et aura le clerc, pour chascune chirograffe bailliée à partye, deux solz et de le tierce riens, pour ce qu'elle demeure en main de justice; et se les partyes ont plus cher avoir lettres sous le scel dudit prévost de l'église, faire le pœuvent et le faire en double; et aura ledit prévost pour chascune lettre deux sols et ledit prévost de l'Église pour son scel deux solz.

12. Les procez qui se font audit eschevinage doibvent estre enregistrez par ledit clerc et les actes qu'il y fault par escript, soubz le scel dudit bailly ou de son lieutenant ou du prévost de l'église, combien que l'on en faict peu soubz le scel dudit bailly ne dudit prévost, ains sont faictz le plus souvent soubz le scel du lieutenant dudit bailly, pour ce qu'il est plus résident en ladite ville que ne sont les autres.

13. Ledit clerc doibt registre pour toutes causes qui se deppendent devant eschevins; et aura pour l'acte de la plaidoirie, se on le prend, douze deniers tournois et sinon ledit clerc n'en a riens; d'un simple acte quatre deniers; se aucuns deffaultz sont donnez, le clerc aura pour chascun deffault escripre

se on le prent douze deniers ; d'une sentence prononciée d'un procès par escript cinq sols tournois ; et le lieutenant du bailly ou le bailly s'il y est pour son scel cinq solz ; et de sceller autres actes de justice, ilz n'en ont riens.

14. Item, se aucuns font adjourner par les sergens à verge pardevant les justices et eschevins, le sergent doibt avoir pour son sallaire quatre deniers ; et se l'adjourné se laisse mettre en deffault, le sergent aura pour l'amende de deffault douze deniers ; et se la cause est contestée ou y a dénégation, le sergent aura pour l'amende de fait proposé ou déterminé VII sols VI deniers ; et pour justicier, assavoir pour lever les biens quatre deniers, et pour les vendre quatre deniers, et pour les signiffer quatre deniers, sont pour toute l'exécucion faite et parfaite, douze deniers.

15. Se lesditz sergens estoient efforcez en faisant lesdites exécucions tant de sentence comme autrement par aulcuns, lesdits sergens se doibvent retirer au prévost de la ville dudit Corbye, qui doibt incontinent bailler ses sergens à mache et tant faire que la justice soit obeye contre tous ; et doibvent les efforceurs estre pugnis rigoureusement et condempnés en LX sols parisis d'amende envers Monsieur de Corbye.

16. Lesdits sergens pœuvent justicier de fait pour toutes les rentes et redebvances deues à Messieurs les relligieux en la ville et banlieue de Corbye et prendre gaiges ; et se force ou rescousse leur estoit faicte, le prévost les doibt conforter comme dessus ; et sy le rente ou redebvance pourquoy la prinse auroit esté faicte estoit deue auxdits religieux, ce congneu, ils seront pugnis comme dict est ; et s'il n'estoit aucune chose deue, amende n'y escheroit pour ladicte rescousse ; et pareillement se lesdits religieux font faire saisie des héritages scituez en la ville pour cens deubz et que on feist force et violence auxdits sergens comme dit est, ledit prévost y doibt demeurer par justice et les calengier d'amende comme dit est.

17. Item, lesdits religieux pour deffault de leurs cens non paiez, ne feront point de procès par adjournement pardevant les justices et eschevins, pour ce quils pœuvent prendre en justichant pour leurs cens.

18. Item, il y a en ceste dicte ville plusieurs habitans qui ont certains cens sur aucuns manoirs ou masures estant en ladicte ville, esquelz quand il y a aucuns reffusans de leurs cens paier iceulx habitans se pœuvent traire pardevers les justices à verge ; et lesdits sergents les pœuvent exécuter pourveu qu'il y ait enseignement passé pardevant eschevins ; et se c'est pour cens de maisons, lesdits sergens pœuvent oster les huis des maisons et les mettre hors des gons et faire deffense à ceulx qui occupent lesdites maisons

que iceulx huis ils ne remettent en leurs gons ny les rependent ou autrement sans congié, à peine de LX sols parisis à applicquier au droit de l'église ; et sy c'estoient terres on ayres qui fussent chargiées d'aucuns ablais le sergent les pœult bien mettre en la main Monsieur de Corbie par enseignement d'eschevins; et se aucuns se opposoient, le sergent les doibt recepvoir à opposition et assigner jour pardevant justices et eschevins; et au jour servant se l'opposant requiert la main levée, elle doibt estre levée se le debteur n'est obligié ne condempné, pour ce que lesdits habitans n'ont point tel privilége que lesdits relligieux, pour lesquelz la main ne seroit point levée, et demourroit le namptissement, pendant le procez sy procez se faisoit, pardevant lesdits eschevins, et ainsy en est ordonné par les accords qui furent japiecha faictz entre l'église et les habitans de ladite ville.

19. Toutes les fois qu'il plaira au prévost de la ville et que plainte se fera à luy de mettre pris aux vins vendus à broche dedens ladite ville, le prévost doit sommer le justice et l'eschevinage ; et le justice à vergue doibt assembler lesdits eschevins et aller es lieux où l'on vend lesdits vins, et faire mettre pris audit vin par lesdits eschevins ; lesquelz eschevins sont tenus de faire faire commandement par ledit prévost aux taverniers à tenir et entretenir ledit pris et de non vendre plus cher, en peine de LX solz d'amende.

CHAPITRE II.

C'est l'ordonnanche des droits que les femmes vefves prendent en l'escheviuage de Corbye pour leurs vefvetes après le trespas de leurs maris, et aussi les droitz que les hommes prendent après le trespas de leurs femmes.

20. Il a esté ordonné audit eschevinage, le jœudy aprez le Saint-Martin d'esté, l'an mil trois cent dix-neuf, par Pierre de Boves, Colart de Sailly, Wautier Camtellier, comme justices à vergue; Jehan du Hamelet, Jehan Hunault, Mahieu Haviel, Frémin de Tilloy, Colart Oiselet, Jehan de Beaumont, Jehan Wambert le josne et Mahieu Boutefeu, eschevins de Corbye, assavoir : que lesdits justices et eschevins furent d'accord que une femme vefve pour sa vefvete emportera hors part sa meilleure robbe, son plichon, son lict estoré de deux paires de draps, deux oreillers et des couvertures la meilleure ; et s'elle est d'estat, sa meilleure husche ou forgier lequel qu'elle voudra, sa meilleure chainture et son agnel se elle l'a en son doigt, autrement elle ne l'emporteroit point ; et en tant qu'il touche pour le fait de l'homme, il aura son lict estoré comme la femme, et s'il est homme d'estat d'avoir chevaulx en l'estable, il les aura hors part avec son harnas sans que les hoirs de sa femme y puissent riens demander, et telle est la coustume en ladite ville de Corbie.

CHAPITRE III.

C'est l'ordonnance et statut comment le prévost de le ville de Corbye doibt exercer son office.

21. primes, il est vray que quiconques a ledite prévosté à exercer, il doibt savoir que c'est de justice et comment justice se doibt maintenir et garder, quelle chose est de justice et les commandemens de droict naturel escript et non escript, des coutumes de pays, stilles, usaiges des choses communes, des choses incorporelles, de actions réelles et personnelles.

22. Item, pour garder justice et faire raison à ung chascun, les anciens establirent les lois, decretz, usaiges, stilz et coustumes de pays, pour reffraindre les malfaiteurs ou ceulx qui usurpent ou vœullent usurper les droits d'aultruy, et pour ce furent ordonnez juges pour garder et faire justice à ung chascun, selon la qualité des meffeitz, tant pour le civil comme pour le criminel; et doivent tous juges avoir Dieu devant leurs yeux et vraye mémoire, car jugemens doibvent estre respectables, car nul juge ne doibt avoir souvenance d'amour ou de haine, de don ou promesse aucune quant vient à faire jugement comme droict et raison le vœult.

23. Item, justice est voulunté ferme et pardurable qui rend à chascun se droicture (15), et est de droit congnoissant des choses divines et humaines et science de droit et de tort; car qui est bon juge doibt avoir congnoissance que c'est de droit et de tort et rendre à ung chascun selon son meffait; et doibt estre entendu que peines, en cas de doubte, doibvent estre entendues en la moins appre partye, car peines agriesvent ou alesgent les personnes en sept paires de matières. La première pour cause *de la personne*, selon la dignité, car plus est grand, de grand lieu, de grand dignité, et plus se doibt garder de mesprendre, et plus deveroit estre pugni selon raison que celuy qui n'a point l'entendement. — La seconde pour cause *de lieu*, sy comme en sauve-lieu meffaire, en foire, en marchié, ou en lieux périllœux, comme en l'œul de la personne, ou despix faire à la personne, car quy pis fait plus doibt estre estendu son meffait et sa peine engriévée. — La tierce pour cause *de temps* comme de nuit ou de jour, car qui meffait de jour, sa penance ne doibt estre sy griesve que celluy quy meffait de nuyt. — La quarte pour cause de raison *de qualité*, comme meffaire en appert ou en repos. — La quinte pour raison *de quantité*, car plus doibt estre pugni ung qui amble LX sols que ung quy n'en amble que trois ou quatre. — La sixiesme pour cause *de intention*, comme quy mesprendroit de certains propos de tuer par hayne doibt estre plus pugny que qui blescheroit un autre de puing ou de baston d'aventure. — La septiesme pour

cause *de acoustumance*, car qui est acoustumé de meffaire il doibt estre plus pugny que celuy qui ne l'est point; et il y a de diverses natures de peines dont je m'en entens aux decretz et aux coustumes de pays.

24. Les commandemens de droict sont honestement vivre, soy garder de mesprendre, de grever aultruy à tort, rendre à chascun sa droiture et sans riens retenir de aultruy autrement que duement.

25. Item, par droit naturel escript et non escript, soient distingués toutes matières de droictz; toutes voyes, à communément parler, on doibt user tant seulement de droit naturel escript que nature advise et enseigne à toute créature, science de gouvernement et non pas tant seullement à l'humain-lignage mais à toutes bestes qui naissent en l'air, en terre et en mer, deschendans de la conjonction de mâle et de femelle que on appelle mariage; et de ce deschent l'engendrement et nourissement des enfans, mais on le garde petitement, car servitude qui contre droit fut establie luy a sa vertu et substance ostée, de quoy sont venus . . . . comme obligacions acquestemens, ventes, lieuages et autres plusieurs servages, car par la vertu du droict naturel, on estoit franc et franchement on usoit de tout ce qu'il plaisoit, mais qu'il ne feist force violence à aultre; et pour le servitude dessus dite furent ordonnez les juges.

26. Item, droict escript est ce quy baillié est par escript, comme les droitz et loix et les establissemens au pœuple; et aussy ce quy est baillié es decretz et decretables; et lequel droit de decretz et decretables est appelé droit canon, et les loix droit civil; de ces droitz y a aucuns sy consonnans que le droit escript se accorde proprement au droit non escript, et lors on l'appelle droit canon; et les cas ou le droit de coustume est proprement contraire au droit non escript, et sont appelez hayeux de droit, comme seroient cas de retrait, d'apeaulx et de nouvelletez, et moult d'autres choses pareilles.

27. Droit non escript est ce que longs usaiges affermez, ou longues coustumes qui sont conservées par le consentement de ceulx qui en usent, et sont aussy comme les loix se dient les clercz.

28. Coustumes de pays ne sont autres choses que établissemens de pays mis par les princes de la terre, pour aucunes humaines besongnes pour le commun prouffit, à pris de raison gardées et approuvées notoirement ; et pœuvent tous ducs et comtes et autres seigneurs quy ont haulte justice et chastellenie faire coustume, mais qu'elles soient prouffitables pour le commun pœuple et approuvées par les anchiens estre bonnes, vrayes et prouvées;

et les convient prouver par douze témoings dignes de foy déposans tous d'une foys et d'une voix quils aient autreffois, en cas pareil, entre personnes pareilles, vu juger pareillement, comme leur question leur est bailliée en termes; et pour ce, aucunes foys les saiges advocats font résister le fait de la partie adverse pour voir comment il propose coustume, car les aucuns le pœuvent proposer privée ou notoire : la notoire sy est en la discrétion du juge et la coustume privée se vœult prouver : et ainsy qui vœult prouver coustume, il souffist de douze témoings ; mais pour ce que ceulx qui font faire les prœuves ne savent point ce que leurs témoings dient, ilz mectent en leur témoignage le plus quilz peuvent afin qu'il y ait douze témoingz déposans tous d'une voix, combien que les aucuns dient qu'il souffist si les dix depposent la coustume, mais il ne les accorde point pour ce que les saiges ont toujours dict et maintenu qu'il y faut douze témoingz pour le moins (16).

29. Item, usaige est chose fréquente de anchienneté, comme on a toujours usé de tenir les plaids du bailliage d'Amiens à la Male-maison, les plaids de la conté de Corbye à l'abbaye, les plaids du prévost de Corbie à la maison de l'Estaque, de faire le marchié au blé en la cauchie, de vendre les draps en la halle et de plusieurs autres choses pareilles.

30. Item, stille est une chose ordonnée es cours des juges de aultres cas et gardée par long temps, par laquelle stille le clerc des cours du bailliage et d'autres cours met en escript les présentacions des causes ; et moult d'autres causes y a qui se résument à cest usage.

31. Item aucunes choses sont quy sont communes, comme l'air, les grands fleuves, les rues, ruelles et les marchez et places communes; aucunes sont publiques; aucunes sont quy ne sont à nully, comme les églises qui ne se pœuvent aliéner ny vendre et plusieurs autres choses pareilles.

32. Les choses corporelles sont ce qu'on peut toucher et tenir, comme or, argent, et les choses incorporelles sont comme usures, rentes, usaiges ; et il n'y a pas vraye saisine et pour ce dit l'on, de telle chose j'en suis en saisine ou non.

33. Item, droit dit que les obligacions sont mères de actions, car selon raison l'on ne pœult aucun traire en jugement s'il n'est obligé. Obligacions procèdent par moult de manières, par contrat, comme par contrat de malefoy ou par maléfices, par parolles, par promesses, par lettres, par consentement, par exécucions, par vendre, par mandement, par sustention, par dommages, par tutelles, par curatelles, par dépost, par trans-

port, par mariages, et par moult d'autres manières, par ainsy comme est constraint, comme ce quy seroit dit par aucun entrejecteur de besongnes par maléfice comme par larchin, rapine, dommage et injures, comme en dommage d'aultruy par les suffraiges d'autres maléfices; et devez entendre qui par obligacion se lye, par elle se doibt deslier et deffendre; selon l'obligacion de ses obligez sont engendrées plusieurs manières d'actions et principalement deux, c'est assavoir action personnelle et action réelle; car toutes aultres, soient hypotecques mixtes et aultres, elles se rapportent aux deux premières et doibt entendre le juge celle à qui elle ressemble mieulx; action personnelle compecte pour raison de mœubles ou de maléfices pourquoi personne de soy en est obligé à aultre; action réelle compecte et vient pour raison de héritages et des cens; poursuivent telles actions choses pareilles non point pour raison que les personnes soient d'iceulx obligez; action mixte tient et regarde partye de l'un et partye de l'autre, comme aucuns héritages qui appartiendroient à deux frères ou qui auroient esté acquestez par deux personnes sans avoir esté partys; action hypotecque qui est de deswerpir ou d'amender héritaiges quy ont esté obligiez à aucuns par lettres et depuis auroient esté vendus et aliénés. Il y a action que l'on dit de nouvelleté, que l'on dit je suis en saisine de telle chose et passé an et jour; et de toutes actions partyes doivent savoir la nature pour la conclusion des demandes et pour les prémisses; et de ces actions sont engendrées plusieurs aultres quy ne ressemblent l'une à l'aultre; et pour ce sont ordonnez avocatz quy de droit et de raison doivent user et les gens conseiller, comme feist saint Yves qui par son sens et bon conseil qu'il donna, fut sainct en paradis (17).

34. Item nonobstant ce que dessus est dict, le prévost n'a point congnoissance de plusieurs des choses dessus déclarées pour ce que, paravant l'an mil trois cens et dix, avoit et sembloit avoir en ladite ville maire et jurez qui avoient seel, cloche et beffroy; et à cause de ladite loy avoient congnoissance dedans le banlieue et eschevinaige de Corbye, de tous cas tant en criminel comme en civil et aussy congnoissance de tous les mestiers de quoy l'on œuvre en ladite ville et des marchandises que l'on y faisoit, et congnoissance de toutes causes partyes contre arbitre (sic); laquelle loy lesdits maire, jurez et habitans d'icelle ville (18) pour certaines affaires que ilz avoient affaire de plusieurs debtes paier ce que faire ne pouvoient, vendirent et baillèrent au roy nostre seigneur tout la loy et gouvernement quilz avoient en ladite ville avec le beffroy et tout ce qui appartenoit à ladite loy sans riens excepter.

35. Item, que aprez ce que ladite loy fut par lesdits maire, jurez et habitans vendue au roy nostre sire comme dit est, fut ladite loy revendue par le roy nostre dit seigneur à messieurs les relligieux abbé et couvent de l'église Saint-Pierre de Corbie qui, pour ce, en donnerent au roy la ville de Belly, Fellaines le Royelle avec certaine somme d'argent (19).

36. Item, aprez ce que mesdits seigneurs les relligieux eurent achepté ladite loy ainsy que dit est, ilz firent abattre ledit beffroy (20) et ordonnèrent pour garder ladite justice que souloient garder lesdits maire et eschevins, ung prévost auquel ladite prévosté fut bailliée en garde et non à ferme, pour ce que ledit prévost juge de luy meisme toutes amendes et causes qui lui escheent à juger, à cause de son office, et ne sont point lesdites amendes limitées en riens, mais sont toutes en la volunté dudit prévost à quy ladite prévosté est bailliée, selon les exigences des délictz, des cas et des personnes; Et eschet avoir ung prévost preudhomme non convoiteux et que justice, raison et équité soit toujours en luy sans faveur, haine ou amour; et pour ce ne doibt estre ladicte prévosté bailliée à ferme, car s'elle estoit bailliée à ferme, le prévost fermier, par convoitise, auroit grandes amendes et les habitans seroient traitiés rudement dont maintes inconvéniens se pourroyent ensuivir et l'église travailliée par appellacions et autrement, dont de ces inconvéniens ilz sont bien au délivre et aussy entendu que gens de l'église sont et doibvent estre pitoiables et misericours en fait de justice et ne y doibvent point sy près regarder que les seigneurs lais, combien que chascun doibt vouloir raison faire à chascun.

37. Item, ledit prévost, à cause de son office, ne pœut ne doibt congnoistre des cas criminels, des cas privilégiez à Monsieur de Corbye, ne des causes quy ont regard au fons des héritages, mais en appartient la congnoissance aux hommes-liges et bailly de la comté de Corbye, saouf tout ce que, en tant qu'il touche au fons des héritages, se aucuns s'en retrait pardevant les eschevins, faire le pœult et pour ceste cause, combien que aucuns se peuvent traire auquel qu'il luy plaist et y sortir jurisdiction, mais ledit prévost n'a de ce aucune congnoissance.

38. Item, ledit prévost à cause de sondit office pœult et doibt congnoistre de tous cas civils et de simples délictz sy comme de coups de bastons, de coups de poings, de lais dits; et se aucun frapoit ung aultre à sang dont il y eust soupechon de mort, et se pour ceste cause le malfaicteur fut prisonnier es prisons de Corbye, il sera toudis prisonnier du bailli jusques ad ce que le navré soit guery ou certiffié par cirurgiens que icel-

luy navré soit hors de péril de mort ; et ce certiffié, le prisonnier doibt estre rendu audit prévost pour de ce estre corrigié d'amende telle que au cas appartiendra, au cas que le délict auroit esté faict en la banlieue et eschevinage de Corbye, et se non ledit prévost n'en doibt point congnoistre, mais appartient en tout le jugement au bailly.

39. Item, et avec ce pœult et doibt ledit prévost congnoistre de toutes les ordonnances cy-dessus déclairiées (21); sy meffait y a en aucunes desdites ordonnances, la condempnacion appartient en estre faicte par ledit prévost.

40. Item, et pour ce que ledit prévost ne pœult ne povoit avoir congnoissance certaine des maléfices qui se pourroient faire esdites ordonnances, doibt avoir sur chascun mestier esgards sermentés par ledit prévost quy ont regard au mestier dont ilz sont esleux et sur chascune personne dudit mestier et faire leur rapport juste audit prévost pour par luy en faire la condempnacion, selon raison, selon lesdites ordonnances et ordonner ausditz esgards pour leurs peines selon que par icelles est porté.

41. Item, se aucuns contens ou querelle se mouvoit en ladite ville pour raison d'aucune marchandise soit draps, laines, etc. la congnoissance en appartient audit prévost; et se meffait y avoit, l'amende en doibt estre jugiée par ledit prévost telle qu'il appartiendra.

42. Item, ledit prévost pœult et doibt congnoistre de tous cas personnelz de partye contre aultre de tous les habitans de la ville de Corbye demourans en la banlieue et eschevinage de Corbye, combien que sy aucuns vœullent sortir jurisdiction en la comté de Corbye, pardevant les bailly et hommes-lisges dudit comté, faire le pœult à cause que ledit bailly est souverain d'icelle prévosté ; mais ce est grandement au préjudice de ceulx qui ce font, pour plusieurs causes. — La première pour ce que quant aucun fait adjourner ung aultre en ladite comté, pardevant le bailly, le sergent prend pour son sallaire deux sols, et pardevant ledit prévost, le sergent à mache ne doibt avoir que IV deniers tournois. — La seconde cause est que le deffaut de ladite comté est de VII sols VI deniers ; en ladite prévosté, il n'est que de douze deniers. — La tierce est que l'advocat prend pour plaider les causes de partye contre aultre IV sols, et en ladite prévosté il ne prent que XII deniers. — La quatrième est que se l'une des parties deschet de son procès, il doibt amende de XV sols, et en ladite prévosté n'y a point d'amende s'il n'y a appel fait en ladite comté pardevant lesdits bailly et hommes. L'on pœult rellever en ladite comté ; et pardevant lesdits bailly et hommes il faut rellever au bailliage d'Amiens où il y a plus

grandz fraiz ; et pour ce ceulx qui sortissent jurisdiction hors de ladite prévosté se dommagent d'eulx meismes pour ce que les causes qui sont pardevant ledit prévost sont tant plus tost expédiéez que pardevant ledit bailly, pour ce que l'on ne pœult plaidier que de XV.ne en XV.ne en ladite comté, et pardevant ledit prévost de jour en jour ; et par ainsy doibvent lesdits habitans plus tost plaidier en ladite prévosté que en ladite comté ; et se aucun est adjourné pardevant ledit bailly, licitement il se pœult renvoyer ou faire renvoyer pardevant ledit prévost son juge ; et ne pœult ledit bailly refuzer ledit renvoy puisque le cas est personnel comme plus amplement est dit ci-dessus.

43. Item, ad ce que aucuns dient que la cour de ladite prévosté doibt estre court abrégiée, ce est vray, car ledit prévost doibt tenir les plaids en le maison de l'Estaque deux fois le jour, ou son lieutenant l'une des fois, à sacrement de grand messe jusques à grant messe chantée ; et jusques à la dite hœure, ledit prévost ne pœult donner deffault ; mais icelle hœure chantée et sonnée, ledit prévost pœult donner ledit deffault ; et l'autre hœure aprez diner, ledit prévost doibt seoir en jugement, au dernier coup de vespres jusques à vespres chantés, et icelle hœure passée icelluy prévost pœult donner deffault comme dit est ; et se le juge seoit encoires en jugement, et ung deffendeur venoit, il pœult renvoyer ledit deffault en procédant sommairement, pourveu que le demandeur soit encoires en jugement pour procedder, car aultrement le demandeur auroit acquis le prouffit dudit deffault aprez ladite hœure ; et aussy aprez ladite hœure, se ung deffendeur requéroit congié de cour et s'il appert, par la certification du sergent, qu'il soit adjourné, ledit congié lui doibt estre accordé à tel prouffit que de raison.

44. Item, se aucuns créanciers font convenir aucuns de leurs debteurs pardevant ledit prévost, et se le deffendeur dénye la demande, ledit prévost, pour abrégier, doibt induire l'un ou l'autre de croire par serment ; et s'il y a variation que ledit deffendeur n'en vœulle jurer, il doibt prendre le serment dudit demandeur ; et s'il n'en vœult jurer, ledit deffendeur doibt aller quite de la demande ; et se le deffendeur jure, il pœult prendre jour d'avis s'il vœult (22) ; et s'il ne vient au jour, le demandeur aura serment référé et déposera de sa demande.

45. Et pour ce que souventeffois il advient que les partyes sont sy mescréans quils ne vœullent croire l'un l'autre par serment, et prendent conseillers pour proposer plusieurs faits, pour dédommager l'un l'autre, tellement que ledit prévost ne les pœult apointier sommairement ; quant la

demande est petite non excédant XX sols, ledit prévost doibt faire enregistrer la demande en deffence de partye, et de ce faire un acte pour oyr leurs témoingz ; et pœult bailler ledit prévost jour au lendemain de produire et faire oyr lesdits témoingz et y procedder de jour en jour sans intervalles pour frais eschever, et les témoingz oys, faire le jugement comme de raison au cas que partyes se seroient concluies.

46. Item, aultre chose est de partyes qui font grandes demandes et quy rigoureusement procèdent l'une contre l'aultre, car l'on ne pœult appoinctier, autrement que à escripture, pour doubte des appellacions à cause que les gens sont plus pressés quilz n'estoient en temps passé, et aussy à cause que sur lesdites appellacions il pourroient faire plaidier aultres faictz quilz n'auroient [plaidié] pardevant ledit prévost, pardevant le juge où ilz auroient relevé leur appel ; et quand le procès est par escript, les juges plus clerement voient et se pœuvent mieulx conferrer ou informer au *benè vel malè* ; et se aucuns vouloient maintenir que l'on n'a point accoustumé d'escripre audit siége, le prévost pœult respondre qu'il vault mieulx juger par escript que en l'air et par cœur, et que ung tesmoing est mieulx oy sur articles que en vain comme dit est ; que de temps passé les gens n'estoient si cauteleux quy sont ad présent ; et n'estoit nouvelle sy légièrement entrejecter apeaulx comme ilz font ad présent ; et fault tenir le plus sur chemin.

47. Item, se les aucuns dient que ledit prévost tient trop longuement les partyes en cause, le prévost pœult respondre que ce ne vient de luy, mais par les partyes et leurs conseillers, car par la coustume de ladite prévosté on doibt plaidier deux foys le jour, ce que lesdites partyes et procureurs ont mis jus disans que leur estoit travail, et ne s'en doibt nul plaindre.

CHAPITRE IV.
C'est l'ordonnanche comment les sergens à mache doibvent en la ville de Corbye exercer leurs offices.

48. En ladite ville de Corbye doibt avoir quatre sergens à mache ; pour exercer leurdits offices, doibvent avoir toudis en allant par la ville leurs maches en leurs mains, et ne ont aultres commissions pour leurs dits offices exercer sy ce n'est en aucuns cas cy-aprez déclairez.

49. Item, lesdits sergens sont commis à exercer leurs offices, au commandement du prévost de ladite ville, et ne pœuvent ou doibvent faire aucuns adjournemens que pardevant ledit prévost sy ce n'est par commission réquisitoire par le commandement dudit prévost.

50. Item, lesdits sergens sont tenus et doibvent faire tous adjournemens dont ilz sont requis de partye contre aultre pardevant ledit prévost; et pour ce faire ne leur fault autre commission que leurs dites maches; et pœuvent assigner jour pardevant ledit prévost aux partyes, du jour au lendemain, soit à l'hœure de sacrement ou à l'hœure de vespres, de ceulx qui sont demourans en ladite ville; et sy ung forain requéroit que par aucuns sergens d'estre adjournez aucuns demourans en la ville de Corbye, à l'hœure de sacrement ou depuis sacrement à l'hœure de vespres, lesdits sergens ne le pœuvent ne le doibvent faire sans le congié dudit prévost, pour ce que telz adjournemens escheent en la disposition du juge; et se congié leur est donné faire le pœuvent, de matin à sacrement, depuis sacrement jusques aux vespres comme dessus est dit; et convient que l'adjournement soit fait à la personne de l'adjourné; et se ainsy n'est fait le demandeur n'aura aucun exploit contre son debteur pour ce que l'adjournement est trop brief.

51. Sy les adjournés ne viennent au jour souffisamment adjournés, ilz sont mis en deffault se le demandeur le requiert avoir; et est le deffault de douze deniers; lesquelz deffaultz sont et doibvent estre au sergent quy a fait l'adjournement; et quant le deffault est donné, ledit sergent, de son droict pœult aller quérir gaige en la maison dudit défaillant, tantost que le deffault est donné s'il lui plaist; mais il advient aucunes foys que, quant le sergent va desgagier pour son deffault, ceulx qui doibvent dient quilz ne doibvent riens et quilz ne sçavent riens quilz ayent esté mis en deffault; et pour ce, il est acoustumé que le sergent envoie ung de ses compaignons justicier le défaillant pour son deffault, et se il se vœult opposer afin de sçavoir comment ne pourquoy il a esté mis en deffault, il sera reçu à opposition et lui sera jour assigné pardevant ledit prévost pour dire ses causes d'opposition; et ainsy il est ordonné pour ce que nul ne doibt estre juge en sa cause (23).

52. Et aussy il advient aucunes fois que lesdits sergens font aucuns adjournemens au domicille des personnes, en parlant à leurs femmes, mesme à leurs voisines dont pour ce aucunes foys leurs femmes ou maisnies (24) viennent à excuser telz adjournez en disant que à l'hœure que le adjournement se feist par ledit sergent icelluy adjourné estoit hors de la ville ne est point revenu pour estre au jour, ne que de l'adjournement l'adjourné ne scet riens, se ledit excusant vœult affermer par son serment que ledit adjourné ne scet riens dudit adjournement, deffault ne sera point donné contre luy; mais s'il n'y a excuse, supposé que ledit adjourné fut hors

puisque le sergent relatera l'adjournement estre fait à son domicille, deffault sera donné au demandeur se il le requiert; et se il se laissoit contumacer par quatre deffaultz, il est nécessité que l'ung d'iceulx deffaultz (adjournemens) soit fait à la personne; et est ainsy ordonné pour ce que les adjournemens sont sy briefz que du jour au lendemain; mais sy pour doubte des deffaultz le adjourné se absentoit et se muschast, pour ladite cause, les adjournemens suffiroient estre faitz à son domicille, mais il fault qu'il y ait ung adjournement entre le thiers deffault et le quatriesme à la personne.

53. Item, lesdits sergens ont povoir, par vertu de leurs maches de mettre à exécucion toutes les lettres de sentences et commandemens reçues faites et passées pardevant ledit prévost.

54. Item, lesdits sergens sont tenus à cause de leurs offices, d'aller es maisons des trespassez en ladite ville, et tous les biens de l'austel prendre et mettre en la main de Monsieur de Corbye et iceulx biens enclorre et sceller jusques ad ce que iceulx biens auront par ledit prévost esté accordés estre mis es mains d'iceulx à quy ils appartiennent.

55. Item, et s'il advenoit que aucuns héritiers ne se apparussent pour iceulx biens appréhender, le prévost pœult et doibt iceulx biens faire inventorier, et iceulx faire vendre par ledit sergent et consigner l'argent en la main du prévost, pour remettre es mains de ceux à quy ce appartiendroit ou pour acquitier les debtes congnues desdits trépassez au cas si ledit prévost duement en seroit ou fut poursuivi par voye de justice.

56. Item, s'il advenoit que homme ou femme allast de vye à trespas en ladite ville, le survivant aura la moitié des biens franchement contre les hoirs du trespassé et se lesdits hoirs veulent leur part estre inventoriée et aprisiée, le sergent le fera faire par les priseurs sermentez.

57. Item, tous lesdits sergens à mache sent tenus et doibvent faire leur debvoir de enquerre et savoir tous les délictz et maléfices quilz sont faitz en ladite ville de Corbye, et les doibvent rapporter audit prévost pour de ce ordonner par la manière qu'il appartiendra; et s'ils trouvent aucuns délinquans en fait présent, ils les doibvent prendre et faire prisonniers de Monsieur de Corbye; et se il advenoit que aucun compaignon, pour aucun délict, se venist plaindre auxdits sergens, ilz sont tenus incontinent aller faire l'informacion, et ne doibvent point dire ne attendre que l'on voist parler au prévost; et silz diffèrent de ce faire, iceulx sergens doibvent estre pugnis de prison à la volunté dudit prévost.

39.

58. Si aucun faisoit injure ou disoit lait à aucuns desdits sergens en faisant leurs offices, il seroit pugni par Monsienr de Corbye ou de son bailly en amende arbitraire, ce qui ne seroit mie pour leur fait singulier, duquel cas en appartient audit prévost à prendre la pugnition pour ledit sergent ou de sa partye adverse.

59. Item, lesdits sergens sont tenus et doibvent estre aux plaidz, aux hœures de sacrement et de vespres, pour relater les adjournemens quilz auront fait et pour servir ledit prévost en siége, s'il avoit affaire d'eulx; et silz ne venoient aux hœures dessus dites et aucuns demandoit deffault pour les adjournemens quilz auroient fait, nulz deffaultz ne doibvent estre donnés silz ne sont par les sergens relatez en jugement; et sera ledit sergent pugni par ledit prévost.

60. Item, les sergens ne pœuvent ne doibvent aller hors de la ville sans le congié du prévost, sur l'amende de V solz.

61. Item, lesditz sergens doibvent aller, pour justice garder, partout là où le prévost les vœult envoyer sans aucun délay; et aussy doibvent aller avec ledit prévost de jour et de nuict toutes fois que le prévost les mande, et aussy doibvent accompaigner ledit prévost toutes et quantes foys que ledit prévost va parmi la ville, se ce n'est que ledit prévost voist à ses affaires particulières; et tout au moins en doibt toujours avoir ung avec ledit prévost pour tant qu'il voist parmy la ville; la raison est pour ce que ledit prévost pœult d'hœure en hœure trouver malfaicteurs ou amendes en sa voye, qu'il convient constituer prisonnier ou adjourner; laquelle chose ne se pœult faire sans sergent, car pour ce faire ont esté les sergens ordonnez; et sy sont lesdits sergens tenus eulx enquerre partout la ville s'il n'y a aucun débat ou aultre délict ou tenchons faites et dites es rues et maisons, et de ce faire informacions, et aller jusques le vespre par les tavernes sçavoir s'il y a aucunes gens malvœullans, malvivans, joueurs de dez, iceulx prendre et les faire prisonniers.

62. Item, tous lesquelz sergens sont tenus de aller et comparoir à l'église Saint-Pierre de Corbye, toutes foys que Monsieur de Corbye est revestu pour vespres, grant messe et procession faire, à tout leurs maches d'argent, sur et en peine d'une quenne de vin et estre pugnys de prison.

63. Item, tous lesdits sergents sont tenus d'aller au commandement dudit prévost de l'église pour ce qu'il est homme quy, à cause de ladite prévosté, luy appartient justice garder; et pour ce doibvent lesdits sergens aller à ses commandemens; et n'y a autres religieux en ladite abbaye quy

puissent commander ausdits sergens de faire quelqu'exploit et n'ont autre maistre que ledit prévost de Corbye.

64. Item, quant ad ce que cy-dessus est dict que lesdits sergens n'ont ne doibvent avoir aultres commissions que de leurs maches, à faire tous exploix de justice qui eschent à faire à cause de leurs offices, se il advenoit que aucuns desdits sergens allaissent signifier aucun exploit hors de ladite ville, il conviendroit quilz eussent commission réquisitoire pour faire les exploix dessus dits et non plus.

CHAPITRE V.

C'est l'ordonnance des sergens de nuict que l'on dit chercles, lesquels doibvent être dix par nombre.

65. Lesdits sergens, à cause de leur office, doibvent veiller par nuict en la ville de Corbye, est assavoir les trois pour une nuit et trois pour une aultre et quatre pour l'aultre ; et sont ainsy ordonnez afin que la ville ne soit point sans garde; et doibvent cherquer toute la nuit parmy la ville, afin que s'il y avoit aucun feu ou silz trouvoient aucunes gens malfaisans de nuit et allans par la ville, aprez la cloche et dernière hœure sonnée, de les prendre et mener prisonniers en la porte d'Encre ; et de ce que fait en auront, ilz doibvent faire leur relacion le matin audit prévost.

66. Lesdits chercles doibvent obéyr aux sergens à mache toutes fois quilz les vœullent ou vouldront mener saisir les biens des gens qui trespasseront par mort en ladicte ville de Corbye ; et aprez ce que lesdits sergens auront prins et mis les biens en la main de Monsieur de Corbye, lesdits chercles doibvent demourer esdits lieux pour iceulx biens garder et ne se doibvent point partir desdits lieux jusques ad ce que la main de Monsieur de Corbye en soit levée par ledit prévost, et que les biens seront mis es mains de ceulx à qui ils appartiennent.

67. Item, lesdits chercles ont, à cause de leur office, le descarcaige et cariaige de tous vins et waides vendus ou non vendus en ladite ville de Corbye, puis que on les vœult charger pour mettre hors, soit par eaue ou carroy ou aultrement.

68. Item, tous lesdits chercles pœuvent et doibvent, à cause de leurs offices, de jour et de nuit, prendre tous malfaiteurs quilz trouveront en ladite ville et banlieue, malfaisans, en fait présent ou par soupechon, sy mestier estoit et iceulx mettre es prisons de mondit seigneur de Corbye et faire tous exploix de justice, excepté quilz ne pœuvent faire adjournemens ni exécucions ; et sy aucunes en faisoient, elles seroient de nulle valeur.

DAOURS.

CHATELLENIE, SEIGNEURIE.

Bibliothèque royale. — Collection D. Grenier. 14ᵐᵉ *paquet*, n.° 7, *page* 99. — 27 *articles.*

Coustumes locales et particulières dont on a usé et use l'en chacun jour, quant le cas y eschoit, en la ville, terre, seigneurie et chastellenie de Daours appartenant à noble et puissant seigneur Monseigueur Charles d'Ailly, chevalier, seigneur, baron de Picquegny, de Rayneval, de la Broye, vidame d'Amiens, et madame Pgles (sic) de Crevecœur etc. Daours tenu de la Ferté-lez-Saint-Riquier.

6. Amendes pour délits commis par bestiaux sur terre en roture, 6 deniers, et sur terres en fief, 7 sous 6 deniers.

7. Pour bestes prises en délit, à garde faite, dans la commune de Daours, il y a amende de 60 sous parisis; et pour bestes échappées, 7 sous 6 deniers, dont il appartient le tiers au sergent qui a fait la prise.

11. Il est deffendu, sous peine de 60 sous parisis d'amende, d'user d'autre mesure à Daours, pour le vin, bierre, etc. et grains, que de celle de Corbie.

12. En deffaut de comparoir par devant la justice, il y a amende de 2 sous 6 deniers.

13. Item, par ladite coustume locale, toutes et quantes fois que ung homme et une femme sont conjoints et alliez par mariage, incontinent ledit mariage consommé, chacun acquiert et lui appartient la moitié de tous les héritages (25) que ung chacun d'eulx apporte audit mariage, tant d'acquestes comme d'autrement, en telle manière que se ung homme, possesseur de plusieurs grans rentes et héritages, prendoit une femme qui n'eust comme pœu ou néant de biens, en ce cas, incontinent ledit mariage parfait, ladite femme arroit part et portion en tous les héritages, cens et rentes dont il seroit saisy au jour dudit mariage, desquels ledit mary ne porroit disposer, vendre, cedder, transporter ne alliéner de la moittié desdits héritages par lui apportez audit mariage, se n'estoit du consentement de sa dite femme, à laquelle par ladite coustume appartient ladite moittié, et à ceste cause douaire ne a point lieu en ladite ville de Daours.

14. Item, par ladite coustume toutes et quantefois que un quidam va de vie à trespas, la vesve qu'il délaisse pœult prendre hors part (26) sa meilleure robe, son plichon, son lict estoré, deux paires de draps, deux oreillers et sa couverture. Et si elle est femme de grant estat, elle pœult prendre sa huche ou frégel, sa chainture, ses agneaulx à mectre en ses

dois, pourveu que elle les aye en ses dits dois, auparavant le trespas de son dit mary, sans pour ce en paier aucunes debtes.

19. Deffense de pescher à autre instrument qu'à la ligne volante, à peine de 6 sous d'amende.
20. Deffense de faucher herbe avec dards dans les marais, à peine de 6 sous parisis d'amende.
21. Deffendu de prendre des bestes à nourrir pour les mener dans les marais communs, à peine de 60 sous parisis d'amende.

23. Item, audit village de Daours y a ville d'arrest pardevant ledit prévost dudit lieu, auquel prévost appartient pour chacun arrest 16 deniers.

24. Le boulanger cuisant pain à moindre poids que celui de Corbie tombe en 60 sous parisis d'amende.

25. Item, par ladite coustume, toutes et quantes fois que aucun forain vient audit lieu de Daours achetter aucunes denrées et marchandises, comme blé, vin, bois, chair, poisson ou autres choses, il loist aux habitans dudit lieu de Daours, pour la provision de ladite ville, prendre ladite marchandise pour le pris qu'elle sera vendue.

26. Le droit de vif herbage se perçoit à raison de 30 bestes, une choisie aprez que le possesseur en a tiré 9, et le mort herbage à raison d'un denier par beste au-dessous de 30.

27. Item, il est deffendu aux habitans de mener parquer les bestiaux hors de la seigneurie sans le congé du seigneur, à peine de 60 sous parisis d'amende.

Le jeudi 23 septembre 1507.

La dame de Bussi prétend avoir droit pour elle et pour son fermier de faucher dans les marais.

Signés : d'Icourion, *bailli.* — Dumons, *homme de fief.* — R..... de Fontaines, *seigneur de la Motte.* — le Seneschal, *homme de fief.* — le seigneur de Baisieu et Christophe d'Aizincourt, *hommes de fief, par procureur.* — Jacques de Henencourt, *homme de fief.* — J..... Febau, *homme de fief.* — Philippot Faverel, *prévost de Daours,* etc.

HAMEL.

SEIGNEURIE.

Ecrite sur deux pages et un quart de parchemin y compris les signatures. — 7 articles lisibles sauf quelques mots du troisième.

Ce sont les coustumes de la ville, terre et seigneurie du Hamel appartenant à nobles et puissants seigneur et dame Mgr. Charles de Rubempré, chevalier, seigneur dudit lieu, d'Authie et dudit Hamel, et madame

Franchoise de Mailly sa femme, tenue en plain fief et hommage, partie de la terre de Boves et l'autre partie de la terre de Querrieu, où ilz ont toute justice et seigneurie.

1. Premièrement, toutes les maisons, masures et manoirs de ladite ville de Hamel, doibvent pour droit de ventes, quant ilz se vendent, ausdits seigneur et dame, le troisième denier de la somme à quoy ilz sont vendus; et quant aux autres terres cottières, ilz ne doibvent pour droit de ventes que quatre (solz) à yssue et que quatre septiers de vin, les deux du costé du vendeur et les deux autres du costé de l'achepteur; et lesdites maisons, manoirs et terres cottières doibvent, pour droit de relief, d'hoir à autre, c'est assavoir pour chascune maison quatre septiers de vin, et pour chascun journal de terre autant mesure de Corbie.

2. Incontinent que aucuns propriétaires de aucunes maisons, masures et terres cottières de ladite seignourie du Hamel, va de vie à trespas, icelles masures et terres cottières sont réunyes à la table et domaine de ladite seignourie du Hamel sans en faire aucune saisine; et aprez VII jours et VII nuitz passé, en défaut de relief non faitz au seigneur et dame, leur appartient tous les fruitz et proffitz tant et jusques ad ce que lesditz défaillants les auront rellevez.

3. Par ladite coustume, appartient ausdits seigneur et dame la seignourie et. . . . . de deux voiries et grands chemins, l'un qui va de depuis un gros ourmeau anchien estant au-devant de . . . . en allant delà en la partie jusque à un autre gros ourmeau anchien estant assez près de Mourcourt; et l'autre chemin qui va depuis l'arbre de Puyramons jusques au fin des bos du. . . . ; s'il advenoit que aucuns passans par les mettes des dites deux voies ou chemins à car, carette ou sommes chargiés à dos, versent ou cheent illec, ilz ne peuvent recharger leur car, carette ou somme, sans appeler les officiers dudit Hamel, à peine de LX sols parisis d'amende (27).

4. Il est dû droit de rouage pour les voitures chargées de vin seulement.

5. Item, quant aucuns francs viennent achetter aucuns vins, bestiaulx ou autres choses en ladite ville et terroir du Hamel, il loist et est permis ausdits seigneur et dame de Rubempré de les avoir et prendre pour le prix quilz sont venduz, en paiant et restituant promptement aux achetteurs le prix de la vente.

6. Four banal.

7. Nul en ladite seigneurie ne pœult avoir pressoir que lesdits seigneur et dame de Rubempré, ni en édiffier, sur peine de LX sols d'amende et de le faire abattre.

Signés : Guillerme Joly, *prêtre*. — Flourot Beauffort, *homme de fief.* — Anthoine Floury, *homme de fief.* — Jehan Wateblé, *homme de fief.* — Lequien, *receveur de la seigneurie.* — Balochard, *greffier de la seigneurie.* — Colart Floury, *lieutenant de la seigneurie.* — *Marques :* Jacques Carrier, *(une roue.)* — Colart de Sachy. — Nicaise Harlé. — Michault Bernard, *(une hache de charpentier.)* — Jehan de Queux, *(une serpette.)* — Jehan Poiret. — Michault Platert. — Colart Boitel. — Pierre Boute. — Jehan de Sachy, *(un marteau.)*

Signés : Demonchy, *bailly de Hamel.* — de Riche, *procureur de monsieur et madame de Rubempré.*

VECQUEMONT.

SEIGNEURIE.

Ecrite sur trois pages de parchemin y compris une page de signatures. — 9 articles lisibles.

Coustumes locales et particulières dont on a usé de tout temps et use l'en chascun jour, quant le cas y eschet, en la ville, terre et seigneurie de Vesquemont appartenant à noble et puissante dame madame Marguerite de la Trimouille, dame de Daours, Allonville et la Motte en Sangters et dudit lieu de Vesquemont, douairière des terres et seigneuries de Crévecœur, Thennes et Thois ; laquelle terre et seigneurie elle tient en plain fief et hommage de la terre et chastellenie de Vinacourt, appartenant à noble et puissant seigneur Charles d'Ailly, chevalier, vidame d'Amiens, seigneur, baron de Pinquegny et de la Broye.

1. Et primes, quant aucun va de vie à trespas, ses hoirs doibvent pour relief, au droit de ladite dame, XVI deniers parisis; et de non avoir relevé en dedans sept jours et sept nuitz, ils doivent d'amende deux sols parisis, et ce pour tous héritages ou terres aux champs que l'on vouldroit relever.

2. Item, quant aucun héritaige estant en ladite ville se vend, pour le droit, appartient à ladite dame de cent solz seize solz de vente.

3. Passé le nombre de 30 bestes, il est dû vif herbage.

4. Amende de LX sols pour coups de main garnie quand il y a sang répandu.

5. Bestes prises en dommage sur terres cottières, amende de VII sols VI deniers.

6. Item, pour droit de deffault, appartient à ladite dame deux sols VI deniers tournois dont il en appartient au maire de ladite ville le tiers (28).

7. Pour droit de retrait pareillement deux sols six deniers tournois ; et comme dessus le tiers au maïeur, mais pour ce ledit maire est tenu faire les adjournemens des habitans l'un contre l'autre, sans en avoir ne prendre sallaire.

8. Item, les mesures au blé et le mesure à l'avoine et celle au vin et à le cervoise et aunes et poix et toutes autres mesures sont, à le usage et coustume de Corbie, marquées et ferrées comme celles de ladite ville de Corbye, sur et à peine de LX sols parisis d'amende.

9. Item, par ladite coustume, de bonner et assir bonnes entre aucuns héritages, pour le droit du maire, pour chascune bonne, il est du IV deniers, et XII deniers pour le droit des hommes; et pour cherquemaner pareillement il est du telz droits que dessus, mais le maire sera tenu porter ou faire porter ladite bonne au lieu là où on le vouldra asseoir.

Signés : Scourion *bailly dudit Vesquemont* — Courtois *procureur pour office dudit lieu* — G. Flarin *lieutenant* — P. Lemaire *vice-gérant de la cure dudit lieu* — Hue Flan *laboureur* — Jehan Lemaistre *vigneron* — Robert de Hely *tonnelier* — *Marques* : Guillaume Maille *vigneron* — Fremin Poiré *l'aisné, tisserand de toile* — Jehan Anquais *l'aisné, manouvrier* — Jehan le Conte *l'aisné, couvreur* — Simon de Mirevault *vigneron* — Robert Lengellé *vigneron* — Mahieu Anquais *vigneron* — Jehan Leconte *le josne, tisserand de toile* — Pierre Levasseur *bergier* — Colard du Castel *manouvrier* — Jehan de Boulenois *vigneron* — Mahieu Poiré *vigneron* — Jehan le Caron *vigneron* — Jehan Grené *couvreur* — Jehan Daullé *vigneron* — Jehan Lemor *laboureur* — Robert le Testu *vigneron* — Colard Carton *caron* — Anthoine Lengellé *vigneron* — Jehan du Castel *vigneron* — Jehan Losebin *machon* — Charles du Castel *vigneron* — Fremin Poiré *le josne* — Jehan Luce *vigneron*.

VILLERS-BRETONNEUX.

SEIGNEURIE, ÉCHEVINAGE.

Bibliothèque royale, — *collection D. Grenier,* 14.ᵉ *paquet,* 7.ᵉ *liasse,* f.° 101 v.°

S'ensuivent les coustumes locales de la ville de Villers-Bretonneux, que baillent les officiers d'icelle terre, pour noble dame madame Florence de

Bouzies, vefve de feu Mgr. Jehan de Rivery, mère et ayant l'administration et garde noble de Jehan de Rivery, son fils menre d'ans, seigneur dudit Rivery, de Fresneville et dudit lieu de Villers-Bretonneux, et les eschevins dudit Villers.

Art. 3. — Item, audit lieu de Villers y a une autre coustume qui est telle que, de deux ans en deux ans, les eschevins dudit lieu sont renouvellez au jour de Pentecostes (29), et quant vient à faire nouveaux eschevins, les anciens eschevins elisent sept hommes dudit Villers pour les trois d'iceulx estre prins par le seigneur à son choix; lesquelz sept hommes esleus, lesdits anciens eschevins présentent ledit jour de Pentecostes à icelluy seigneur, lequel attend jusqu'au jour St.-Remi ensievant à prendre sa choisie esdits hommes esleus pour estre eschevins; et ledit jour Saint-Remy, il en prent et nomme les trois tels que bon lui semble; lesquels font serment à luy ou à son bailly de bien et duement eulx entremettre dudit office d'eschevins; lesquels eschevins prins et nommés par ledit seigneur assient les tailles et affaires de ladite ville durant les deux ans à leur discrétion.

Art. 4. — Item, y a une autre charte ancienne en latin qui japieça fut faite entre le seigneur et les habitans dudit Villers, qui contient plusieurs des usages et coustumes dudit lieu, de laquelle la teneur s'ensuit :

Inter Dominum Villerii et incolas apud Villerium sub eodem morantes, tales consuetudines constitute sunt et confirmate in perpetuum tenende.

I. Incole Villerii, in festo sancti Remigii, singulis annis, dabunt censualiter domino suo XL libras monete currentis apud Corbeiam, vel, si melius voluerint, XX marcas argenti ad pondus Corbeie, secundum considerationem et prudentiam virorum Villerii.

II. Et si fortè, felici eventu, bona fortuna ex rerum abundantia locum istum ampliaverit, non tamen porro summa predicti census augeri poterit vel crescere. Si vero ipsi loco vel incolis ipsius, tanta calamitas, videlicet incendii vel guerre oppressio, supervenerit, quominùs suppetant facultates ad solvendum predictum censum, XL libras vel.... XX marcas (1), dispositione scabinorum exigetur et requiretur pagatio.

Et qui, in die pagationis enunciato, partem census sibi deputatam non disposuerit, quinque solidos emendabit scabinis.

Denarii vero de tali emendatione accepti, ad necessarios usus ville, per considerationem domini et scabinorum, distribuentur.

---

(1) Il y a sans doute ici quelque chose de passé. — Erreur de copiste. (*Note du MSS.*)

III. Qui clamorem fecerit de quo testes *avanii* (1) producti non fuerint, habebit dominus duo sextaria vini.

IV. Qui alicui contumeliam objecerit, si res cognita fuerit, emendabit per quinque solidos ; si testes producti fuerint, emendabit per V solidos, de quibus dominus habebit tres solidos, scabini XII denarios, passus injuriam XII denarios.

V. Qui alium in campo vel in via pulsaverit aut percusserit, si convictus fuerit, emendabit domino per VII solidos et dimidium ; et si arma affuerint, erit in misericordia domini.

VI. Si servus, vel bubulcus, vel alicujus filius aut filia vel minister, pro veteri odio (30), vel treuga infracta, alium percusserit, et statim de villa fugerit, non rediens ad dominum suum, dominus ville habebit totum suum reliquium. Si autem dominus ejus oppressus fuerit, Domino ville solà manû se purgabit, nisi duobus testibus comprobatus fuerit.

VII. Qui culpaverit scabinos de perjurio, totum suum mobile erit in misericordia scabinorum.

VIII. Qui ad mandatum domini non venerit, si serviens domini eum invenerit, emendabit per duos solidos.

IX. Omnes denarii qui accidant de forefactis, ad commodum ville, secundum considerationem domini et scabinorum, expendentur.

X. Quando Dominus voluerit filiam suam vel sororem connubio copulare, dabunt ei homines sui XL libras in adjutorium. Et quando filium suum vel fratrem voluerit facere militem, dabunt ei XX libras, scilicet duobus primogenitis tantum, et hoc semel in anno.

XI. Si Dominus fecerit injuriam alicui vel aggravare voluerit, scabini debent manu tenere eum et auxiliari apud dominum, salvo in omnibus jure et honore domini.

XII. Item, si quis Domino rebellis et contrarius fuerit, revocare debent eum scabini et reducere ad voluntatem domini.

XIII. Qui in agro vel in villà calidam melleiam fecerit adversus hominem alienum vel alterius ville, et postea venerit ad dominum fugiens, dominus debet recipere eum et garandire pro posse suo, et si non poterit eum garandire, conducere eum debet pro posse suo ad salvamentum (31).

XIV. Qui voluerit exire de villa et domum suam voluerit vendere, bene licebit, sed tali vendat qui consuetudines domini ex ea faciat ; et postea habebit dominus medietatem venditionis et ipse qui vendidit alteram.

---

(1) Idonei *sans doute*. (*Note du MSS.*)

XV. Debet etiam Dominus habere quatuor sextaria vini de illo qui vendidit : duo scilicet de vendicione, et duo de concessu debet habere de illo qui emit.

XVI. Item, qui ad paupertatem (32) vel egestatem tantam ductus fuerit, quod domum suam velit vendere, et postea velit sicut hospes in ea morari, prius faciat de moratione suâ securitatem, et postea vendat et habeat totam vendicionem suam, preter duo sextaria vini que dominus debet habere de illo qui vendidit et duo de illo qui emit.

XVII. Et hoc bene sciendum est quod de hac vendicione non potest dominus esse contra illos qui panem fecerint in villâ ad vendendum, cum rationabilis non fuerit, per visum domini et scabinorum emendare debent; et si per eos emendatum non fuerit, deinde ulteriùs per totum annum panem non facient ad vendendum.

XVIII. Qui panem voluerit apportare in villam ad vendendum, liceat ei, salvo stalagio domini, scilicet in septimana uno pane de uno denario.

XIX. Item, si scabini voluerint loqui simul de necessitate ville, et aliquem submonebunt ut veniat et non venerit, emendabit scabinis per duodecim denarios.

XX. Item, si dampnum acciderit aliquod domino, vel de incendio domus sue, vel de prisone corpus sui, vel filii, homines sui adjuvabunt eum secundum legitimam scabinorum considerationem et secundum hoc quod dampnum grande erit.

XXI. Qui summonitus non venerit ad corveiam Domini, restaurabit dampnum Domini, consideratione scabinorum, per duos solidos de lege.

XXII. Cum dominus voluerit villam suam claudere de muro, homines ville semel in anno, longitudinem 300 pedum de muro facient, altitudine muri vero circà domum, 15.^{im} pedum.

XXIII. Et si dominus voluerit operari de petrâ cissâ, levare quadro ad sumptum suum faciet, et magistris et mediatoribus mercedem solvet et hoc semel in anno, famulo suo custode; et causâ muri quieti erunt de fossato.

XXIV. Item, de ommi querela de quâ dominus debet habere duo sextaria vini, quieti erunt per XII denarios.

XXV. Sciendum est de emendatione panis, si non fuerit rationabilis, sic vini.

XXVI. Quadriga Domini, sicut quadriga aliorum, faciet vices suas.

XXVII. Si querela venerit Domino de herba de quâ ipse debet habere duo sextaria vini, quitti erunt, videlicet de homine alieno.

XXVIII. Item, non potest Dominus aliquem de villa liberum facere, nisi hereditate ei acciderit, sed si voluerit, de suo dominio poterit hoc facere, scilicet homini qui de foris venerit.

XXIX. Item, terre de villa que censuales sunt, quicumque eos habuerit, remanere debent ad communem censum ville ad consideracionem scabinorum.

XXX. Qui terram suam vendere voluerit vel invadiare, priùs ostendat Domino et scabinis; et per visum eorum de precio respectum habebit unius mensis, nisi infrà venerit aliquis de villa qui eam invadiare velit vel emere; ex inde ulteriùs liceat ei facere de suo quod poterit.

XXXI. Qui de foris venerit vel de villa, et uxorem acceperit in villâ et nolit aut non possit hospitium tenere uno anno et uno die, poterit esse cum patre suo........ (le reste illisible).

XXXII. Qui de incendio domûs sue (33) dampnum habebit, adjuvabunt eum alii, unusquisque secundum quod erit, scilicet qui karucam habuerit equos duos de uno die aut sex denarios; et qui dimidiam karucam habuerit tres denarios; Dominus vero ville garandiam suam, ita tamen quod eodem die possit redire domum.

Si quis venerit de foris vel de villa, et voluerit sicut hospes manere in villâ, qualiscumque fuerit, adjuvabunt eum sicut illum qui aggravatus fuerit de incendio.

XXXIII. Non potest Dominus aliquem incarcerare de bosco suo de Monnerrimo pro unâ pugnatâ virgarum pro una die.

XXXIV. Si clamor venerit Domino de auxilio domorum, dominus faciet emendare.

XXXV. Absque ulla emendatione, denarii de calceiâ expendentur ad utilitatem ville secundum considerationem Domini et scabinorum, nisi Dominus voluerit aliquem quittum clamare.

Art. 5. Laquelle charte dessus transcripte fait à entretenir par confirmacion faite par sentence du bailliage d'Amiens, sauf et réservé que, par ladite sentence, fut dit que lesdits habitans ne seront pas tenus à faire aucune muraille pour la closture de la ville; mais en tant qu'il touche le chasteau dudit lieu, ils sont tenus à la réparacion et muraille, selon qu'il est contenu en ladite charte.

Le pénultième de septembre 1507.

NOTES

DE LA TROISIÈME SÉRIE.

(*Les Notes de cette Série sont de l'Éditeur.*)

Note 1. — Page 279.

Camons. — Art. 2 : *Ont acoustumé lesdits eschevins de asseoir chascun an...*

Les habitants de Camons formaient entre eux une espèce de communauté gouvernée par un échevinage. Le but de leur association n'était pas tant la liberté civile dont jouissaient les villes municipales, que les avantages du mode particulier d'exploitation que comportent les terrains marécageux qui avoisinent leur village. Ces terrains n'ont acquis la prodigieuse fécondité qui les distingue que par l'effet du percement des innombrables canaux dont ils sont sillonnés de toutes parts. Ils étaient exempts de la dîme, privilége qui fut sans doute la récompense des efforts qu'à nécessités leur desséchement, car c'est la main des hommes et non la nature qui les a faits ce qu'ils sont.

Les pouvoirs que l'art. 2 de la coutume accorde aux échevins se réfèrent aux priviléges des *villes bateïces* dont parle Beaumanoir, au chapitre XXI, n° 27 de ses coutumes de Beauvoisis : « l'au-
» tre manière de compaignie, dit-il, qui se fet
» par reson de communaulté, si est des habitans
» ès villes où il n'a pas communes, c'on apele
» viles bateïces. Et ceste compaignie si se fet ès
» fres et ès cous qui lor convient mettre ès cozes
» qui lor sont communes, si comme de lor mons-
» tiers refère et de lor caucies ramender, de lor
» puis et de lor gués maintenir, si comme de
» coz qui sont mis en ples par lor drois main-
» tenir et por lor coustumes garder. En toz tex
» cas et en autres sanllavles font tex manières de
» gens compaignie ensanle et convient que ças-
» cuns pait son avenant des fres selonc droit. Ne
» nus de tex manières d'abitans ne se pot oster
» de compaignie, s'il ne va manoir hors du lieu
» et renonce as aisemens. »

La redevance de quarante sols et un denier que la communauté de Camons payait au Chapitre de la cathédrale d'Amiens, était purement recognitive de la directe seigneurie que les chanoines avaient sur les frocz et flégards. Au moyen de cette censive, les habitans pouvaient piequer, fouir et heuer partout où bon leur semblait, sans que jamais ces entreprises pussent préjudicier aux droits du chapitre.

Note 2. — Page 281.

Corbie (*comté.*) Art. 3 : *Assavoir pour chascun fief tenu en pairie...*

La coutume du comté de Corbie semble ne reconnaître que deux espèces de fiefs : c'est-à-dire, les fiefs en pairie, tenus par dix livres parisis de relief, et les fiefs en plein hommage, tenus par soixante sols parisis de relief. Mais le rôle des vassaux de l'abbaye de Corbie, du commencement du XIII° siècle dont nous avons déjà parlé, (voyez ci-dessus pages 244 et suivantes) pousse beaucoup plus loin les distinctions. Peut-être nous saura-t-on gré de donner ici une copie textuelle de ce document historique.

Rôle des feudataires de l'Abbaye de Corbie, vers l'an 1200.

1. Dominus Encre homo noster est ligius. Quando heres ejus ad terram venit, domino abbati debet decem libras pro relevatione et pallium suum cambellano. Fidelitatem facit domino abbati; et dominus abbas investit eum de feodo suo anulo aureo; et debet nobis exercitum et equitatum. Et quando novus abbas fit Corbeie, iterum hominium et fidelitatem facit domino abbati; et dominus abbas' investit eum de feodo suo anulo aureo.

2. Ingelrannus Bove homo noster est ligius. Quando heres ejus ad terram venit, domino abbati debet decem libras pro relevatione et pallium suum cambellano. Fidelitatem facit domino abbati; et

dominus abbas investit eum de feodo suo anulo aureo. Et debet nobis exercitum et equitatum. Et quando novus abbas fit Corbeie, iterum hominium et fidelitatem facit domino abbati; 'et dominus abbas investit eum de feodo suo anulo aureo.

3. Ingelrannus vicedominus de Pigkegui homo noster est sicut antecessores sui fuerunt. Quando heres ejus ad terram venit, domino abbati debet decem libras pro relevatione et pallium suum cambellano. Fidelitatem facit domino abbati et dominus abbas investit eum de feodo suo anulo aureo. Et debet nobis exercitum et equitatum. Et quando novus abbas fit Corbie, iterum hominium et fidelitatem facit domino abbati; et dominus abbas investit eum de feodo suo anulo aureo.

4. Dominus Britulii homo noster est sicut antecessores sui fuerunt. Quando heres ejus ad terram venit, domino abbati debet decem libras pro relevatione et pallium suum combellano. Fidelitatem facit domino abbati; et dominus abbas investit eum de feodo suo anulo aureo. Et debet nobis exercitum et equitatum. Et quando novus abbas fit Corbeie, iterum hominium et fidelitatem facit domino abbati; et dominus abbas investit eum de feodo suo anulo aureo.

5. Radulphus castellanus Corbeie homo noster est ligius. Quando heres ad terram venit, domino abbati debet decem libras pro relevatione et pallium suum cambellano. Fidelitatem facit domino abbati et dominus abbas investit eum de feodo suo anulo aureo. *Et omnibus diebus vite sue, debet manere Corbeiam;* et debet nobis exercitum et equitatum. Et quando novus abbas fit Corbeie, iterum fidelitatem facit domino abbati de hominio; et dominus abbas investit eum de feodo suo anulo aureo.

6. Walterus de Helli homo noster est ligius. Quando heres ejus ad terram venit, debet decem libras domino abbati pro relevamine et pallium suum cambellano. Fidelitatem facit domino abbati. *Et omnibus diebus vite sue debet manere Corbeiam;* et debet nobis exercitum et equitatum; et quando novus abbas fit Corbeie, iterum hominium et fidelitatem facit domino abbati.

7. Adelidis de Novavilla que sedet in parrochia Wagniaci femina nostra est ligia. Quando heres ejus ad terram venit, debet decem libras domino abbati pro relevamine, et pallium suum cambellano. Fidelitatem facit domino abbati. *Et omnibus diebus vite sue debet manere Corbeiam;* et debet nobis exercitum et equitatum; et quando novus abbas fit Corbeie, iterum hominium et fidelitatem facit.

8. Bernardus Morolii homo noster est ligius. Quando heres ejus ad terram venit, debet decem libras domino abbati pro relevamine et pallium suum cambellano. Fidelitatem facit domino abbati. *Et quatuor menses per annum debet manere Corbeiam omnibus diebus vite sue.* Et debet nobis exercitum et equitatum; et quando novus abbas fit Corbeie, iterum hominium et fidelitatem facit domino abbati.

9. Adelelmus de Morocort homo noster est ligius. Quando heres ejus ad terram venit, debet decem libras domino abbati pro relevamine et pallium suum cambellano. Fidelitatem facit domino abbati. *Et quatuor menses per annum debet manere Corbeiam; omnibus diebus vite sue.* Et debet nobis exercitum et equitatum. Et quando novus abbas fit Corbeie, iterum hominium et fidelitatem facit domino abbati.

10. Eustachius de Corbeia, homo noster est ligius. Quando heres ejus ad terram venit, debet domino abbati decem libras pro relevamine et pallium suum cambellano. Fidelitatem facit domino abbati. *Et quatuor menses per annum debet manere Corbeiam, omnibus diebus vite sue.* Et debet nobis exercitum et equitatum; et quando novus abbas fit Corbeie, iterum hominium et fidelitatem facit domino abbati.

11. Warinus li Dus homo noster est ligius. Quando heres ejus ad terram venit, debet domino abbati decem libras pro relevamine et pallium suum cambellano. Fidelitatem facit domino abbati; *et quatuor menses per annum debet manere Corbeiam omnibus diebus vite sue;* et debet nobis exercitum et equitatum; et quando novus abbas fit Corbeie, iterum hominium et fidelitatem facit domino abbati.

12. Ingelrannus de Haidincort homo noster est ligius. Quando heres ejus ad terram venit, debet domino abbati decem libras pro relevamine et pallium suum cambellano. Fidelitatem facit domino abbati; *et quatuor menses per annum debet manere Corbeiam omnibus diebus vite sue;* et debet nobis exercitum et equitatum; et quando novus abbas fit Corbeie, iterum hominium et fidelitatem facit domino abbati.

13. Johannes Mingel de Wadencort homo noster est ligius. Quando heres ejus ad terram venit, debet domino abbati decem libras pro relevamine

et pallium suum cambellano. Fidelitatem facit domino abbati; *et quatuor menses per annum debet manere Corbeiam omnibus vite sue;* et debet nobis exercitum et equitatum; et quando novus abbas fit Corbeie, iterum hominium et fidelitatem facit domino abbati.

14. Hugo Rufus de Iwencort homo noster est ligius. Quando heres ejus ad terram venit, debet domino abbati decem libras pro relevamine et pallium suum cambellano. Fidelitatem facit domino abbati; *et quatuor menses per annum debet manere Corbeiam omnibus diebus vite sue;* et debet nobis exercitum et equitatum; et quando novus abbas fit Corbeie, iterum hominium et fidelitatem facit domino abbati.

15. Elizabez preposita Encre femina nostra est sicut antecessores sui fuerunt; LX solidos pro relevamine debet domino abbati; et debet nobis exercitum et equitatum; fidelitatem facit domino abbati; et quando novus abbas fit Corbeie, iterum hominium et fidelitatem facit domino abbati.

16. Castellanus de Roia homo noster est sicut antecessores sui fuerunt; LX solidos pro relevamine debet domino abbati; et debet nobis exercitum et equitatum; fidelitatem facit domino abbati; et quando novus abbas fit Corbeie, iterum hominium et fidelitatem facit domino abbati.

17. Radulfus Daufin (1) homo noster est sicut antecessores sui fuerunt. Quando heres ejus ad terram venit, LX solidos pro relevamine debet domino abbati; et debet nobis exercitum et equitatum; fidelitatem facit domino abbati; et quando novus abbas fit Corbeie, iterum hominium et fidelitatem facit domino abbati.

(1) *Ingerrannus Daufin en Auvergne, qui edificavit apud Mondisderium le dognon in proprio Sancti-Petri corbeiensis. Verum amisit ecclesia corbeiensis dominium suum de Raineval, de Toiri, de Loureci cum appendiciis et adjunctis eorum.*

18. Radulfus d'Alli homo noster est sicut antecessores sui fuerunt; LX solidos pro relevamine debet domino abbati; et debet nobis exercitum et equitatum; fidelitatem facit domino abbati; et quando novus abbas fit Corbeie, iterum hominium et fidelitatem facit domino abbati.

19. Balduinus Tachons de Albiniaco homo noster est sicut antecessores sui fuerunt; LX solidos pro relevamine debet domino abbati; et debet nobis exercitum et equitatum; fidelitatem facit domino abbati; et quando novus abbas fit Corbeie, iterum hominium et fidelitatem facit domino abbati; ipse tenet de nobis Baconviler.

20. Balduinus de Dors homo noster est sicut feodus debet; LX solidos pro relevamine debet domino abbati; et debet nobis exercitum et equitatum; fidelitatem facit domino abbati; et quando novus abbas fit Corbeie, iterum hominium et fidelitatem facit domino abbati; et ipse tenet de nobis quatuor veterannos et nemus de...

21. Raldulfus de Roia homo noster est sicut antecessores sui fuerunt. Quando heres ejus ad terram venit, LX solidos pro relevamine debet domino abbati; et debet nobis exercitum et equitatum; fidelitatem facit domino abbati; et quando novus abbas fit Corbeie, iterum hominium et fidelitatem facit domino abbati.

22. Robertus de Rotinera homo noster est sicut antecessores sui fuerunt. Quando heres ejus ad terram venit, LX solidos pro relevamine debet domino abbati; et nobis debet exercitum et equitatum; et fidelitatem facit domino abbati; et quando novus abbas fit Corbeie, iterum hominium et fidelitatem facit domino abbati.

23. Johannes de Cornella homo noster est sicut antecessores sui fuerunt. Quando heres ejus ad terram venit, LX solidos pro relevamine debet domino abbati; et nobis debet exercitum et equitatum; et fidelitatem facit domino abbati; et quando novus abbas fit Corbeie, iterum hominium et fidelitatem facit domino abbati.

24. Johannes de Cardonoi homo noster est sicut antecessores sui fuerunt. Quando heres ejus ad terram venit, LX solidos pro relevamine debet domino abbati; et nobis debet exercitum et equitatum; et fidelitatem facit domino abbati; et quando novus abbas fit Corbeie, iterum hominium et fidelitatem facit domino abbati.

25. Maria de Lulli femina nostra est sicut antecessores sui fuerunt. Quando heres ejus venit ad terram, LX solidos pro relevamine debet domino abbati; et nobis debet exercitum et equitatum; *et dominus abbas debet ei C solidos pro feodo suo, in octavis pasche, unoquoque anno;* et fidelitatem facit domino abbati; et quando novus abbas fit Corbeie, iterum hominium et fidelitatem facit domino abbati.

26. Johannes Basins homo noster est ligius. Quando heres ejus ad terram venit, LX solidos pro relevamine debet domino abbati; et nobis debet exercitum et equitatum; et fidelitatem facit domino

abbati; et quando novus abbas fit Corbeie, iterum hominium et fidelitatem facit domino abbati. *Et ipse tenet de nobis XXX veterannos.*

27. Petrus de Bestixi homo noster est sicut antecessores sui fuerunt. Quando heres ejus ad terram venit, LX solidos pro relevamine debet domino abbati; et nobis debet exercitum et equitatum; et fidelitatem facit domino abbati; et quando novus abbas fit Corbeie, iterum hominium et fidelitatem facit domino abbati. *Et ipse tenet de nobis apud Hurbonnières, duas carrucas terre et quatuor veterannos.*

28. Hugo Justiciarius Corbeie homo noster est sicut antecessores sui fuerunt. Quando heres ejus ad terram venit, LX solidos pro relevamine debet domino abbati; et nobis debet exercitum et equitatum; et fidelitatem facit domino abbati; et quando novus abbas fit Corbeie, iterum hominium et fidelitatem facit domino abbati; feodus sedet apud molendinos de Mors.....

29. Robertus Carpins homo noster est sicut feodus debet. Quando heres ejus ad terram venit, LX solidos debet pro relevamine domino abbati; et in festo sancti Remigii, debet nobis in unoquoque anno tres solidos pro relevamine et pro exercitu et equitatu; *ad placita nostra vadit in terra sancti Petri.* Fidelitatem facit domino abbati; et quando novus abbas fit Corbeie, iterum hominium et fidelitatem facit domino abbati.

30. Eustachius Blondus homo noster est sicut feodus debet. Quando heres ejus ad terram venit, LX solidos pro relevamine debet domino abbati; et nobis debet exercitum et equitatum; et fidelitatem facit domino abbati; et quando novus abbas fit Corbeie, iterum hominium et fidelitatem facit domino abbati; feodus est apud Villam super Corbeiam

31. Fulco de Guiencort homo noster est sicut feodus debet, de quarta parte feodi Eligii; quando heres ejus ad terram venit, XV solidos pro relevamine debet domino abbati; et nobis debet servitium de quarta parte feodi; fidelitatem facit domino abbati; et quando novus abbas fit Corbeie, iterum hominium et fidelitatem facit domino abbati.

32. Robertus Miles de Pratis homo noster est ligius. Quando heres ejus ad terram venit, LX solidos pro relevamine debet domino abbati; et nobis debet exercitum et equitatum; et fidelitatem facit domino abbati; et quando novus abbas fit Corbeie, iterum hominium et fidelitatem facit domino abbati.

33. Robertus de sancto Albino homo noster est ligius. Quando heres ejus ad terram venit, LX solidos pro relevamine debet domino abbati; et nobis debet exercitum et equitatum; et fidelitatem facit domino abbati; et quando novus abbas fit Corbeie, iterum hominium et fidelitatem facit domino abbati; *nemus de Chirisiaco debet custodire.*

34. Lambertus de Bosencort homo noster est ligius. Quando heres ejus ad terram venit, LX solidos pro relevamine debet domino abbati; et nobis debet exercitum et equitatum; et fidelitatem facit domino abbati; et quando novus abbas fit Corbeie, iterum hominium et fidelitatem facit domino abbati.

35. Aelidis Testefors femina nostra est ligia. Quando heres ejus ad terram venit, LX solidos pro relevamine debet domino abbati; et nobis debet exercitum et equitatum; et fidelitatem facit domino abbati; et quando novus abbas fit Corbeie, iterum hominium et fidelitatem facit domino abbati.

36. Simon de Belfort homo noster est ligius. Quando heres ejus ad terram venit, LX solidos pro relevamine debet domino abbati; et nobis debet exercitum et equitatum; et fidelitatem facit domino abbati; et quando novus abbas fit Corbeie, iterum hominium et fidelitatem facit domino abbati; feodus sedet apud Behencort.

37. Heres Andree de Popincort homo noster est ligius. Quando heres ad terram venit, LX solidos pro relevamine debet domino abbati; et nobis debet exercitum et equitatum; et fidelitatem facit domino abbati; et quando novus abbas fit Corbeie, iterum hominium et fidelitatem facit domino abbati.

38. Effridus Testars de Forcevile homo noster est ligius. Quando heres ejus ad terram venit, LX solidos pro relevamine debet domino abbati; et nobis debet exercitum et equitatum; et fidelitatem facit domino abbati; et quando novus abbas fit Corbeie, iterum hominium et fidelitatem facit domino abbati.

39. Hugo Chafos homo noster est ligius. Quando heres ejus ad terram venit, LX solidos pro relevamine debet domino abbati; et nobis debet exercitum et equitatum; et fidelitatem facit domino abbati; et quando novus abbas fit Corbeie, iterum hominium et fidelitatem facit domino abbati; *et servire debet camerario de uno runcino, semel in anno.*

40. Hubertus de Albeniaco homo noster est ligius. Quando heres ejus ad terram venit, LX solidos pro relevamine debet domino abbati; et nobis debet exercitum et equitatum; et fidelitatem facit domino abbati; et quando novus abbas fit Corbeie, iterum hominium et fidelitatem facit domino abbati.

41. Fulco de Caisnoi homo noster est sicut antecessores sui fuerunt. Quando heres ejus ad terram venit, LX solidos pro relevamine debet domino abbati; et nobis debet exercitum et equitatum; et fidelitatem facit domino abbati; et quando novus abbas fit Corbeie, iterum hominium et fidelitatem facit domino abbati.

42. Gosselinus de Kieri homo noster est sicut antecessores sui fuerunt. Quando heres ejus ad terram venit, hominium et fidelitatem facit domino abbati; et in festo sancti Remigii debet nobis sex solidos unoquoque anno, pro relevamine et pro exercitu et equitatu; et quando novus abbas fit Corbeie, iterum hominium et fidelitatem facit domino abbati; *ad placita nostra vadit in terra sancti Petri.*

43. Manasses de Cergi homo noster est ligius. Quando heres ejus ad terram venit, LX solidos pro relevamine debet domino abbati; et nobis debet exercitum et equitatum; et fidelitatem facit domino abbati; et quando novus abbas fit Corbeie, iterum hominium et fidelitatem facit domino abbati; feodus sedet in parrochia Wasliaci.

44. Advocatus de Bracho homo noster est sicut antecessores sui fuerunt. Quando heres ejus ad terram venit, LX solidos pro relevamine debet domino abbati; et nobis debet exercitum et equitatum; et fidelitatem facit domino abbati; et quando novus abbas fit Corbeie iterum hominium et fidelitatem facit domino abbati; et ipse tenet de nobis partem domus sue et partem ortus sui.

45. Heres Gonteri de Bracho homo noster est ligius. Quando heres ejus ad terram venit, LX solidos pro relevamine debet domino abbati; et nobis debet exercitum et equitatum; et fidelitatem facit domino abbati; et quando novus abbas fit Corbeie, iterum hominium et fidelitatem facit domino abbati.

46. Robertus de Tronchoi homo noster est ligius. Quando heres ejus ad terram venit, LX solidos pro relevamine debet domino abbati; et nobis debet exercitum et equitatum; et fidelitatem facit domino abbati; et quando novus abbas fit Corbeie, iterum hominium et fidelitatem facit domino abbati.

47. Robertus de Hamelet homo noster est ligius. Quando heres ejus ad terram venit, LX solidos pro relevamine debet domino abbati; et nobis debet exercitum et equitatum; et fidelitatem facit domino abbati; et quando novus abbas fit Corbeie, iterum hominium et fidelitatem facit domino abbati.

48. Radulfus de Hamelet homo noster est sicut feodus debet. Quando heres ejus ad terram venit, LX solidos pro relevamine debet domino abbati; et nobis debet exercitum et equitatum; et fidelitatem facit domino abbati; et quando novus abbas fit Corbeie, iterum hominium et fidelitatem facit domino abbati.

49. Heres de Hamel homo noster est sicut antecessores sui fuerunt. Quando heres ejus ad terram venit, LX solidos pro relevamine debet domino abbati; et nobis debet exercitum et equitatum; et fidelitatem facit domino abbati; et quando novus abbas fit Corbeie, iterum hominium et fidelitatem facit domino abbati.

50. Effridus de Vers homo noster est ligius. Quando heres ejus ad terram venit, LX solidos pro relevamine debet domino abbati; et nobis debet exercitum et equitatum; et fidelitatem facit domino abbati; et quando novus abbas fit Corbeie, iterum hominium et fidelitatem facit domino abbati.

51. Hosto de Bozancort homo noster est sicut feodus debet. Quando heres ejus venit ad terram, LX solidos pro relevamine debet domino abbati; *ad placita nostra debet ire in terra sancti Petri;* fidelitatem facit domino abbati; nobis debet exercitum et equitatum; et quando novus abbas fit Corbeie, iterum hominium et fidelitatem facit domino abbati.

52. Robertus de Talemas homo noster est sicut feodus debet, de decima parte redditus de Omercort apud Columelles; Petrus Porcus debet ecclesie corbeiensis de feodo suo terragium et tres corveas de carrucâ; quando heres ejus ad terram venit, LX solidos pro relevamine debet domino abbati; et nobis debet exercitum et equitatum; et fidelitatem facit domino abbati; et quando novus abbas fit Corbeie, iterum hominium et fidelitatem facit domino abbati.

53. Olricus de Buhiercort homo noster est ligius. Quando heres ejus ad terram venit, LX solidos pro relevamine debet domino abbati; et nobis debet exercitum et equitatum; et fidelitatem facit domino abbati; et quando novus abbas fit Corbeie,

iterum hominium et fidelitatem facit domino abbati; *et servire debet hospitario de uno runcino semel in anno.*

54. Olricus de Buhiercort homo noster est ligius de alio feodo. Quando heres ejus ad terram venit, LX solidos pro relevamine debet domino abbati; et nobis debet exercitum et equitatum; et fidelitatem facit domino abbati; et quando novus abbas fit Corbeie, iterum hominium et fidelitatem facit domino abbati.

55. Anscerus de Cerisi homo noster est sicut feodus debet; quando heres ejus ad terram venit, X solidos pro relevamine debet domino abbati; *ad placita vadit nostra in territorio sancti Petri;* et fidelitatem facit domino abbati; et quando novus abbas fit Corbeie, iterum hominium et fidelitatem facit domino abbati.

56. Hugo de Cerisi homo noster est ligius. Quando heres ejus ad terram venit, LX solidos pro relevamine debet domino abbati; et nobis debet exercitum et equitatum; et fidelitatem facit domino abbati; et quando novus abbas fit Corbeie, iterum hominium et fidelitatem facit domino abbati, et feodum istum emit Johannes de Bosencort à Simone de Albeniaco.

57. Effridus de Wauviler homo noster est ligius. Quando heres ejus ad terram venit, LX solidos pro relevamine debet domino abbati; et nobis debet exercitum et equitatum; et fidelitatem facit domino abbati; et quando novus abbas fit Corbeie, iterum hominium et fidelitatem facit domino abbati.

58. Effridus Pongaproie homo noster est ligius. Quando heres ejus ad terram venit, LX solidos pro relevamine debet domino abbati; et nobis debet exercitum et equitatum; et fidelitatem facit domino abbati; et quando novus abbas fit Corbeie, iterum hominium et fidelitatem facit domino abbati; *et servire debet celerario de uno summario tribus festis in anno.*

59. Maria de Cerisi femina nostra est ligia. Quando heres ejus ad terram venit, LX solidos pro relevamine debet domino abbati; et nobis debet exercitum et equitatum; et fidelitatem facit domino abbati; et quando novus abbas fit Corbeie, iterum hominium et fidelitatem facit domino abbati.

60. Robertus li Forniers de Merincort, homo noster est sicut antecessores sui fuerunt. Quando heres ejus ad terram venit, LX solidos pro relevamine debet domino abbati; et nobis debet exercitum et equitatum; et fidelitatem facit domino abbati; et quando novus abbas fit Corbeie, iterum hominium et fidelitatem facit domino abbati.

61. Walterus Columba homo noster est sicut antecessores sui fuerunt. Quando heres ejus ad terram venit, LX solidos pro relevamine debet domino abbati; et nobis debet exercitum et equitatum; et fidelitatem facit domino abbati; et quando novus abbas fit Corbeie, iterum hominium et fidelitatem facit domino abbati.

62. Matheus Clericus de Bova, homo noster est ligius. Quando heres ejus ad terram venit, LX solidos pro relevamine debet domino abbati; et nobis debet exercitum et equitatum; et fidelitatem facit domino abbati; et quando novus abbas fit Corbeie, iterum hominium et fidelitatem facit domino abbati.

63. Balduinus Morolii homo noster est sicut antecessores sui fuerunt. Quando heres ejus ad terram venit, LX solidos pro relevamine debet domino abbati; et nobis debet exercitum et equitatum; et fidelitatem facit domino abbati; et quando novus abbas fit Corbeie, iterum hominium et fidelitatem facit domino abbati.

64. Gotrannus de Belle homo noster est ligius. Quando heres ejus ad terram venit, LX solidos pro relevamine debet domino abbati; et nobis debet exercitum et equitatum; et fidelitatem facit domino abbati; et quando novus abbas fit Corbeie, iterum hominium et fidelitatem facit domino abbati.

65. Walterus de Ransart homo noster est sicut antecessores sui fuerunt. Quando heres ejus ad terram venit, LX solidos pro relevamine debet domino abbati; et nobis debet exercitum et equitatum; et fidelitatem facit domino abbati; et quando novus abbas fit Corbeie, iterum hominium et fidelitatem facit domino abbati.

66. Sigerus de Belmetz homo noster est sicut antecessores sui fuerunt. Quando heres ejus ad terram venit, LX solidos pro relevamine debet domino abbati; et nobis debet exercitum et equitatum; et fidelitatem facit domino abbati; et quando novus abbas fit Corbeie, iterum hominium et fidelitatem facit domino abbati.

67. Warinus de Conci homo noster est ligius *et maior.* Quando heres ejus ad terram venit, LX solidos pro relevamine debet domino abbati; et nobis debet exercitum et equitatum; et fidelitatem facit domino abbati de *hominio et justiciis;* et quando novus abbas fit Corbeie, iterum hominium et fidelitatem facit de *hominio et justiciis.*

68. Matheus de Hestres homo noster est ligius *et maior*. Quando heres ejus ad terram venit, LX solidos pro relevamine debet domino abbati; et nobis debet exercitum et equitatum; fidelitatem facit domino abbati de *hominio et justiciis*; et quando novus abbas fit Corbeie, iterum hominium et fidelitatem facit de *hominio et justiciis*.

69. Cardons d'Anmes homo noster est ligius *et maior*. Quando heres ejus ad terram venit, LX solidos pro relevamine debet domino abbati; et nobis debet exercitum et equitatum; fidelitatem facit domino abbati de *hominio et justiciis*; et quando novus abbas fit Corbeie, iterum hominium et fidelitatem facit de *hominio et justiciis*.

70. Geroldus d'Anmes homo noster est ligius *et maior*. Quando heres ejus ad terram venit, LX solidos pro relevamine debet domino abbati; et nobis debet exercitum et equitatum; fidelitatem facit domino abbati de *hominio et justiciis*; et quando novus abbas fit Corbeie, iterum hominium et fidelitatem facit de *hominio et justiciis*.

71. Maior de Haveeskerke homo noster est ligius. Quando heres ejus ad terram venit, LX solidos pro relevamine debet domino abbati; et nobis debet exercitum et equitatum; fidelitatem facit domino abbati de *hominio et justiciis*; et quando novus abbas fit Corbeie, iterum hominium et fidelitatem facit de *hominio et justiciis*.

72. Petrus de Bracho homo noster est ligius *et maior*. Quando heres ejus ad terram venit, LX solidos pro relevamine debet domino abbati; et nobis debet exercitum et equitatum; *et sompneiam debet preposito;* fidelitatem facit domino abbati de *hominio et justiciis*; et quando novus abbas fit Corbeie, iterum hominium et fidelitatem facit de *hominio et justiciis*.

73. Johannes de Gentelle homo noster est ligius *et maior de Cachi et de Gentelle*. Quando heres ejus ad terram venit, LX solidos pro relevamine debet domino abbati; et nobis debet exercitum et equitatum; *et sompneiam debet preposito;* fidelitatem facit domino abbati de *hominio et justiciis*; et quando novus abbas fit Corbeie, iterum hominium et fidelitatem facit de *hominio et justiciis*.

74. Adams de Vilers homo noster est *tali condicione quod si maior ligio* (sic) *ei evenerit prima erit*. Quando heres ejus ad terram venit, LX solidos pro relevamine debet domino abbati; et nobis debet exercitum et equitatum; fidelitatem facit domino abbati de *hominio et justiciis*; et quando novus abbas fit Corbeie, iterum hominium et fidelitatem facit de *hominio et justiciis*.

75. Hugo prepositus Corbeie homo noster est ligius. Quando heres ejus ad terram venit, LX solidos pro relevamine debet domino abbati; et nobis debet exercitum et equitatum; et fidelitatem facit domino abbati; et quando novus abbas fit Corbeie, iterum hominium et fidelitatem facit domino abbati.

76. Lupus de Hamelet homo noster est ligius. Quando heres ejus ad terram venit, LX solidos pro relevamine debet domino abbati; et nobis debet exercitum et equitatum; *et servire debet camerario de uno runcino semel in anno; et cum celerario debet ire in aquam quando celerarius vult;* fidelitatem facit domino abbati; et quando novus abbas fit Corbeie, iterum hominium et fidelitatem facit domino abbati.

77. Lupus de Hamelet homo noster est, de alio feodo, sicut feodus debet. Quando heres ejus ab terram venit, LX solidos pro relevamine debet domino abbati; et nobis debet exercitum et equitatum; et fidelitatem facit domino abbati; et quando novus abbas fit Corbie, iterum hominium et fidelitatem facit domino abbati.

78. Balduinus de Warloy homo noster est ligius. Quando heres ejus ad terram venit, LX solidos debet domino abbati pro relevamine; *et servire debet camerario de uno runcino semel in anno;* fidelitatem facit domino abbati; et quando novus abbas fit Corbeie, iterum hominium et fidelitatem facit domino abbati.

79. Clericus de Warloi homo noster est ligius. Quando heres ejus ad terram venit, LX solidos pro relevamine debet domino abbati; et nobis debet exercitum et equitatum; et fidelitatem facit domino abbati; et quando novus abbas fit Corbeie, iterum hominium et fidelitatem facit domino abbati.

80. Heres Robon de Castello homo noster ligius. Quando heres ejus ad terram venit, LX solidos debet domino abbati pro relevamine; *et servire debet camerario de uno runcino semel in anno;* fidelitatem facit domino abbati; et quando novus abbas fit Corbeie, iterum hominium et fidelitatem facit domino abbati.

81. Heres Robon de Castello homo noster est ligius. Quando heres ejus ad terram venit, LX solidos debet domino abbati pro relevamine; *et servire debet camerario de uno runcino semel in anno;* fidelitatem facit domino abbati; et quando novus

abbas fit Corbeie, iterum hominium et fidelitatem facit domino abbati.

82. Walterus de Folloi homo noster est ligius *et maior*. Quando heres ejus venit ad terram, LX solidos pro relevamine debet domino abbati; exercitum et equitatum debet nobis; *servire debet camerario de uno runcino semel in anno*; fidelitatem facit domino abbati de *hominio et justiciis*; et quando novus abbas fit Corbeie, iterum hominium et fidelitatem facit de *hominio et justiciis*.

83. Walterus filius Walteri de Folloi homo noster est ligius. Quando heres ejus ad terram venit, LX solidos pro relevamine debet domino abbati; *et quando abbas vadit in exercitum regis, summarium debet ducere et custodire usque ad vesperam et reddere stabulario, et debet reducere Corbeiam;* fidelitatem facit domino abbati; et quando novus abbas fit Corbeie, iterum hominium et fidelitatem facit domino abbati.

84. Havidis *majorissa* de Albeniaco femina nostra est ligia. Quando heres ejus ad terram venit, LX solidos pro relevamine debet domino abbati; et debet nobis exercitum et equitatum; *et summarium debet domino abbati, quando dominus abbas vadit in exercitum regis; et sumpneiam debet preposito;* fidelitatem facit domino abbati de *hominio et justiciis*; et quando novus abbas fit Corbeie, iterum hominium et fidelitatem facit de *hominio et justiciis*.

85. Robertus *maior* Domnipetri in Normannia homo noster est ligius. Quando heres ejus ad terram venit, LX solidos pro relevamine debet domino abbati; et nobis debet exercitum et equitatum; fidelitatem facit domino abbati de *hominio et justiciis*; et quando novus abbas fit Corbeie, iterum hominium et fidelitatem facit de *hominio et justiciis*.

86. Willelmus *maior* de Manneriis homo noster est ligius. Quando heres ejus ad terram venit, LX solidos pro relevamine debet domino abbati; et nobis debet exercitum et equitatum; fidelitatem facit domino abbati de *hominio et justiciis*: et quando novus abbas fit Corbeie, iterum hominium et fidelitatem facit de *hominio et justiciis*.

87. Willelmus de Manneriis homo noster est ligius. Quando heres ejus ad terram venit, XXX solidos pro relevamine debet domino abbati; *debet nobis servitium de medietate feodi*; fidelitatem facit domino abbati; et quando novus abbas fit Corbeie, iterum hominium et fidelitatem facit domino abbati.

88. Ancelinus de Naordis homo noster est ligius *et maior*. Quando heres ejus ad terram venit, LX solidos pro relevamine debet domino abbati; et nobis debet exercitum et equitatum; fidelitatem facit domino abbati de *hominio et justiciis*; et quando novus abbas fit Corbeie, iterum hominium et fidelitatem facit de *hominio et justiciis*.

89. Henricus de Moflers homo noster est sicut feodus debet. Quando heres ejus ad terram venit, LX solidos pro relevamine debet domino abbati; et nobis debet exercitum et equitatum; et fidelitatem facit domino abbati; et quando novus abbas fit Corbeie, iterum hominium et fidelitatem facit domino abbati; et feodus sedet apud Naors.

90. Berfridus *maior* de Warloi homo noster est ligius. Quando heres ejus ad terram venit, XXX solidos pro relevamine debet domino abbati; *exercitum et equitatum, de medietate feodi, debet nobis; dimidiam sompneiam debet camerario;* fidelitatem facit domino abbati de *hominio et justiciis*; et quando novus abbas fit Corbeie, iterum hominium et fidelitatem facit domino abbati de *hominio et justiciis*.

91. .... *maior* de Warloi homo noster est ligius. Quando heres ejus ad terram venit, XXX solidos pro relevamine debet domino abbati; *exercitum et equitatum, de medietate feodi, debet nobis; dimidiam sompneiam debet camerario;* fidelitatem facit domino abbati de *hominio et justiciis*; et quando novus abbas fit Corbeie, iterum hominium et fidelitatem facit domino abbati de *hominio et justiciis*.

92. Johannes de Warloi homo noster est ligius *et maior* de Huierville; quando heres ejus ad terram venit, LX solidos pro relevamine debet domino abbati; exercitum et equitatum nobis debet; *et debet sompneiam camerario;* fidelitatem facit domino abbati de *hominio et justiciis*; et quando novus abbas fit Corbeie, iterum hominium et fidelitatem facit domino abbati de *hominio et justiciis*.

93. Elizabeth *majorissa* de Villa super Corbeiam femina nostra est ligia. Quando heres ejus ad terram venit, LX solidos pro relevamine debet domino abbati; exercitum et equitatum nobis debet; *et debet sompneiam camerario;* fidelitatem facit domino abbati de *hominio et justiciis*; et quando novus abbas fit Corbeie, iterum hominium et fidelitatem facit domino abbati de *hominio et justiciis*.

FOUILLOY.

94. Walterus *major* de Omercort homo noster est ligius. Quando heres ejus ad terram venit, LX solidos pro relevamine debet domino abbati; et nobis debet exercitum et equitatum; fidelitatem facit domino abbati de *hominio et justiciis*; et quando novus abbas fit Corbeie, iterum hominium et fidelitatem facit de *hominio et justiciis*.

95. Walterus major de Omercort *est maior* de Buhiercort, homo noster est ligius. Quando heres ejus ad terram venit, LX solidos pro relevamine debet domino abbati; et nobis debet exercitum et equitatum; fidelitatem facit domino abbati de *hominio et justiciis*; et quando novus abbas fit Corbeie, iterum hominium et fidelitatem facit de *hominio et justiciis*.

96. Nicolaus de Malli homo noster est ligius *et maior* de Aceu et de Hedouville. Quando heres ejus ad terram venit, LX solidos pro relevamine debet domino abbati; et nobis debet exercitum et equitatum; fidelitatem facit domino abbati de *hominio et justiciis*; et quando novus abbas fit Corbeie, iterum hominium et fidelitatem facit de *hominio et justiciis*.

97. Robertus de Forceville homo noster est ligius *et maior*. Quando heres ejus ad terram venit, LX solidos pro relevamine debet domino abbati; et nobis debet exercitum et equitatum; fidelitatem facit domino abbati de *hominio et justiciis*; et quando novus abbas fit Corbeie, iterum hominium et fidelitatem facit de *hominio et justiciis*.

98. Gilbertus de Monciaco homo noster est ligius *et maior*. Quando heres ejus ad terram venit, LX solidos pro relevamine debet domino abbati; et nobis debet exercitum et equitatum; fidelitatem facit domino abbati de *hominio et justiciis*; et quando novus abbas fit Corbeie, iterum hominium et fidelitatem facit de *hominio et justiciis*.

99. Theobaldus de Wailliaco homo noster est ligius *et maior*. Quando heres ejus venit ad terram, LX solidos pro relevamine debet domino abbati; exercitum et equitatum nobis debet; *et debet sompneiam preposito*; fidelitatem facit domino abbati de *hominio et justiciis*; et quando novus abbas fit Corbeie, iterum hominium et fidelitatem facit domino abbati de *hominio et justiciis*.

100. Robertus de Croi homo noster est ligius *et maior* de Brebières. Quando heres ejus ad terram venit, LX solidos pro relevamine debet domino abbati; exercitum et equitatum debet nobis; *et sompneiam debet celerario*; fidelitatem facit domino abbati de *hominio et justiciis*; et quando novus abbas fit Corbeie, iterum hominium et fidelitatem facit de *hominio et justiciis*.

101. Egidius de Vaux homo noster est ligius *et maior*. Quando heres ejus ad terram venit, LX solidos pro relevamine debet domino abbati; exercitum et equitatum debet nobis; *sompneiam debet celerario*; fidelitatem facit domino abbati de *hominio et justiciis*; et quando novus abbas fit Corbeie, iterum hominium et fidelitatem facit domino abbati de *hominio et justiciis*.

102. Walterus de Vaux homo noster est ligius *et maior*. Quando heres ejus venit ad terram, LX solidos pro relevamine debet domino abbati; exercitum et equitatum nobis debet; *et debet sompneiam preposito*; fidelitatem facit domino abbati de *hominio et justiciis*; et quando novus abbas fit Corbeie, iterum hominium et fidelitatem facit domino abbati de *hominio et justiciis*.

103. Item Walterus maior de Vers homo noster est sicut feodus debet de quarta parte feodi Eligii; quando heres ejus ad terram venit, XV solidos pro relevamine debet domino abbati; et nobis debet servitium de quarta parte feodi; fidelitatem facit domino abbati; et quando novus abbas fit Corbeie, iterum hominium et fidelitatem facit domino abbati.

104. Walterus *maior* de Cerisiaco homo noster est ligius. Quando heres ejus ad terram venit, LX solidos pro relevamine debet domino abbati; et nobis debet exercitum et equitatum; fidelitatem facit domino abbati de *hominio et justiciis*; et quando novus abbas fit Corbeie, iterum hominium et fidelitatem facit de *hominio et justiciis*.

105. Item Walterus maior de Cerisiaco homo noster est ligius de alio feodo. Quando heres ejus ad terram venit, LX solidos pro relevamine debet domino abbati; et nobis debet exercitum et equitatum; et fidelitatem facit domino abbati; et quando novus abbas fit Corbele, iterum hominium et fidelitatem facit domino abbati.

106. Johannes de Sailliaco-Aquatico homo noster est ligius *et maior*. Quando heres ejus ad terram venit, LX solidos pro relevamine debet domino abbati; exercitum et equitatum debet nobis; *sompneiam debet celerario*; fidelitatem facit domino abbati de *hominio et justiciis*; et quando novus abbas fit Corbeie, iterum hominium et fidelitatem facit domino abbati de *hominio et justiciis*.

107. Balduinus de Cipilli homo noster est ligius *et maior*. Quando heres ejus ad terram venit, LX

solidos pro relevamine debet domino abbati; exercitum et equitatum debet nobis; *sompneiam debet celerario;* fidelitatem facit domino abbati de *hominio et justiciis*; et quando novus abbas fit Corbeie, iterum hominium et fidelitatem facit domino abbati de *hominio et justiciis.*

108. Hugo *maior* de Aitineham homo noster est ligius. Quando heres ejus ad terram venit, LX solidos pro relevamine debet domino abbati; exercitum et equitatum debet nobis; *sompneiam debet celerario;* fidelitatem facit domino abbati de *hominio et justiciis*; et quando novus abbas fit Corbeie, iterum hominium et fidelitatem facit domino abbati de *hominio et justiciis.*

109. Rorgo de Braio homo noster est ligius *et maior.* Quando heres ejus ad terram venit, LX solidos pro relevamine debet domino abbati; exercitum et equitatum debet nobis; *sompneiam debet celerario;* fidelitatem facit domino abbati de *hominio et justiciis*; et quando novus abbas fit Corbeie, iterum hominium et fidelitatem facit domino abbati de *hominio et justiciis.*

110. Petrus de Parrona homo noster est ligius. Quando heres ejus ad terram venit, LX solidos pro relevamine debet domino abbati; nobis debet exercitum et equitatum; *et cum hospitario debet equitare quando hospitarius vult;* fidelitatem facit domino abbati; et quando novus abbas fit Corbeie, iterum hominium et fidelitatem facit domino abbati.

111. Florentius de Gentellâ homo noster est ligius. Quando heres ejus ad terram venit, LX solidos pro relevamine debet domino abbati; et nobis debet exercitum et equitatum; et fidelitatem facit domino abbati; et quando novus abbas fit Corbeie, iterum hominium et fidelitatem facit domino abbati.

112. Heres Rogeri de Tanes homo noster est ligius *et maior.* Quando heres ejus ad terram venit, LX solidos debet pro relevamine domino abbati; exercitum et equitatum debet nobis; *sompneiam debet domino abbati;* fidelitatem facit domino abbati de *hominio et justiciis*; et quando novus abbas fit Corbeie, iterum hominium et fidelitatem facit domino abbati de *hominio et justiciis.*

113. Hugo *maior* de Fokiercort homo noster est ligius. Quando heres ejus ad terram venit, LX solidos debet pro relevamine domino abbati; exercitum et equitatum debet nobis; *sompneiam debet domino abbati;* fidelitatem facit domino abbati de *hominio et justiciis*; et quando novus abbas fit Corbeie, iterum hominium et fidelitatem facit domino abbati de *hominio et justiciis.*

114. Hugo *maior* de Popaincort et de Bus et de Fescamp homo noster est ligius. Quando heres ejus ad terram venit, LX solidos debet pro relevamine domino abbati; exercitum et equitatum debet nobis; *sompneiam debet domino abbati;* fidelitatem facit domino abbati de *hominio et justiciis*; et quando novus abbas fit Corbeie, iterum hominium et fidelitatem facit domino abbati de *hominio et justiciis.*

115. Bernardus *maior* de Pallart et de Folleville et de Kielers homo noster est ligius. Quando heres ejus venit ad terram, LX solidos pro relevamine debet domino abbati; exercitum et equitatum nobis debet; *et debet sompneiam preposito.* Fidelitatem facit domino abbati de *hominio et justiciis*; et quando novus abbas fit Corbeie; iterum hominium et fidelitatem facit domino abbati de *hominio et justiciis.*

116. Johannes Lancea levata de Rokencort est *maior thesaurarii* et homo noster ligius. Quando heres ejus ad terram venit, LX solidos pro relevamine debet domino abbati; debet nobis exercitum et equitatum; *debet sompneiam thesaurario;* fidelitatem facit domino abbati de *hominio et justiciis*; et quando novus abbas fit Corbeie, iterum hominium et fidelitatem facit de *hominio et justiciis.*

117. Johannes *maior* de Rokencort et de Columelles homo noster est ligius. Quando heres ejus venit ad terram, LX solidos pro relevamine debet domino abbati; exercitum et equitatum debet nobis; *et debet sompneiam preposito.* Fidelitatem facit domino abbati de *hominio et justiciis*; et quando novus abbas fit Corbeie, iterum hominium et fidelitatem facit domino abbati de *hominio et justiciis.*

118. Heselinus *maior* de Gislocort homo noster est ligius. Quando heres ejus ad terram venit, LX solidos pro relevamine debet domino abbati; et nobis debet exercitum et equitatum; fidelitatem facit domino abbati de *hominio et justiciis*; et quando novus abbas fit Corbeie, iterum hominium et fidelitatem facit de *hominio et justiciis.*

119. Majorissa de Borsencort femina nostra est ligia. Quando heres ejus ad terram venit, LX solidos pro relevamine debet domino abbati; exercitum et equitatum nobis debet; *et debet sompneiam camerario;* fidelitatem facit domino abbati de *hominio et justiciis*; et quando novus abbas fit

Corbeie, iterum hominium et fidelitatem facit domino abbati de *hominio et justiciis.*

120. Rohardus *maior* de Donimairien homo noster est ligius. Quando heres ejus ad terram venit, LX solidos pro relevamine debet domino abbati; exercitum et equitatum debet nobis; *et sompneiam debet hospitario;* fidelitatem facit domino abbati de *hominio et justiciis;* et quando novus abbas fit Corbeie, iterum hominium et fidelitatem facit de *hominio et justiciis.*

121. Drogo *maior* de Persaines homo noster est ligius. Quando heres ejus ad terram venit, LX solidos pro relevamine debet domino abbati; et nobis debet exercitum et equitatum; fidelitatem facit domino abbati de *hominio et justiciis;* et quando novus abbas fit Corbeie, iterum hominium et fidelitatem facit de *hominio et justiciis.*

122. Rogerus de Vers homo noster est sicut feodus debet. Quando heres ejus ad terram venit, LX solidos pro relevamine debet domino abbati; et nobis debet exercitum et equitatum; et fidelitatem facit domino abbati; et quando novus abbas fit Corbeie, iterum hominium et fidelitatem facit domino abbati.

123. Rogerus de Vers homo noster est ligius de medietate feodi Eligii. Quando heres ejus ad terram venit, XXX solidos pro relevamine debet domino abbati; et nobis debet servitium de medietate feodi. Fidelitatem facit domino abbati; et quando novus abbas fit Corbeie, iterum hominium et fidelitatem facit domino abbati.

124. Hugo Monetarius homo noster est ligius *et maior* de Bonaio. Quando heres ejus ad terram venit, LX solidos pro relevamine debet domino abbati; exercitum et equitatum nobis debet; *et debet sompneiam camerario;* fidelitatem facit domino abbati de *hominio et justiciis;* et quando novus abbas fit Corbeie, iterum hominium et fidelitatem facit domino abbati de *hominio et justiciis.*

125. Item, Hugo Monetarius homo noster est ligius *et maior* de Bethencort. Quando heres ejus ad terram venit, LX solidos pro relevamine debet domino abbati; exercitum et equitatum nobis debet; *et debet sompneiam camerario;* fidelitatem facit domino abbati de *hominio et justiciis;* et quando novus abbas fit Corbeie, iterum hominium et fidelitatem facit domino abbati de *hominio et justiciis;* et feodum istum emit Walterus Monetarius senex a Bernero de Lihous.

126. Item, Hugo Monetarius homo noster est ligius. Quando heres ejus ad terram venit, LX solidos pro relevamine debet domino abbati; nobis debet exercitum et equitatum; *et servire debet camerario de uno runcino semel in anno;* fidelitatem facit domino abbati; et quando novus abbas fit Corbeie, iterum hominium et fidelitatem facit domino abbati; feodum istum emit Hugo Monetarius a Petro Maielet de Bonaio.

127. Item Hugo Monetarius homo noster est ligius. Quando heres ejus ad terram venit, LX solidos pro relevamine debet domino abbati; et nobis debet exercitum et equitatum; et fidelitatem facit domino abbati; et quando novus abbas fit Corbeie, iterum hominium et fidelitatem facit domino abbati; et feodus iste est apud Albeniacum.

128. Item, Hugo Monetarius *famulus noster est de monetaria;* quando heres ejus ad terram venit, fidelitatem facit domino abbati; quando novus abbas fit Corbeie, iterum hominium et fidelitatem facit domino abbati.

129. Walterus Monetarius homo noster est ligius. Quando heres ejus ad terram venit, LX solidos pro relevamine debet domino abbati; et nobis debet exercitum et equitatum; et fidelitatem facit domino abbati; et quando novus abbas fit Corbeie, iterum hominium et fidelitatem facit domino abbati.

130. Eustachius de Warloi homo noster est sicut feodus debet. Quando heres ejus ad terram venit, *unam libram piperis* debet domino abbati pro relevamine; *et debet ire ad placita nostra in territorio sancti Petri.* Fidelitatem facit domino abbati; et quando novus abbas fit Corbeie, iterum hominium et fidelitatem facit domino abbati.

131. Nicholaus de Castello homo noster est. Quando heres ejus ad terram venit, hominium et fidelitatem facit domino abbati; *ad placita nostra vadit in territorio attrebatensi;* quantum feodus valet per annum, debet pro relevamine.

131 bis. Johannes abbas homo noster est ligius. Quando heres ejus ad terram venit, LX solidos pro relevamine debet domino abbati; et nobis debet exercitum et equitatum; et fidelitatem facit domino abbati; et quando novus abbas fit Corbeie, iterum hominium et fidelitatem facit domino abbati.

132. Item, Johannes Abbas homo noster est sicut feodus debet de alio feodo. Quando heres ejus ad terram venit, LX solidos pro relevamine debet

domino abbati; et nobis debet exercitum et equitatum; et fidelitatem facit domino abbati; et quando novus abbas fit Corbeie, iterum hominium et fidelitatem facit domino abbati; et Johannes Abbas est maior de Merincort.

133. Item, Johannes abbas est *maior* de Curcellis. Quando heres ejus ad terram venit, fidelitatem facit domino abbati; et quando novus abbas fit Corbeie, iterum fidelitatem facit domino abbati.

133 bis. Item, Johannes Abbas *maior* est de cultura domini abbatis. Quando heres ejus ad terram venit fidelitatem facit domino abbati; et quando novus abbas fit Corbeie, iterum fidelitatem facit domino abbati.

134. Manasses Bege homo noster est ligius. Quando heres ejus ad terram venit, LX solidos pro relevamine debet domino abbati; et nobis debet exercitum et equitatum; et fidelitatem facit domino abbati; et quando novus abbas fit Corbeie, iterum hominium et fidelitatem facit domino abbati.

135. Item, Manasses Bege homo noster est sicut feodus debet de alio feodo. Quando heres ejus ad terram venit, LX solidos pro relevamine debet domino abbati; *servire debet thesaurario de uno runcino semel in anno*. Fidelitatem facit domino abbati; et quando novus abbas fit Corbeie, iterum hominium et fidelitatem facit domino abbati.

136. Willelmus *maior* de Sommete homo noster est ligius. Quando heres ejus ad terram venit, LX solidos pro relevamine debet domino abbati; et nobis debet exercitum et equitatum; fidelitatem facit domino abbati de *hominio et justiciis*; et quando novus abbas fit Corbeie, iterum hominium et fidelitatem facit de *hominio et justiciis*.

137. Petrus *maior* de Haimviler homo noster est ligius. Quando heres ejus ad terram venit, LX solidos pro relevamine debet domino abbati; et nobis debet exercitum et equitatum; fidelitatem facit domino abbati de *hominio et justiciis*; et quando novus abbas fit Corbeie, iterum hominium et fidelitatem facit de *hominio et justiciis*.

138. Aelis *majorissa* de Avesnes femina nostra est ligia. Quando heres ejus ad terram venit, LX solidos pro relevamine debet domino abbati; et nobis debet exercitum et equitatum; fidelitatem facit domino abbati de *hominio et justiciis*; et quando novus abbas fit Corbeie, iterum hominium et fidelitatem facit de *hominio et justiciis*.

139. Thomas de Tanes homo noster est sicut feodus debet. Quando heres ejus ad terram venit, debet domino abbati, X solidos pro relevamine; *ad placita nostra vadit in territorio sancti Petri*; fidelitatem facit domino abbati de *hominio et justiciis*; et quando novus abbas fit Corbeie, iterum hominium et fidelitatem facit de *hominio et justiciis*.

140. Symon Testefors homo noster est ligius. Quando heres ejus ad terram venit, LX solidos pro relevamine debet domino abbati; et nobis debet exercitum et equitatum; et fidelitatem facit domino abbati; et quando novus abbas fit Corbeie, iterum hominium et fidelitatem facit domino abbati.

141. Item, Symon Testefors *est maior de aqua a ponte de Dors usque ad calceiam Sailliaci aquatici*; quando heres ejus ad terram venit, domino abbati facit fidelitatem; et quando novus abbas fit Corbeie, iterum fidelitatem facit domino abbati.

142. Item, Symon Testefors *cokus est domini abbatis*; *servitium suum debet facere in coquina monachorum*; *et messem suam debet recipere in villa que dicitur Dumnapetra*, *que est in Normannia*. Quando heres ejus ad terram venit, domino abbati facit fidelitatem; et quando novus abbas fit Corbeie, iterum fidelitatem facit domino abbati.

143. Lambertus d'Esclipes homo noster est ligius. Quando heres ejus ad terram venit, LX solidos pro relevamine debet domino abbati; et nobis debet exercitum et equitatum; et fidelitatem facit domino abbati; et quando novus abbas fit Corbeie, iterum hominium et fidelitatem facit domino abbati.

144. Balduinus de Dodeseles homo noster est ligius. Quando heres ejus ad terram venit, decem libras pro relevamine debet domino abbati; et nobis debet exercitum et equitatum; et fidelitatem facit domino abbati; et quando novus abbas fit Corbeie, iterum hominium et fidelitatem facit domino abbati.

145. Item, Balduinus de Dodeseles homo noster est ligius de alio feodo. Quando heres ejus ad terram venit, LX solidos pro relevamine debet domino abbati; et nobis debet exercitum et equitatum; et fidelitatem facit domino abbati; et quando novus abbas fit Corbeie, iterum hominium et fidelitatem facit domino abbati.

146. Eustachius de Maschelines homo noster est ligius. Quando heres ejus ad terram venit, LX solidos pro relevamine debet domino abbati; et nobis debet exercitum et equitatum; et fidelitatem facit domino abbati; et quando novus abbas fit Corbeie, iterum hominium et fidelitatem facit domino abbati.

147. Item, Eustachius de Maschelines homo noster est sicut feodus debet, de alio feodo. Quando heres ejus, ad terram venit, *dimidiam marcam argenti* pro relevamine debet domino abbati; fidelitatem facit domino abbati; quando novus abbas fit Corbeie, iterum hominium et fidelitatem facit domino abbati; nobis debet exercitum et equitatum.

148. Walterus de Rodes homo noster est sicut feodus debet. Quando heres ejus ad terram venit, *tantum pro relevamine debet domino abbati quantum feodus suus valet per annum;* fidelitatem facit domino abbati; quando novus abbas fit Corbeie, iterum fidelitatem facit; *ad placita nostra debet ire in terra Flandrie.*

149. Willermus *maior* de Husciis homo noster est ligius. Quando heres ejus ad terram venit, LX solidos pro relevamine debet domino abbati; et nobis debet exercitum et equitatum; fidelitatem facit domino abbati de *hominio et justiciis*; et quando novus abbas fit Corbeie, iterum hominium et fidelitatem facit de *hominio et justiciis*.

150. Rogerus de Castris homo noster est ligius *et maior*. Quando heres ejus ad terram venit, LX solidos pro relevamine debet domino abbati; et nobis debet exercitum et equitatum; fidelitatem facit domino abbati de *hominio et justiciis*; et quando novus abbas fit Corbeie, iterum hominium et fidelitatem facit de *hominio et justiciis*.

151. Henricus de Marc homo noster est ligius. Quando heres ejus ad terram venit, LX solidos pro relevamine debet domino abbati; et nobis debet exercitum et equitatum; et fidelitatem facit domino abbati; et quando novus abbas fit Corbeie, iterum hominium et fidelitatem facit domino abbati.

152. Filius Haimmeri de le Corne homo noster est sicut antecessores sui fuerunt. LX solidos debet domino abbati, quando heres ejus ad terram venit, pro relevamine, si tantum feodus debet per annum; si non tantum valet, quantum valet per annum; *ad placita nostra debet ire in terra Flandrie;* fidelitatem facit domino abbati; et quando novus abbas fit Corbeie, iterum hominium et fidelitatem facit domino abbati.

153. Henricus filius Hedui homo noster est sicut antecessores sui fuerunt. LX solidos debet domino abbati, quando heres ejus ad terram venit, pro relevamine, si tantum feodus debet per annum; si non tantum valet, quantum valet per annum; *ad placita nostra debet ire in terra Flandrie;* fidelitatem facit domino abbati; et quando novus abbas fit Corbeie, iterum hominium et fidelitatem facit domino abbati.

154. Lambertus de Wastines homo noster est sicut antecessores sui fuerunt. LX solidos debet domino abbati, quando heres ejus ad terram venit, pro relevamine, si tantum feodus debet per annum; si non tantum valet, quantum valet per annum; *ad placita nostra debet ire in terra Flandrie;* fidelitatem facit domino abbati; et quando novus abbas fit Corbeie, iterum hominium et fidelitatem facit domino abbati.

155. Rogerus de Cherisi homo noster est sicut feodus debet. Quando heres ejus venit ad terram, X solidos debet domino abbati pro relevamine; fidelitatem facit domino abbati; et quando novus abbas fit Corbeie, iterum hominium et fidelitatem facit domino abbati; *et quando dominus abbas vult, ad placita nostra et ad curiam nostram debet venire.*

156. Robertus de Bova homo noster est sicut feodus debet. Quando heres ejus ad terram venit, LX solidos pro relevamine debet domino abbati; et nobis debet exercitum et equitatum; et fidelitatem facit domino abbati; et quando novus abbas fit Corbeie, iterum hominium et fidelitatem facit domino abbati.

157. Hugo *decanus* de Wailliaco homo noster est ligius. Quando heres ejus ad terram venit, LX solidos pro relevamine debet domino abbati; nobis debet exercitum et equitatum; *sompneiam debet thesaurario*; fidelitatem facit domino abbati; et quando novus abbas fit Corbeie, iterum hominium et fidelitatem facit domino abbati.

158. Arnulfus de Cyrisiaco homo noster est sicut feodus debet. Quando heres ejus ad terram venit, X solidos debet pro relevamine domino abbati; *ad placita nostra vadit in territorio sancti Petri;* fidelitatem facit domino abbati; et quando novus abbas fit Corbeie, iterum hominium et fidelitatem facit domino abbati.

159. Walterus Mannerkis homo noster est sicut feodus debet. Quando heres ejus ad terram venit, X solidos pro relevamine debet domino abbati; *ad placita nostra debet ire in terra Flandrie;* fidelitatem facit domino abbati; et quando novus abbas fit Corbeie, iterum hominium et fidelitatem facit domino abbati.

160. Johannes Ramaires d'Estades homo noster est sicut feodus debet. Quando heres ejus ad ter-

vam venit, IV solidos debet domino abbati pro relevamine; hominium et fidelitatem facit domino abbati; et quando novus abbas fit Corbeie, iterum hominium et fidelitatem facit domino abbati; *ad placita nostra debet venire in terra Flandrie.*

161. Mahiex de Walli en Artois quon appele de le Court Saint-Pierre est hom del eglise à VII sols demi d'oir en hoir. Et quant nouviaus abbes vient, il doit renouveler se feuté et sen hommage.

NOTA. *Cet article a été intercalé.*

162. Addelina *majorissa* est d'Avesnes. Quando heres ejus venit ad terram, fidelitatem facit domino abbati; quando novus abbas fit Corbeie, iterum fidelitatem facit domino abbati.

163. Gonfridus de Lambres *major* est sancti Petri Corbeie. Quando heres ejus venit ad terram, fidelitatem facit domino abbati; quando novus abbas fit Corbeie, iterum fidelitatem facit domino abbati.

164. *Major* hospitum de Warloi quos Girardus abbas emit ab Eustachio Tambone; quando heres ejus venit ad terram, fidelitatem facit domino abbati; quando novus abbas fit Corbeie, iterum fidelitatem facit domino abbati.

165. Ivo major est de Vasliaco. Quando heres ejus venit ad terram; fidelitatem facit domino abbati; quando novus abbas fit Corbeie, iterum fidelitatem facit domino abbati.

166. *Duo majores* de Ansac famuli nostri sunt. Quando heredes ad terram veniunt, fidelitatem faciunt domino abbati; et quando novus abbas fit Corbeie, iterum fidelitatem faciunt domino abbati.

167. *Duo majores* de Toiri famuli nostri sunt. Quando heredes ad terram veniunt, fidelitatem faciunt domino abbati; et quando novus abbas fit Corbeie, iterum fidelitatem faciunt domino abbati.

168. Robertus *maior* est de Caisnoi. Quando heres ejus venit ad terram, fidelitatem facit domino abbati; quando novus abbas fit Corbeie, iterum fidelitatem facit domino abbati.

169. Radulfus *maior* de Bosencort *sompneiam debet thesaurario.* Quando heres ejus venit ad terram, fidelitatem facit domino abbati; quando novus abbas fit Corbeie, iterum fidelitatem facit domino abbati.

170. Rogerus de Vers *maior* est de Salliaco Sicco; *sompneiam debet celerario.* Quando heres ejus venit ad terram, fidelitatem facit domino abbati; quando novus abbas fit Corbeie, iterum fidelitatem facit domino abbati.

171. Robertus *maior* de Pratis est. Quando heres ejus venit ad terram, fidelitatem facit domino abbati; quando novus abbas fit Corbeie, iterum fidelitatem facit domino abbati.

172. Richerus *maior* est de Blangiaco. Quando heres ejus venit ad terram, fidelitatem facit domino abbati; quando novus abbas fit Corbeie, iterum fidelitatem facit domino abbati.

173. Johannes Lancea Levata *maior* est thesaurarii de Rekencort; *sompneiam debet thesaurario.* Quando heres ejus venit ad terram, fidelitatem facit domino abbati; quando novus abbas fit Corbeie, iterum fidelitatem facit domino abbati.

174. Bartholomeus *famulus* noster est; *asinum debet tradere pistrino.* Quando heres ejus venit ad terram, fidelitatem facit domino abbati; quando novus abbas fit Corbeie, iterum fidelitatem facit domino abbati.

175. Bernardus Wagnis *famulus* noster est; *omnes bultellos debet tradere pistrino.* Quando heres ejus venit ad terram, fidelitatem facit domino abbati; quando novus abbas fit Corbeie, iterum fidelitatem facit domino abbati.

176. Radulfus Wislenge *famulus* noster est; *et debet buleter medietatem totius farine, et medietatem totius panis facere.* Quando heres ejus venit ad terram, fidelitatem facit domino abbati; quando novus abbas fit Corbeie, iterum fidelitatem facit domino abbati.

177. Balduinus *mediator* de Thienes famulus noster est. Quando heres ejus venit ad terram, fidelitatem facit domino abbati; quando novus abbas fit Corbeie, iterum fidelitatem facit domino abbati.

178. Albinus *mediator* de Villa super Corbeiam *famulus* noster est. Quando heres ejus venit ad terram, fidelitatem facit domino abbati; quando novus abbas fit Corbeie, iterum fidelitatem facit domino abbati.

179. Walcodus de Maneriis *famulus* noster est. Quando heres ejus venit ad terram, fidelitatem facit domino abbati; quando novus abbas fit Corbeie, iterum fidelitatem facit domino abbati.

179 BIS. Hilgotus *veterannus* de Hamelet, *famulus* noster est de octava parte decime de Vers. Quando heres ejus ad terram venit, X solidos debet pro relevamine; fidelitatem facit domino abbati; quando novus abbas fit Corbeie, iterum fidelitatem facit domino abbati.

180. Johannes *decanus* est de Warloi. Quando heres ejus venit ad terram, fidelitatem facit do-

mino abbati; quando novus abbas fit Corbeie, iterum fidelitatem facit domino abbati.

181. Fulco *decanus* de Cerisiaco; quando heres ejus venit ad terram, fidelitatem facit domino abbati ; quando novus abbas fit Corbeie, iterum fidelitatem facit domino abbati.

182. Effridus *decanus* de Vers; quando heres ejus venit ad terram, fidelitatem facit domino abbati ; quando novus abbas fit Corbeie , iterum fidelitatem facit domino abbati.

183. Gerardus *decanus* de Folliaco; quando heres ejus venit ad terram, fidelitatem facit domino abbati ; quando novus abbas fit Corbeie, iterum fidelitatem facit domino abbati.

184. Bartholomeus *decanus* de Albegniaco; quando heres ejus venit ad terram, fidelitatem facit domino abbati; quando novus abbas fit Corbeie, iterum fidelitatem facit domino abbati.

185. Radulfus *decanus* de Columelles; quando heres ejus venit ad terram, fidelitatem facit domino abbati ; quando novus abbas fit Corbeie, iterum fidelitatem facit domino abbati.

186. Berengarius *decanus* de Pallardo; quando heres ejus venit ad terram, fidelitatem facit domino abbati; quando novus abbas fit Corbeie, iterum fidelitatem facit domino abbati.

187. Lambertus *decanus* de Bouvel; quando heres ejus venit ad terram, fidelitatem facit domino abbati ; quando novus abbas fit Corbeie, iterum fidelitatem facit domino abbati.

188. *Fugator ranarum* de Naurdis, fidelitatem facit domino abbati; et quando novus abbas fit Corbeie, iterum fidelitatem facit domino abbati.

189. *Fugator ranarum* de Tanes, fidelitatem facit domino abbati; et quando novus abbas fit Corbeie, iterum fidelitatem facit domino abbati.

189 bis. *Fugator ranarum* de Maneriis, fidelitatem facit domino abbati; et quando novus abbas fit Corbeie, iterum fidelitatem facit domino abbati.

Omnes isti liberi famuli nostri sunt.

190. Hugo Cossus *famulus* est domini abbatis. Quando heres ejus ad terram venit, fidelitatem facit domino abbati; et quando novus abbas fit Corbeie, iterum fidelitatem facit domino abbati.

191. Johannes Vacca *famulus* noster est; *et ipse debet reparare ferramenta carruce, quando carruca est in curia domini abbatis; et in vigilia Natali domini debet domino abbati duos cultellos.* Quando heres ejus ad terram venit, fidelitatem facit domino abbati; et quando novus abbas fit Corbeie, iterum fidelitatem facit domino abbati.

192. Ingelrannus Portarius *famulus* noster est. Quando heres ejus ad terram venit, fidelitatem facit domino abbati; et quando novus abbas fit Corbeie, iterum fidelitatem facit domino abbati.

193. Henricus Portarius *famulus* noster est. Quando heres ejus ad terram venit, fidelitatem facit domino abbati; et quando novus abbas fit Corbeie, iterum fidelitatem facit domino abbati.

194. Johannes Portarius *famulus* noster est; *et ipse debet claudere portam Incre in vespere et aperire in mane.* Quando heres ejus ad terram venit, fidelitatem facit domino abbati; et quando novus abbas fit Corbeie, iterum fidelitatem facit domino abbati.

195. Oilardus de Hospitio *famulus* est hospitarii. Quando heres ejus ad terram venit, fidelitatem facit domino abbati; et quando novus abbas fit Corbeie, iterum fidelitatem facit domino abbati.

196. Laurencius infirmarius *famulus* infirmarii est. Quando heres ejus ad terram venit, fidelitatem facit domino abbati; et quando novus abbas fit Corbeie, iterum fidelitatem facit domino abbati.

197. Egidius Mutus *famulus* est Elemosinarii. Quando heres ejus ad terram venit, fidelitatem facit domino abbati; et quando novus abbas fit Corbeie, iterum fidelitatem facit domino abbati.

198. Hugo Chafos *famulus* est camerarii; *ipse debet frocos, cucullas, stamineas, brachas, camisias, flewinas, lombaria, caligas, pedules, quando nova sunt consuere, cum autem vetera, reparare.* Quando heres ejus ad terram venit, fidelitatem facit domino abbati; et quando novus abbas fit Corbeie, iterum fidelitatem facit domino abbati.

199. Florentius Postels *famulus* est camerarii; *ipse debet novos soculares facere et veteres reparare.* Quando heres ejus ad terram venit, fidelitatem facit domino abbati; et quando novus abbas fit Corbeie, iterum fidelitatem facit domino abbati.

200. Johannes Torellus *famulus* est camerarii; *debet reparare veteres* PHYCIAS (sic.) Quando heres ejus ad terram venit, fidelitatem facit domino abbati; et quando novus abbas fit Corbeie, iterum fidelitatem facit domino abbati.

201. Ingelrannus de Vinea *famulus* noster est; *et ipse debet operari in vinea manibus suis, singulis diebus.* Quando heres ejus ad terram venit, fidelitatem facit domino abbati; et quando novus

abbas fit Corbeie, iterum fidelitatem facit domino abbati.

202. Grebergis de Orto *famula* est ortolani; *et ipsa debet operari in orto manibus suis, singulis diebus.* Quando heres ejus ad terram venit, fidelitatem facit domino abbati; et quando novus abbas fit Corbeie, iterum fidelitatem facit domino abbati.

203. Massa infirmaria *famula* est celerarii. Quando heres ejus ad terram venit, fidelitatem facit domino abbati; et quando novus abbas fit Corbeie, iterum fidelitatem facit domino abbati.

204. Petrus Cokus *famulus* est celerarii. Quando heres ejus ad terram venit, fidelitatem facit domino abbati; et quando novus abbas fit Corbeie, iterum fidelitatem facit domino abbati.

205. Landericus Pisellus *famulus* est celerarii. Quando heres ejus ad terram venit, fidelitatem facit domino abbati; et quando novus abbas fit Corbeie, iterum fidelitatem facit domino abbati.

206. Quintinus *famulus* est celerarii. Quando heres ejus ad terram venit, fidelitatem facit domino abbati; et quando novus abbas fit Corbeie, iterum fidelitatem facit domino abbati.

207. Molendinarii molendinorum de Folliaco *famuli* nostri sunt. Quando heredes eorum ad terram veniunt, fidelitatem faciunt domino abbati; et quando novus abbas fit Corbeie, iterum fidelitatem faciunt domino abbati.

208. Molendinarii molendini de Calceia *famuli* nostri sunt. Quando heredes eorum ad terram veniunt, fidelitatem faciunt domino abbati; et quando novus abbas fit Corbeie, iterum fidelitatem faciunt domino abbati.

209. Molendinarii molendinorum de Macella *famuli* nostri sunt. Quando heredes eorum ad terram veniunt, fidelitatem faciunt domino abbati; et quando novus abbas fit Corbeie, iterum fidelitatem faciunt domino abbati.

210. Molendinarii molendinorum de Bolengaria *famuli* nostri sunt. Quando heredes eorum ad terram veniunt, fidelitatem faciunt domino abbati; et quando novus abbas fit Corbeie, iterum fidelitatem faciunt domino abbati.

211. Molendinarii molendinorum de Pratis *famuli* nostri sunt. Quando heredes eorum ad terram veniunt, fidelitatem faciunt domino abbati; et quando novus abbas fit Corbeie, iterum fidelitatem faciunt domino abbati.

212. Molendinarii molendini de Conci *famuli* nostri sunt. Quando heredes eorum ad terram veniunt, fidelitatem faciunt domino abbati; et quando novus abbas fit Corbeie, iterum fidelitatem faciunt domino abbati.

213. Molendinarii molendinorum de Wailliaco *famuli* nostri sunt. Quando heredes eorum ad terram veniunt, fidelitatem faciunt domino abbati; et quando novus abbas fit Corbeie, iterum fidelitatem faciunt domino abbati.

214. Molendinarii molendini de Curia *famuli* nostri sunt. Quando heredes eorum ad terram veniunt, fidelitatem faciunt domino abbati; et quando novus abbas fit Corbeie, iterum fidelitatem faciunt domino abbati.

215. Molendinarii molendini de Omercort *famuli* nostri sunt. Quando heredes eorum ad terram veniunt, fidelitatem faciunt domino abbati; et quando novus abbas fit Corbeie, iterum fidelitatem faciunt domino abbati.

216. Molendinarii molendini de Villa super Corbeiam *famuli* nostri sunt. Quando heredes eorum ad terram veniunt, fidelitatem faciunt domino abbati; et quando novus abbas fit Corbeie, iterum fidelitatem faciunt domino abbati.

217. Molendinarii molendini de Bonaio *famuli* nostri sunt. Quando heredes eorum ad terram veniunt, fidelitatem faciunt domino abbati; et quando novus abbas fit Corbeie, iterum fidelitatem faciunt domino abbati.

218. Molendinarii molendini de Tanes *famuli* nostri sunt. Quando heredes eorum ad terram veniunt, fidelitatem faciunt domino abbati; et quando novus abbas fit Corbeie, iterum fidelitatem faciunt domino abbati.

219. Molendinarii molendini de Mons *famuli* nostri sunt. Quando heredes eorum ad terram veniunt, fidelitatem faciunt domino abbati; et quando novus abbas fit Corbeie, iterum fidelitatem faciunt domino abbati.

220. Molendinarii molendinorum de Sailliaco-Aquatico *famuli* nostri sunt. Quando heredes eorum ad terram veniunt, fidelitatem faciunt domino abbati; et quando novus abbas fit Corbeie, iterum fidelitatem faciunt domino abbati.

221. Molendinarii molendini de Bosencort *famuli* nostri sunt. Quando heredes eorum ad terram veniunt, fidelitatem faciunt domino abbati; et quando novus abbas fit Corbeie, iterum fidelitatem faciunt domino abbati.

222. Molendinarii molendini de Vers *famuli*

nostri sunt. Quando heredes eorum ad terram veniunt, fidelitatem faciunt domino abbati; et quando novus abbas fit Corbeie, iterum fidelitatem faciunt domino abbati.

223. Molendinarii molendini de Vax (Vaux) *famuli* nostri sunt. Quando heredes eorum ad terram veniunt, fidelitatem faciunt domino abbati; et quando novus abbas fit Corbeie, iterum fidelitatem faciunt domino abbati.

224. Molendinarii molendini de Wasliaco *famuli* nostri sunt. Quando heredes eorum ad terram veniunt, fidelitatem faciunt domino abbati; et quando novus abbas fit Corbeie, iterum fidelitatem faciunt domino abbati.

225. Molendinarii molendini de Dommairien *famuli* nostri sunt. Quando heredes eorum ad terram veniunt, fidelitatem faciunt domino abbati; et quando novus abbas fit Corbeie, iterum fidelitatem faciunt domino abbati.

226. Molendinarii molendini de Pallardo *famuli* nostri sunt. Quando heredes eorum ad terram veniunt, fidelitatem faciunt domino abbati; et quando novus abbas fit Corbeie, iterum fidelitatem faciunt domino abbati.

227. Molendinarii molendinorum de Maneriis *famuli* nostri sunt. Quando heredes eorum ad terram veniunt, fidelitatem faciunt domino abbati; et quando novus abbas fit Corbeie, iterum fidelitatem faciunt domino abbati.

NOTE 3. — PAGE 285.

CORBIE (*ville et banlieue*) ART. 4 : *Connoissance de le marcandise se on s'en trait à li dans les VIII jours.*

Cet article, ainsi que le précédent, reproduit l'article 6 d'une transaction du mois de mars 1296 (vieux style) intervenue entre l'abbaye et la commune de Corbie, dont l'original, sur parchemin, est conservé aux archives du département de la Somme. (Titres de Corbie, armoire 1re, liasse 23.)

NOTE 4. — PAGE 285.

CORBIE (*ville et banlieue*) ART. 6 : *Ledite eglise de son droit et de se nobleche..... peut donner sauf conduit à qui lui plaist.*

L'article 49 de la charte de commune d'Amiens, donnait au roi, au sénéchal, au prévôt royal, à l'évêque et au maire, le droit de faire entrer dans la ville, une fois l'an, ceux qui en avaient été bannis. Etaient seulement exceptés les meurtriers, les assassins, les incendiaires, les traitres et les ravisseurs. (Voir ci-dessus page 75, art. 49.)

C'est probablement dans ce sens qu'il faut entendre le sauf-conduit que l'église de Corbie pouvait accorder.

NOTE 5. — PAGE 286.

CORBIE (*ville et banlieue*) ART. 13 . *Ledite eglise fait mettre four es vins que on vent à broche.*

Le mot *four* est synonyme de *prix* : « Qu'il
» ne soit nuls taverniers quy vendent vin à deux
» paires de *fours* ou *prix*, tout en un lieu, sur
peine de LX sols parisis d'amende. » (Ordonnances de police de Corbie, MSS. déjà cité, f.º XIX recto.)

NOTE 6. — PAGE 286.

CORBIE (*ville et banlieue*) ART. 19 : *S'il avient aucun cas qu'il conviengne mener par wages de bataille.....*

« Se aucuns fait demande ou proces pardevant
» le maïeur et les jurez de Corbie, et que gage
» de bataille enquesist ou pust naistre, li maïeur
» et li jurez devant dit ce proces ne pourront
» retenir, ainz envoieront les parties pardevant le
» justiche et les eschevins desdits relligieus et
» en leur court, et se il convenoit que bataille
» soit faite par le jugement desdits eschevins les
» parties envoiées ou d'autres parties, li camps
» et le bataille seroit en le court des devant dit
» relligieus, et le garde du camp appartiendroit
» as devant dit relligieus, et le feroient li devant
» dit relligieus garder par leur sergent; et se
» l'une des parties estoit vaincue ou recreant,
» les devant dit relligieus ou leur commans seroient tenuz à délivrer icheli vaincu ou recreant, à l'issue de la porte de labbeie, est assavoir à le première porte devers le marchié,
» au maieur et as jurez de Corbie, liquel feroient
» le justiche et l'exeqution de ledite personne
» vaincue ou recreant; et li bien du vaincu seroient départi en le manière qu'il est contenu
» en le prononciation l'abbé de Saint-Denis. »
(Transaction de 1296 art. 14, citée à la note 3 ci-dessus.)

NOTE 7. — PAGE 287.

CORBIE (*ville et banlieue*) ART. 24 : *Ledite église*

puet faire monnoye à *Corbie*, *comme li roys tesmoingne par ses lettres.*

« Philippus dei gratia francorum rex. Noverint
» universi ad quos littere iste pervenerint, quo-
» niam nos fidelem nostrum Gossinum abbatem
» Corbeiensem rogavimus et postulavimus ut mo-
» netam nostram parisiensem, in villa sua faceret
» currere, salvo jure suo, et eidem concessimus
» et in verbo regio creantavimus, quod, quando
» monetam suam iterum facere voluerit, contrà
» non ibimus, neque vim aliquam ei aut succes-
» soribus ejus indè faciemus. Immò, ad bene
» placitum suum monetam suam in villa sua currere
» faciet sine contradictione. Actum Ambianis, anno
» incarnati Verbi M.° C.° LXXX.° quinto, regni
» nostri septimo, mense martio. » (Archives du
département de la Somme, titres de Corbie, armoire Ire, liasse 26, n.° 2, copie certifiée tirée du cartulaire noir, f.° 34.)

Pendant l'existence de la commune, le maïeur et les jurés de Corbie avaient la police des ateliers de monnaies et partageaient avec l'abbaye les profits de cette juridiction. « Li maires et li
» juré de Corbie feront garder, en le ville de
» Corbie et en le banlieue, l'ordenanche des mo-
» noies faite de par nous (Philippe-le-Bel) en
» nostre royaume, et corrigeront et puniront chiaus
» qui en iront encontre, en tele manière que li
» pourfiz dices exploiz seront parti à moitié. Et
» li devant dit relligieus en auront l'une moitié
» et lidit maires et juré l'autre. » (Transaction de 1296 MS. déjà cité, art 33.)

Note 8. — Page 287.

Corbie (*ville et banlieue*) Art. 25 : *En le fourme et par les mots et paroles qui s'ensiévent.*

Les jugements rendus par le maire et les jurés de Corbie, avant 1282, n'avaient pas besoin, pour être exécutés, d'être soumis à cette humiliante formalité. C'est seulement à cette époque qu'elle leur fut imposée par une sentence arbitrale dont nous transcrivons ici l'article 2.

« De justicia vero pronuntiaverunt, quod justicia
» de delictis omnibus magnis et parvis, videlicet
» de alta et bassa justicia, claris notoriis et ma-
» nifestis et judicium predictorum, et generaliter
» de omni delicto claro notorio et manifesto ut
» suprà dictum est, remanebit majori et juratis,
» ratione predicte communie et usus ejusdem. —
» Executio vero predictorum fiet in modum qui
» sequitur, videlicet major aut ille qui loco ejus
» erit cum uno aut duobus de juratis, venient ad
» abbatiam et abbatem, aut ad locum tenentem
» abbatis, et requirent eos sub formâ que sequitur:
» *Domine, nos venimus ad vos, quia nos fecimus*
» *tale judicium;* et dicent eis totum factum et
» formam judicii; quo facto requirent quod ipsi
» dent sibi licentiam executionem faciendi de pre-
» dicto facto seu judicio. — Et jurabit major aut
» ille qui loco ejus erit, cum uno de juratis, quod
» bene et fideliter in predicto negocio se habue-
» runt. — Quo facto, abbas aut locum ejus tenens
» non poterit denegare executionem predicto majori
» aut juratis, nec alium terminum assignare, nec
» se deficere, nec aditum ad eos veniendi dene-
» gare aut differre, hoc salvo, quod si abbas
» consuevit aliquid percipere, ratione emende pe-
» cuniarie in casibus suprà dictis, quod habeat de
» plano et sine fraude eo modo quo consuevit
» habere. » (Archives du département de la Somme, titres de Corbie, armoire Ire, liasse 23, n.° 5. Charte originale en parchemin.)

Note 9. — Page 287.

Corbie (*ville et banlieue*) Art. 27 : *Et apelle on icelle condicion, en nom vulgal, caveliche pour ce qu'il est paié par le kief.*

Les villes constituées en commune avaient, entr'autres priviléges, celui d'être exemptes du cens personnel; car cet impôt qui était payé en signe d'assujétissement à un seigneur, ne pouvait guères se concilier avec les franchises municipales, ainsi que nous le voyons par la charte de Saint-Omer du 18e jour des kalendes de mai 1127. art. 9. — « Omnes qui infra murum sancti Au-
» domari habitant et deinceps sunt habitaturi,
» liberos a *cavagio*, hoc est capitali censu, et de
» advocationibus constituo. » (Mémoires de la Société des Antiquaires de la Morinie, tome IV, pièces justificatives page 3.) Mais à Corbie, l'émancipation communale n'a jamais été assez complète pour y effacer ce dernier vestige de la servitude personnelle.

Note 10. — Page 289.

Corbie (*Coutume-le-Comte*), in fine.

Pour compléter la Coutume-le-Comte, nous transcrivons ici l'ordonnance de police qui réglait, dans la ville de Corbie, la vente du vin en détail, en temps ordinaire.

« C'est l'ordonnance faite en ladite ville de
» Corbye sur les vins vendus en détail en ladite
» ville, assavoir :

» 1. Quil ne soit nul si hardy quy mesure ou
» fasse mesurer vin à mesures quy ne soient
» bonnes, justes, loyaulx, flatries et signées du
» seing monsieur de Corbye, sur et en peine de
» perdre lesdites mesures et estre escheu en
» amende de LX sols parisis.

» 2. Item, que tous taverniers vendans vins
» ayent leurs potz sy grans que on puist porter
» le vin aux hostes qui boivent esdits lieux sans
» respandre, et quilz ayent en leurs potz bouture
» à l'endroit de là où ledit pot doibt tenir sa
» mesure, afin de savoir silz auront leurs mesures ;
» et que tous taverniers tirent leurs vins à leurs
» mesures et non aultrement : et tout ce que
» dessus est dit, sur et en peine de perdre leurs
» potz et de LX sols parisis d'amende.

» 3. Item, qu'il ne soit nulz taverniers vendans
» vin à broche qui vende son vin à plus haut
» pris qu'il ne aura esté afforé de prime face, sur
» peine et amende de LX sols parisis.

» 4. Item, que nul tavernier ne preste ses mesu-
» res, pour porter hors de la ville, sans le congié
» du prévost sur peine de LX sols parisis d'amende.

» 5. Item, que nuls taverniers ne destourbe à
» aucune personne qui vœulle aller au cellier où
» lesdits vins seront, avec son pot pour avoir du
» vin et pour son argent paiant, sur peine de LX
» sols parisis d'amende.

» 6. Item, il est ordonné que le crieur qui
» affore le vin voisse au chellier où ledit vin
» sera qu'il devera afforer, et qu'il voist le tonnel
» ou quene que on vauldra afforer, et quy fera
» le contraire, il sera escheu en amende de XX
» solz parisis.

» 7. Item, quil ne soit nul tavernier sy hardy
» quil escondice à bailler du vin qui aura esté
» afforé à quelque personne que ce soit pour ar-
» gent, sur l'amende de LX sols.

» 8. Item, que tous taverniers ayent à tirer
» leur vin à chandelle de cire sur l'amende de
» XX sols parisis.

» 9. Item, que nul tavernier ne porte ne face
» porter remplage de vaulte à aultre, ne de mai-
» son à autre, pour oster les inconvenients et
» malfaçons qui sont ou pourroient estre contre
» ou au préjudice de la commune gent, sur l'a-
» mende de LX sols parisis.

» 10. Item, que nul tavernier quel quil soit
» ne face ou mette aucune mistion en leur vin
» pour vendre à broche, ne en gros, sur et en
» peine d'amende de LX sols.

» 11. Item, quil ne soit nul tavernier vendans
» vin en ladite ville de Corbye, qui mette ne
» face mettre vins estrangers avec vins françois
» tout en ung cellier, ne semblablement vins de
» Beauvoisis creux delà Montdidier avec les vins
» creux decha l'eaue d'Agrimont (sic), mais ayt
» un cellier entre deux, afin que nul ne soit decheu
» à boire lesdits vins, sur l'amende de LX sols,
» sans le congié de monsieur de Corbye.

» 12. Item, quil ne soit nul tavernier qui vende
» vin à deux paires de feurs ou pris tout en ung
» lieu, sur LX sols d'amende, sans le congié de
» monsieur de Corbye.

» 13. Item, quil ne soit nul tavernier qui en
» icelle ville merle ou face merler ne mectre
» aucuns vins estrangers ne autres avec vins fran-
» çois nouveaux, sur l'amende de LX sols.

» 14. Item, quil ne soit nul sy hardy quy
» descharge ne face deschargper vins en ledite
» ville de Corbye, sans le congié, gré ou licence
» des gens monsieur de Corbye ou de celluy qui
» tient le tonnelieu, afin que les droits de mon-
» sieur y soient gardez, sur l'amende de LX sols.

» 15. Item, quil ne soit nul sy hardy quy
» sen voist de le maison du tavernier, son escot
» emportant, sans le gré du tavernier ou paticher,
» sur l'amende de V solz parisis et d'estre huit
» jours en prison fermée, sy l'oste sen plaint en
» temps deub ; et sy l'oste sen plaint à tort il paie
» ladite amende ; et sy un forain se part, son
» escot emportant, malgré l'oste, se il sen plaint
» en temps deub, l'amende est de LX solz.

» 16. Item, il est acoustumé et ordonné en
» ladite ville de Corbye, que sy aucun demourant
» en ladite ville ou aucuns forains se partent de la
» maison d'un tavernier ou paticher, sans avoir fait
» gré au tavernier ou paticher de leur escot, ils
» doibvent amende : c'est assavoir ceulx de la
» ville V solz et les forains LX solz, moiennant
» que se le tavernier ou paticher ne se plaint en
» temps deub, il n'est recepvable pour soy plaindre ;
» et pour sçavoir le temps et espace de soy plaindre,
» il convient que de celuy quy se part de le ta-
» verne au matin, que l'oste se plainde de son
» escot emporté, en dedans soleil esconssé ; et sy
» l'emport est fait depuis disner, le tavernier ou

» paticher a temps et espace de soy plaindre
» jusques à lendemain heure du sacrement; et
» sil advient que aucun habitant d'icelle ville se
» partist outre la volonté dudit tavernier ou pa-
» ticher, il pœut dire : *je suis de la ville, je*
» *vois querir gage en ma maison;* sy c'est au
» matin, il doibt avoir apporté le gage ou fait fin
» à l'oste en dedans soleil escoussé; et sy ce est
» emporté aprez disner, celuy quy ce fait puis quil
» est demourant eu ledite ville, il a temps et
» espace de apporter gage jusques au lendemain
» heure de sacrement; et se ainsy n'est fait, la
» plainte que le tavernier ou paticher aura faite
» portera son effet; et seront iceulx escheux es-
» dites amendes, moiennant que se l'oste se plaint
» à mauvaise cause, et que partye se deulle et en
» face proces au contraire, se le tavernier ou
» paticher deschet, il paiera ladite amende pour
» sa folle plainte et rendera à la partie ses des-
» pens; et en tant quil touche les forains, ils
» n'ont ni temps ni hœure d'aller querir gaiges
» en leurs maisons ne ailleurs, et convient, aussi
» tost que le tavernier ou paticher se plaint, quilz
» soient detenus prisonniers pour ledit escot et
» pour ladite amende de LX solz, pour ce quilz
» sont forains et que l'oste ne pourroit avoir rai-
» son d'eux, se ainsy n'estoit, combien que sy
» ilz se departoient de la ville, sans avoir fait
» satisfaction dudit escot et amende, se ilz re-
» tournent depuis en ladite ville, la justice d'icelle
» ville les pœult prendre et faire prisonniers
» jusques à ce quilz auront fait satisfaction de
» leur dit escot et de l'amende dessus dite.

» 17. Item, quil ne soit aucuns taverniers qui
» assiessent aucuns vineurs en leurs maisons aprez
» la dernière cloche sonnée, sur LX sols d'amende.

» 18. Item, que nul tavernier ne sœuffre jœux
» de dez de nuit en sa maison, sur l'amende de
» LX sols; et sil aucuns quy y vœullent jouer
» oultre sa volonté, il le face sçavoir au prévost
» ou à son lieutenant et aux sergens de ladite
» ville, ou aultrement il ne sera mie excusé.

» 19. Item, il est vray que par les ordonnances
» auchiennes nulz taverniers ne pœuvent vendre vins
» en ladite ville sans afforer, sil ne plait à mon-
» sieur de Corbye; et est le pris mis auxdits
» vins par la justice et eschevins de ladite ville
» de Corbye; et se le tavernier vendoit son vin
» à plus haut pris quil ne auroit esté prisié, le
» vendeur seroit à LX sols parisis d'amende,
» mais il le pœult bien vendre à plus bas pris
» que afforé n'est, se il lui plaist, sans meffait.

» 20. Item, que tous taverniers vendans vins
» en ledite ville doibvent à l'eglise ung septier de
» vin de afforage et un septier de tonnelieu. »

(Ordonnances de police de Corbie, MSS. déjà
cité, f.° xvii.)

Note 11. — Page 290.

Corbie (*échevinage*) Art. 1ᵉʳ : *Avec eux doibt y avoir XII eschevins.*

Mal à propos, peut-être, nous avons donné à cette coutume le titre d'*échevinage*, car elle s'applique à deux corps judiciaires qui avaient des attributions différentes. Les chapitres 1ᵉʳ et 2 contiennent des dispositions propres à *la loi et échevinage de Corbie*, les chapitres 3, 4 et 5, traitent plus spécialement de la juridiction du prévôt de la ville.

Naturellement, on cherche la cause qui a donné naissance à ces deux pouvoirs. Pour la trouver, il faut remonter à l'origine même de la commune. Philippe-Auguste, par les articles 5 et 6 de la charte organique de 1180, fixe, en matière de délits, la compétence respective de la commune et de l'échevinage. Les délits commis hors de la banlieue, par des hommes de la commune, sont jugés par les échevins de l'abbaye, mais les infractions à la loi communale commises par les hommes de la commune sont réservées à la juridiction du maïeur et des jurés.

Quoique l'échevinage et la commune fussent deux choses essentiellement distinctes, il semble que l'extinction de la commune devait avoir pour effet de confondre ces deux juridictions en une seule; cependant il n'en a rien été, car le prévôt de la ville de Corbie fut créé pour exercer, dans cette cité, l'autorité judiciaire qui avait appartenu au maïeur et aux jurés de la commune.

L'échevinage est resté après ce qu'il avait été avant l'anéantissement de la municipalité, un corps mi-partie composé de *sergens à verge* et d'*échevins*. Les premiers étaient investis du pouvoir de faire les exploits d'ajournement et d'exécution, les seconds étaient institués pour dire droit sur la réquisition des sergens à verge. Ceux-ci avaient le premier rang, probablement parce que les échevins étaient obligés d'obéir à leurs injonctions.

Ce fait est d'autant plus important à signaler que, dans toutes les coutumes d'échevinages que

NOTE 12. — PAGE 292.

CORBIE (échevinage) ART. 7 : *Si ung homme lay est arresté.*

La cession de biens, comme moyen de se libérer de la contrainte par corps, fut longtemps inconnue aux Romains. La loi Julia est la première qui lui ait attribué cet effet, car, dans les premiers temps de la république, les débiteurs insolvables étaient adjugés aux créanciers *quibus nexi dedebantur.* (Tite-Live, lib. 2.) Selon la Loi des XII Tables, tout débiteur avait trente jours pour se libérer. Ce délai passé, le créancier pouvait l'appréhender au corps, le conduire en sa maison et l'y retenir prisonnier pendant soixante jours, en ne lui donnant qu'une livre de pain pour sa nourriture. Dans cet intervalle, le créancier le faisait mener devant le préteur, par trois jours de marché consécutifs. Là on publiait la somme pour laquelle il était condamné, et on l'adjugeait à celui dont l'enchère égalait l'importance de sa dette. S'il ne se présentait aucun adjudicataire, il devenait la propriété du créancier qui pouvait, selon son bon plaisir, disposer de sa vie ou de sa liberté : *Posteà de capite addicti pœnas sumito : aut si volet ultrà Tiberim peregrè venundato.* S'il y avait plusieurs créanciers, il leur était adjugé collectivement ; dans ce cas, la loi permettait, après le troisième jour de marché, de le couper en autant de tronçons qu'il y avait de parties intéressées, de manière que chacune pût avoir une part du cadavre proportionnée à sa créance. *At si pluribus addictus sit, tertiis nundinis, partes secanto.*

Tous les anciens auteurs qui ont parlé de la Loi des XII Tables sont d'accord sur le sens qu'il faut donner à cet article. Aulu-Gelle, (lib. XX, c. I.) fait dire au jurisconsulte Cœcilius que le législateur, en la revêtant de cet appareil d'inhumanité, était préoccupé de l'idée que jamais elle ne serait mise à exécution. Quintilien (Instit. orator. lib. III, cap. 6.) dit : *sunt quædam non laudabilia naturâ, sed jure concessa, ut in XII Tabulis, debitoris corpus, inter creditores dividi placuit : quam legem mos publicus repudiavit.* Tertullien (In Apolog. I, c. 4.) tout en avouant que la loi autorisait de pareils actes de barbarie, ajoute que cette loi est tombée en désuétude.... *In pudoris notam capitis pœna conversa est. Bonorum adhibita proscriptio, suffundere maluit hominis sanguinem, quam effundere.*

C'est donc dans un sens littéral qu'il faut entendre les expressions de la Loi des XII Tables *partes secanto.* L'interprétation dans un sens allégorique, est une opinion toute moderne, comme l'a fort bien démontré M. Troplong, dans ses observations présentées à l'Académie de sciences morales et politiques, à l'occasion du *Mémoire de M. Giraud sur la condition des débiteurs chez les Romains.* (Moniteur du 24 avril 1843.)

Jules César, plus heureux que ceux qui avaient tenté avant lui de venir au secours des citoyens obérés, fit une loi par laquelle il ordonna que les débiteurs satisferaient leurs créanciers suivant l'estimation qu'on ferait de leurs biens, mais qu'on déduirait sur le capital tout ce qui aurait été payé à titre d'intérêt. César parle lui-même de cette loi dans ses mémoires (de Bello civili lib. III, cap. 1.) Tacite, au livre VI, chapitre 16 de ses Annales, parait aussi avoir eu cette loi en vue lorsqu'il dit qu'une multitude d'accusateurs s'éleva contre ceux qui faisaient valoir leur argent au mépris de la loi que César avait publiée pour l'Italie, touchant le prêt et la nature des biens.

Ce fut peut-être cette même loi JULIA dont Justinien renouvela la principale disposition *de datione in solutum* (Novel IV, cap. ult. et Novel CXX.) qui introduisit le bénéfice de la cession de biens. Mais il fallait, pour que la cession de biens pût produire la libération du débiteur, que le dol ne fut point la cause de l'insolvabilité. Par exemple, l'emprisonnement était toujours prononcé lorsqu'il s'agissait de délits pour lesquels le délinquant était condamné à une réparation pécuniaire qu'il était hors d'état d'acquiter. C'était alors le cas de cet axiome si connu au barreau : *qui non habet in ære, luat in corpore.* (Voir le commentaire sur la Loi des XII Tables, par Bouchaud, tom Ier, pages 161 à 182, et pages 456 à 462.)

Du Cange, dans son Glossaire, V° *Cessio bonorum* rapporte plusieurs exemples des coutumes qui régissaient cette matière, pendant la période du moyen-âge. Les statuts du Comtat Venaissin, confirmés par le pape Eugène IV, en 1433, obligeaient le débiteur à comparaître tête nue et sans habits sur le corps autres que la chemise et le vêtement strictement nécessaire, devant le juge siégeant sur son tribunal, et ensuite on le forçait à accompagner, dans ce simple costume, l'huissier qui annonçait au peuple, à son de trompe, à la porte extérieure du prétoire et dans les lieux publics, l'acte de cession qui venait de s'accomplir.

A Mantoue, la cession de biens était accompagnée de formalités plus humiliantes encore pour le débiteur. On le conduisait sur la place publique et on le contraignait, après l'avoir fait dépouiller de tous ses vêtements, à frapper le derrière nu sur une pierre, en criant à haute voix : *Je me dépouille de tous mes biens et, en signe de cet abandon, me voilà nu comme je l'étais en venant au monde.* « Conducetur per familiam
» domini Potestatis, sono tubarum, in plateam
» Broletti, et ibidem super lapide nates percutiat,
» altâ voce clamando : *sicut nudus natus, nunc*
» *sic exutus exibo, bonis meis renuntio.* Quo facto,
» demum induatur camisia, vestito et zona, et
» vestitus, dimittatur in pace. » (Statuta Mantuæ lib. 2. cap. 21.)

A Avella (Campanie) toute personne réclamant le bénéfice de la cession de biens devait aussi se soumettre à une formalité semblable qui s'accomplissait au pied du pilori. « Ipsam cessionem faciendo
» in loco juris Avillianæ *publicè culum nudum su-*
» *per lapide imponat* et aliter nec alio modo ad-
» mittatur. Et ponatur lapis propè berlinam seu
» locum berlinæ. » (Statuta Avellæ, anno 1496, cap. 30.)

Les coutumes françaises, il faut du moins leur rendre cette justice, n'exigeaient point que le dépouillement du débiteur fut aussi absolu. « Ceux
» qui feront lesdites cessions de biens, porte le
» chapitre XX, art. 4 de la coutume du Haut
» et Bas pays d'Auvergne, sont tenus eulx des-
» saindre et gecter leur ceincture à terre en signe
» de habandonnement de leurs dits biens. » (Coutumier de 1540, édition gothique, feuillet cccix.)

Par l'art. 71 de la coutume de Bourbonnais. « Ceulx qui veullent faire cession de biens.....
» sont tenus eulx descendre et getter leurs seinc-
» tures à terre pour demonstrer quilz délaissent
» leurs dits biens. Aussi feront serment que silz
» viennent à plus grand fortune de biens, ilz
» satisferont à leurs créanciers. » (*Ut suprà*, feuillet cccxxxiii v°.)

Le délaissement de la ceinture était regardé comme le signe de l'abandon qu'un débiteur faisait de tous ses biens, pour se rédimer de la contrainte par corps, et cela, dit Pasquier, au livre 4, chapitre 10 de ses Recherches, par la raison toute simple que l'or et l'argent se portent en la ceinture et que presque tous les hommes y attachent l'attribut de leur état, c'est-à-dire, l'instrument caractéristique de leur profession. A l'appui de cette explication, l'auteur cite l'exemple de la veuve de Philippe Ier duc de Bourgogne qui jeta sa ceinture, sa bourse et ses clefs sur le cerceuil de son mari, en signe de renonciation aux droits qu'elle pouvait avoir à exercer sur sa succession. « Margareta vidua, propter magnitudinem æris
» alieni, renuntiavit omnibus bonis mobilibus def-
» functi mariti sui, in cujus signum, zonam,
» crumenam et claves, solemni more, posuit su-
» per sepulchrum. » (Meyer ann. Flandr. lib. 4. — Monstrelet, tome 1er, chapitre 18. — Voir aussi Du Cange, Gloss. v° *Corrigia*. — Spicil. de Dachery, tome 8, page 264. — Grimm. Antiq. jur. Germ. page 157.)

Quant à l'usage de jeter son chapeau devant les juges, dont parle l'art. 7 de la coutume de l'échevinage de Corbie, on le conçoit, non pas tant comme un signe de l'abandon que le débiteur fait de tous ses biens, que comme un prélude au châtiment que la justice lui réserve. En effet, on sait que le bonnet vert était la peine infligée à toute personne admise au bénéfice de la cession de biens. Le Prestre, (Ire centurie ch. 99, pages 317 et suivantes), cite un assez grand nombre d'arrêts du parlement qui condamnent le débiteur à porter cette coiffure et à ne jamais la quitter sous peine de déchéance.

Ce genre de punition paraît au reste remonter à la plus haute antiquité, car, selon le témoignage de Stobée, les Béotiens étaient dans l'usage d'exposer ceux qui manquaient à leurs engagements sous une corbeille d'osier qui les couvrait entièrement : βοιωτων τινες τους χρεος ουκ αποδιδοντας τις αγοραν αγοντες καθισαι κελιουσιν, ειτα κοφινον επιβαλλουσιν αυτῳ, ος δ'αν κοφινωθῇ, ατιμος γινεται. Ex Bœotis nonnulli eos qui debitum non solvunt, in forum deductos et sedere jussos, cophino super injecto cooperiunt. Qui autem hoc passus fuerit, ignominosus sit. (Stobée senten. sermo 42, page 203, in-f.° 1609.)

Souvent les peines qui n'ont qu'un caractère transitoire manquent d'efficacité, en ce sens que celui qui les a subies n'a plus à redouter que les souvenirs des personnes qui en ont été témoins. C'est pourquoi nos coutumes françaises, au lieu de soumettre, comme le faisaient les lois de la Grèce antique, et les coutumes de l'Italie au moyen-âge, le débiteur admis au bénéfice de la cession de biens à la honte d'une exposition publique, ont jugé plus convenable de l'obliger à porter constamment un bonnet vert, afin que, par là, les tiers fussent avertis de se tenir sur leurs gardes, et ne pussent pas prétexter cause d'ignorance en traitant avec un homme qui avait déjà manqué une première fois à ses engagements.

NOTE 13. — PAGE 293.

CORBIE (*échevinage*) ART. 11 : *Se aucun requiert veue, elle lui doibt estre faite.*

Voyez Beaumanoir, coutumes de Beauvoisis, chapitre 3 *des essoines et contremans*, § 11 ; ch. IV *des Procureurs*, § 12 ; et chapitre IX *des jours de veue.* — Anciens usages d'Artois, titre XX, dans les coutumes générales d'Artois, par Maillard, page 23. Loi d'Ecosse *Regiam majestatem*, lib. 1, cap. 9.

Les vues et montrées ont été abolies par le titre 9 de l'ordonnance de 1637.

NOTE 14. — PAGE 293.

CORBIE (*échevinage*) ART. 11 : *chirographes en seront faites par le clerc dudit échevinage.*

Originairement les cyrographes étaient composés de deux parties reproduisant le contexte du même acte sur une seule feuille de parchemin, et séparées par une légende en gros caractères que l'on découpait en feston de la même manière que nos passe-ports, port-d'armes et quittances de contributions. Mais il arrivait assez souvent que la personne obligée en vertu d'un pareil acte ne représentait pas son titre, sous prétexte qu'elle l'avait perdu. Dès lors il était impossible que l'authenticité du titre de son adversaire pût être établie par le rapprochement des deux parties. Pour obvier à cet inconvénient, les cyrographes furent rédigés en trois parties. Celle du milieu servant de souche aux deux autres resta entre les mains de l'officier public ou de l'autorité judiciaire qui présidait à la convention.

De là à l'idée de rédiger les actes en minute il n'y avait plus qu'un pas. Ainsi on arriva par une transition naturelle à donner aux transactions civiles la forme qu'elles ont aujourd'hui. Tout porte à croire que cette réforme s'accomplit pendant la première moitié du XVe siècle, car nous avons une délibération de l'échevinage d'Amiens du 13 décembre 1441, de laquelle il résulte que l'usage des cyrographes s'était perpétué jusqu'à cette époque. — « Messeigneurs, à grant et
» meure délibéracion et tous d'une volenté et
» consentement, ont ordonné que doresnavant
» toutes lettres qui seront passées pardevant eulx
» de tous transports, bail à cens, vendicions, et
» achas de cens, rentes, maisons, gardins, terres
» et héritaiges dont par cidevant estoient faictes
» lettres que on nommait chirographes et dont
» par long et ancien temps on avoit usé en la-
» dite ville, seront enregistrées en un registre en
» parchemin tout au net qui sera signé du clerc
» de la ville ; et d'an en an ledit registre sera
» renouvellé en chascune mairie ; et seront les-
» dites lettres scellées du scel aux causes de ladite
» ville et signées dudit clerc pour les parties qui
» avoir les vorront ; mais néantmoins toutes les
» chirographes qui par cidevant ont été faites
» demourront en leur valeur et vertu. » (Archives de l'hôtel-de-ville d'Amiens, registre T, n.º 5.)

NOTE 15. — PAGE 296.

CORBIE (*échevinage*) ART. 23 : *Justice est volunté ferme et perdurable qui rend à chascun se droiture, et est de droit congnoissant des choses divines et humaines et science de droit et de tort.*

Cette maxime est la traduction presque littérale des deux premiers §ers des Institutes de Justinien : « Justitia est constans et perpetua voluntas jus
» suum cuique tribuendi ; jurisprudentia est divi-
» narum atque humanarum rerum notitia, justi et
» injusti scientia. » (Livre Ier, titre Ier.) Toute la différence consiste dans le retranchement du mot *jurisprudentia*.

Il en est de même de l'art. 24 : *Les commandements de droit sont honestement vivre, soy garder de grever aultruy à tort, rendre à chascun sa droiture :* (Juris præcepta hæc sunt : honesté
» vivere, alterum non ledere, suum cuique tri-
» buere. » (Ibid. § 3.)

De même pour l'art. 25 qui définit le Droit *ce que nature advise et enseigne à toute créature, science de gouvernement, non pas tant seullement à l'humain lignage, mais à toutes bestes qui naissent en l'air, en terre et en mer, deschendant de la conjonction de masle et de femelle que on appelle mariage ; et de ce deschent l'engendrement et nourrissement des enfants* etc. « Jus naturale est, » quod Natura omnia animalia docuit. Nam jus » istud non humani generis proprium est sed om- » nium animalium, quæ in cœlo, quæ in terra, » quæ in mari nascuntur. Hinc descendit maris » atque feminæ conjunctio, quam nos matrimonium » appellamus : hinc liberorum procreatio, hinc » educatio. » (Ibid. titre 2.)

Nous pourrions pousser plus loin ce parallèle, car les articles 31, 32 33, contiennent aussi des principes empruntés au texte des Institutes : par exemple, ceux sur la distinction des choses sont tirés du livre 2, titre 1er, § 1er *de rebus communibus;* titre 2, *de rebus corporalibus et incorporalibus;* ceux sur la division des obligations, du livre 3, titre 14 ; ceux enfin sur la division des actions, du livre 4, titre 6.

Note 16. — Page 297.

CORBIE (*échevinage*) ART. 28 : *Coustumes ne sont autres choses que establissemens de pays mis par les princes de la terre, pour aucunes humaines besongnes pour le commun prouffit, à pris de raison gardées et approuvées.*

Cette définition de la coutume est conforme à celle que la législation romaine donne du Droit non écrit : « Sine scripto jus venit quod usus ap- » probavit : nam diurni mores, consensu utentium » approbati, legem imitantur. » (Instit. liv. 1er, titre 2, § 3.)

Beaumanoir établit la même règle, mais il ajoute : « Et l'autre voie qu'on doit connoistre et tenir » pour coustume, si est quant debas en a esté et » l'une des parties se veut aidier de coustume, et » fu aprovée par jugement. » (Cout. de Beauvoisis, ch. 24, art. 2.)

Sur la manière de prouver la coutume, voir la note de M. le comte Beugnot, au bas de la page 337, tome 1er des Coutumes de Beauvoisis, par Philippe de Beaumanoir, publiées en 1842.

Note 17. — Page 299.

CORBIE (*échevinage*) ART. 33 : *comme feist saint Yves qui, par son sens et bon conseil quil donna, fut saint en Paradis.*

La légende le fait naître au village de Saint-Martin, près de Tréguier, en Basse-Bretagne. Il venait de faire ses études à Paris et à Orléans, lorsque l'archidiacre de Redon l'appela dans cette dernière ville pour y exercer les fonctions de juge ecclésiastique. De là, il passa à Tréguier où l'évêque l'éleva à la dignité d'official. Du reste, l'auteur de la vie de ce saint ne mentionne aucun fait particulier qui justifie l'observation finale de l'article 33. (Vide Surius, de probatis sanctorum historiis, tom 3, pages 401 et suivantes.)

Note 18 — Page 299.

CORBIE (*échevinage*) ART. 34 : *laquelle loy lesdits maire jures et habitans, pour certaines affaires que ilz avoient de plusieurs debtes paier.*

La cause de la suppression de la commune de Corbie est développée très-longuement dans un mémoire de l'abbaye, en réponse à celui que la commune présenta au roi Philippe-le-Bel, en 1308, pour être autorisée à lever une taille extraordinaire sur les habitants. (Voir la notice que nous avons publiée sur la commune de Corbie, dans les Mémoires de la Société des Antiquaires de Picardie, tom 2, pages 340 et suivantes.)

Note 19. — Page 300.

CORBIE (*échevinage*) ART. 35 . *qui pour ce en donnèrent au roy la ville de Belly, Fellaines, le Royelle, avec certaine somme d'argent.*

L'acte d'échange que mentionne cet article est du mois de juillet 1310. Il existe en copie aux archives du département de la Somme. Nous la donnons ici telle quelle.

« Philippus dei gratia francorum rex. Notum fa- » cimus universis tam presentibus quam futuris, » quod dudum maior et jurati totaque commu- » nitas ville Corbeiensis et eorum singuli, unanimi » assensu, considerantes, ut dicebant, communie » predicte onera et expeditiones importabiles, tam » propter multitudinem debitorum et reddituum ad » vitam in quibus pluribus et diversis creditoribus » obnoxii tenebantur, et adeo mole hujusmodi » æris alieni depressi, quod nullatenus ut resur- » gerent adjicere volebant, sed magis augmen- » bantur predicta debita quotidie, ut non nisi » suum expectarent finale exterminium, quametiam » alia incumbentia onera atque insufficientem sta- » tum suum, in predicta communia ulterius non » poterant supportare. Dictam communiam et omnia » jura ad ipsam communiam et singulares per- » sonnas ejusdem, nomine communie et communi- » tatis, seu ad ipsam spectantia, in dominio, pro- » prietate, possessione, saisina, mariscis, turbagiis, » clausuris murorum, portis, bertfredo, carceribus,

» aliis fortalitiis et firmitatibus ville predicte, ac
» justitia et districtu seu alio quocumque jure, in
» quibuscumque, qualitercumque et ubicumque exis-
» tentibus, in nos et jus nostrum regium, absque
» retentione aliqua, perpetuo transportarunt, dantes
» nobis, quittantes et remittentes premissa pleno
» jure a nobis et successoribus nostris seu causam
» a nobis habentibus vel etiam habituris, habenda
» perpetuo et tenenda, et quodque de eis ordina-
» remus et nostram faceremus plenariam volun-
» tatem. Prefata itaque communia cum omnibus
» juribus et pertinentiis suis, ut premittetur, in ma-
» nibus nostris posita et nostra effecta, dilecti et
» fideles nostri religiosi viri abbas et conventus
» monasterii Corbeiensis nobis fecerunt exponi quod
» monasterium eorum predictum, diu ante funda-
» tionem dicte communie, a predecessoribus nostris
» in dicta villa fundatum fuerat et constructum
» et dotatum de villa predicta, cum omnibus ju-
» ribus et pertinentiis suis, et que dicti antecessores
» nostri ibidem obtinebant, que omnia, pleno jure,
» concessione et largitione eorumdem antecessorum
» eidem monasterio, assignata fuerant in jus et in
» proprietatem ejusdem monasterii, per eosdem an-
» tecessores nostros, eodem et tam pleno jure si-
» cut eaque inibi habebant penitus transportata;
» quodque postmodum ad requisitionem dictorum
» abbatis et conventus dicti monasterii pro tunc
» temporis, consideratione provida, communia insti-
» tuta fuerat et fundata, auctoritate regia, in villa
» predicta, in territorio, dominio et districtu ipsius
» monasterii; propter quod supplicaverunt nobis
» predicti abbas et conventus ut quieti eorumdem
» monasterio providere vellemus per admovitionem
» et adnullationem communie et communitatis pre-
» dicte, reducere jus dicti monasterii ad statum
» illius temporis in quo erat ante super inductam
» communiam supra dictam, ut sic monasterium
» supra dictum juribus ac libertatibus suis gaudere
» valeat et pacis auctori libere et in pace servire;
» et pro quadam domo ipsorum religiosorum sita
» in villa de Wailliaco Suessionensis diœcesis quæ
» domus curia dominica nuncupatur cum pluribus
» aliis domibus in dicta villa situatis, ac certis
» censibus redditibus pratis nemoribus furnis, mo-
» lendinis terragiis, vinagiis, hominibus de cor-
» pore capitagiis dominio juridictione justicia; nec
» non et pro quadam alia eorumdem domo que
» vulgariter nuncupatur laRoyere sita juxta Fillanis
» cum certis terris boscis et redditibus aliis ad

» ipsam domum pertinentibus et universaliter pro
» omnibus his que ipsi religiosi infra metas com-
» munie de Wailliaco, tempore confectionis pre-
» sentium, quomodolibet possidebant, nobis et suc-
» cessoribus nostris cum omnibus juribus perti-
» nentiis et redditibus obventionibus et aliis qui-
» buscumque, et in quibuscumque locis et rebus
» consistant, ad domos predictas spectantibus, as-
» signando et in perpetuum jus nostrum et suc-
» cessorum nostrorum ac regni nostri transportando,
» predictam communiam et communitatem in dic-
» tum monasterium et jus ejusdem perpetuum
» transferre vellemus et etiam transportare nec
» non et pro sex millibus libris parisien. quas
» etiam in recompensationem et ex causa permu-
» tationis predicte nobis cum instantia offerebant,
» ad que facienda nos cum causis premissis multis
» aliis persuasionibus inducere nitebantur; Nolentes
» igitur sicut nec debemus jura, monasterium pre-
» sertim eorum, que a predecessoribus nostris sancta
» sunt devotione fundata in aliquo minuere, sed
» ea potius cum sua integritate salva fore volentes;
» considerantes etiam utilitatem nostram succes-
» sorum nostrorum ac regni nostri et dictorum
» religiosorum in dicta permutatione versari, et
» predictis religiosis et habitantibus in dicta villa
» tranquillitatem et pacem ex eodem procurari :
» Nos jura predicte communie seu communitatis
» et quecumque in personam nostram et jus nos-
» trum regium et predictos majorem et juratos et
» totam communiam et communitatem et eorum
» singulos sunt transportata, generaliter omnia prout
» superius sunt expressa et etiam recitata, que ta-
» men ad dictos majorem et juratos ac singulos
» eorumdem ratione quomodolibet pertinebant, pro
» predictis domibus cum eorum juribus et perti-
» nentiis universis et singulis supra dictis ac aliis
» quibuscumque, ex causa dicta permutationis una
» cum dictis sex millibus libris parisien. concedi-
» mus et in perpetuum jus dicti monasterii abbatis
» et conventus ejusdem, transportamus et transfe-
» rimus, pleno jure tenenda habenda et possidenda
» ab eisdem in perpetuum, quiete et pacifice sine
» coactione vendendi vel extra manum suam po-
» nendi : ita quod nullam communiam in dicta villa
» Corbeiensis instituere seu facere institui aut man-
» dare poterimus quoquomodo : qui immo abbas et
» conventus dicti monasterii dictam communiam
» instituere seu sibi retinere, aut quod villa Cor-
» beiensis absque ulla communia perpetuo rema-

» neat, prout eorumdem abbatis et conventus
» predicti monasterii placuerit: voluntati promittentes
» bona fide quod concessionem demissionem et trans-
» portationem predictas non veniemus rationibus
» vel causis quibuslibet in futurum, sed premissa
» omnia et singula dicto monasterio abbati et
» conventui ejusdem garandizabimus deffendemus
» et tuebimus contra omnes, et eos potiores in
» premissa concessione a nobis facieumus et facere
» tenebimus in nostris expensis et sumptibus con-
» tra omnes.

» In predictis tamen superioritatem et ressortum
» necnon et exercitum cavalcatum subsidiumque
» maritagium filiarum nostrarum necnon et sub-
» sidium pro militia filiorum nostrorum ac filiorum
» et filiarum successorum nostrorum regum Francie
» ac redemptionem nostri corporis seu successo-
» rum nostrorum Francie regum de carcere, quod
» absit, necnon fortalitia dicte ville, in casu ne-
» cessitatis seu guerre, nobis et nostris successo-
» ribus Francie regibus, totaliter retinentes ; que
» omnia et singula in premissis nobis et succes-
» soribus nostris predictis retenta, prefati religiosi,
» cum a nobis seu successoribus nostris Francie
» regibus requisiti super hoc fuerint, facere et ad-
» implere tenebuntur; Nos vero et successores
» nostri ad reparationem murorum seu fortalitio-
» rum dicte ville Corbeiensis nullatenus tenebimur
» de cetero quomodolibet faciendam.

» Quod ut firmum et stabile permaneat in fu-
» turum, presentibus litteris nostrum fecimus ap-
» poni sigillum. Datum Parisiaci, anno domini mil-
» lesimo trecentesimo decimo, mense julii. » (Corbie, armoire 1er, liasse 23.)

NOTE 20. — PAGE 300.

CORBIE (*échevinage*) ART. 36 : *ils firent abbattre le beffroy.*

Lorsque les commissaires députés par le roi Philippe-le-Bel se rendirent à Corbie, pour mettre l'abbaye en possession des droits qui avaient appartenu à la commune, ils interpellèrent les religieux de leur dire ce qu'ils entendaient faire du beffroi. Aussitôt ceux-ci répondirent qu'ils ne voulaient plus de commune dans la ville de Corbie. En signe de cette déclaration, ils firent descendre les battants des cloches de la commune, en protestant de leur droit de faire raser le beffroi et d'en ordonner comme bon leur semblerait. « Et » in signum hujus batella campanarum dicte com-
» munie deponi fecerunt, et de amovendo perpetuo
» bertfredo dicte communie, protestati sunt. » (Archives du département de la Somme, Corbie, armoire 1er, liasse 23, n.° 13.) — Voyez Mémoires de la Société des Antiquaires de Picardie, tome 2, page 348.)

NOTE 21. — PAGE 301.

CORBIE (*échevinage*) ART. 39 : *Pœult et doibt ledit prevost congnoistre de toutes les ordonnances ci-dessus déclairiées.*

En tête du cartulaire dont nous avons extrait les coutumes de l'échevinage et de la prévôté de Corbie, se trouvent les ordonnances de police que le prévôt de la ville était chargé d'appliquer. Elles y sont inscrites dans l'ordre suivant :
1. Prologue en forme d'introduction. — 2. Les ordonnances sur les vendeurs et hostellains de grains. — 3. Les ordonnances sur les courtiers achetans grains. — 4. L'ordonnance des mesureurs. — 5. Des porteurs au sacq. — 6. Des Boullanguiers. — 7. Des patichers. — 8. Sur les vins vendus en détail. — 9. Sur les brasseurs. — 10. Sur le mestier des bouchers. — 11. Sur le poisson de mer. — 12. Sur le poisson d'eau douce. — 13. De la marchandise des waides. — 14. Sur les lins et canvres. — 15. Sur les aux. — 16. Sur le mestier des cordiers. — 17. Sur l'esgard des sieux (suifs) et chandailles. — 18. Sur le mestier des tanneurs. — 19. Sur le mestier des suerrs que l'on dist cordonniers. — 20. Sur le mestier des conreurs conrans cuir. — 21. Sur le mestier des chavetiers. — 22. Sur le mestier des gorliers. — 23. Sur le mestier des frailiers (fabricants de lattes.) — 24. Des foings vendus par bottes. — 25. Sur les telliers de linge. — 26. Sur les tonnelliers. — 27. Sur les viesiers. — 28. Sur le naviage de la rivière de Somme. — 29. Sur les laines. — 30. Des merchiers. — 31. Des pelletiers et viesiers. — 32. Sur le mestier des tisserands de draps. — 33. Sur le mestier des pareurs et foullons. — 34. Sur le mestier des cauchetiers. — 35. Sur les amendements et terraux. — 36. Sur les pourceaux allans par les rues. — 37. Sur les mairiens que l'on amaine par eaue. — 38. Sur les venderesses de poirées. — 39. Sur les gens allant de nuit et les joueurs de dez. — 40. Sur les démolissemens de maisons. — 41. Sur les priseurs des biens mœubles. — 42. Sur les desquarqueurs des vins et des waides. — 43.

Sur les fouées et cauchies. — 44. Sur la coustume-le-conte. — 45. Sur les estallages que l'on dist hestaux. — 46. Sur le cauch et carbon. — Enfin, sous les n°s 47, 49, 50, 53 et 54, *les coutumes imprimées dans ce recueil.* — 48. Sur l'office du greffier. — 51. Sur les louages des maisons. — 52. Sur les revendeurs. — 55. Les enseignemes des juges et de justice. — 56. L'ordonnance sur le mestier des capelliers. — 57. De la maison Saint-Ladre. — 58. Sur les barbiers et saigneurs. — 59. Sur l'estaple de Corbie. — 60. Sur le mestier des parmentiers et pourpointiers. — 61. Sur les thuilles. — 62. Sur les machons. — 63. Sur les bonnetiers.

Note 22. — Page 302.

Corbie (*échevinage*) Art. 44 : *il pœult prendre jour d'avis s'il vœult.*

Jour d'avis pour *jour d'avisement* sans doute, car le défendeur à qui le serment *litis decisoire* est déféré par le juge, est dans la même position que le témoin qu'on interroge sur un fait dont il n'est pas bien certain. « Toutes les fois que
» tesmong soit examiné et on lor a faite aucune
» demande, de lequele il ne sont pas bien avisé,
» s'il demandent *jour d'avisement*, il le doivent
» avoir. » (Beaumanoir, Cout. de Beauvoisis ch. IX, art. 43.)

Note 23. — Page 304.

Corbie (*échevinage*) Art. 51 : *Nul ne doibt estre juge en sa cause.*

« Car nus en sa querele ne doit estre juges et
» partie. » (Beaumanoir, Cout. de Beauvoisis, ch. 1er, art. 24. — Cod. Justin. lib. 3, titre 5, l. 1.)

Note 24. — Page 304.

Corbie (*échevinage*) Art. 52 : *leurs femmes ou muisnies.*

Sur le sens du mot *maisnie* ou *mesnie* voir la note B de la page 23, tome 1er de l'édition de Beaumanoir, publiée par M. Beugnot qui cite un arrêt du parlement rendu à la St.-Martin 1282, où on lit : « Et fut puis desclairié
» de ce mot *sa propre mesnie demourant en son*
» *ostel*, ce est à entendre de ceus qui font ses
» propres besoignes et à ses despens. »

Note 25. — Page 308.

Daours. — Art. 13 : *incontinent ledit mariage consommé, chacun acquiert et lui appartient la moitié de tous les héritages que ung chascun d'eulx apporte audit mariage.*

Il est peu de coutumes assurément qui donnent autant d'extension au principe de la communauté de biens entre époux.

Note 26. — Page 308.

Daours. — Art. 14 : *la vesve qu'il délaisse pœult prendre hors part.*

L'ordonnance de l'échevinage de Corbie de l'an 1319 qui accorde le même préciput à la veuve, a peut-être été inspirée par ce qui se pratiquait dans la châtellenie de Daours. (Voyez ci-dessus page 295, art. 20.)

Note 27. — Page 310.

Hamel. — Art. 3 : *ils ne pœuvent recharger leur car ou carette sans appeler les officiers dudit Hamel à peine de LX sols parisis d'amende.*

Nous avouons que nous ne comprenons pas bien le but d'une semblable disposition. Cependant, de ce que nous ne pouvons lui assigner une cause raisonnable, ce n'est pas un motif suffisant pour la rejeter comme absurde, d'autant plus que nous la verrons se reproduire dans d'autres coutumes, notamment dans celle de Mesnil-lez-Hesdin, prévôté de Doullens.

Note 28. — Page 311.

Vecquemont. — Art. 6 : *dont il en appartient au maire de ladite ville le tiers.*

Cet article, comme déjà nous l'avons fait remarquer page 251, donne une idée de ce qu'étaient les offices de mairie dont il est question dans le rôle de Corbie. Le mot *maire* ne signifie ici rien moins que le chef d'une administration communale ou échevinale. Il désigne tout simplement l'intendant d'une *villa*, le préposé que le seigneur chargeait d'administrer ses domaines et de recevoir ses revenus.

Aux détails déjà si précis qu'a donnés, sur les *majores villarum*, M. Leber, dans son Histoire critique du pouvoir municipal (pages 198), nous ajouterons l'extrait suivant tiré d'un manuscrit en parchemin de 1301 contenant l'état des revenus de l'évêché d'Amiens et dont la ville vient de faire l'acquisition.

« Pierres li maires de Ham est hom monseigneur
» le veske de bouche et de mains, et doit plain

» serviche à ronchi et vient as plais, et est maires
» de Ham et de Moustiers ; et tient de monseigneur
» le veske sen manoir de Ham là où il maint,
» ainsi comme il se comporte en lonc et en le...
» Item iij solz de chens que Richart le Pescheur
» li doit pour le maison alout (sic) son genre,
» et iiij sols et iiij capons que Jakes de Saint-
» Fuscian li doit pour demi journel de terre qui
» saboute à sa terre du Praiel, et si doit pour le
» moitié de sen fossé j capon, et pour le voie de
» Sasseval j capon ; et si doit j troite de ij.ᵉ œus
» et une pieche de lart a frire le troite et con-
» tient le pieche un pie de lonc et un pie de le;
» et doit au kieu vij sestiers de vin ne du pieur
» ne du milleur. — Et doit li maires et ses
» sergans diner à court ; et quant le troite est
» cuite le mairesse en doit avoir j quartier et j
» pot de vin et ij pains. — Et quant li maires
» semont les corvées pour fener les prés, a les-
» pardre et au lever, il a chascune journée que
» il i est vi deniers ; — Et quant li fains est
» leves et loies, il a les soustraieures des mofles ;
» — Et quant il semont les kieutes a court il
» a sen conray ; et as cens de Noël ceuillir sen
» conroy et j capon au vespre ; — Et el mois
» de mai quant il semont le vait du bos, il a vj
» deniers ; — Et pour semonre le vait Saint-Fremin
» vj deniers ; — Et pour semonre le vait de ville warder et pour
» toutes les fois qu'il semont les corvées des blés
» porter a Amiens il a vj deniers ; Et de chas-
» cune amende de ij sols et vj deniers, il en a
» vj deniers ; — Et pour chascune bonne ij de-
» niers ; — Et pour semonre le taille à le St.-Remy
» il a vj deniers ; — Et pour semonre lavainne
» de march il a vj deniers et la doit aidier a
» ceuillir ; Et pour chascun home ou feme se-
» monre de Ham et de Moustiers que chils de hors
» font semonre il a j denier, et est tenus de faire
» asavoir les ajournemens par lui et par sen com-
» mandement ; — Et est tenus à venir as plais
» quant il est semons convenablement ; — Et
» chascune vente soit de maison ou de terre il a
» uns wans ; — Et doit maure au molin mon-
» seigneur le veske se mannée apres le ble en-
» grene qui est en le tremuie ; — Et par amen-
» dement sil avoit oubliee nule cose, il le doit
» faire asavoir par sen sairement. » (Renseigne-
ment communiqué par M. Lavernier.)

Note 29. — Page 313.

Villers-Bretonneux. — Art. 3 : *de deux ans en deux ans les eschevins dudit lieu sont renouvelles.*

Le terme ordinaire de la durée des pouvoirs d'un échevinage était un an. Cependant quelques communes dérogeaient à cette règle. Celle de Douai, par exemple, renouvelait ses échevins de treize mois en treize mois ; à Villers-Bretonneux, le seigneur qui s'était réservé le droit d'éliminer trois échevins sur les sept nommés par l'échevinage sortant, avait encore pris la précaution de stipuler un délai de quatre mois pour faire connaître sa détermination.

Note 30. — Page 314.

Villers - Bretonneux. — Art. 4, § VI : *pro veteri odio vel treugá infractá.*
Voyez page 112, note 26.

Note 31. — Page 314.

Villers - Bretonneux. — Art. 4, § XIII : *conducere eum debet pro posse ad salvamentum.*
L'esprit de cette disposition semble emprunté aux statuts de la Ghilde du roi Eric, article 5. (Récits Mérovingiens par M. Aug. Thierry, tom 1ᵉʳ page 384.)

Note 32. — Page 315.

Villers-Bretonneux. — Art. 4, § XVI : *Qui ad paupertatem vel egestatem tantam ductus fuerit quod domum suam velit vendere.....*
Voyez ci-dessus page 227 : *Celui qui veut sortir de la ville.*

Note 33. — Page 316.

Villers - Bretonneux. — Art. 4, § XXII : *Qui incendio domus sue dampnum habebit, adjuvabunt eum alii.*

« Congilda cujus anterior pars domus... in qua
» residentiam facit combusta fuerit, accipiet de
» quolibet fratre tres denarios. (Ghilde du roi Eric, art. 29, Récits Mérov. *ut suprá*, page 391.)

« Si vero aliquis cujus domus combusta fuerit...
» unusquisque paupertato amico nummum unum
» in auxilium dabit. » (Charte d'amitié de la ville d'Aire, art. 13, *ut suprá* page 391.)

FIN DE LA TROISIÈME SÉRIE.

COUTUMES LOCALES.

QUATRIÈME SÉRIE.

PRÉVOTÉ DE VIMEU.

NOTICE

SUR LA

PRÉVÔTÉ DE VIMEU.

I.

OBSERVATIONS GÉNÉRALES.

La prévôté royale de Vimeu avait pour limites, au nord, la Somme, à l'est la prévôté de Beauvoisis, à l'ouest la Manche, au midi la Bresle et la Normandie. Le bourg d'Oisemont était le siége de cette prévôté qui comprenait les châtellenies d'Airaines, d'Hornoy, de Gamaches, de Saint-Valery ainsi que les commanderies d'Oisemont et de Saint-Mauvis. Sa juridiction se trouvait tellement mêlée avec celle de la sénéchaussée de Ponthieu qu'il y avait bien peu de villages, dans sa circonscription, qui ne fussent pas mi-partie Ponthieu et bailliage d'Amiens.

La coutume de la prévôté de Vimeu que nous transcrivons en tête de cette quatrième série est inédite, car elle n'a pas été, comme celles des sept autres prévôtés, homologuée, en 1509, par la cour du parlement de Paris. Le procès-verbal de la réformation des coutumes du bailliage d'Amiens, de 1567, qui mentionne cette circonstance en donne pour raison la destruction du manuscrit original ; et le savant jurisconsulte Dumoulin énonce comme un fait positif qu'il a été déchiré et mangé par le levrier d'Antoine de Saint-Delys lieutenant-général du bailliage (1).

La coutume que nous possédons est identiquement la même que celle

---

(1) *Prévosté de Vimeu*, dont le cayer des coustumes locales et particulières apporté audit Antoine de Sainct-Delis fut rongé et mangé de son levrier. Et pour ce que ceux de Vimeu, lors de la publication des coustumes ne purent promptement fournir le cayer de leurs coustumes particulières qui avoit esté mangé des chiens, ils demeurèrent sous la coustume générale d'Amiens : ainsi l'ai vu juger par arrest de l'an 1548.

(Molinæi opera tom 4 coll. 230)

qui a été lue, approuvée et accordée par l'assemblée des trois états du bailliage le 2 octobre 1507. La mention qui constate ce fait est revêtue des signatures de Saint-Delys et de Jehan Boistel, par conséquent il n'est permis d'élever aucun doute sur l'authenticité de sa rédaction. Cependant bien loin de porter des traces de la dent de l'animal avec lequel elle se serait trouvée en contact, cette coutume est encore aujourd'hui dans un état de conservation qui ne laisse rien à désirer. Plus heureuse que tant d'autres de la même époque, elle a traversé trois siècles bien complets sans éprouver la plus légère altération.

Qui donc a pu accréditer la fable du levrier? sans doute Saint-Delys lui-même. Nous ne faisons pas injure à son caractère en le supposant capable d'une semblable supercherie, car ses démêlés avec la commune d'Amiens prouvent qu'il n'était pas très scrupuleux sur le choix des moyens qui devaient le faire arriver à son but. Mais quel motif a pu lui faire dissimuler l'existence de cette pièce? ce ne peut être, ce n'est pas une considération d'intérêt personnel, c'est plutôt le désir d'étendre l'influence de la coutume générale au détriment d'une coutume particulière qui la contredisait dans ses dispositions les plus essentielles.

A la différence de la coutume de la sénéchaussée de Ponthieu qui posait d'une manière absolue le principe de l'indivisibilité des successions *ab intestat*, la coutume du bailliage d'Amiens faisait exception à cette règle pour les meubles et acquets immobiliers possédés en roture. Elle en prescrivait le partage par égales portions lorsqu'il y avait plusieurs héritiers au même degré. La coutume de la prévôté de Doullens plus libérale encore, ne distinguait pas les héritages des acquets et déclarait partageable tout ce qui n'était pas fief. Dans la prévôté de Saint-Riquier composée entièrement de fiefs et arrière-fiefs détachés de la mouvance du Ponthieu, les principes de la coutume de cette sénéchaussée ont dû naturellement prévaloir; mais qu'il en fût de même dans la prévôté de Vimeu, c'était là une idée que ne devait pas supporter facilement un homme aussi jaloux que Saint-Delys de conserver l'unité de sa juridiction. Pour soustraire toute cette partie de la Picardie aux effets désastreux de l'impitoyable loi qui y régissait les successions, il a supposé que le cahier contenant les coutumes de la prévôté de Vimeu avait péri par cas fortuit et que dès lors il y avait impossibilité de le soumettre, comme les autres, à l'homologation du parlement. Le résultat de ce mensonge a été de ranger tout le ressort de cette prévôté sous l'empire de la coutume du bailliage d'Amiens; et cela est si vrai que, lors de la réformation de cette dernière coutume, le nouveau cahier présenté aux commissaires royaux par les délégués du Vimeu ne reproduisit pas la disposition relative aux successions *ab intestat*.

La coutume de la prévôté de Vimeu porte seize signatures dont nous avons essayé de constater l'origine et la signification. Voici le résultat du travail de comparaison auquel nous nous sommes livré.

Jehan Moisnel garde de la prévôté royale du Vimeu, paraît dans le procès-verbal de l'assemblée du bailliage d'Amiens du 25 août 1507, comme prévôt de l'abbaye de Lieu-Dieu. — Martin Vilain substitut du procureur du roi était bourgeois d'Oisemont, bailli de Beauchen et bailli de Fontaine et Allery. — Jehan Durot était bourgeois d'Oisemont et bailli de Gamaches. — Philippe Durot était bourgeois d'Oisemont, bailli de Lignières, bailli de Neuville-au-Bois et bailli de Ramburelles. — Martin Roussel était bourgeois d'Oisemont et bailli de la commanderie de Saint-Mauvis. — Fremin Roussel était bourgeois d'Oisemont et bailli de la châtellenie de Bailleuil. — Les deux Lenglacie étaient bourgeois d'Oisemont ; B. Lenglacie l'un d'eux était prévôt de ce bourg. — Jehan Caruette était bourgeois d'Oisemont, bailli d'Etrejus et bailli de Fresnoy-Omâtre. — Antoine Pecquet était bailli de la châtellenie d'Airaines. — Un Montenescourt signe comme procureur de la châtellenie d'Airaines. — Pierre de Hones, dans la coutume du temporel de l'abbaye de Saint-Valery, signe comme procureur du seigneur de Buleux.

Ainsi quoique bourgeois et domiciliés à Oisemont, pour la plupart, les seize signataires de la coutume de la prévôté de Vimeu étaient en position de bien connaître les us et coutumes des seigneuries et échevinages situés dans cette circonscription. Comme procureurs et praticiens ils étaient habitués à suivre les plaids de la prévôté royale, comme baillis et officiers de justice des seigneurs et des communes, ils coopérèrent à la rédaction de leurs statuts locaux.

L'identité de formules et de dispositions qu'on observe dans certains cahiers portant la signature du même bailli, est une preuve que les baillis sont les véritables rédacteurs des coutumes de leurs seigneuries. Ainsi les coutumes de Lignières, de Neuville-au-bois et de Ramburelles portent, toutes trois, la signature de P. Durot bailli ; toutes trois sont écrites sur parchemin de pareille forme et dimension ; toutes trois, contiennent neuf articles ; toutes trois en un mot se ressemblent au point qu'il est impossible de nier leur communauté d'origine. La même observation s'applique aux coutumes de Fressenneville et de Friville œuvre du bailli Blotefière, aux coutumes de Huppy et de Vergies et Le Fay signées par N. de Goumer ou de Gonmer *bailli.*

Dans la prévôté de Vimeu, les statuts locaux ne traitent presque jamais la matière des successions ; cinq seulement font exception à cette règle, ce sont les coutumes de Bezencourt, de Brontelles, d'Hornoy, des quatre parts et du quint de Selincourt qui substituent, au droit de l'aîné sur les biens roturiers, le privilége du *maisné* c'est-à-dire du moins âgé des enfants. Les deux coutumes de Selincourt accordent au fils aîné la succession des héritages féodaux et au fils puiné la succession des héritages acquets, conquets et biens meubles roturiers ; mais l'article 3 de la coutume d'Hornoy et l'art. 2 de la coutume de Bézencourt excluent les acquets de cette réserve et n'y font entrer que les terres franches de rente et demi-rente, avec les maisons et masures. Les terres chargées de rente et demi-rente se partagent par égales portions (1).

Sur les 50 coutumes dont se compose cette 4.ᵉ série, 30 au moins offrent peu d'intérêt : ou elles se copient l'une l'autre, ou elles disposent pour des cas déjà réglés par la coutume générale. Mais les coutumes qui régissaient les échevinages méritent une attention plus sérieuse.

Celle d'Airaines nous fait connaître que cette ville avait été autrefois fermée de murailles et gouvernée par un maire et des échevins ; à l'époque de la rédaction des coutumes, la municipalité avait cessé d'exister, et deux seigneurs ayant dans la ville chacun son fief et son château s'étaient partagé le domaine et la juridiction. La ville et la banlieue étaient divisées en deux fiefs. Le premier appelé *le fief Pignon* appartenait au roi comme comte de Ponthieu ; le second appelé *le fief Bauduin* appartenait à Philippe de Croy, comte de Porcien, qui le tenait en pairie de la châtellenie de Saint-Valery.

La coutume d'Airaines doit probablement son origine à la suppression de la commune et aux transactions que cet événement amena entre les deux seigneurs, pour le règlement de leurs intérêts respectifs. Indépendamment de la juridiction propre de chaque seigneur, il y avait une juridiction mixte qui leur était commune à tous deux. Tous les actes de justice qui étaient autrefois de la compétence des maire et échevins tels que l'inspection des denrées, la police urbaine, la mise à prix des boissons vendues en détail,

---

(1) D'après l'art. 6 de la coutume de Neuville près Senarpont, les terres chargées de demi-rente sont celles qui doivent la moitié du champart, c'est-à-dire, quatre au lieu de huit pour cent de la récolte en nature.

la connaissance des actions personnelles et des crimes et délits perpétrés dans la ville et dans la banlieue, étaient exercés par les officiers des deux seigneuries collectivement. Nous ignorons la cause qui a fait perdre à la ville d'Airaines ses priviléges de commune. Mais il est permis de croire que les seigneurs qui ont profité de sa suppression n'y sont pas restés tout-à-fait étrangers.

A Oisemont ville de bourgeoisie, la justice locale est confiée à un prévôt qui se renouvelle tous les ans le vendredi qui suit le jour de l'Invention de la Sainte-Croix. Le seigneur commandeur le choisit parmi deux candidats élus par l'assemblée des bourgeois.

Pour acquérir droit de bourgeoisie à Oisemont, il faut se soumettre à l'accomplissement d'une formalité qui serait inexplicable si le préambule de la coutume ne nous faisait pas connaître que cette seigneurie appartenait aux chevaliers de Saint-Jean de Jérusalem. Celui qui se présente pour relever l'héritage d'un bourgeois décédé est obligé de porter la *potence acoustumée à porter auxdits bourgeois ;* et cela est exigé en mémoire sans doute de la croix que le sauveur porta en allant au calvaire. Malheureusement l'article qui mentionne ce fait est plein de lacunes qui ne permettent pas d'en bien saisir le sens.

La coutume de l'enclos, murailles et fossés de Gamaches est précédée d'une charte de commune donnée par Anora comtesse de Dreux et de Saint-Valery, au mois de juillet 1230. La charte originale qui était en latin n'a pas été conservée ; mais une traduction faite en 1548 existe dans les archives de la municipalité de Gamaches. M. Darsy notaire en cette commune, aux soins intelligents duquel on doit le classement de ces archives, a bien voulu nous adresser une copie de la traduction de 1548 qu'il a fait faire et collationner sous ses yeux, nous la joignons au texte de la coutume, et nous réservons pour les notes une foule d'autres documents intéressans dont M. Darsy a bien voulu également nous procurer la communication.

La charte de Gamaches fut rédigée sur le modèle des us et coutumes de Saint-Quentin. Elle se compose de 49 articles dont le 12ᵉ contient cette singulière disposition : « tout homme de fief débiteur d'un bourgeois,
» lorsqu'il a fait cession de biens à ses créanciers, peut venir à Gama-
» maches sans courir le risque d'être arrêté dans sa personne ou dans ses
» biens, pourvu qu'il ne quitte pas la selle du cheval qui lui sert de mon-
» ture, car s'il en descend, le créancier a la faculté de saisir le cheval
» et de le retenir comme gage de sa créance. »

Les coutumes qui concernent les seigneuries s'appliquent moins à résumer la jurisprudence locale, qu'à préciser le chiffre de certains droits seigneuriaux. Nous ne nous arrêterons qu'à celui des droits de mutation par vente et par succession.

Dans la plupart des coutumes, le droit de mutation par succession, pour les biens roturiers, est ainsi formulé : *tel cens, tel relief*, que l'héritier doit payer dans le délai de sept jours et sept nuits, car à la mort du tenancier les biens retournent de plein droit à la table et domaine du seigneur. Dans les bourgs et les villes fermées, comme Airaines, Oisemont, Gamaches, on applique la maxime : *le mort saisit le vif*. Il n'est dû aucun droit de relief pour les biens situés dans l'enceinte du bourgage, car la succession passe de plein droit à l'héritier.

Le chiffre des droits de mutation par vente, transport ou donation varie suivant les localités. Le plus communément, c'est le cinquième denier, mais à Bray-les-Mareuil, à Etréjus, à Lignières Foucaucourt et dans toute la commanderie d'Oisemont, il n'est dû que le treizième denier. Dans la seigneurie de Fresneville, lorsqu'on vend des maisons ou des manoirs, il est dû la moitié du prix (1).

Dans la vicomté de Salnelles, il y a une espèce de terres appelées *terres lottières*, qui ne doivent d'autres censives que l'entretien des fossés et chaussées dont lesdites terres sont traversées. Le droit de relief, comme le droit de vente, est de quatre deniers du journal; et le retrait, quand elles sont vendues, doit être exercé en dedans la tierce marée qui suit la saisine de l'acquéreur. Cette condition rappelle celle que David 1.er roi d'Ecosse, dans ses lois sur la police des bourgs, imposait dans l'intérêt des marchands et de la prompte expédition de leurs affaires : *si placitum oriatur inter burgensem et mercatorem, terminari debet infrà tertiam refluxionem maris* (2). Dans le cas particulier, l'absence de censives, la modicité du droit de relief et du droit de vente, ainsi que la briéveté du temps accordé pour le retrait lignager, s'expliquent par le peu de valeur des terres situées dans le voisinage de la mer.

Mais voici un fait qui justifie mieux encore cette dernière assertion.

Au moment de la rédaction de la coutume de la châtellenie de Saint-Valery (côté de Vimeu) les seigneurs de Brontelles, d'Ansenne, de Tours

---

(1) Voyez ci-dessus page 221 note 35.

(2) *Leg. burg. cap.* VIII, Houard coul. angl. norm. tom. 2 page 384.

et de Lambercourt, soutinrent que la coutume de leurs seigneuries les autorisait à laisser en friche et en vaine pâture, pendant vingt, trente, quarante ans et plus, telle portion de leur domaine que bon leur semblait, sans qu'on pût jamais se prévaloir contre eux de cet abandon, pour les empêcher de reprendre ces mêmes portions de domaine et de les donner à cens ou à louage, lorsqu'ils le jugeaient convenable ; mais le procureur d'office de la châtellenie combattit cette prétention et fit ses réserves de s'opposer à ce qu'elle fût consacrée en coutume.

Les prétentions seigneuriales étaient poussées quelquefois un peu loin. Ainsi les religieux hospitaliers de Saint-Jean de Jérusalem, par l'art. 3 de la coutume de Saint-Mauvis, déclarent avoir seuls le droit de pourvoir de ménétriers et de harolleurs les vingt-deux communes dépendant de leur commanderie, de telle sorte qu'à Saint-Mauvis, Omâtre, Nesle-l'Hôpital, Woincourt, Ysengremer, Hocquincourt, Lincheux, Gouy, Camps-en-Amiénois, Vreignes, Caullieres, Maisnieux, Carrois, Molliens-en-Beauvoisis, Sainte-Segrée, Saulchoy, Wailly, Guisencourt, Cernoy, Hescamps, Frestemolle et Romescamps, nuls joueurs d'instruments autres que les leurs ne pouvaient être admis à jouer à l'église et à faire danser la jeunesse les jours de fête patronale.

Le seigneur de Neuville-près-Senarpont, déclare être en bonne possession du droit de prendre, sur les chasse-marées qui traversent sa seigneurie, un plat de poisson royal pour le prix que ce poisson a coûté à la mer. Mais il ne peut exercer ce droit qu'autant qu'il est, lui ou son fils aîné en personne, au château de Neuville.

Sur un fief situé au village de Tours en Vimeu, il y a cette coutume particulière. Tout individu résidant sur ce fief qui fait tuer un porc dans sa maison ou sur son tennement, avant de le mettre en saloir, est tenu de présenter au seigneur, en son chef-lieu et hôtel seigneurial, l'os de la cuisse avec un carré de cotelettes le tout tenant ensemble, sous peine de soixante sols d'amende et de confiscation du pourceau. Ce singulier droit qui était appelé droit de *haste*, rentre dans la catégorie des prestations auxquelles les possesseurs des francs fiefs étaient assujettis, lorsque les terres inféodées avaient été précédemment tenues à cens. La singularité même de la prestation était un moyen de faire connaître l'origine roturière de la possession et d'empêcher que le fief qui en était chargé, pût jamais se confondre avec les fiefs nobles (1).

(1) Voyez ci-dessus pages 215, 216, note 25.

II.

PROCÈS CONTRE LES ANIMAUX DOMESTIQUES COUPABLES D'HOMICIDE.

La coutume du fief et pairie de Boubers n'offre de remarquable qu'un passage de son procès-verbal où les comparants déclarent que « de tres grant
» temps ont veu avoir au seigneur pillory et mesmes ont veu audit Bou-
» berch les aucuns dès long-temps à faire justice d'un tor qui fut pendu pour
» avoir tué un enfant *qu'ilz entendent estre haute justice comme ils dient.* »

Ce passage confirme ce que dit Sainte-Foix, dans ses *Essais sur Paris* (1). Cet historien raconte, en effet, que les juges du comté de Valois firent le procès à un taureau qui avait tué un homme d'un coup de corne. Après avoir entendu les dépositions des témoins, ils le condamnèrent à être pendu, sentence qui fut confirmée par arrêt du parlement du 7 février 1314.

Les anciens recueils de jurisprudence contiennent une foule de décisions semblables. Nous ne nous y arrêterons pas. Seulement nous ferons remarquer que les commentateurs qui ont voulu donner l'explication de ces singulières procédures, s'accordent presque tous à la puiser dans le texte des livres saints. « Si un bœuf, dit la loi de Moïse (2), tue un homme ou une
« femme d'un coup de corne, le maître sera jugé innocent, mais le bœuf
« sera lapidé et on ne mangera pas sa chair. »

Jean Durer (3) remarque que « si les bestes ne blessent pas seulement
» mais tuent ou mangent, ainsi que l'expérience l'a démontré es petits en-
» fans mangés des pourceaux, la mort y eschet et les condamne-t-on a
» estre pendus et estranglez comme si elles avaient raison, pour faire per-
» dre la mémoire de l'énormité du fait. »

Julius Clarus (4) trouve tout naturel qu'on livre au bourreau, pour en faire justice, un animal qui a commis un homicide. « Si nous voyons encore, dit-
» il, un pourceau pendu au gibet pour avoir estranglé un enfant au ber-
» ceau, c'est pour avertir les pères et mères, les nourriciers, les domes-
» tiques de ne laisser leurs enfants tout seuls et de bien veiller à ce que
» leurs bestiaux ne puissent nuire ni faire mal. Si nous voyons tuer un
» bœuf à coups de pierres et sa chair jetée aux chiens pour homicide qu'il

---

(1) Œuvres complètes tom 5 p. 423.
(2) Exode, cap. 21, v. 28.
(3) Traité des peines et amendes, v.° *bestes portant dommage.*
(4) Pratique criminelle, 5.ᵉ partie, § final, quest. 99, c : 8.

» ait commis, (ce qui fut ordonné par Moïse) si nous voyons mettre le feu
» à une ruche de mouches à miel pour le même fait, (le concile tenu à
» Worms le veut ainsi) c'est pour nous faire abhorrer l'homicide puisqu'il
» est mesme puni es bestes brutes etc. »

Chez les Grecs, chez les Romains dans l'Antiquité, et chez les peuples barbares du nord de l'Europe, les codes de lois ne disposent que pour le cas ou l'animal domestique cause du dommage à autrui. Mais aucune de ces lois, à l'exception d'une seule et dans un cas tout particulier, n'ordonne la destruction de l'animal pour fait d'homicide.

Par la loi des XII tables, il est prescrit à celui dont le quadrupède a causé quelque dommage à autrui de réparer ce dommage ou, s'il l'aime mieux, de donner l'animal qui a nui : si quadrupes pauperiem fecerit, dominus noxæ æstimationem offerto, si nolit quod nocuit dato (1).

Par *quadrupes* la loi entend les animaux qui paissent tels que chevaux, vaches, brebis, pourceaux (2).

Cette disposition paraît avoir été empruntée au droit attique. Solon, en effet, fit une loi qui prescrit de remettre lié d'une quadruple corde le chien qui a mordu à celui qui a éprouvé le dommage (3). Platon au XIe livre de son Traité des lois professe aussi cette doctrine.

La loi des Lombards et les formules de la Frise, déterminent le mode d'action propre à chaque espèce d'animaux domestiques, dans l'accomplissement du fait dont le maître sera déclaré responsable. Il faut que le cheval frappe avec le pied, le bœuf avec la corne, le pourceau avec la défense, le chien avec la dent. *Pferdes* huf, *Rindes* horn, *Schweines* zahn, *Hundes* bisz schimmert durch in den worten des longobardische Gesetzes : si *caballus* cum pede, *bos* cum cornu damnum fecerit, vel si *porcus* cum dente hominem intricaverit, aut si *canis* momorderit... (4).

On sait avec quel soin minutieux les législations barbares établissent le tarif des amendes et réparations civiles applicables aux différents délits. Ces indemnités de la poursuite criminelle sont qualifiées *wergeld*, quand elles concernent la partie lésée et *fredus*, quand elles concernent la partie publique. Aucune de ces législations n'accorde d'indemnité au fisc, mais toutes proclament le principe d'une réparation à la partie lésée, pour les dommages qui sont le fait d'un animal domestique (5).

(1) Comm. sur la loi des xii tables par Bouchaud, 2.ᵉ édit. tom. 2.
(2) Digeste loi 1.ʳᵉ § 1.ᵉʳ et 2. *Si quadrupes*.
(3) Plut. *Vita Solonis*.
(4) Grimm, Deutsche Rechtsalterthumer p. 664.
(5) Dem herrn des thieres wird ganzes oder

La loi des Visigoths accorde wergeld entier ; les lois franques demi wergeld et l'animal qui a nui pour tenir lieu de l'autre moitié (1).

Il est vraisemblable, dit le savant Grimm, dans ses Antiquités du droit allemand, que, s'il y avait mort d'homme, le maître était contraint, pour toute indemnité, d'abandonner la bête homicide aux parens de la victime. Il fonde cette opinion sur le texte de la loi des Burgondes laquelle condamne seulement le propriétaire de l'animal auteur d'un dommage, à remettre l'animal à celui qui a souffert ce dommage. C'est là le seul wergeld qu'il ait droit d'exiger, car ce qui arrive par cas fortuit ne peut tourner au préjudice de l'homme : quia quod casu operatur non debet ad damnum aut inquietudinem hominis pertinere (2).

La loi des Alamans est la seule qui prévoit le cas de meurtre par un animal domestique. S'il arrive mort d'homme par le fait d'un cheval, d'un bœuf ou d'un pourceau, il sera dû plein wergeld à l'héritier. Mais si la mort est le résultat de la morsure d'un chien, l'héritier devra se contenter de la moitié du wergeld. S'il exige le wergeld entier, on lui fermera toutes les portes de sa maison, pour qu'il ne puisse entrer et sortir que par une seule au-dessus de laquelle, à neuf pieds environ du seuil, on pendra le chien pour y rester jusqu'à ce qu'il tombe en putréfaction et que ses ossemens jonchent la terre. L'héritier n'entrera et ne sortira par aucune autre porte. S'il jette au loin le corps du chien ou s'il entre par une autre porte, il sera, pour ce fait, obligé de restituer la moitié du wergeld (3).

L'aspect repoussant du chien suspendu et l'odeur infecte que le corps en putréfaction devait répandre dans l'intérieur du logis était un excellent moyen de contraindre l'héritier à se contenter de la moitié du wergeld, quelque avide qu'il fût de le palper tout entier (4).

Ici, notons le bien, la suspension du chien n'a nullement le caractère répressif : si c'est un châtiment, il est dirigé plutôt contre le maître que contre l'animal. L'idée de venger la mort d'un homme par l'anéantissement de la bête qui l'a causée, ne nous a donc pas été suggérée par les lois barbares, car aucune de ces lois n'a considéré le supplice d'un être privé de raison comme un holocauste nécessaire à la vindicte publique. Cette coutume vraisemblablement est un emprunt fait à la loi de Moïse, laquelle

---

halbes wergeld auferlegt, fredus aber ausdrücklich erlassen (Grimm loco citato).

(1) Lex salica 38, lex ripuaria 46.

(2) Lex Burgund. cap 18 art. 11.
(3) Lex alam. cap. 102.
(4) Grimm loco citato. p. 665.

ordonne la destruction du bœuf homicide, afin de faire perdre le souvenir de l'action qu'il a commise.

Si nous voulons savoir comment cette coutume s'est introduite dans les tribunaux du moyen-âge, interrogeons Beaumanoir. Ce savant jurisconsulte a traité, avec la haute raison qui le caractérise, la matière des procès intentés aux animaux.

Faire justice, dit-il, des animaux qui donnent la mort, faire pendre ou traîner une truie qui a mangé un enfant, c'est manquer le but que la justice se propose par la répression des coupables, car les animaux n'ont pas le discernement du bien et du mal et ne peuvent connaître ni le motif ni le but de la peine qu'on leur inflige. C'est pourquoi le seigneur qui a justice en sa terre, fait une chose puérile à tous égards lorsqu'il poursuit juridiquement et fait exécuter à mort l'animal qui a tué une créature humaine, *puisque de droit cet animal lui appartient* (1).

Beaumanoir distingue le cas où la bête a donné la mort du cas où elle n'a fait que des blessures sans gravité. Dans cette dernière hypothèse, le maître sera déclaré responsable, mais en réparant le préjudice, il conservera la propriété de l'animal qui l'a occasionné. Dans le premier cas, le maître ne sera pas responsable s'il prouve qu'il n'y a pas eu négligence de sa part. Il ne sera passible d'aucuns dommages et intérêts autres que l'abandon de l'animal au seigneur haut justicier.

Ainsi, lorsque la bête n'avait causé qu'un simple dommage, c'est au propriétaire comme civilement responsable qu'on demandait compte de son action, mais lorsque le propriétaire à raison de l'énormité du fait, déclinait la responsabilité, la bête alors était livrée au seigneur haut justicier. Pour que celui-ci pût la revendiquer, au nom de la vindicte publique, il fallait qu'il procédât contre elle de la même manière qu'il eût procédé contre le propriétaire, car celui-ci défaillant, il n'y avait plus d'autre partie défenderesse que l'animal lui-même. La justice, par cela seul qu'elle avait un moyen de répression assuré lorsque l'animal avait fait de simples blessures, ne pouvait rester désarmée lorsqu'il avait fait un dommage plus considérable, lorsqu'il avait donné la mort ; mais la justice n'ayant pas deux manières de manifester son action, doit, quelles que soient les causes qui lui sont soumises, les peser dans une égale balance, avec une égale impartialité et ne jamais s'écarter des règles qui lui sont tracées. De-là, la nécessité, même en

---

(1) Cout. du Beauvoisis ch. 69 n. 5.

procédant contre un être dénué de raison, de parcourir toute la filière de l'instruction criminelle, et de ne passer au jugement qu'après ajournement, enquêtes et plaidoiries préalables. C'est ainsi qu'en suivant rigoureusement les déductions d'un principe sage en lui-même, on arrive souvent aux conséquences les plus absurdes.

Dans ces étranges procédures, l'exécution nous étonne moins que le jugement, car l'exécution, outre les raisons que nous avons déjà données, pouvait avoir quelquefois une cause raisonnable, par exemple lorsqu'elle avait pour but moins la répression de l'animal homicide que la constatation du droit et le maintien de la prérogative du haut seigneur. En effet, le droit de haute justice n'étant souvent fondé que sur la possession, les actes qui constituaient cette possession pouvaient ne pas se présenter très fréquemment. Dans certaines seigneuries qui, comme le fief et pairie de Boubers, n'étaient composées que d'un très-petit nombre d'habitations, ce droit était souvent exposé à tomber en péremption par le non usage. C'est pourquoi les seigneurs l'exerçaient contre les animaux, en attendant l'occasion de l'exercer contre les hommes.

Ainsi donc quand les habitans de Boubers viennent déclarer qu'un taureau a été pendu pour avoir tué un enfant, ils relatent un fait, selon eux, confirmatif de la possession de la haute justice. Pour nous, cette déclaration a une haute importance, car elle permet d'envisager la question sous un point de vue tout-à-fait nouveau. Elle explique la persistance de l'usage par l'intérêt même que les hauts seigneurs avaient à le maintenir.

III.

COUTUMES MARITIMES. — DROIT DE LAGAN.

Sur les bords de la mer, la coutume se plie, pour ainsi dire, aux exigences du voisinage et s'arme d'une plus grande sévérité pour la répression des délits. L'amende pour coup de main garnie, quand la plage a été le théâtre du débat, est de soixante livres parisis. Quand il a lieu partout ailleurs, elle est de soixante sols seulement. Ainsi disposent les articles 1.er et 5 de la coutume de Saigneville. L'article 6 de celle de Saint-Valery, prononce en outre une amende de dix livres pour coups de main non garnie qui n'ont pas été suivis d'effusion de sang, quand la querelle a eu lieu sur la plage.

Pour que la coutume appréciât et punît si diversement les voies de fait commises sur la plage et en autre lieu, il fallait qu'elle y fût déterminée par une considération puissante. Nous aurons donc à rechercher pourquoi elle trouvait, dans la circonstance du lieu, une aggravation du délit telle qu'elle appliquait une amende vingt fois supérieure à celle qui était consacrée par le droit commun. Mais, avant de nous livrer à cet examen, nous devons faire connaître un autre usage qui se lie, comme celui-ci, à l'histoire du droit maritime. L'article 2 de la coutume de Saigneville qui attribue au seigneur tous les droits de lagan et choses épaves, nous en fournit le premier exemple.

Qu'est-ce que ce droit de lagan ? quelle est son origine ? qu'elles ont été ses destinées sur le littoral de la Manche et particuliérement sur les côtes du Vimeu et du Marquenterre ? telles sont les questions que nous allons essayer de résoudre dans la troisième partie de cette notice.

La mer n'a pas toujours, comme au temps où nous vivons, vu ses flots se couvrir de pacifiques navigateurs qui nous apportent les richesses des deux mondes, il fut un temps où elle jetait périodiquement sur ses bords des hordes barbares qui n'apportaient avec elles que le pillage, la dévastation et le trépas. Aujourd'hui, quel que soit le vaisseau qui paraisse en vue de nos côtes, nos vœux l'y appellent si elles sont abordables, nos vœux l'en repoussent si elles sont dangereuses et, quand gronde la tempête, chacun rivalise d'efforts et de courage pour lui venir en aide dans sa détresse. Autrefois l'apparition d'une flotille saxonne ou danoise était un sujet de consternation générale; disparaissait-elle, les chants d'allégresse retentissaient de toutes parts, et si les flots en courroux, dispersant les vaisseaux de ces audacieux pirates, en brisaient quelques-uns sur les rochers du rivage, les naufragés au lieu d'y trouver des hommes disposés à les secourir n'y trouvaient que des bourreaux prêts à les immoler. Immoler et dépouiller ceux que la mer n'avait pas engloutis, c'était, en quelque sorte, leur faire rendre le sang et le butin dont ils s'étaient gorgés, car, leur naufrage étant regardé comme une manifestation du jugement de Dieu, c'était un devoir de ne pas laisser sa justice incomplète.

Cette considération préliminaire indique tout-à-la-fois l'objet et l'origine du droit de lagan.

Le lagan de la mer, *laganum maris*, dit Du Cange, est la loi qui règle le sort des objets trouvés flottans, ou que la mer abandonne, ou qui proviennent d'un navire échoué ; delà trois sortes de lagans. Quand les objets sont trouvés flottans et qu'on ignore à quel navire ils ont appartenu, celui qui les trouve en a la moitié, car, sans le soin qu'il a pris de les recueillir, ces objets eussent été perdus ou portés sur un autre rivage. L'autre moitié appartient au seigneur qui est présumé propriétaire de tout ce qui nage ou flotte dans les limites de sa juridiction : *res fisci est ubique natat* (1).

Si ce sont des objets que la mer abandonne en se retirant, celui qui les trouve n'y a aucun droit ; de même que les autres épaves terrestres, ces objets appartiennent en totalité au seigneur haut justicier qui en devient propriétaire incommutable lorsqu'ils n'ont pas été réclamés dans l'an et jour de la découverte.

Mais le droit de s'emparer des dépouilles du navire échoué, comment et à qu'elle époque a-t-il pu s'établir légalement ? M. Pardessus dont nous résumons ici l'opinion, pense que, dans un temps où les propriétaires de navires les conduisaient eux-mêmes et où les propriétaires des marchandises les accompagnaient, on présumait que, si au moment du naufrage personne ne se présentait, tous les passagers avaient péri avec les gens de l'équipage, que, dès lors, leurs biens étant considérés comme succession vacante, devaient appartenir au premier occupant, d'autant plus que la circonstance du naufrage ne faisait qu'ajouter à la difficulté de prouver la possession des choses mobilières (2).

Si le droit de lagan n'avait porté que sur les objets et les marchandises formant la cargaison ou l'armement d'un navire, on concevrait encore comment les habitans des côtes qui les recueillaient après un naufrage, ont été amenés à s'en croire légitimes propriétaires, mais ce droit s'étendait aussi sur les victimes du sinistre, comme si le sacrifice de leur vie, ou au moins de leur liberté, eût été nécessaire pour valider la possession de leurs dépouilles. Tout le monde connaît ce trait de la vie d'Harold roi des Anglo-Saxons qui, ayant été jeté par la tempête sur les côtes du Vimeu, fut, pour cette seule raison, *sub pretextu naufragii*, retenu prisonnier par Gui I.er comte de Ponthieu, et enfermé dans une tour, au pied de la falaise de St.-Valery, qui porte encore le nom de *tour d'Harold*.

Quelquefois on massacrait sans pitié ceux qui refusaient de payer la rançon qu'on exigeait d'eux (3).

(1) Juvenal sat. 4.
(2) Lois maritimes, par M. Pardessus, tome 1.er page 313.
(3) Du Cange. Gloss. V.o *Lagan*.

Le droit de mettre à mort ou à rançon les naufragés n'a pu s'introduire dans toute l'Europe civilisée qu'à la suite des invasions. M. Pardessus (1) tire du silence des lois barbares et des Capitulaires, sur ce point, la preuve qu'en France, ce droit ne remonte pas plus haut que les ravages des Normands lesquels infestèrent les côtes de la Neustrie, depuis 841 jusqu'à 923. En effet, dans un temps où la mer n'était, pour ainsi dire, fréquentée que par des pirates, le droit de s'emparer de tout ce qui abordait au rivage fut la conséquence de l'état habituel d'hostilité, et les habitans l'exercèrent comme une sorte de compensation et de réprésailles.

Selon le même auteur, le seul changement que l'établissement du système féodal fit subir à cet état de choses, fut de transférer aux seigneurs le droit que s'arrogeaient les habitans (2). Il serait peut-être plus exact de dire que les seigneurs et les habitans en jouirent simultanément et, en quelque sorte, de compte à demi. Du moins il en fut ainsi, jusqu'à la fin du xii.ᵉ siècle, sur les côtes du Vimeu, du Marquenterre, du Boulonnais et de la Flandre; pour preuve nous citerons deux chartes de 1191, extraites des Archives de l'Hôtel-de-Ville d'Amiens.

Par la première, Philippe-Auguste, roi de France, déclare que, de concert avec lui, le comte de Flandre, la comtesse de Boulogne, le comte de Ponthieu, Bernard de St.-Valery et Guillaume de Cayeux, ont fait, chacun dans ses domaines, remise pleine et entière du droit qu'ils avaient dans le lagan de la mer (3).

Par la seconde, Guillaume de Champagne, archevêque de Reims, explique en quoi consistait ce droit de lagan dont le roi de France, à sa sollicitation, ainsi que les seigneurs qu'on vient de nommer, firent cesser l'infâme usage. C'était, pour les habitans, le droit de piller les navires échoués, et, pour les seigneurs, le droit de prendre une part dans le butin. Or ce n'est qu'en renonçant aux bénéfices de ce partage, que ceux-ci

---

(1) Lois maritimes, par M. Pardessus, tom. 1ᵉʳ page 313.

(2) *Ut suprà.*

(3) Philippus dei gratia francorum rex. Noverint universi presentes et futuri quod nos, amore Dei et pro remedio anime nostre et genitoris nostri et antecessorum nostrorum, quitamus et remittimus, in perpetuum libere le lagan maris per Pontivum et per totam terram nostram; et Philippus comes quondam Flandrie illud quitavit; et comitissa Bolonie et Comes Pontivi et Bernardus de Sancto Walerico et Willermus de Caïeu, omnes isti similiter, quitaverunt le lagan ;

Actum apud Fontem Blaaudi, anno incarnati verbi millesimo centesimo nonagesimo primo, regni nostri anno tertio decimo.

(*Archives de la ville d'Amiens*, *registre E*, f.º 11.

ont pu exiger des autres qu'ils en fissent autant. Ils les y ont contraints par la meilleure de toutes les leçons, celle de l'exemple (1).

Du Cange, qui n'a pas ignoré l'existence de ces deux pièces puisqu'il en donne des extraits, pose en fait que le droit de lagan n'a pas été entièrement aboli sur les côtes de Picardie. Il fonde cette opinion sur d'anciens comptes de la sénéchaussée de Ponthieu où l'on voit qu'il est fait recette, pendant les années 1369, 1405, 1465 et 1474, *des grans, des gros* et *des petits lagans*. Mais un passage du compte de 1369 que cite le même auteur, ne faisant mention que des *lagans venus par marée à Tormont*, donne à entendre qu'il ne s'agit pas des navires échoués, mais bien des objets jetés à la côte et qui n'ont pas de maître, ce qui est bien différent (2).

Nous verrons bientôt que le lagan, restreint aux épaves maritimes, a continué de subsister au profit des seigneurs et que c'est de ce droit, plus communément nommé droit de varech, que nos coutumes se sont appliquées à régler l'exercice. Mais revenons au droit de bris et naufrage et recherchons la cause qui en a fait décréter l'abolition.

Evidemment c'est l'intérêt du commerce maritime.

Vers la fin du XII.ᵉ siècle, l'industrie des grandes communes du nord commençait déjà à prendre un certain développement. Les cités picardes rivalisaient avec les cités flamandes et brabançonnes, soit pour l'exportation des produits de leur sol, soit pour tirer du dehors la matière première de leurs produits manufacturés. Il y avait, surtout entre l'Angleterre et les villes de la Somme, un grand mouvement de marchandises qui exigeait que l'accès de cette rivière fut rendu, sinon plus facile, du moins plus sûr, en cas de relâche forcée ou de naufrage. Or l'abolition du droit qu'ils avaient,

---

(1) Willermus dei gratia remorum archiepiscopus... noverit universitas vestra quod dudum in terris Philippi quondam Flandrensis comitis, comitisse Boloniensis, comitis Pontivi, Bernardi de Sancto-Walerico, Willermi de Caïeu perversa consuetudo lagans nominata, inoleverat, videlicet quod si navis aliunde veniens et fluctibus maris fortè agitata, scopulis sive harene maris illisa, frangeretur, res in ea existentes in direptionem hominum cederent et predationem ; unde credentes jucundum deo præstare obsequium, si consuetudinem illam deo et hominibus detestabilem, cassare penitus possemus, et prorsus annichilare ; tandem misericordia dei preeunte, et nostro tam consilio quam auxilio mediante, ad hoc dominum et nepotem nostrum karissimum Philippum francorum regem, cum ceteris quos prenominavimus baronibus, efficaciter induximus quod ipse dominus rex, pro salute anime sue, illud lagan ex toto quitavit et libere in perpetuum remisit sicut in scripto ipsius patet autentico...; similiter et omnes prenominati barones pro suarum salute animarum idem lagan quitaverunt.

Actum Ambianis anno verbi incarnati M.º C.º nonagesimo primo.

(*Archives de la ville d'Amiens, registre E f.º 10 v.º — Registre C f.º 15 r.º*

(2) Du Cange. Gloss. V.º *Lagan.*

concurremment avec les habitans, sur les navires échoués, ne peut avoir été consentie par le souverain et les seigneurs du littoral de la Manche, depuis Cayeux jusqu'aux bouches de l'Escaut, que dans la vue de satisfaire aux justes plaintes du commerce maritime. Amiens, Abbeville, Montreuil-sur-Mer, Saint-Omer, Bruges, Gand, Valenciennes, Péronne, Tournai, Douai, Lille, Cambrai, Saint-Quentin, Reims, Châlons et Beauvais formaient entr'elles une association qui a été connue sous le nom de *Hanse de Londres*. La sécurité de leurs relations respectives exigeait la cessation des actes de piraterie dont les côtes de l'Océan et de la Manche n'étaient que trop fréquemment le théâtre. Il est donc très-probable que la mesure relative au droit de lagan aura été prise dans l'intérêt de cette association, car les dix-sept villes qui en faisaient partie se trouvaient sous la suzeraineté immédiate des seigneurs et du prélat qui concoururent à l'abolition de cette mauvaise coutume. S'il pouvait rester quelques doutes à cet égard, ces doutes seraient levés par cette circonstance que la charte de Guillaume archevêque de Reims, provocateur de la mesure, est datée d'Amiens : l'insertion de cette charte, avec celle de Philippe-Auguste, dans les cartulaires de la ville, prouve qu'elle y avait toute l'importance d'un titre municipal.

Le droit de bris et naufrage avait cela d'odieux qu'il démoralisait ceux à qui il profitait. Non seulement il étouffait en eux toute pensée généreuse, tout désir de porter secours au navire en péril, mais il les poussait à tout faire pour en hâter la perte. L'auteur inconnu des articles ajoutés aux anciens rôles d'Oleron, tonne avec véhémence contre les pilotes perfides qui conduisent les navires qu'on leur confie, au milieu des écueils, dans l'intention coupable de les y briser et d'assurer une proie à leurs compagnons. Mais c'est surtout contre le seigneur complice de pareils attentats qu'il décharge tout le poids de son indignation. Il voudrait que ce seigneur déloyal fût attaché à un poteau au milieu de sa propre demeure, qu'on l'y consumât après avoir mis le feu aux quatre coins, et que, pour perpétuer l'infamie du châtiment, l'emplacement de sa maison servît à faire un marché aux pourceaux et ne pût jamais être destiné à un autre usage (1).

Trois coutumes locales parlent du droit de lagan appliqué aux épaves maritimes. Ce sont les coutumes de Saigneville, de Favières, prévôté de Saint-Riquier, et de Bercq-sur-Mer, prévôté de Montreuil. Ces deux dernières sont très-explicites sur la manière dont ce droit doit être exercé.

(1) Pardessus. Lois maritimes. tom. 1.ᵉʳ page 347.

Par l'article 9 de la coutume de Favières, tous les lagans, varechs et autres choses jetées hors de la mer, appartiennent au seigneur, sauf le droit des parties intéressées qui sont à la recherche de ces objets et qui prouvent, par juste marque et autres bons témoignages, le bien fondé de leur réclamation. Dans ce cas, les objets trouvés doivent leur être restitués sans autre retenue que les frais de sauvetage.

Les articles 5 et 6 de la coutume de Bercq-sur-Mer distinguent, par rapport au droit du seigneur, les objets trouvés flottans et recueillis par les mariniers, de ceux qui sont jetés à la côte et trouvés à marée basse. Dans le premier cas, la moitié de la chose trouvée appartient au marinier, dans le second cas, il ne peut rien réclamer. Si les objets trouvés peuvent se garder an et jour, ils sont conservés en nature; dans le cas contraire, ils sont vendus au plus offrant et dernier enchérisseur, au droit du seigneur et des mariniers qui les ont sauvés; mais si le propriétaire les réclame en temps utile, ils doivent lui être rendus ou au moins le prix, s'ils n'ont pas été conservés en nature. Au delà du terme de l'an et jour, sa réclamation ne serait plus recevable.

Ces deux coutumes ont à nos yeux un grand mérite : elles enlèvent à l'ordonnance de 1543 l'honneur qu'on lui a fait d'avoir commencé à introduire un système plus humain dans la législation maritime (1).

Il n'existait donc plus, au commencement du XVI.ᵉ siècle, aucune trace du droit de lagan aboli, en 1191, sur les côtes de Picardie. Sans doute les instincts pervers de quelques habitans les portaient encore à allumer des feux et à faire des signaux trompeurs, pour amener les navires au milieu des écueils, dans l'espoir de retirer quelque profit de leur désastre ; mais l'autorité publique n'était plus complice de pareils actes : bien loin de tolérer, comme un droit, elle punissait, comme un crime, la spoliation des naufragés.

Parmi les mesures prises pour prévenir les abus que nous venons de signaler, il faut ranger en première ligne l'amende de soixante livres parisis qu'on appliquait aux coups de main garnie, quand le théâtre du délit était le lieu que la mer couvre et découvre par l'action régulière du flux et du reflux. Par cette disposition, on voulait protéger les naufragés, au moment où ils atteignent le rivage, contre ceux qui auraient la pensée d'user de violences pour s'emparer de leurs dépouilles, et on voulait en

---

(1) Les articles 11 et 12 de l'ordonnance de 1543 donnent aux naufragés l'an et jour pour réclamer ; le droit du fisc n'est ouvert qu'après cette époque. (Pardessus. Lois marit. page 313 et suivantes)

outre empêcher que la découverte de quelque objet sur la plage ne fût une occasion de rixe sanglante entre les personnes qui s'en disputeraient la possession.

Mais la meilleure manière de réformer les abus qui naissent de l'exercice d'un droit, c'est de réformer le droit lui-même. Nos coutumes, pour couper le mal dans sa racine, employèrent un remède plus efficace que l'amende de soixante livres. Elles investirent les seigneurs de la propriété des objets que la mer jette à la côte ; elles en dépossédèrent les habitans pour mettre un terme aux scènes tumultueuses et aux actes de barbarie qu'on avait trop souvent à déplorer.

Rien, en effet, ne ferme plus le cœur à la pitié que l'appât du lucre et les rivalités d'intérêts. L'idée que la proie qu'il convoite lui sera disputée, rend l'homme inaccessible à tout autre sentiment que la passion égoïste qui le domine. Cette passion, quand elle est stimulée par l'antagonisme, le pousse dans les voies les plus extrêmes, et le force, pour la satisfaire, de recourir à des moyens que la justice et la raison condamnent. Jetez la pomme d'or au milieu de l'assemblée la plus calme, vous y verrez naître à l'instant la discorde, surtout si vous proclamez le droit du premier occupant, droit qui a bien aussi ses dangers, car, dans l'application, tout dépendant de la célérité des mouvemens et de la promptitude de la prise de possession, celui qui arrive le plus vîte à l'objet découvert, celui qui a l'adresse de s'en emparer le premier ou qui abuse de sa force musculaire pour le ravir à plus faible que lui, ne doit pas s'attendre à jouir en paix du fruit de sa conquête. Ceux qui n'ont rien veulent avoir leur part du butin. Si on la leur refuse, une lutte s'engage dont le résultat conduit presque toujours à de déplorables excès.

La loi politique qui réserve au seigneur ce que la loi naturelle attribuait au premier occupant, fut donc une loi profitable à l'humanité. En retirant les épaves maritimes du domaine privé pour les faire entrer dans le domaine du fisc, cette loi a substitué l'ordre au désordre, l'état de paix à l'état de guerre. Quoique constituant en apparence un monopole odieux, elle marque un progrès dans l'histoire de la civilisation. C'est peut-être de toutes les expropriations, pour cause d'utilité publique, celle qui a produit les effets les plus salutaires.

Décembre 1844.

A. BOUTHORS.

COUTUMES DE LA PRÉVOTÉ DE VIMEU (a).

Ecrites sur trois feuillets et une page de grand parchemin; 35 articles dont 12 rayés.

Enssievent les coustumes dont l'on a accoustumé user en la prévosté de Vymeu rapportées par les conseillers d'icelle, et depuis mises et redigées par escript par devant nous Jehan Moisnel licencié es loix juge et garde de la dite prévosté de Vymeu pour le roy nostre sire.—Présens Martin Vilain substitut du procureur du Roy nostre sire, Jehan Durot, Martin Roussel, Symon Lenglacie, Pierre' de Hones, Fremyn Roussel, Jehan Caruette, Philippe Durot, Adrien Picquet, Anthoine de Buigny, Jehan de Montenescourt, Pierre D'Argny, Jehan de Gonmare, Bourgois Langlaeie, et Henry Lobain tous praticiens en icelle prévosté, le septiesme jour d'aoust l'an mil cinq cens et sept.

Et Primes.

1. La coustume générale est telle, en icelle prévosté, que quant aucune personne va de vie par trespas saisy, joisant et possessant d'aucuns héritages scituez et assis es mettes de ladite prevosté, à son plus prochain héritier habille à succéder, en ligne directe ou collaterale, compecte et appartient la subcession desdits héritages; et par ladite coustume, en ligne directe il ne y a que un seul héritier, tant en cas féodal, cottier comme en biens mœubles, acquestz et conquestz; et en ligne collateral, il y en pœult avoir plusieurs selon les lingnes dont les héritages proceddent; et quant aux biens mœubles ilz escheent et appartiennent au plus prochain héritier.

En marge de cet article il existe une observation totalement illisible (1).

2. Que par ladite coustume il convient que tel héritier relliefve de fait par devers les seigneurs les héritages féodaux et cottiers, face les drois et debvoirs et qu'il en soit saisy; et se ainsy ne le fait, il ne acquiert nul droit en la subcession sil en vœult prouffiter, saouf en la ville d'Oysemont et aultres lieux du pays là où il y a loy et bourgage, esquelz la coustume générale dessus posée a lieu, quant aux héritages cottiers, en allant devers les seigneurs ou leurs officiers : en payant quatre derniers seullement pour le droit du registre, l'héritier est tenu et reputé saisy.

3. Item, que par ladite coustume, aux enffans puisnez en ligne directe

---

(a) Ces coutumes sont inédites. Voir ci-dessus pages 347, 348.

compecte et appartient droit de quind naturel et viager sur les fiefs et héritages demourés du decepz de leurs père et mère à porcion d'enffans vivans au jour du trespas de leur père et mère, se apprehender le vœullent ; et n'est ledit quind que viager et aprez le trespas de chascun desdits enffans, la porcion de chascun d'eulx retourne à l'héritier.

4. Item et en ligne collateral, en icelle prévosté, que à l'aisné marle ou à l'aisnée femelle en deffaulte de fiz tout de ung ventre compecte et appartient la subcession, il en ont veu depposer (2); et quant à ceulx de divers ventres ilz sen attendent à ce qu'il en est et doit estre dit par droit et la coustume dudit bailliage là où icelle prévosté est subjecte et ressortissant.

5. Rayé comme étant conforme à la coutume générale.

6. Et par icelle coustume, les légataires se ilz vœullent prouffiter des héritages à eulx donnés et légatez, il est requis que iceulx ils apprehendent par relief fait devers les seigneurs, par mise de fait, ledit héritier toujours appellé.

7. Item, par ladite coustume, se lesdits légataires appréhendent iceulx dons du vivant des donneurs, aultrement que par testament fait en derraine volonté, les seigneurs dont lesdits héritages sont tenus, sont et doivent estre payés du quint denier en fief et en cotterie selon l'usaige et coustume des chastellenies ; et quand les légataires appréhendent les legatz testamentaires aprez les trespas des legateurs, auxdits seigneurs, en quelque seigneurie que ce soit en icelle prévosté, ne appartient que autant de rellief que lesdits héritages doivent de censive d'oir à aultre.

Art. 8, 9 et 10. Rayés comme étant conformes à la coutume générale.

11. Item que par ladite coustume aucun ne pœult, en icelle prévosté donner à aultruy ses héritages à lui venus et escheux de ses prédécesseurs par don d'entrevifs, testamentaire, ne aultrement les charger sans le consentement de son héritier se ce n'est par quind et par forme de quind ; mais par icelle coustume il les pœult bien vendre à tel personne et pour tel prix que bon lui semble, sans le consentement de son dit héritier, ne y garder aultre solempnité que en recongnoissant, la vendicion faite, la dessaisine et debvoirs acoustumez devers les seigneurs ou leurs officiers dont lesdits heritages sont tenus.

12. Rayé.

13. Item que par ladite coustume aux prochains paremps du vendeur, du lez dont les héritages proceddent, compecte et appartient ravoir et retraire

iceulx héritaiges ainsy vendus, par proximité de lignage, an et jour durant de la vendicion, se faire le vœullent, par remboursant l'achetteur ou le seigneur se il le avoit retenu par bourse, des deniers principaulx, frais et leaulx coustemens ; lesquelz héritages ainsy rattraictz sortissent condicion d'héritage du lez du rattraiant ; et en ce cas ne appartient nulz drois seigneuriaux ; et ne a pas, icelle coustume, de lieu quant aux héritages acquestez.

14. Item, par ladite coustume, ung chascun pœult quintier par quind et forme de quind et non plus avant chargier sen héritage à luy venus de ses prédécesseurs, par don d'entrevifz, par testament fait en derraine volonté, à telle personne que bon luy samble, sans le consentement de son héritier.

13 et 14. Rayés.

15. Item que par icelle coustume, telle vesve, ainchois que elle puist vaillablement prendre ne pourffiter des fruitz dudit droit de douaire, est tenue et lui loist soy faire mettre de fait, sur les chiefz lieux des fiefz et sur tous héritaiges cottiers là, où elle veult prendre son douaire, par commission de justice, en faisant donner jour aux héritiers et à celuy à qui ce pœult touchier, pardevant les juges capables de congnoistre de la matière pour y estre tenue et décreptée de droit ; depuis laquelle mise de fait, ou cas que elle y sera acceptée, lesdits pourffitz lui appartiennent et non aultrement sans le consentement de l'héritier, et ceulx à qui ce pœult touchier; et doit ladite vesve faire faire les partages et lotties à ses despens ; et l'héritier doit choisir ; desquelz partages seront exceptez les chasteaux et fortes places, mais en ce cas l'héritier est tenu de trouver à ladite vesve maison de douaire que icelle vesve doit entretenir et acquitter les cens ; et ne pœult aucune chose démolir ne dymynuer, tant en arbres que édiffices, de ce quil luy est baillié et assigné.

16 et 17. Rayés.

18. Item que par icelle coustume, prescription n'a lieu durant le temps que les héritages venus et retournez en la main des seigneurs dont ils sont tenus, par deffaulte d'homme et de relief, sont en la main desdits seigneurs possessés par eulx ; et semblablement ne a prescription lieu durant le temps que le vassal tient et possesse les héritages de son seigneur sans lui paier la redebvance dont ilz sont chargez.

19. Item, par ladite coustume, quant aucun personne féodal tenant noblement de son seigneur, ayant fait envers luy ou ses officiers, les rellicfz serment de fidélité, hommage, drois et debvoirs desdits fiefz, usurpe et attribue à soy le droit, terre et seigneurie de son seigneur, luy sur ce sommé

de réparer rendre et restituer, et il le retient, en cas quil en sera subcombé par justice il se commet vers ledit seigneur en amende de LX livres ou amission de son fief lequel que mieulx plaist audit vassal (3).

20. Item, par icelle coustume, toutes et quanteffois que aucunes terres fiefz et seigneuries ou héritages cottiers, par le trespas des derrains possessants, retournent viennent et escheent en la main des seigneurs dont ilz sont tenus; et se lesdits héritages ne sont rellevez et droiturés par les héritiers du deffunct ou par ceulx à qui ils doibvent appartenir par la disposition testamentaire de luy, cest assavoir les fiefz aprez quarante jours et les cottières aprez huit jours passez, les fruitz prouffitz et revenus d'iceulx héritages qui y sont et y escheent en dedens le temps et jusqu'a ce quilz soient rellevez, appartiennent ausdits seigneurs se apprehender le vœullent; et sy doit ycelluy qui relliesve, en cas cottier, audit seigneur sept solz six deniers de loy et amende pour chascun ténement, se apprehender le vœult par la négligence qui le a comprins de non avoir rellevé lesdits héritages cottiers en dedens, ledit temps de huit jours; et ne y a point d'amende en cas féodal.

21. Item, que par ladite coustume, quant aucun tenant de ung seigneur fiefz, terres et héritages en icelle prévosté, soit quilz lui soient venus de ses prédécesseurs et devanchiers, quil les ait achettez, à lui donnez, ou quil les ait prins à cens, il les pœult, toutes, et quanteffois que bon luy samble, remettre et délaissier en la main du seigneur dont ilz sont tenus, pour en faire par ledit seigneur son pourffit, en luy paiant les arriérages qui, pour celle cause, lui polroient estre deubz avec les cens de l'année et terme encommenchié.

22. Item, que par ladite coustume d'icelle prévosté, quant aucun sergent vœult faire criées et subhastacions d'aucuns héritages, pour aucunes sommes de deniers et en quoy le possesseur d'iceulx est tenu et obligé, soit par lettres royaux condempnacions ou lettres obligatoires, il est requis et de nécessité que aprez que l'en aura fait execution des biens mœubles et en deffaulte d'iceulx qui doibvent précedder, s'aucuns en sont trouvez, que les héritages, lesquelz l'en vœult exposer en vente, soient prins et saisis en la main du roy ou d'aultre justice pour la somme déclairiée en l'obligacion ou condempnacion, ou en ce qui restera, et que ad ce faire il ait deux hommes présens; et que la prinse soit signiffiée deuement à la personne ou domicille de l'obligé ou condempné, meismes aux seigneurs dont ce est tenu ou ses officiers, en leur faisant deffense de non recevoir des

dits héritages dessaisine, ne baillier à aultruy saisine, que ce ne soit à la charge du contenu ou reste esdites condempnacions ou obligacions; et en proceddant ausdites criées est requis que elles soient faites de quinzaine en quinzaine pour héritages féodaux et de huitaine à aultre en cas cottier, cest assavoir un jour de dimanche à l'eure ou yssue de messe paroissial du lieu et paroisse là où lesdits héritages sont scituez et assis, et le lendemain jour de lundy pardedens none en la ville et marchiet d'Oisemont; et ainsy proceddler doit, de quinzaine en quinzaine, par quatre criées, en dedens la fin desquelles criées il est de nécessité que lesdits héritages soient mis à prix et qu'il soit signiffié audit obligé, meismes est requis que se aucuns se vœullent ad ce opposer, quilz se opposent en dedens la derraine criée ainchois que l'on puisse procedder à l'adjudicacion et parfait dudit décrept desdits héritaiges; et se ainsy ne se fait les cryées seroient et sont de nulle valeur.

23. Item, que par ladite coustume, quant aucun possessant aucuns fiefz, terres, seigneuries et héritages va de vie à trespas et délaisse ung ou plusieurs enffans mendres d'ans, le père ou la mère qui demeure vivant, pœult et luy loist si bon lui samble emprendre le bail, garde et gouvernement dudit mendre d'ans, pardevant le juge capable d'en congnoistre, et pœult en ce non rellever et droiturer les héritages, ou d'icelluy ou d'iceulx mendres d'ans les rentes gouverner, recepvoir les fruitz et pourffitz durant ladite mynoritté qui est telle: Cest assavoir que les marles sont tenus et réputez pour eagiez aprez quinze ans passez et les femelles aprez onze ans passez; lesquels père ou mère sont tenus de alimenter et gouverner lesdits mendres d'ans bien et honnestement selon leur estat et revenu, et le rendre luy venu en eage deschargié de toutes debtes, de sa revenue et biens; et le peuvent porter avœucq de entretenir ses maisons et ediffices en bon et souffisant estat, sans en povoir aucune chose dimynuer ne allyener et par ce demœurent quites sans estre subjetz à rendre aucun compte ne reliqua.

En marge de cet article on lit: Il semble à l'assemblée que l'article qui regarde le aye des enffans se doit corriger selon les coustumes générales du bailliage.

24. Item, se aucun aultre prochain parent dudit mendre d'ans emprend ledit bail et gouvernement, reçeu y doit estre se lesdits père ou mère ne sen vœullent entremettre ou quilz soient tous finés de vie par trespas, en faisant serment devant justice de bien et léalement le régir et gouverner, et en soy submettant de rendre d'icelluy gouvernement bon compte et relliqua audit mendre d'ans, luy venu en eage, et à justice ainsy qu'il appartiendra.

25. Item que se nul ne se offre à emprendre ledit bail, que aucuns des

parens et amis des mendres d'ans, de par père et de par mère, soyent esleux et créés par justice tuteurs et curateurs, ung ou plusieurs. Iceulx tuteurs et curateurs ont la charge de bien et léalement gouverner et allimenter iceulx mendres d'ans, ensemble leurs biens terres et héritages dont, et de toute l'entremise, ilz doivent rendre bon compte et reliqua à iceulx mendres d'ans eulx venus en eage présent justice ; et doibvent et sont tenus païer pour les relliefz des héritages appartenant à iceulx mendres d'ans, tant ceulx qui emprendent le bail comme lesdits tuteurs et curateurs, rellief de ce que lesdits héritages doibvent et sont chargés aux seigneurs dont ilz sont tenus ou leurs officiers, soit en fief ou en cotterie ; et lesdits mineurs venus en eage doivent et sont encoires tenus payer ausdits seigneurs ung rellief que l'on dist le rellief direct.

26. Item, par ladite coustume, quant aucune femme saisie d'aucun fief ou héritages cottiers est allié par mariage avœucq son mari, il est requis, se il est de ce faire sommé, que ledit mary les relliesve de bail, cest assavoir de tel droit de rellief que le héritage est chargié, sans aucun chambellage, soit en fief, en cotterie ou aultrement ; à quoy faire ledit seigneur le pœult constraindre par justice.

27. Item et par icelle coustume, quant deux conjointz par mariage sont ensemble et durant la conjonction, il eschiet à la femme la subcession d'aucuns fiefz et héritages, ilz sont tenus et les doibvent pareillement relliever propriétairement et de bail en paiant, pour ce, double rellief, saouf que pour ledit rellief de bail il ne y eschet point de chambellage.

28. Item, que par ladite coustume, quilconques doibt censives ou redebvance annuelle d'argent ou autre charge à aucun seigneur féodal, icelluy tenant doit et est tenu de payer et présenter sa redebvance au jour et terme qu'il le doibt, sur le chief-lieu seigneurial du seigneur du fief dont il tient son ténement, sur peine et amende, se il est défaillant de ce faire, pour chascun ténement et, pour chascun terme, d'amende de sept sols six deniers, se par exprez mention ne en est déclaré par lettres qu'il soit franc de ladite loy et amende, pourveu toutes voies que ledit seigneur ou son procureur et recepveur souffisamment fondé soit sur le lieu pour le recepvoir.

29. Rayé comme étant conforme à la coutume générale.

30. Rayé par le même motif.

31. Item et par ladite coustume, ainchois que aucun puist dire vaillablement avoir droit de ypotecque d'aucune rente sur les fiefz, terres et héritages d'aucun aultre possessant et saisy d'iceulx, il est requis que, en iceulx

héritages, il se fache mettre de fait, tenir et décrepter de droit, par justice, appellez, pour ce consentir ou discuter, lesdits possesseurs et les seigneurs dont ilz mœuvent; et sont tenus, pour prendre et recepvoir les drois seigneuriaulx pour raison de la exécucion de rente et ypotecque, ou que le possesseur et obligé ou procureur pour luy aiant pooir especial, le recongnoisse, pardevant le seigneur dont ilz sont tenus, et que dessaisine soit faite quant ad ce et saisine bailliée; et se ainsy n'est fait, quelque obligacion quil soit passée par les obligez n'est pas comtée pour ypotecque; et se le seigneur recepvoit dessaisine et bailloit saisine, sans tel charge, il est et seroit tenu de le tenir et faire bon.

32. Item que par ladite coustume, quant aucun a fait faire main assize et deffense sur aucuns héritages tenus d'aucun seigneur, pour, sur iceulx, prendre et avoir une somme de deniers, pour une fois, et par fait assigne jour audit seigneur pour ce consentir et accorder, la main assize tenue sur iceulx, ne sont deubz audit seigneur aucuns drois seigneuriaulx, hors seullement les despens de luy ou de son procureur pour accorder ladite main tenir; et se ce estoit fait pour avoir aucune rente courante héritable ou viagère, icelluy seigneur se polroit faire paier de ses drois seigneuriaulx.

33. Rayé comme étant conforme à la coutume générale.

34. Au regard de plusieurs autres coustumes, usage et stille dont l'on use en icelle prévosté, elles sont refférées et remises selon et ainsy que l'on use au bailliage d'Amiens et en la bonne discrétion de Messeigneurs les officiers royaux, praticiens et conseillers de ce bailliage.

Signés : J. Moisnel *garde de la prévosté de Vymeu.* — M. Vilain. — J. Durot. — M. Roussel. — S. Lenglacie. — P. De Hones. — F. Roussel. — J. Caruette. — Ph. Durot. — A. Pecquet. — A. De Buigny. — J. De Montenescourt. — J. De Gonmare. — B. Lenglacie. — H. Lobain. — P. Dargny.

Ces coustumes ont été publiées, leues, consenties et accordées, pardevant nous Anthoine de Sainct-Deliz, licencié es lois, seigneur de Hencourt, conseiller du roy nostre sire, lieutenant général de monseigneur le bailli d'Amiens, commissaire du roy nostre dit seigneur en ceste partie, en la présence des advocatz, procureur du roy et autres conseillers du siége du bailliage, des prélatz, gens d'église, nobles, praticiens et autres notables personnages pour ce assemblez en l'auditoire dudit bailliage, saouf aucunes remonstrances ou apposicions mises par escript en marge des articles sur lesquelz elles ont esté faictes. En tesmoing de ce, nous avons signé lesdites coustumes de nostre saing manuel et les (avons) fait signer par Jehan Boitel greffier dudit bailliage, le second jour d'octobre l'an mil cinq cens et sept.

A. de Sainct-Deliz.   J. Boitel.

ACHEU EN VIMEU.

SEIGNEURIE-PAIRIE.

Un cahier en papier de six rôles, recouvert d'une feuille de parchemin, bien conservé. 15 *articles.*

Ce sont les coustumes locales et particulières que on dist de tout temps avoir esté gardées et observées en la parrie, terre et seigneurie d'Acheu, tenue de la chastellenie de Baillœul, appartenant à noble-vénérable personne et révérend père Mgr Franchois de Melun seigneur de ladite seigneurie d'Acheu et prévost de Saint-Omer.

1. Le seigneur a toute justice et seigneurie haute moyenne et basse, mais ses vassaux ne l'ont point sans titre.

2. A la vente des fiefs, il est dû au seigneur le 5.ᵉ du prix et ce même droit se perçoit sur la vente des coteries.

5. En succession cotière, tel cens tel relief qui se doit payer en dedans sept jours et sept nuits, faute de quoi le seigneur fait les fruits siens.

11. Nul homme roturier d'icelle parrie ne pœult baillier à surcens ce qu'il tiendroit en cotterie, sans le consentement dudit seigneur; auquel seigneur ce consentant, celui qui tiendoit à surcens est homme et tenant de fois (foi) par la reconnaissance quil aura convenue avec ledit seigneur; et celluy qui a baillié à surcens est homme dudit seigneur pour ledit surcens et cens fonssiers; et ne pœult tel bailleur prétendre que ledit droit de surcens; et quant aux autres droits de vente, reliefz, aides, quind denier, justice et seigneurie, ilz sont et appartiennent entièrement au seigneur d'icelle parrie sur et pour chascun desdits deux tenans.

Le xiv.ᵉ jour de septembre l'an 1507.

Signés : Doremieulx *bailli.* — Broqviel *homme lige.* — Robinet Broquier *homme lige.* — Des Groseillers *homme lige.* — De Calonne *homme lige.* — Jehan d'Ochancourt *homme lige.* — Huchon Wateblée *homme lige.* — Jehan-le-Conte *cottier.*

Marques : Jehan Dupont *homme lige* (*un fer à cheval*). — Regnault de

Monchaux *cottier*. — Langevin. — Gaultier Bonnet. — Pierre de Camont *cottier*. — Giles Blondel *cottier*. — Jehan Demonchaulx *cottier*. — Jehan Poitevin. — Jehan Ricquier *cottier*. — Pierre de Camont.

AIRAINES.

CHATELLENIE-SEIGNEURIE.

Un cahier de six grandes pages de parchemin très-bien conservé. 36 articles très-lisibles.

Coustumes génuéralles locales et particulières de la terre seignourie et chastelerie d'Araines scituée au bailliage d'Amiens es mettes de le prevosté de Vymeu, et tenue en parrie de la terre et chastelerie de Saint-Vallery-sur-la-mer. Ladite terre appartenant à hault et puissant seigneur Mgr Philippe De Croy, comte de Porcien, seigneur de Croy et dudit lieu d'Araines; publiées audit lieu d'Araines, le vendredi xxiiij° jour de septembre, l'an mil cinq cens et sept, en la présence des hommes féodaux et cottiers.

1. Primes fait à présupposer que ladicte ville d'Araines a esté anchiennement ville fermée, et y avoit, ad ce temps, communauté, mayeur et eschevins; de laquelle ville d'Araines en appartient partie au roy nostre sire à cause de sa comté de Ponthieu et chasteau d'Araines, et l'autre partie appartient audit comte de Porcien; et lorsqu'il y avoit mayeur et eschevins audit lieu d'Araines, ilz avoient le gouvernement et police de ladicte ville, toute justice et seignourie haulte, moyenne et basse es mectes de la ville et banlieue d'icelle (4).

2. Item, en ladite ville et banlieue d'Araines, y a deulx fiefz : l'un nommé le fief Pingnon qui appartient au roy nostre dit sire, à le cause dicte, et l'autre fief nommé le fief Bauduin qui appartient audit seigneur d'Araines; et chascun desdits seigneurs, en son dit fief, a toutes les amendes, confiscacions et fourfaictures qui y eschieent; et au dehors d'iceulx deux fiefz, les amendes, confiscacions et autres droix de justice qui eschieent, es mectes de ladite banlieue, appartiennent ausdits seigneurs chascun pour moitié.

3. Par la coustume de ladite chastelerie d'Araines, mondit seigneur le comte de Porcien, es mectes de sa seignourie, au dehors de la banlieue de ladite ville, a toute justice et seignourie haulte moyenne et basse, mesmes à

lui appartient et à ses bailly et officiers de congnoistre de toutes actions et droix réelz concernant les héritages de sadite seignourie, en icelle ville et banlieue; et au roy nostre dit seigneur, pareillement en ce qui est tenu de la dicte conté de Ponthieu.

4. Par ladicte coustume, appartient à mondit seigneur seul et pour le tout, la justice et seignourie haulte, moyenne et basse, en son chasteau dudit Araines par tout l'estendue et circuité d'iceluy. Et en tout ce qui est de son demaine, soit en ladite ville et banlieue ou dehors, réserve la souveraineté où il appartient; et aussy appartient la justice telle que dessus au roy nostre dit seigneur par tout son chasteau et demaine.

5. Par ladicte coustume, la justice et seignourie que soloient avoir lesdits mayeur et eschevins en ladite ville et banlieue d'Araines, se exerce présentement et de piéça par les baillifz et officiers du roy nostre dit seigneur et dudit seigneur d'Araines. Et se appelle ladicte justice, la juridicion commune d'Araines; lesquelz baillifz ou leurs lieutenans congnoissent ensemble et tiennent les plais d'icelle juridicion commune et de tous les droix et previleges qui appartenoient ausdits mayeur et eschevins; et s'il y a appellacion émise desdits baillifz ou leurs lieutenans, en icelle juridicion commune, ladite appellacion ressortist de plain droit en la court de parlement.

6. Par ladite coustume de ladicte juridicion commune, lesdits juges ont la congnoissance de toutes actions personnelles et de tous cas, crimes et délitz commis et perpétrez en icelle ville et banlieue d'Araines jusques à l'exécucion de mort inclusive; réservez les cas previlegiez.

7. Par icelle coustume, appartient ausdits juges de afforer et mettre pris à tous bruvaiges vendus à broche et à détail en ladite ville, au pain et à toutes autres choses où est requis estre mis pris en icelle ville; et aussi lesdits juges ont regard sur toutes denrées et marchandises vendues et estalées en ladite ville, et leur est loisible, et non à aultres, de faire tous status et ordonnances touchant le fait politique de ladicte ville et banlieue d'Araines.

8. Par ladicte coustume, touteffois que aucun délict est commis en ladicte ville et banlieue d'Araines qui touche à cas de crime, lesdits juges pœvent appeller ou faire appeller, par leurs sergens, et officiers les délinquans, de tiers jour en tiers jour, et se lesdicts malfaicteurs viennent et obéissent, ou quilz soient appréhendez par lesdicts officiers, lesdicts juges les pœvent punir et condempner en amende selon l'exigence des cas.

9. Par ladicte coustume, se aucuns des hommes liges de ladicte seignourie d'Araines, ont aucuns tenemens scituez et assiz en ladicte ville et terroir,

qui soient de leurs fiefz tenus dudit seigneur d'Araines, au dehors de ladicte banlieue, et aucuns cas ou délitz sont commis sur lesdits ténemens, la congnoissance, pugnicion et correction en appartient audit seigneur d'Araines, et ausdits hommes liges la justice fonsière seullement; et aussi ledict seigneur d'Araines, seul et à par luy, sur tous ses hommes et tenans cottiers; et pareillement le roy nostre dict seigneur, sur tous ses hommes et cotiers.

10. Par icelle coustume, se aucun seigneur, noble estrangier ou aucuns gens d'église ont aucuns ténemens tenus d'eulx en ladicte ville et banlieue, et aucuns cas ou delitz y sont commis, soient criminelz ou civilz, la congnoissance et confiscacion en appartient aux juges de ladicte juridicion commune.

11. Par ladicte coustume, s'aucuns débatz ou choses espaves estoient faiz ou trouvées es chemins et voyeries dudit terroir d'Araines, au dehors de ladicte banlieue, et il y a aucuns ténemens ou terres tenus du roy nostre dict seigneur à cause de sadicte conté, jouxte ledit chemin d'un costé : et de l'autre costé, ledit seigneur d'Araines en ait ung ou plusieurs, la congnoissance desditz débatz ou choses espaves appartenroit ensemble et en commun au roy nostre dict seigneur et audict seigneur d'Araines; et se les ténemens ou terres des deux costés dudit chemin appartenoit au roy nostre dict seigneur, il en auroit la congnoissance de lui seul ; et aussy auroit ledict seigneur d'Araines, en cas semblable.

12. Par ladicte coustume, ledict seigneur d'Araines pœut faire par sa justice constraindre et justicier toutes personnes demourans habitans et estans en ladicte ville et banlieue d'Araines, pour toutes debtes qui lui sont ou pourroient estre deues, à cause de ses droiz seigneuriaulx, sans ce que les gens et officiers dudit seigneur d'Araines appellent en aucune manière les gens et officiers du roy nostre dict seigneur.

13. Par icelle coustume, se les officiers dudit seigneur d'Araines sont aucunement désobéis ou injuriez de fait ou de parolles, les personnes désobéissans ou qui auroient injuriez lesdicts officiers sont et doibvent estre pugnis et corrigez par ledit seigneur d'Araines ses gens et officiers ; et en appartiennent les amendes et toute la congnoissance audit seigneur d'Araines, tant en cas criminel comme civil.

14. Se les officiers dudit seigneur d'Araines meffont ou abusent en aucunes manières, soit en leurs offices faisans ou autrement, la pugnicion et correction en appartient audit seigneur d'Araines et à ses officiers tant en cas criminel comme civil.

15. Quant aucun meffait est commis en ladite ville et banlieue dont exécucion de mort se doit ensievir et qui à haulte justice appartient, la personne qui a desservy la mort doit estre exécutée par les deux seigneurs et jugiée par leurs baillifz et officiers, en ladite juridicion commune, aux coustz et fraiz desdicts deux seigneurs; et doit telle personne estre exécutée à une justice de fourques qui se fait et assiet sur les carrières de Dourier quant mestier en est, et est icelle justice commune ausdits deux seigneurs.

16. Se tel malfaicteur avoit aucuns biens mœubles en ladite ville et banlieue, ilz appartenroient, par droit de confiscacion, ausdits seigneurs par moitié; mais se il avoit héritaiges, ils demourroient et seroient au seigneur de quy ilz seroient tenus, sans ce que l'aultre seigneur y eust riens; et se tel malfaicteur avoit aucuns héritaiges en ladite ville et banlieue tenus d'autre seigneur que du roy nostre dit seigneur, ou dudit seigneur d'Araines, ils appartenroit communément ausdits deux seigneurs, supposé quilz ne fussent point tenus d'eulx (5).

17. Se aucun délit ou meffait qui touchast haulte justice estoit commis sur l'un des fiefz dessus dicts, cest assavoir sur le fief *Pingnon* ou sur le fief *Bauduin*, le corps du malfaicteur seroit jugié par ladite juridicion commune et exécuté de commun à ladite justice des carrières; mais se tel malfaicteur avoit aucuns biens meubles ou héritaiges en l'un desdits fiefz où auroit esté commis ledit cas, ilz appartenroient à celuy à qui seroit ledit fief.

18. S'aucun faisoit meslée ou débat en ladite ville et banlieue, celuy qui auroit commencé ledit débat, mais que ce fust en jour de marchiet, deveroit et est escheu en amende de XXXII sols VIII deniers parisis, et se le partie qui seroit ferus en iceluy débat ou meslée referoit, il deveroit pareillement XXXII sols VIII deniers dont en appartient moitié au roy nostre dit seigneur et l'autre moitié audit seigneur d'Araines.

19. Se aucun est batu à sang en ladite ville et banlieue, se il est monstré contre lui quil ait sang, il doit quatre deniers parisis; se il le choille et il ne le fait savoir aux juges de ladicte juridicion, le jour du débat, il eschiet en amende de LX sols parisis envers lesdits seigneurs.

20. Toutes les rivières et pescheries dudit lieu d'Araines, depuis les prez du prioré jusques à la rivière de Béthencourt, appartiennent audit seigneur d'Araines sans ce que nul y puisse peschier à mande, à vergœul, roiseux ne aultrement sur peine et amende de LX sols; réserve en ladite ville et banlieue qui est pescherie commune aux habitans de ladite ville, au piet et à le mande seulement.

21. Le mort saisist le vifz es héritaiges qui viennent et succèdent d'hoir à aultre, scituez en ladite ville et banlieue d'Araines ; mais au dehors de ladite banlieue et aussi es héritages qui ne eschieent ne succèdent d'hoir à autre, en ladite banlieue, comme héritages venans par légatz, dons d'entrevifz ou autrement, celuy ou ceulx à qui appartiennent telz héritages, don ou légat sont tenus relever et payer pour lesdits reliefz, autelle somme de deniers que lesdits héritages doivent de cens par chascun an (6).

22. Ledit seigneur d'Araines a droit de prendre et avoir sur tous ses hommes et tenans en cotterie, en sadite terre d'Araines, droit d'ayde tel que de cens, touttefois que ledit seigneur fait son filz aisné chevalier ou quil marie sa fille aisnée.

23. Les habitans subgetz et soubz manans de ladite ville et banlieue d'Araines, ont droit de communier et pasturer leurs bestiaux à corne, chevaulx et jumens es prez de la prioré dudit lieu et en quatre journeulx de prez appartenant audit seigneur d'Araines, depuis le jour de la Magdaleine jusques au my-mars ensievant, supposé que lesditz prez soient fauchiez ou non ; et pareillement ont ledit droit en tous les autres prez appartenans audit seigneur, en sadite seigneurie d'Araines, depuis le jour Saint-Remy jusques audit my-mars. Aprez lequel temps de my-mars, ilz ne y pœvent ne doivent aller sur peine et amende de LX solz pour chascune fois.

24. Et pareillement ne y pœuvent ne doivent mener pasturer, en quelque temps que ce soit, leurs blanches bestes ou pourceaux sur peine de pareille amende et pour chascune fois que ce feroient.

25. Chascun des subgetz, manans et habitans ayans maisons et maisnages en ladite ville et banlieue, doivent chascun an, audit seigneur d'Araines, au jour Saint-Remy, une mine d'avoine.

26. Aucun ne pœut porter arc, arbalestre ne mener chiens sans landon, pour chasser aux connins ou autres bestes sauvaiges, picquer, fouir, heuer, tendre fillez ou autres harnas, ne fuireter es bois et garenne de ladite chastelerie d'Araines, sans le consentement dudit seigneur ou de ses officiers, sur peine de soixante solz parisis d'amende.

27. Par la coustume de la vicomté dudit lieu d'Araines, se aucun estoit arresté, à la requeste de partie, en ladite ville et banlieue d'Araines, et il enfraint ou brise l'arrest, il commet amende de soixante sols parisis pour tant qu'il soit prouvé et monstré contre luy.

28. Toutes personnes qui sont arrestées à la requeste de partie, en ladite viconté, sont mises en prison sy plaist au viconte et partie le requiert, ou

cas que telle personne ne seroit cauxionnée par homme, subget et demourant en ladite ville, solvent (*solvable*) de paier la debte pour laquelle ledit arrest est fait; Et aprez ladicte cauxion ainsy faicte, le corps de l'arresté est mis à plaine délivrance.

29. S'aucun fait faulse clameur ou arrest, pardevant les commis ordonnez en ladicte vicomté, et il ne preuve sa demande, il commet amende de II sols VI deniers ; et s'il preuve sa demande, celui qui le nye doit pareillement amende de II sols VI deniers.

30. Se aucune personne demourant en ladite ville et banlieue, rechoit commandement, pardevant les commis de ladite viconté, de paier aucune debte et il deffault de paier en dedans la huitaine ou en dedans le terme posé, il doit II solz VI deniers d'amende ; et s'il est forain et il rechoit ledit commandement à paier certain terme, s'il est défaillant audit terme et partie se retrait, il doit soixante solz parisis d'amende.

31. Se deux parties procèdent à ladite vicomté et ilz proposent, l'un contre l'autre, faiz contraires, ilz doivent cinq solz pour les faits proposez, dont ledit seigneur d'Araines prent les trois pars et le roy nostre seigneur le surplus ; et, en l'amende de deux solz six deniers, icelluy seigneur d'Araines prend XVIII deniers et le roy le surplus ; et es amendes de LX sols qui escheent en ladite vicomté le roy prent la moictié et ledit seigneur d'Araines l'autre moitié.

32. Par ladite coustume, toutes personnes venans audit lieu d'Araines au pain, au vin, à le forge et à autres denrées estans en ladite ville, ne pevent estre arrestéez se n'est quilz viennent pour autre chose besoigner en ladite ville.

33. Par icelle coustume, toutes appellacions émises et qui sont entrejetées desdits vicomte ou leurs commis, sont dévolues de plain droit et ressortissent pardevant les baillifz desdits seigneurs, en icelle juridicion commune (7).

34. Par la coustume du travers et vicomté de ladicte ville d'Araines, toutes personnes portans choses qui doivent travers, passant par les mectes dudit travers d'Araines, se ilz passent le ville et banlieue d'Araines, sans acquitter et qui soient retournez, ils commectent amende de soixante solz parisis, avec restablir et paier l'esmolument de ce quilz portent ou mainent redebvable dudit travers. Et ne se pœut faire ledit retour, se telles personnes ne ont passé ladite banlieue ou les mectes dudit travers.

35. Toutes personnes demourans en ladite ville d'Araines qui doivent ac-

quit, se ilz ne le paient en dedans soleil esconsé du propre jour qu'il est deu, ils eschient en amende de LX sols parisis.

36. Par icelle coustume, toutes personnes forains qui doivent acquit ou autres droitures de ladite vicomté, et ilz s'en vont sans acquitter ledit droit, se ilz sont retournez au dehors de ladite banlieue, ils commectent chascun soixante sols parisis d'amende, avec de restituer et paier l'émolument de la chose pour laquelle se feroit ledit retour.

37. Et quant aux autres coustumes non contenues en ce cayer de coustumes, on se règle aux coustumes géneralles du bailliage d'Amyens et prévosté de Vimeu es mectes desquelz ladicte chastellerie et seignourie est scituée et assize.

Signés : A. Picquet *bailly de la chastelerie d'Araines.* — N. Leroy *procureur pour office de ladite chastellerie.* — P. Damiette *homme de fief.* — De Belloy *homme de fief.* — Hopin *prestre chapellain dudit lieu.* — Dumont *procureur pour Mgr. du Rœux.* — Mutiez le Joly *homme de fief.* — De Buigny. — Jehan d'Araines *homme de fief.* — Lupy *procureur pour Mgr. de Conty.* — De Rely. — A. Damiete. — Jean d'Arthois *procureur pour mademoiselle de Boulainviller.* — Anthoine Lefossier *homme de fief.* — Leblond. — De Montenescourt *procureur de demoiselle Isabeau de Croquoison.*

Marques : Geffroy Mynon *homme de fief.* — Mahieu Jourdain *homme de fief.* — Regnault Damonneville *homme de fief.* — Guillaume Parmentier *homme de fief.* — Jacques Blondel *homme cottier.* — *Le Procureur de* Denis de Landes *homme de fief.* — Jehan Gallet *l'aîné homme de fief.* — H. Poiret *homme cottier.* — Simonet Gaudefroy *homme cottier.* — Eloy Lucas *homme cottier.* — Jehan Goulafre *homme cottier.*

ANSENNE.

SEIGNEURIE.

Une grande page en parchemin de 66 centimètres de longueur sur trente-trois de largeur très-bien conservée et lisible. 5 articles.

Coustumes locales notoirement gardées et observées en la terre et seignourie de Ansenne et dépendances d'icelle, appartenant à noble et puissant seigneur Mg.r Jehan de Monchy, chevalier, seigneur de Sorrenq, de Plainville, de Brontelles et dudit lieu, qu'il tient en haulte justice de la terre, seignourie et chastelerie de Saint-Valery, sous le ressort immédiat et souveraineté de ladite chastellenie.

2. En succession cottière tel cens tel relief.

3. Item, par ladite coustume, ung chascun seigneur ayant fief et justice, peult et lui loist laissier telle quantité, partie et porcion de sadite seigneurie et deppendance d'icelle, en quelque lieu que ce soit, en friche, riez et non valloir, sans le approprier à soi, ne le baillier à cens ou à louage, tant et si longuement que bon samble audit seigneur; et combien que durant le temps que icelle terre est ainsi délaissée en friche et riez et non appropriée ne bailliée au profit dudit seigneur, et que ung chascun y ait acoustumé passer, rapasser, aller et faire paistre leurs bestes et rapasser iceulx sur icelle terre ainsy délaissée, soit par xx,xxx,xl ans et plus, et de tout le temps dont ilz ont mémore, neantmoins il est loisible audit seigneur reprendre ladite terre, toutes et quanteffois que bon lui samble, à son profit, le approprier à sa demaine, bailler à louage, à cens ou aultrement, en faire son profit, ou, en quelque lieu que ladite terre soit scituée ou assize, en faisant touteffois apparoir par ledit seigneur, s'il y avoit contrariété, icelle terre luy appartenir et estre de sa demaine et que ainsy en ont veu user passé x,xx,xxx ans et plus et que de tout le temps dont ilz ont mémore, soit que la mer cœuvre et descœuvre ladite terre ainsi délaissée que dist est dessus (8).

4. Tous chemins, eaues, rivières, fros, flégars estans entre deux seigneuries et faisant la séparacion d'icelles appartiennent par moictié aux seigneurs d'icelles terres; et la justice de chascun d'iceulx seigneurs s'estend jusques en la moitié estant du lez et costé de sadite seigneurie, aussy avant qu'elle s'estend.

5. Il est dû droit de vif herbage au dessus de neuf bêtes à laine.

Signés : P. Turpin *prêtre aagé de xxxvj ans.* — Ancel Ledien *aagé de xliiii ans.* — P. Carpentier. — Jehan Laloy. — Jehan Du Mollin *maistre es ars aagé de xxvj ans.* — Henry Du Molin *lieutenant particulier du bailli.* — Colenet Larcher. — Jehan Lenglet *hommes liges.* — Jehan Lecaron. — Colin Ledien. — Jehan Drouin. — Jehan Dupont. — Jehan Ledien. — Robert Ducrocq. — Guillaume Carpentier. — Jehan Lemarechal. — Mahieu de Beaurains. — Cardin de Boullenois. — Jehan Lescot. — Collenet Morel. — Colin Du Molin. — Bertrand Leger. — Jehan Leprevost. — Martin Viroffroy *sergent* — Jehan Lengles. — Jehan Carpentier *tenans et subgetz.*

BAILLOEUL EN VIMEU.
CHATELLENIE.

Un rôle en parchemin, composé de deux peaux cousues ensemble, de 75 centimètres de long sur 50 de large. 14 articles lisibles.

Coustumes générales gardées et observées en la terre, seignourie et chastellenie de Baillœul tenue du roy, à cause de son bailliage d'Amiens, rédigées par escript le xv° jour de septembre l'an 1507.

1. Le seigneur a toute justice, partout ladite chastellenie, sur les fiefs qui en sont tenus par moyen et sans moyen; les possesseurs d'iceulx fiefs n'ont aucune haulte justice.

4. En succession cottière, tel cens tel relief.

Signés : Baillet *curé.* — Paillart *prêtre.* — Defontaines *pair de ladite chastellenie.* — Roussel *bailly.* — Delefresnoy *procureur d'office.* — Des Fontaines *pour* Katherine Dainval *pair.* — Donquiere *homme lige.* — Nicolas Mancel *homme lige.* — Carué *homme lige.* — Raoul de Waudricourt *homme lige, seigneur de Brontelles.* — Mahieu Roussel *homme lige.* — Daroncourt. — De Tilloloy. — Hyver *pair.* — De Honcourt. — *Le P.^{eur} de Mgr.* Jean de Honcourt, *chevalier, pair.* — Doremieulx *homme lige.* — Papin *homme lige.* — Du Maisniel *homme lige, seigneur de Longercourt* (sic). — Postel *homme lige et seigneur de Bellifontaines.* — De le Cauchie *homme lige.* — Cannessières *homme lige.* — Doumier *procureur de Mgr. de Tours et du Cauroy.* — Durot *procureur de Mgr. de Rambures, de Mgr. de Bulleux.* — De Calonne *procureur de....* — De Lannoy *seigneur d'Andainville.* — Dumont *procureur de Mgr. du Rœux homme lige.* — De Saint-Souplis *bailly de Mgr. de Conty.* — Delasorne *prêtre.* — Duval *prêtre.* — Guyot *procureur de Jehan de Vaulx homme lige.* — Pierre Tiremont *procureur de Gilles de Vaulx homme lige.* — J. Galland.

Marques : Jehan Mathon le Josne. — Thomas Beguin. — Jehan de Caumont. — Jehan Lecat. — Adrien Daullé. — Pierre Mulier. — Loys Preud'homme. — Jean Duval. — Pierre Beguin. — Vinchent Lempeneur. — Massin Blocquel. — Thomas Dufour. — Pierrot Daulé. — Adam Du Val.

BEAUCHEN (Beauchamp.)
SEIGNEURIE.

Deux grands feuillets de parchemin; très-bien conservés et très lisibles. 24 articles.

Ce sont les coustumes localles et particulières, usages et communes observances de la ville, terre et seigneurie de Beauchen et ses appartenances, qui appartiennent à noble et puissant seigneur Mgr. Loys Bournel, chevalier, seigneur de Thiembronne, de Monchy et dudit lieu de Beauchen.

1. Primes, le seigneur a toute justice haulte, moyenne et basse, et tient noblement sadite terre, en foy et hommage, de la seigneurie et chastellenie de Gamaches. Pour l'exercice de sa justice, il a bailly, sergens, et officiers, court, hommes liges jugans en péril d'amende de LX livres parisis à luy appliquer et que lesdits hommes sont tenus lui payer tous ensamble, quant ilz font, en sadite court, aultre que bon jugement en cas criminel ou civil (9).

2. En succession cottière tel cens tel relief.

3. Item, aussi il a droit et pœult retenir par bourse (10) les fiefz, masures terres et héritages de ses subgets quant ils sont vendus, par puissance de fief, en dedans 40 jours les fiefz ; les héritages, roltures et coteries en dedans sept jours et sept nuitz aprez que les dessaisines en auroient esté faites, en payant et remboursant l'achetteur de ses deniers principaulx frais de lectres et loyaulx coustemens.

4. Item, ledit seigneur pœult inféoder ou aultrement bailler à cens les héritages tenus de luy et de son demayne, à les tenir noblement en fief ou coterie, pourveu qu'il n'en prende aucun prouffit personnel pour une foys et que ce ne soit en diminuant sa seigneurie et qu'il retiengne à soy ladite justice et seigneurie.

5. Faute de relief, en fief comme en coterie, le seigneur fait les fruits siens.

Le XIX° jour de septembre l'an 1507.

Signés : M. Vilain *bailli dudit lieu.* — A. de Paris *curé dudit lieu et doyen de Gamaches.* — Sire Gilles Wateblé *prêtre, procureur de Jehan Frémin de Nœuville homme lige :* ego WATEBLÉ. — Busquaille *prêtre, curé dudit Bauchen.* — Andrieu *homme lige.* — Rimé *homme lige.* — De Maneville *homme lige.* — Guillaume Picard *homme cottier.* — Jacques Lemoigne *homme cottier.* — N. Carpentier *homme cottier.* — B. Legrant *homme cottier.*

BELLOY-SAINT-LIÉNARD (Saint-Léonard).

SEIGNEURIE.

Un carré de parchemin intact, mais mal écrit. 4 articles lisibles.

Coustumes locales dont l'on a accoustumé user de toute anchienneté en la ville, terre et seignourie de Belloy-Saint-Liénard, appartenant à noble homme Anthoine de Belloy seigneur de Vieullaines et dudit lieu de Belloy, tenue par indivis des chastellenies et seigneuries de Pinquegny et Poix.

1. Primes, le seigneur a partout les mectes de sadite seigneurie, toute justice haute, moyenne et basse, et ne ont ses vassaux, en ce qui est tenu de luy justice, sinon seulement les aucuns justice que l'on nomme basse justice et foussière, selon que en leurs anchiens dénombrements et registres d'icelle seigneurie est contenu et qu'ilz en ont usé d'anchienneté.

2. Ledit seigneur est seigneur voyer de tous les frocs et flégards, chemins et voies d'icelle ville, et lui appartient la congnoissance de tous les cas commis et aussy les pourfitz qui en proceddent.

4. En succession cottière, tel cens tel relief qui doit être payé sous 8 jours, lequel délai passé, le seigneur perçoit les fruits.

Signés : Jean Butemy *curé dudit lieu, homme lige.* — Colart Colin. — Jehan Dacheu *laboureur.* — Lambert Lefeure *laboureur.* — Anthoine de Becquerel *couturier.* — Martin Leberquier *cordier.* — Jehan de St.-Germain *labourier.* — Anthoine Du Puis *ticheran de toile.* — Jehan Ferrant. — Pol Buignet. — Lois d'Achœul *manouvrier.*

BEZENCOURT EN VIMEU.

SEIGNEURIE.

Une page de parchemin longue et étroite, d'une écriture très-fine, mais lisible. 8 articles.

Ensuivent les coustumes locales observées et gardées en la terre et seigneurie de Bezencourt et es fiez tenus d'icelle, tenue en parrie de la chastellenie de Hornoy, appartenant à noble homme Anthoine de Boulainviller, seigneur de Bezencourt, de Nelle-Biaubercq et Gaulbertmaisnil en partie.

Le xxiiij^e jour de septembre l'an 1507.

1. Le seigneur est voïer de tous les frocz et flégards.

2. Item, en ladite seigneurie a coustume locale qui est telle que, en matière de succession et hoierie, au puisné filz appartient et, en faulte de filz à la puisnée fille, les terres franques de rente et demy-rente, avec les

mazures et maisons estans en ladite seigneurie, pourveu que ladite succession ayt appartenu audit possesseur de la succession de ses prédécesseurs.

3. Par ladicte coustume, quant aucun va de vie à trespas ayant plusieurs terres à rente et demy-rente, aprez le trespas du possesseur, icelles terres appartiennent autant à l'un comme à l'autre.

7. Item, par ladicte coustume, quant aucuns héritages cottiers eschient à relever, celuy ou ceulx à qui la succession appartient sont tenus de relever en tant de reliefs que lesdits heritages doivent par an (de cens) ; et les terres à rente et demy-rente doibvent de relief XII deniers de chascun journal.

Signés: Le Caron *bailli.* — Damiette *feaudal.* — Jehan Lebas *curé de Tronchoy.* — N. Lebas. — De Bentauviller *homme de fief.* — Nicolas Lebas. — L. Fieurs. — J. Breton. — Jehan le Couvreur *feaudal.*

Marque: de Gillet Capelle.

BOISMONT-SUR-MER.

SEIGNEURIE-ECHEVINAGE.

Une page de parchemin d'une écriture nette et lisible. 4 articles.

Ce sont les coustumes locales et communes observances de la ville de Baimont sur la mer appartenant à noble et puissant seigneur Mgr. Alof Rohault, à cause de sa seigneurie et chastellenie de Gamaches en Vimeu, et dont les maire, eschevins et bourgois dudit lieu ont accoustumé user et d'anchienneté.

1. Et primes, en la ville de Baimont, y a maire, eschevins et bourgois ; lequel maire se renouvelle par chascun an le prochain mardy après le jour de pasques, par ledit seigneur, son bailly et officiers dudit lieu de Gamaches, aprez ellection fete par lesdits eschevins et bourgois ; lesquels maire et eschevins ont la judicature de entre eulx, soubs le ressort et souveraineté de ladite chastellenye et seignourie ; et sy ont droit de pasturaiges pour leur gros bestial, comme vaches, vaulx, jumens et chevaulx, poullains et aultres, sur certain nombre de prairies, marestz et pasturaiges scituez près dudit lieu de Baimont ; sur lesquelz prairies, marestz et pasturaiges, nulz autres que eulx ne pœuvent ne doibvent mectre, mener ne envoier pasturer leurs bestes, quelles qu'elles soient, sur peine de confiscacion desdites bestes se elles y sont trouvées et prinses par les sergens et officiers de ladite chas-

tellenie ou par le sergent d'iceulx maire et eschevins ; de laquelle confiscacion en appartient, audit seigneur de Gamaches, la moitié et ausdits maire et eschevins l'autre moitié (12).

2. Aussy, iceulx maire, eschevins et bourgois, à cause de leur mairie, ont de toute anchienneté accoustumé de mener, faire mener et conduire leurs dits bestiaulx, quelz qui soient, pasturer sur les larris et molières scituéez près dudit Baimond, tant sur celles là où chascun jour la mer cœuvre et descœuvre comme aultres.

3. Quant aucun desdits bourgois ou aultres habitans et demourans audit Baimont, vend, cedde, transporte ou donne à aultruy aucune des masures, prez jardins et aultres ténemens scituez en dedans de ladite ville de Baimont, il ne est pour ce deub audit seigneur dont tel héritage vendu est tenu et mouvant, pour droit de ventes, que IV deniers d'issue par le vendeur et IV deniers d'entrée par l'achetteur.

4. Quant aulcune personne demourant audit lieu de Baimond, saisy et joissant d'aulcuns héritaiges, masures et ténemens scituez en icelle ville de Baimont, fine de vie par trespas, son héritier est tenu paier, pour droit de relief au seigneur dont telz héritages sont tenus, que IV deniers, et est saisy de fait par la coustume.

5. A iceulx maire et eschevins et bourgois appartiennent toutes les amendes qui eschieent en icelle ville, au dedans d'icelle, et au dessoubz de soixante solz.

Lesquelles coustumes ont esté ce jourdhuy xixe jour du mois de septembre l'an mil cinq cens et sept, affermées et certiffiées, pardevant nous maire et eschevins, en la présence des gens d'église et autres qui cy aprez ont signé : tesmoings leurs saings manuels cy mis.

Signés : J. Fournier *maieur.* — A. Duc *lieutenant.* — N. Duc *eschevin.* — Joseph Branlant. — Jehan Barré *eschevin.* — Regnault *eschevin.* — Ansel *eschevin.* — Coll... *eschevin.* — P. *eschevin.* — J. S. Fournier *prêtre, vice-gérant dudit lieu de Baemont.*

BOUBERS EN VIMEU.

FIEF ET PAIRIE.

Deux feuilles de parchemin cousues par leurs extrémités et formant une grande page d'écriture de 75 centimètres de hauteur, très-lisible. 15 articles.

VIMEU.

Ce sont les coustumes locales et particulières observées au fief et parrie de Bouberch, tenu du bailliage de Saint-Vallery, nommé le fief du chasteau, donjon dudit Bouberch et la rue Tillette ; en laquelle seignourie de Bouberch, a deux parries dont le fief dessus dit est l'une ; et sy en y a une autre de plus grande estendue tenue du roy nostre sire, à cause de sa comté de Ponthieu, esquelles deux parries et seignouries, ledit seigneur de Bouberch, aussy bien en l'une que en l'aultre, a toute justice haute, moyenne et basse, principalement en icelle parrie chief-donjon et rue Tillette.

1. Les vassaux dudit seigneur n'ont aucune haute justice en leurs fiefs.
2. Il est dû au seigneur, à la vente des fiefs et des coteries, le 5e denier.
5. En succession cottière, tel cens tel relief.

PROCÈS VERBAL : En obéissant à la commission tant du bailly d'Amiens, son lieutenant, comme de nous Philippe Doremieulx bailly dudit Bouberch, sont comparus, pardevant nous bailly dudit Bouberch, le lundy xij° jour de septembre audit an mil cinq cens et sept, les..... hommes liges, hommes cottiers et roturiers ci dessoubz signés, lesquelz tous ensemble concordablement ont juré, déposé et affermé quils savent ledit fief de la rue Tillette, chasteau et donjon de Bouberch, appartenir audit seigneur......

Et ce fait, leur a esté leu par le greffier dudit bailliage les 15 articles cidessus descriptz, sur quoy ilz ont tous ensemble dit et eux accordez les ungs avec les aultres que, en ladite parrie et fief dudit chasteau et donjon, ils ont toujours veu user de seigneurie et justice vicomtière. — De très-grant temps ont veu avoir audit seigneur pillory ; et mesmes ont veu audit Bouberch, les aucuns dès longtemps, à faire justice d'un tor (13) qui fut pendu pour avoir tué un enffant, quilz entendent estre haulte justice, comme ilz dient etc.....

Signés : Ph. Doremieulx. — Pierre Flourie. — Jehan Cauderon. — N. Devillers. — Jehan Tillette *homme cottier.* — Brandechon. — François Cousturier *homme cottier.* — Guillaume Du Gardin. — Henry Cordier. — Colinet Boucher. — Thomas Flourie. — Collin Cauderon. — Du Gardin *prêtre.* — J. Massue *greffier.* — De Roussein *prêtre.* — Delefosse *lieutenant.*

BOUILLANCOURT ET FRETTEMEULE.

SEIGNEURIE.

Une grande page en parchemin d'une écriture très-serrée. 5 articles lisibles.

Coustumes particulières et locales des villes, terres et seignouries de Boullancourt-en-Sery et de Frestemœulle appartenant à noble et puissant seigneur Mgr. Anthoine de Mailly, chevalier, seigneur, baron dudit lieu de Mailly, et des dits lieux, conseiller, chambellan du roy nostre seigneur ; lesquelles seignouries il tient noblement, cest assavoir ladite seigneurie de Boullancourt, en deux hommages par indivis, de la chastellenie et seigneurie de Saint-Vallery-sur-la-Mer, et icelle seigneurie de Frestemœulle, en ung hommage, de la seigneurie de Caïeu-sur-la-Mer.

1. Dans ses deux seigneuries, le seigneur à haute justice, et ses vassaux n'ont les aucuns que la justice vicomtière que l'on dist moyenne justice, et les aultres basse justice que l'on dist fonssière : reserve ceux qui tiennent en parrie qui ont autelle justice en leurs fiefz et parries que ledit seigneur saouf le ressort.

2. Ledit seigneur est seigneur voyer de tous les frocz et flégards, chemins et voies desdites seigneuries de Boullancourt et Frestemœulle ; et sy appartient à sa justice la congnoissance et les pourffitz d'estallage, bornage, séparacion, limitacion des héritaiges, toutes choses trouvées espaves sur iceulx chemins et frocz et flégards, se ils ne sont reclamez et pourssuis en dedans XL jours.

5. En succession cottière, tel cens tel relief.

Signés : Sospit *prêtre, curé de Frestemœulle.* — J. Gente *prêtre.* — Guillaume Morel *prêtre, homme cottier.* — Caron *prêtre, homme cottier.* — Robert Roussel *per et homme lige.* — Cacheleu *homme lige.* — Des Groiseillers *procureur de Mgr. Jehan de......* — De Saint-Souplis *procureur de M° Jehan de Bainast homme lige.* — Vasseur *procureur de.....* — Poilly *procureur de Anthoine de Biencourt homme lige.* — Postel *procureur de Jehan de Rambures, homme lige.* — Le *procureur de Jehan Wyart homme lige.* — Franchois Garson *homme lige.* — Estienne le Prevost *homme lige de Frestemœulle.* — Delacourt *homme lige.* — Delefosse *homme lige.* — Delattre *procureur de Antoine d'Engreville homme lige, et aussy de Guillaume de Marle pareillement homme lige.* — Clément Pillon *homme lige.* — Jehan Laurent *homme lige.* — Delgorgue Leureux *procureur de Nicolas de Rouy homme lige.* — De Beauvoir *homme lige.* — Pierre Lecomte *homme lige.* — Moisnel *procureur de Andrieu de Waudricourt homme lige.* — Samuel de Brontelle *homme lige.*

BRAY-LEZ-MAREUIL.

SEIGNEURIE.

Une petite page en parchemin très-lisible. 5 articles.

Coustumes, droiz, auctoritez et prérogatives estans en la ville de Bray-lez-Marœul, arrestées et déposez pardevant Gilles Bamire bailly dudit Bray, pour noble homme Lancelot Bacouel, seigneur dudit lieu, du Parc et Inval, par les hommes fiefvez et habitans dudit lieu.

1. A cause de sadite terre et seigneurie qu'il tient noblement de la chastellenie de la Fresté-lez-Saint-Riquier, le seigneur a toute justice et seigneurie haute, moyenne et basse.

2. En succession cottière, relief du double du cens.
3. A la vente des rotures, il est dû le XIIIe denier.

Le pénultième jour de septembre l'an 1507.

Signés : G. Bamire *saing du bailly.* — *Saing* Jacques François *homme lige et fiefvé.* — *Saing* Jacques du Maretz. — *Saing de* Colart d'Artain *homme lige et fiefvé (une herse.)* — *Saing* Bernard Petit-Homme. — *Saing* Regnault De Vin.

BRONTELLES (Brutelles.)

SEIGNEURIE.

Une longue page en parchemin, de 66 centimètres de longueur sur 33 de largeur. 4 articles lisibles quoique l'encre ait pâli.

Coustumes locales de la terre et seigneurie de Brontelles et deppendances d'icelle appartenant à noble et puissant seigneur Mgr. Jehan de Monchy, chevalier, seigneur de Montcaverel, qu'il tient en haulte justice de la chastellenie de Saint-Valery.

1. A la vente des fiefz et cotteries, il est dû le quint denier.
3. En succession cottière tel cens tel relief : le fils puisné s'il y a fils ou la puisnée fille s'il n'y a fils, succède en l'héritage de ses prédécesseurs en ladite seigneurie de Brontelles (14).

4. Ung chascun seigneur ayant fief et justice, pœult et luy loist laissier telle quantité, partie et porcion de sadite terre et seigneurie et deppandance d'icelle, en quelque lieu que ce soit, en friche, riez et non valoir, sans le

approprier à soy ne la baillier à cens ou à louage, tant et si longuement que bon lui semble, et combien que pendant le temps que icelle terre est ainsy délaissiée en friche et riez et que chascun y ait accoustumé passer repasser, aller et faire paistre leurs bestes, soit par xx,xxx,xl ans et plus, neantmoins il est loisible audit seigneur reprendre ladite terre à son profit, le approprier à se domaine, baillier à louage, à cens ou aultrement, en faisant toutefois apparoir, s'il y avoit contrariété, icelle terre lui appartenir et estre de son demaine, et que ainsy en ont veu user passé x,xx,xxx ans et plus et de tout le temps dont ils ont memore, soit que la mer cœuvre et descœuvre ladite terre ainsi délaissiée que dist est dessus.

Signés : Jeh. Mannessier. — Andrieu Godart. — *Sire* Jehan Godart *prétre*. — Jehan Virofroy. — Colin Lostelier. — Jehan Vaillant. — Nicolas Hazart. — Antoine Cannel. — Guy Delattre. — Louis Langlacie. — Jehan Macquet *licencié es loix, bailli dudit lieu.*

CAMBRON, OCHANCOURT ET HUPPY.

FIEFS.

Deux peaux de parchemin attachées ensemble, signées et paraphées au point de suture, formant une page d'un mètre de long sur 35 centimètres de large. 15 articles lisibles.

Coustumes locales et particulières que le seigneur de Rambures a en ses fiefz et seigneuries de Camberon, Huppy et Ochancourt, assavoir Camberon qu'il dist tenir du bailliage de Saint-Vallery, en pareille justice et seigneurie que tient ledit seigneur de Saint-Vallery sa parrie et chastellenye.

1. A CAMBERON : Les vassaux n'ont aucune justice haute ni vicomtière s'ils ne le font apparaître par fait spécial.
2 à 11. droits seigneuriaux dus à la mutation des fiefs et coteries.
12. droits vicomtiers d'acquit, d'herbage, de forage.
14. A HUPPY : En son fief de Huppy tenu de Saint-Vallery, le seigneur a justice vicomtière c'est-à-dire les mêmes droits qu'à Camberon.
15. A OCHANCOURT : le seigneur a les mêmes droits de justice qu'à Huppy.

Signés : Robert Roussel *homme lige*. — Robert de Camberon *homme lige*. — J. Bellanger *homme lige*. — Guillaume Ozime. — J. Sauvage. — Jacques Moisnel. — P. Becquet. — Du Maisnil. — Maillart *cottier*. — Loys Blond. — Guillaume Regnier. — Massue *greffier*. — Doremieulx *bailli*.

DROMESNIL.

SEIGNEURIE.

Une page en parchemin lisible. 2 articles.

Coustumes locales dont l'on use au village, terre et seigneurie de Dromaisnil appartenant à noble homme Jehan de Hallencourt, seigneur dudit lieu qu'il tient noblement, en foy et hommage, de la seigneurie de Sourdon.

2. En succession cottière, tel cens tel relief. — Les terres à champ qui doivent rente ou champart paient pour relief 12 deniers du journal.

Signés : De Hallencourt *seigneur de Dromaisnil.* — Quesnin Malart *de Dromaisnil.* — Andrieu Daullé. — *Sire* Pierre Danville *prêtre, curé de Dromaisnil.* — Jehan de Vacossains. — Jehan de Créquy. — Bertin Lemaire (*une herse.*) — Honérée Mallart (*une soie.*) — Jacqnes Bulet (*un couperet.*) — Toussaint Dumont. — *Sire* Jehan de Maubrœucq *prêtre de Dromaisnil.* — Henry de Biencourt *lieutenant du bailly.* — Valeren Clerée *procureur pour office.* — Robin Richart. — Enguerran Lemaire. — Aliamé Vacossains.

ESTRUISEULX (Etrejus).

SEIGNEURIE.

Une grande page en parchemin, d'une écriture très-serrée mais lisible. 9 articles.

Coustumes locales et particulières de la ville, terre et seigneurie d'Estruiseulx appartenant à Bernard de Fontaines, escuyer, seigneur dudit lieu où il a toute justice et seigneurie haulte, moyenne et basse; laquelle seigneurie il tient noblement de Mgr. Ferry de Croy, chevalier, seigneur de Rœux, à cause de sa terre et seigneurie de Métigny.

1. En succession cottière, relief dans le délai de sept jours et sept nuits ; ce délai passé, le seigneur perçoit les fruits — tel cens tel relief.

5. Droit pour la vente des coteries, le XIIIe denier.

6. Item, par ladite coustume, se aucuns ont aucunes masures et manoirs seans en ladite ville, esquels ilz ne soient demourans, ledit seigneur pœult et lui loist soy faire paier du droit de réseandise quy est par chascun an cinq solz.

7. Tous lesdits subgetz sont tenus trouver et apporter audit seigneur, touteffois qu'il lui plaist, en son manoir seigneurial audit lieu d'Estruiseulx, queute

à court qui est entendu lit à plume, traversain et couverture, se ilz n'ont lettres de exempcion et franchise ad ce propos (15).

8. Lesdits sujets ne pœuvent avoir ne tenir en leurs manoirs, coulombier, tor, ne ver se ce n'est en lieu previlégié.

9. Lesdits subgetz pœuvent avoir en leurs manoirs fours pour cuire leur pain et aultres choses choses nécessaires, en payant un chapon vif au terme de Noël ou XVIII deniers pour la valeur.

Signés : Carruette *bailly.* — Dufresnoy *lieutenant.* — Dufresnoy *prêtre.* — Du Maisniel *laboureur.* — Joannes Levasseur *curé d'Etruiseulx.* — Lamoury *subget.* — *Marque de* Jehan Noblesse *laboureur.* — *Marque de* Collenet Dufresnoy.

FRESNEVILLE.
FIEF ET SEIGNEURIE.

Une longue page en parchemin lisible. 5 articles.

Coustumes locales des fiefz et seigneurie que noble homme Henry Joly, à cause de damoiselle Jehanne Flaon, sa femme, a en la ville et terroir de Fresneville, lesdits fiefz tenus de la chastellerie d'Araines.

1. En succession cottière, tel cens tel relief.

5. Par icelle coustume, lesdits hommes et tenans, touteffois qu'ils vendent donnent ou transportent leurs héritages à aultruy, aprez la dessaisine faite d'iceulx, sont tenus paier, pour droits seigneuriaulx audit escuyer, la moitié des deniers à quoy a monté ladite vendicion ou que pœult valoir tel héritage donné ou transporté (16).

Nota : Quant à cest article, nous icy dessoubz signans, agés de L à LX ans, avons oy dire à nos prédécesseurs quilz avoient oy dire aux anchiens, ycelle coustume avoir lieu, quant en la ville et masures, pour aulcune raison à déclarier plus ad plain quant mestier seroit.

Signés : G. Leleu *prêtre, curé dudit lieu.* — Fremin Leleu *homme de fief.* — M. Leleu *homme lige.* — E. Leleu *lieutenant dudit lieu.* — A. Leleu *homme lige.* - Huchon Leleu. — O. Leleu *prêtre, procureur de Guill.* Marchant *homme lige.*

FRESSENNEVILLE.
SEIGNEURIE-PAIRIE.

Une grande page en parchemin contenant 13 articles lisibles, sauf quelques bouts de ligne.

Coustumes locales observées en la pairie et seigneurie de Fressenneville, appartenant à haut et puissant seigneur Mgr. d'Anthoing, tenue de la chastellenye de Gamaches, qui ont esté rédigées par escript ce jourd'hui treizième jour de septembre l'an 1507.

1. Le seigneur a seul la haute justice.
2, 3, 4. Droits de quint denier à la vente des fiefz et coteries.
5. Relief des coteries en dedans 7 jours et 7 nuits — tels cens tels reliefs.

Signés : Blotefière *bailli.* — Des Groiseliers *procureur pour office.* — Honéré Dehesdin *lieutenant.* — *Marque d'*Estienne Levasseur *homme lige.* — Duflos *homme lige.* — De Nibat *pour Fremin Leclercq cottier.* — Bertrand Dumont *homme lige.* — *Marque* Pierre Watier *cottier.* — *Marque* Cardin Dehesdin *cottier.* — Ancquet *procureur de madame de Crevecœur.* — Jehan de Rambures *homme cottier.* — Duflos *homme cottier.* — Genonviller *homme lige.*

FONTAINES ET ALLERY.

FIEFS ET SEIGNEURIES.

Deux grands feuillets de parchemin. 21 articles lisibles.

Ce sont les coustumes locales et particulières, usages et communes observances des fiefs et seigneuries de Fontaines-les-Secques et Allery.

1. Par la coustume desdites seigneuries et à cause d'icelles, messire Adrien de Mailly, chevalier, seigneur de Conty, de Buires, Wavans, Thalemas, Sainthuin et desdites terres de Fontaines et Allery, a toute justice et seigneurie haute, moyenne et basse.

2. En succession cottière, tel cens tel relief.
3. A la vente des fiefs et coteries, il est dû le 5ᵉ denier.

17. De chascun brassin de cervoise ou aultre menu bruvaige, le brasseur ou cambier en doit huit potz, pour le droit de forage, et un pot pour l'afforage.

18. Nul desditz subgetz ne peut, ne doibt prendre et retenir aucune espave trouvée esdites seigneuries plus de vingt quatre heures, qu'il ne le maine, porte ou envoie à son lieu seigneurial ou qu'il en advertisse son bailly et officiers, sur peine de LX sols parisis.

Pour les autres cas, on se régle sur les coustumes de Saint-Vallery et de Gamaches dont lesdites seigneuries sont tenues et mouvantes.

Le 16ᵉ jour de septembre l'an 1507.

Signés : Martin Vilain *bailly dudit Fontaines.* — Jehan de Forcheville *homme lige.* — Thomas de Faie *homme lige.* — Ansel Prevost *prêtre, homme lige.* — Dacheu *homme lige.* — Dumont *homme lige.* — Jehan Delarche *homme cottier.* — Simon Prevost *homme cottier.* — Mahieu Barbette *homme cottier.* — Desertaulx *homme cottier.* — Colart Maquerel *homme cottier.* — Raullin Barbette.

Cy aprez sont escriptz les noms des gens d'église, hommes liges et subgetz tenans de la seigneurie d'Allery.

Signés : Darias *prêtre, vice-gérant du curé* d'*Allery.* — Leblond *homme lige* d'*Allery.* — Jehan de Cahon *procureur de Miquiel Courtois homme lige.* — Jehan Le Boullengier *homme cottier.* — H. Boullengier. — Jean Piet de Cocq. — Colin Poret *homme cottier.* — Jean Decressen *homme cottier.*

FRESNOY ET AUMATRE.

FIEF.

Une page en parchemin d'une écriture très-lisible. 5 articles.

Coustumes locales et particulières ayant cours en ung certain noble fief et seigneurie scitué es villages et terroirs d'Omastres, Fresnoy et es environs, appartenant à noble homme Jehan Journé seigneur de Martongneville et dudit fief qu'il tient noblement de la seigneurie d'Avesnes, en la prévosté de Vimeu, au ressort et souveraineté de la chastellenie de Picquigny, où il a toute justice et seigneurie haute moyenne et basse.

1. En succession cottière, tel cens tel relief.

4. A la vente des héritages cottiers, il est dû le quint denier.

Signés : Caruette *bailly.* — Journé. — De Crespy *prêtre.* — Noël Lenglès. — Marque de Jehan Leleu *censsier.*

FRIVILLE.

SEIGNEURIE.

Une grande page en parchemin d'une écriture très-nette et très-lisible. 13 articles.

Coustumes locales et particulières gardées et observées en la parrye et seigneurie de Friville appartenant à haut et puissant seigneur Mgr. d'Anthoing, tenue de la seigneurie de Bouillancourt-en-Serie, mises et rédigées par escript ce jourd'hui trezième jour de septembre l'an 1507.

<small>Conforme, pour la rédaction, à la coutume de Fressenneville.</small>

Signés : Blotefière *bailly.*—Des Groiseliers *procureur pour office.*—Honeré de Hesdin *lieutenant.*—Robert Roussel *homme lige en quatre fiefz.*—Denis prêtre, *homme lige.*— *Marque de* Jehan Wateblé *procureur de Guillaume de Monchy homme lige, à cause de sa femme.*—Robert de Biauvais *homme cottier.* — *Marque de* Honeré Denis *pour le fief qui fust Jehan Denis.* — De Beaurain *homme cottier.*—Robert Vasseur *homme lige.*

GAMACHES.

CHATELLENIE.

Une grande peau de parchemin de 65 centimètres de longueur, sur 60 de largeur. Cette pièce, dans le milieu et à ses extrémités, a un peu souffert de l'humidité : le velin est encore intact mais l'encre a pâli ; les caractères dans plusieurs endroits ne sont plus visibles. 13 articles.

Coustumes générales, particulières et locales de la ville, chastellenie et seignourie de Gamaches en Vimeu, appartenant à noble et puissant seigneur Alof Rohaut, seigneur de Chastillon, de Hallencourt et d'icelle chastellenie et seigneurie de Gamaches, qu'il tient noblement et en parrie du roy nostre seigneur, à cause de son bailliage d'Amiens, en laquelle il a toute justice et seigneurie haulte, moyenne et basse, sous le ressort et souveraineté du roy, mises et rédigées par escript, pardevant nous Jehan Durot bailly de ladite chastellenie.

1. Primes, a icelluy seigneur toute justice et seigneurie haute, moyenne et basse en toute sa dite chastellenie, aussi avant qu'elle s'estend, sauf le droit justice et seigneurie de ses pers, hommes et vassaux, aussy avant que la nature et condicion de leurs fiefz contient selon leurs anciens aveux et dénombrements.

2. Quant aucune personne vend, cedde, transporte à aultruy les fiefz, manoirs, ténemens, terres et héritaiges, soient féodaux ou cottiers qui lui appartiennent et dont il est saisy, aprez le dessaisine de ce faite pardevant ledit seigneur, ses bailly et officiers, ledit seigneur doit estre payé du quint denier de la somme à quoy s'est monté ladite vendue, et ont pareil droit les pers et vassaux de ladite chastellenie sur leurs subgetz.

3. Ung chascun les subgetz et demourans en icelle ville, chastellenie et seigneurie de Gamaches, en lieu non franc, tenant en sa possession bestes à layne, jusques au nombre de dix et audessus, est tenu paier audit seigneur, pour droit d'herbage, le jour saint Jehan-Baptiste, une beste à layne quy se doit demander par ledit seigneur; et s'il reffuse paier, tel subget eschiet envers ledit seigneur, en amende de LX sols parisis. Au dessoubz dudit nombre, il est tenu païer audit seigneur, la veille du jour saint Jehan-Baptiste, une obole pour chascune beste, et s'il est défaillant ou reffusant de payer ledit droit, il eschiet en pareil amende de LX sols parisis. Lequel droit de mort herbage ne se doit point demander.

4. Quand aucun non subget saisy et joissant de aucuns fiefz, maisons, ténemens et terres cottières mouvans et tenus de ladite chastellenie, fine de vie par trespas, son héritier doibt relever lesdits fiefz et héritages cottiers et paier audit seigneur, pour les fiefz tenus en parrie, X livres parisis et XL sols de chambellage, pour les autres fiefz mouvans et tenus en plein hommage, LX sols parisis de relief et XX sols de chambellage, et pour les masures, ténemens et héritages cottiers tenus en censive cottière, autelle somme de deniers qu'il est deub de censive par an. Lesdits héritages doivent être relevés en dedans sept jours et sept nuits, aprez le trespas du propriétaire, ou aultrement le défaillant escheroit envers ledit seigneur en amende de VII sols VI deniers.

5. Se aucun seigneur ou officier de justice fait aucuns adjournemens, procès ou exploits de justice, es mettes d'icelle chastellenie, sans avoir premier demandé assistance au seigneur en la justice duquel il fait lesdits exploits, à son bailly ou officiers, il eschet, pour chascune fois, en amende de LX sols envers ledit seigneur et pour chascun exploit.

6. Tous les hommes tenans fiefs nobles d'icelle chastellenie, sont tenus servir et assister en personne, chascune quinzaine, aux plaids d'icelle chastellenie, quand ilz en sont suffisamment adjournés, sur péril de paier, pour chascun deffault où ilz seroient mis, cinq sols parisis d'amende.

7. Quant aucun, subget ou non d'icelle chastellenie, commet délit, batture et navrure sur aultruy, es mectes d'icelle chastellenie et se rend fugitif et absente, sans soy venir rendre prisonnier à justice pour estre à droit, et aprez informacion deubment faite du cas advenu, et qu'il en soit apparu de par les sergens à cheval d'icelle chastellenie, il est appelé aux droits dudit seigneur, et tierchaines et quinzaines deubment entretenues et rapportées par ledit sergent au greffe du bailliage, tel délinquant ainsy évocquié

et appellé comme dist est, eschet envers ledit seigneur en XLV sols d'amende, pour la contumace desdits appeaux, se ainsy ne estoit que ledit seigneur, en la juridicion duquel le cas est advenu, ait fait diligence de prévenir lesdits appeaux, lequel seigneur a les mêmes droits pour lesdits appeaulx et contumasse.

8. Qui confisque le corps confisque les biens mœubles et ténemens à lui appartenans ; laquelle confiscacion appartient au seigneur haut justicier en la seigneurie et haute justice duquel les biens mœubles et immœubles du délinquant sont trouvés, scituez et assis (17).

9. Tous droits seigneuriaulx, justice et seigneurie de chose cottière baillié à surcens du consentement du seigneur féodal dont la chose cottière soit tenue, compectent et appartiennent audit seigneur féodal et non au bailleur ne à son subcesseur, lequel pour tous droits ne a nulle chose, en la chose cottière baillié, que son droit de surcens.

10. Ung tenant cottier ne pœult baillier sa chose cottière à aultruy à surcens, sans le consentement du seigneur féodal.

11. Quant aucune femme saisie, tenant et possessant héritaiges féodaux ou cottiers, se allye par mariage, aprez le mariage consommé, le mary de ladite femme est tenu relever de bail les héritages cottiers et païer, pour ledit relief, autant qu'il est deub pour ung an de cens, et pour les fiefz tenus en plein hommage, soixante sols parisis, et pour les parries, dix livres, sans aucun chambellage.

12. Pour terres mouvans de ladite chastellenie sans moyen et par moyen, succédées et escheues à enfans mineurs d'ans ou à femme qui soit lyée de mari, est deub relief au seigneur dont ils sont tenus et paier de reliefs autant que lesdits héritages cottiers doivent de cens pour un an........ lequel relief, pour le mineur d'ans, se doit faire premièrement pour le bail, par les tuteurs, et luy venu en eage payer le relief principal.

13. A chascun féodal d'icelle chastellenie appartient droit d'aide, quand il fait son fils aisné chevalier ou qu'il marie sa fille aisnée, à l'un desdits cas à son choix et obtion ; pour choses cottières tenues de luy, il est deub autant, pour lesdites aides, que lesdites choses cottières doibvent de cens, chascun an, et en chose féodalle, il est deub, pour parries, X livres parisis et, pour fief en plein hommage, soixante sols sans aucun chambellage.

Signés : Jehan Durot *bailly de Gamaches.* — Roger *abbé de Lieu-Dieu.* — De Paris *doyen du chapitre de Gamaches.* — M. Creton *prêtre, trésorier, chanoine de l'église N. D. chapellain de Gamaches.* — Courde *chanoine de Gamaches.* —

M. Villain *bailli, procureur de Mgr. Adrien de Mailly, chevalier, homme lige de Gamaches.*—Durot *procureur de Charles de Buleux seigneur dudit Buleux, per et homme lige dudit Gamaches.* —Goudin *lieutenant dudit Gamaches.*— Pierre d'Aoust *homme lige.*—Fremin Wancquet *homme lige.*—Descamps *procureur de Jacqueline...*—Moisnel *procureur de......*—Platel *chanoine de l'église N. D. au chasteau de Gamaches, vice-gérant de la cure dudit Gamaches.* —Jehan Vasseur *homme lige.*—H. Obain *conseiller en court laye.*—Le Prevost *homme lige.*—C. De Blimont *homme lige.*—Le Cousturier *procureur de Jehan seigneur Desmares homme lige, à cause de sa terre de Menaislies.*— Blotefière *pour Mgr. d'Anthoing, per et aussy pour luy, comme homme lige, et aussi pour Adrien de Riencourt homme lige.*—Picart *bailli de . . . . . procureur de madame de la Tresmouille, dame de Dours, féodalle de Gamaches.* —Caussen *homme lige.*—De Gomart *conseiller en court laye, procureur de Jehan Vaasseur homme lige.*—Franchois de Poilly *maïeur de Gamaches.*—Pierre Mequignon *essevin, lieutenant du maïeur de Gamaches.* — Fornier *maïeur de . . . . . .* — Du Castel *eschevin.*—Jean Lemerchier *eschevin.*—Nicollas Franchois *eschevin.*

GAMACHES (18).

(Enclos, fossés et murailles de)

ÉCHEVINAGE.

Une grande page en parchemin d'une écriture très-nette et très-lisible. 9 articles.

Ce sont les coustumes localles dont l'on use et a esté accoustumé user, de tout temps et d'anchienneté, dedans l'enclos, fossez et murailles de la ville de Gamaches en Vymeu, appartenant à noble homme Alof Rohaut, seigneur de Chastillon, du Boismenart, Hellicourt et dudit lieu de Gamaches ; lesquelles pœuvent estre dérogeans aux coustumes particulières de la chastellenie et seignourie dudit lieu, et aussy aux coustumes générales du bailliage d'Amyens et prevosté de Vimeu, rédigées et mises par escript par les bailly, lieutenant, procureur, maïeur, eschevins, bourgois, chanoines, prieur, curé et autres gens tant d'église que séculliers.

1. La coustume locale ayant cours de toute anchienneté, comme dist est,

dedens l'enclos et fermetté d'icelle ville est telle que le mort saisist le vif son plus prochain héritier habille à succedder, sans soy offrir à rellief, ne paier aucun droit audit seigneur de Gamaches ne à aultres des héritages scituez et assis dedens ladite ville.

2. Quant aucun vent son héritage scitué et assis dedens l'enclos de ladite ville ou quy le donne ou transporte à aultre personne que à son héritier, il ne doit nul droit de quint denier de ventes ; mais seullement est deu audit seigneur de Gamaches, par le vendeur ou donateur, pour le dessaisine dudit héritage, XVI deniers parisis, et par le achetteur ou aprehendeur, pour la saisine à luy baillié, XVIII deniers parisis.

3. Ung chascun bourgois d'icelle ville pœult baillier à surcens et rente annuelle et perpétuelle, et aussy vendre rente et chargier de surcens annuelz et héritables à tousjours, son héritage ou partie d'icelluy scitué et assis dedens l'enclos de ladite ville de Gamaches, de telle somme de deniers et à telle personne que bon luy semble, sans le consentement du seigneur dudit Gamaches, ne estre tenu lui paier aucuns drois seigneuriaulx, ne aussy lui en faire quelque recongnoissance ; et sont les surcens et rentes de tels vendeurs et prendeurs exécutoires, aux termes sur ce mis et aposez sur eulx, leurs biens et héritaiges par l'office desdits maïeur et eschevins, sans préjudice aux censives fonssières dont lesdits héritages sont chargés et tenus envers ledit seigneur.

4. Quant un bourgois, manans et habitans dudit lieu, baillent à tiltre de louage aucune maison ou manoir et ténement scitué et assis dedens l'enclos de ladite ville, à aucune personne, bourgeois ou aultre pour y demeurer et faire sa résidence, ledit bourgois par le congié, licence et consentement des maïeur et eschevins dudit Gamaches, pœult faire justicier ledit bourgois et exécuter, chascun an, pour le deu dudit louage, par le sergent desdits maïeur et eschevins, à chascun des quatre termes de la ville, cest assavoir au Noel, Pasques, Saint-Jehan-Baptiste et Saint-Remy, à chascun par égalle porcion.

5. Quant aucune personne bourgois ou aultre a acquis et achetté un héritage, maison et ténement dedens l'enclos dudit Gamaches, et il en joist et possesse paisiblement, sans contredit, un an et jour entier, tel achetteur n'est tenu aucunement soy en désister ne départir, mais a acquis en luy la joissance et possession dudit héritage ; et ne eschiet plus ledit héritaige en aucun ratraict lignagier (19).

6. Quiconque est attaint et convaincu de avoir bastu et injurié de main garnie et fait sang courant et playe ouverte, par yre, noise ou débat, au dedens de l'enclos et murailles d'icelle ville, il eschiet en amende de neuf li-

vres parisis dont en appartient deux parts, montant six livres parisis, auxdits maïeur et eschevins, et l'aultre tiers, montant soixante sols parisis, audit seigneur de Gamaches.

7. Quiconques met la main sur aultruy pour mal faire, ou qui dict et profère aucunes parolles injurieuses et par noize, yre, débat ou enfort, dedens l'enclos d'icelle ville, et il soit seu et prouvé, il eschiet en amende de vingt solz dont en appartient auxdits maïeur et eschevins XV sols et audit seigneur V solz (20).

8. Nulz quelz qu'ilz soient ne pœuvent garder ne mectre pasturer aucunes bestes chevallines, bœufs, vaches, pourcheaulx ne aultres bestes, dedens les maretz, prairies et communes d'icelle ville de Gamaches, excepté et réservé les jurez et bourgois dudit lieu, sans le congié, licence et consentement des maïeur et eschevins d'icelle ville, sur et à peine d'amende de LX sols au pourffict desdits maïeur et eschevins.

9. Nulz des bourgois et habitans d'icelle ville ne aultres quelzconques, ne pœuvent mectre pasturer ne faire garder leurs bestes à layne, tant brebis, moutons comme aultres, dedens lesdits maretz, prairies et communes dudit lieu de Gamaches, sur et à peine de confiscacion, amycion et perdicion desdites bestes à layne; et icelles appartenir et tourner au pourffit desdits maïeur et eschevins.

Pour approbacion desquelles choses dessus dittes, nous avons signé ces présentes coustumes qui furent faites, rédigées et mises par escript, audit lieu de Gamaches, par nous cy aprez nommez, le XXIIIe jour de septembre l'an mil cinq cens et sept.

Signés: Durot *bailly de Gamaches.* — Decamp *procureur pour office dudit bailliage.* — Jehan Lemerchier *eschevin.* — Franchois de Poilly *maïeur.* — Pierre Miquignon *essevin.* — Jehan de Belles *eschevin.* — *Sire* Mah. Creton *prestre, trésorier et chanoine de Gamaches.* — Courde *chanoine de Gamaches.* — Carpentier *lieutenant du doyen.* — Guillaume de Belles *bourgois.* — De Bernapré *eschevin.* — Lievesques *pour le prieur de Gamaches.* — Nicolas Chivot *eschevin.* — Ducastel *eschevin.* — Bellé. — Nicoullas Franchois *eschevin.* — Platel *vice-gérant du curé de Gamaches et chanoine dudit lieu.* — De Gournay *greffier et bourgois.* — Bertin Creton *bourgois.* — Robert Leroy *bourgois.* — Pierre Leroy *eschevin.* — Guillaume Sellier *eschevin.*

CHARTE DE LA COMMUNE DE GAMACHES.

(*Archives de la mairie de Gamaches cotte* 12.)

Tous qui verront ce présent escript sachent que moy Aanora, contesse de

Dreulx, dame de Sainct Wallery, j'ay donné et avec serment conferme à mes bourgeoys de Gamaches, à avoir et tenir communaulté semblable au jugement commun de Sainct-Quentin, saulve le droict de la mère saincte église et de mes francs hommes féodaulx, et saulve aussi mes réservations lesquelles noble homme, feu de bonne mémoire, Bernard de Sainct-Wallery a réservé à luy et à ses hoirs, saulve aussi les réservations lesquelles il a retenu pour mes predictz bourgeoys, lesquelles le mesme Bernard a permys avoir auxdits bourgeois.

I. Assault de maison doibt estre convaincu et enquis par le bailly du seigneur et par les mayeur et eschevins. Et en appartient l'amende au seigneur, sans ce que aultruy y ayt part, quy est de dix livres parisis.

II. Qui faict sang et playe et est de ce convaincu, il doibt neuf livres parisis, savoir: au seigneur soixante solz et six livres à la ville.

III. Toutes querelles généralement se doibvent traictier et juger par les mayeur et eschevins, excepté cinq principales, à savoir: ravissement de femmes ou filles, empoisonnement, larcin, combat de deulx à oultrance dont gaiges sont bailliés et murdre. Et toutesfois, pour faire jugement de telles choses, les mayeur et eschevins doibvent estre présens avec hommes liges (21).

IV. Qui mect la main sur un bourgeoys pour luy faire mal, il doibt vingt solz, au seigneur cinq solz et à la ville quinze.

V. Les plaids d'héritages doibvent estre convenancés et adjugés par le bailly du seigneur et par les mayeur et eschevins.

VI. Le bailly du seigneur ne peult prendre ung homme juré en la ville ny en sa maison, et ne le doibt emprisonner, s'il offre bons pleiges de ester à droict. Mais les jurez le peuvent présenter au bailly avec son domicille et sans amende ou le bailly auroyt refusé son plege (*sic*).

VII. Sy le serviteur du seigneur a faict meslée, en la ville, contre ung juré de sorte qu'il l'ayt occis ou meshaigné, les bourgeoys peuvent icelluy arrester et retenir jusques ad ce que le seigneur et son bailly ayt faict amender le tort faict par le jugement de la ville.

VIII. Et sy ledict serviteur en fuyant venoit dans le chasteau, quiconque fera assault au chasteau et de ce sera convaincu, doibt au seigneur soixante livres d'amende, et ne peult et ne doibt ledict serviteur venir en la ville jusques ad ce qu'il aura offert bon pleige, pour l'amende, au jugement de la ville.

IX. Les bourgeoys peuvent avoir en leurs maisons quartes et mynes, pareillement aussi poids et livres pour peser, saouf néantmoins le droict du seigneur.

X. Nul bourgeois n'a poursuite depuis qu'il est arrivé en la banlieue de Gamaches.

XI. Sy ung juré vend bled à ung estranger, il doibt mesurage au seigneur; et au mesme jour quil l'auroyt vendu ou mesuré, doibt advertir le fermier du mesurage quil vienne querir son mesurage; et si le fermier ne veult croire, il doibt jurer quil s'en est loyaulment acquitté.

XII. Sy les hommes de fief doibvent à quelque bourgeoys, et se soyent habandonnés eulx et leurs biens, ils peuvent venir en la ville et ne peuvent estre arrestés, n'est quilz descendent; et s'ils descendent, le créditeur peult faire prendre le cheval de l'homme de fief, apres toutesfoys la licence prinse du viconte du seigneur (22).

XIII. Sy ung homme estrangier apporte en la ville aucune chose en paix, il le doibt aussy reporter en paix, n'est que sa propre faulte l'empesche.

XIV. Les fermes de la ville doibvent estre gardés en tel estat quils ont esté baillés aulx bourgeoys.

XV. Les serviteurs des bourgeoys ne doibvent aucune coustume des choses quils ont à achapter, ne mesurage de leurs moissons, n'est quils le vendent aulx estrangiers.

XVI. Tout ce que le bourgeoys aura achapté, soit en terre ou bled, layne ou aultre chose, pour ce ne doibt estre payé aucune coustume.

XVII. Si l'homme de fief ou quelque autre doibt quelque deubt au bourgeoys, le bourgeoys doibt advertir le bailly par le mayeur quil voise avec luy pour prendre gaige ou namptz pour son obligation, et sil advient que le bailly fasse reffus d'y aller, par dedens troys jours, le bourgeoys pourra prendre, soit en Vymeu ou en autre lieu hors la ville, pour ses obligations et namptissement et sans amende, le sergent du mayeur.

XVIII. La ville doibt avoir la seigneurye de la chaussée; et peuvent icelle bailler à recœillir et le laissier, quand bon leur plaira (23).

XIX. Les pasturages doibvent estre gardés au pourffict des bourgeois.

XX. Tout estrangier qui viendra demourer en la ville, il y peult résider ung an, soubs la tutelle et saulve garde de la ville, sans faire le serment de communaulté; mais appres l'an passé, doibt estre adverti afin de jurer à la communaulté; sil ne veult jurer, il n'aura aucune ayde de la ville, mais debvera toutes coustumes.

XXI. Ung estrangier ne peult estre receu en la communaulté sans la permission du bailly. Mais le filz du bourgeoys peult prester le serment de la communaulté sans la licence du bailly.

XXII. La congnoissance d'injures appartient à la ville, quatre exceptés, assavoir : vendu, usurier public, trahistre, parjure. Chacun d'iceulx doibt vingt solz d'amende sçavoir au seigneur cinq solz et à la ville quinze solz.

XXIII. Le bailly du seigneur ne peult prendre gaiges en l'hostel du bourgeoys ny aultre lieu dans la ville, synon par le mayeur.

XXIV. Aucun ne peult demourer dans la ville n'est quil soyt de la communaulté, excepté deulx, assavoir l'héritier de Wallery et l'héritier de Richard de Gamaches.

XXV. Que faulse clameur doibt au seigneur deulx solz six deniers d'amende quand il est jugé.

XXVI. Aucun estrangier qui aura faict injure à la ville, ne pourra entrer en la ville jusques ad ce quil ayt satisfaict de l'amende ou baillé plège de l'amende au jugement de la ville.

XXVII. Ung banny qui aura esté banny pour faict infâme, ne peult entrer en la ville que le chastellain ne le prengne; et qui scientement l'aura logé doibt amende.

XXVIII. Le mayeur ne peult faire ordonnance en la ville, n'est par le bailly du seigneur, comme de pain, de vin et de mannoye.

XXIX. Les maisons acheptés et vendues dans l'enclos de la ville, possédés par an et jour, paisiblement, sans calumpnye, doibvent estre paisiblement possédés; et depuys pour icelles ne se doibt mouvoir procès.

XXX. L'héritier du bourgeoys peult entrer et posséder sa maison et héritage, apres le decès de son père, dans l'enclos de la ville, sans la licence d'aucun.

XXXI. Sy aucun bourgeoys a brebis ou moutons pour lesquels il doibve herbage, il admenera et présentera troys moutons de sa nourriture et le bailly choisira lequel quil vouldra. Et sy le bailly ne croist poinct quilz soient de la nourriture du bourgeoys, il doibt affermer quils sont de sa nourriture.

XXXII. Le seigneur doibt avoir le pourceau pour six deniers d'acquist, le mouton pour quattre denyers, le bœuf ou vache pour douze denyers, et ce toutesfoys par l'affirmation du boucher, si le seigneur le veult ainsi.

XXXIII. Le seigneur a le vin pour le pris que a le bourgeoys prins sur les gantiers, et si a créance jusques ad ce quil soit de retour en la ville ; mais sil ne le paye, à son retour, il le doibt payer au pris que l'autre aura esté vendu et avoir la créance jusques à quinzaine. Mais sil veult achapter la pièce entière, il le doibt avoir pour autant quil aura cousté au bourgeoys sur les gantiers et le payer incontinent (24).

XXXIV. Le seigneur doit avoir le gonne de cervoise pour troys deniers d'obole d'acquist, et la somme de poisson pour douze denyers d'acquist, le pied du cheval ferré pour troys mailles, la mine d'avoine pour ung denyer plus quelle n'a vallu au marché. Et si le bourgeoys ne le veult vendre, les serviteurs du seigneur doibvent venir au maieur, et le maieur doibt contraindre le bourgeoys à ceste fin que le seigneur ayt l'avaine et créance jusques à la quinzaine. Et s'il ne le paye à la quinzaine, ne luy en sera plus presté, synon de sa franche volunté, jusques ad ce quil aura playnement payé.

XXXV. Les faulses mesure sont au seigneur, et chascune faulse mesure doibt au seigneur soixante solz d'amende.

XXXVI. Les mesures doibvent estre merchés par le bailly du seigneur et par les maieur et eschevins.

XXXVII. Sy le bourgeoys a plusieurs masures et quil en délaisse une ou plusieurs en ruyne, le seigneur le peult contraindre de les amaser, et s'il ne le faict, le seigneur les peult bailler à ung autre qui les rédiffira.

XXXVIII. Ung homme laïcque ne peult demourer en la ville qui ne doibve vaccage (25).

XXXIX. Le bailly, cappitaine du chasteau ou viconte ne peuvent prendre gaige d'un bourgeoys, mesmement d'un forfait jugé par le mayeur.

XL. Une masure ne doibt point estre divisée, dedans les murs de la ville, sans le vicomte ou bailly et sans les mayeur et eschevins. Et appres ce quelle sera ainsi divisée, que les possesseurs s'en contentent et ne agissent plus de ce.

XLI. Les bourgeoys doibvent au seigneur souldartz et chevaucheurs à leur propre coust.

XLII. Sy le seigneur a querelle contre les bourgeoys ou les bourgeoys contre le seigneur, le seigneur leur peult assigner jour sur son fief, en Ponthieu ou en Vymeu, et à playder s'il veult.

XLIII. Sy le bourgeoys a baillé sa maison à louage ou à rente, icelluy bourgeoys peult prendre gaiges pour son louage ou pour sa rente, sans la licence du bailly et sans amende.

XLIV. Sy le seigneur a des vins pour son usage ou pour les munytions du chasteau et il veult iceulx vendre, le seigneur peult deffendre de vendre vin avant la ville, jusques ad ce que les vins du seigneur seront vendus, excepté ceulx qui sont afforés (26).

XLV. Les mayeur et eschevins, du consentement de la communaulté, doibvent eslire troys de leur communaulté pour en faire l'un d'iceulx maïeur, et les mayeur et eschevins les doibvent présenter au seigneur; et le seigneur est tenu prendre celuy des troys que bon lui semble, pour estre faict maieur (27).

XLVI. Le mayeur, en l'an de sa mayrie, est franc des cens de l'une de ses maisons et de son herbage.

XLVII. Les bourgeoys ne doibvent et ne peuvent qui ne trouvent hostel aulx vassaulx du seigneur, si ainsi est quilz viennent pour l'affaire du seigneur; et si ne veullent le mayeur en doibt deslivrer.

XLVIII. Les bourgeoys sont quictes de toutes choses quils achaptent ou vendent, par chascun jour de la semayne, excepté de estallages et fenestrages, excepté aussi de maquignonage de chevaulx et coulletage de vins.

XLIX. Et si quelque larron est appréhendé, il sera admené à la justice du seigneur, et appres sera jugé par les hommes liges du seigneur et par les mayeur et eschevins de ce quil en faudra faire. Et appres ce quil sera jugé, doibt estre baillé aulx mayeur et eschevins pour en faire la justice.

Et affin que ce soit ferme et stable je l'ay confirmé de mon seau.

Fait en l'an du verbe incarné mil deulx cent trente, au moys de juillet.

Ceste présente chartre contenant les priviléges, immunitez et exemptions donnez et confirmez par feue de bonne mémoire haulte et puissante princesse madame Aanora, dame de Dreulx, de Sainct-Wallery et de Gamaches aulx bourgeoys et jurez dudit lieu, a esté mise et tournée en langage françoys par maistre Anthoine Lebelle greffier des mayeur et eschevins dudict lieu, le moys de may ouvrant *(mil)* cinq cens quarante-huict, et icelle faict mettre en l'eschevinage, par honneste homme Constant Miroir, le premier jour de juing *(mil)* cinq cens cinquante troys, mayeur pour lors dudit Gamaches.

Laquelle a esté escripte par Jehan Thibault pour lors procureur dudict Gamaches.

NOTA. *Cette pièce est écrite d'un seul côté, sur plusieurs bandes de parchemin. Il existait en tête un dessin qui, sans doute, figurait les armes de la ville; il a été coupé et enlevé.*

HALLIVILLERS.

SEIGNEURIE.

Une page en parchemin lisible. 3 articles.

Ce sont les coustumes locales dont on a usé et accoustumé user d'anchienneté, en la terre et seignourie de Halliviller, appartenant à Robert de

Pinquegny seigneur dudit lieu qu'il tient, noblement en foy et hommage, de la seignourie de Famechon.

1. Primes, par ladite coustume, tous aultres gens qui ne sont point mes sugiez, ne soubz manans, ne pœulvent faire pasturer nulles leurs bestes sans mon congiet, sans encheoir une amende de LX solz.

2. Le droit de vif herbage est dû sur dix bêtes à laine.
3. En succession cottière, tel cens tel relief.

Signés : De Pinquegny. — N. Comte. — Cardin Julien. — Jehan Mallart.

HORNOY.

CHATELLENIE.

Un grand rôle en parchemin troué en plusieurs endroits et en lambeaux.

Enssuivent les coustumes locales de la terre, seigneurie et chastellenie de Hornoy et ez fiefz et appartenances tenus et mouvans d'icelle chast.....

1. Ledit seigneur de Hornoy a, en icelle sa terre et seigneurie, toute la haute justice ; il la tient en parrie du bailliage d'Amiens.

2. Il est seigneur voyer des frocs et flégards.

3. En ladite ville de Hornoy, a coustume local qui est telle que, en matière de subcession, au puisné filz ou, en deffault . . . . fille, les terres franques de rente et demi rente, avec les masures et maisons estant en ladite ville de Hornoy, doibvent appartenir au puisné filz ou, en deffaulte de filz, à la puisnée fille, pourveu que lesdits héritages aient appartenu auxdits possesseurs de la subcession de leurs prédécesseurs (28).

4. Les terres chargées de rente et demi rente se partagent par égale portion entre tous les enfants.
Les autres articles indéchiffrables.

Signés : De Caumont. — Jehan Normont *bailli.* — Dumaisnil. — Nicole de-Foucquesolles *curé d'Hornoy.* — Laurent Mauvoisin. — Jehan Lancquet. — Hue bastard de Baulainviller, *procureur de Mahieu de Boullainviller.* — *Le procureur de* Antoine de Riencourt, *seigneur de Orival.* — Lecaron. — Jacques Dumollin. — R. Lesellier. — Jehan de Meigneux. — Mahieu Pointel.

HUPPY.

SEIGNEURIE.

Une grande page et demie, en parchemin, bien conservée et lisible. 10 articles.

Ce sont les coustumes générales, particullières et locales de la ville, terre et seigneurie de Huppy, comme ou terroir environ et circonstances d'icelle, appartenant à noble homme Jehan de Honcourt, chevalier, seigneur dudit lieu.

1. Le seigneur de Huppy a toute justice et seigneurie haute, moyenne et basse pardessus tous ses hommes liges et vassaux ; et sy est seigneur voyer en et partout sa dite terre et seigneurie de Huppy, tant et si avant quelle s'estend.

3. Le seigneur prend le quint denier à la vente des fiefs et cotteries.

Signés : N. Gonmer *bailli d'icelle terre et seigneurie.* — Jehan Fournier *prêtre vice-gérant de la cure dudit lieu.* — Franchois Letellier. — Leblond *procureur de Mgr. Adrien de Mailly, chevalier.* — Leleu *procureur pour Hutin Joly, escuier, homme lige.* — Pierre Levasseur *procureur de Paul de Focoucourt tous hommes liges et féodaux.* — Pierre Lefeuve. — Jehan Letellier. — Guerard Lecaron. — Jehan Olive. — Colin Penoullet. — Jehan de Baynastre. — Pierre Delaporte. — Guillaume de Gonmarre *tous hommes cottiers.*

LALEU.

PRIEURÉ.

Une petite page en parchemin lisible. 5 articles.

Coustumes locales du village et prioré de Laleu scitué et assiz en la prévosté de Vimeu, admorty soubz le roy nostre seigneur, membre dépendant de Saint-Germer-de-Flay, duquel prioré est à présent prieur Damp Robert de Colemont, prestre, religieux d'icelle abbaye.

1. En succession cottière, il y a relief de 18 deniers par chaque manoir et par chaque pièce de terre.

2. La dîme doit être conduite à la grange du prieur.

3. Item tous et chascun les subgetz, habitans et soubz manans dudit priorré, pour les pastis et communes quilz ont audit lieu, sont tenus païer par chascun an, le jour Saint-Jehan-Baptiste, en dedans soleil couchié, ung denier sur peine de VII sols VI deniers d'amende.

Le XXIX° jour de septembre l'an mil cinq cens et sept.

Signés : Jehan Le Dyen *lieutenant du bailly.* — Colin Leblond. — Jehan Le Dyen le josne. — Guillaume Descamps. — *Marque de* Jehan Descamps (*une paire de ciseaux.*)

LAMBERCOURT. (1re Coutume.)

SEIGNEURIE-PAIRIE.

Une longue page en parchemin lisible. 6 articles.

Coustumes locales notoirement gardées et observées en la terre, seigneurie, pairie de Lambercourt, appartenant à noble homme Guillaume Bournel, seigneur de Namps, de Rubempré et dudit lieu, laquelle seigneurie il tient, en parrie et haute justice, de la chastellenie de Saint Vallery.

1. A la vente des fiefz et cotteries, il est dû le quint denier.
2. Vif herbage sur dix bêtes à laine.

4. Item, ledit seigneur de Lambercourt a droit de viscomté, de tout temps, es quatre villes et villages ensievant, assavoir à Boulancourt. . . . . Miannay, Sauchoy, Tœufles ; et audit Meannay et à cause de sadite viscomté, a baillé et fait baillier ledit seigneur l'estale des mesures, tant du grain, des bruvages et afforages, droix d'estalages, la congnoissance et judicature du sang, et plusieurs autres à cause de sadite vicomté, en ce qui s'estend et est tenu du bailliage d'Amiens.

5. Les ténemens cottiers doivent tels cens tels reliefs.

6. Quant partie d'icelle seigneurie est laissiée en frice et rietz, sans le approprier ne bailler à son pourffit, comme faire pœult icelluy seigneur si longuement quil luy plaist, néantmoins il pœult sadite terre reprendre et baillier à son pourffit touteffois que bon lui semble.

Signés : Jehan Macquet *licencié es lois, bailli de ladite terre.*—Jehan Leleu *homme lige.*—Baudin de Lefalize *procureur de Guerardin Roussel homme lige.*—Robert Malot.—Bournel *homme lige.*—Leroy *seigneur de Sauchoy.*—P. Huot.

LAMBERCOUT (2.e coutume.)

SEIGNEURIE-PAIRIE.

Une page en parchemin lisible. 4 articles.

Coustumes locales notoirement gardées et observées en la terre et seigneurie de Lambercourt, appartenant à noble dame madame Jehanne du Quesnoy dame dudit lieu, toute laquelle seigneurie elle tient, en parrie et haute justice, de la terre et seigneurie de Caïeu.

1. A la vente des fiefs et coteries, le seigneur prend le 5.ᵉ du prix de la vente ; quand il est fait donation entre vifs ou transport, le 5.ᵉ de l'estimation.

2 En succession cottière, tel cens tel relief.

3. Le seigneur peut laisser partie de sa terre en friche, aussi longtemps qu'il lui plait, sans qu'on puisse lui opposer la prescription.

Signés : Jehan Macquet *bailly.*—Nicolas Hennocque *prêtre.*—Chivot *homme lige vivant et mourant de l'église de Miannay.*—J. Flahaut.—Jehan Leleu.—Jean Cauet.— P. de Rogehen.— Baudechon Grebert.— Danel.—Collenet Leleu.—Jacquet Wiart.— D. Waudricourt *homme lige.*—Pierre de Monchiaulx *procureur de Philippe de Herouval, homme lige.*

LIGNIÈRES (près Foucaucourt.)

SEIGNEURIE.

Une grande page en parchemin lisible. 9 *articles.*

Coustumes particulières et locales de la ville, terre et seignourie de Lignières, appartenant à noble homme Charles de Buleux, seigneur dudit lieu qu'il tient noblement en foi et hommage, de la chastellenie et seignourie de Baillœul, qui ont esté mises par escript ce jourd'hui XXVIIᵉ jour du mois de septembre 1507.

1. Le seigneur a seul toute la haute justice.

3. En succession cottière, tels cens tels reliefs.

4. A la vente des cotteries, il est dû le XIIIᵉ denier.

5. Toutes les mazures de ladite ville de Lignières, tenues nuement dudit seigneur, qui ne sont point amasées doibvent audit seigneur, de réséandise chascun an, en oultre la censive ordinaire, la somme de cinq solz que luy sont tenus païer les propriétaires et possesseurs.

Signés : Durot *bailly de Lignières.*— Corby *lieutenant.*—Derveloy *prêtre, vice-gérant de Lignières.*—Colart Calippe *procureur de Robert Carbonnier, homme lige.*—Jehan Calippe *procureur de Jehan Acousteaulx homme lige.*—Marque de Jehan Chocquart *homme cottier (une hâche de charpentier.)*—Jehan de Bombel *homme cottier.*— Jehan le Mangnier *homme cottier.*—David Lecaron *homme cottier.*—Jehan le Prevost *homme cottier.*—Jehan Dufresnoy *homme cottier.*—Pierre Locquet *homme cottier.*—Morant Allart *homme cottier.*

MERELESSART.

SEIGNEURIE.

Deux grandes pages de parchemin très-bien écrites et très-lisibles. 7 *articles.*

52.

Coustumes locales et particulières, usages et communes observances de la terre et seigneurie de Merelessart, appartenant à noble homme Regnault le Sueur, tenue noblement de l'église et abbaye de Saint Vallery.

1. A la vente des héritages féodaux et cottiers, il est dû le quint denier du prix.
2. Tel cens, tel relief.

5. Item, par ladite coustume, quand aucun achecte es mettes de ladite seignourie, aucun bestiail, tel achecteur ne pœult transporter tel bestail hors des mettes d'icelle seigourie, sans premièrement avoir paié au seigneur ou à ses officiers, un droit que on dict d'*acquit* qui est tel que de chascune beste à corne ung denier, de chascune beste à layne et pourceau une obole, à peine de LX sols parisis d'amende.

6. Faute du paiement du cens aux termes accoutumés, il y a amende de VII sols VI deniers.
7. Le seigneur a droit de prendre sur chaque baril de cervoise 2 pots.

Signés : N. Le Vesque *prêtre, curé dudit lieu.*—Anthoine Franchois *prêtre tuteur et curateur de Anthoine Franchois, pour un fief restreint.*—Andrieu Duval *cottier.*—Anthoine Leroy *cottier.*—Andrieu Ternisiens.—Jehan Dumas. —Jehan Hinques.—Jehan Obin.—Pierre Franchois.—Jehan Robicaille.— Robert Sellier.—Robert Robicaille.—Jehan Blangiel.—Anthoine de Blangiel *cottier.*—Baudechon le Roy.—Pierre Blatier *cottier.*—Robert Delecourt.

LA NEUVILLE-AU-BOIS.

SEIGNEURIE.

Une grande peau en parchemin un peu altérée par l'humidité, lisible sauf le haut de la page. 9 articles.

Coustumes locales de la ville, terre et seignourie de La Nœufville-au-Bois, appartenant à noble homme Jacques de Fontaines, seigneur de Ramburelles et dudit lieu de La Nœuville qu'il tient noblement, en plein fief et hommage, de Mgr. de Rœux, mises et rédigées par escript ce jourd'hui XXIX° jour de septembre l'an mil V cens et sept.

1. Le seigneur a toute justice et seigneurie haute, moyenne et basse, sous le ressort et souveraineté de la seigneurie dudit seigneur de Rœux. Ses vassaux et hommes liges n'ont que la justice foncière seulement et VII solz VI deniers d'amende.

2. Le seigneur est voyer de tous les frocs et flégards ; en cette qualité, il a les profits y eschéants tant d'estallage, bornage, séparacion et limitation des masures et aussy toutes les espaves.

Signés : Philippes Durot *bailli de La Neuville.*—Morel *chapellain de La Neuville.*— B. de Blimont *procureur de dame Marie Malot homme lige.*—Pierre Bigant *homme lige.*—Bucquet *homme lige.*—Olivier Duboc *homme cottier.*—Marque *d'*Enguerran Dubos *homme cottier.*—Robert Lefeuvre *homme cottier.*—Jehan le Prevost *homme cottier.*

NEUVILLE-PRÈS-SENARPONT (Neuville-Coppegueule.)

SEIGNEURIE.

Une page en parchemin très-lisible. 7 articles.

Coustumes, usaiges, droix et prérogatives de la terre et seignourie de Nœuville-prez-Senarpont tenue, noblement et en plein hommage, de Mgr. de Beauvais, à cause de la vidamé de Gerberoy, appartenant à noble homme Jacques de Clerc seigneur dudit lieu.

1. Ledit seigneur a, en sadite seignourie, haulte, moyenne et basse justice, amendes, confiscacions, fourfaictures et tous aultres droix et prérogatives appartenans à haulx justiciers.

2. Le seigneur a plusieurs hommes féodaux tenans en plein hommage, par soixante sols parisis de relief, XX sols de chambellage, LX sols d'aydes et le quint denier des ventes ; et les tenans en cotterie de ladite seignourie doibvent tels cens tels reliefs et telles aides et le quint denier de vente, quant le cas y eschet.

3. A ledit seigneur droix d'acquit, forages, afforages, droit de bannée et du mollin, droit de guet à son chasteau et place dudit Neuville, les pescheries partout les rivières de ladite seignourie, droix de pernage (29) et garenne en ses bois dudit Nœuville, lesquelz droix se levent selon la coustume générale de la prévosté de Vymeu.

4. Droits de vif et de mort herbage.

5. Ledit seigneur a droit de prendre et avoir, et de ce est en bonne possession, de tous temps qu'il est, en personne, en sadite seignourie de Nœuville ou son aisné filz et non aultrement, sur les chasse-marées passans et menans poisson par sadite terre dudit Neuville, ung plat de poisson royal, pour le prix que ledit poisson aura cousté à la mer ; et en sont creus lesdits poissonniers seur leurs sermens ; et sy passent oultre et hors du terroir dudit Neuville, aprez le sommacion à eulx faite, ilz forfont toutes leurs charges, s'ilz n'ont paié ladite droicture (30).

6. Le seigneur a droit de demi rente ou champart sur plusieurs terres, c'est-à-dire, du 100 4 bottes.

Le 18ᵉ jour de septembre l'an 1507.

Signés : Bernard *bailli dudit lieu.* — Danzel *receveur dudit lieu.* — Huvé *lieutenant.* —Jehan Lemachon *homme de fief.*—Vinchent de Vallois.—Collenet de Valois.—Colart Regnier *homme de fief.*—Jehan Leurens *homme de fief.*

OISEMONT.

COMMANDERIE.

3 grandes pages en parchemin lisibles, sauf quelques bouts de ligne, au bas de la première et au haut de la troisième. 6 articles.

Ce sont les coustumes locales et particulières de le baillie et commanderie d'Oysemont, appartenant à nobles, relligieuses et honnestes personnes, Mgrs les relligieux de la Sainte Ordre, relligion et hospital Saint-Jehan-de-Jérusalem, là où ils ont toute justice et seigneurie haute, moyenne et basse, lues, publiées et accordées, audit lieu d'Oysemont, en la présence d'aucuns des hommes féodaulx et procureurs des aultres hommes liges dudit lieu, gens d'église, prévost, bourgois, esgards d'Oisemont et commun populaire, à la conjure de nous Jehan Bocquet, escuyer, bailli dudit Oysemont.

1. En succession féodale, les tenans des fiefs nobles paient, pour relief, LX sols parisis et XX sols de chambellage, les tenants des fiefs restrains relief et chambellage selon leur nature, les tenants des héritages cottiers situés hors de la ville, doivent tels cens tels reliefs.

2. Le droit de vif herbage est d'une bête vive sur vingt....

...laquelle le commandeur peult prendre ou faire prendre, choisie et levée du nombre de trois antenois, de la nourriture de celluy à qui elles appartiennent, lesquelles il peut mettre hors de son trouppeau et les présenter audit seigneur, pourveu qu'elles ne soyent noires, cornues ne billâtres et tous marles se il en y a autant ; desquelles trois bestes ledit seigneur ou ses commis en peuvent prendre l'une à leur choix... etc.

3. A la vente des fiefs, il est dû le quint denier. A la vente des cotteries, le XIII.ᵉ denier.

5. Quant les subgetz, hostes et soubz manans desdits relligieux de ladite ville d'Oysemont, sont reffusans, delayans ou en demeure de leur païer leurs censives, aprez les termes passez, il est loisible ausdits relligieux et pœuvent, par leur justice et officiers, faire dépendre les huis et fenestres de dessus les frocs des maisons, hosteulx et ténemens, à cause desquels leur est deu ladite censive, et

ne les pœuvent iceulx subgetz et soubz manans rependre, ny faire rependre ny en mettre des aultres, sans avoir payé la censive ou avoir le congié desdits relligieux ou leurs officiers, sur et à peine de V sols parisis d'amende.

6. Les relligieux ont droit de prendre et eulx faire paier du possesseur fonssier et propriétaire de ung fief situé à Acheu, dont joist Robert Brocquier demeurant à Saint-Valery, LX sols parisis d'ayde, quant le seigneur de Cambron fait son fils chevalier ou qu'il marie sa fille aisnée.

Fait, leu, publié et accordé, pardevant ledit Jehan Bocquet bailly et les dessoubz signés, le XX° jour de septembre l'an mil cinq cens et sept.

Signés: J. Bocquet *bailly.* — Lenglacie *homme lige.* — Robert Brocquier *homme lige.* — Roussel *doyen d'Oisemont.* — Laurent Chivot *procureur de Jehan de Vaulx homme lige.* — Martin Roussel *bourgeois d'Oysemont.* — Barbe *vice-gérant d'Oysemont.* — Bigorne *chapellain d'Oysemont.* — Caruette *bourgeois d'Oysemont.* — Deforcheville *homme cottier.* — Langlois Langlacie *bourgeois d'Oisemont.* — Leguay *homme cottier.* — Adam *sergent royal.* — Philippe Durot *procureur de Jacques Niquet prêtre, curé d'Oysemont et aussy bourgeois dudit Oysemont...*

OISEMONT.

VILLE ET BOURGAGE.

Une grande peau en parchemin de 66 centimètres de long sur 33 de large, trouée et rongée sur la droite. Lisible, sauf quelques bouts de lignes. 11 articles.

Coustumes locales et particullières ayans lieu et dont on use en la ville et bourgage d'Oysemont, là où se tient le siége royal de la prévosté de Vimeu, pour le roy nostre sire; icelle ville et bourgage appartenant aux relligieulx de l'hospital Saint-Jehan-de-Jerusalem. Lesquelles coustumes ont, ce jourd'huy XXIV° jour de septembre l'an mil cinq cens et sept, esté rédigées par escript.

1. Primes les bourgois d'icelle ville et bourgage d'Oysemont pœuvent, par chascun an, le premier vendredy aprez le jour Sainte-Croix en may, eulx assembler et trouver ensamble, nommer et eslire, entre eulx, deux des bourgois de ladite ville, lesquelz ils présentent au seigneur commandeur d'icelle ville ou à son commis, pour par luy prendre l'un d'iceulx pour estre prévost de ladite ville, et quy se renouvelle par chascun an audit jour; et lequel prévost ainsy prins et choisy par ledit seigneur, pœult à la . . . . . ion des aultres bourgois, commettre lieutenant et esgards en ladite ville pour mettre pol-

lice en icelle, tant sur le fait du pain, vin, cervoise que aultres breuvaiges, meismes sur la char, poissons et aultres marchandises qui se y vendent et distribuent ; et pœult aussy ledit prévost tenir siège, court et auditoire et congnoistre d'iceulx bourgois en tous cas, tant cryminelz que civilz, et aussi de tous délinquans et malfaicteurs qui seroient prins et appréhendés en icelle ville et bourgage.

2. Quant deux conjoincts par mariage font aucunes acquestes de masures estans scituéez en ladite ville et bourgoisie, et l'un d'iceulx fine de vie par trespas, joissant et possessant desdites acquestes, le survivant joist d'icelles acquestes, toute sa vie durant, quelque don ou légat que en eust fait par son testament le premier décéddant, et ne est point tenu ledit survivant païer aucune chose aultre que la censive dont icelle acqueste est chargié et entretenir les édiffices, se aucuns en y a, et se nomme ladite coustume « qui plus vyt plus joist. »

3. Droit de vif herbage comme dans la précédente.

4. Ung chascun pœult ses maisons et masures estans en ladite bourgoisie ou partie d'icelles, baillier héritablement et à tousjours à surcens et rente et *racquiot* et aultrement, sans le consentement dudit seigneur, à telle personne et pour tel prix que bon lui samble ; et, en ce faisant, la censive fonssière qui en est deue par an audit seigneur d'Oysemont tierchie, et s'il advient que le prendeur racquite ladite surcensive et rente, la masure demœure deschargiée d'icelluy tierchement.

5. Il ne est deu, au seigneur dudit lieu d'Oysemont, nulz droit de rellief des masures et héritages estans de ladite bourgoisie et ou corps de ladite ville d'Oysemont, mais est seullement tenu cellui ou ceulx qui vœult pourffiter et avoir . . . . . . esdites masures, soit en ligne directe ou collatérale, en légacion ou aultrement, payer au prévost d'icelle ville la somme. . . . . . . quatre deniers, pour par icelluy prévost estre mis en escript en son registre le nom de celluy et sa qualyté ; et aussi . . . . . . héritaiges il relliefve.

6. Quant tel héritier ou légataire ainsy appréhende aucun héritaige ou légat ainchois . . . . ny avoir droit de bourgoisie ne les franchises et privilléges d'icelle bourgoisie et de ladite relligion, qu . . . . bourgois en portant par eulx la potence accoustumée auxdits bourgois (31), ils sont francz, quittes et exemps . . . . d'acquit, de travers et aultrement et sy ne doibvent que demy pallete quand ilz vendent aucuns grains, tant blé que . . . . . iceulx héritiers ou légataires doibvent estre adjournez et appellez à la rénovation du prévost qui se fait ledit jour . . . . pour faire par

iceulx le serment de beurgoisie pardevant ledit prévost ; et aprez ce fait à ladite assemblée, paier la somme de cinq solz pour sa bienvenue ; lesquelz cinq solz se employent à la congrégacion et assemblée par lesdits prévost et bourgois.

7. Quant lesdits bourgois vendent leurs manoirs ou masures estans en icelluy bourgage, il n'en est deu audit seigneur d'Oysemont que le XIIIe denier de ventes.

8. Quant lesdits bourgois sont défaillans de païer leurs censives quilz doibvent pour leurs dits manoirs, à jour et heure sur ce apposé, ledit seigneur ne pœult sur eulx prétendre ne demander loy ne amende, mais pœult, se il lui plaist, despendre ou faire despendre l'huis dudit debteur, par faulte de paiement, lequel debteur ne les pœult repandre, sans le consentement dudit seigneur ou avant paier, sur peine d'amende de cinq solz.

9. Les bourgois ont obtion et franchise de aller ou envoier, touteffois que bon leur samble, quérir de la terre à l'argillière de ladite seignourie, sans congié et licence, ne pour ce paier aucune chose audit seigneur.

10. Iceulx bourgeois pœuvent, toutes et quantes foys que le cas se y offre, widier et mettre sur le frocq et rue et sans le congié et consentement dudit seigneur ou ses officiers, les émondices de leurs manoirs et pareillement prendre et hoster les émondices estans au bourg et rues d'icelle ville, et les faire mener là où bon leur samble, sans pour ce commettre aucune amende envers ledit seigneur ; lesquels bourgois, eulx sommés par ledit seigneur ou ses officiers de hoster lesdites émondices widiées de leurs ténemens, sont tenus ce faire par dedens sept jours et sept nuytz, aprez ladite sommacion, sur payne d'amende de sept solz six deniers.

11. Pœuvent lesdits bourgois avoir sur leurs ténemens estans de ladite bourgoisie puy, tor, ver et coullombier en forme de vollée.

Signés : Lenglacie *prévost d'Oisemont.* — Roussel *doyen.* — N. Barbe *chappelain d'Oysemont.* — Bucquet *prêtre, bourgois.* — Bigorne *chappelain de la Magdeleine.* — Martin Villain *bourgois.* — Levasseur *bourgois.* — G. Lenglacie *bourgois.* — J. Caruette *bourgois.* — J. Bousier *bourgois.* — J. Durot *bourgois d'Oysemont.* — C. Desenclos *prêtre.* — J. Franchois *bourgois.* — Jehan de Maisnières. — Martin Boucher *bourgois.* — Jehan Rogier. — Martin Ermechin *bourgois.* — Jehan Routier *bourgois.* — Jehan le Parmentier *bourgois.* — P. Gonfreville *bourgois.*

QUESNOY-SUR-AIRAINES.

CHATELLENIE.

Une page en grand parchemin lisible. 5 articles.

Coustumes locales et particulières dont l'on a usé, de tout temps, en la terre chastellenie et seignourie du Quesnoy-sur-Araines, appartenant à noble homme Jehan Quieret, seigneur de Tours et dudit lieu, tenue de la chastellenie de Pinquegny.

Le XXVII° jour de septembre l'an mil cinq cens et sept.

1. En succession cottière, tel cens tel relief.

3. Tous les subgetz demourans sous ladite chastellenie et seignourie du Quesnoy sont frans de dix-sept travers, c'est assavoir de tous les travers qui se cœullent et lièvent en toute ladite chastellenie de Pinquegny, d'Araines, de Hangest et de Pois.

4. Tous les subgetz de ladite chastellenie du Quesnoy ne doibvent, en la ville d'Amiens, que deux tonnelieux ; et sy ont, en icelle ville d'Amiens, pareille franchise que les subgetz de ladite chastellenie de Pinquegny.

5. Nul, de quelque estat quil soit, ne pœult ne doibt aller ne venir dedens les bois et garenne de ladite chastellenie de Quesnoy à tous arbalestres, suirons, fillez ne chiens, sans encourir en amende de LX solz parisis et les bastons ou fillez confisquiés au droit de Mgr. et estre pugni de prison.

Signés : A. d'Ardre *bailly du Quesnoy.* — Jehan de Quevauviller *lieutenant du Quesnoy.*—De Buigny *procureur pour office du Quesnoy.*—Vœne *curé.*— Quevauviller *prêtre.*—Anthoine de Quevauviller *homme de fief.*—Lambert Lefeve.— Baudechon de Buires *procureur de..... homme de fief.* — Jehan Goduin *sergent.*—Bardin Tournemine *sergent.* — Regnault Legrant *homme feaudal.*

RAMBURES ET VILLEROIS.

SEIGNEURIE.

Un long rôle en trois feuilles de parchemin cousues par leurs extrémités, de 1 mètre 40 centimètres de longueur. 17 articles lisibles, sauf les trois derniers dont l'écriture est presque entièrement effacée.

Coustumes localles observées et gardées de grant temps, es terres et seignouries de Rambures et Villerois, appartenant à noble et puissant seigneur Mgr. de Rambures, chevalier, conseiller et chambellan du roy, seigneur de Dompière d'Escoives, de Hornoy et du Bourcq.

1. A icelluy seigneur, à cause d'icelles seigneuries de Rambures et de Villerois, appartient toute justice et seigneurie haute, moyenne et basse, soubz le ressort de la chastellenie de Gamaches, quant à ladite seigneurie de Rambures, et soubz le ressort de la chastellenie de Baillœul, quant à la seignourie de Villerois.

2. A la vente des fiefs et coteries, il est dû le 5ᵉ du prix.

3. En succession cottière, tel cens tel relief.

7. Quant aucune personne, subget ou non subget desdites seigneuries de Rambures et de Villerois, fait et commet délict, basture et navrure sur aultruy es mettes d'icelles seigneuries, et il se rend fugitif et absente sans soy venir rendre prisonnier à justice pour estre à droit, et aprez informacion deubment faite du cas advenu, et qu'il en soit apparu, et que par les sergens d'icelles seigneuries de Rambures il est appelé au droit dudit seigneur de tierchaines en quinzaines deubment entretenues et rapportés par lesdits sergens au bailly dudit Rambures et de Villerois ou son lieutenant, tel délinquant ainsy évocquié et appellé que dist est, eschiet, envers ledit seigneur, en quarante chincq solz pour la contumasse desdits appeaux, se ainsy n'est que le seigneur en la juridicion duquel le cas est advenu ayt fait dilligence de prévenir lesdits appeaux lequel seigneur a semblables droits pour lesdits appeaux et contumasses.

9. Tous drois seigneuriaulx justice et seigneurie de chose cottière bailliée à surcens du consentement du seigneur féodal dont ladite chose est tenue, compecte et appartient audit seigneur féodal et non au bailleur ne à son subcesseur lequel, pour tous drois, ne a autre chose en la chose cottière bailliée que son droit de surcens.

15. A Villerois il y a un droit de travers qui se doit demander.

Les signatures sont effacées et illisibles.

RAMBURELLES.

SEIGNEURIE.

Une grande peau en parchemin, lisible. 9 articles.

(418)   QUATRIÈME SÉRIE.

Coustumes particullières et locales de la ville, parrie terre et seignourie de Ramburelles appartenant à noble homme Jacques de Fontaines seigneur de La Neuville et dudit lieu de Ramburelles qu'il tient noblement, en parrie, de la chastellenye et seignourie de Baillœul.

<small>Cette coutume, comme celle de La-Neuville-au-Bois, contient neuf dispositions et est rédigée dans les mêmes termes.</small>

Signés : P. Durot *bailli de Ramburelles.* — Louis Defontaines *homme lige.* — Jehan Lenglès *prêtre vice-gérant de Ramburelles.* — Lyonel Féron *homme lige.* — Aliamé Levasseur *homme lige.* — Pierre Lamache *procureur de maistre Nicole Lobesse homme lige.* — Guillaume Bizet *procureur d'Anselme Lecaron homme lige.* — Alliamé Bizet *procureur de M° Jehan Lecat homme lige.* — Colart Davin *homme cottier.* — G. Defontaines *homme lige.* — Johannes Hublé *clericus de Ramburelles.*

ROGEHEN (Rogent près Tœuffles.)

FIEF.

Une page en parchemin lisible. 3 articles.

Coustumes locales notoirement gardées en certain noble fief, terre et seignourie scitué à Rogehen et païs environ, appartenant à Robert de Belloy escuyer seigneur de Beauvoir ; lequel fief il tient en plein hommage de ladite seignourie de Rogehen es mettes de la chastellenie de Saint-Vallery.

Leues et accordées le premier jour d'octobre l'an 1507.

<small>1. Le seigneur à la vente des fiefs et coteries prend le quint denier — En succession cottière, tel cens tel relief.</small>

Signés : Mahieu de Piefort. — P. de Caïeu. — Henry Grenier. — J. Dufresne *vice-gérant de Thœuffles.* — Hue Cardel. — T. de Hesdin. — J. Dequen. — Jean d'Ingnocourt.

SAIGNEVILLE.

SEIGNEURIE.

Une grande page en parchemin d'une écriture très-serrée mais lisible. 11 *articles.*

En la terre et seignourie de Saigneville appartenant à haut et puissant dame madame Marguerite de La Trimouille, dame de Dours, de Lemotte et Allonville, douairière de Crevecœur, laquelle terre elle tient en plein hommage de la chastellenie de Gamaches, l'en a accoustumé de tout temps et anchienneté user des coustumes et usaiges qui ensuivent.

1. C'est assavoir que quant il y a aucun débat entre aucuns, es mettes de la vicomté dudit Saigneville, aussi avant que mer cœuvre et descœuvre, et que à icheluy débat l'en fiert de main garnie, il y eschiet amende de LX livres parisis qui appartient à icelle dame de Saigneville, soit qu'il y ait sang ou non (32).

2. A icelle dame, es mettes de ladite vicomté, appartient tous droiz de lagantz et choses espaves qui y arrivent (33).

3. Item, en icelle vicomté, y a plusieurs pièces de terre que l'on dist lottières qui ne doibvent aucune censive, sinon entreténement de aucunes cauchies et courans, desquelles terres, quant elles sont vendues, le ratraict se doit faire en dedans la tierche marée venant aprez la dessaisine faicte et saisine bailliée desdites terres; et ne doibvent icelles terres, pour relliefz ou ventes, que quatre deniers parisis pour chascun journel (34).

4. Item toutes autres terres aux champs estans de ladite seignourie doivent le quint denier de ventes avec telz cens telz reliefz; et quant aux masures elles ne doivent, en cas de vendicion, que XXXII deniers parisis par le vendeur et XXVIII deniers parisis par l'acheteur, et en relliefs, telz cens telz relliefz.

5. Item, en toute ladite terre et seignourie, saouf et réserve là où ladite mer cœuvre et descœuvre, appartient à ladite dame LX solz parisis d'amende pour férir de main garnie et, pour férir de puing ou pour dire parolles injurieuses, l'en ne a acoustumé prendre que deux solz six deniers parisis d'amende, ne aussy, pour prinse de gens ou bestiaulx faisans dommage à aultruy, que deux solz six deniers parisis d'amende, se ce n'est qu'il y ait garde faicte, ouquel cas il y a LX sols parisis d'amende.

6. Item, tous les tenans d'icelle terre et seignourie ayans prez ou terres touquans et contigus aux eschaulx et courans qui fleuent et descendent en la mer, sont tenus de entretenir et nettoyer lesdits eschaulx et courans, chascun à l'endroit de sa terre, pré ou ténement.

7. Item, à cause de ladite vicomté, ladite dame a tous droiz vicomtiers, prinse et arrest de corps et de biens des passans ou estans es mettes de ladite seignourie, dont la congnoissance appartient au bailly dudit lieu ou à son lieutenant pour ladite dame.

9. Item, tous ceulx quy vendent vin, cervoise ou aultre breuvage en ladite

ville, terre et seignourie, sont tenus de les afforer sur et à peine d'amende de LX solz parisis, et aussy ceulx quy vendent lesdits vin, cervoise et autres bruvaiges les doivent mesurer et livrer selon l'cstallon et mesure de la ville de Cayeux.

10. Faute de paiement du cens aux termes accoutumés, il y a amende de 2 sols 6 deniers.

11. En ladite terre et seignourie de Saigneville, où ladite dame a haute justice, moyenne et basse, on se règle aux coustumes et usages de la chastellenie de Gamaches dont ladite terre est tenue, et de la prévôté de Vimeu où elle est scituée et assise.

Le XIIIe jour de septembre l'an mil cinq cens et sept.

Signés : Adrien de Saint-Blimont *escuier seigneur de Castellimart.* —J. Pinchuelle *prêtre.* — Jehan Hevart *prêtre.* — Michiel Hevart *prêtre.* — Eustace Acart *bailly de Saigneville.* —Jehan d'Engondessent *lieutenant du bailly dudit lieu.* —Pierre de S-.-Blimont *escuier.* —Jehan Faucquet *receveur dudit lieu.* — Polart Acart *substitut du procureur pour office.* —Loys Acart *conterolleur du grenier à sel.* — Valentin Hevart. —Jehan Leu. — Grégoire Leleu. — Jehan Coulombel. —Jehan Macquelart. —Hevart Noyret. —Jehan Loir dit Votinet. —Jehan Loir *l'aisné.* — Jehan Leblond. — Jehan Acart *l'aisné.* — Jehan Acart *le jeune.* —Guillaume Loir. —Jehan Cauet. — Denys Dupont. —Colin Hevart. — Tassin Cauet. — Tassin Poullain. —Jehan Paillyart. — Eustace Parmentier. —Jehan Postel. —Jehan de le Chocq. —Hue Roussel. —Jehan Delecroix. —Foucquet Parmentier. — Jehan Clcuet. — Gorret Ernoul. —Guillaume Louppy. —Pierre Leblond. —Godard Gardinier. —Massin Froissart. —Colin de May. —Tassin Langignon. —Colart Lombart *et autres tous manans et habitans dudit lieu de Saigneville.*

SALNELLES.

SEIGNEURIE.

Une page en parchemin lisible, 4 articles.

Coustumes locales notoirement gardées en la terre et seignourie de Salnelles quind de Brontelles, ladite terre appartenant à noble homme Robert de Mailly, seigneur de Resmaisnil et dudit lieu ; laquelle seignourie il tient, en plein hommage et haute justice, de la chastellenie de Saint-Vallery.

1. A la vente des fiefs et coteries, il est dû le quint denier.
3. En succession cottière, tel cens tel relief.

4. Le seigneur peut laisser partie de sa terre en friche, aussi longtemps qu'il lui plait, et la donner à rente ensuite sans qu'on puisse lui opposer la prescription.

Signés : J. Demonchaux. — Robinet de Mailly. — De Monchaux *l'aisné*. — Guy de Fontaines *curé*. — Huchon du Bos. — Decamps *prêtre*. — Jenet. — Colinet Fillœul. — N. Bloquiel *homme lige*. — Jean Portedefer. — Raulin. — Des Camps.

SAINT-MAULVIZ.

COMMANDERIE.

2 grandes pages en parchemin lisibles. 3 articles.

Ce sont les coustumes localles et particulières, usages et communes observances dont l'on use et a esté usé, en la ville, baillie et commanderie de Saint-Maulviz scitué au bailliage d'Amyens, appartenant à nobles, relligieux et honnestes personnes, messeigneurs les relligieux de la saincte ordre, religion et hospital Saint-Jehan-de-Jérusalem ; laquelle commanderie qui s'estend tant ou corps et domaine d'icelle ville de Saint-Maulviz comme es villages de Espaumesnil, Campsart, Omastres, Nelles-Lhospital, Foucaucourt, Yzengremer, Woincourt, Pinchefalize, Hocquaincourt, Hœucourt, Linchœul, Gouy, Velaines, Verreines, Wailly, Guisencourt, Caullières, Maisnyeux, Saincte-Grée, Saulchoy, Molliens, Frestemolle, Le Maisnil-Huchon, Freste-Cuisse, Ainval, Brocourt, Araines, Romescamps, Hescamps, Carrois, Camps-en-Amiénois, Le Vieil-Rouen et Brontelles, tous membres deppendans de ladite commanderie, estans des prévosté de Beauvoisis et de Vymeu, au ressort du bailliage d'Amiens, iceulx relligieux ont toute justice et seignourie haute, moyenne et basse.

1. Prymes, quant aucun homme féodal ou cottier tenant d'icelle, fine de vie par trespas ainsy joyssant et possessant soit de fief ou d'héritages roturiers ou cottiers, son héritier ou héritiers sont tenus rellever de fait les héritaiges à eulx appartenans et là où ilz subceddent par le trespas des deffunctz, par devers le commandeur ou ses officiers et leur païer, pour le rellief des fiefz, LX solz parisis et XX solz de chambellage ; et, pour les héritages rotturiers et cottiers scituez dedens les corps desdits lieux de Saint-Maulviz, Espaumesnil, Campsart et autres villages dessus nommés, de chascun personnaige, IV deniers et des héritaiges aux champs tel cens tels reliefz.

2. Au dessus du nombre de neuf bêtes à laine, il est dû une bête vive pour droit de vif herbage, dans tous les villages ci-dessus excepté dans les villages de Romescamps et de Carrois où il n'est dû qu'un simple droit de mort herbage jusqu'au nombre de dix-neuf bêtes.

3. Item, il loist et appartient ausdits relligieux de pourveoir de harolleurs et joueurs d'instrumens tant pour servir à Dieu et à l'église comme pour faire danser et recréer les jeunes gens et aultres, les jours des festes et patrons que l'on dist ducasses (35) et sur les frocz et flégards, en chambre et aultrement, esdits vilages de Saint-Maulviz, Omastres, Nelle-Lhospital, Woincourt, Ysangremerres, Hocquincourt, Linchœul, Gouy, Camps-en-Amiénois, Verreines, Caullières, Maisnyeux, Carrois, Moliens-en-Beauvoisis, Sainte-Grée, Saulchoy, Wailly, Guisencourt, Cernoy, Hescamps, Frestemolle, Romescamps, et quant audit membre de Cernoy, ce se fait communément par lesdits relligieux et le prieur de Milly, pour ce que ladite seignourie est tenue de eulx deux par indivis.

Le XVIe jour de septembre l'an 1507.

Signés : Frère Jacque Macquet *religieux, gouverneur de ladite commanderie.* — Martin Roussel *bailly de Saint-Maulviz.* — De Bellengreville *procureur d'office.* — R. Aulxœufz *vice-gérant de Woincourt et Ysengremers.* — Jehan Gontrequin *prévost de Ysengremers et Woincourt.* — Mahieu de Saint-Aubin *prévost de Hescamps et Frestemolle.* — Jehan Le Couvreur *prévost de Verreines.* — Sire Anthoine Wyet *curé de Verreines.* — Perotin Pruvost *prévost d'Omastres.* — Estienne de Machy *vice-gérant de Camps-en-Amiénois.* — Jehan Lescadieu *prévost de Gouy.* — Mahieu Asselin *prévost de Riencourt.* — Pierre Lesage *prévost de Camps-en-Amiénois.* — Jehan Personne *prévost de Pinchefalize.* — Guillaume Lefeure du Maisnieulx. — Pierre de Brotonne *vice-gérant de Linchœul.* — Pierre de Bellegueuse *prévost de Linchœul.* — Pierre de Montigny *prévost de Caullières.*

SAINT-VALERY (Côté d'Artois) (36).

CHATELLENIE.

Quatre pages écrites sur grand parchemin. 24 articles lisibles, sauf quelques bouts de ligne.

Coustumes locaux et particulières de la chastellenye et seigneurie de Saint-Vallery-sur-la-Mer, à Beaumez, Goyenval, Berneux, Arondel et autres lieux à l'environ estans des appartenances de ladite seigneurie de Saint-Vallery, sur la rivière de Somme, du costé d'Artois, appartenant à hault et puissant prince le comte de Nevers et de . . . . et dudit lieu.

1. En succession féodale, l'aîné appréhende à l'exclusion des puinés.
2. Sur 10 bêtes à laine, une bête vive pour droit de vif herbage.

3. Tous les héritages féodaux et cottiers, à la mort du possesseur, retournent de plein droit à la table et domaine du seigneur. Les fiefs se relèvent en dedans 40 jours et les cotteries en dedans 7 jours et 7 nuits.

A BEAUMETZ :

4. Pour les anciennes masures, il est dû 4 deniers parisis de relief par personne.

5. Pour les jardins et places dudit lieu que l'on nomme les essarts, il est dû 12 deniers parisis de relief, 12 deniers d'entrée et 12 deniers d'issue.

6. Les bois défrichés et nouvellement donnés à cens, doivent tels cens tels reliefs.

7. Item toutes les masures dudit lieu de Beaumez là où ne a maisnage demourant, doibvent chascune, oultre et pardessus les cens fonssiers, un droit que l'on dist « wate mainage » (37).

A GOYENVAL ET BERNEUIL :

9. Quiconques charie bois, es bois des forestz de Goyenval et Berneux, sans huer et appeller à haulte voix les gardes, s'il ny a garde présente, posé que les bois lui appartiennent, commet amende de LX sols.

10. Quiconques charie esdites forestz devant soleil levé ou aprez soleil esconssé, quiconques charie hors des voyes ordinaires et acoustumées, qui y prend furtivement bois manouvré ou non, en ventes vendues en gros aux marchans, qui y abat, prend ou charie bois durant la messon d'aoust, depuis les deffenses sur ce faites ; qui y prend ou abat glan, fayne ne aultres fruiz de pernage (38) servans à la pasture et nourriture des bestes ; qui y esrache et desplante arbre, espine ne aultre bois quelconque ; qui y abat, coppe ou esbranche chesne ou aultre arbre qui a esté marqué ou délaissé pour estallon, ou poirier, pommier, ou merlier, pour chascun desdits cas et pour chascune fois, commet amende de LX solz parisis et doit restitution et intérest.

11. Qui charie bois furtivement pris esdites forestz, il confisque chariotz, charettes et chevaulx envers ledit seigneur et peuvent ses officiers poursuir et faire leur prinse jusques à deux lieues à la ronde desdites forestz.

12. Qui coppe ou prend esdites forestz bois de venue, hors des ventes des marchans, et aussi qui coppe ou prend herbe en vente ou hors vente, il encourt envers ledit seigneur, pour chascune fois, en amende de sept sols six deniers parisis, et s'en peut faire la poursuite et prinse comme dessus.

13. Tous chevaulx, vaches, moutons, pourceaulx et aultres bestiaux quelzconques qui sont trouvés pasturans esdites forestz, à garde ou sans garde, soit en haulx bois taillis ou voyes, sont confisquez et acquis aux drois dudit seigneur.

14. Si les bois abatus esdites forestz ne sont tous assemblez et les fagotz et cotteres widez, en dedans le jour de la nativité Saint-Jehan-Baptiste enssuivant la coppe, et les gros bois widez en dedans le Noël prochain enssuivant

ilz sont confisquez au droit du seigneur ; et neantmoins les acheteurs sont tenus payer lesdits bois.

15. L'on pœult wider et charier les bois desdites forestz par les terres voisines d'icelles, à qui ou en quelque estat qu'elles soient, par demandant licence et rendant l'intérest.

16. L'on pœult arrester corps et biens par la justice dudit seigneur, pour les debtes de luy et de ses marchans, esdites forestz et esdits lieux de Beaumez et Arondel, et sur les frocqz et flégards de Longviller.

17. Ledit seigneur pœult par sa justice, sans obligacion ne condempnacion, faire justicier ses subgetz pour ses cens d'un an non payez, sauf à faire droit aprez namptissement sur l'opposition s'aucune en y avoit.

18. Les marchans desdites forestz pœuvent faire arester en icelles, par la justice dudit seigneur, les bois quilz y ont vendus pour seureté de leur paiement ; et aussy font les bosquillons et manouvriers pour leurs sallaires, et aprez les arrestz signiffiés, s'il n'y a opposition, en pevent faire vendre par ladite justice tant que pour furnir au payement, se tant y a.

19. Le seigneur a tout droit de garenne esdites forestz.

20. Ledit seigneur pœult commettre ung louvetier en ladite forest de Goyenval, lequel pœult prendre et lever, chascun an, sur les nourequiers ayant bestes à layne pernoctans ou parquans à deux lieues à la ronde de ladite forest, une obole parisis pour chascune desdites bestes, pour droit de louvage, pourveu qu'il ait chassé et prins ung ou plusieurs loupz en l'année (39).

21. Les habitans de Beaumetz et de toute la châtellenie de Dommart sont obligés de moudre leurs grains au moulin d'Arondel, excepté les habitans de Prouville et de Haracourt.

22. Le seigneur a droit de rente, terrage et Champart sur plusieurs pièces de terres vilaines, aux terroirs de Fransu et Longvillers.

23. Au village de Beaumetz et autres lieux, le seigneur a droit de forage, afforage, tonlieux acquits, appartenant à seigneur châtellain ayant haute justice, selon les coutumes générales du bâilliage d'Amiens.

Le 15ᵉ jour de septembre l'an mil V cent et sept.

Signés : Anthoine de la Rozière *lieutenant du bailly de St.-Valery, à Beaumez, Goyenval et autres lieux.* — Pierre Petit *avec cette mention : signé par moi curé de Beaumez à la requeste de mes parochiens pour che que la plupart ne savent signer.* — E. Franquelin *chapellain de Beaumez.* — J. Cousin *prestre.* — Martin *prestre.* — Colart Cousin *eschevin.* — Adrien Fouquerel *manéglier.* — Jehan Devaulx *eschevin.* — Jehan Vimeu *manéglier.* — Jehan Devimeu *eschevin.* — Artus Moutardier. — Jehan Toulouze. — P. Capperon. — *Signé par nous* Anthoine de Bouberch *seigneur de Bernastre et de Rambaucourt.* — Arthur de Pisselcu *seigneur de Neufmez.* — A. Delessau *procureur pour office de Beaumetz.*

SAINT-VALERY (Côté de Vimeu.)

CHATELLENIE.

Trois grandes pages en parchemin. 7 articles lisibles.

Ce sont les coustumes localles et particulières, usaiges et commune observance de la chastellenie, terre et seignourie de Saint-Vallery-sur-la-Mer, appartenant à hault, noble et poissant seigneur et prince Mgr le comte de Nevers, de Eu, et de Dampierre, seigneur de ladite chastellenie, per de France, laquelle il tient noblement et en parrie du roy nostre sire à cause de son bailliage d'Amiens, et en laquelle il a toute justice et seigneurie haute, moïenne et basse et telle que à parrie tenue du roy appartient.

1. A la vente, don, transport des fiefs et coteries, il est dû le quint denier. Le relief de succession pour les fiefs varie suivant leur qualité, pour un fief noble LX sols parisis et XX sols de chambellage; en collerie, tel cens tel relief.

2. Sur 10 bêtes à laine, il est dû une bête vive pour droit de vif herbage.

3. Le seigneur a la justice et souveraineté *partout sadite chastellenie outre et pardessus ses vassaux*.

4. Toutes les rivières et courans d'eau appartiennent au seigneur comte, sauf le droit des vassaux et autres circonvoisins.

5. Tous les hommes tenans noblement, en plain fief, service et hommage, sont tenus de servir les plais en personne toutes les quinzaines, en la court dudit seigneur, quant ilz y sont suffisamment ajournez, sur et à peine de X solz parisis d'amende pour chascune foys, avœucq ce que ilz le ont ainsy promis et juré, promectent et jurent par serment solempnel, par l'investiture et saisine à eulx bailliée desdits fiefz.

6. Quant aucun fait noise ou débat et frappe aultruy de main garnie ou à sancq, en ladite chastellenie de ce qui est en son domaine, es lieux là où la mer cœuvre et descœuvre que l'on dist soubz marée, il commect vers ledit seigneur et comte amende de LX livres parisis; et là où il n'y auroit coup de main garnie ou effusion de sancq, il n'y escherroit que X livres parisis d'amende.

7. Item dient et affirment tous les dessoubz signés qu'il leur semble que un chascun seigneur ayant fief et justice, pœult de droit délaissier telle quantité, partie et porcion de sadite terre et seignourie en friche et riez et non valloir, sans le approprier à soy ne le baillier à cens ou à louage, tant et sy longuement que bon luy samble, et combien que durant le temps que icelle terre est ainsi délaissiée en friche et riez, et que ung chascun ayt acoustumé passer et rapasser, aller et faire passer leurs bestiaulx, faire rapasser iceulx sur icelle terre ainsi délaissiée, soit par XX, XXX et XL ans et plus, neantmoins que il est

loisible audict seigneur reprendre ladite terre toutes et quanteffois que bon lui samble à son prouffit, l'aproprier à sa demaine, baillier à louage, à cens ou aultrement en faire son proffit, en faisant touteffois apparoir par ledit seigneur, s'il y avoit contrarietté, comment lesdites terres sont réunies de sa table et demaine.

Nota. Quant à cest article le procureur d'office de ladite chastellenye de Saint Valery a desclairié que icelluy article, il ne entend, ne le tient estre pour coustume, et qu'il ne le accorde et proteste de le empesquier et débattre pardevant M.gr le bailly d'Amiens, combien qu'il ait signé ce présent coyer sans préjudice.

Et Jehan Macquet, licencié es loix, procureur en ceste partie de M.gr Jehan de Monchy, chevalier, seigneur de Montcavrel, pour sa terre de Brontelle et Ansenne, et procureur de nobles personnes Jehan Quieret seigneur de Tours, à cause de son fief de le rue d'Araines, et de Charles seigneur de Bulleux, et de Hugues de Bulleux, à cause de leur seignourie de Francqueville, suffisamment fondé par lettres de procuracion desdits seigneurs ses maistres, a fait protestacion contraire aux protestacions du procureur d'office de la chastellenie de Saint-Valery, sur ce dernier article... (40).

Signés : Jehan Vinchent *lieutenant.* —Moisnel *procureur de . . . . .* —Briart *procureur M.gr d'Ochancourt, homme lige.* —Saguez *eschevin.* —Brogviel *notaire de St.-Valery.* —Mahieu Duflos *eschevin.* —Leprévost *eschevin.* —Monligier *eschevin.* — N. de Queulx *eschevin.* —De Ponthieu *maïeur de Saint-Vallery.* —Le Boullanger *bourgois.* — N. Brogviel *eschevin.* —Robert Delerue *procureur Guillaume Du Crotoy, homme lige.* —Moisnel *procureur de la ville de Saint-Valery.* — De Blimont *homme lige.* —François Bertram *prestre, curé du Tresport.* —Delayens *prestre.* — Martin de Queulx *prestre.* —Jehan de Monchel *homme lige.* — Nicolle Lenglès *prestre.* — N. Lamy *procureur de M.gr de Vallenglart.* —Malot *curé d'Onneu.* — Journel *pour M.gr de Lambercourt.* —Lenglacie *homme lige.*

SAINT-VALERY (Abbaye de)

TEMPOREL.

Trois grandes pages en parchemin. 10 articles lisibles.

Ce sont les coustumes locales et particulières, en la terre juridicion et seignourie de vénérables et relligieuses personnes messires les relligieux abbé et couvent de Saint-Vallery-sur-la-Mer là où lesdits relligieux ont toute justice et seignourie haute, moyenne et basse.

Nota. Les articles 1, 2, 3, 4, 5 et 7 de la coutume précédente sont reproduits dans celle-ci, sous les articles 1, 2, 3, 4, 5 et 10.

6. Sont tenus tous les subgetz tenans de ladite église et abbaye, ayans terres et prez contigus et joignans à la rivière du Mollinet, rellever et nettoyer, chascun à l'endroit de son ténement, pré ou terre, ladite rivière autant et sy avant que leurs dits prez, terres et ténemens se comportent et jusques au milieu de ladite rivière, en coste et liste de leur ténemens, en telle fachon que ladite rivière puist avoir son cours pour fleuer à la mer, sur peine et amende de LX solz.

7. Tous les tenans et subgetz de ladite église et abbaye ayans prez, tenus d'icelle église, allentour et à l'environ de ladite rivière, sont tenus, eulx sur ce sommés, rellever tous et chascun les fossez quilz ont en leurs dits prez chascun à son lez et pour autant que son héritage contient, soit de long ou de costé, en telle fachon que les eaues qui ont acoustumé à avoir cours en ladite rivière, y puissent venir et fleuer, sur pareille amende que dessus s'ils estoient reffusans ou delayans de ce faire en temps deu.

8. En succession cottière, il est dû quatre deniers parisis de relief pour chaque masure.

9. Item, lesdits relligieux peuvent faire contraindre et justicier tous et chascun leurs subgetz, tenans, manans et habitans audit lieu de Saint-Vallery et banlieue d'icelle, leurs louagiers et ostagiers pour leurs censives non payées et arrérages deues à cause de leurs ténemens qui tiennent d'icelle église, en telle manière comme de leur faire lever et oster les huys et fenestres d'icelles leurs maisons ou hosteux, lesquelz huis et fenestres iceulx tenans ne peuvent rependre n'y en mettre de nouveaulx, sans le congié et licence desdits relligieux, que préalablement avoir payé icelle censive et arréraiges et ce sur peine de LX sols parisis d'amende et pour chascune fois, et préalablement payer lesdites censives et arréraiges.

Signés : Nicole de Ellecourt, *abbé de Saint-Vallery.* — Vinchent *bailly de l'église de Saint-Vallery.* — Dampt Nicolle Lautrel *prévôt de ladite église.* — Charles de Saint-Arnoul *homme lige.* — Roussel *homme vivant et mourant du couvent.* — Hue Briet *comme procureur des relligieux de Saint-Pierre en Abbeville.* — du Maisniel *homme lige.* — Loys Bertin *homme lige.* — Pierre de Hones *procureur de M.gr de Bulleux homme lige* — Guy Defontaine *curé de Pendé.* — Des Hosteux *homme lige.* — Val.. Briet *procureur de Pierre Blotefière homme lige*, — De Calonne *homme lige.* — Jehan Lecomte *homme lige.* — Robinet Broquier *homme lige.* — Loys de Froideval *homme lige.* — De Ponthieu *maïeur de Saint-Vallery.* — P. Malot *prestre, curé d'Honneux.* — Mahieu de Ponthieu *eschevin.* — Brogviel *eschevin.* — Leprevost *eschevin.* — Mahieu Duflos *eschevin.* — De Cauls *eschevin.* —

Tacquet *eschevin*. — Jehan Personne *eschevin*. — Jehan Lefeure *homme lige*. — De Queulx *homme lige*. — Robert Prévost *homme lige*. — Ricard Ochon *homme cottier*. — Duflos *homme lige*. — Jacques Briart *procureur de Jehan de Miannay, d'Anthoine de Merclessart et de M.gr de Plumoison hommes liges.*

SELINCOURT (Les 4 parts.)

SEIGNEURIE.

Une grande page en parchemin, pourrie dans le haut. 7 articles.

Coustumes particulières et locales de la terre et seignourie de Selincourt scituée et assize en la prévosté de Vymeu, appartenant à noble damoiselle Jehanne de Fontaines, damoiselle des quatre pars d'icelle terre et seignourie de Selincourt qu'elle tient noblement, en parrie, de la chastellenie et seignourie de Poix, lues et accordées ce jourd'huy XXIIe jour du mois de septembre 1507.

1. Ladite demoiselle a toute justice et seignourie sous le ressort de Poix.
2. Elle a la seignenrie des frocs et flégards et tous les profits qui en procédent, étallage, bornage, épaves etc.
3. Item, en ladite ville de Selincourt a coustume locale telle que quand aucune personne saisy, joissant et possessant de aucuns héritages, fiefs, maisons, tennemens, terres et biens mœubles assis et scituez en ladite ville, terre et seignourie de Selincourt, fine de vie par trespas et qu'il délaisse un ou plusieurs enffans procréés de sa char, à son filz aisné appartient la subcession des héritages féodaux ; et quant aux héritaiges cottiers et roturiers, acquestz, conquestz et biens mœubles le filz maisné y subcède et est héritier (41) ; et se il y a que ung seul filz, il subcède le deffunct ou deffuncte tant esdits héritages féodaulx que cottiers, acquestz, conquestz et biens mœubles ; et là où il n'y a enffans mascles, les filles subcèdent pareillement.

6. En succession cottière, tel cens tel relief.

Signés : Sire Pierre Hanocque *prétre, vice-gérant de Selincourt.* — Philippe Loys dit Leducq *aussi prêtre demeurant au Boisrault.* — Fremin Caignart. — Fremin de Gouy. — Fremin Dijon. — Franchois Bourgois. — Walleran du Mollin. — Pierre de Mauroy. — Robert Païelle. — Jehan Lefournier. — Noel Candillon. — Jehan Lefebvre. — Colart Levaasseur. — Pierre Véchart. — Olivier du Bus. — Bernard Lemaire. — Raoul Gohé. — Jehan Gohé. — Jehan Lesueur. — Toussaint de Beauval. — Ancel Lemaire. — Jehan Lefort. — Fremin Véchart. — Jehan Ancel. — Jehan Caignart. — Fremin Merchier. — Gilles Leriche.

Signé : M. Durot *bailly de Selincourt.*

SELINCOURT. (Quint de)

SEIGNEURIE.

Une page et demie en parchemin, un peu effacée par l'humidité. 8 articles.

S'ensuivent les coustumes localles du fief, terre et seignourie du quint hérédital de la terre et seignourie de Selincourt, appartenant à Jehan de Fer escuyer, demeurant à Amiens, lesquelles il baille à Jehan de Soissons chevalier seigneur de Poix, duquel seigneur, à cause d'icelle chastellenie de Poix, il tient ledit fief et quint de Selincourt.

1. Primes, en ladite terre et seignourie dudit quint, le maisné est héritier es cotteries et es mœubles (42).
2. Tous ceux qui tiennent en censive de ladite terre et seignourie dudit quint, tant en la ville que aux champs, doivent tels cens, telz reliefz, telles aides.

3. Les terres à champart doivent 2 sols 6 deniers de relief.

5. Ceux qui doivent censives sont tenus de les payer aux termes accoutumés, sous peine de 7 sols 6 deniers d'amende.

Le XXIIe jour de septembre l'an 1507.

Signés : De Fer. — Jehan d'Argieuve. — Colin Lefeure. — Jacotin Rachins. — Bernart Lemaire. — Colin du Bus. — Fremin Caignart. — Simon Wancquet. — Pierre Wancquet. — Jehan le Messier. — Baugois de Frohen. — Jehan Leriche. — Jehan d'Occoch. — Jehan de Baillœul.

TOURS ET CAUROY.

SEIGNEURIE.

Un long rôle en parchemin, troué en deux endroits. 10 articles.

Coustumes locales et particulières des terres et seignouries de Tours et Cauroy en Vymeu, appartenant à M.gr Jehan Quieret seigneur et baron du Boscgeffroy, Nœufville-sur-Eaulne, du Quesnoy.

1. Le seigneur a toute justice en sesdites terres et seigneuries qu'il tient en souveraineté de la châtellenie de Bailleuil.

2. A la vente des masures, en cotterie, il est dû le XIIIe denier.

3. A la vente des terres à champ, il est dû le quint denier.

Item, par aultre coustume ayant cours en ladite ville de Tours seulement, tous les demourans en et sur les masures d'ung fief nommé le grant fief, scitué en icelle ville de Tours, quant ilz tuent ou font tuer, en leurs maisons et ténemens, aucuns pourcheaulx, ilz sont tenus et subgetz en certain droit qui se nomme droit de haste qui est tel que, quant ilz ont tué et fait brûler aucuns pourceaux à faire lartz, ilz ne doibvent ne pœuvent saler iceulx pourchaulx que premièrement ilz n'ayent prins et levé de l'un d'iceulx pourchaulx seullement l'otz de la cuisse et ung lez de cottelettes d'icelluy pourchel, le tout tenant ensemble, et le porter et présenter au chief-lieu et hostel seigneurial dudit seigneur de Tours : lequel droit s'appelle d'anchienneté droit de haste, et se doit ainsy porter et présenter de l'un d'iceulx pourchaulx, pour le tout, sur et en peine de confiscacion dudit pourchel et d'amende de LX solz parisis (43).

5. Tel cens, tels reliefs, telles aides.

Le XIIIe jour de septembre l'an 1507.

Signés : Nicolas de Gonmer *bailly desdites seigneuries de Tours et Cauroy.*—N. de Ponthieu.—Fremin de Ponthieu.—Jehan Leprevost.—Nicolas Mansel.—Thomas Cailleu *prestre.*—Robert Moppin.—Jehan Pillart.

WIRY-AU-MONT et WIRY-AU-VAL.

CHATELLENIE.

Trois grands feuillets et une page en parchemin d'une très-belle écriture. 28 *articles.*

Ce sont les coustumes locales et particulières, usaiges et communes observances de la terre, seigneurie et chastellenye de Wiry-au-Mont et Wiry-au-Val, appartenant à noble et puissant seigneur messire Ferry de Croy, chevalier, seigneur du Rœux.

1. Et primes, par la coustume dudit lieu de Wiry, où messire Ferry de Croy chevalier, seigneur dudit Wiry, à cause d'icelle terre, a toute justice et seigneurie haulte, moyenne et basse, bailly, sergens et officiers pour la garde et exercité d'icelle, avec plusieurs hommes liges jugans à péril d'amende de soixante livres parisis ou admission (perte) de leurs fiefz envers luy ; icelluy seigneur a congnoissance, correction et pugnicion de tous cas, crismes et maléfices non prévillégiez au roy nostre sire.

2. Le tenant cottier doit relief de tel cens, tel relief en dedans 7 jours et 7 nuits.

3. A la vente ou transport des fiefs, il est dû le quint denier. De même en cotterie . . . . pareillement doivent les hommes féodaux serviche à Ronchin.

5. Le seigneur pœut inféoder les héritages tenus de luy et de son domaine, à les tenir noblement et en fief, pourveu qu'il n'en prende aucun prouffit personnel pour une fois, et que ce ne soit en diminuant sa seignourie et qu'il retienne à soy ladite justice et seignourie.

6. Aprez le délai de souffrance, celui qui veut relever un héritage cottier paie amende de 7 sols 6 deniers.

22. Item, par ladite coustume, quant aucuns des hommes féodaux vendent aucune rente à prendre sur leurs fiefs, audit seigneur appartient le quint denier de la vendue ; et si est tenu celui à qui elle est vendue de le tenir à pareil service, foy et hommage comme est tenu le fief auquel ledit ypothèque seroit crée.

24. Item, par ladite coustume, a ledit seigneur en sadite seignourie et bois dudit Wiry nommés les bois de Faulde, du Parc, du Chocquoy-Vaulx et de Bellesart, garenne de toutes bestes sauvages à piet pelu et au piet fourchu, esquelz nulz ne pevent chasser ne tendre fillez que ce ne soit en commectant amende de LX sols parisisis, pour chascune fois et confiscacion des fillez.

25. Item, par ladite coustume, nul ne peut esdits bois cœuillir glan, faine, bocquet, merles que ce ne soit en commectant amende de LX sols parisis, ne pareillement y copper herbe que ce ne soit ou commectant amende de VII sols VI deniers parisis.

28. Quant au surplus des coustumes et usaiges de ladite chastellenie, ils en usent selon les coustumes générales, locales et particulières du bailliage d'Amiens, de la chastellenye de La Ferté-lez-Saint-Riquier et prévosté de Vymeu.

Le XXV° jour de septembre l'an 1507.

Signés : De Saint-Souplis *bailly dudit Wiry.*—Jean de Biencourt *homme lige.* —R. Duval *curé de Wiry.*—Darras *vice-gérant d'Allery.*—Dumont *homme lige de fief restraint.*—Duhamel *homme lige.*—Jacques Leroy *procureur de Jehan de Saint-Lau homme lige.*— Adrien du Val *lieutenant dudit Wiry.*—Leblond *procureur pour M.gr de Conty homme lige.*—J. Dumont *receveur dudit Wiry.*— Lenglacie *procureur de M.gr de Huppy et de maistre Antoine de Saint Deliz homme lige* (44).—Philippe Rose *prêtre.*—J. Lequin *homme cottier.*—Pierre Jumel *homme cottier.*—Antoine Duval *homme cottier.*—Fremin le Sangnier *homme cottier.*—R. Duval *qui a signé pour les ciaprez nommés hommes cottiers,* Jehan Despreaux, Pierre de la Haye, Pierre de Werch.— Jehan de Croix.

VERGYES.

FIEF.

Une page en parchemin, trouée sur la droite. 9 articles.

Déclaracion des coustumes loquale et principale que je, Regnault Legrand, aí en la ville de Vregies et au terroir à l'environ, en un fief que je tiencqz en plaine parie, de très nobles homme Jehan Quieret, escuiers, seigneur de Quesnoy sur Araines, à cause de sadite chastellenye du Quesnoy qui tiencqz de la chastellerye de Pinquegny.

1. Jai sur mondit fiefz justiche haute, moyengne et basse; sy suis seigneur voiés, en mes endrois, allencontre de mouseigneur de Rambures.

2. Jai sur mondit fiefz justiches vicomtières, et quant aucun fait faire ung fault arest, il est escheu en LX sols d'amende envers moi.

3. Mes sergans ont II sols pour un adjornement, et deux sols pour un arest, et deux solz pour signifier la vente de aucune beste ou aultre biens, quant il lez ont mis en arest.

7. Je prens sus mes hommes de fiefz le quint denier des ventes, et telles aydes comme les relliefz, à la première fille que je marie ou à ung fiz que je veulx faire chevalier; et mes hommes cottiers ne doyvent que le XIIIe denier de vente, et telz chens telz relliefz, et telles aydes comme dessus.

8. Jay sur mondit fiefz four où tous mes hommes sont banniers, sy ne sont privilégiés par lettres ou aultrement, en aiant tels drois comme mon souverain (45).

9. Tous mes hommes qui sont couchant et levant soubz ma teres, sont francq de XVII travers c'est assavoir Pinquegny et Pois et Araines et Hangest et Bapaume et de tous les despendensses et branches desdits travers; et sy sont francqz d'estallage à Araines, et ne doibvent que demi tonnelieu à Pinquegny, comme à Moliens, et autelles franchises à Amiens et austre part, comme cheulx de Pinquegny, pour cause que c'est de le chastellerye.

Le 2 octobre 1507.

Signés: Anthoine de Buigny *bailly de la seigneurie.* — Robert Polart *homme de fief.* — J. Cornet. — J. Lenglès *cottier* (*une herse.*) — Du Maisnil *homme cottier.* — Jehan Guerard *cottier* (*un rateau.*) — Jehan Levesque *homme de fief.* — Jehan Levesque *homme cottier.* — Guiot Levesque *homme de fiefz.* — Pierre Lucas *cottier* (*une charrue.*)

VERGIES ET LE FAŸ.

SEIGNEURIE.

Une longue page en parchemin de soixante-six centimètres de hauteur, maculée et rongée sur la droite. 14 articles difficiles à lire, à cause de l'altération de l'encre et des rides du parchemin.

Coustumes locales et particulières des terres et seigneuries de Vregies et le Fay, appartenant à très-grand et très-honoré seigneur M.gr Andrieu de Rambures, chevalier, seigneur de Dampierre, de Rambures, de Fiennes, de Hornoy et desdites terres et seigneuries.

2. Lesdites terres et seigneuries sont mouvantes et tenues de la terre, seignourie et chastellenie de Gamaches, en parrie, en lesquelles le seigneur de Rambures a toute justice et seigneurie haulte, moyenne et basse.

3. A la vente des fiefs et cotteries, il est dû le 5.ᵉ denier du prix.

12. Toutes choses trouvées espaves en la juridiction du haut justicier, est au droit d'icelluy justicier, aprez quarante jours; auquel cas, quant celluy à qui appartient ladite espave vient poursuir ladite espave en dedans quarante jours, en ce cas, la chose espave luy doibt estre rendue, en paiant les mises et frais de justice raisonnablement; et sy n'y vient en dedans quarante jours, ladite espave appartient audit hault justicier.

13. Nul ne peut prendre ni s'appliquer la chose épave autre que le haut justicier, sur peine de LX sols d'amende.

14. Les seigneurs qui n'ont que justice foncière peuvent, dans certain cas comme rébellion, avoir des amendes de LX sols.

Signés : Nicolas Gonmer *bailly desdits lieux.*—Huet Wiot *homme lige.*—N. Facquet.—J. Cornet.—Pierre Damonneville.—Legay.—Anthoine Damonneville.—Jehan Guerard

NOTES

DE LA QUATRIÈME SÉRIE.

Note 1.re — Page 336.

Prévôté de Vimeu. — Art. 1.er : *observation totalement illisible*.

Elle s'applique, selon toute apparence, au droit exorbitant que consacre l'article 1.er, et on peut en tirer cette conséquence que la disposition qui ne reconnaît qu'un seul héritier en ligne directe, quelle que soit la nature des biens, n'a pas passé sans contradiction de la part des personnes présentes à la rédaction. (Voir pages 347, 348).

Note 2. — Page 367.

Prévôté de Vimeu. — Art. 4: *il en ont veu déposer*.

Lorsque, dans une instance, les parties n'étaient point d'accord sur le droit, elles étaient admises à produire des témoins pour l'établir. L'article 4 fait évidemment allusion à une enquête de cette nature. A ne considérer que la question qu'il décide, on serait tenté de croire que ceux à qui on accordait assez de confiance pour attendre d'eux la révélation du droit sur des points aussi délicats, étaient des praticiens habiles ou des jurisconsultes consommés. La vérité est cependant que de grossiers paysans étaient presque toujours les organes et les interprètes de la coutume. Même dans les lieux où l'on pouvait espérer de trouver des hommes lettrés, la justice ne répudiait point leur témoignage. « Item, fu » ladicte coustume aprouvée par LXIIII hommes » *que clercs que autres* en le cause de me sires » de Biauval et de ses sereurs, et fu à Amiens » l'an mil ccc et nœf. » (Coutumier inédit de Picardie, par M. Marnier, Paris 1840, p. 4 et 5). Les témoins appelés à déposer sur la coutume étaient entendus tous à la fois et ce n'est que par exception qu'on les interpellait séparément. » Et en droit, ledit Willame qui offrit à prouver » contre ledit Jehans que par le coustume de Pon- » thieu il pooit conduire ses tesmoins seur cous- » tume singulièrement, cascun à part lui. Le- » quelle lidit Jehans le nia — Et sur che tesmoins » conduits, li homme ont dit et par droit qu'il » avoit bien prouvé ledite coustume. » (Coutum. inédit de Picardie *ut suprà* page 31).

L'usage de prouver la coutume par témoins, n'était point particulier à la France. Il existait aussi en Allemagne. Dans ce dernier pays, l'enquête ne portait pas exclusivement sur un point douteux objet d'un litige, elle embrassait l'ensemble des dispositions qui servaient de règle soit à une localité, soit à un canton. Toutes les fois qu'il plaisait à un seigneur ou à son bailli d'interroger les habitants d'une commune sur le droit qui la régissait, ceux-ci faisaient à toutes les questions qui leur étaient posées des réponses aussi explicites et aussi satisfaisantes qu'on pouvait le désirer. Ce sont ces déclarations auxquelles on a donné le nom de *Weisthumer*, par allusion à la formule *whir weisen* qui précède ordinairement chaque réponse; ce sont ces déclarations que nous appellerons, nous, les coutumes locales de l'Allemagne, à cause de leur affinité avec les nôtres, que publie en ce moment le savant Jacob Grimm, professeur à l'université de Berlin, comme complément de son immortel ouvrage sur les *Antiquités du droit Allemand*.

Nos statuts locaux de la Picardie et les weisthumer de la vieille Allemagne, se touchent et se donnent, pour ainsi dire, la main sur la frontière qui divisait anciennement les deux empires. Pour preuve, nous citerons la coutume locale de Thun-St.-Martin, petit village sur la rive gauche de l'Escaut, entre Cambrai et Valenciennes. Un record de 1447 que contient cette coutume se rapproche, par sa forme, beaucoup plus des documents que publie M. Grimm, que de ceux que nous publions nous-même, sous les auspices de la Société des Antiquaires de Picardie. L'Escaut peut donc être regardé comme le point où finissent les coutumes locales et où commencent les weisthumer.

NOTE 3. — PAGE 369.

PRÉVÔTÉ DE VIMEU. — ART. 19 : *amende de LX livres ou amission de son fief.*

Toutes les coutumes sont d'accord sur ce point que le vassal qui usurpe la justice de son seigneur dominant, s'expose à perdre le fief qu'il tient de ce seigneur. Beaumanoir, au chapitre 58, art. 10, de ses Coutumes de Beauvoisis, trace les règles qu'on suivait à cet égard devant les cours de justice féodale — « Se cil qui a le basse jus-
» tice en aucun liu tient le basse justice en fief
» ou en homage du seigneur qui a le haute, et
» il entreprent vers son segneur, en ce qu'il ex-
» ploite de haute justice pour soi, il quiet en
» l'amende du seigneur de soissante livres, et
» si doit son segneur ressaisir de tout l'esploit
» qu'il feist. Et s'il l'avoue de son droit, il doit
» demourer en le saisine de l'esploit qu'il a fet
» dusqu'à tant qu'il en soit osté par jugement.
» Mais s'il pert le jugement il pert, por le faus
» aveu qu'il fist envers son segneur, toute le basse
» justice qu'il tenoit de li et tout ce qui de chel
» fief muet. »

Les anciennes coutumes de Ponthieu et de Vimeu du commencement du XIVe siècle, contiennent, dans le 3.e § de l'art 9, le germe de la disposition consacrée par l'art. 19 de la coutume de 1507. « Qui tient du signeur et puis désavoue à
» tenir de li pardevant justiche en plaidant, il
» doit perdre tout ce que li sires poet prouver
» estre tenu de li. » (Cout. inédit. de Picardie
» *ut supra* page 122).

NOTE 4. — PAGE 374.

AIRAINES. — ART. 1.er : *ladite ville d'Araines a esté anchiennement ville fermée.*

Nous ajouterons seulement à ce qui a été dit à la page 350 (notice sur la 4.e série) que les habitants d'Airaines achetèrent le droit de commune de Marie, comtesse de Ponthieu et de Mathieu de Montmorency, son second époux.

NOTE 5. — PAGE 377.

AIRAINES. — ART. 16 : *supposé qu'ils ne fussent point tenus d'eux.*

Cet article expose assez nettement les principes du droit coutumier en matière de confiscation. 1.º Elle n'appartient et ne peut appartenir qu'au seigneur haut justicier, quelle que soit la nature des biens confisqués ; 2.º l'attribution n'est pas la même pour les meubles que pour les immeubles : les meubles suivent la condition de la personne ; les immeubles celle de la mouvance. Les meubles appartiennent au seigneur haut justicier du domicile du condamné ; les immeubles au seigneur haut justicier de qui ils sont tenus. A Airaines, la confiscation est susceptible de division, *quant aux meubles*, parce que les deux seigneurs s'y partagent les profits personnels de la haute justice.

NOTE 6. — PAGE 378.

AIRAINES. — ART. 21 : *le mort saisit le vif.*

(Voir ci-dessus page 148, note 58 — page 208, note 24 — page 352 § 2.)

Cet article établit une distinction importante entre la propriété *municipale* et la propriété *rurale*. En effet, à Airaines, comme dans presque toutes les villes fermées, les immeubles tenaient au possesseur par un lien plus étroit que dans les campagnes. Il les transmettait directement à son héritier. Ainsi, la maxime *le mort saisit le vif* ne peut jamais s'appliquer qu'à la propriété municipale, de même que le retour fictif à la table et domaine du seigneur, est la condition héréditaire de la propriété rurale.

NOTE 7. — PAGE 379.

AIRAINES. — ART. 33 : *toutes appellations émises desdits vicomtes.*

Ceci est une dérogation à l'article 248 de la coutume générale du bailliage d'Amiens, laquelle donne au bailli royal le ressort des justices seigneuriales. (Voir ci-dessus, page 241, note 3.)

NOTE 8. — PAGE 381.

ANSENNE. — ART. 3 : *ladite terre ainsy délaissée que dist est.*

(Voir ci-après, page 443, note 40.)

NOTE 9. — PAGE 383.

BEAUCHEN. — ART. 1.er : *amende de LX livres.*
« En l'an de grâce mil CCC et u mois de fé-
» vrier fu rendu par jugement, en la cour de
» Bouberch, par XXXVI hommes liges, liquel

» sestoient consillié par grant déliberacion en le
» assize d'Abbeville, d'Amiens et ailleurs et par
» pluiseurs personne qui l'avoient veu jugier en le
» assize d'Abbeville, que li homme d'Ally qui
» avoient fait maulvais jugement se passeroient
» tous ensemble par LX livres paiier au seigneur de
» Bouberch, en quel court li jugemens avoit esté
» corrigiés. » (Cout. inédit de Picardie *ut suprà*
pages 1.re et 2.)

Note 10. — Page 383.

BEAUCHEN. — ART. 3 : *il pœult retenir par bourse les fiefs.*

Le retrait féodal, comme le retrait lignager, s'accomplissait au moyen de l'offre réelle du prix que faisait à l'acquéreur, le seigneur ou l'héritier qui voulait se mettre en possession. Delà vient qu'on disait : *retrahere per bursam* (Olim du parlement, tom. 1.er, page 329) ou bien, *demander par bourse*. (Beaumanoir, Cout. de Beauvoisis, chap. 46.)

Note 11. — Page 384.

BÉZENCOURT. — ART. 2 : *au fils puisné appartient.*

Cet article détermine les biens sur lesquels s'exerce le privilège du *puîné*. Ce sont *les terres franches de rente et demi-rente*, c'est-à-dire, toutes celles qui ne doivent point de champart, droit seigneurial qui est toujours l'indice certain d'une possession féodale. (Voir ci-dessus, page 200.)

Note 12. — Page 385.

BOISMONT. — ART. 1.er : *en ladite ville de Boismont, y a maire, eschevins et bourgois.*

Ce n'est pas sans quelque étonnement qu'on voit le chétif village de Boismont, doté d'une espèce d'organisation municipale. Mais il la devait, sans doute, aux nécessités physiques de sa position. Boismont est situé sur les bords de la mer. Les landes sablonneuses et les molières qui en forment le territoire, n'étant pas susceptibles d'être possédées à titre singulier, sont restées propriétés communes, et les habitants ont reçu la dénomination de bourgeois, parce que, comme les habitants des villes et des bourgs, ils étaient associés dans un but de protection et de garantie réciproque. Une cause semblable a donné naissance aux communes du Marquenterre.

Note 13. — Page 387.

BOUBERCH. — PROCÈS-VERBAL : *justice d'un tor qui fut pendu pour avoir tué un enfant.*

(Voir ci-dessus, la notice de cette 4.e série, pages 354 à 358.)

Note 14. — Page 389.

BRONTELLES. — ART. 3 : *le fils puisné.... succède à l'héritage.*

(Voir ci dessus, page 200.)

Note 15. — Page 392.

ETRUISEULX. — ART. 7 : *queute à court qui est entendu lit à plume.*

Presque toutes les coutumes se bornent à énoncer le droit de *queute à court* sans le définir. Celle-ci du moins nous fait connaître l'obligation qu'il imposait au censitaire. Lorsque le seigneur tenait cour plénière, ou réunissait dans son château, des nobles ou des chevaliers en assez grand nombre pour être embarrassé sur les moyens de leur donner l'hospitalité, les habitants étaient obligés de lui fournir, pour une nuit seulement, matelas, lits de plumes, couvertures, traversins, etc. ce qui suppose parmi les tenanciers, plus d'aisance qu'on n'en rencontre aujourd'hui dans beaucoup de campagnes.

Note 16. — Page 392.

FRESNEVILLE. — ART. 6 : *la moitié du prix à quoy a monté ladite vendicion.*

Nous avons déjà eu occasion de parler de cette coutume qui accorde au seigneur, pour droit de mutation, la moitié du prix des héritages vendus, donnés ou transportés. Nous avons pensé qu'un intérêt plus respectable que celui du fisc avait motivé la rigueur de cette disposition, et qu'elle ne pouvait s'expliquer que par le désir de conserver aux enfants, l'habitation qui a été le berceau de la famille. (Voir ci-dessus page 221, note 35.)

Cette opinion se trouve corroborée par l'observation consignée en marge de l'article 6 de la coutume de Fresneville. En effet, les signataires de cette coutume, tous âgés de 50 à 60 ans,

VIMEU.   (437)

n'ont pas vu le cas se présenter, mais ils ont entendu dire à leurs prédécesseurs qui eux-mêmes avaient recueilli cette tradition de leurs anciens, que réellement la moitié du prix était due à la vente des maisons et manoirs, et la moitié de l'estimation lorsqu'ils étaient transportés par acte entre-vifs ou testamentaire. Ainsi l'efficacité de ce droit est prouvée par la rareté même de son application. Personne n'aliène le manoir de ses pères parce que le profit qu'on peut espérer de cette aliénation, sera amoindri du tiers par la perception du fisc.

NOTE 17. — PAGE 397.

GAMACHES-CHATELLENIE. — ART. 8: *qui confisque le corps....*
Cette maxime est formulée ici d'une manière trop absolue, car, *en matière de confiscation*, les meubles appartiennent au seigneur haut justicier du domicile du condamné et les immeubles au seigneur haut justicier de qui ils sont tenus. (Voir la note 5 de cette 4.e série.)

NOTE 18. — PAGE 398.

GAMACHES (enclos de) — *Gamaches.*
Tous les documents que M. Darsy, notaire à Gamaches, a bien voulu nous communiquer, sont tirés des registres aux délibérations de l'échevinage et des comptes rendus par les maïeurs à la fin de leur exercice. Ils font voir dans quel état de décadence était tombée cette commune, à la fin du XVI.e siècle. Pour en donner une idée, nous plaçons ici un tableau comparatif de ses recettes et dépenses, depuis 1577 jusques en 1589 :

ANNÉES.	NOMS DES MAIEURS COMPTABLES.	RECETTE.	DÉPENSE	EXCÉDANT.
1577 (5 1.ers mois)	Jehan Hochard.	14l 09s 0d	83l 08s 10d	68l 19s 10d
1577 (7 d.ers mois)	Nicol Picquier.	4 » »	106 12 09	102 12 09
1578	Jehan Dubois.	11 14 »	124 07 04	112 13 04
1579	Nicolas Desmaretz.	15 19 06	146 17 06	130 18 »
1580	Jehan Dufour.	13 05 »	197 05 10	184 » 10
1581	Jehan Creton.	9 03 »	168 10 04	159 07 04
1582	Id.	23 16 06	120 06 10	96 10 04
1584	Id.	23 02 »	57 08 07	34 06 07
1585	Jehan Dufour.	14 18 »	78 08 10	63 10 10
1586	Jehan Hochard.	22 » »	84 09 04	62 09 04
1587	Id.	8 » »	135 01 10	127 01 10
1588	Guillaume Sacquespée.	17 03 06	180 01 04	162 17 10
1589	Id.	4 08 »	202 05 10	197 17 10
	TOTAL.	181l 18s 06d	1685l 05s 02d	1503l 06s 08d
	MOYENNE.	15l 03s 02d	140l 08s 09d	125l 05s 07d

Ainsi, la moyenne des recettes était de 15 livres, 3 sols, 2 deniers, celle de la dépense de 140 livres, 8 sols, 9 deniers : par conséquent, l'excédant de la dépense sur la recette s'élevait, année commune, à 125 livres, 5 sols, 7 deniers.

Il est vrai que la municipalité de Gamaches avait en même temps l'administration de la maladrerie dont la dépense égalait à peine la moitié de la recette; elle trouvait donc dans les bonis de cette dernière, une compensation aux déficits du budget de la commune.

Ainsi, dans le compte de la maladrerie du 2 novembre 1577, la recette totale s'élève à 191 livres, 2 sols, 6 deniers; la dépense à 109 livres, 10 sols, 9 deniers, ce qui porte le reliquat à la charge du comptable à 182 livres, 1 sol, 9 deniers; « mais attendu qu'il lui est dû par l'arrêté » de compte de la ville rendu le même jour, » la somme de 195 livres, 4 sols, 10 deniers, » c'est la ville au contraire qui lui redoit 13 » livres, 3 sols, 1 denier. » (Comptes de la mairie de Gamaches, année 1577.)

S'il ne s'agissait ici que d'un fait accidentel, il aurait à nos yeux peu d'importance, mais comme il se reproduit d'année en année, il acquiert une certaine signification, car il prouve, d'une part, l'absence de tout contrôle supérieur, quant à l'administration des biens des hospices, et de l'autre, l'exiguité des ressources qui étaient laissées à la disposition des municipalités rurales.

A la fin du XVIe siècle, Gamaches comptait, parmi les principales sources de ses revenus, 1.º la ferme de la chaussée qui produisait 20 sols par an ; 2.º le jardin de l'échevinage qui se louait 3 livres ; 3.º la recette des nouveaux bourgeois dont le produit était très-variable ; 4.º enfin, le produit des amendes prononcées par l'échevinage.

Les dépenses, il faut bien l'avouer, n'étaient point réglées avec toute l'économie que commandait une pareille situation financière. Les repas de corps, les pitances de vin, absorbaient et bien au-delà, le produit des recettes. Ainsi, lorsqu'on élisait un nouveau maïeur, lorsqu'on créait de nouveaux bourgeois, lorsqu'une grande fête, comme celles de Pâques et de la Pentecôte, réunissait tous les membres du corps de ville, dans une cérémonie publique, l'échevinage faisait des banquets au prix de 14 livres, 13 livres, 12 livres et 6 livres. Il semble que le vin et la table étaient les deux pivots auxquels venaient aboutir tous les rouages du mécanisme communal ; du moins on est tenté de le croire, quand on voit le chiffre élevé de cet article de dépense dans les budgets municipaux.

Note 19. — Page 399.

Gamaches (enclos de). — Art. 5: *quant aucune personne bourgeois ou aultre a acquis.*

L'art. 29 de la charte de commune contient la même disposition qui paraît empruntée aux anciennes coutumes de la ville d'Amiens. (Voir ci-dessus, page 411, note 19.)

Note 20. — Page 400.

Gamaches (enclos de). — Art. 7: *quiconques met la main sur autrui.... ou qui dit et profère parolles injurieuses.*

L'amende de XX sols pour voies de fait est de règle dans toutes les coutumes. Elle se partage à Gamaches comme à Amiens: la commune en prend les trois quarts et le seigneur le quart restant. L'article 6 de la charte de commune d'Amiens et l'article 4 de la charte de commune de Gamaches, semblent copiés l'un sur l'autre ; mais ni l'une ni l'autre ne range dans la catégorie des délits punissables de l'amende de XX sols, *les paroles injurieuses ;* au contraire, l'article 10 de la charte d'Amiens n'applique, dans ce cas, qu'une amende de 5 sols. Sur ce point la charte de Gamaches est complètement muette. D'où vient donc que la coutume confond *les voies de fait* et *les paroles injurieuses*, dans une seule et même pénalité ? C'est sans doute parce que l'expérience a démontré que *l'injure* étant une provocation à *la voie de fait*, devait être réprimée de la même manière que celle-ci. (Comparez *la charte de commune d'Amiens*, articles 6 et 10, pages 64, 65, et *la charte de commune de Gamaches*, article 4, page 401.)

Note 21. — Page 401.

Gamaches (charte de). — Art. III: *exceptés rapt, empoisonnement, larcin, combat de deulx, murdre.*

La nomenclature des cas réservés est ici beaucoup plus étendue qu'à Amiens. La raison en est simple, car le seigneur de Gamaches, ne concédant qu'une juridiction de police à la commune, ne devait point se dessaisir de la connaissance des crimes et délits qui étaient du ressort de la haute justice. Mais à Amiens, les pouvoirs judiciaires de la commune étaient aussi étendus que ceux des hauts justiciers ordinaires.

Note 22. — Page 402.

Gamaches (charte de). — Art: XX. *s'ils descendent le créditeur peut faire saisir le cheval.*

Par là on donne à entendre que la personne du débiteur est inviolable. Aussi long-temps qu'il est en selle, on considère sa monture comme ne faisant qu'un seul tout avec lui-même; mais aussitôt qu'il est descendu, la monture n'est plus qu'un meuble saisissable qui peut être légalement appréhendé par le créancier. Les hommes de fiefs jouissaient de ce privilége, sans doute parce que leurs devoirs, comme vassaux, les obligeaient souvent à traverser le bourg, avec leurs coursiers, pour se rendre auprès du seigneur de Gamaches. C'est pourquoi le seigneur, en leur accordant cette franchise, ne faisait que les protéger dans la stricte limite du service qu'ils accomplissaient auprès de lui.

Note 23. — Page 402.

Gamaches (charte de). — Art. XVIII : *la ville doibt avoir la seigneurie de la chaussée.*

Cette seigneurie était à la fin du XVI.e siècle, d'un très mince revenu, puisqu'elle n'était affermée que la modique somme de XX sols par an. (Voir la note 18 de cette 4.e série).

Note 24. — Page 403.

Gamaches (charte de). — Art. XXIII : *le seigneur a le vin pour le pris que a le bourgeoys prins sur les gantiers.*

Par le mot *bourgeoys*, il faut entendre ici les taverniers qui vendaient du vin en détail et non pas les bourgeois qui avaient du vin dans leurs maisons pour leurs besoins particuliers.

Note 25. — Page 404.

Gamaches (charte de). — Art. XXXVIII : *qui ne doive vaccage.*

Le *vaccage* était une espèce de cens payé au seigneur en reconnaissance du droit qu'avaient tous les habitants *non bourgeois*, d'envoyer leurs vaches au marais commun. Le fait seul de la résidence donnait ouverture à ce droit et il n'y avait que les clercs et les ecclésiastiques qui en fussent exempts; quant *aux bourgeois*, il est évident que cette censive ne les concernait pas, puisque, par cela même qu'ils faisaient partie de la commune, ils n'avaient, pour ainsi dire, pas de *personnalité* au regard du seigneur.

Note 26. — Page 404.

Gamaches (charte de). — Art. XLIV : *si le seigneur a des vins pour son usage.*

Une disposition tout-à-fait semblable est contenue dans l'article 34 de la charte de commune de Domart, donnée en 1246, par Jean, comte de Dreulx et de Saint-Valery. (Ordonn. des rois, tome VII, page 692, art. 34).

L'interdiction aux taverniers de vendre leurs vins pour que le seigneur puisse vendre les siens, ne s'appliquait pas aux vins qui se trouvaient actuellement *afforés*, car par cela seul que la pièce avait été mise en perce avant la publication de la défense, la vente en détail du vin contenu dans cette pièce devait continuer jusqu'à ce qu'elle fût vide.

Relativement à l'afforage du vin vendu en détail, la commune de Gamaches avait adopté une mesure de police qui lui était particulière. Elle exigeait que chaque tavernier déclarât, sous la foi du serment, le nombre de pièces qu'il avait mises en perce. — « Du 22.e jour d'april 1593. Le
» procureur de la communaulté, demandeur contre
» Jehan de Pipermont, tavernier défendeur, de
» faire foi du nombre de piechés de vin qu'il a
» mis à broche depuis le jour de behourdy der-
» nier, et s'il a le tout bien et duement afforé,
» et s'il n'a excédé le pris de l'affor. — Ledit
» de Pipermont a dit et affirmé par serment que
» depuis ledit temps, il a mis deux barriques de
» vin à broche, qu'il a afforé au pris à lui donné
» de ij sols le pot, sans avoir excédé ledit
» pris. » (Archives de Gamaches, registre aux délibérations de l'échevinage de 1592 à 1605.)

Note 27. — Page 404.

Gamaches (charte de). — Art. XLV : *les maïeur et échevins doiivent eslire trois de leur communaulté pour en faire lun d'iceulx maïeur.*

L'élection avait lieu le jour du bohourdis, premier dimanche de carême. Les trois candidats désignés au choix du seigneur, se présentaient en personne devant lui, au château de Gamaches, et celui que le seigneur choisissait était proclamé maïeur à l'instant même. Le concierge du châ-

teau, pour le laisser sortir, avait droit à une gratification de 13 sols 6 deniers, qui figure dans les dépenses de chaque année. « Item, au con-
» cierge du chasteau, pour son vin de laisser
» sortir le maïeur, au jour de sa création, hors
» dudit chasteau, a esté payé la somme de 13
» sols, 6 deniers ». (Comptes de Gamaches de 1578).

Le nom du maïeur était inscrit tous les ans, en tête de la liste des échevins, sur le registre aux délibérations, mais on n'y faisait point mention des candidats auxquels il avait été préféré. Le maïeur sortant d'exercice, rentrait dans l'échevinage avec le titre de lieutenant du maïeur.

« Registre de la majorité de Gamaches, com-
« mençant le dimanche xxvii.ᵉ jour de février
» 1594, que honorable homme Nicolas le Ho-
» chard, fut institué maïeur à la nomination de
» hault et puissant seigneur Messire Franchois
» Rouhault, chastellain de Gamaches, lequel (Ho-
» chard) presta serment par devant honorable
» homme Loys Duval, lieutenant général, en
» la présence de Jacques Fossé, procureur pour
» office dudit Gamaches :

» Nicolas Le Hochard *maïeur*.
» Loys Poitevin *lieutenant*.

ESCHEVINS.

» Jehan Dufour.
» Anthoine Carpentier.
» Anthoine le Comte.
» Anthoine Waigneux.
» Jehan Bruhier.
» Nicolas Dupont.
» Nicolas Lacaille.
» Jehan Yver.
» Fremin Wateblée.
» Nicolas Doleger.
» Guillaume Laplanche.

AU BUFFET.

» Jehan Dufour *pour ancien*.
» Nicolas Lacaille *pour jeune*..

REGISTRE DE LA MAJORITÉ DE 1595.

Jehan de Lobel *maïeur*.
Nicolas Le Hochard *lieutenant*.

ESCHEVINS.

Loys Poitevin.
Jehan Dufour.
Jehan Yver.
Anthoine Lecomte.
Anthoine Waigneux.
Fremin Wateblée.
Nicolas Lacaille.
Fremin Poigné.
Jehan Bruhère.
Pol Pecquet.
Guillaume Laplanche.
Nicolas Doléger.

AU BUFFET.

Jehan Bruhère *pour ancien*.
Pol Pecquet *pour nouveau*.

Il résulte de la comparaison de ces deux listes, que le nombre des échevins n'était pas invariablement fixé à 12, y compris le lieutenant du maïeur, puisque nous en trouvons 13 pour l'année 1595. Nous ne saurions préciser en quoi consistaient les fonctions du *buffet*, mais il est constant qu'elles étaient toujours remplies par deux échevins, un ancien et un nouveau.

Il est en outre démontré qu'il ne fallait point nécessairement figurer sur la liste de l'échevinage pour être élevé à la dignité de maïeur, car le nom de *Jehan de Lobel* maïeur en 1595 n'est point inscrit sur l'état de 1594. (Archives de Gamaches Registre aux délibérations de l'échevinage de 1592 à 1605).

NOTE 28. — PAGE 406.

HORNOY. — ART. 3 : *les terres franques de rente et demi-rente doibvent appartenir au puisné fils.*

Sur le droit de mainsté voir la note 2 de la 2.ᵉ série, pages 200, 201 et 202. Et pour savoir ce qu'il faut entendre par *terres franques de rente et demi-rente* la note 1.ʳᵉ de la page 350.

NOTE 29. — PAGE 411.

NEUVILLE-PRÈS-SENARPONT. — ART. 3 : *droit de pernage.*

La définition de ce droit est donnée par l'article 10 de la coutume de Saint-Valery (côté d'Artois) : « Quiconque charrie esdites foretz devant
» soleil levé ou aprez soleil esconsé... qui y prend
» ou abat glan, fayne ou aultre fruit *de pernage*
» servans à la nourriture des bestes, commect
» amende de LX sols parisis et doit restitution
» et intérest.

Note 30. — Page 411.

Neuville-près-Senarpont. — Art. 5: *ledit seigneur a droit de prendre sur les chasse-marées...*

Pour assurer au seigneur l'exercice du droit dont il est question dans cet article, les chasse-marées étaient tenus d'attacher une sonnette à leur voiture afin d'avertir de leur passage. Une note de Dom Grenier (M ss de la Bibliothèque royale, D. Grenier, 14.ᵉ paquet, 6.ᵉ liasse) fait mention de cet usage.

La coutume locale d'Averdoing que nous publierons dans la septième série de cette collection, consacre une disposition à peu près analogue. « A cause de la noblesse de son fief, le » seigneur dudit lieu peut prendre du poisson aux » poissonniers qui chassent poisson de la mer à » Arras, pour la provision de son hostel et sur » le prix du marché d'Arras. »

Ainsi, la cause du droit c'est la noblesse du fief, car dans l'un et l'autre cas, l'exercice de la faveur que cet article accorde est subordonné à la condition que le seigneur ne l'exigera que pour les besoins de son hôtel.

Neuville près Senarpont n'existe plus depuis plus d'un siècle. Ce village était situé autrefois dans la vallée de la Bresle, auprès de St.-Léger-le-Pauvre. On aperçoit encore les fondations de l'église. Les habitants, pour des motifs que la tradition du pays n'a point recueillis, ont abandonné la vallée pour reporter leurs foyers sur le plateau qui domine la rive droite de la Bresle. En effet, dans un plan de 1483, appartenant à M. Charles Dufour, avoué à la Cour royale, sont figurés *les bois des habitans et jurez d'Arguel*, avec cette légende: *la haulte Neufville aultrement nommez Coppeyueulle.* Ce plan, par sa date, donne nécessairement l'état des lieux à l'époque de la rédaction de la coutume, car il n'est pas présumable que, de 1483 à 1507, il soit survenu des événemens qui aient pu le modifier. On peut donc en induire qu'en 1507 on distinguait *la basse Neuville près Senarpont* de la *haute Neuville* aujourd'hui *Coppeyueulle.*

(Note et renseignemens communiqués par M. Ch. Dufour, avoué à la Cour royale d'Amiens).

Note 31. — Page 414.

Oisemont (ville et bourgage). — Art. 6: *en portant pur eux la potence acoustumée auxdits bourgois.*

Les chevaliers de St.-Jean de Jérusalem, en établissant cette coutume, ont-ils voulu faire allusion, comme nous l'avons dit plus haut, (p. 351) à la croix que le Sauveur porta en allant au Calvaire? Ou bien ont-ils voulu imposer aux nouveaux bourgeois une sorte d'expiation de leur état passé? Cette dernière conjecture acquiert quelque vraisemblance, si l'on rapproche l'usage de *porter la potence* dont parle la coutume d'Oisemont, de celui de *porter la fourche* dont parle Isidore, au livre x de ses Origines: *furcifer dicebatur olim qui ob leve delictum cogebatur à dominis, ignominiæ magis quam suppliciî causâ, furcam circa urbem ferre, prædicans peccatum suum et movens cæteros ne quid simile facerent.*

Par le mot *potence* nous comprenons *la fourche patibulaire* que les seigneurs érigeaient sur l'endroit le plus élevé et le plus apparent de leurs domaines, autant pour l'effroi des malfaiteurs que pour marquer la nature et l'étendue de leur juridiction. L'ignominie de ce genre de supplice était réservée aux personnes de condition roturière et n'atteignait ni les clers ni les gentilshommes. Or, en obligeant les habitans d'Oisemont à porter la potence, avant d'entrer en possession de la bourgeoisie, on voulait sans doute les avertir que ce privilége rompait seulement les liens de la servitude féodale, sans élever à la condition des nobles ceux qui en étaient dégagés. Enfin il est une dernière supposition à laquelle nous nous arrêtons de préférence. La commanderie d'Oisemont contraignait peut-être les nouveaux bourgeois à porter la potence, c'est-à-dire le symbole même de son droit de haute justice, pour indiquer que, malgré les franchises dont ils allaient jouir, ils ne cessaient point pour cela d'être soumis à sa juridiction, pour les crimes emportant la peine capitale.

Note 32. — Page 419.

Saigneville. — Art. 1.ᵉʳ: *il y eschet amende de LX livres.*

Cet article prononce une amende de soixante livres parisis pour férir de main garnie *là où la mer cœuvre et descœuvre*, tandis qu'aux termes de l'art. 5, il n'y a que soixante sols parisis d'amende pour férir de main garnie, *saouf et réserve là où ladite mer cœuvre et descœuvre* Nous avons expliqué plus haut (pages 358, 359 et page 364 § final) comment la circonstance du

Note 33. — Page 419.

SAIGNEVILLE. — ART. 2 : *à icelle dame appartient tous droits de layans et choses espaves qui y arrivent.*

Sur le droit de lagan voir ci-dessus page 358. Saigneville est un petit village situé à l'embouchure de la Somme, non loin de St.-Valery. Avant les travaux de canalisation qui y ont été accomplis, la mer pouvait très-bien monter jusques là et y apporter quelques-uns des débris qu'elle jette à la côte.

Note 34. — Page 419.

SAIGNEVILLE. — ART. 3 : *en icelle vicomté, y a plusieurs pièces de terres que l'on dist lottières...*

En parlant de cette coutume page 352 § 4, il nous est échappé une erreur que nous nous empressons de rectifier ici. C'est *Saigneville* qu'il faut lire au lieu de Salleveille.

Nous craignons même d'avoir commis une erreur beaucoup plus grave, en supposant que le privilège dont jouissaient les *terres lottières* d'être exemptes de censives et de ne payer qu'un relief très-minime, ne pouvait s'expliquer que par le peu de valeur des terres situées sur le bord de la mer.

Si les terres lottières sont celles que l'on désigne aujourd'hui sous le nom de *renclôtures*, elles ont au contraire une valeur considérable. Mais elles n'ont acquis le haut degré de fertilité qui les distingue qu'au moyen des travaux de dessèchement dont elles ont été l'objet. Il est donc plus exact de dire qu'elles devaient l'espèce de franchise dont elles jouissaient aux sacrifices que les habitants ont dû s'imposer pour les approprier à la culture, et aux dépenses d'entretien qu'elles leur occasionnaient. C'est pour un motif semblable, comme nous l'avons déjà démontré (page 318 note 1.re) que, dans les environs d'Amiens, les aires de la Neuville et de la Voirie étaient exemptes de payer la dîme. Là aussi la main de l'homme a dû faire des efforts inouis et persévérans pour créer au sein des eaux ce sol fécond qui se charge tous les ans d'une triple récolte.

Note 35. — Page 422.

SAINT-MAULVIZ. — ART. 3 : *il loist et appartient ausdits relligieux de pourveoir de harollours et joueurs d'instruments.*

Ce droit n'implique que la possession de la haute justice dans les vingt-deux villages de la commanderie de St.-Maulviz qui sont dénommés dans l'article 3 de la coutume. Et cela est si vrai qu'à Cernoy où la seigneurie appartient par indivis aux chevaliers de Saint-Jean-de-Jérusalem et au prieur de Milly, le choix des ménétriers et harolleurs ne peut être fait que concurramment avec ce dernier.

Note 36. — Page 422.

SAINT-VALERY (*Côté d'Artois*) — *Côté d'Artois.*

Cette coutume figurerait mieux dans la prévôté de Saint-Riquier ou de Doullens que dans la prévôté de Vimeu, car les villages et les fiefs auxquels elle s'applique étaient situés dans la châtellenie de Domart et Bernaville. Mais, comme cette châtellenie relevait immédiatement de Saint-Valery, chef-lieu féodal du Vimeu, on s'explique dès-lors tout naturellement la présence de cette coutume parmi celles de la quatrième série.

Note 37. — Page 423.

SAINT-VALERY (*Côté d'Artois*) — ART. 7 : *un droit que l'on dist wate mainage.*

Tout individu possesseur d'une maison qu'il n'habite pas, porte par cela même préjudice au seigneur, puisqu'il le prive des avantages que celui-ci retirerait de l'établissement d'une nouvelle famille. *Wate mainage* est donc un droit payé au seigneur pour l'indemniser du préjudice que lui cause la non résidence.

Note 38. — Page 423.

SAINT-VALERY (*Côté d'Artois*). — ART. 10: *glan, fayne ne autre fruit de pernage.*

Le droit de pernage dont il est question dans la coutume de Neuville - près - Senarpont art. 3 (page 411) est donc l'interdiction aux habitants du droit de pacage et de glandée et la réserve de ce droit au profit du seigneur.

Note 39. — Page 424.

Saint-Valery (*Côté d'Artois*). — Art. 20 : *ledit seigneur peult commettre un louvetier.*

On faisait payer aux propriétaires de moutons domiciliés dans un rayon de deux lieues, l'espèce de protection que garantissait à leurs troupeaux l'établissement d'un louvetier, probablement parce que la forêt de Goyenval (aujourd'hui la forêt de Ribeaucourt) était, plus qu'aucune autre, un refuge pour ces animaux carnassiers et destructeurs.

Note 40. — Page 426.

Saint-Valery (*Côté de Vimeu*). — Art. 7 : Nota.

Le motif de l'opposition à cet article se laisse facilement deviner. On ne voulait pas laisser consacrer en principe qu'un seigneur aurait le droit de laisser sa terre en friche pendant un temps immémorial et de la rapproprier ensuite à son domaine, sans qu'on pût jamais lui opposer la prescription, car, sous prétexte qu'une terre actuellement vaine et vague aurait été anciennement cultivée, les seigneurs se seraient mis en possession, *comme propriétaires*, de terrains ou portions de terrains sur lesquels ils n'auraient eu d'autres droits *que ceux résultant de la puissance seigneuriale.*

Note 41. — Page 428.

Selincourt (*Les 4 parts de*). — Art. 3: *quant aux héritages cottiers et roturiers... le fils maisné est héritier.*

Voyez ci-dessus page 200 note 2.

Note 42. — Page 430.

Selincourt (*Quint de*). — Art. 1.ᵉʳ: *le maisné fils est héritier es cotteries et es moeubles..*

Voyez ci-dessus page 200 note 2.

Note 43. — Page 430.

Tours et Cauroy. — Art. 4 : *lotz de la cuisse et un lez de cottelettes.*

Voilà encore un exemple des redevances singulières que le caprice des seigneurs imposait aux possesseurs de francs-fiefs. Ces sortes de prestations apparaissent fréquemment dans les anciens aveux et dénombrements. Ainsi nous voyons dans le rôle de l'évêché d'Amiens de 1302, que le maire de Ham, auprès d'Amiens « doit j troite de » CC œus et une pièche de lart à frire le troite. » Et contient le pièche un pié de lonc et j pié » de le. » (V. p. 343 note 28). Nous trouvons aussi trace de cet usage dans les traditions d'outre-Rhin. — Dans le rôle des cens d'un seigneur de Bavière une prestation de même nature est exigée de l'un des tenanciers. « In Epiphania Do- » mini duos porcos saginatos et duo metreta salis » dabit, et ipsi dispensatori dorsa eorum, cum » priori parte capitis usque in finem, cum caudâ » abscissâ. » (Grimm. D. R. A. p. 277 note 1). — La viande des animaux tués pour les usages domestiques, en Allemagne comme en France, était souvent présentée pour acquitter un cens ou une prestation féodale — tantôt c'est un quartier de veau avec sept côtes que le censitaire doit offrir à la femme de son seigneur — tantôt il doit 5 livres de viande de bœuf avec la quantité de choux nécessaire pour la cuisson, et 5 livres de viande de porc avec la mesure de poivre exigée pour son assaisonnement. (Grimm. *ut suprâ* page 377) — Le prévôt, le doyen et le chapitre d'Odenheim, doivent tous les ans, le jour de Saint-Etienne, en reconnaissance d'un droit imprescriptible, envoyer au château d'Hirshhorn, deux morceaux et deux jambons de porc gras, chaque jambon du poids de 15 livres; mais avant d'être portés à Hirshhorn, les deux jambons et les deux morceaux de porc doivent être présentés à la justice d'Eschelbach, laquelle doit affirmer par serment qu'ils réunissent toutes les conditions voulues (Grimm. *ut suprâ* page 377).

Lorsque les maires de l'église de S. Père de Chartres prenaient possession de leurs offices, ils prêtaient serment, en ces termes, devant le chapitre assemblé : Hoc audiatis, Domini, quod ab hac hora in antea, a rusticis mee majorie non exigam aurum vel argentum, neque frumentum aut avenam, non *humeros porcorum* non tortellos aut ova etc. (Cartulaire de S. Père de Chartres, publié par M. Guérard, membre de l'Institut, tome 1.ᵉʳ, Prolégom. page CXIX. note 1.)

Quelquefois au contraire c'est au tenancier que le présent doit être offert par le seigneur. — « Ernoul du Cange est liges homs monseigneur » le veske (d'Amiens); et doit servir à le taule » monseigneur le veske quant il tient feste au » revenir du sacre... Et doit avoir pour v festes » en l'an, à chascune feste, un quartier de pour-

» chel et deux pains et une kene de vin — Jakes
» de Saint-Fuscien tient de M.gr le veske un ma-
» noir.. Et si a v fois l'an rente que l'on apele
» drois. Chest à savoir au Noël, à Pasques, à le
» Penthecouste, à le Saint-Fremin Martyr et à le
» feste de le Toussaint, à chascune feste, une
» pièche de char, ij pains et une kene de vin »
(Rôle de l'évêché d'Amiens de 1302. M.s de la
bibliothèque communale).

La dénomination de *droit de haste* donnée à la prestation mentionnée dans la coutume de Tours et Cauroy, s'explique d'elle-même. *Haste*, vient de *hasta* qui signifie *broche* par allusion à la *lance* dont elle emprunte la forme. Les *hastarii* étaient des rôtisseurs ou des garçons de cuisine chargés de veiller aux broches ou même de les tourner. (Cart. de S. Père de Chartres, Prolégom. p. LVII).

NOTE 44. — PAGE 431.

WIRY-AU-MONT. — *Signatures*: Langlacie procureur de M.e *Anthoine de Saint-Delys homme de fief.*

C'est probablement le même *Anthoine de Saint-Delys* qui était lieutenant-général du bailliage.

NOTE 45. — PAGE 432.

VERGIES. — ART. 8: *tel drois comme mon souverain.*

Souverain doit être pris ici dans le sens de *suzerain*. En effet, dans la pensée du seigneur de Vergies, cette expression s'applique au seigneur de Picquigny et non pas au roi, car Vergies relevant en pairie du Quesnoy - sur - Airaines, et Quesnoy - sur - Airaines relevant en pairie de Picquigny, il s'en suit que le vassal médiat a dans sa seigneurie, les mêmes droits de justice, nonseulement que le seigneur dominant, mais encore que le seigneur suzerain, ont chacun dans la sienne.

FIN DE LA QUATRIEME SÉRIE.

COUTUMES LOCALES.

CINQUIÈME SÉRIE.

PRÉVOTÉ DE SAINT-RIQUIER.

NOTICE

sur la

PRÉVÔTÉ DE SAINT-RIQUIER.

En 1214, Guillaume III comte de Ponthieu, combattit sous la bannière de France à Bovines. L'histoire raconte qu'il y fit des prodiges de valeur ; ce qui n'empêcha pas Philippe-Auguste de prononcer la confiscation de ses domaines sur Simon de Dammartin, lorsque celui-ci en recueillit l'héritage du chef de sa femme, Marie comtesse de Ponthieu. Pour avoir combattu contre son souverain, Simon méritait sans doute le châtiment des chevaliers félons ; mais Louis VIII, ne voulant pas que Marie à qui on n'avait point tenu compte des services de son père, fût rendue responsable des torts de son époux, lui restitua, en 1225, le comté de Ponthieu, moins les hommages de Saint-Riquier et de Doullens qui en furent détachés pour être réunis à la couronne.

Telle a été l'origine de la prévôté de Saint-Riquier qui comprenait, dans son ressort, tous les fiefs de cette ancienne châtellenie des comtes de Ponthieu.

Les coutumes de cette cinquième série présentent en général peu d'intérêt. La plupart ne concernent que des fiefs sans juridiction ni seigneurie, ou se bornent à relater des dispositions qui ne sont que la répétition fastidieuse de celles que renferment les coutumes générales du bailliage d'Amiens et de la sénéchaussée de Ponthieu. Nous avons donc retranché un assez grand nombre d'articles conformes au texte des coutumiers généraux, mais nous avons conservé avec un religieux respect toutes les dispositions qui nous ont paru y déroger. Nous mentionnerons surtout, comme méritant une attention toute particulière, les deux coutumes de Saint-Riquier, celles de La Ferté-lès-Saint-Riquier, de Brucamp, de Rambaucourt, de Drucat et quelques autres.

A *Longvillers*, la dame Claire de Beauvoir est patronne de l'église. Quand le curé vient à décéder, elle a le droit de lui désigner un successeur. A *Donqueur*, elle a aussi le patronage de la cure avec la moitié des oblations et menues dîmes et les deux tiers des grosses dîmes. Le même droit appartient aussi au seigneur de Francières sur les cures de *Neuville*, d'*Oneux*, de *Coulonvillers* et de *Bussu*.

A *Franqueville*, le droit de vente des héritages est de la moitié de l'estimation de la maison y compris la chambre et les combles, mais quand les héritages arrivent par succession à l'héritier il n'est dû aucun droit de relief. Le nom de *Franqueville* donné à cette commune serait-il une allusion à la franchise dont y jouissaient les héritages.

A *Brucamp*, lorsqu'une maison tenue en cotterie est vendue on a recours au même mode d'appréciation pour l'assiette du droit seigneurial ; mais la prisée ne porte que sur la charpente du comble de la maison, à partir des parnes qu'on estime comme bois à brûler. Lorsque le puits exige quelques réparations, elles se font à frais communs, et la dépense est répartie par les marguilliers de la paroisse, sur les manoirs et masures.

A *Rambaucourt*, la succession passe de plein droit à l'héritier ; mais il ne peut rentrer au domicile mortuaire, après la cérémonie de l'enterrement, qu'avec la permission et le congé du seigneur. S'il contrevient à cette défense, il est passible d'une amende de LX sols parisis.

La Ferté-lès-Saint-Riquier, était le chef-lieu d'une châtellenie très-importante. Le seigneur prenait le tiers des profits de la vicomté dans la ville même de St.-Riquier où il avait son vicomte, comme le roi et l'abbaye y avaient chacun le sien. Quelques-uns de ces droits lui avaient été rachetés par la commune de Saint-Riquier, d'autres, comme celui de la banalité du four, lui étaient contestés. Les sueurs, les tanneurs, et tous les métiers travaillant le cuir, lui payaient tous les ans, la veille de Noël, V deniers parisis pour *droit d'eau*.

L'abbaye de Saint-Riquier avait ses hommes liges qui étaient tenus au service de plaid de quinzaine en quinzaine, au service de roncin, et au service de la fête de Saint-Riquier toutes les fois qu'ils en étaient requis. Le service de roncin paraît être un usage dont la tradition remonte au IXe siècle. En effet, la chronique d'Hariulfe, dans le dénombrement des vassaux de l'abbaye vers l'an 814, donne les noms de tous les chevaliers attachés à ce monastère lesquels aux trois fêtes de Noël, de Pâques et de la Pentecôte composaient à l'abbé une suite presque royale. Dans la ville de Saint-Riquier il y avait une rue nommée *la rue des* 110 *milites*, parce que les habitans devaient entretenir, pour chacun de ces chevaliers, un cheval, un bouclier, une épée et une lance.—La fête de Saint-Riquier qui se célèbre le huit octobre durait trois jours. Plus tard, elle devint une foire qui attira aussi un grand concours de monde.—Un arrêt du parlement de 1312, juge, contrairement aux prétentions de la commune, que l'abbaye seule a droit aux profits de justice que procure la poursuite des délits commis pendant ces trois jours. Il ne serait donc pas impossible que le service de la fête de Saint-Riquier eût eu pour objet le jugement de ces sortes de délits, entraînant ainsi, pour les hommes-liges qui en étaient sommés, l'obligation d'un stage forcé à l'abbaye pendant ces trois jours de fête.

La ville, mairie et échevinage de Saint-Riquier avait aussi sa coutume particulière. D'abord, la commune énonce, comme un fait incontestable, sa possession du droit de haute justice; mais en matière criminelle, l'exécution de la sentence, si le délinquant est condamné à une peine corporelle, appartient à la justice des trois vicomtes qui sont tenus, chaque fois qu'ils sont renouvelés, de faire serment de respecter les priviléges de la commune et de ne jamais y porter atteinte en exerçant leurs offices.

L'histoire de l'abbaye de Saint-Riquier, aussi bien dans le développement de son pouvoir temporel que dans les points de contact de ce pouvoir avec celui de la commune, offre beaucoup d'analogie avec l'histoire de l'abbaye de Corbie. Si l'examen des faits qui sont particuliers à la première pouvait nous conduire à des inductions autres que celles que nous avons formulées dans la notice de la prévôté de Fouilloy, nous n'hésiterions pas à esquisser ici le tableau des institutions que la royale abbaye du Ponthieu a vues naître et s'éteindre successivement autour d'elle; mais plus nous avançons, plus nous sommes forcés de détourner notre attention des objets qui l'avaient captivée d'abord. Nous voyons incessamment surgir de nouvelles coutumes qui la sollicitent à leur tour. Dans le vaste panorama qui se déroule autour de nous, s'il y a des villes qui se recommandent par les priviléges et les libertés dont elles ont joui, il y a aussi des villages, des hameaux qui laissent voir les plaies et les cicatrices de l'esclavage auquel ils ont été si longtemps condamnés.

A *Drucat* petit village situé à peu de distance et dans la vallée de Saint-Riquier, il y avait aussi coutume locale, non pour constater les franchises des habitans, mais pour exprimer les obligations serviles auxquelles ils étaient tenus envers le seigneur. — Lorsqu'il passait la nuit dans son château, tous les habitans étaient obligés de battre l'eau des fossés pour empêcher les grenouilles de troubler son sommeil. — Lorsque quelqu'un parmi eux contractait mariage, on devait prendre sur le repas de nôces un plat de viande et un lot de boisson pour les présenter au seigneur, sinon et faute de ce faire, le seigneur avait droit d'exiger de la mariée le tribut de la première nuit.

L'insertion de ces deux dispositions dans la coutume de Drucat, n'a été l'objet d'aucune opposition ni réclamation de la part des habitants. Ils y acquiescèrent donc librement et spontanément, tandis que sur un point beaucoup moins important, *l'amende pour retard dans le paiement du cens*, ils ne se soumettent pas avec la même docilité. « Ils ont toujours, disent-ils, » si bien payé leurs cens que jamais, de mémoire d'homme, on n'a eu » occasion de leur appliquer l'amende. »

Ceci nous conduit naturellement à rechercher les causes qui ont pu donner naissance à ces prestations bizarres dont les titres et les monuments du moyen-âge nous fournissent de si nombreux exemples; mais, comme elles se lient à l'ensemble d'un système, nous croyons que l'esprit qui les a dictées ne peut être rendu manifeste que par la comparaison des redevances censuelles avec les prestations féodales : sujet vaste et fécond que nous ne pouvons essayer de traiter ici qu'à la condition de le restreindre dans ses plus étroites limites.

A. B.

THÉORIE

DES PRESTATIONS SEIGNEURIALES.

SOMMAIRE :

1. — De la nature du cens. Il a en vue, le travail ou la chose du servant.
2. — Service à la maison.
3. — Service aux champs.
4. — Service à la guerre.
5. — Des prestations. Elles consistent en fruits, en bestiaux, en habits et en meubles.
6. — Cens de fruits. Blé, avoine, cire, fleurs.
7. — Cens d'animaux. Poules, brebis, oisons, viande, poisson.
8. — Censives de vêtemens et de meubles.
9. — Cens dans les villes ; à Saint-Riquier, à Amiens.
10. — Les différents termes de paiement du cens sont en rapport avec les produits et les besoins des saisons.
11. — Le cens sert à distinguer la nature de la possession. — Fiefs de dignité.
12. — Fiefs non nobles, prestations bizarres.
13. — Du cens représentatif de la possession.
14. — Du cens recognitif ou seigneurial.
15. — Du cens personnel.
16. — Du *cerocensualis*.
17. — Du relief appelé *maritagium*.
18. — Du relief appelé *mortuarium*.

Le gouvernement féodal a été l'image du gouvernement de la famille. Les rapports de protection et de service qui s'établirent entre le seigneur et les sujets, furent la continuation des rapports de clientèle et de patronage qui avaient existé précédemment entre le chef et les membres de la tribu barbare ; et celle-ci n'était elle-même qu'une famille composée de plusieurs familles sorties de la même souche et réunies par un intérêt commun. Dans le chef de la tribu, comme dans le chef de la famille, se concentre toute l'autorité. Les hommes libres, comme les fils de famille, exercent, par délégation du chef auquel ils obéissent, chacun une portion de l'autorité qu'il leur transmet, et participent, chacun dans la sphère de son office, aux profits et aux avantages qu'il procure. Les serfs attachés au manse et les sujets attachés à la seigneurie contribuent, par le travail de leurs bras, à augmenter le bien-être de la tribu qui les nourrit, ou à accroître la prospérité de la seigneurie qui les protège. Les services de l'homme libre et les prestations du sujet s'enchaînent et se combinent de telle sorte qu'ils marquent et la hiérarchie des pouvoirs et la nature de la possession et l'état des personnes. La prestation censuelle, par cela même qu'elle est une tradition de la servitude, ne permet pas à celui qui la paie de prétendre jamais à l'état et aux prérogatives de la noblesse ; le seigneur peut alléger et même briser les chaînes de ses esclaves, mais l'affranchissement ne leur communique qu'une liberté qui meurt avec eux, et il reste toujours au front de leurs enfants quelque marque apparente, quelque signe extérieur de la tache originelle. Ce signe consiste dans une espèce de cens que le sujet paie au seigneur dans certaines circonstances solennelles, comme le mariage et la mort : *le mariage*, parce que celui qui le contracte va fonder une nouvelle famille ; *la mort*, parce qu'elle donne ouverture aux droits de mutation que le seigneur peut exiger, de sorte que le relief payé par l'héritier n'est pas seulement le rachat du domaine, il est aussi le rachat de la liberté que vient de délaisser l'affranchi auquel il succède.

I.

De la nature du cens.

1. Il y a deux manières d'envisager les prestations seigneuriales, ou par rapport à leur nature ou par rapport à leur signification.

Considérées *par rapport à leur nature*, elles se distinguent en *obligations de faire* et *obligations de donner*. Nous appelons les premières *services* et *corvées*, les secondes *reliefs* et *censives*. Les services et les corvées ont en vue le travail du servant, les reliefs et les censives le produit de ce travail.

Le travail embrasse dans ses trois grandes divisions le service à la maison, le service aux champs et le service à la guerre.

2. SERVICE A LA MAISON : Il comprend celui des hommes et celui des femmes. Dans l'antiquité, c'est aux femmes esclaves qu'étaient confiés les plus rudes travaux comme de moudre le blé, de cuire le pain, de laver le linge. Les hommes avaient soin des chevaux, préparaient le costume et l'armement du maître, forgeaient les outils, les instruments, construisaient les chars.

Le rôle de Corbie ne cite que deux femmes attachées l'une au jardin, l'autre à l'infirmerie de l'abbaye. Les autres services de la maison sont faits par des hommes au nombre de 15 dont 6 ont un emploi spécial et déterminé (1).

L'abolition de l'esclavage et plus tard l'affranchissement des serfs ayant fait cesser ce genre de service pour le remplacer par celui des domestiques à gages, il n'en est presque plus question dans les monuments postérieurs au XIII.ᵉ siècle (2).

3. SERVICE AUX CHAMPS : Il comprend les corvées d'hommes et de chevaux (angariæ et parangariæ) qui s'appliquent à l'agriculture. De perpétuels qu'ils étaient pour les esclaves, ces services sont devenus temporaires pour les serfs et les affranchis. Ou ils imposaient certains devoirs, ou ils obligeaient pour un certain temps. Le serf, en général, doit trois jours de la semaine à son maître, et les trois autres jours plus le dimanche lui appartiennent. Les sujets doivent seulement à leur seigneur quelques jours dans l'année et c'est le cas qui se présente le plus fréquemment dans nos coutumes.

A *Sus-Saint-Léger*, chaque charrue doit au mars une corvée à binoter les terres, une à gasquère, une aux couvraines ; un manouvrier doit trois corvées de bras par an, mais elles ne peuvent être exigées au mois d'août. Tous les sujets ayant chevaux sont tenus, deux fois l'an, à leurs dépens, mener six lieues loin tout ce qu'il plaît au seigneur leur faire mener (3). — A *Hérissart*, ceux qui labourent à trois ou à quatre chevaux doivent quatre corvées par an, deux en mars, deux en septembre ; tous les habitans qui n'ont point de chevaux doivent trois corvées de bras de 8 deniers chacune (4). — A *Bertangles*, chaque maison tenue en cotterie où il y a chevaux doit une

---

(1) Voir ci-dessus page 332, n.ᵒˢ 202, 203.

(2) D'après l'idée que nous nous faisons de la servitude antique, dit le savant Jacob Grimm, le travail devait être gratuit, car les esclaves faits à la guerre étaient entretenus aux dépens du maître qu'ils servaient, mais cela dût changer lorsque le temps eût adouci la condition des serfs et que des hommes libres se soumirent volontairement à faire un service auquel ils n'étaient point tenus. Il est vraisemblable qu'il y avait prix convenu, d'une part, lorsque des libres s'obligeaient à faire un travail déterminé, de l'autre, lorsque des serfs qui n'étaient tenus qu'à un service temporel, s'obligeaient pour le temps dont ils pouvaient disposer. Cela arrivait aussi quelquefois aux enfans mineurs et non établis issus de parents serfs. Le seigneur, quoiqu'il eût sur leurs personnes un droit incontestable, pouvait désirer qu'ils anticipassent sur l'époque où ils seraient obligés de lui consacrer leurs travaux et les occuper, pendant un certain temps, par l'espoir d'une modique rétribution. Les serfs attachés à la maison paraissent de très-bonne heure avoir eu la prétention de réclamer un salaire annuel. D'abord ce ne fut qu'un don volontaire que le maître payait soit à l'entrée soit à la sortie du service. Puis avec le temps ce qui n'était que facultatif devint obligatoire. Au moyen-âge la famille domestique était encore très-peu rétribuée. Le salaire était la nourriture, une chemise par an, un habit selon le sèxe et quelques pièces d'argent (Grimm D. R. A. p. 356. 6.)

(3) Voir cette coutume dans la 7.ᵉ série.

(4) Ibid.

corvée de V sols par cheval, à la Saint-Jean-Baptiste. — A *Ames*, en Artois, ceux qui doivent corvées aux religieux de l'abbaye de Corbie, sont tenus de les acquitter au tierch coup de la cloche du village. — A *Beauvoir-Rivière*, les habitans doivent chacun une corvée de 12 deniers au mois de mars ; et en outre ils sont obligés de couper les foins du seigneur. — A *Sombrin*, les tenans cottiers doivent trois corvées par an, par chaque manoir, tant de chevaux que de bras, à cause de quoy le seigneur leur est tenu payer un pagnon et un brignon pour leurs chevaux ; et sont tenus lesdits sujets venir de soleil levant et y estre jusqu'à soleil couchant (1).

Quand le service aux champs était fait par des serfs attachés à une métairie, ils travaillaient le plus ordinairement sous l'inspection d'un officier qui tenait sa charge en fief et qu'on nommait maïeur. Cet officier administrait les biens du seigneur et lui rendait compte de ses revenus. Les anciens rôles de cens expliquent avec détail les charges et les prérogatives de cet emploi (2). Le maïeur de Ham et de Montières était homme de bouche et de mains de l'évêque d'Amiens, et tenu au service de roncin et au service de plaid comme les autres vassaux. Il résidait à Ham ; quand le moment de la fenaison était arrivé, il sommait les corvéables pour *fener les près, à l'espardre et au lever* et il avait pour son salaire de chaque jour 6 deniers ; pour recevoir les cens du terme de Noël, son dîner et un chapon au soir. Pour convoquer la garde qui devait garder le bois de Montières, la nuit du premier mai, six deniers ; pour convoquer les hommes de garde le jour de Saint-Firmin, six deniers ; pour les cens d'avoine du terme de mars six deniers ; pour les corvées de blé qu'il faisait transporter à Amiens, six deniers ; pour chaque amende de deux sols six deniers, six deniers ; pour chaque borne qu'il fait placer deux deniers, pour chaque ajournement qu'il fait faire à la requête des habitants de Ham ou de Montières, 1 denier, et pour chaque pièce de terre ou maison qui sont vendues à Ham ou à Montières, une paire de gants. Par privilége, il doit moudre son grain, au moulin de l'évêque, immédiatement après le blé engrainé dans la trémie ; mais en retour de tous ces avantages, il est obligé de fournir un mets nommé *troite* composé de 200 œufs et d'une pièce de lard d'un pied carré qui sert à le faire frire et, avec cela, deux setiers de vin de qualité moyenne au cuisinier de l'évêque. Il a droit, ainsi que son sergent, de dîner à la table épiscopale le jour où il pré-

(1) Voir ces coutumes dans la 6.ᵉ et la 7.ᵉ série.
(2) Voir l'article *mairie* dans les Prolégomènes du Cartulaire de S. Père de Chartres, publié par M. Guérard, membre de l'Institut, art. 90, page CXVIII.

sente ce mets et aussitôt qu'il est cuit on en envoie un quartier à la mairesse, avec 1 pot de vin et deux pains (1).

Les corvées pouvaient avoir pour objet un service d'agrément et purement voluptuaire, comme d'aider le seigneur dans le divertissement de la pêche au flambeau, de traquer les bêtes fauves et de rabattre le gibier lorsqu'il voulait se livrer au plaisir de la chasse, ou enfin de battre les étangs pour empêcher que son sommeil ne fût troublé par le chant des grenouilles. « Les » habitans de la campagne auprès de Rue et de Saint-Valery, dit M. Louan- » dre, étaient tenus de contribuer à une grande chasse aux canards et autres » oiseaux aquatiques. Cette chasse avait lieu sur tous les étangs du pays, » au mois de juillet, lorsque ces oiseaux ont des jeunes et que, par l'effet » de la mue, ils prennent difficilement leur vol. Les paysans nus et ran- » gés sur la même ligne, entraient dans l'eau, la frappaient avec des bâ- » tons et forçaient le gibier de fuir et, s'avançant toujours à travers les ro- » seaux, le poussaient jusque dans les filets que l'on avait tendus de dis- » tance en distance (2). » — Les habitants de Drucat, quand le seigneur y séjournait, étaient obligés de battre l'eau des fossés du château, pour empê- cher que les raines et grenouilles ne lui fissent noise (3). — Les habitans de Roubaix auprès de Lille étaient astreints au même devoir, et en outre, un certain jour dans l'année, ils étaient tenus de venir faire la moue, le visage tourné vers les fenêtres du château (4).

4. SERVICE A LA GUERRE : Dans l'antiquité, les esclaves étaient incapables de porter les armes, mais ils étaient attachés aux équipages pour soigner les blessés et enterrer les morts. Au moyen âge, les sujets font une sorte de service militaire, ils veillent et font le guet sur les remparts de la forteresse, ou ils aident à curer les fossés, à les approfondir ou bien à transporter les bagages du seigneur. — Les habitans de Beauvoir-Rivière doivent guet et garde au chasteau dudit lieu en temps de guerre et de doubte (5). — Le seigneur de Mézerolles a droit de contraindre les habitans à faire le guet au chas- teau et à travailler aux fortifications en temps de guerre et de péril émi- nent (imminent) (6). — A Averdoing, le seigneur, toutes les fois que le prince son seigneur naturel va en guerre politique contre les ennemis de ses pays, a droit de contraindre tous ses hommes tant féodaux que cottiers d'Aver-

(1) Rôle de l'évêché d'Amiens, Ms. en par- chemin de 1302. Voir ci-dessus page 343.
(2) Hist. d'Abbeville et de Ponthieu, 1844, page 401.
(3) Coutume de Drucat dans cette 5.e série.
(4) Michelet, Orig. du Droit, page 253.
(5) Voir la 6.e série.
(6) Ibid.

doing, de Ligny et des ressorts qui tiennent de lui, de lui livrer un bon et suffisant car enharnaché de 4 chevaux et de deux varletz pour mener ses harnas et provisions en la compagnie de son seigneur naturel tant et si longuement que la guerre dure, et tout ce doivent faire à leurs despens (1).

Les personnes engagées dans les liens du vasselage dont l'obligation principale était le service à la guerre participaient aussi aux travaux des champs et de la maison pour les diriger. Ainsi, outre les maïeurs qui avaient l'inspection des villas, *les camériers, les sénéchaux, les boutilliers, les maréchaux*, se partageaient celle des travaux de l'intérieur.

5. Les prestations seigneuriales qui ont en vue la chose du servant se nomment censives. Chez les peuples d'outre-Rhin, elles consistaient, comme nous l'apprenons par le témoignage de Tacite, en fruits, en bestiaux et en habits : *frumenti modum dominus, aut pecoris aut vestis, ut colono injungit*, (2) ce qui fait dire à Grimm, que la servitude chez les Germains ressemblait plus au colonat qu'à l'esclavage chez les Romains (3).

Cette classification du cens peut s'appliquer aussi à l'ensemble des droits coutumiers qui marquèrent les rapports des sujets avec les seigneurs. Seulement on doit y ajouter le cens en argent qui est venu beaucoup plus tard et qui a fini par remplacer tous les autres.

6. Cens de fruits : Les plus usités sont le blé, l'avoine, le vin, la bière, la cire ; le blé se paie en gerbe ou en grain. Dans le premier cas, la censive s'appelle *champart* ou *terrage* et le terme d'exigibilité est l'époque même de la récolte ; dans le second cas, elle s'appelle *rente* et elle paie à l'époque de l'ensemencement des terres, c'est-à-dire, à la Saint-Remi. Par la même raison la rente en avoine se paie au mois de mars, c'est-à-dire au terme de Pâques ; quelquefois au lieu de se payer en blé, la rente se paie en farine, en pains, en gâteaux, en oublies, et dans ce cas elle a presque toujours une forme particulière ou un poids déterminé. Certains paysans de la Souabe étaient obligés de payer, à titre de redevance, un pain de grandeur telle qu'un homme assis le mettant sur son pied, il lui passe le genou, et de telle grosseur qu'on puisse en couper le pain du matin pour le berger (4). — Le tenancier d'un fief situé à Saint-Léger, près Domart-en-Ponthieu, devait au seigneur un miroir, une garniture de soie de la longueur d'une aune de Paris, un balai et une *fouache* (espèce de gâteau) le tout

---

(1) Voir cette coutume dans la 8.ᵉ série.
(2) De Mor. Germ. 25.

(3) *Sie sind in rœmischem sinn weniger servi als coloni*. Grimm. D. R. A. page 350.
(4) Grimm. D. R. A. page 103.

payable le jour du gai de Saint-Léger (1). Dans d'autres circonstances, lorsque la prestation est en blé ou en vin, on indique l'usage auquel elle sera employée. — Ainsi Jean comte de Ponthieu, en 1183, transporte à titre d'aumône à l'abbaye de Valoires, la rente d'un setier et demi de vin à prendre sur la vicomté de Rue pour la célébration de la messe, *ad sacrificii domini opus*, et la rente de trois setiers de froment à prendre sur la même vicomté pour faire des hosties : *ad hostias faciendas* (2). La cire quelquefois était payée en nature, le plus souvent sous la forme d'un cierge qu'on présentait à quelque église ou à quelque communauté religieuse. — Par une charte du mois de janvier 1255 (1256) la comtesse de Ponthieu, concède des droits d'usage dans les marais de Pont-Remy, au seigneur de Dun et à ses hommes, à la condition que chacun des usagers lui paiera tous les ans, au terme de Saint-Remi, *une livre de cire* au lieu de la redevance en avoine qu'ils payaient précédemment (3). — Les seigneurs de Boves, de Picquigny et de Poix, comme vassaux de l'évêque d'Amiens, tous les ans, le jour de la fête de Saint-Firmin-le-Martyr, présentaient à la messe, chacun un cierge du poids de 50 livres orné de l'écusson de leurs armoiries (4). Le jour de St.-Lieffait, le prieur de Ray devait donner à dîner au seigneur de Labroie et à ses hommes-liges et, après le dîner, leur présenter à chacun une poignée de chandelles de cire (5). Les fleurs figurent aussi parmi les prestations du terme de la Saint-Jean-Baptiste. Dans la pairie de Labroye différentes terres aux champs doivent 12 chapeaux de roses vermeilles et 12 chapeaux de pervenche (6). — Plusieurs habitans de Pont-Remy, en 1372, devaient, au terme de la St.-Jean, des chapeaux de roses pour leurs maisons et manoirs (7).

7. Censives d'animaux : Nous ne parlerons ici que des prestations de poules, de brebis et d'oisons, car les tributs en chevaux, en vaches et en porcs que les rois de la première et de la deuxième race exigeaient des ennemis qu'ils avaient vaincus, n'ont rien de commun avec l'objet qui nous occupe.

---

(1) Archives de la cour royale d'Amiens, Déclarations pour le ban et arrière-ban de 1620, *Dénombrement de Saint-Léger*.

(2) Archives du département de la Somme. — Cartul. de Valoires, p. 33. n.° 91. — p. 400. n.° 321.

(3) Quilibet hominum... nobis et heredibus nostris tenetur de unâ librâ cere, in festo beati Remigii, quolibet anno, persolvenda ; et illos... qui nobis pro dictis pascuis in avenâ tenebantur, de dictâ avenâ quitavimus. (Archives du royaume, Chartrier du Ponthieu, *Lettre de Jeanne, reine de Costille et de Léon aux habitants de Dun*, du mois de janvier 1225).

(4) Voir ci-dessus page 234 note 3. — Dusevel, Lettres sur le département de la Somme, 1840, page 442. § final.

(5) Louandre. Hist. d'Abbeville, 1844. p. 410.

(6) Ibid. page 409.

(7) Dénombrement du Pont-Remy. 1372.

D'ailleurs il en sera question quand nous traiterons du *mortuarium* ou *droit de meilleur catel*.

La censive de poules, de poulets et de chapons, est la plus commune de toutes, car elle est dûe par toute maison tenue en cotterie où l'on fait feu vif. De-là vient qu'on disait *poule de fumée* pour exprimer la poule de cens (1). A cette occasion qu'il nous soit permis de citer un droit fort singulier que le seigneur de Vaux-en-Amiénois, avait comme propriétaire d'une rente de champart inféodée sur les terres de Savières appartenant à l'abbaye de Saint-Jean d'Amiens. Tous les ans, aux fêtes de Pâques, le représentant de l'abbaye audit lieu de Savières, est obligé de faire apprêter un dîner confortable pour l'abbé et d'y inviter le seigneur de Vaux. Celui-ci s'y rend avec tout son train. Après le repas, le fermier ou l'intendant de Savières rassemble toute la volaille de la basse-cour, dans un lieu convenable, en lui jetant du grain par trois fois. Cela fait, le seigneur de Vaux reçoit de sa main un bâton long de deux pieds et demi et pesant une livre et demie et il le lance par trois fois au milieu de la volaille ainsi rassemblée avec le grain qu'on lui jette dans l'intervalle de chaque coup. Tout ce qu'il tue ou blesse en procédant ainsi lui appartient et il le peut emporter où bon lui semble (2).

La censive de brebis est due au seigneur haut ou moyen justicier pour droit de pâturage sur ses terres. Elle se nomme *mort herbage* quand elle se paie en argent et *vif herbage* quand elle est due en nature. D'après la coutume générale du bailliage d'Amiens, tout individu domicilié sur ténement non privilégié qui a chez lui moins de dix bêtes à laine, la veille de Noël, doit une obole parisis par bête pour droit de *mort herbage* ; celui qui a plus de dix bêtes à laine à la même époque doit, pour droit de *vif herbage*, une bête vive que le seigneur choisit après que le propriétaire du troupeau en a mis une à l'écart : *après une tournée à la vergue*, disent les coutumes de la Rosière, de Saint-Acheul-les-Montigny et de Willencourt (3); dans quelques villages de l'Artois, on payait indistinctement un agneau ou un oison. — Le prieur de la Beuvrière près Béthune, a droit d'oysons et d'agneaux sur les manans qui ont jusqu'au nombre de 5 oysons ou agneaux,

---

(1) Jedes haus des Rheingaues, voraus der rauch gehet, gib unsern herrn jahrlich ein hun. (Grimm D. R. A. page 375.)

(2) Reconnaissance notariée du 15 octobre 1514, communiquée à la Soc. des Antiq. de Picardie par M. Bazot, notaire à Amiens, dépositaire de la minute. — Voir Bull. de la Soc. des Antiq. de Picardie, tom. 1.er pages 147 et 148.

(3) Voir ces coutumes dans la 6.e série.

c'est-à-dire, le droit de prendre un oyson ou un agnel ; et quant bien même il y en aurait un plus grand nombre, le prieur n'a droit de prendre que l'un des deux et acquitte l'oyson l'agnel et l'agnel l'oyson (1).

VIANDE : Le rôle de l'évêché d'Amiens, la coutume locale de Tours et Cauroy en Vimeu et les weisthumer de l'Allemagne, prouvent que, lorsqu'un animal était tué pour les besoins de la maison, il était d'usage d'en offrir une partie au seigneur (2). Le village de Saint-Josse-sur-Mer, devait tous les ans au comte de Ponthieu, le jour de la fête patronale, une vache écorchée et, si la fête tombait un jour où l'usage des viandes n'était pas permis, un cent d'œufs et une livre de poivre (3).

POISSON : Quoiqu'on ne puisse considérer que comme un fait purement accidentel la prestation du plat de poisson que les seigneurs d'Averdoing et de Neuville-Coppegueule avaient droit de prélever sur les chasse-marées qui traversaient leurs seigneuries (4), il n'en est pas moins vrai que le poisson de mer était aussi payé à titre de censive, dans les lieux où les habitans n'avaient pas d'autre industrie que la pêche. Ainsi la coutume de Bercq-sur-Mer attribue au seigneur tous les esturgeons pêchés à la mer, moyennant cinq sols de grâce aux mariniers qui les ont pris (5). Les censives en poisson d'eau douce étaient principalement exigées des fermiers et des tenanciers des moulins situés sur les cours d'eau. Par une charte de 1144, confirmative des donations faites à l'abbaye de Saint-Jean d'Amiens, Garin évêque, rappelle le droit de pêche que Gilles de Soues a concédé à cette abbaye sur la rivière de Selle, depuis Pont-de-Metz jusqu'à la Somme, à la charge de lui payer un cens de trois sols et trois cents anguilles : *sub trecensu trium solidorum et trecentum anguillarum* (6). La même abbaye, pour le moulin de Renancourt qu'elle tenait par concession de l'abbaye de St.-Fuscien, devait au seigneur de Renancourt, une corvée de charrue au mois de mars, 20 rasières d'avoine et 200 anguilles payables le premier dimanche après la quadragésime, y compris 10 rasières d'avoine et 100 anguilles dues par le meunier (7).

8. CENSIVES DE VÊTEMENS ET DE MEUBLES : Celles-ci se confondent assez souvent avec les prestations féodales surtout quand elles sont payées en reconnaissance de la haute seigneurie. Lorsque les seigneurs d'Encre, de Boves,

---

(1) Voir la 7.e série.
(2) Voir page 443, note 3.
(3) Louandre. Hist. d'Abbeville, page 399.
(4) Voir page 441, note 30.
(5) Voir cette coutume dans la 8.e série.

(6) Cartul. de St.-Jean d'Amiens, Ms. en parchemin du XIVe siècle, appartenant à M. le docteur Rigollot, page 55.
(7) Ibid. page 149.

de Picquigny et les autres pairs de l'abbaye de Corbie, font hommage à l'abbé, ils doivent laisser *leur manteau* au chambellan ; et Jean Vacca comme *famulus* de la même abbaye doit tous les ans, à l'abbé, *deux couteaux* la veille de Noël. Les anciens aveux et dénombrements témoignent que les prestations de *gants*, d'*aiguillettes*, de *chausses*, de *peignes*, de *verres* étaient aussi souvent payées par des possesseurs de fiefs que par des censitaires. L'abbaye de S. Père de Chartres payait tous les ans au seigneur de Ferrières une paire de bottes : *unas bottas singulis annis* (1). Le curé de Saint-Léger-lès-Domart, à cause de son presbytère, devait tous les ans *une flèche d'osier ornée des deux bouts* pour tirer le jour du gai de Saint-Léger, et la présenter avant midi, sous peine de 7 sols 6 deniers d'amende (2). Dans la seigneurie du Pont-Remy, la veillée des chevaliers, à la Saint-Jean-Baptiste et à la Saint-Pierre, était signalée par la prestation d'un certain nombre de verres que des habitans de cette commune payaient à titre de cens, l'un pour sa maison, un autre pour des terres à labour (3). Le droit de *queue à court* imposait aux censitaires l'obligation de fournir à leur seigneur des matelas, des traversins et des couvertures pour coucher les nobles hôtes qu'il hébergeait dans son château. — Par la coutume d'Etréjus, *queue à court est entendu lit à plume traversin, couverture* (4). — A Beauvoir-Rivière, ce droit est tel que les habitans quand le seigneur fait assemblée pour sa seigneurie garder ou lui vient noblesse en son chasteau, doivent trouver de chascun ménage *queuste, traversin de lit* et *couvertures*, après qu'ils en sont sommés, sur peine de LX sols parisis d'amende. — A Sus-Saint-Léger, si nobles chevaliers gisent en la maison et hostel seigneurial, les sujets doivent livrer autant de *lits* qu'il y aura de chevaliers logés, mais le seigneur ne les pœult garder plus d'une nuit (5).

(1) Cart. de S. Père de Chartres, par M. Guérard. Prolégom. n.º 131.

(2) Archives de la cour royale, *Convocation du ban et arrière-ban*, Ms. déjà cité.

(3) Che sont li voirre qu'on doit, tant au terme de le Saint-Jean-Baptiste comme à le Saint-Pierre, quant chevaliers veillent.

Thumas le Peskeur doit ij voirres pour ij journeus de terre.

Item, Bernart Davy et Jacquemart Quatremère i voirre pour cinq quartiers de terre.

Item, Jehanne le Clergesse pour se maison, i *voirre à viage* (?)

Item, Jehan le Joule i voirre.

Item, Jehan de Paris i voirre à viage.

Item, Mahieu Corain i voirre à viage.

Item, Jehan Masse ij *voirres à vie* (?) pour se maison leur *et ce à viage*.

Item, le femme Thumas le Marecbal i voirre à vie.

Item, Henri de le Crois et se femme i voirre à viage.

(Dénombrement de la terre de Pont-Remy, de 1372, beau Ms. en parchemin, appartenant à M. le comte du Maisniel de Liercourt.)

(4) Voir la coutume d'Etruiseulx, art. 7 p. 391.

(5) Voir la 6.º et la 7.º série.

9. Dans les villes, pour une raison qu'il est facile de deviner, les censives portaient plus spécialement sur le vin et les objets du commerce et de l'industrie des habitans que sur les fruits de la terre et les animaux domestiques. Lorsque la ville de Saint-Riquier, parvenue à l'apogée de sa splendeur, comptait 2500 manses de séculiers, chaque manse payait 12 deniers, 3 setiers de froment, de fèves et d'avoine, 4 poulets et 30 œufs; quatre moulins devaient 600 muids de grain mêlé, 8 porcs, 12 vaches ; 13 fours produisaient par an, chacun 10 sols d'or, 300 pains, 30 gâteaux dans le temps des litanies (1). Mais aussi à cette époque où Saint-Riquier distinguait le nom de ses rues par celui des professions, la censive payée par chacune d'elles se rapporte aux habitudes et aux produits de chaque état. *La rue des marchands* payait tous les ans une pièce de tapisserie de la valeur de 100 sols d'or ; *la rue des ouvriers en fer* fournissait tous les ferremens nécessaires à l'abbaye ; *la rue des fabricans de boucliers* était chargée de la couverture des livres, de les coudre et de les relier, travail évalué 30 sols d'or ; *la rue des selliers* procurait des selles à l'abbé et aux frères ; *la rue des boulangers* délivrait 100 pains toutes les semaines ; *la rue des écuyers* était exempte de toute charge ; *la rue des cordonniers* munissait de souliers les valets et les cuisiniers de l'abbaye ; *la rue des bouchers* était taxée chaque année à 15 setiers de graisse ; *la rue des foulons* confectionnait les sommiers de laine pour les moines ; *la rue des pelletiers*, les peaux qui leur étaient nécessaires ; *la rue des vignerons* donnait par semaine 16 setiers de vin et 1 setier d'huile ; *la rue des taverniers* 30 setiers de bière par jour ; enfin *la rue des 110 milites* devait entretenir, pour chacun d'eux, un cheval, un bouclier, une épée, une lance et les autres armes (2).

A ce tableau des censives de l'abbaye de St.-Riquier, au commencement du IX.ᵉ siècle, joignons celui des censives que l'évêque d'Amiens percevait dans cette ville, au commencement du XIV.ᵉ siècle. L'analogie est des plus frappantes. *La corporation des pelletiers* doit tous les ans offrir, le jour de la Saint-Martin d'hiver, pour les besoins du gardien de la maison épiscopale, un manteau de laine d'agneaux assez long pour lui descendre jusqu'aux pieds; *la corporation des peintres* présente à l'évêque un bouclier peint toutes les fois qu'il est mandé à l'armée du roi ; *la corporation des tanneurs*, dans la même circonstance, doitdélivrer au prélat deux paires d'outres assez grandes pour contenir l'une un muid de vin et l'autre 34 setiers ; *la corporation des*

---

(1) Châteaubriant. Etudes historiques, tome 3, p. 59. — Annales ord. S. Bened. tom. 2. p. 332.   (2) Ibid.

bouchers fournit la meilleure qualité de graisse pour préparer et entretenir lesdites outres ; *la corporation des ouvriers en fer*, lorsque l'évêque va à l'armée du roi, lui procure une hâche et tout l'outillage nécessaire pour dresser ses tentes et pavillons, et en outre tous les clous qu'exige l'entretien de la grande salle du palais épiscopal ; *les moulins du Hocquet* valent annuellement 20 muids de blé, moins 2 setiers pour frais de transport ; les tenanciers de ces mêmes moulins doivent tous les ans, au jour de l'Ascension et au jour de la Pentecôte, conduire à la maison épiscopale 4 ânes chargés de verte pervenche, et le jour de Saint-Firmin-le-Martyr, le jour de Noël, le jour du Jeudi-Saint, offrir à l'évêque 36 gâteaux blancs (*vastellos albos*) du prix d'un denier chacun, et le jour des Cendres, 50 anguilles et 50 bordelles du prix de 29 sols environ ; l'évêque perçoit sur chaque brasserie, dans la ville d'Amiens, qui n'est point établie sur lieu franc et privilégié, 22 setiers d'avoine pour droit de torellage, évalué à 10 muids par année, et il a droit de prendre, dans chaque brasserie, toutes les semaines, un setier de boisson telle qu'elle s'y trouve, soit gondalle, soit cervoise (1).

10. Il est donc de la nature du cens d'affecter chacun des fruits naturels et civils qui sont le résultat du travail de l'homme, et de réserver au seigneur une part dans tout ce que le sujet possède, récolte et produit. Le cens se divise en plusieurs termes d'exigibilité selon le besoin des saisons. Ainsi, le terme de la Saint-Remi, pour les rentes en blé, le terme de Pâques, pour les rentes en avoine, ont en vue l'un et l'autre l'ensemencement des terres. Les cens de poulets et de chapons se paient au terme de Noël, par la même raison que les cens en œufs et en poissons sont exigibles aux approches du Carême. Enfin les chapeaux ou couronnes de roses du terme de la Saint-Jean-Baptiste sont le tribut solsticial, symbole des promesses de l'avenir, qui prélude par des fleurs aux tributs de la saison des fruits.

II.

De la signification du cens.

11. Toute prestation seigneuriale a une signification particulière qui se rapporte, par une allusion plus ou moins directe, ou à la nature de la possession ou à la condition du possesseur.

(1) Rôle de l'évêché, Ms. déjà cité.

Elle se rapporte à la nature de la possession, pour distinguer la tenure en fief de la tenure à cens; et elle indique, par certains symboles faciles à reconnaître, les différents degrés de la hiérarchie féodale.

Et d'abord, au sommet de l'échelle, sont les fiefs de dignité dont la noblesse ressort moins des devoirs et des prestations du feudataire que des devoirs et des prestations des vassaux et des sujets qui lui sont subordonnés. Tel fut, tel était encore, au commencement du xiii.e siècle, le comté de Corbie qui avait pour premiers vassaux les seigneurs d'Encre, de Picquigny, de Boves, et pour derniers feudataires les chasseurs de grenouilles de Thennes, de Naours et de Maisnières. En général, le service auprès de la personne du seigneur est un des traits caractéristiques de la noblesse de la seigneurie. Comme l'abbé de Corbie, l'évêque d'Amiens avait une cour et des hommes liges qui lui rendaient les devoirs du vasselage. — Le sire Gilles de Poulainville, lorsque l'évêque était mandé à l'armée du roi, était tenu de l'y accompagner, et lorsque le prélat ne pouvait s'y rendre en personne, il était le seul vassal qui pût être désigné pour le remplacer. Tous les cuirs des chevaux de l'évêque et de ses gens lui appartenaient, en quelqu'endroit que ces chevaux mourussent. Les devoirs de sa charge consistaient à servir l'évêque à table dans certaines occasions solennelles. Au retour du sacre d'un nouvel évêque, il avait pour lui la coupe dans laquelle avait bu le prélat (1).

L'abbé de Saint-Saulve de Montreuil, le jour de son élection, était servi à table par le tenancier d'un fief relevant de la seigneurie de Maintenai qui avait pour son droit le hanap dans lequel buvait le nouvel élu (2).

On dirait que ce cérémonial a été emprunté à l'Allemagne, car les évêques y avaient des officiers de cour jouissant de priviléges tout-à-fait analogues. Le jour de l'élection de l'évêque d'Eichstadt, le maréchal héréditaire chevauche avec lui jusqu'à la pierre des fiefs, et lorsqu'il s'arrête lui tient l'étrier pour l'aider à descendre du cheval sur lequel il monte à son tour, car désormais ce cheval lui appartient.... de même lorsqu'il voyage à la suite de l'évêque, tout cheval épuisé doit lui être abandonné, et de tout cheval qui meurt, il a la selle, la bride et la peau (3).

(1) Et si doit avoir me sires Gilles les cuirs de tous les chevaus monseigneur le veske et de se gent, en quelque lieu que ils muirent. Et si doit avoir me sires Gilles, toutes les fois que il a nouvel évêque à Amiens, la coupe ou hanap à coi il boit, quand il revient de son sacre. (Rôle de l'évêché, Ms. déjà cité).

(2) Louandre, *ut suprà*. tome 1.er page 410.

(3) Wenn ein bischof erwæhlet wird, muss ein erbmarschall mit ihme einreiten zum lehenstein, da ein herr abstehet, und soll dem bischof den siegreif halten, und soll das pferd, so der bischof geritten, sitzen, das ist alsdenn sein..... Item die pferd so man abreitet, die soll man

Il est évident qu'ici le service ne peut avoir aucune signification par rapport au vassal, mais qu'il en a beaucoup par rapport au suzerain. Il en était de même du droit de prendre un plat de poisson sur les chasse-marées. Ce droit, dit la coutume d'Averdoing, est dû au seigneur *à cause de la noblesse de sa seigneurie*.

12. Nous ne répéterons pas ce que nous avons dit plus haut (1) touchant la distinction des fiefs nobles et non nobles qui résulte de l'importance du relief et de la prestation du vassal. Seulement, nous citerons quelques exemples des services bizarres qu'on exigeait pour certains fiefs non nobles, et nous espérons que, de l'ensemble de ces exemples, ressortira une explication satisfaisante des usages qu'ils constatent.

C'est bien à des hommes libres, le rôle de Corbie en fait foi, qu'était confié l'office de chasseurs de grenouilles, genre de fonctions qui paraît avoir été d'un usage général en Europe, puisque, comme le rapporte Menochius, il y avait aussi en Lombardie des hommes *quorum munus erat, quod est risu dignum, in imponendo silentium ranis* (2).

Le fief étant toujours concédé à la charge d'un service, ce service devait être en rapport avec l'état et la condition du feudataire. Relativement au servant noble, la prestation avait toujours plus ou moins trait à la profession des armes et aux habitudes guerrières des barons féodaux (3). Relativement aux servans non nobles, elle se diversifiait à l'infini et, pour ainsi dire, selon le caprice de celui qui accordait l'inféodation. S'il ne trouvait point d'office dans sa maison auquel il pût attacher le nouveau vassal, il en créait un tout exprès, et faisait consister le service dans une prestation puérile, bouffonne et quelquefois même tout-à-fait dérisoire. — Celui-ci est obligé de conduire au château de son seigneur un serin placé sur une voiture attelée de 4 chevaux (4). — Celui-là, quand le roi passe à Tuyose, est tenu de l'accompagner jusqu'à un arbre indiqué, et là il doit y avoir une charrette chargée de fagots, attelée de deux vaches sans queues, à laquelle on met le feu pour la laisser brûler jusqu'à ce que les vaches puissent s'échapper (5). — A Picquigny, une tenure à cens est érigée en franc-fief à la condition que le tenancier fera peindre tous les ans la pierre sur laquelle on pose la châsse de St.-Martin, le jour de l'Ascension, et qu'il y placera 24 verges pelées pour les chevaliers

---

den marschall geben, welche aber sterben, so sind sœttel, zaum und haut sein. (Grimm D. A. R. p. 277).

(1) Page 240.

(2) Grimm. D. R. A. p. 356.
(3) Voir ci-dessus page 243.
(4) Michelet, *ut suprà*, page 250.
(5) Ibid.

qui assisteront à la procession (1). Toutes ces prestations ne sont ni des redevances utiles ni des services féodaux. Elles marquent seulement la relation du vassal avec le suzerain. Leur retour périodique d'année en année, est un moyen d'empêcher le propriétaire de dénaturer le titre de sa possession, et le fait qu'il accomplit, par son étrangeté même, se grave dans la mémoire des personnes dont on pourrait avoir besoin d'invoquer le témoignage, mieux que si l'on confiait à leur souvenir un fait d'une nature moins extraordinaire.

13. Le cens offre un double caractère. Ou il est représentatif de la possession, ou il est recognitif de la seigneurie. Le cens représentatif de la possession diffère peu de la rente foncière. Comme celle-ci, il constitue un véritable revenu. Le cens recognitif a cela de particulier qu'il consiste toujours en une prestation modique qui n'est pas en rapport avec la valeur de l'objet auquel il s'applique. Le premier est dû au propriétaire abstraction faite de la seigneurie, le second est dû au seigneur abstraction faite de la propriété. Le premier peut se détacher du domaine et s'inféoder comme le domaine lui-même; le second ne peut jamais être séparé de la seigneurie.

14. Le cens seigneurial, le seul dont nous ayons à nous occuper ici, varie selon les différents degrés de la justice. Celui qui n'a que la *justice foncière* ne peut prétendre qu'aux censives de grains et de plumes, parce qu'il n'a que la propriété sans la seigneurie. Celui qui a *la moyenne justice* peut exiger les prestations recognitives de la seigneurie vicomtière, telles que les droits de *mort et vif herbage*, d'*acquit*, de *tonlieu* pour la vente des marchandises, de *forage* pour la vente du vin en détail et, en un mot, toutes les censives qu'implique le droit de police sur les frocs et flégards. Celui qui a *la haute justice* réunit tous les droits honorifiques de la seigneurie et tous les droits utiles du domaine. Il peut exiger de ses sujets quelquefois même des sujets de ses propres vassaux, des prestations censuelles d'une nature toute particulière auxquelles ne peuvent prétendre ni *le bas*, ni *le moyen justicier*. Telles sont les corvées d'hommes et de chevaux, de queute à court, de guet et garde au château, en temps de guerre; enfin celui qui a le fief de dignité, jouit aussi, par privilége, de certaines prestations voluptuaires, telles que le droit de prendre un plat de poisson sur les chasse-marées, le droit de faire battre l'eau des étangs pour imposer silence aux grenouilles, le droit que s'arrogeait le seigneur de Pacé de faire travailler les chaudronniers qui passaient et de prendre aux marchands de verres le plus beau verre, en leur donnant chopine (2).

(1) Voir ci-dessus page 215, § final.   (2) Michelet, Orig. du Droit français, p. 250.

Ces deux dernières prestations paraîtront peut-être se rapporter autant à la condition des personnes qu'à la nature de la seigneurie. Elles étaient assez humiliantes pour faire croire que ceux à qui elles étaient imposées les accomplissaient en signe de leur ancienne servitude : *in signum præteritæ servitutis.*

15. Néanmoins aucune prestation ne dénote mieux l'origine servile du censitaire que la prestation en argent, c'est-à-dire le cens personnel, *census pro capite.* — *Sers de la teste rendant quatre deniers* dit Charlemagne à son vassal Ogier dans un vieux poème français (1). On appelait *caputici*, dit M. Guérard, les personnes soumises à cette espèce de tribut qu'on nommait *chevage, capage* (2). Une ancienne coutume de Corbie fait voir que, dans cette ville, vers le milieu du xiv.ᵉ siècle, chaque sujet payait à l'église de Corbie *deux deniers parisis de son kief; et apele on icelle condicion en nom vulgal caveliche pour ce qu'il est paié par le kief* (3). Les villes constituées en commune, assez souvent, étaient exemptes du cens personnel. La charte de commune de Saint-Omer, de 1127, déclare tous les bourgeois de cette ville affranchis de la capitation : *liberos a cavagio, hoc est, capitali censu* (4).

Le cens personnel, dès les temps les plus reculés, paraît avoir été une prestation en argent, et cela probablement parce que l'argent représentait l'indemnité du travail dont le maître se privait par l'affranchissement de son esclave. Ainsi l'affranchissement, d'après les lois salique et ripuaire (5) consistait dans le jet du denier, c'est-à-dire, dans l'action de faire sauter une pièce de monnaie de la main de l'esclave que le maître voulait rendre à la liberté (6).

On voit dans la vie de Saint-Eloi par Saint-Ouen, que l'évêque de Noyon achetait des captifs et les affranchissait, en présence du roi, par le jet du denier : *jactatis ante eum* (regem) *denariis, cartas eis tribuebat* (7).

Dans la Frise, le cens personnel s'appelait le cens du *bouclier sonnant*, à

---

(1) Grimm. D. R. A. p. 382.

(2) En 1107, Gosselin de Leves ayant fait don de deux serfs, le mari et la femme, à l'église S. Père de Chartres, ceux-ci déposèrent sur l'autel le cens par eux dû pour leur tête: *censum proprii capitis.* (Prolégom. du Cart. de S. Père de Chartres, t. 1.ᵉʳ, p. XLIX).

(3) Voir ci-dessus, page 387, art. 27.

(4) Mém. de la Soc. des Antiq. de la Morinie tom. iv, *pièces justific.* p. 3.

(5) Lex salica 30. 13. — Lex ripuar 57, 1. — 62, 1.

(6) Illustris vir ille servum suum, per manum illius, jactante denario secundum legem salicam, dimisit ingenuum (Marculf. lib. 1. form. 12). Servum juris nostri nomine Albertum, astantem in conspectu nostro... manu propriâ, a manu ejus excutientes denarium, secundum legem salicam, liberum fecimus, atque ab omni servitutis vinculo absolvimus (Du Cange, tom. 4, p. 470, ann. 888).

(7) Audoenus, vita Eligii 1, 10.

cause de la formalité bizarre qui en accompagnait la recette. On construit, dit Saxo Grammaticus, (livre 8 p. 167) un édifice de 240 pieds de long, divisé en douze compartiments de 20 pieds chacun ; le receveur se place dans la partie supérieure de l'édifice. Au bas on met un bouclier dans le creux duquel chacun vient jeter sa pièce de monnaie. Si elle rend un son clair et tel que le receveur puisse l'entendre distinctement, elle compte pour le cens, sinon il faut en jeter une autre (1).

Ainsi le cens payé en argent, c'est-à-dire la capitation, ne peut tirer son origine que de la servitude. Il reproduit le symbole de l'affranchissement, *le jet du denier*, parce qu'il renouvelle le contrat de la manumission.

16. On peut en dire autant de certaines redevances en cire.

Les hauts seigneurs ecclésiastiques, surtout dans le diocèse d'Amiens, obligeaient les serfs auxquels ils donnaient la liberté de se présenter à l'église, un cierge à la main et de faire trois fois le tour de l'autel (2).

Les personnes affranchies de cette manière ainsi que leurs descendants, sont qualifiées *cerarii, cerecensuales, luminarii, wachszinsiges* parce qu'elles payaient tous les ans la valeur de deux ou de quatre deniers de cire, en reconnaissance de la liberté que l'église leur avait accordée (3).

17. Quelquefois la dénomination de *cerecensuales* s'appliquait non pas à des serfs affranchis, mais à des hommes libres qui engageaient leur liberté dans une certaine mesure, sans néanmoins s'en dessaisir complétement. Dans certains cas, ils stipulaient la faculté de reprendre leur indépendance, dans d'autres cas, leur engagement était irrévocable. Les manses qu'ils habitaient étaient appelés tantôt *hospitia*, pour exprimer leur condition de tenanciers temporaires (4), tantôt *mansi ingenuiles*, par opposition aux *mansi serviles* qu'habitaient les colons qui avaient renoncé pour toujours à leur liberté ; aussi n'est-il pas rare de trouver dans les polyptiques les *cerarii* accolés aux *mansi ingenuiles* : mansum ingenuilem 1, cerarios 10, donat unusquisque denarios 4, aut ceram econtra (5). Le plus souvent on se contentait de leur donner une bruyère ou quelque coin de forêt à défricher (6) ou bien quelque

---

(1) Grimm D. A. R. p. 77.
(2) Dusevel, Lettres sur le département de la Somme, 1840 p. 296.
(3) Ut a servili conditione emanciparentur et *cerecensuales* ecclesie nostre constituerentur... cerecensuales constituimus, ita ut, singulis annis, in festo beati Petri, quælibet persona, secundum communem legem cerecensualium, solvat ceram duos nummos valentem. — Charte de l'année 1163. (Grimm D. A. R. p. 315).
(4) Ego Petrus filius quondam Petronati, abitator in obstitia. (Savigny. § 55. note G.)
(5) Du Cange. 2. 507.
(6) Et ubicumque invenient utiles vilos homines, detur illis sylva ad extirpandum. (Capitul. Aquisgran. an 813.)

portion de terre vaine et vague ou de marais qu'on leur abandonnait pour la nourriture de leurs troupeaux.

Les *cerecensuales* de l'église de Munster, en Westphalie, formaient une classe intermédiaire entre les serfs et les hommes libres. Ils ne pouvaient épouser que des femmes de leur propre condition, et quiconque se mariait, hors de sa caste sans la permission du chapitre, s'exposait à perdre sa liberté. Le mariage contracté même avec l'autorisation du chapitre, avait des conséquences qui se manifestaient au moment de sa dissolution. Lorsque le *cerecensualis* ainsi mésallié, décédait sans laisser aucun parent mâle de sa condition et habile à lui succéder, l'héritage était dévolu au seigneur. Si, sans cause légitime, il était défaillant, deux ans de suite, d'acquitter sa censive, ou bien s'il se soumettait volontairement à remplir des fonctions serviles auprès d'un autre seigneur, il perdait par cela même les priviléges de sa condition et redevenait esclave de l'église ou du seigneur au préjudice duquel il s'était engagé. Enfin le *cerecensualis* qui n'avait pas d'héritier de sa condition, aussitôt qu'il tombait malade, était frappé d'incapacité et ne pouvait plus rien donner ni aliéner, sauf le cas où, en acceptant la condition de *cerecensualis*, il se serait réservé le droit de disposer de ses biens (1).

Vers l'an 1372, il y avait dans la seigneurie du Pont-Remy, une classe de personnes nommées *sous-manans* qui ne possédaient point d'héritages en propre, mais qui achetaient, par la prestation annuelle d'une demi livre de cire, le droit d'y résider et, par la prestation d'une autre demi livre de cire, le droit d'envoyer leur bétail au marais commun. « Item toutes les personnes » qui demeurent au Pont-de-Remy et qui n'y ont nul héritage qui sont soubz- » manans, je y ai ('le seigneur) du kief d'ostel *demi livre de chire pour avoir* » *le franquise de le ville* et, se le personne a bestes qui voisent au mares, » je en y ay une livre (2). » Ces sous-manans sont peut-être les *hospites*, les *submansores* de nos anciens titres, lesquels, dit M. Guérard (3), étaient des espèces de fermiers occupant une petite location (hospitium) et n'ayant que l'usufruit de leurs possessions. Seulement le dénombrement de 1372 constate que les sous-manans du Pont-Remy payaient une redevance en cire

---

(1) Item cerocensualis (*sic*) homo non habens heredem suæ conditionis legitimæ, in lecto ægritudinis constitutus nihil legare sive alienare poterit, sed totum quod possidet, redit thesaurario sive plebano, *nisi conditionaliter cerocensualis factus fuerit* (et) hoc probare valeat per idoneos, vel per privilegium vel publicum instrumentum. (Grimm.

Weisthumer, tom. 3. page 126. *Wachssinsige in Münsterland.*

(2) Dénombrement de la terre de Pont-Remy, Ms. déjà cité.

(3) Prolégomènes du Cartulaire de S. Père de Chartres, page XXXVI.

non seulement en reconnaissance de leur condition personnelle, mais encore en reconnaissance du droit qu'ils avaient d'envoyer leurs bestiaux au pâturage commun.

18. Le relief était aussi un cens recognitif de la condition des personnes.

Le relief payé à l'occasion du mariage s'appelle *maritagium*, *marchetta*, *cullage*. Il figure dans quelques coutumes comme rachat du droit que prétendaient avoir certains seigneurs de cueillir la première fleur de l'hyménée sur leurs sujettes.

« J'ai vu, dit Boerius, juger dans la cour de Bourges, devant le métropo-
» litain, un procès d'appel où le curé de la paroisse prétendait que, de vieille
» date, il avait la première connaissance charnelle avec la fiancée, laquelle
» coustume avait été annulée et changée en amende. J'ai ouï dire encore,
» ajoute-t-il, que quelques seigneurs gascons avaient droit, la première nuit
» des nôces, de poser une jambe nue à côté de la jeune épouse (1). » Le même droit existait aussi en Allemagne. Le maire de Mure près Zürch, prêtera au futur un pot où il puisse faire cuire une brebis. Il assistera au repas des nôces et, quand les convives seront retirés, le nouvel époux le laissera coucher avec sa femme, sinon il la rachetera par cinq schillings et quatre pfennings (2).

L'évêque d'Amiens exigeait de toutes les personnes nouvellement mariées une indemnité pour leur permettre de coucher avec leurs femmes la première, la deuxième et la troisième nuit des nôces; mais un arrêt du parlement du 19 mars 1409 lui interdit l'exercice de ce droit (3). Le rôle de l'évêché d'Amiens de 1302 qui contient la déclaration de tous les droits que le prélat avait dans la ville, ne fait aucune mention de celui-ci. Seulement, sous la rubrique : *chi parolle du respit de Saint-Fremin*, est exprimée l'obligation où étaient tous les nouveaux époux de payer 4 setiers de vin pour droit de mariage.

« A *Auxi-le-Château*, quant aucun estranger se allye par mariage à fille ou
» femme estant de la nacion d'Auxi ou demeurant en icelle ville, ils ne
» pœuvent, la nuit de la feste de leurs nœupches, coucher ensamble sans avoir
» obtenu congié de ce faire du seigneur ou de ses officiers, sous peine de
» LX sols parisis d'amende (4).

---

(1) Boerius, decis. 297. — Michelet, Orig. du Droit français, page 263.

(2) Grimm. D. R. A. page 384. note 2.

(3) Laurière, Gloss. 1. page 308.

(4) Voir l'art. 20 de cette coutume dans la 6.ᵉ série.

L'abbé de *Blangy en Ternois*, qui prenait le titre de comte et de baron exerçait le même droit au nom de son abbaye. « Se aucun se marie à aucune » femme estant et demeurant es mettes de ladite comté et baronnie et il y » vient faire sa résidence, avant de coucher avec sa femme, il est obligé » de payer aux religieux et abbé deux sols pour le droit vulgairement appelé droit de cullage (1). »

Dans le plus grand nombre des coutumes, le *maritagium* se réduisait, pour les nouveaux époux, à l'offrande d'un mets ou régal de mariage. Ainsi à Drucat, il se rachète par un plat de viande et par une mesure de vin. — Nous avons, disent les seigneurs de Caenchi, de Saulx et de Richebourg, nous avons droit de mets de mariage, lequel se doit apporter, le jour des espousailles jusqu'au chasteau, par l'espouse avec les joueurs d'instruments : ledit mets doit estre composé d'un quartier de mouton, deux poullets, deux quartes de vin, quatre pains, quatre chandelles et du sel, à peine de LX sols d'amende. — Quant aucun de Genesville se marie, il est tenu, le jour de ses espousailles, de nous apporter audit lieu, un plat de viande, deux pains et ung pot de vin, les ménestriers précédens, qui s'appelle *plat nuptial*. — On doit aussi au seigneur de La Boullaie le régal de mariage, c'est-à-dire, que le jour de ses nôces, l'époux est tenu de venir avec des musiciens, offrir au seigneur deux brocs de vin, deux pains et une épaule de mouton. Avant de se retirer il doit sauter et danser (2).

Le *maritagium* tire son origine de l'affranchissement ou au moins de l'adoudissement de la servitude primitive. En effet, on se demande si ce droit a jamais été exigé en nature. Quand on songe au pouvoir illimité qu'un maître avait sur ses esclaves de l'un et de l'autre sexe, il est bien permis de le supposer. Celui qui pouvait dire : cet homme est à moi, j'ai le droit de le cuire et de le rôtir, *ich mag ihn sieden oder braten* (3), était tout aussi fondé à ajouter : cette femme est à moi, les enfants qu'elle met au monde sont ma chose ; donc je puis lever sur elle le tribut du plaisir et féconder le sein dont le fruit m'appartient. En élevant leurs esclaves à la condition de sujets, les maîtres devenus seigneurs ont remplacé par une indemnité le droit auquel ils renonçaient, mais longtemps encore ils ont conservé la tradition de ce droit, moins comme une alternative à laquelle ils pourraient avoir recours en cas de non paiement de l'indemnité stipulée, que comme

---

(1) Voir la 6.e série.
(2) Michelet, *ut suprà*, page 263. 266.

(3) Das heiszt, *ich kann mit ihm umgehen wie ich will*. (Grimm. *ut suprà*, page 345).

moyen de rappeler aux descendants de leurs affranchis le souvenir de leur condition originelle.

19. Dans les anciens livres de cens, le *maritagium* et le *mortuarium* se trouvent souvent accolés l'un à l'autre, ce qui semblerait établir que ces deux droits procèdent de la même cause. — L'évêque Heda, en Allemagne, outre les six deniers de cens qu'il percevait annuellement sur chaque serf, dans ses domaines, recevait deux sols de *morte main* et deux sols pour *droit de mariage* (1). — Le serf, pour le *congé du mariage*, ne paie qu'un écu d'or ou une peau de bouc, mais s'il meurt, son héritier doit laisser le seigneur choisir la meilleure pièce de son mobilier (2).

Le *mortuarium* avait cela de particulier qu'il consistait presque toujours soit dans le meilleur cheval de l'écurie, soit dans la meilleure tête de bétail, soit dans la meilleure pièce de la garde-robe, et c'est pour cela qu'on l'appelait *optimum caput*, *valentius caput*, dans la basse latinité, *meilleur catel*, dans l'idiome roman, et *beste haupt*, *beste houbet*, dans le langage tudesque.

M. Grimm, dans ses Antiquités du droit allemand, cite un grand nombre de textes qui montrent toutes les péripéties de cette coutume depuis le huitième siècle jusqu'au seixième. Dans l'origine, lorsqu'il s'ouvre une succession, le seigneur a droit de prendre, si c'est un homme, le meilleur cheval de son écurie ou, s'il n'a point de chevaux, le meilleur bœuf ou la meilleure vache de son étable, si c'est une femme, la meilleure pièce de sa garde-robe. Mais à mesure que les monuments cités se rapprochent des temps modernes, le *mortuarium* perd insensiblement de sa rigueur et la condition du censitaire s'améliore. — Ici le seigneur ne peut choisir le meilleur cheval que lorsque le cheval de selle a été mis de côté ; là, le meilleur cheval peut être racheté par six livres d'argent, et la meilleure pièce de la garde-robe par 12 deniers d'argent. Dans d'autres circonstances, ce n'est plus le choix mais le hasard qui détermine le droit du seigneur. — Le serviteur de l'abbé de Werden (*Westphalie*), un bâton blanc à la main, entrera à reculons dans l'écurie ou dans l'étable, et le cheval ou la vache qu'il touchera avec le bâton appartiendra à l'abbé et rien de plus (3). — Dans la juridiction d'Hildesheim, le laboureur donne le cheval qui vient après le meilleur, le métayer la vache qui vient après la meilleure et la femme la robe qui vient après la meilleure (4).

(1) Grimm. *ut suprà*, page 383.
(2) Ibid. — Michelet. *ut suprà*, page 263.
(3) Grimm. D. R. A. page 564 à 374.
(4) Ibid. p. 369.

Le même sentiment de justice et d'équité introduisit aussi dans les villes l'usage d'exclure de la perception du *mortuarium* les objets de la plus haute, comme ceux de la plus basse valeur. C'est ainsi qu'à Amiens où il s'acquittait par une prestation de 4 setiers de vin, on prenait, pour arriver à un moyen terme, 2 setiers de celui qui se vendait le plus cher et 2 setiers de celui qui était cotté au plus bas prix (1).

On se demande pourquoi le relief affectait différentes sortes d'objets suivant le sexe de l'héritier qui appréhendait la succession. Consultons les anciennes coutumes de la Westphalie, nous y trouverons l'explication de cet usage. Lorsque la succession consistait uniquement en meubles, c'était, presque toujours, la nature des objets trouvés au domicile mortuaire qui déterminait la part du seigneur, du conjoint et des enfants. Dans la réserve du fils aîné, (heergewede) figurent les habits de l'homme, son meilleur cheval avec la selle et la bride, un bœuf, un lit garni, une faucille, un sac, une hallebarde, une scie, un coffre assez long pour y renfermer une épée, un chaudron assez grand pour y introduire le pied chaussé et un pot d'une capacité suffisante pour y faire cuire une poule ; dans la réserve de la fille aînée, (grade) figurent les habits de la femme, les bijoux, tout ce qui peut se couper avec des ciseaux, les abeilles, les brebis, le lin, la cire, l'or et l'argent façonnés, un lit garni, un chaudron et un pot (2). Ainsi dans les deux cas, les habitudes, les convenances, et les besoins de chaque sexe déterminaient le préciput de l'aîné en spécifiant les objets qu'il pouvait prélever à ce titre. La même règle devait être appliquée pour fixer la nature du relief qui n'est lui-même qu'un prélèvement sur la part héréditaire.

De ce que les lois barbares ne font point mention du droit de meilleur catel, de ce que les monuments du VIIIe au XVIe siècle nous le montrent devenant de plus en plus favorable au censitaire, nous tirons la conséquence que ce droit, comme le *maritagium*, a eu pour cause l'adoucissement et l'affranchissement de la servitude. Il n'existe point dans l'état d'esclavage, parce que l'asservissement de la personne implique l'asservissement de la propriété et que le maître est le seul héritier du pécule de son *appartenant*. Mais du jour où la loi permet aux enfants de recueillir l'héritage de leur père, on voit le *mortuarium* apparaître comme une sorte de rachat de l'actif mobilier du serf décédé. De même, à partir du jour où elle prononce l'affran-

(1) *Deux sestiers du plus kier, et deux sestiers du plus bas fuer.* (Rôle de l'évêché, M.s déjà cité.)

(2) Grimm. Weisthumer, tom. 3. p. 103 : *Rietberger landrecht*, art 10 et 12. — Ibid. p. 163: *Hofsrechte von Dorsten*, art. 3.

chissement, le cens payé par l'héritier ne pouvant plus avoir de signification quant aux biens, n'est plus qu'une sorte de relief de la liberté donnée à l'affranchi et un renouvellement symbolique du contrat qui la lui a garantie.

L'assujettissement des grands vassaux au paiement d'un droit analogue au *mortuarium*, loin de détruire notre opinion, ne fait au contraire que lui prêter une nouvelle force.

En effet, à côté du servage forcé n'y avait-il pas le servage volontaire qui assimilait le gentilhomme au vilain et l'homme libre au sujet, au point qu'il est souvent difficile de déterminer, par le seul rapport des prestations, la ligne qui séparait ces deux classes de personnes? Le vasselage n'avait-il pas tous les caractères d'un pacte de famille, d'une adoption politique, et, par les devoirs qu'il imposait, toutes les apparences de la servitude? Par la vertu de ce contrat, le vassal passe dans la maison d'un seigneur pour le servir soit à la guerre, soit en sa cour; le seigneur le reçoit dans sa foi, *in truste*, l'enrôle parmi ses fidèles, le nourrit à sa table, l'astreint à un service journalier auprès de sa personne, l'y attache par des présents et des largesses, quand il est de condition noble, par un salaire et des gratifications, quand il est seulement de condition libre.—De-là, la distinction entre les *officiales*, les servans nobles, et les *ministeriales* les servans non nobles dont nous avons déjà parlé (p. 249-9).

Le vassal, comme le serf affranchi, était soumis aux prestations du *maritagium* et du *mortuarium* et quelquefois à des services de corvées de la nature la plus humiliante.—« Le seigneur de Barlin a un certain droit de *cu-
» lage* qui est tel que toutes femmes qui tiennent fiefs de lui, toutes et
» quantes fois qu'elles se maryent ou changent de mary, sont tenues payer
» relief de bail. » Le vassal noble, pas plus que le serf, n'avait la liberté du mariage sans le consentement de son seigneur. Le relief de bail que le mari payait pour les fiefs de sa femme tenait, jusqu'à un certain point, du *maritagium;* de même le relief de succession et le chambellage que payait l'héritier étaient un véritable *mortuarium*.—Les lois anglo-normandes de Guillaume-le-Conquérant, sous l'expression générale de *relief*, comprennent aussi bien les obligations des vassaux que celles des serfs. Le relief du *comte* vassal du roi consiste en 8 chevaux sellés et bridés, plus 4 hauberts, 4 casques, 4 écus, 4 lances, 4 épées ; celui du *baron* en 4 chevaux sellés et bridés, plus 2 hauberts, 2 casques, 2 écus, 2 lances, 2 épées. Le *Vavasseur* doit seulement le cheval et les armes que son père possédait au jour de son décès; et le *vi-*

lain donne, aussi à titre de relief, son meilleur cheval ou sa meilleure vache (1).

Ainsi, par la mort assimilation complète du vassal noble, non noble et du serf. L'héritier ne peut appréhender la succession mobilière de son prédécesseur que sous la réserve du meilleur catel ou d'un droit équivalent, non pas parce que le seigneur est propriétaire de la succession, mais parce que celui qui la relève doit être averti des devoirs qu'elle impose. Le relief signifie le renouvellement d'une obligation ou d'un droit que la mort vient d'éteindre. Il signifie que celui qui l'accomplit, s'il appartient à la classe des ingénus, n'a plus toute sa liberté et, s'il appartient à la classe des affranchis, qu'il ne l'a pas récupérée tout entière. Pour justifier cette proposition nous ne citerons qu'un seul exemple qui nous est fourni par l'une des coutumes locales de la prévôté de Vimeu. — A Oisemont, le fils de bourgeois qui succède à son père est obligé, avant d'entrer en bourgeoisie, de porter la potence, c'est-à-dire, l'image du gibet, le symbole du supplice réservé au vilain qui a mérité la mort (2). Evidemment un semblable relief est caractéristique de la servitude passée. Il attache une sorte de flétrissure à la liberté de l'affranchi, pour qu'on ne puisse jamais la confondre avec la liberté de l'ingénu.

A Amiens, pour les habitants que l'érection de la commune avait dégagés des liens de la servitude, la tradition de l'affranchissement se perpétuait par le paiement d'un cens qu'on nommait le *respit de Saint-Firmin*. Toute personne issue de la bourgeoisie, mariée ou veuve, était perpétuellement soumise à la perception de ce droit dont les célibataires seuls étaient exempts. Ce droit qui était primitivement de 4 deniers, fut réduit à trois deniers payables, tous les ans, le jour de la fête du bienheureux martyr. Au mariage, il était dû 4 setiers de vin, à l'entrée en commune, 18 deniers, à la mort, 4 setiers de vin, parce que chacun de ces événements nécessitait la radiation ou l'inscription d'un nom sur le rôle du respit (3). Quoique profitant

---

(1) Leges Willel. cap. 22, 23, 24 et 29. *Canciani* tome IV. page 553, 554 et 555.

(2) Voir ci-dessus page 444, art 6.

(3) Gaufridus, divinâ permissione, Amb. ecclesie minister humilis.... Cum inter nos ex unâ parte, et majorem et cives ambianenses ex alterâ parte, diutiùs contentio verteretur, super eo, quod petebamus quatuor denarios de *respectû* a quolibet homine uxorato existente de communiâ, qui mercabatur Ambiani, et esset suscriptus in Tabulâ S. Firmini Martyris; tandem de consilio et confessione virorum venerabilium decani et capituli nostri Ambianensis, inter nos et præfatos cives, ad pacem pervenimus in hunc modum.... Nos, siquidem, mitiùs agere volentes cum civibus memoratis, ordonavimus pro bono pacis, quod vir et uxor ejus, in vitâ suâ, tres denarios monete currentis Ambianensis, in festo præfati martyris, *pro respectû suo*, annuatim persolvent et sic de theloneo suo immunes erunt per annum.... Si autem vir vel uxor ejus decesserit, nihilominus ille qui superstes erit, tres denarios persolvet...

au prélat, le respit n'était réellement payé qu'en considération (*sub respectú*) du saint sous le vocable duquel l'église était placée. L'affranchissement qui s'accomplissait avec toutes les solennités de la religion ne pouvait pas se concilier avec l'idée d'une dépendance personnelle, par la raison que le droit de patronage était toujours inhérent à celui qui concédait la liberté. Le cens en effet marque toujours la relation de l'affranchi avec le patron. Plus le rang de celui-ci est élevé, plus grande est la distance qui le sépare de la servitude, plus haute par cela même est la position de celui qu'il en fait sortir. L'affranchi du seigneur est moins que l'affranchi du roi, et l'affranchi du roi moins que l'affranchi de l'église. Celui dont la manumission a été consentie à la face des autels n'a plus d'autre patron que la divinité. Il peut marcher l'égal de ceux qui sont nés de parens libres : *tamquam si à liberis ortus fuisset parentibus* (1). Le respit de Saint-Firmin est donc tout à la fois une reconnaissance traditionnelle du grand événement qui marqua l'affranchissement de la commune d'Amiens et un témoignage que la liberté des habitans, ayant été conquise les armes à la main, était aussi complète que possible et ne pouvait se rapporter qu'à la protection du saint sous

---

Sciendum est quod non poterimus aliquo modo contradicere, quin omnes qui de communiâ extiterint, aut qui communiam jurare voluerint, sub prædicto respectu trium denariorum, in tabulâ recipiantur prædictâ : omnes etiam illi, qui de communiâ fuerint, oportebit ut intrent in tabulâ, et ut nomina singulorum in eâdem conscribantur. (Charte de 1226. Voir Du Cange, Gloss. v.° *Respectus*.)

CHI PAROLE DU RESPIT DE SAINT FREMIN.

Sachent tout chil qui kuellent le respit Saint Fremin. Que tout li bourgois doivent iij par. (sic) chascuns, et les veves autant a rendre a le Saint Fremin chascun an : Et qui se marie il doit iiij sestiers de vin ij sestiers du plus kier et ij sestiers du plus bas fuer ; Et qui entre en le commugne il doit xviii deniers. Sen a li sergens iij deniers qui doit amener chelui qui entre en le commugne a chelui qui kuelle le respit.

Tout chiaus qui sont estrait de bourgoisie d'Amiens et manans as viles doivent chascun iij deniers et le vin des neuches et le vin des cors fors de chiaus du capitre qui ne doivent que doubliau denier. j. autant de vin pour leur neuches. j. autant de vin pour leur cors. que li bourgois qui sont manans à Amiens. Exceptés chiaus de Polainville qui ne paient ne cors ne neuches fors ij deniers s'il ne vont hors manoir de chele vile.

Ne si ne doivent nient chiaus qui nont femmes ou nont eues. Et si sont tous iours kuite.

Tres kachou quil se marient, ne se puet nus oster du respit Saint Fremin ne li respiteur ni puent mettre arme se il nen est de droit estoc.

Sache bien que uns hons qui prent femme qui soit du respit ou femme prenge baron qui en soit, il nen pueent jamais estre hors ne leurs enfants ; ne leur femme nen puet estre hors puis que ses barons sera mors. Et selle prent autre baron puis chele eure quil la espousée, il est entres el respit Saint Fremin. Et ausi est-il del home se se femme muert et il prent autre femme. Ele est du respit. Ausi est li barons apres se ele en prenoit cent. (Rôle de l'Evêché, M.s déjà cité.)

(1) A vinculo servitutis, ob amorem dei, te absolvo civemque romanum instituo, ut ab hinc, christo favente, in tuo jure et potestate consistens, ita vivas ingenuus civisque romanus, tamquam si a liberis ortus fuisses parentibus. (Du Cange, Gloss. V.° *Manumissio*.

la bannière duquel ils avaient combattu pour l'obtenir. Il avait, par rapport à leur état personnel, la même signification que la prestation du cierge d'offrande du seigneur de Picquigny, par rapport à l'alleu qu'il avait soumis volontairement à la mouvance de l'évêché d'Amiens. La déclaration de ce seigneur qu'il tenait cet alleu en fief *du bras de Monseigneur Saint-Firmin*, se symbolisait dans cette offrande qui était la négation absolue de toute idée de dépendance et de sujétion féodale.

Ainsi le cens personnel, le *maritagium*, le relief de succession, le relief de bourgeoisie se référaient à la condition des personnes, et, dans les villes où la liberté des citoyens était le mieux garantie, ces prestations n'étaient autre chose que la reconnaissance implicite du contrat d'affranchissement.

Avril 1845.

A. BOUTHORS.

BOUCHON, LONGVILLERS, FRANSU, PLOUICH-LEZ-DOMART DONQUEUR, MAISON-ROLLAND.

SEIGNEURIES.

Une grande page en parchemin contenant 9 articles lisibles.

Ce sont les coustumes localles dont a acoustumé user noble et puissante dame madame Claire de Beauvoir, dame de Beauvoir et ses subjetz et tenans cottièrement en ses seigneuries de Bouchon, Longviller, Fransus, Plouich-lez-Domart, Donquerre et Maisons-en-Rolant, qu'elle tient de plusieurs seigneuries ; et a en icelles justice et seigneurie haute, moyenne et basse, hommes liges et tous drois appartenant à telle justice, selon la coustume générale du bailliage d'Amiens et celles des prévostez de Doullens et Saint-Riquier es mestes des quelles ses dites seigneuries sont assizes.

1. A Longvillers : pour les manoirs et près, tels cens tels reliefs.

2. Item, est ladite dame patronne de la cure dudit Longviller ; et quant un curé va de vie à trespas, il est en icelle dame de la conférer et donner à quy qu'il lui plaist ; aveuc prent chascun an iij sols à le croix aurer le jour du vendredi saint. (1)

3. A Fransu : Le relief de chaque manoir ou pièce de terre est de 2 sols et le quint denier à la vente. — 4. A Donqueur : Le relief est de cinq sols, le droit de vente du 6.ᵉ denier.

5. Item, est ladite dame patronne dudit Donquerre ; et quant un curé va devie à trespas, il est en icelle dame de la conférer et donner à qui qu'il lui plaist ; et prent le moictié des oblations et offrandes qui se font en l'église dudit Donquerre, allencontre du curé, avec moictié de tous les menues diesmes allencontre dudit curé ; et sy prent les deux pars du may (2) ; avec prent les deux pars de le diesme aux camps contre ledit curé.

6. A Maison-Rolland : Les tenans cottiers lui doivent relief de fait, c'est-à-dire de chaque journal de terre 12 deniers et de chaque ténement cinq sols. — 7. A Bouchon : tels cens, tels reliefs.

8. Ploich-prez-Domart : Item, en la seigneurie de Ploich-prez-Dompmart, quant on vend manoirs, gardins et masures, l'en doibt le xiij.ᵉ denier des ventes ; pour les relliefz des manoirs, gardins et masures estans en le ville et banlieue de Dompmart, le mort saisit le vif sans rien payer, quant ilz sont enffans de bourgeois (3).

Fait, approuvé et signé le XXII.ᵉ jour de septembre l'an mil cinq cens et sept, par ceulx ci-aprez dénommés.

De Bouchon : Fremin Asselin.—Anthoine de Boufflers.—Jehan Godard.—Colart Quillotte *tous fiefvez.*

De Fransu : Adrien Grifon..—Jehan Wainier.

De Donquerre : Blondelu, *curé dudit lieu.*—Pierre Leron.—De Biencourt.—E. Briet, *procureur de Daniel Briet.*—E. Le Sellier.—N. Billet.—Guill. Bourgois.

De Longviller : C. Tonnelier, *prestre.* — Jehan de Vymeu. — Pierre de Baillon.—Colin de Hangard.—Jehan Dacquet (*une herse.*)—Pierre Vacquet.—G. Du Val.

De Maisons-en-Roland : Le curé de Maisons.—Adam Buteux.—Colin Buiret.—Colin Thomas.—Jehan Hamsart.—Jehan Canlan.

De Dompmart : Jehan Vuallet.—J. Ducloy.—C. Foubert.—J. Lecoimte.—Jehan Rauguet.—Colart Lené.

BRUCAMPS.

SEIGNEURIE.

Une petite page en parchemin contenant 7 articles.

Ce sont les coustumes de la ville et seigneurie de Brucamp et dont les habitans et subgetz d'icelle ville, de quelque seigneur qu'ilz tiennent, ont acoustumé user et usent chascun jour.

1. Toutes les masures cottières dudit lieu amasées ou non amasées se doibvent relever, par l'héritier du propriétaire, en dedans sept jours et sept nuits, aprez le trespas dudit propriétaire, au prévost possessant le fief de la prévosté dudit lieu, et lui païer, pour droit dudit relief, une paire de gans ou quatre deniers parisis, pour chascune masure, sur peine de sept sols six deniers d'amende, envers ledit prévost (4).

2. Item, toutes terres cottières des champs ou terroir dudit lieu, se doibvent relever pareillement, en dedans sept jours et sept nuits, des seigneurs dudit Brucamp dont lesdites terres sont tenues, et leur païer pour droit de relief, de chascun journal qui est bon terroir et fonssier et qui se maine par composture, XII deniers parisis et, pour chascun journal de terre bieffeuze, IX deniers et, pour chascun journal de terre en avesne, VI deniers.

3. Item, lesdits seigneurs prendent sur leurs hommes et subgetz cottiers qui

ont en ladite ville masures non amasées, de chascune masure tant que le propriétaire d'icelle l'ait amasée, deux sols que l'on dit resseandise.

4. Item, quant aucunes maisons cottières situées audit Brucamp se vendent, le seigneur dont elles sont tenues peult par ses hommes faire priser les combles desdites maisons depuis les parnes en amont, et l'on est tenu lui païer pour droit de vente la moitié d'icelle prisée aveuc V sols pour le droit desdits hommes; et se fait ladite prisée à valeur de bois à fuelle.

5. Au dessus de 9 bêtes à laine, il est dû une bête vive pour vif herbage.

6. Item, se l'en fait en ladite ville quelque ouvrage que ce soit aux puis à eaue, tant de machonnerie que aux estréures et pareillement pour les cordes et soues desdits puis, les manegliers d'icelle ville font assiette sur les manoirs et masures amasées et non amasées; et de ladite assiette paient les possesseurs d'iceulx, tant pour l'un manoir ou masure que pour l'autre également; et pour support et descharge desdits manoirs et masures, ont les habitans et possesseurs d'iceulx manoirs et masures IX sols de rente assiz sur le four bannier et V sols sur quatre journaulx de terre en Brucamp, tenant de ung costé et des deux boutz au fief de mademoiselle Marguerite de Brucamp; auquel four lesdits hommes et subgetz ne sont tenus banniers pour tartes et pastez que trois fois l'an (5).

7. Et jasoit que ladite ville soit tenue de la chastellenie de Dompmard, si ne sont les habitans dudit lieu subgetz au guet du chasteau dudit Dompmard, ne banniers au mollin d'Arondel, mais comme exempz peuvent mauldre où bon leur samble; et au surplus les habitans dudit lieu se sont toujours réglés et règlent selon les coustumes générales des bailliage d'Amiens et prévosté de Saint-Riquier dont ils sont subgetz, tant pour les drois de ventes reliefz, aides et hommages que doibvent les hommes de fiefz aux seigneurs dudit lieu, que pour la justice et seigneurie que lesdits hommes de fief ont à cause d'iceulx.

Le XXIIIe jour de septembre l'an mil chincq cens et sept.

Signés : Martin Blotefière, *lieutenant du bailly de ladite terre et seigneurie, pour M.gr de la Grutuze.* — Jehan de Vismes, *aussy lieutenant de M.gr du Pleissiel-au-Bois, seigneur en partie dudit Brucamp.* — Deroussen, *prestre.* — M. Mallard. — P. Blotefière. — Raoul de Donquerel, *procureur et fils de Jehan de Donquerel.* — J. De Monstrœul. — J. Porquier. — Jehan Godard. — Collart Godard. — P. Dodart. — *C'est le merque* Mahieu de Vismes. — Anthoine Legrand. — *Le merque* Jehan Ogier. — *C'est le merque d'*Andrieu de Monstrœul.

CONTEVILLE.

FIEF.

Une page en parchemin contenant quatre articles.

Coustumes particulières que a et doit avoir, en la ville de Conteville et à l'environ, Jehan Lecaron es mettes de son fief, terre et seigneurie qu'il a audit lieu.

1. Il a plusieurs tenans cottiers qui lui doivent censives d'argent, chapons, grains, rente et terrage. — 2. Des manoirs, jardins ou prés, il est dû 5 sols de relief ; pour les terres à champ 12 deniers du journal. — 3. Pour droits de vente des manoirs et jardins, le XIII.e denier ; des terres à champ 12 deniers d'entrée et 12 deniers d'issue.

Le 24.e jour de septembre l'an mil chincq cens et sept.

—Jehan Lecaron.—Jehan Lemachon, *labourier.*—R. Choquart, *tavrenier.* —Pierre Ducroq.—Jehan Willefroy, *laboureux.*

COULONVILLERS.

SEIGNEURIE.

Une petite page en parchemin contenant quatre articles.

Coustumes locales et particulières de la terre et seignourie de Coulonviller appartenant à damoiselle Marguerite de Greboval, damoiselle de Donquerre et dudit Coulonviller.

1. Premièrement, à ladite demoiselle compette ung petit bosquet audit lieu nommé la garenne de Coulonviller ; et auquel bois elle a droit de garenne et autres telz drois que à garenne appartient.

2. En succession cottière, tels cens tels reliefs ; à la vente tels cens, telle issue. — 3. Les terres chargées de champart doivent 12 deniers de relief et autant d'issue par le vendeur et autant d'entrée par l'acheteur quand elles se vendent.

4. Pour les fiefz, tant nobles que restrains, on se règle sur les coustumes du bailliage de La Ferté dont est tenue ladite terre de Coulonviller.

Le pénultiesme jour de septembre l'an mil V cent et sept.

P. Dumont *prestre vice-gérant dudit lieu.*—Maillart *prestre.*—Anthoine Pisson *homme lige.*—Merque de Colart Monborgne *homme cottier.*—Jehan Levesque *homme cottier.*—Fournier *homme cottier.*—

Jacques Delessau *bailly de Coulonviller.*

DONQUEUR.

SEIGNEURIE.

Une longue page en parchemin, trouée en trois endroits. Neuf articles.

Coustumes locales et particulières de la terre et seigneurie de Donquerre, appartenant à demoiselle Marguerite de Greboval, demoiselle dudit Donquerre.

1. Premièrement tient ladite damoiselle sadite seigneurie de Donquerre de La Ferté-lez-Saint-Riquier, en quatre fiefs où elle a toute justice et seigneurie haute, moyenne et basse.

2. Sur le premier fief, en succession cottière, pour profiter des fruits, il faut relever en dedans sept jours et sept nuits, en payant tels cens tels reliefs. — 3. A la vente des terres cottières, il est dû le quint denier du prix. — 4. Sur les trois autres fiefs qui consistent en terres labourables, il est dû, pour droit de relief, XII deniers ; pour droit de vente, XII deniers d'issue et autant d'entrée. — 5. Ladite dame a la seigneurie des frocs et flégards.

6. A ladite damoiselle, à cause de sadite seigneurie, un moulin-à-vent auprez dudit Donquerre, auquel sont banniers tous ses subgetz tenans de ladite seigneurie, tant ceux dudit Donquerre que ceulx du Maisnil.

Jacques Delessau *bailly dudit Donquerre.* — Jacques Briet *homme lige.* — E. Briet *procureur de Daniel Briet, homme lige.* — E. Damiette *procureur de Jacques de Bocourt chevalier.* — Briet *homme lige et procureur dudit Briois, aussi homme lige.* — G. Debray *prestre.* — Pierre Nicolle Leroy *prestre.*

DRUCAT.

SEIGNEURIE-CHATELLENIE.

Un cahier en papier, contenant six rôles d'écriture. 18 *articles.*

Ce sont les coustumes particulières et locales que le seigneur de Rambures dist avoir esté gardées et observées, de très long temps et anchienneté, en sa terre et seigneurie de Drucat, en ce qui est tenu et qui tient du seigneur de la Fresté, es mettes du bailliage d'Amiens et prévosté de Saint-Riquier.

1. Primo, dist tenir sadite seigneurie et chastellenie de Drucat, en ce qui est du bailliage d'Amiens, du seigneur de La Fresté-lez-Saint-Riquier, à cause de sadite terre et chastellenie de La Fresté, en laquelle seignourie de Drucat, icelluy seigneur de Rambures a semblables et pareulx drois que a ledit seigneur de La Fresté, en toutes choses quelconques sans riens reserver.

2. Item, et en laquelle seignourie de Drucat, en ce qui est tenu de ladite La Fresté et bailliage d'Amiens, ledit seigneur de Rambures a toute justice haulte, moyenne et basse.

3. Item, par ladite coustume locale de Drucat, ledit seigneur de Rambures prent et a droit d'avoir sur tous ses hommes féodaulx quand ils vendent leurs fiefz francs deniers, le quint denier de vente avecq le quint denier des venterolles.

4. En toutes choses cottières, le seigneur n'y prent tant seullement que le VI.ᵉ denier de vente.

5. Item, se aucune rente se vendoit sur les fiefz tenus d'icelle seignourye de Drucat, et se les achetteurs voulloient sur iceulx fiefz créer ypothecque et eulx faire inféoder, ilz seroient tenus payer le quint denier comme dessus est dit, et tenir en fief dudit seigneur ladite rente à pareille charge que seroit tenu le fief sur quoy ilz se seroient fait ypotecquer.

6. Item, par ladite coustume, ledit seigneur de Drucat, n'est tenu accorder ou souffrir ypotecques héritables estre créées en et sur aucuns héritages cottiers tenus de luy en sensive, ne souffrir aucuns sourcens ou fourfays sur yceulx héritages estre aservis et payer à aultruy cens, surcens ou rente, s'il ne plaist audit seigneur.

7. Item, par ladite coustume, nul ne pœult baillier à cens ou sourcens aucune chose scituée en la seignourye, tenue dudit seigneur cotièrement, sans le consentement dudit seigneur; et se elle se bailloit sans son consentement ou de ses officiers ayans pouvoir à ce, telz bans seroient de nulle valeur et ne seroient à tenir.

8. Item, par ladite coustume, se aucun bail se fait d'aucune chose tenue de ladite seignourye en coteryc, à sourcens du consentement dudit seigneur, et celluy à qui auroit esté fait ledit bail à sourcens ou aultres ses successeurs vendente la chose ainsy bailliée à surcens à aulcun aultre, les droits de vente et de rellief appartiennent audit seigneur et non à cellui qui les auroit baillié à sourcens du consentement dudit seigneur.

9. Par ladite coustume, nul ne pœult avoir droit en fief ou chose cotière à luy legatée venue de ses prédécesseurs, que premièrement il ne l'ait appréhendé par devers ledit seigneur, et que il en ait payé les drois seigneuriaulx et en soit deument saisy, par icelluy seigneur ou son bailly, par saisine de fait devant qu'il puist faire les fruis siens.

10. Item, et se aucuns subgietz dudit seigneur ne relièvent les terres ou tenemens cottiers à eulx suscédés ou légatés par leurs prédécesseurs, en dedans VII jours et VII nuys, ilz escheent en amende de VII sols VI deniers ou

de perdre les fruis desdits ténemens et terres; et pareillement en fief, s'ilz ne reliévent en dedens XL jours, ils escheent en amende de LX sols ou emperdicion des fruitz et levés desdits fiefz.

11. Item, par ladite coustume de Drucat, touteffois et quante foys que femme chet en viduité, elle doit reliefz de desbail pour la mort de son mary, et s'elle se remarye, son mary doit reliefz de bail qui est tel que autant que le ténement qu'ilz reliévent de bail et desbail doit par an; et pareillement en fiefz, ilz doivente, pour chascune foys, plain reliefz sauf que ladite vesve ne doit point de chambellage (6).

12. Item, par ladite coustume, se aucuns venoient relever, pour enffans mineur d'ans, fiefz ou coteryes, ilz devouroient audit seigneur double relief des fiefz et coteryes qui seroient tenus dudit seigneur.

13. Item, et par la coustume, il est deu audit seigneur de Drucat droit d'aide tant par ses hommes féodaulx que cottiers, qui est pour le fief en plain hommage, LX solz, et pour les ténemens coctiers, autant qu'ilz doivent de cens et de rellief; et sy doient tous lesdits subgietz cottiers telz cens, telz reliefs et telles aides quant le cas y eschet.

14. Item, et pareillement ledit seigneur de Rambures, en sadite terre et seignourye de Drucat, prend et a droit de prendre, partout sadite seignourye, droit de acquit, d'herbage mort et vif, de forage, et aultres telz droix que à seigneur ayant toute justice, haulte moyenne et basse pœult et doit appartenir, c'est assavoir IIII deniers parisis du vendeur pour droit d'acquit, et autant de l'acheteur qui le doient payer sur peine de LX sols, s'ilz sen vont de ladite seignourye sans payer ledit droit; et de droit de forage quatre los de chascune pièce de bruvaige qui se vend à brocque et détail audit lieu de Drucat; et s'ilz le vendent sans afforer, ilz doient LX sols d'amende audit seigneur.

15. Item, et le droit de herbage mort et vif se engendre le nuyt de Noël et se paye le nuyt Saint-Jehan par ceulx qui tiente blanches bestes à laines, c'est assavoir ceulx qui tiente bestes blanches au desoulz du nombre de dix doivente pour ledit droit de mort herbaige de chascune une obole parisis; et qui ne le paye ladite nuyt Saint-Jehan, il eschiet vers ledit seigneur en LX solz parisis d'amende; et ceulx qui en tiente jusques au nombre de dix inclusivement, ilz en doivente une audit seigneur pour le droit d'herbage vif; et doivent les nouretiers, en leurs troupeaux de blanches bestes, prendre trois bestes et les séparer des aultres et, ce fait, ledit nouretier doit choisir l'une desdites bestes et ledit seigneur prend l'aultre, laquelle qu'il lui plaist aprez;

et se ledit droit de vif herbage est demandé et il est reffusé, le refusant doit pour son reffus estre condempné en amende de LX solz.

En marge de cet article : aucuns des habitans ont dit que, par la coustume générale du bailliage d'Amyens, il ne doient point de vif herbage sy n'y a vingt bestes, mais qu'ilz ont acoustumé de payer audit seigneur de Rambures, de dix bestes l'une quant il a volu la prendre et lever, et quant à ce il voudroient bien garder ladite coustume du bailliage, s'il plaisoit audit seigneur.

16. Item, par ladite coustume de Drucat, quant les subgietz dudit lieu ne payent leur cens chascun an, au jour qu'ilz les doivent, ilz doient audit seigneur, chascun et pour chascun terme et pour chascun ténement, VII solz VI deniers d'amende, se prendre le vœult ledit seigneur.

En marge de cet article : lesdits habitans dient qu'ilz ne tiennent point ladite coustume locale, et qu'ilz ont sy bien payé ledit seigneur qu'il ne leur a fait payer aucune lois ou amendes ; et remettent ladite coustume locale à la coustume générale du bailliage d'Amiens.

17. Item, et quant aucun des subgietz ou subgietes dudit lieu de Drucat se marye et la feste et nœupces se font audit lieu de Drucat, le maryé ne pœult couchier la première nuyt avec sa dame de nœupce sans le congié, licence et auctorité dudit seigneur ouquel ledit seigneur ait couchié avecq ladite dame de nœupce ; lequel congié il est tenu demander audit seigneur ou à ses officiers ; pour lequel congié obtenir, ledit maryé est tenu baillier ung plat de viande tel que on la mengue ausdites nœupces, avec deux los de bruvaige tel que l'on boit ausdites nœupces ; et est ledit droit appellé droit de cullage; et d'icelluy droit de cullaige ledit seigneur et ses prédécesseurs ont joy de tout tamps et de tel qu'il n'est mémoire du contraire (7).

18. Item, et a ledit droit que, quant il couche et pernote en son chastiau dudit lieu, tous les subgietz dudit lieu de Drucat sont tenu batre l'ieaue estans auprez dudit chasteau pour empeschier que les raines ou grenoulles ne lui faicent noise, sur paine et amende à chascun subgiet de LX sols parisis (8).

Toutes lesquelles coustumes et drois ont lieu en ladite terre et seignourie de Drucat, en ce qui est en mectes du bailliage d'Amyens, et comme nous Pierre Doremieulx, lieutenant es lois, bailly dudit lieu avons trouvé aprez que, en vertu de la commission de M.gr le bailly d'Amiens ou son lieutenant, nous avons fait convenir et adjourner tous les hommes féodaulx et coctiers de ladite seignourie de Drucat, en ce qui est des mectes dudit bailliage d'Amyens, et cy dessoubz signés.

En tesmoing de ce, ilz ont signé ce présent coyer qui a esté fait et escript, en ladite ville de Drucat, le mardi XXVIII.ᵉ jour de septembre l'an mil V cens et sept.

Signés : Jacques Maupin *procureur de Jehan Miannay.* — Jouvenet Labbé. — *Marque de* Jehan Lemerchier. — Simon Maupin. — *Marque* Anthoine d'Abailles. — Jehan Ponchin. — Jehan Baudevin. — Jehan Mopin. — Colard Lourdel.

EMONT.

FIEF.

Une petite page en parchemin presque illisible. Un seul article.

Ce sont les coustumes locales dont use et a acoustumé user Jehan . . . . . . en son noble fief seant prez Emont, qu'il tient de la chastellenie de La Ferté-lez-Saint-Riquier, auquel fief il a justice moïenne que l'on dit vicomtière.

1. Tous ses sujets cottiers doivent tels cens, tels reliefs.

Fait et approuvé le XXV.ᵉ jour de septembre l'an 1507.

4 signatures illisibles.

ERGNYES.

SEIGNEURIE.

Une petite page en parchemin contenant 4 articles lisibles.

Coustumes localles et particulières de la terre et seigneurie d'Ergnies appartenant aux relligieux, prieur et couvent des Célestins Saint-Anthoine en Amiens.

1. Le prieur et le couvent ont toute justice et seigneurie haute moyenne et basse. — 2. Tel cens, tel relief pour les héritages. — 3. Pour les terres aux champs 2 sols 8 deniers de relief et autant pour droit de vente.

Le XXVIII.ᵉ jour de septembre l'an 1507.

Signés : Delessau *bailly.* — Ly Vasseur. — Martin de Montreuil. — Jehan de Ponthieu *homme cottier.*

FAVIÈRES.

SEIGNEURIE.

Trois pages et demie de grand parchemin. 19 articles lisibles.

Ce sont les coustumes générales, particulières et locales de la terre et seigneurie de Favières, scituée et assize es mettes de la prévosté de Saint-Riquier et ressortissant au siége du bailliage d'Amiens, appartenant aux relligieux abbé, et couvent de Saint-Vallery-sur-la-Mer ; et laquelle seignourie ilz tiennent, avec aultres terres et seignouries, en ung seul fief amorty soubz le roy nostre seigneur . . . . mises et rédigées par escript le XXVII.ᵉ jour de septembre l'an 1507.

1. A la vente des fiefs, il est dû le quint denier. — 2. Sur 10 bêtes à laine, une bête vive pour droit de vif herbage.

3. Ont lesdits relligieux, en leur dite terre et seignourie de Favières, haulte justice, basse et moyenne et souveraineté, sans ce que aucuns aultres de leurs hommes féodaux y aient amende et justice, à cause de leurs fiefz, aultre que de deux solz six deniers.

4. Pœuvent lesdits relligieux par leurs officiers faire arrester les biens d'aucuns forains qui seroient venus manoir en ladite ville par louage, gens estrangiers passans et rapassans par ledit village, les bestes, biens mœubles et aultres choses à eulx appartenans, pour la somme deue à celluy qui feroit faire ledit arrest.

5. Lesdits relligieux ont droit d'acquit qui est tel que se aucuns estrangiers et forains vendent ou achètent, es mettes de ladite terre et seignourie, quelque beste masle comme vasches, veaux, bœufz et autres bestes à corne, ledit forain achepteur est tenu payer pour ledit droit d'acquit, auxdits relligieux ou leurs commis, un denier parisis ; et d'un cheval masle quatre deniers parisis, d'une jument ou poullain deux deniers parisis ; de chascune beste à layne une obole parisis ; avec ce, se ilz acheptent aucunes peaulx à layne doivent de chascune peau une maille parisis, comme de la beste à laine, et se ledit acheteur se part sans païer ledit droit d'acquit ausdits relligieux ou leurs commis, ilz commectent pour chascune fois et pour chascune beste et peau, amende de LX solz parisis.

6. Les forains et étrangers ne peuvent mettre leurs bêtes pâturer dans les marais de Favières, sans le congé des relligieux. — 7. Personne ne peut fouir ni picquer sur les flots et flégards sans leur leur congé sous peine de LX sols.

8. Item, par ladite coustume, quant il y a aucuns bestiaulx ou aultres choses trouvées espaves es mectes de ladite terre et seignourie dudit Favières, sans avoir garde, lesdites choses espaves ainsy trouvées compectent et appartiennent ausdits relligieux ; et se lesdites choses espaves avoient (esté) poursuites dedens le temps et jours acoustumés, et que, par ceulx qui feroient lesdite poursuite, il fut duement veriffié et prouvé lesdites espaves leur appartenir,

elles leur seroient rendues, et payant par iceulx qui feroient ladite poursuite, les frais et mises de justice.

9. Par ladite coustume, appartiennent auxdits relligieux tous laguens, warestz et aultres choses jectées hors de la mer, es mectes et à l'endroit de leur territoire dudit Favières, en tant et si avant que ladite terre se comporte et estend; lesquelz laguens, warestz et aultres choses jectées hors de la mer (se elles) estoient poursuis et que duement fut apparu et informé ausdits relligieux, leur bailly et officiers, lesdits laguens, warestz et aultres choses estre et appartenir à celuy qui feroit ladite poursuite, par juste merque ou compas et aultres justes enseignemens, lesdites choses leur seroient rendues en paiant le sauvage et autres mises de justice (9).

10. Ont lesdits relligieux, en leur dite terre et seignourie de Favières, tous les droix de ancrage, letaiges et siéges de nefz de tous et chascun les navires qui viennent ancryer et poser ancre et siéger et lecter es mectes de leurs dites terres et seignouries (10).

11. Se aucun des habitans dudit lieu de Favières, de leur volenté indeue se ingèrent attribuer et retenir à eulx quelque chose espave, soient bestes ou aultres choses quelzconques appartenant à aultruy, et forcheller en son hostel ou ailleurs rechellement, plus de ung jour naturel qui est vingt-quatre heures, sans en advertir lesdits relligieux ou leurs commis, il eschiet envers eulx et pour chascune fois, en amende de LX sols parisis et restitution de la chose ainsy par eulx forchellée (11).

12. Nulz de quelz conques estat quilz soient, estans demourans en ladite terre et seignourie de Favières, ne pœuvent tenir ne garder quelzconques fillés ou roix pour tendre aux poissons ou aultrement aux oyseaulx, soient gentilz ou aultres ou à quelques bestes de forest, soit noir ou rouge, ne pareillement tendre es mettes de ladite terre et seignourie en laquelle lesdits relligieux ont garenne à toutes bestes et oyseaulx, que ce ne soit en comectant par eulx et pour chascune fois, amende de LX solz parisis avec confiscacion desdits roix et fillés.

13. Nulz desdits subgetz ny aultres de quelzconques estat quilz soient ou usent, ne pœuvent, ne doibvent tendre ou faire tendre aucuns verneulx, roix, naces ou fillés es rivières et fossez de ladite terre et seignourie de Favières au prez de cent pietz des nocz et escheaux dudit pays, tant au lez devers le *douth* (sic) comme de devers la mer, sur peine et amende et pour chascune fois de soixante solz parisis et de confiscacion des roix et fillés par eulx tendus.

14. Nulz estrangiers quelz conques quelz quilz soient, ne pœuvent, ne doib-

vent tendre esdites rivières à roix, fillés ny aultrement, samblablement aux oiseaulx gentilz ne aultres bestes sauvaiges, soit noir ou rouge, sans le congié et licence desdits relligieulx, sur paine et amende de LX solz parisis, pour chascune fois, confiscacion desdits fillés et roix, pour ce que en ladite terre nulz forains ne ont aucunes franchises.

15. Tous les hommes tenans noblement et en fief, par service et hommage, sont tenus servir les plais en personne, toutes les quinzaines, en la cour d'iceulx relligieux, en icelle église et abbaye de Saint-Vallery, eulx sur-ce souffisamment adjournez sur peine et amende de six solz parisis et pour chascune fois, ainsy qu'il le ont promis et juré par serment solempnel, par l'investiture et saisine à eulx bailliée de leurs fiefz.

16. Par ladite coustume et droit seigneurial d'iceulx relligieux, toutes les rivières et eaues courans en leurs dites seignouries de Favières, sont, compectent et appartiennent aux relligieulx en fons, propriété, esquellez nulz ne pœuvent tendre ou peschier sur les paines et confiscacions prédictes.

17. Sont tous les subgietz tenans de ladite église et abbeye audit Favières, ayans près et terres contigus et joignans à ladite rivière, tenus rellever et nectoier, chascun à l'endroit de son ténement, pré ou terre, autant et sy avant que leurs dits prez, terres et héritaiges s'estendent, quant mestier y est, en telle fachon que lesdites rivières puissent avoir cours pour fleuer en la mer, sur paine et amende de LX sols parisis, et pour chascune fois quilz seroient reffusans ce faire, eulx sur ce sommés de temps deu et compectant, saouf toutes voyes que les circonvoisins ayans terres labourables ou prez estans à lentour et à lenviron desdites rivières, et lesquelles par faulte de nectoyer leur pourroient noyer leurs terres et prez, lesquelz, comme d'anchienneté a esté acoustumé faire, seront tenus de contribuer et paier audit nectoyage à leur cotte et porcion et au journel le journel (12).

18. Tous les subgietz de ladite terre et seignourie ayans prez et terres tenues d'icelle église à lentour et à lenviron desdites rivières, sont tenus eulx sur ce sommés, rellever tout et chascun les fossez quilz ont en leurs dits prez et terres, chascun à son letz et pour autant que son héritage contient, soit de bout ou de costé, en telle fachon que les eaues qui ont acoustumé à avoir cours esdites rivières, y puissent venir fleuer, sur paine et amende de soixante solz parisis, se de ce faire sont reffusans, eulx sur ce sommés de temps deu et compectant, comme dist est.

19. Item, dient et affirment tous les dessoubz cy aprez signés que ung chascun seigneur ayant fief et justice, luy loist et pœult de droit délaissier telle

quanticté, partie et porcion de sadite terre et seignourie et deppendance d'icelle, en quelque lieu que ce soit, en friche et riez et non valloir, sans le approprier à soy ne bailler à cens ou à louaige, tant et sy longuement que bon samble audit seigneur ; et combien que durant le temps que icelle terre est ainsy délaissiée en friche, riez et non appropriée ne bailliée au prouffit dudit seigneur, et que ung chascun ait acoustumé passer, rapasser, faire pasturer par leurs bestiaulx les herbes y estans, faire rapasser iceulx sur icelle terre ainsy délaissiée, soit par vingt, trente, quarante ans et plus et de tout le temps de leur mémoire. Néantmoins qu'il est loisible audit seigneur reprendre lesdites terres toutes et quantes fois que bon lui samble à son prouffit, les approprier à sa demaine, bailler à louage, à cens ou aultrement en faire son prouffit ou ny (sic) en quelque lieu que lesdites terres soient situéez et assizes, en faisant touteffois apparoir par ledit seigneur, s'il y avoit contrarietté, comment icelle terre est de sa seignourie, table et demaine.

En tant qu'il touche toutes les autres coustumes d'icelle terre et seignourie de Favières, elles sont semblables aux coustumes générales du bailliage d'Amiens et prévosté de Saint-Riquier là où ladite terre et seignourie de Favières est scituée et assize.

Signés : Damp Nicolle de Ellecourt *abbé de Saint-Valery.* — Damp Jehan Jouen *prévost de Favières.* — Sire Loys Le Muigne *prestre, vice-gérant de Favières.* — P. Cornu *prestre.* — Jehan Macquerel *homme lige.* — Jehan Vinchent *bailli de ladite église et abbaye.* — Lesage *homme lige.* — Jacques Briart *substitut du procureur pour office.* — Jehan Doudet *homme cottier.* — Mahieu Lefeuve *homme lige.* — Jehan de Chepy *homme cottier de Favières.* — Pierre Lefeure *homme cottier de Favières.*

LE FESTEL.

FIEF.

Ecrite en long sur une petite page en parchemin, maculée sur le côté droit, lisible sauf quelques bouts de lignes. 1 article.

Ce sont les coustumes localles dont a acoustumé user et use Anthoine de Franqueville . . . . . en ses fiefz et seignourie du Festel, et ses sujetz et tenants cottièrement audit lieu du Festel qu'il tient, en deux fiefs, l'un de Saint-

Riquier, et l'autre de la terre et seigneurie de La Fresté lez ledit Saint-Riquier, en laquelle il a toute justice et seigneurie haute, moyenne et basse.

<small>1. Sur le fief de La Ferté, tels cens, tels reliefs, telle issue, telle entrée; sur le fief de l'abbaye, tels cens, tels reliefs et le quint denier de vente.</small>

Le pénultième jour de septembre l'an mil cinq cent et sept.

Signés : Delesseau *bailly du Festel.*—Colart Monborgne.—Jacques Loquet. —J. Lengles.—Adam Levesque.

FORESTMONTIER (13).

TEMPOREL DE L'ABBAYE.

Ecrite sur le recto d'une longue page en parchemin. 10 *articles lisibles.*

Aux relligieulx, abbé et couvent de l'église Nostre-Dame de Forestmontiers au diocèse d'Amiens, appartient ledit village de Forestmontiers avœuc les villages de Bernay, Machiel, le Caufour, Saint-Severin, scitué à Cressy; et sont fondez, douez et admortis soubz le roy, au ressort du bailliage d'Amiens; esquelz lieux et en tout leur temporel, ilz ont toute justice et seigneurie haulte, moïenne et basse.

<small>1. Les hommes de fief de ladite abbaye sont tenus de servir les plaids en personne de 15ᵃᵉ en 15ᵃᵉ</small>

. . . se lesdits hommes faisoient mal jugement, ilz escherroient envers icelle abbaye, en amende de LX livres parisis à prendre sur chascun desdits hommes à porcion.

<small>2. Relief des fiefs LX sols et XX sols de chambellage ; à la vente, le quint denier.</small>

3. Item par la coustume tenue et observée de tout temps, quant aucun homme cottier va de vie à trespas le fils aisné et héritier doit rellever l'héritage en dedans 7 jours ou aultrement, en deffault de relief, il demeure en la main d'icelle église qui fait les fruitz siens et eschiet avec ce en amende de VII sols VI deniers envers icelle église.

<small>4. Le relief, en succession cottière, pour les manoirs est de 10 sols parisis et pour les terres à champ de 2 sols par journal. — A la vente, don et transport des héritages cottiers, il est dû le quint denier aux religieux qui ont pouvoir de retraire par puissance de seigneurie. — 5. Lesdits religieux peuvent faire exécuter leurs sujets par leurs sergens pour les censives ordinaires et les amendes. — 6. Ils ont 2 lots par chaque pièce de vin qui se vend en détail, pour droit de forage et afforage. — 7, 8 et 9. A Pontoille, à Rue et à Bernay, le relief des manoirs est de 10 sols, et de 2 sols par journal de terre cottière.</small>

10. En autres choses, se règlent iceulx relligieux, abbé et couvent selon les coustumes de la prévosté de Saint-Riquier.

Les coustumes dessus transcriptes ont esté leues, veues, consenties et accordées et tenues pour notoires et véritables, esdits lieux et villages, par les manans et habitans pour ce assemblez le XXVIII° jour d'aoust l'an mil cinq cent et sept.

Signés : Jehan de Molinguehem *lieutenant du bailli.*— J. Brocquet *prestre.* — Pierre de Gouy *escuier.*— Valeran Ratel *homme lige.*— J. Heffroy *tisserand.*

FRANQUEVILLE.

SEIGNEURIE.

Une page en parchemin. 6 articles lisibles.

En la terre et seignourie de Franqueville appartenant à Hues de Riencourt, escuier, filz mineur d'ans de deffunct monseigneur Jehan, en son vivant chevalier, seigneur desdits lieux de Riencourt et Franqueville, laquelle terre de Franqueville icelluy mineur tient en plaine parrie de la terre et chastellenie de Dompmart-lez-Ponthieu, duquel mineur madame Marie de Montmorency, vefve dudit feu, a le bail, l'on a acoustumé user des coustumes qui s'ensievent.

1. Quand aucun vent maison ou héritage cottier scitué audit village de Franqueville, ledit seigneur a, pour ses droits seigneuriaux, à cause de ladite vendicion, la moitié de la somme à quoy la maison, chambre et comble est apréciée par les hommes de ladite seignourie, et du résidu de ladite place en estables, granges et autres lieux y estans, ledit seigneur n'en prent aucuns drois seigneuriaulx et est tenu bailler la saisine de tout le pourprins, en lui paiant les drois de l'apréciation qui sera faite desdits combles de la chambre et maison ; et ce en quoy ilz sont prisiés par lesdits hommes, le seigneur en a la moitié (14).

2. Pour la vente des terres à champ, le seigneur a 12 deniers du journal, et de chacun journal du petit terroir 6 deniers.

3. Et quant aucuns possesseurs de maisons et ténements scituez dedens ledit village de Franqueville, et de terres cottières scituez au terroir dudit lieu, vont de vie à trespas, leurs héritiers ne sont tenus aucunement relever lesdites maisons estans dans ledit village (15), mais ils doibvent rellever lesdites terres cottières et payer audit seigneur, pour ledit droit de rellief, 12 deniers pour chascun journel.

4. Droit de vif herbage sur 10 bêtes à laine.

5. Et par ladite coustume, icelluy seigneur a droit d'yssue de ville qui est tel que de chascun cheval, jument ou vache vendue audit village, audit seigneur en appartient ung denier d'issue; et de chascune brebis ou mouton 1 obole d'issue; et ne pœuvent ceux qui acheptent lesdites bestes, les transporter hors dudit village sans avoir paié icelluy droit, sur peine et amende de LX sols parisis; et pœult icelluy seigneur prendre et retenir lesdites bestes en rendant et restituant audit achetteur ce qu'il en auroit paié.

<small>6. En autres choses, on se règle sur les coutumes du bailliage d'Amiens et de la prévôté de Saint-Riquier.</small>

Le XVIIIe jour de septembre l'an 1507.

Signés : Jehan Bardoul *lieutenant du bailli dudit lieu.*—Jehan Carton *prestre, curé dudit lieu.*—Jehan de Vremelle *receveur.*—Jehan Buteulx.—Colart le Josne.—Colin Roussel.—Robert le Carpentier (*une hache.*)

GORENFLOS.

FIEF.

Une petite page en parchemin très-lisible. 6 articles.

Enssuivent les coustumes locales et drois que moy Enguerran Briet, prestre, ay, à cause de mon fief scitué et assis en la ville et terroir de Gorenflos, tenu de messire Loys Bournel, chevalier, seigneur de Thienbronne, de Bouchon et du Ploys-lez-Donquerre et à cause de sa seigneurie dudit Ploys.

1. Primes, en terres des camps ou manoirs et gardins non amasez tenus de mondit fief, jai les saisines et dessaisines et 12 deniers de relief et, pour droit de vente, 12 deniers d'entrée et 12 deniers d'issue.

<small>2. Des manoirs et jardins 5 sols de relief.—Pour droit de vente, 5 sols d'entrée et 5 sols d'issue.—3. Vif herbage : le quart du droit à l'encontre du seigneur.—4. Champart : le quart du droit à l'encontre du seigneur.—5. Sur la partie du terroir nommée le terroir de Rastel, il a la moitié de la rente.</small>

6. J'ay, en mondit fief, justice et seignourie, drois, amendes, noblesses et prérogatives telz que, selon la nature de mondit fief et selon la coustume du bailliage d'Amiens où mondit fief est assis, me peut et doit appartenir.

Lesquelles coustumes jay signé de ma main et fait signer de mes hommes ou subjetz, en approbacion de vérité, le pénultième jour du moy de septembre, l'an 1507.

Signés : A. Briet. — Guillaume Cremieux. — P. Houbart. — P. Masse. — Jehan Masse. — P. Traulet.

GUESCHART, JENCOURT, MAISONS-LEZ-PONTHIEU, SAINT-LAUD.

FIEFS.

Une page en parchemin lisible. 3 articles.

Ce sont les coustumes locales dont Jolinet de Tornes, et ses tenants, ont acoustumé user et usent, à cause des fiefs que ledit Jolinet tient de nobles et puissans et ses très hounourés seigneurs, les seigneurs de Jencourt, de Gaissart, de Maisons-lez-Ponthieu, et de Saint-Lau, esquelz il a acoustumé user de haute justice, moyenne et basse et des drois à telle justice appartenant plus au long déclarés es coutumes générales du bailliage d'Amiens et de la prévosté de Saint-Riquier.

1. A Jencourt, le relief des successions cottières est de 12 deniers du journal, et le droit de vente du 6.ᵉ denier. — 2. A Gueschart : même relief ; pour droit de vente, 12 deniers d'issue, 12 deniers d'entrée. — 3. A Maison-Ponthieu et Saint-Laud : tel cens, tel relief et le quint denier pour droit de vente.

Le 27.ᵉ jour de septembre l'an 1507.
Signés : J. Morel.—Hue Morel.—Jehan Lecocq.—Pruvost.—Alain Daquet. —Jehan de Tornes.—Jehan Delecourt.—Antoine de Bouflers.—*Marque de* Jehan Gode (*une scie de charpentier.*)—Colin Pieron.—Jehan Lecaron.

HAMELLES-SUR-MER.

SEIGNEURIE.

Une grande page en parchemin. 8 articles lisibles.

Coustumes locales et particulières, gardées et observées en la terre et seigneurie de Hamelles-sur-la-Mer, tenue de la seigneurie et chastellenie de Gamaches.

1. A la vente des fiefs et coteries, il est dû le quint denier au seigneur. — 2. Droit de relief des coteries, tel cens, tel relief.

Le 29.ᵉ jour de septembre l'an 1507.
Signés : Deschamps *bailli.*—Demonchaulx *procureur.*—Waleran Ratel *homme lige.*—*Sire* Eustache Mannonnier *prestre.*—*Marque* de Jehan Bethouart *homme lige.*—Pierre Lecaron *cottier.*—*Marques :* Jehan Sanyé *cottier.*—Colart Obin *cottier.*—Colart Loisel *cottier.*

HARAVESNES.

SEIGNEURIE.

Une page en parchemin. 3 articles lisibles.

Ce sont les coustumes locales dont on use et ont acoustumé user les sujets, manans, habitans et tenans en fief et cotterie de la terre et seigneurie de Haravesnes, appartenant à messire Charles de Gaspanes, chevalier, seigneur dudit lieu, de Robercourt, Le Ploicq, Noyelles, Brailly et Saint-Mauguille-lez-Saint-Riquier, que ledit seigneur tient noblement, en fief, de noble et puissante dame, madame Marguerite, dame de Chastillon, à cause de sa chastellenie de La Ferté-lez-Saint-Riquier, en laquelle terre de Haravesnes il a toute justice et seigneurie haute, moyenne et basse, pareille à celle de ladite dame.

1. Le seigneur a plusieurs hommes féodaux qui lui doivent les services, drois et debvoirs selon la coustume.

2. Item a ledit seigneur plusieurs hommes cottiers qui tiennent ténements et terres par censives, en deniers, grains, cappons et droit de rente on campart, qui lui doivent relief de fait que l'on nomme relief de merchy qui est tel que le sixiesme denier de la value et prisée, ensemble des fruis et prouffitz desdits ténemens, amasemens et des terres qui doivent censive ; et de celles qui ne doivent que terrage, douze deniers de chascun journel et, à la vente, le sixiesme denier de la value et prisée d'iceulx ténements.

3. Lequel seigneur proteste d'estre conservé en ses drois et usages et coustumes ; et se aucuns les denyent, il les offre vérifier si avant que pourra souffrir.

Le XXIIII° jour de septembre l'an 1507.

Signés : Joseph Flourenche. — Hue Thérouane. — F. Haquet. — Pierrot le Vacquer. — Thomas Tolenach. — Jehan Tolenach *le Josne*. — Jehan Damagnez.

HEUZECOURT ET FIENVILLERS.

FIEFS.

Une petite page en parchemin. 5 articles.

Coustumes, usages et droix es villes de Heuzecourt et Fienvillé, appartenant à monseigneur Christophe de Carmionne, conseiller du roy nostre sire au Parlement, mari et bail de madame Hélène de Saveuses, sa femme (16).

1. Le seigneur a bailli, lieutenant de bailli, sergent et officiers et sy a toute justice qui à haulte justice appartient.

2. Droit de vente des fiefs, le 5.ᵉ denier ; le même droit pour les coteries. Le relief de ces dernières est de 12 deniers du journal.

Le XXIIᵉ d'août 1507.

Signés : L. de Brestel.—Pierre Dequen.—Jehan de Brestel.—J. Hanicque.—Mahieu Bacquet *de Buires.*

LA FERTÉ-LEZ-SAINT-RIQUIER (17).

CHATELLENIE.

Bibl. royale, Coll. D. Grenier, 14.ᵉ paquet nº 7, p. 3. 37 articles.

Coustumes locales et particulières de la chastellenie et seigneurie de la Freté-lez-Saint-Riquier, en ce qui est au domaine de ladite chastellenie, appartenante à madame Marguerite de Chastillon, et qu'elle tient nuement du roi nostre sire, à cause de son bailliage d'Amiens, là où elle a toute justice et seigneurie haute, moyenne et basse, lesquelles coustumes ladite dame baille à noble et puissant seigneur Mgʳ. le bailli d'Amiens ou son lieutenant, en obéissant au commandement à elle fait de par le roi nostre sire ; requérans ladite dame estre maintenue et conservée en ses prééminences, droits, usages et coustumes, tant en ce qui lui appartient par et selon les coustumes générales dudit bailliage d'Amiens et des prévostez royales, ès quelles ladite chastellenie s'estend, comme par lesdites coustumes locales et autrement duement.

1. Par la coustume locale de ladite chastellenie, tous les vassaux et hommes tenans en peirie de cette seigneurie doivent, pour chacune parrie, 10 livres parisis de relief et autant d'aydes, 40 sols parisis de chambellage et le quint denier de ventes, quand les cas y escheent, les plais en personne de quinzaine en quinzaine au siège du bailliage de ladite chastellenie, quand ils y sont souffisamment adjournez, sur peine de 10 sous parisis d'amende pour chacun deffault ; et si doivent service à ronchin, et ils ont haute justice, moyenne et basse.

2. Par ladite coustume, tous les vassaux et hommes tenans de ladite chastellenie, en plain hommage, fiefs qui ne sont appelez parie, doivent 60 sols parisis de relief, autant d'aydes, 20 sols parisis de chambellage et le quint denier de ventes, quand le cas y eschet servir. . . . . les plais de quinzaine en quinzaine au siège dudit baillage, quant ils y sont souffisamment adjour-

nez, sur peine de cinq sols d'amende pour chacun deffault; sy ne ont que basse justice si ce n'est par fait spécial; mais par fait spécial (aus)sy, aucuns ont haulte justice et en dessoubs et les autres vicomtière et en dessoubs.

3. Par ladite coustume, tous fiefs restrains tenus de ladite chastellenie, s'il n'y a fait espécial au contraire, n'ont point de justice et doivent 60 sols parisis de relief, autant d'aydes, 20 sols parisis de chambellage et le quint denier de ventes, quand les cas y escheent; mais s'il y en a aucuns qui par fait espécial ont justice, ils ne doivent que tels reliefs, ventes, services de plais et autres droits qu'il est déclaré et limité en leurs lettres, adveux et dénombrement, sans avoir régard à ladite coustume.

4. Par ladite coustume, tous héritages, tant féodaux que cottiers ou roturiers, tenus de ladite chastellenie doivent relief de fait aprez le trespas de ceux qui en sont morts saisis et, aprez iceulx trespas, retournent et viennent de plain droit en la main de ladite dame, et si lesdits héritages ne sont relevés et droiturez en dedans le temps en tel cas requis, assavoir : les fiefs en dedans 40 jours et lesdites cotteries en dedans 7 jours et 7 nuits, après lesdits trespas, les levées et prouffits desdits héritages qui escheent depuis iceulx trespas jusques ausdits reliefs faits et payez, appartiennent à ladite dame.

5. Par lesdites coustumes, les héritages cottiers et roturiers tenus de ladite chastellenie séans à la Freté-Saint-Riquier, Maisons, Nœufville, Port, Noyèles, Cherisy, Vausselles, Busguillart, La Fresnoye, Bouchon, Ouville et autres lieux estans de ladite seigneurie doivent, pour droits de reliefs, autant que les cens d'une année entière, et en cas de ventes, donations ou transports le vendeur ou donateur doit, pour son yssue, autant que le cens d'une année entière, et l'acheteur ou donataire doit autant pour son entrée, sauf que en donation faite à son héritier apparent en advanchement de succession et hoirie, n'est deu que ung simple relief tel que le cens.

6. Par ladite coustume, ès villages de Cramont et Genville estans de ladite seigneurie, est deu pour les masures anchiennes 5 sols parisis de relief pour chacune, autant d'issue, autant d'entrée, et pour les nouveaux baillemens, ensemble pour les terres des champs qui doivent censive, est deu tel relief, telle issue, telle entrée que les cens d'un an, comme il est dû ès autres lieux déclarez en l'article prouchain précédent.

7. Par ladite coustume, au village de Fontaine-sur-Maye, qui est de ladite seigneurie, chacune mazure estans des cens anciens doivent quatre deniers parisis de relief, 8 deniers parisis d'yssue et autant d'entrée; et les autres héritages qui sont des nouveaulx baillemens, et aussy les terres de champs

doivent tel relief, telle yssue et telle entrée que les cens d'une année entière.

8. Par ladite coustume, toutes les terres des champs de tous les deux villages dessusdits qu'on appelle vilaines, à cause qu'elles doivent rente ou champart, doivent 12 deniers parisis de relief, chacun journel, autant d'issue et autant d'entrée quand les cas y escheent.

9. Par ladite coustume, quand l'on veut créer ypothèque sur parrye ou autre fief tenu de ladite chastellenie, l'on doit payer le quint denier du prix de la vendue d'icelle rente à ladite dame, et la tenir d'elle en parrye ou fief, en pareil hommage, foy, service et droitures que on est tenu et sur quoy l'ypothèque est créé.

10. *Vif et mort herbage selon la coutume générale.*

11. Par ladite coustume, se ung fief succède et eschest à une femme mariée, elle doit relief de propriété, avec droit de chambellage, comme si elle estoit non mariée; et sy doit son mary relief de bail, mais il ne doit point de chambellage.

12. Par ladite coustume, tous ceulx qui vendent et délivrent bestiaux, hors lieu francq de ce qui est au domaine de ladite seigneurie et en ce qui en est mouvant, hors de la haulte ou moyenne justice des vassaux d'icelle, doivent à ladite dame, pour tonlieu et acquit, de chacun cheval ou jument, 2 deniers parisis; de chacune beste d'a*(ubmaille)*, ung denier parisis; de chacun pourceau ou truye, une obole parisis; de chacune beste à laine, une obole parisis, et pareillement en doivent autant les acheteurs; et se doit payer ledit droit en dedans soleil couchant du jour de la délivrance, sur peine de 60 sols parisis d'amende pour chacune fois, à appliquer à ladite dame.

13. *Conforme aux articles 210, 211 et 212 de la cout. générale.*

14. Par ladite coustume, quiconques desplane et escorche arbre, espine ou autre bois quelconque èsdits bois, il encourt envers ladite dame, pour chacun arbre et pour chacune fois, en amende de 60 sols parisis, et si est tenu restituer l'interrest.

15. *Conforme à l'article 200 de la cout. générale.*

16. Par ladite coustume, qui abat ou prend et emporte bois de vente desdits bois ou qui coppe ou emporte l'herbe d'iceulx bois, il encourt, pour chacune fois envers ladite dame, amende de 7 sols 6 deniers, et si doit restitution d'intérest.

17. Par ladite coustume, quiconque abat ou prend èsdits bois gland, fayne ou autres fruis de pernage servant à la paisson et nourriture des bestes, il

encourt, pour chacune fois envers ladite dame, en amende de 60 sols parisis, et sy doit restitution d'interrest.

18. Par ladite coustume, ladite dame a droit de garenne èsdits bois et n'est loisible à nul autre qu'elle ou à son advoué de y hayer (18), chasser ou prendre lapins, lièvres ne autres bestes champestres, sur peine de 60 sols parisis d'amende à elle à appliquer pour chacune fois, et de confiscation des harnas et fillès qui y seroient trouvez.

19. Par la mesme coustume, nul ne pœult vendre à broque et à détail vin, bierre ne autre bruvage, en ce qui est au domaine de ladite seigneurie ne en ce qui en est mouvant, hors la haulte ou moyenne justice des vassaulx d'icelle, qu'il ne soit afforé et que le prix y soit mis par les officiers de justice de ladite dame et que, pour faire ledit affor, il ayt délivré ausdits officiers ung pain et un lot du bruvage qu'il veult vendre et fait serment du prix qu'il luy a cousté, sur peine de 60 sols parisis d'amende envers ladite dame, pour chacune pièce de vin ou autre bruvage (19).

20. Item par ladite coustume il est deu à ladite dame, pour droit de forage de chacune pièce de vin vendu comme dessus, quatre lots de vin à la mesure des lieux, assavoir pour chacun fons deux lots, et pour chacun barry de bierre, cervoise ou autre bruvage deux lots.

21. En la ville de Saint-Riquier, ladite dame, moyennant la somme de 20 livres sur ce apposez, ne y prend ne liève lesdits droits de forage et sy permet ausdits maire et eschevins prendre sur ses subgets aucuns aydes et subcides, quant il plaist au roy les leur donner et accorder, comme il est contenu en certaines lettres d'accord et composition pièçà faites et passées par les prédécesseurs de ladite dame et desdits maire et eschevins (20).

22. Item, ladite dame prend sur tous les brasseurs et cambiers de ladite ville de Saint-Riquier, banlieue et paroisse d'icelle, soient ses subgets ou non, ung droit que l'on dist cambage, qui est de douze lots pour chacun brassin du bruvage qu'ils font et vendent.

23. Item, ladite dame a ung four, en ladite ville de Saint-Riquier, auquel tous les habitans de ladite ville et des faubourgs d'icelle sont banniers, tant pour pain que pour tartes, gasteaux et autres vivres, ouvrages et mets de four, sur peine de confiscation desdits vivres et autres peines accoustumées en droit de bannée; lequel droit aucuns desdits habitans veulent dényer (21), et pour ce y a procès pendant et indécis entre ladite dame et aucuns d'iceulx habitans, pourquoy elle proteste de demourer entière en son droit ; et est icy mis cest article sans préjudice aux drois des parties et dudit procès.

24. Item, chacun desdits habitans qui veult avoir four en sa maison pour cuire tartes, gasteaux, pastés et autres vivres, excepté le pain, doivent à ladite dame chacun 2 sols, sauf que aucuns desdits habitans veulent dényer ledit droit et est en question par son dit procès ; et pour ce fait pareille protestation que dessus, et est ici mis cest article sans préjudice comme à l'article prouchain précédent.

25. Item, chacun boulanguier fourniant et vendant pain en ladite ville et banlieue doit, chacun an, 20 sols à ladite dame pour la permission d'avoir four et cuire pain en sa maison ; lequel droit a esté remis à 15 sols parisis autant qu'il plaira à ladite dame, seulement en considération que ladite ville a esté comme toute bruslée (22).

26. Item, chacun desdits brasseurs et boulenguiers doit à ladite dame pour un droit que l'on dist amendissement, chacun an, au huitième jour d'octobre, 2 sols 6 deniers parisis, sur peine de 7 sols 6 deniers d'amende à elle à appliquer (23).

27. Item, chacun tenneur, sueur et ouvrier de cuir en ladite ville et banlieue doit à ladite dame, chacun an, la veille de Noël, cinq deniers parisis pour droit d'eaue, sur pareille amende que dessus.

28. Item, ladite dame a, en sadite seigneurie, deux molins à vent, l'un nommé le molin de la cauchie, auprez de Cramont, auquel ses subgetz dudit lieu de Cramont sont banniers selon la coustume générale dudit bailliage d'Amiens, et l'autre appelé le moulin d'Arondel et est auprez du chasteau de ladite Ferté ; et quant aucuns bestiaulx sont trouvez sur les mottes desdits moulins ou de l'un d'iceulx, aultres que ceulx qui y portent ou rapportent grain ou farine, ladite dame en puet prendre et lever, pour chacune fois, amende de 60 sols parisis.

29. Item, audit lieu de Cramont et autres villages de ladite dame à cause de sadite chastellenie, plusieurs des subgets estoient banniers aux fours d'icelle dame, luy payant, au lieu de certains deniers, chappons et poulles, ainsy que eulx et leurs prédécesseurs ont approuvé et accordé avec ladite dame et ses devanciers.

30. Item, en ladite seigneurie, a plusieurs terres que l'on dit villaines à cause qu'elles doivent rente, campart ou terrage, lequel droit se doit paier sur les peines et ainsy que faire se doit par la coustume générale dudit bailliage d'Amiens.

31. Item, ladite dame a ung droit de travers qui se doit porter et payer sans demander, en ladite ville de Saint-Riquier et autres lieux à l'environ à

ce ordonnez, sur peine de 60 sols parisis d'amende à elle à appliquer, et pour ce peult faire retourner et empescher les marchans, voituriers, chariots, charettes, bestes et marchandises ayant passé, sans payer ledit droit, certaines mettes et limites pour ce payer ordonnées et establies.

32. Item, ladite dame a un vicomte en ladite ville de Saint-Riquier, lequel prend plusieurs droits en ladite ville et à l'environ, et sy prend ung tiers à l'encontre des vicomtes du roy et de l'abbaye de Saint-Riquier en plusieurs droits et prouffits procédant à cause desdites vicomtez.

33. Item, tous les subgets de ladite dame à la Ferté, ès faulxbourgs de Saint-Riquier, à Cramont, Genville, Fontaines-sur-Maye, Hanchies et aucuns autres lieus, sont tenus et subgets faire guet et garde audit chasteau de ladite Freté en temps de ennemi, péril et toutes fois qu'il en est mestier.

34. Item, quand les officiers de ladite dame préviennent à faire prinses de bestiaux en nouvelles esteulles ou d'aucuns puis de marle en sa terre et seigneurie, elle en puet prendre et lever amende de 60 sols parisis pour chacune fois.

35. Item, ladite dame a la justice et seigneurie des chemins, voyeries, et la pescherie et seigneurie des rivières estans joingnans aux manoirs, terres et prez de sadite seigneurie, selon la coustume générale dudit baillage d'Amiens.

36. Item, plus a ladite dame la garde des chemins cy aprez déclarez, en quelque juridicion et seigneurie qu'ils soient situez et assis, c'est assavoir le chemin d'Abbeville à Cressy, de la banlieue d'Abbeville jusques à la tour de Marcheville et va par le premier des deulx à mer.

Item, le chemin qui maine d'Abbeville à Dompierre, de la banlieue d'Abbeville à le croix de pierre vers Cressy, et va par entre Saint-Cornille et Neully. Item, le chemin qui maine de Cressy à Doullens, de le croix de pierre de Cressy jusques au Mont-Regnault, et va parmi Conteville. Item, le chemin qui maine d'Abbeville à Berthaucourt, de le banlieue d'Abbeville jusques au terroir de Brucamp, par devant le Queste. Item, le chemin qui maine d'Abbeville à Dompmart, de le banlieue d'Abbeville jusques à le cauchie Brunehaut; d'Abbeville jusques au moustier de Bouzincourt et va par Dompvast. Item, le chemin qui maine d'Abbeville à Doullens, de le banlieue d'Abbeville jusques au Mont-Regnault, va par Saint-Riquier. Item, le chemin qui maine du Crottoy au Pont de Remy, pour aller en Vymeu, depuis Auviller jusques à l'arbre d'Espagne, et va par . . . . Item le chemin qui maine de Larbroye à Dompmart, du moustier de Gaissart jusques à Dompmart, et va par Maisons-en-Ponthieu. Item le cauchie de Brunehaut qui maine de Monstreul à Amiens, du terroir d'Estrées jusques au chemin qui maine de Saint-Riquier à Dompmart. Item, le chemin qui maine de Bernaville à Auxy du nouveau . . . . jusques à Auxy et va parmi le val de deux camps. Item, le chemin qui maine du Flos du Queval au Hestrel de Bussu, tant comme il dure et passe par Neufville. Item, le chemin qui maine de Monstreul à Amiens et à Dompmart, depuis la levée de Marcheville jusques à Gorenflos, et passe par Saint-Riquier. Item, le chemin qui maine de Saint-Riquier à Noielles, de Saint-Riquier jusques à Auviller, et passe par Millencourt. Item, le chemin qui maine de Rue à Saint-Riquier, de le Motte de Bulleus jusques à Saint-Riquier, et passe par Noully l'Ospital. Item, le chemin qui maine de Saint-Riquier à Labroye, de Saint-Riquier jusques au moustier de Bouzencourt, et va par Gaspaines et par Brailli. Item, le chemin qui maine de Saint-Riquier à Hesdin, de Saint-Riquier jusques au chemin qui maine du Moustier de Gaissart à Maisons-en-Ponthieu, et va par Villeroye. Item, le chemin qui maine de Saint-Riquier à Auxy, dudit Saint-Riquier jusques audit lieu d'Auxy et va parmi Wivranch. Item, le chemin qui maine de Saint-Riquier à Hiermont, depuis ledit Saint-Riquier jusques audit lieu d'Hiermont et va par les bois des Allumières. Item, le chemin qui maine de Saint-Riquier à Flixecourt, depuis Saint-Riquier jusques au terroir de Brucamp, et va par l'église de Bussu. Item, le chemin qui maine de Saint-Riquier à Araines et va par l'arbre d'Yaucourt. Item, le chemin de Saint-Riquier qui maine à Oisemont, dudit Saint-Riquier jusques aux buissons qui sont au terroir de feu M. Jehan de Roye, vers le justice, et passe au Pont de Remy. Item, le chemin qui maine de Saint-Riquier à Maisons-en-Roland et chiet en le cauchie Brunehaut, de Saint-Riquier jusques à ladite cauchie. Item, le chemin Mannerel qui maine de Saint-Riquier auprez dudit Saint-Riquier, jusques audit lieu de Prez et va par le val de Marendeul. Et quiconque picque, houe, ahane ou laboeure sur lesdits chemins. . . . . . (24) ou l'un d'iceulx, coppe ou prend arbres ou buissons y croissans, il encourt envers ladite dame, pour chacun desdits cas et pour chacune fois, en amende de 60 sols parisis, avec restitution; et sy lui appartiennent, en cas de prévention, la congnoissance des délits qui se commettent sur iceulx chemins.

37. Item, ladite dame a, en sadite seigneurie, tous autres droits, amendes, prévileges et prérogatives appartenans à seigneur ayant justice haute, moyenne et basse et autres droits particuliers ici non spécifiez ni déclarez, pour ce qu'elle entend qu'ils ne concernent pas les coustumes et aussi aucuns autres droits et usages gisans en coustume dont elle ne fait aucune mention expresse,

pour ce qu'ils se conforment aux coustumes générales du bailliage d'Amiens et à celles des prévostez d'iceluy où ladite seigneurie s'estend, ausquelles coutumes, quant à ce, elles se rapportent; requérant et protestant néantmoins d'en jouir et user cy-aprez ainsy et par la manière qu'elle et ses prédécesseurs ont fait par cy devant.

Aujourd'huy 21.ᵉ jour de septembre 1507, à l'assemblée faite au siége du bailliage de la chastellenie et seigneurie de La Ferté-lez-Saint-Riquier, par nous Colart Delessau bailli dudit lieu, pour le fait des coustumes de ladite chastellenie, en obéissant à l'ordonnance faite par M. le bailly d'Amiens . . . . sont comparus : sire Antoine Palot, prestre, curé de Saint-Riquier ; sire Mahieu Buteux, prestre, curé de Fontaines-sur-Maye ; sire Jehan Ranson, prestre, vice-gérant de Cramont ; sire Mahieu de Bourdon, prestre, curé de Saint-Mauguille ; sire Bernard Gelié, prestre, et sire Nicole Poiré, prestres, demourans à Cramont ; Jehan Delessau, procureur des religieux de Saint-Riquier ; Jacques Delessau, procureur des Célestins d'Amiens ; Jehan de Vausselles, procureur de M.ᵉ Jehan de Cambron ; M. Nicole Levasseur, licencié ès loix ; Jehan d'Espagne ; Jehan Bequefevre ; Jehan de Mar . . . . . seigneur de Waulx, Jehan, seigneur de Saint-Lau, Adrien de le Loche, Guérard Pérache, Jehan Boivin, Jacques Briet, Jehan de Noyelle, Louis Deniet, Nicolas Le Vasseur dit de Malle, Antoine Marcotte . . . . et plusieurs autres comparans que l'on ne qualifie point pour la pluspart . . . . . . ès présences de tous lesquels dessus nommez et de plusieurs autres personnes gens d'église et autres de divers estats comparans à ladite assemblée, aprez ce qu'ils ont presté le serment en tel cas requis, nous avons fait faire lecture et publication à haulte voix . . . . . . des droits, usages et coustumes cy-dessus posez et desclarez, desquels ils ont approuvé aucuns articles et sur les autres articles ont fait des réservations . . . . .

Signés : Delessau *bailli de Fontaines, procureur de M. de Rubempré et de M. de Gaspanes, de Yaucourt.* — Mahieu Linières *homme lige.* — Vasseur *homme lige.* — Bequefeve *homme lige.* — Pierre Maclouet *homme lige.* — De le Loche *homme lige.* — S. Lau de Bacouel *homme lige.* — Nicolas Levasseur *homme lige.* — De Pollehoy *homme lige.* — Le Sellier *homme lige.* — Loyset. — Cornet *homme lige, et plusieurs autres non qualifiez.*

LAMOTTE-BULEUX.

SEIGNEURIE.

Une page et demie de grand parchemin. **14** *articles lisibles.*

Coustumes localles de la terre et seigneurie de Lamotte de Buleux appartenant à noble homme Philippe de Saint-Remy, escuier, seigneur desdits lieux de Saint-Remy et Lamotte, approuvées par devant Nicollas Noël, conseiller en court laie, bailly d'icelle terre, par les gens d'église, hommes liges et cottiers soubssignés.

1. Le seigneur a toute justice et seigneurie haute moyenne et basse. — 2. Tel cens tel relief. — 7. Tel cens telle aide. — 8. A la vente des cotteries, il est dû le quint denier.

9. Item, se aucun vœult créer ypothèque sur ung fief tenu de ladite seigneurie, il devroit tenir ladite ypothèque en fief, selon la nature d'iceluy sur quoy ladite ypothèque seroit créée et en devroit telles hommages et charges que la totalité dudit fief.

14. Item, quant les officiers dudit seigneur préviennent à faire prinses de bestiaulx en nouvelles esteules ou d'aucuns puiz à marle en sadite terre et seigneurie, il en peult prendre et lever LX sols parisis d'amende pour chascune fois.

Le XXII° jour d'aoust l'an 1507.

Signés : Thomas Leclerc *prestre.* — Thomas Lalot *prestre.* — Jacques Leroy. — Pierre Leclerc. — *Marques :* Jehan de la Place (*une herse.*) — Colin Gounel. — Jehan Leclerc. — Louis Roussel. — Jacques Leclerc. — Pierre Flameng. — Colin Desmares (*une arbaléte.*) — Louis Roussel dit Lionnel. — Paul Robutel. — Jean Dufay. — *La femme* Pierre Roussel. — *La femme* Simon Dournel *et autres.*

LONGUET.

SEIGNEURIE.

Une petite page en parchemin. **3** *articles lisibles.*

Enssuivent les coustumes localles et particulières dont l'on use et a esté acoustumé user au bailliage, terre et seigneurie de Longuet appartenant à noble et puissant seigneur M.gr de Neuville.

1. Il est dû à la vente des cotteries le 5.° denier. Tel cens tel relief.

2. Item, par ladite coustume, à l'aisné appartient le tout.

Le XXI.ᵉ jour de septembre 1507.

Signés : Mahieu Lejeune *lieutenant dudit lieu.* — Colart Reusse. — P. Le Vasseur. — Jacques Lejeune.

MAISONS-PONTHIEU.

SEIGNEURIE.

Une petite page en parchemin. 1 *article lisible.*

Ce sont les coustumes locales dont use et a acoustumé user noble homme Claude de Wyerne, escuier, seigneur de Maisons-lez-Ponthieu en partie, à l'encontre de ses subgetz, en sadite seigneurie de Maisons qu'il tient en parrie de noble et puissant seigneur M.gr de Moreul, de Dompmart, en laquelle il a toute justice et seigneurie haute, moyenne et basse; et en deux autres fiefs qu'il a audit lieu, a justice moyenne que on dit vicomtière.

1. Tels cens tels reliefs. — Le quint denier des ventes. — Dimes. — Droits d'herbage, d'afforage et d'acquit.

Le XXV.ᵉ jour de septembre l'an 1507.

Signés : Morel. — Caron. — De Gricourt *curé.* — Colin de Labroie. — Robert le Boulenguier. — Jehan Lecaron *et autres.*

NEUVILLE.

SEIGNEURIE.

Une petite page en parchemin. 2 *articles lisibles.*

Ce sont les coustumes locaux dont ont acoustumé user noble homme Jacques Damiette, escuier, seigneur de Fransières, de Nœufville et de Genviller et ses subgets et tenans cottiers audit lieu de Nœufville qu'il tient du roy nostre sire, à cause de son bailliage d'Amiens, en laquelle il a toute justice et seigneurie haute, moyenne et basse.

1. Tel cens, tel relief, telle issue, telle entrée.

2. Item, par ladite coustume, ledit Jacques a droit de patronage et lui loist et non à autre, par dedans le temps introduit, présenter à Mgr. d'Amiens,

à chacune fois que les cures dudit lieu de Nœufville d'Onneu, Coulonviller et Bussu sont vaquantes par les trespas des curés, autres personnes d'église, et les pourvoir desdites cures sans que par permutacion, présentacion ne aultrement y puisse estre pourveu ; a les oblacions en ladite cure de Nœufville et en chacune d'icelles dismes menues et grosses à champs et à ville comme seigneur patron.

Le XXVII.ᵉ jour de septembre 1507.

Signés : Delessau *bailli.* — Jehan Desmanes *homme cottier.*

NEUVILLE-SOUS-FORESTMONTIER.

SEIGNEURIE.

Une page en parchemin. 6 articles lisibles.

Ce sont les coustumes locaulx de la ville, terre et seigneurie de Nœufville-sous-Forestmontier, appartenant à Romain Lesellier, en partie, à cause de deux fiefs à lui appartenants seans audit lieu qu'il tient de monseigneur de Sengneville à cause de sa terre et seigneurie de la Fresté-lez-Saint-Riquier.

1. Justice et seigneurie vicomtière.

2. Item, en ladite terre et seigneurie, y a hommes cottiers lesquels sont tenus de servir les plaids de quinzaine en quinzaine, sur les chefs-lieux des fiefs dudit seigneur.

3, 4 et 5. Droits de vicomté, amendes de LX sols, droits de tonlieux, acquits, herbage, afforage et forage. — 6. Tel cens, tel relief et aides.

Signés : Valeran Ratel. — P. Le Prevost. — Jehan Leureux. — Jehan Lecaron. — Pierre Prodhomme. — Baudet Leureux. — Andrieu Prodhomme. — Cafin Becquet. — Raulquin de Créquy. — Fremin Prodhome.

NEULLY-LEDIEN.

SEIGNEURIE.

Quatre grandes pages en parchemin. 14 articles lisibles.

Coustumes locales et particulières de la seigneurie de Noully-le-Dien appartenant à noble homme François de Condettes, baron de Colemberg, lesquelles coustumes sont ci-après déclarées.

1. Le seigneur a toute justice et seigneurie haute, moyenne et basse.

2. Les vassaux de ladite seigneurie doivent le service de plaids de quinzaine en quinzaine, quant ilz sont suffisamment adjournés, sous peine de LX solz parisis d'amende.

3. Item, les tenants cottiers de ladite seigneurie sont tenus servir les plais, audit siége, de huit jours en huit jours, sur peine de deux sols VI deniers d'amende pour chascun deffault; et doivent queute à court, sauf que il y en a aucuns qui sont exemps par fait spécial.

4. A la mort du vassal ou tenant, les immeubles féodaux et cottiers retournent de plein droit à la table et domaine du seigneur. — 5. Relief des cotteries : manoirs et jardins, 2 sols de chaque masure, et 12 deniers par journal de terre labourable.

11. Item, quant les officiers dudit seigneur préviennent à faire prinses de bestiaulx en nouveaulx compostz ou d'aucuns puiz à marne non restoupez, en sa terre et seigneurie, il peult prendre et lever soixante sols d'amende.

12. Four banal auquel tous les sujets, manans et habitans dudit lieu sont banniers, tant pour pain que pour tartes, gâteaux et pâtés, et autres vivres et mets de four. — 13. Tel cens, telle aide. Le tenant n'est obligé de payer l'aide qu'une fois en sa vie. — 14. Droit d'étalage, épaves, confiscations et tous autres droits appartiennent à haute justice.

A l'assemblée faite au bailliage de Noully-le-Dien, par nous Colart Delesseau bailly dudit lieu, le vendredi vingt quatriesme jour de septembre l'an mil cinq cent et sept, pour le fait des coustumes, . . . nous avons fait lecture et publicacion à haute voix des coustumes, usages et drois dessus posez et escripts qui ont été accordez par les assistans, ainsi qu'il sensuit. — Sur le 1.er et le 2.e articles, ils dient que, pour l'amende du deffault de service de plais, il leur semble et tiennent que lesdits hommes ne doibvent que deux sols six deniers. — Item, sur le 12.e desdits articles, a esté baillié contredit par tous lesdits assistans, assavoir par les hommes liges et procureurs d'hommes liges, disans qu'ilz ne sont en riens banniers que pour pain à levain seulement. — Et pour ce que plusieurs des assistans ont déclaré qu'ilz ne savoient signer, ils ont prié et requis audit seigneur Nicole de Le Vigne, maistre Hugues de Gaissart, antoine Pruvost et Pierre de Tornes, que pour eulx ils vœulent signer et approuver.

Signés : A. Delessau *bailli.* — Sire Nicole de Le Vigne *vice-gérant de Noully-le-Dien.* — De Gaissart *prestre.* — De Tornes. — Daquet. — Pruvost. — Morel *homme lige.* — Jehan Delecourt *homme lige.* — Bourgoys. — Lecocq *procureur de Toussaint de Mouflers.*

SAINT-RIQUIER.

PORT.

FIEF.

Une page en parchemin écrite en long. 4 articles lisibles.

C'est la déclaration des drois, justice et seigneurie d'un noble fief appartenant à Jehan de Noyelle, séant en la ville et terroir de Port, petit Port, Flibeaucourt, tenu noblement de la Fresté-lez-Saint-Riquier.

1. Primes, icelluy de Noyelle a son chief-lieu seigneurial audit lieu de Port sur lequel il peut avoir coulombier, four, thor, ver, mare et autres choses compétentes à noble fief ayant justice foncière, sur lequel il peult faire tenir ses plais pour les bestes prinses sur les terres et choses dudit fief.

2. Il a un tiers des dîmes. — 3. Tels cens, tels reliefs, telles aides de ses tenants, et le quint denier à la vente. — 4. Droit d'herbage et tous autres droits appartenant à justice foncière.

Le XXVII.ᵉ jour de septembre 1507.
(Signatures illisibles.)

PLOUICH-LEZ-DONQUEUR.

FIEF.

Une petite page en parchemin presque illisible. 1 article.

Coustumes dont ont acoustumé user et usent noble et puissant seigneur M.gr Louis Bournel, chevalier, seigneur de Thienbronne, de Beauchien, Monchy, et Ployeh-lez-Donquerre et ses sujets et tenants en ycelle sa seigneurie de Ployeh, qu'il tient noblement et en parrie de la chastellenie de la Ferté-lez-Saint-Riquier, et a en icelle justice et seigneurie haulte, moyenne et basse, hommes liges et tous drois à telle justice appartenans.

1. Relief des ténements cottiers, 5 sols, 5 sols d'issue, 5 sols d'entrée et 12 deniers du journal pour les terres à labour.

Le XXV.ᵉ jour de septembre 1507.

Signés : Delessau *bailli*. — Briet *homme lige*. — Pierre Legrand *lieutenant du bailli*. — Adrien Verdin. — Guillaume Masse. — Jehan Passel *et autres*.

RAMBAUCOURT.

SEIGNEURIE.

Une grande page en parchemin. 4 articles lisibles.

Ce sont les coustumes locales de la terre et seigneurie de Rambaucourt, appartenant à noble homme Anthoine de Bouberch, escuier, et damoiselle Françoise de La Rosière sa femme, dame dudit lieu, tenue en parrie de la chastellenie de Dompmart.

1. Le mort saisist le vif son plus prochain héritier habille à luy succéder, à la charge de relever et faire les droitures par les héritiers du trespassé, les manoirs et ténemens cottiers situez en ladite ville de Rambaucourt, en dedans sept jours et sept nuitz, et payer audit seigneur, pour droit de relief pour chascun ténement, quatre deniers parisis; et ne pœuvent, ne doibvent iceulx héritiers, aprez le trespas de leur prédécesseur, rentrer en l'hostel et ténement où il est décédé depuis que le corps d'icelluy est mis hors dudit ténement, sans le congié ou license dudit seigneur ou de son commis, sur peine de LX sols parisis d'amende envers ledit seigneur (25).

2. A la vente des manoirs, il est dû le 5.ᵉ denier. — 3. Relief des terres champêtres, 12 deniers par journal.

Le XX.ᵉ jour de septembre l'an 1507.

Signés : Briois. — Carton. — J. Varlet. — Jehan Rauguet. — Martin Heniez. — Mahieu Delevigne. — Artus de Pisseleu. — Anthoine Montadier.

RAY.

SEIGNEURIE.

Trois pages de grand parchemin. 15 articles lisibles.

Coustumes locales et particulières de la parrie et seigneurie de Ray, appartenant à hault et puissant seigneur monseigneur Andrieu de Rambures, chevalier, seigneur dudit lieu, de Dompierre, Drucat, Estovyes et Hornoy.

1. Le seigneur a toute justice haute, moyenne et basse. — 2. Service de plaids, de quinzaine en quinzaine, par les vassaux en personne. — 3. A la mort du vassal et tenant, les immeubles féodaux ou roturiers retournent de plein droit à la table et domaine du seigneur.

4. Par ladite coustume, les droits seigneuriaux des héritages cottiers ou roturiers seans audit lieu de Ray, quant à ce qui est des cens anciens, sont telz, c'est assavoir, pour chascune masure, 12 deniers parisis de relief, autant d'issue, autant d'entrée et autant d'aydes quant le cas y eschet, et pareillement des terres labourables estans desditz cens anciens.

5. Par ladite coustume, les manoirs, prez et terres qui sont des nouveaux baillemens, audit lieu de Ray et à l'environ, tenus de ladite seigneurie, doivent

telz reliefz, semblables yssues, pareilles entrées et autant d'aydes que les cens en deniers de ung an entier, sans comprendre les vollilles et grains deubz avec argent; et quant il est deub grains et volille sans argent, il est deu pour le relief autant de volille et grains que les cens de ung an et autant d'yssue, autant d'entrée et autant d'aydes que les cas y escheent.

14. Item, ledit seigneur est seul seigneur voyer, tant en ce qui est demaine de sadite seigneurie comme en ce qui en est tenu et mouvant, ensemble des eaux et rivières joignans à ses ténemens, prez et terres et à ceulx qui sont tenus de lui.

15. Droit d'étalage, épaves, confiscations et tous autres droits appartenant à haut justicier.

Jeudi XIII.ᵉ jour de septembre 1507.

Signés : N. Delessau *bailli.* — Pothier *curé de Ray.* — Lefebvre *curé de Dompierre.* — Des Groseillers *procureur de Katherine des Groseillers.* — D. Pierre Bor *prieur de Ray.* — Andrieu Moistrel *clerc de l'église de Ray.* — Jehan Frochart *et autres.*

REGNIÈRE-ÉCLUSE.

CHATELLENIE.

Deux pages en parchemin. 8 articles lisibles.

Ce sont les coustumes locaux de la ville, terre, seigneurie et chastellenie de Regnière-Escluse, appartenant à monseigneur Jehan de Soiecourt, chevalier, seigneur desdits lieux de Soiecourt et Regnière-Escluse, qui ont esté mises et rédigées par escript, appelées les gens d'église dudit lieu, les hommes de fiefs et cottiers d'icelle seigneurie, les manans et habitans dudit lieu, lesquelz et chascun d'eux, par serment que leur a fait faire le bailli, ont affermé lesdites coustumes estre véritables par la forme et manière qui s'ensievent.

1. Et premièrement, ledit seigneur de Regnière-Escluse a en icelle toute justice haulte, moyenne et basse et sy a aussy quant le cas y advient bastards, bastardes, hallebains et choses espaves, tous leurs drois de succession, confiscations et autres.

3. Le bailli juge, au conjurement des sergens et officiers de la justice, sur et à peine de LX sols d'amende au péril desdits hommes de fief. — 4. Le seigneur peut prononcer des amendes jusqu'à LX sols.

5. Item, a ledit seigneur, en ladite terre seigneurie et chastellenie de Regnière-Escluse, loy et droit d'arrest; et loist à chascun faire arrester, par ses sergents et officiers dudit lieu, toutes gens et biens; et ledit arrest fait, sont

ceulx qui ainsy sont arrestez tenus namptir de la demande que on leur fait durant la question.

6. Item, pour le demaine et censive ordinaire deue audit seigneur, il pœult faire constraindre et justicier ses subgetz pour les termes escheux et y aller par exécucion.

<small>7. Le seigneur a les droits d'afforage et autres appartenant à justice vicomtière. — 8. En fiefs nobles comme en cotteries, le seigneur prend soixante sols de relief et le 5.ᵉ denier à la vente. — 9. Tous les ténemens cottiers doivent tel cens, tel relief.</small>

Le VIII.ᵉ jour de septembre l'an 1507.

Signés : Joly *curé de Regnière-Escluse.* — J. Wautesset *prestre.* — Leclercq *bailli.* — Leclercq *greffier.* — A. Doremieulx *procureur d'office.* — J. Charle *prestre.* — Etienne Blanchart *lieutenant et homme lige.* — Jehan Leclercq. — Nicolas de Restz *homme lige.* — Jehan Aquart *homme cottier.* — Anthoine Garbe *homme lige.* — Jehan Offroy *homme lige.* — Jehan Leroy *et autres.*

SAINT-RIQUIER.

TEMPOREL DE L'ABBAYE.

Feuille et demie de grand parchemin formant cinq pages d'écriture, lisible sauf quelques mots aux versos du 1.ᵉʳ et du 2.ᵉ rôles. 26 articles.

Ce sont les coustumes locales et particulières dont ont acoustumé user et usent religieuses personnes et honnestes les religieux, abbé et couvent de l'église et monastère de Saint-Riquier envers leurs hommes féodaux et cottiers en ce qu'ils ont es mettes et au ressort du bailliage d'Amiens que, en ensievant les lettres du roy nostre sire et celles de l'office de monseigneur le bailli d'Amiens, ils baillent par devers mondit seigneur le bailli ou son lieutenant ou par devers messeigneurs les commissaires sur ce depputez.

1. Premièrement, dient lesdits religieux, abbé et couvent qu'ilsz ont de noble et ancienne fondation, dotation et admortissement royal, responsables sans moyen, à cause de leur spiritualité, au Saint-Siége-Apostolique de Romme et, en temporalité, au roy nostre sire, à cause de quoy ilz ont plusieurs beaux droits espirituels et temporels ; et en icelluy leur temporel, ont toute justice haulte, moyenne et basse, noblesses, prééminences, prérogatives, seignouries et droix, hommes féodaulx et cottiers, bailly, sergens, et officiers pour icelle leur justice garder et exerser et tous droix, amendes, escéances et exploix à telle justice appartenans.

2. Item, tous et chascun desquelx de leurs hommes liges et féodaulx, tenans noblement, doivent auxdits relligieux, abbé et couvent de chascun fief soixante solz parisis et vingt solz parisis de chambrelaige, pour relief, et le quint denier de ventes; avœuc doibvent, en leurs personnes, servir les plaiz de quinzaine en quinzaine, en la court du bailliage de ladite église, quant ilz sont suffisamment adjournez, juger les causes et matières audit siége introduites, contribuer aux mises raisonnables qui à ceste fin se font; doibvent service à ronchin, servir la feste Saint-Riquier sy adjournez y sont, et payer pour deffault sur service de plaiz cinq solz parisis, et LX sols parisis pour le deffault de servir ladite feste; doibvent serment de fidélité et faire hommage quant sommez et requis en sont, se n'est que par lettres ou fait espécial soit apparu de plus grandes ou mendres charges (26).

3. Et ont les aucuns desdits féodaulx haulte justice, aucuns justice vicomtière, et les autres, en la plus part, justice fonsière jouxte qu'ilz font apparoir par récépissé ou autrement deuement; et posé qu'ilz doibvent lesdits plains reliefs et services, ilz ne se peuvent néantmoins auctoriser d'aultre justice que approuvée leur est par lesdits relligieux, abbé et couvent ou que aultrement deuement ilz en font apparoir.

4. Item, ad cause des ténemens et terres cottières tenues de ladite église, lesdits relligieux ont en usaige et coustume dès long tamps de joyr de droix seigneuriaulx et avoir relief de fait : asçavoir quant leurs tenans cottiers vont de vye à trespas, ilz ont de celluy ou ceulx qui se dient habilles et se approchent à rellever, soit en tiltre de héritier ou légat, le quint denier de la vallue des ténemens, amasemens et autres amendissemens et ainsy des terres campestres et des labeurs estans sus; et se appressient par gens congnoissans et assermentez; et se ténemens héritables se vendent ou transportent, prendent lesdits seigneurs le quint denier de la vendue ou prisie se n'est que par previlége ou fait espécial l'on leur face apparoir du contraire :

5. Comme peuvent faire les bourgois de Saint-Riquier qui deuement et sans fraude usent de previlége de bourgeoisie, par certains accordz confermez par la court de parlement, doibvent seulement de relief, pour chacun journel de terre, quatre solz parisis (27). Lesquels bourgois et autres habitans de ladite ville et banlieue de Saint-Riquier et autres qui y ont ténement tenu du corps de ladite église doibvent, quant le cas sy offre, de relief, asçavoir du ténement qui vauldroit soixante sols parisis à louage pour ung an, soixante solz tournois et ainsy du plus ou du moins et le quint denier de ventes.

6. Item, ont en ladite ville et banlieue de Saint-Riquier, plusieurs droix et

francises et previléges par appointements faitz d'ancienneté avec ceulx de ladite ville, confermez par la court de parlement et autrement deuement, ont vicomte contre celluy du roy et de la Fretté-lez-Saint-Riquier qui usent de plusieurs droix ; ont une france feste durant trois jours, asçavoir la veille, le jour et lendemain de la Saint-Denis et Saint-Riquier, neuviesme jour d'octobre, dont lesdits drois sont prolixement déclarés es accordz et appointemens sur ce passez par lesdits religieux, abbé et couvent, ledit seigneur de Le Ferté, les maire, eschevins, bourgois et commune dudit Saint Riquier (28).

7. Item, sont lesdits religieux, abbé et couvent seigneurs des frocqz et flégars de ladite ville et banlieue, sans que aucuns les puist empescher, y picquier, hauer ne assir nouvel édifice ny autre respondant sur iceulx, faire huvellas (29), treilles à boche, bouches et entrées de celliers, que par le congié et grace desdits religieux, abbé et couvent et en leur payant les droix acoustumez.

8. Item, sont seigneurs de la rivière qui sourt de Bourfontaines, depuis le pont assiz sur ladite rivière servant à aller à l'église Nostre-Dame, paroisse de ladite ville, jusques à la terre de Caours, ont la pescerie et admendes qui sy engendrent ; ont sur icelle molins à blé et à draps et autres ; ausquelz leurs molins à blé sont banniers leurs subgetz des villaiges circonvoisins distans d'une lieue à la rivière.

9. Reliefs et droits de vente à Senarmont. — 10. Id. à Feuquières et à Boisbergue. — 11. Relief des fiefs en dedans 40 jours et des colleries en dedans sept jours et sept nuits. — 12. Amendes pour cens non payés aux termes fixés. — 13. Sont seigneurs voyers des chemins, voies et sentes estans dedans, contre et au devant de leurs terres. — 14. Jouissent du droit de prévenir en matière de nouvelles éteules et de puits à marne. — 15. Les hommes liges doivent LX livres d'amende quand leur sentence est infirmée. — Pour le fol appel il est dû LX sols. — 16. Vif et mort herbage. — 17. Conforme aux articles 200, 210, 211 et 212 de la coutume générale. — 18. Conforme à l'art. 213 de ladite coutume. — 19. Conforme à l'art. 193 de ladite coutume.

20. Es terroirs de Feuquières et Bussu, ceux qui ont terres villaines chargées de diesmes auxdits religieux, aprez ladite rente choisie, sont tenus à leurs despens mener au sauf, en la grange desdits religieux, lesdites rentes et diesmes.

21. Quant l'en veult créer ypothecque de rente sur les fiefz de ladite seigneurie, l'en doibt payer le quint du prix de la vendue d'icelle rente auxdits seigneurs et le tenir en fief, en pareil hommage, foy, service et droictures que est tenu le fief sur quoy ladite ypothecque est créée.

22. Se ung fief succède et eschiet à une femme mariée, elle doit relief de propriété avec le droit de chambrelaige, comme s'elle estoit non mariée ; et sy doibt son mary relief de bail, mais il ne doibt pas de chambrelaige ; et ainsi use l'en pour mineur d'ans se relever le vœulent.

23. Tous ceulx qui vendent et délivrent bestiaulx, hors lieu francq, en ce qui est au demaine de ladite seigneurie et en ce qui en est mouvant, hors la haulte ou moïenne justice des vassaux d'icelle église, doibvent pour tonlieu et acquit de chascun cheval ou jument deux deniers parisis, de chascune beste d'aubmaille ung denier parisis, de chascun pourceau ou truye une obole parisis, de chascune beste à laine une obole parisis; et pareillement les achetteurs en doibvent autant ; et se doibt payer ledit droit par dedans soleil couché du jour de la délivrance, sur peine de LX sols d'amende pour chascune fois.

24. Quiconques desplante, esrache espine ou autre bois quelconques esdits bois, il encourt envers lesdits seigneurs en amende de LX sols parisis, et sy est tenu restituer l'intérest.

25. Quiconques abat ou prend esdits bois, glans, faine et autres fruitz de panage (30) servans à la paisson et noureture des bestes, il encourt pour chascune fois, envers lesdits seigneurs, en amende de LX sols parisis et l'intérest.

26. Lesdits religieux, abbé et couvent ont partout leurs terres et seignouries droit de confiscation, fourfaitures, choses espaves, acquitz, tonlieux, forages, afforages, estallages, admission de fiefz, admendes et autres droitures appartenantes à hauts justiciers.

Aujourd'hui, vingtième jour de septembre l'an mil cinq cent et sept, à l'assemblée tenue, en l'église de Saint-Riquier, par Euxtasse de Calonne lieutenant en cour laie et bailly de ladite église, en présence des hommes féodaulx et plusieurs sujets de ladite église, les coustumes, usages et drois ci-dessus posés ont été lues par Colart Delesseau clerc dudit bailliage, à l'audition de tous les assistans à ladite assemblée ; par lesquels, aprez les sermens par eulx prêtés, lesdites coustumes ont été approuvées, sans préjudice aux maire et eschevins de Saint-Riquier.

Signés : De Calonne *bailly de ladite église.*—J. Delessau *procureur-général de la ville de Saint-Riquier.*—De Belloy *homme lige.*—Picart *homme lige.*—Disengremelle *homme de fief.*—Jehan Leber *homme de fief.*—L. Pecourt *homme de fief.*—P. de Bouberch *maire de Drugy.*—Du Maisniel *homme lige.*—N. Lesage *homme lige.*—De Gramons *procureur de M. de Marœulx.*—Jehan de Moufflers *homme lige.*—De Saint-Souplis *homme lige.*—P. Gaissart *homme lige.*—Fremin Lefebvre *homme lige.*—Colart Daax.

Pour ce que, au jour de l'assignation des hommes liges et féodaux qui dessus ont signé, n'estoient comparus les hommes cottiers de ladite église, obstant qu'ilz n'avoient esté adjournez, lesquelz depuis ou la pluspart les XXII.ᵉ et XXIII.ᵉ jour dudit mois de septembre 1507 ont esté assemblez, par devant ledit bailli de ladite église, tant du village de Oneu, comme de Gaspanes, de Noières-en-Cauchie, Bugni et Bussu; et aprez serment par eulx fait ont approuvé tous lesdits articles. Sauf quelques contredits sans intérêt.

Signés : De Calonne.—Gille Hecquet.— Lavernier.—*Marque de* Vasseur.— Gillard.—Mallet.— Canu.— Canu.— Fournier.—Colart Wateblé.—Varlet.— J. Jolly.—Climent Lemerchier.—Colart Hecquet.—J. Pecourt.— Flament.— Colart de Monstrœul.— Jehan de Mouflières.—M. Joly.— Pierre Le Carpentier. —Blanchart.—*Marque de* Jehan Du Quesne *subget et cottier.*—*Marque de* Guerard Le Pignet *homme cottier.*—Jos. Obry *curé de Buigny-L'abbé.*—Jehan Cacheleu *homme cottier.*— Jehan Macquet.— Hue Macquet.— Jehan Douzenel.— *Marque de* Colart Dupuis *censier et fermier audit Buigny.*—Jehan Cacheleu *homme cottier.*—Jacques Cacheleu *vice-gérant de Bussu.*—Jehan Garin.—Pierre Cacheleu *et autres.*

SAINT-RIQUIER.

VILLE, MAIRIE ET ÉCHEVINAGE.

Trois grandes pages en parchemin. 16 articles lisibles.

Coustumes locales et particulières de la ville, mairie et échevinaige de Saint-Riquier, dérogeantes les aucunes aux coustumes générales du bailliage d'Amiens, faites et approuvées en l'eschevinaige de ladite ville de Saint-Riquier, par devant maïeur et eschevins de ladite ville, par les gens d'église, nobles et commun d'icelle ville . . . le XXVII.ᵉ jour de septembre l'an mil cinq cens et sept.

Esquelles coustumes n'est faite aucune mention des droiz, franchises, libertez et previléges d'icelle ville, à cause que lesdits maïeur et eschevins entendent qu'ilz ne concernent le fait desdites coustumes (31).

1. Premièrement, en toute la juridicion de ladite ville et banlieue, lesdits maire et eschevins ont toute justice haulte, moyenne et basse et tous droiz, prééminences et prérogatives que à telle justice appartient (32); meismes ont la congnoissance des matières personnelles de leurs bourgois et jurez, soit qu'ilz soyent demourans es ténemens responsables et subgetz auxdits maire et eschevins ou non.

2. Item, toutes acquestes cottières faites esdites ville et banlieue et aussi tous biens mœubles desquels l'en ne dispose par testament ne aultrement, sont partables à tous les enfants légitimes filz et filles des deffunctz, autant à l'un comme à l'autre et pareillement en autre dégré.

3. Toutes choses fonsières, soyent héritaiges ou m(anoirs scitués) en ladite ville et banlieue, vendues par devant les maire et eschevins d'icelle ville ou dont par eulx ou en leur présence la saisine a este bailliée à l'huis de leur eschevinaige, pœuvent estre ratraictes par un des parens du vendeur de quelque costé ou ligne qu'il lui appartiengne, par remboursant l'achetteur, en dedans quarante jours prochains ensuivans ladite saisine, de ses deniers principaulx, fraiz de lettres et autres loyaulx coustemens ; et aprez lesdits quarante jours passez n'y eschiet aucun ratrait.

4. Item, toutes personnes peuvent bailler à cens, surcens ou rente, leurs ténemens, gardins et terres, en tout ou en partie, seans en la juridition de ladite ville par tel prix, à telles personnes et ainsy que bon leur semble ; et les peuvent les prendeurs rebailler à autruy à plus grans surcens, conséquemment d'homme à homme, et prendre chascun les reliefz, issues et entrées de son homme qui tient de lui telz que les surcens qu'il lui doit en deniers.

5. Se aucun ténement en surcens doit chappons, grain ou autre reddevance sans somme d'argent, celuy ou ceulx qui doibvent pour ce reliefz, yssues et entrées ne doibvent que douze deniers pour le relief de chascun ténement et pour chascun homme autant d'issue et autant d'entrée.

6. Nul ne peult avoir ne tenir les terres de ses manoirs, jardins ou ténemens séans en ladite ville et banlieue, plus haultes que celles de son voisin, qu'il ne soit tenu de soustenir et entretenir souffisamment à ses despens lesdites terres tellement qu'elles ne portent ne puissent porter aucun préjudice à sondit voisin (33).

7. Chascun en ladite ville et banlieue peult faire cheoir les eaues chéans de sa maison sans noquer sur le place non amasée de son voisin, pourveu qu'elles ne lui portent aucun dommage ou préjudice, tant et jusques à ce que ledit voisin fait édiffier là où lesdites eaues chieent ; en faisant lequel édiffice, sans ce que prescription ait en ce lieu, celui à qui appartient la maison dont chieent lesdites eaues est tenu, du tout à ses despens, y faire noqueure, se ainsy n'est que le nouvel édiffice désire à noquer pareillement, onquel cas celui qui ce fait faire, doit participer à portion à ladite noqueure.

8. Item, nul de la commune d'icelle ville ne doit aucun tonlieu en argent de bestes achettées pour son vivre.

9. Lesdits maire et eschevins peuvent congnoistre et déterminer de tous cas criminels et civils non réservez ou privilégiés au roy nostre sire ; les exécutions desquelles sentences, en cas criminel comme pour pendre, estrangler, fustigier, copper aureilles ou aultrement exécuter, les vicomtes du roy nostre

sire audit Saint-Riquier, de La Ferté lez ledit Saint-Riquier et de l'abbaye dudit Saint-Riquier doibvent et sont tenus faire faire à leurs despens sans restitution ; pour lesquelles faire, ilz prendent aucuns droitz au long déclarés es compositions faites entre ladite ville, ceulx de ladite Ferté et ceulx de ladite abbaye ; lesquelles compositions touchant le fait des vicomtes et autres leurs points et déclarations, lesdits maire et eschevins tiennent de leur part et aussi les prevotz de l'abbaye et d'icelle Ferté ont déclaré tenir et accepter sans vouloir à icelles contrevenir (34).

10. Tous lesdits vicomtes et chascun d'eulx, auparavant qu'ilz puissent exercer leurs offices ne l'un d'iceulx, sont tenus touteffois qu'ilz sont renouvellez faire serement ausdits maire et eschevins pour le fait desdits vicomtez exercer durant leur temps bien et deuement (35) ; et appartient la congnoissance de tous les drois desdits vicomtes, quant question en est faite contre quelque personne et de quelconque ville ou villaige qu'il soit, ausdits mayeur et eschevins ; et aussy des matières de ceulx qui sont attraits par devant lesdits vicomtes ou l'un d'eulx, pour les matières dont ilz peuvent congnoistre, appartient aussy la congnoissance ausdits maire et eschevins aprez que, pardevant lesdits vicomtes ou l'un d'eulx, y a eu dénégation ou faiz proposez par l'une partie ou l'autre.

11. Les mayeur et eschevins d'icelle ville peuvent faire appeler, au son de leur grant cloche, tous ceulx et celles qui en ladite ville et banlieue auroyent fait et commis blescheure sur quelque personne de laquelle y eust apparente mort ou mehain ensuir et pour autre cas énorme; et se icelle personne ainsi appelée ne compare, pardevant lesdits mayeur et eschevins, durant icelluy son de cloche, elle est bannie d'icelle ville et banlieue tant et jusques à ce qu'elle ait racheté son ban, envers laditte ville, de LX sols.

12. Toutes amendes de LX sols et autres, comme de VII solz VI deniers, qui sont commises tant sur les ténemens tenus en surcens ou aultrement de ladite ville et sur les ténemens de ceux qui sont responsables et subgetz à ladite mairie, pour quelque cas que ce soit, meisme es frocz et flégards de ladite ville et banlieue, sont et appartiennent à ladite ville, siquamment quant les délinquans sont appréhendez ou subgetz d'icelle ville, s'ilz ne se purgent au roy nostre sire ou à leurs seigneurs soubz qui ilz sont demourans.

13. Il est loisible ausdits maire et eschevins faire faire prinses de gens ou bestiaulx faisans dommage à autruy es ténemens, jardins ou prez estans de ladite ville et banlieue, en la juridition d'icelle ville, meismes en tous et chascuns les fossez de ladite ville, soit par les bourgois ou sergens de ladite

ville, et condempner et faire payer lesdites amendes selon les cas advenus par les délinquans ou leurs cauxions.

14. Toute personne subgette et responsable à ladite mairie doit, pour chascun deffault en quoy il est mis au siége dudit eschevinaige, II solz VI deniers; pour chascun retart en quoi il est mis, aprez le terme ou termes convenus en l'obligacion faite pardevant lesdits maire et eschevins passez, II solz VI deniers, pour une simple dénégation d'un procès pendant pardevant eulx, II solz VI deniers; pour ung fait proposé V solz et, en matière de murtre, XX solz; et ou cas que lesdits procès estoient amendez de main commune, chascune des parties, soit subgete ou non à ladite mairie, doit la moitié desdits faiz proposez.

15. Lesdits maire et eschevins ont droit de afforer les vins, bières, cervoises et autres menues bruvaiges que l'on vend et distribue en ladite ville et banlieue, en quelque lieu que ce soit; et doit celuy qui affore ledit vin ausdits maire et eschevins, pour faire ledit affor, une pinte du vin qu'il affore et ung pain, une pinte aussi à l'église de Saint-Ricquier, une pinte au Val et maladrerie de ladite ville et une autre pinte à l'ospital dudit lieu; et celui qui affore lesdits menus bruvaiges que peuvent faire afforer lesdits maire et eschevins par leurs commis et esgars, doit ausdits afforeurs ung lot du bruvaige qu'il affore et ung pain; et ne peuvent vendre lesdits vins, bière, chervoise ou autre bruvaige que premièrement ilz ne soient afforez comme dit est, sur peine de LX solz d'amende, pour chascun des facteurs et pour chascune fois.

16. Nul ne peut mesurer et vendre à lot, pot, demi-lot, aulne ne poix que premièrement leurs mesures ayent esté adjustiées aux estallons, aulne, poix d'icelle ville et leurs dites mesures, aulnes et poix merqués du saing et enseigne d'icelle ville, sur peine de LX solz d'amende, pour chascun qui seroit trouvé faisant le contraire; et se deppuis leurs dites mesures, aulnes ou poix estoient trouvées trop petites, ils escherroient, chascun pour chascune fois, en LX solz envers icelle ville; et ne peut nul en ladite ville et banlieue vendre à autres mesures, aulnes ou poix que ceulx d'icelle ville, sur pareille amende de LX solz.

Lesdites coustumes dessus transcriptes ont esté approuvées et depposées par les gens d'église et aultres cidessoubz signans, pardevant lesdits maire et eschevins, le XXVII.ᵉ jour de septembre l'an mil cinq cent et sept; et pour ce que la pluspart des habitans dudit Saint-Riquier ont déclaré qu'ilz ne savoient signer, ilz ont prié et requis à frère Anthoine Palot, prestre, curé de Saint-Riquier, sire Mahieu de Bourdon, prestre de Saint-Mauguille-lez ledit Saint-

Riquier et de la banlieue d'icelle et à Baudin Ternisien, garde de la prévosté dudit Saint-Riquier qu'ilz signent pour eulx lesdites coustumes, ce qu'il leur ont accordé et fait comme dessus.

Signés : J. Delessau *mayeur de Saint-Ricquier.*—A. Palot *curé de Saint-Ricquier.*—B. Ternisien *prevost de Saint-Ricquier.*—Jacques Delessau *procureur-général et eschevin de Saint-Ricquier.*—Demaisons *conseiller et bourgois à Saint-Ricquier*—C. Devausselles *vicomte du roy et eschevin de Saint-Ricquier* (36). — Caron *prestre.*—Demolien *eschevin.*—M. Bourdon *curé de Saint-Mauguille en la banlieue de Saint-Ricquier.*—De Fontaines *eschevin et procureur au siége de la prevosté de Saint-Ricquier.*—Carpentier *eschevin.*—Lavernier *prestre, vice-gérant de Oneu-lez-Saint-Ricquier.*—Jehan Desmanez *cordouanier de Saint-Ricquier.*—Nampti *cloquemant* (37) *de Saint-Ricquier.*—Jehan Porret *carpentier.*—Collart Conble *essevin et laboureur.*—Mahieu Sevin *sergent royal.*—De Péronne *bourgois, tavernier et maneglier de l'église Nostre-Dame de Saint-Ricquier.*—De Ponthieu *sergent royal.*—Masse *merchier demourant à Saint-Ricquier.*—P. Polet *bourgois pareux de draps.*—De Cally *boulengier de Saint-Ricquier.*—Jehan Froissart *gorrelier demourant à Saint-Ricquier.*—Mala *machon.*—Ternisien *bourgois et tavernier.*—Jehan Bacquet.—Jehan Daullé *bourgois et boulenguier à Saint-Ricquier.*—A. Rogier *bourgois et labourier.*—Pierre Macquet *eschevin et tavernier à Saint-Ricquier.*—Lottin *sergent royal.*

SAINT-RIQUIER.

FIEF.

Une très-petite page en parchemin. Un seul article lisible.

Ce sont les coustumes locales dont usent et ont acoustumé user Marguerite et Colechon Lequien, en ung fief à icelles appartenant par indivis, tenu noblement de vénérables et honnestes personnes les religieux, abbé et couvent de Saint-Riquier, assis et séant en ladite ville et terroir à l'environ, auquel il ont moyenne justice et en dessoubz et des tenans cottiers par censives, droix, amendes et exploix à telle justice appartenant.

1. Relief de fait c'est-à-dire tel cens, tel relief, telle issue, telle entrée.

Le pénultième jour de septembre 1507.

Signés : J. Delessau *homme cottier.*—De Franqueville.—Desfontaines *subget en ville et banlieue.*—Pierre Macquet.—Paquet Grevin.

SOIEUCOURT.

FIEF.

Une petite page en parchemin lisible. 1 *seul article.*

Ce sont les coustumes locales dont usent et ont acoustumé user Perrotin Delessau et ses tenants, en son fief de Soieucourt scitué prez Saint Ricquier et qu'il tient de l'église et abbaye dudit lieu, en laquelle il a justice et seigneurie haute moyenne et basse.

<small>1. Relief de fait c'est-à-dire tel cens, tel relief et le quint denier des ventes.</small>

Le XXVIII.ᵉ jour de septembre 1507.

Signés : J. Delessau *bailli dudit fief.* — Desfontaines *procureur de monsieur de Robercourt.* — C. Masse *merchier demeurant à Saint-Ricquier.*

SURCAMP ET GORENFLOS.

FIEFS.

Une petite page en parchemin lisible. 2 *articles.*

Ce sont les coustumes locales et particulières dont usent Anthoine et maistre Anthoine Descaulis, escuiers, seigneurs par indivis de Surcamp, à cause d'un fief qu'ilz tiennent de noble et puissant seigneur M.gr de Busquoy, à cause de sa seigneurie de Maisons-Ponthieu, là où ilz ont toute justice haute, moyenne et basse ; et sy a ledit Anthoine ung fief à Gorenflos qu'il tient de M.gr de Thienbronne, à cause de sa seigneurie du Ploich, auquel il a basse justice.

<small>1. Ils ont 2 hommes féodaux à Surcamp et des cottiers qui doivent tels cens, tels reliefs et le quint denier des ventes. — 2. A Gorenflos, 5 sols de relief, d'entrée et d'issue.</small>

Le XXVII.ᵉ jour de septembre 1507.

Signés : Anthoine Tronneux. — Pierre de Ribeaucourt. — Jehan Luchefort. — Jehan Legrand. — Colin de Nyvelles. — Julien Segin. — Rivillon. — Sire Jacques Legrand.

VALOIRES.

TEMPOREL DE L'ABBAYE.

Ecrite sur une grande peau de parchemin de 66 *centimètres de long sur* 50 *de large, trouée et maculée sur le côté droit.* 25 *articles.*

Ce sont les coustumes, usaiges et stilles dont l'on a usé et use l'on au bailliage de messeigneurs les religieux, abbé et couvent de l'église Nostre-Dame de Valoires, scitué et assize au bailliage d'Amiens, prévosté de Saint-Ricquier.

1. En leur enclos, terres et maisons qui sont de fondation et amortissement royal, ils ont justice haute moyenne et basse. — 2. Service de plaid par les francs hommes. — 3. Reliefs des fiefs. — 4. Le quint denier des ventes. — 5. Relief de bail. — 6. A la vente des cotteries le quint denier. — 7. En cotteries, tels cens, tels reliefs. — 8. A Rue, cens et reliefs selon la coutume. — 9. A cause de leur justice, ils ont les épaves et confiscations. — 10. Pour couper pérots et tayons dans leurs bois, LX sols d'amende. — 11. Bêtes en dommage dans leurs bois, pareille amende. — 12. Flégards, pareille amende. — 13. Infraction de leur justice, rébellion, LX sols d'amende. — 14, 15. Pêche dans leurs étangs, rivières, même amende. — 16, 17. Moulin banal, four banal. — 18. Pour un défant, VII solz VI deniers d'amende. — 19. Blessure à sang, 60 sols ; simple coup, VII sols VI deniers. — 20. Nouvelles éteules 60 sols. — 21. Afforage et forage. — 22. Vif et mort herbage. — 23. Tonlieux et acquits. — 24. Forain acheteur doit, outre le tonlieu du vendeur, un droit d'issue pour l'acheteur.

25. Que s'aucun acquiert réalité par ypothecque royal ou aultrement, pour quelque rente sur les terres et héritaiges tenus desdits seigneurs, et se aucun prend à surcens aucunes terres tenues desdits relligieux, telz acquérans ladite réalité ou prendeur à surcens doit paier chascun an ausdits religieux et au terme tel qu'il est apposé, telle reconnaissance que lesdits religieux ont accordé, prendeulx évocquiés ausdits deux cas, à peine de LX solz parisis d'amende.

Signés : Raoul de Montgobert *prieur de l'abbaye de Valloiles.*—Andrieu de le Haye *conseiller à Monstreuil et bailli de l'abbaye.*— Jehan de Conteville *procureur de l'abbaye.*— Jehan Quevillon *greffier.*— Jehan Malot.— Jehan Ferot.— Hue Dournel (*une herse.*)— A. Loffroy. — De le Capelle.— Jehan Lebouchier.— Robert Henses.— Jehan Lefé, *tous hommes féodaux et cottiers.*

VILLERS-SUR-MAREULX.

Trois pages de parchemin, mauvaise écriture d'une encre très-pâle. 6 articles difficiles à lire.

Ce sont les coustumes, drois et usages que a Jehan de Saint-Lau, escuier, seigneur dudit Saint-Lau, en et sur sa terre et seigneurie de Villers-sur-Mareulx, laquelle terre et seigneurie il tient noblement et en fief de Jehan R . . . . escuier, seigneur du Vallenglart, par LX solz parisis de relief de XX solz de chambellage.

1. Justice vicomtière et droits à telle justice appartenant. — 2. Ses hommes de fief doivent relief de fait, c'est-à-dire LX sols de relief et XX sols de chambellage. Service de plaids de quinzaine en quinzaine. — 3. Hommes cottiers doivent tels cens, tels reliefs.

Le XXVII.ᵉ jour de septembre 1507.

Signés : Eustache de Calonne *bailli.* — *Marque de* Baude Leroy. — *Marque de* . . . Vasseur. — Noël Alexandre. — Jehan Lecat. — Pierre Petit. — Mahieu Tricot. — Miquiel Alexandre.

LE TITRE.

SEIGNEURIE.

Même format, même parchemin, et même écriture que la précédente à laquelle elle est attachée. 6 *articles.*

Ce sont les coustumes drois et usages que a Jehan de Saint-Lau, escuier, seigneur dudit Saint-Lau, en et sur sa terre et seigneurie du Tiltre, laquelle il tient noblement et en fief de M.gr du Rœux, à cause de sa terre du Wiry, par LX sols parisis de relief et XX sols de chambellage.

1. Justice haute, moyenne et basse.

Le XXVIII.ᵉ jour de septembre l'an 1507.

Signés : Eustache de Calonne *lieutenant du bailli.* — D. Chivot *homme de fief.* — *Marques :* Jehan Cornière. — J. Senault. — Antoine Desgardins. — Jehan de le Haye. — Antoine Ivart. — Henri de le Cornière. — Philippet Daust. — Jehan de Norolle. — Jehan Lebastard. — Dournel. — Aliamet Leconte. — Henry Vasseur. — Valentin de Canchie. — Jehan d'Aust. — Mahieu Gaffé. — Michel Coulon. — Polin Coulon. — Jehan Cocqu. — Jehan Petit. — J. Dournel.

VERRON (Vron.)

SEIGNEURIE.

Trois pages en parchemin lisibles. 10 *articles.*

Coustumes et usaiges locaux dont on use en la terre et seigneurie de Verron appartenant à noble homme Guillaume du Quesnoy.

1. Et primes les subgetz dudit lieu usent de l'aune et mesure de grain et tous pois selon la mesure et pois de la ville de Monstrœul.

2. Quant aux breuvaiges ilz usent de la mesure de Ponthieu (38).

3. Item le mary et la femme ne pœuvent advantager l'ung l'aultre plus avant de cinq solz.

4. En héritaiges cottiers, le seigneur prend le double relief du cens ; et en fiefz, LX sols, XXX solz, V solz et le tiers de chambellaige selon la nature d'iceulx fiefz, avec le droit d'ayde selon la coustume de Saint-Pol.

5. Item, quant aux drois seigneuriaulx, les subgectz dient que anchiennement ilz ne paioient que XVIII deniers pour tous droits, mays le seigneur qui est ad présent ne le a point prins et a toujours apointié avœc ses subgetz, contendant avoir le quint denier en vente de fief et le VI.ᵉ denier en cotterie selon la coustume générale de ladite conté de Saint-Pol.

6. Item, quant aux amendes, l'on se y règle selon la coustume de ladite conté de Saint-Pol, sauf que, quand aucun passe à tout son car, chevaulx, parmy une terre ercée et preste à semer ou chergiée, il commet envers ledit seigneur pour chascune fois, amende de XXX solz parisis ; et se c'est une carette, il n'y a que XV solz parisis (39).

7. Quant aux closteures de partie contre l'autre, les ungz cloent par moitié l'ung contre l'aultre et les aultres cloent l'ung l'amont et l'aultre l'aval et n'y a point de coustume locale quant ad ce (40).

9. Ils doibvent tonlieu quand ilz vendent ou achattent l'ung à l'aultre ou à aultruy, es mettes de ladite seigneurie ; lequel droit se paie à péril d'amende de LX solz parisis, selon la coustume de ladite conté de Saint-Pol.

10. Item, ledit seigneur a amendes que l'on appelle loix par faulte de payer ses cens à jour, qui est de III solz parisis pour chascun terme.

Et, au surplus, se règlent lesdits de Verron selon les coustumes générales de ladite conté de Saint-Pol de laquelle ladite terre et seigneurie est tenue et mouvante et de la prévosté de Saint-Riquier es mettes de laquelle icelle terre et seigneurie est assize.

Toutes lesquelles coustumes ont été veues, approuvées et certifiées par ledit Guillaume du Quesnoy, seigneur, Nicole Hourdel lieutenant es loix, bailli dudit lieu, Jehan de Henancourt lieutenant, sires Philippe de le Barre vice-gérant de la cure dudit lieu, sires Jehan Ray prestre demeurant audit lieu, Jehan de Verchocq desservant le fief des doïen et chappitre de Saint-Fremin de Monstrœul, Antoines de Contes homme de fief, Colart Pennet, Jehan Parmentier, Arnoul Fierebrach, Jehan Harlé et autres qui cy aprez ont signé tous demoûrans audit lieu de Verron.

Le vingt cinquiesme jour de aoust l'an mil cinq cens et sept.

Signés : Du Quesnoy. — De le Barre. — N. Hourdel. — De Henencourt. — De Ray. — Jehan Harlé. — De Vrechocq. — De Contes. — Johannes le Parmentier. — Ernoul Brache. — Colart Pennet. — P. J. Pennet.

SAINT-RIQUIER.

VYNOEULZ.

SEIGNEURIE.

Une grande page en parchemin, maculée dans la partie supérieure, lisible sauf quelques bouts de lignes dans le préambule. 3 articles.

Ce sont les coustumes dont a acoustumé user et use noble homme Anthoine de Belloy, escuier, seigneur de Belloy, Vieulaines et Vynœulx et ses subgetz en icelle sa terre de Vynœulz qu'il tient noblement du roy, à cause de sa sénéchaucie de Ponthieu, de religieuses et honn . . . . de Saint-Ricquier ; et a en icelle justice et seigneurie haulte, moyenne et basse . . . .

1. Se aucun va de vye à trespas ayant ténement et terres cottières es mettes de ladite seigneurie, sans en avoir disposé par testament ou aultrement deuement, et qu'il délaisse plusieurs enfans, à chascun d'iceulx appartiennent iceulx ténemens et cotteries et autant à l'un comme à l'autre.

2. En cotteries, tel cens, tel relief de chaque ténement ; de même pour chaque journal de terre franche ; des terres vilaines, XII deniers du journal et le XIIIe denier pour droit de vente.

3. Item, a ledit seigneur plusieurs tenans qui lui doibvent corvées.

Le XXIIIIe jour de septembre 1507.

Signés : Nicole Grivaise *prestre vice-gérant de Vinœulz.*—*Marque de* Elloy Douilliet *homme cottier.*—Du Crocq *homme de ladite seigneurie.*—Hue Dupré *homme cottier.* — Pierre Lebrun. — Jehan le Gondollier. — Pierre Dupuich. — Colin de Loyson. — Miquiel Levesque. —Jehan Lefournier. — J. Lefevre. —Dufestel. — Perrotin de Loyson *tous hommes cottiers.* —*Marque de* Colart Bourgois (*une navette.*) — Vinchent Mourequin *homme cottier.*—*Signé :* J. Delessau *bailli dudit lieu..*

VYS-SUR-AUTHIE.

SEIGNEURIE.

Une grande page en parchemin, d'une encre très-pâle, d'une écriture très-fine. 15 articles dont les 4.e, 5.e, 6.e, 9.e, 14.e, et 15.e se réfèrent à la coutume générale. Peu lisible.

Ce sont les coustumes locales, usaiges et communes observances de la terre et seigneurie de Vy-sur-Authie, en ce qui est du costé d'Arthois, tenu noblement et en fief du chasteau d'Hesdin des esclipsements de la conté de Ponthieu (41).

1. Tenue à plein lige du château d'Hesdin. Justice vicomtière. — 2. Le mort saisit le vif sauf les reliefs selon la nature des fiefs. — 3. Relief des coteries, pour les manoirs, 32 deniers, pour les terres arables, 12 deniers par journal. — 7. A la vente des manoirs cottiers, il est dû 32 deniers au seigneur, à la vente des terres cottières, 12 deniers d'entrée et autant d'issue.

11. Audit lieu de Vy le mary pœult donner à la femme et la femme au mari par don d'entre-vif testament ou aultrement.

12. Droit de justice vicomtière dans les marais.

13. Item, par droit et usaige notoirement et anchiennement observé, tous passans et repassans audit lieu de Vy, non privilégiés, doibvent un nommé droit de cauchie qui se acquitte du car IIII deniers parisis, le carette II deniers, de chascune beste I denier, et s'il y en a plusieurs, le tout se acquitte par un denier ; lequel droit s'emploie en le réfection et entretiennement des chemins.

Au surplus on se règle selon la coustume générale des arrière-fiefs du Ponthieu dont ladite terre est destachiée.

Le XXVI.ᵉ jour de septembre l'an mil cinq cens et sept.

Signés: Alain de Boffes *curé du Ponchel, homme lige de ladite seigneurie.* — Jacques de Braielle *prestre et homme lige.* — Jehan Sonnet *homme lige.* — *Marque de* Jehan Baudelot (*une herse.*) — *Marque de* Jacques Lefevre, *fermier dudit Baudelot* (*un soc de charrue.*) — *Marque de* Jehan d'Aquet (*ciseaux ouverts*) *et un grand nombre d'autres.*

VAULX.

SEIGNEURIE.

Une longue page, sur feuille et demie de parchemin, de deux pieds de longueur ; mauvaise écriture, mais lisible. 9 articles.

Pardevant nous Guillaume Hairox, bailly de la terre et seigneurie de Vaulx, appartenant à noble homme Jehan de Marcquais, escuier, seigneur dudit lieu, le XX.ᵉ jour du mois de septembre l'an mil cinq cens et sept, ont été, par les soubssignans déposées les coustumes locales et particulières de ladite terre et seigneurie de Vaulx.

1. A la mort du tenant féodal et cottier, retour à la table et domaine du seigneur. Pour les coteries relief à merci. — 2. A la vente des fiefs, il est dû le 5.ᵉ denier, et en coterie le 6.ᵉ denier. — 3. De même pour les donations entre-vifs et testamentaires.

4. Item, tous les subgetz, manans et habitans dudit lieu de Vaulx doibvent au seigneur corvée de bras, et s'il arrivait qu'ilz eusissent carue, ils debvroient audit seigneur corvée d'icelle carue d'une journée en mars, et se ilz paient ladite journée de carue, ilz sont quictes de ladite corvée de bras (42).

5. Sur un troupeau de dix bêtes à laine et au-dessus, le seigneur a droit de choisir une bête vive, aprez une tournée à la vergue par le nourrequier ou celluy à qui est le troppeau.

6. Item, tous les subgectz de ladite terre et seigneurie de Waulx doibvent

audit seigneur queuste à court et prisonnier garder ; lequel droit de queuste à court est tel que de chascun des habitans demourans en ladite ville, quant mondit seigneur fait assemblée pour sa terre et seigneurie garder ou lui vient noblesse en son chasteau, chascun maisnage doit trouver queuste, traversin de lit et couvertoir, aprez qu'ilz en sont sommés, sur et à paine de LX sols parisis d'amende (43).

Le XX.e jour de septembre 1507.

Signés : Hairon *bailli.*— Pierre Croissart. — Jehen Verchon. — Pierre de Braielle. — Jehan Nicolle. — Pierre Laignier. — Colart le Pareux. — Jehan d'Allequine. — Jehan Quesnoy *et autres.*

WILLENCOURT.

SEIGNEURIE.

Une page en parchemin lisible. 3 articles.

Coustumes locales et particulières de la terre et seigneurie de Willencourt appartenant à Pierre Bloteffière, escuier, fils mendre d'ans et héritier de deffunct Jehan Bloteffière, duquel damoiselle Loyze le Monnier vefve dudit deffunct et mère dudit Pierre, a le bail en parrie noble, en laquelle ledit Pierre a toute justice et seignourie vicomtière.

1. Il tient de l'abbaye de Saint-Riquier. Les tenants cottiers doivent relief de fait selon l'estimation des manoirs, jardins, terres labourables et paient le 5 denier. — 3. Herbage, tonlieux, afforage, forage, voieries et droit de pêche selon la coutume générale.

Le XXIII.e jour de septembre 1507.

Signés : Jacques Delessau *bailli.*— Waleran Robart. — Pierre Cressent. — Colart Outreboin. — Anthoine de le Folie. — Jehan de Torsy. — Jehan Halot dit de Guisnes. — Jehan Fremin *l'aisné.*— Jehan Fremin *le jeune.*— Martin Bonroy. — Jehan Halot *le jeune.*— Mahieu Roussel. — Simon de Fontaines *hommes cottiers.*— Huc Heren *homme lige.*

YAUCOURT ET MONTIGNY.

SEIGNEURIES.

Trois grandes pages en parchemin. 14 articles lisibles.

Coustumes locales et particulières des seigneuries d'Yaucourt et Montigny-lez-Saint-Riquier, appartenans à hault et puissant seigneur Monseigneur Adrien de Brimeu, seigneur de Humbercourt, tenues de l'église et abbaye de Saint-Riquier.

5. Item, les autres héritaiges cottiers et rotuliers (*sic*) tenus de ladite seigneurie d'Yaucourt qui souloyent estre à la table et demaine d'icelle seigneurie et lesquelz ont esté bailliés à nouveaulx cens depuis l'an mil quatre cent soixante-douze, doibvent, par les charges et conditions apposées et déclarées en faisant lesdits baillemens, telz reliefz que les cens d'une année entière et autant d'issue et semblable entrée et pareilles aydes quant les cas y escheent.

<small>13. A Montigny, le seigneur a les mêmes droits qu'à Yaucourt, sauf que tous les héritages cottiers, sans exception, doivent tels cens, tels reliefs.</small>

Le XXII.ᵉ jour de septembre l'an mil cinq cent et sept.

Signés : Jacques Cacheleu *prestre, vice-gérant de la cure de Bussu et Yaucourt.* — Pierre Cacheleu *homme lige.* — Matiffas *prestre.* — Jehan Marcotte. — Ricart. — Pierre Marcotte. — Jacques Marcotte. — Symon Demoy. — Jehan de Courcelles. — Michel de Courcelles. — Colart Delessau *bailli*.

YSEUX (Pairie d')

FIEFS.

Une petite page en parchemin fort peu lisible. 5 articles.

Coustumes locales dont use et a acoustumé user demoiselle . . . . ayant le bail des nobles fiefs appartenant à Marie de Bouberch sa fille, assavoir du fief de la pairie d'Yseu, du fief nommé le petit Hellencourt, du fief d'Agenville et du fief appelé de La Lance qu'elle tient de la Ferté-lez-Saint-Riquier.

<small>1. En tous lesdits fiefs, haute moyenne et basse justice. — 2. Dans la pairie d'Yseu, les manoirs amasés doivent cinq sols de reliefs, autant d'issue, autant d'entrée. — 3. Au Petit Hellencourt, le quint denier des ventes et le quint dernier de l'estimation pour droit de relief.</small>

4. Item, du fief d'Agenville, telz cens, telz reliefs, telle yssue, telle entrée des ténemens cottiers, et chascun an le tiers du droit d'estallage en la ville de Saint-Riquier, de trois sepmaines l'une en long de l'an, à l'encontre du roy nostre sire et de l'abbaye de Saint-Riquier, assavoir de chascun estalacher, un denier et de chascun estal à pain et autres marchandises une maille comme le roy nostre sire et l'abbaye (44).

<small>5. Au fief de La Lance tels cens, tels reliefs, telle issue, telle entrée.</small>

Le XXVII.ᵉ jour de septembre l'an 1507.

Signés : J. Delessau *bailli.* — Colart du Bourguet. — Nicolas Dupuis *homme cottier.* — Colart Mauborgne. — Colin Accloque *cottier.* — Jehan Blavin. — Jehan du Parcq. — P. du Mares. — Jehan de le Ruelle *et autres*.

NOTES

DE LA CINQUIÈME SÉRIE.

NOTE 1.re — PAGE 477.

BOUCHON. — ART. 2 : *III sols à la croix aurer le jour du vendredi saint.*

On appelait *croix aourée* (*crucis adoratio*) la cérémonie du vendredi-saint, parce que à un instant donné de cette cérémonie tous les fidèles vont baiser le symbole de la rédemption des hommes. (Voyez Du Cange Gloss. V.° *crux*.)

NOTE 2. — PAGE 477.

BOUCHON. — ART. 5. : *Sy prent les deux pars du may.*
Voyez Du Cange Gloss. V.° *maiagium*.

NOTE 3. — PAGE 477.

BOUCHON. — ART. 8 : *Le mort saisit le vif sans rien payer.*
Voyez page 435 note 6.

NOTE 4. — PAGE 478.

BRUCAMPS. — ART. 1.er : *Au prévost possessant le fief de la prévosté dudit lieu.*

Le plus communément les offices de prévots et de baillis étaient donnés par bail à ferme, mais, dans le cas particulier, la prévôté de Brucamps est un fief qui se rapproche beaucoup des offices de mairie et consiste, comme ces derniers, dans les émoluments des investitures lesquels sont *une paire de gants ou quatre deniers parisis.* (Voir ci-dessus page 454.)

NOTE 5. — PAGE 479.

BRUCAMPS. — ART. 6 : *Pour tartes et pastez que trois fois l'an.*

Quels étaient les trois jours réservés? probablement Noël, Pâques et la fête patronale, car ces trois époques étaient généralement celles où la banalité du four était le plus profitable au seigneur.

Au surplus, nous avons ici la preuve que les droits de banalité imposaient certaines obligations. En effet, de ce que les habitans de Brucamps avoient la faculté de prélever 5 sols de rente annuelle sur les revenus du four banal pour l'entretien du puits, nous tirons la conséquence que, dans tous les cas, il y avait des charges auxquelles ne pouvaient se soustraire les seigneurs bénéficiaires de cette espèce de banalité. C'est ainsi que les profits du droit de travers les obligeaient à réparer les chemins sur lesquels ils l'exerçaient.

NOTE 6. — PAGE 483.

DRUCAT. — ART. 11 : *Relief de bail et de desbail.*
Il est vraisemblable que le relief de desbail s'applique aux rotures comme aux fiefs, et qu'il a en vue tous les avantages que la femme survivante recueille dans la succession de son mari. Cette prétention fiscale est une des énormités de la coutume de Drucat.

NOTE 7. — PAGE 484.

DRUCAT. — ART. 17 : *Le maryé ne pœult couchier la première nuit.*
Voir ci-dessus page 469, 18.

NOTE 8. — PAGE 484.

DRUCAT. — ART. 18. : *Pour empescher que les raines et grenouilles.*
Voir ci-dessus page 455 §. 1, page 465. 14.

NOTE 9. — PAGE 487.

FAVIÈRES. — ART. 9 : *Appartiennent auxdits relligieux tous laguens.*
Voir ci-dessus page 358.

NOTE 10. — PAGE 487.

FAVIÈRES. — ART. 10 : *Tous drois de ancrage, lestage et siège de nef.*
Une prétention toute semblable de l'abbaye de St.-Josse sur les eaux de la Canche a été repoussée par un arrêt du parlement de Paris du 1258.

« Cnm abbas et conventus Sancti-Judoci supra
» mare dicerent se fuisse spoliatos a domino rege
» de sedibus navium inter Sanctum-Judocum et me-
» dium aquæ de Cahanche, de quibus erant in pos-
» sessione et *maniagio* ratione emptionis facte
» a Wermundo, dicto de Sancto-Judoco, quondam
» homine eorum, qui dictas sedes tenebat ab eis-
» dem, ut dicunt ; Que quidem negabat ballivus Am-
» bianensis pro rege, dicens quod dominus rex
» erat in possessione et maniagio dictarum sedium,
» a tempore a quo non est memoria : per inques-
» tam inde factam, nichil probatum est pro ab-
» bate : saisina et maniamentum domini regis bene
» probatur et habeat. » (Olim tom. 1.er p. 26, xi.)

Maniagium ne se trouve pas dans le Gloss. de du Cange. Ce mot a le même sens que *maniamentum* et dérive, comme ce dernier, du verbe *maniare :* il indique la jouissance complète d'une chose ou d'un droit. (Notes sur les Olim par M. le comte Beugnot, tom. 1.er p. 972 note 36.)

NOTE 11. — PAGE 487.

FAVIÈRES. — ART. 11 : *De attribuer et retenir quelque chose espave.*

La disposition relative au recel des épaves, dans l'esprit de la coutume de Favières, se lie à celle qui attribue aux religieux de l'abbaye de St.-Va-lery le profit du lagan, puisque tout ce que la mer jette à la côte peut être rangé dans la catégorie des épaves.

NOTE 12. — PAGE 488.

FAVIÈRES. — ART. 17 : *Seront tenus de contri-buer et payer audit nectoyage.*

Les terrains bas, les prés, les terres labourables situés à l'embouchure de la Somme, à cause du voisinage de la mer et de l'élévation périodique du niveau des eaux, étaient exposés à de fréquentes inondations ; c'est pourquoi on imagina de creuser des canaux et de construire des digues pour les mettre à l'abri de ce danger. Ces espèces de polders furent nommées *renclôtures*. A l'exemple de ce qui se pratiquait dans la Flandre et dans la Morinie, on institua un syndicat spécial qui, comme celui des Watringues, fut chargé de surveiller les travaux d'entretien et de régler la contribution que chaque propriétaire riverain aurait à payer. La coutume de Favières nous reporte à une époque antérieure à la création de ce syndicat, mais cependant elle le laisse entrevoir dans un avenir prochain, puisque déjà les *circonvoisins sont tenus de contribuer et payer audit nectoyage à leur cotte et porcion et au journal le journal.*

NOTE 13. — PAGE 490.

FORÊT-MONTIER : — (*Abbaye de.*)

Saint Riquier, après la fondation de la célèbre abbaye à laquelle il a donné son nom, se retira dans une cabane au fond de la forêt de Crécy. Gislemar, homme illustre et craignant Dieu, et Mauroute grand-forestier du roi, lui cédèrent un terrain où s'éleva le monastère qui a depuis porté le nom de *Forêt-montier*. Il y mourut au mois de mai 645. Les moines de Forêt-montier, ayant tenté au 8.e siècle de se séparer de Saint-Riquier, Charlemagne rendit une ordonnance qui les replaça sous l'autorité et la discipline de cette abbaye. Les annales de Forêt-montier n'offrent rien de remarquable.

NOTE 14. — PAGE 491.

FRANQUEVILLE. — ART. 1.er : *Et de le prisie le seigneur en a la moitié.*

Certaines coutumes telles que celles d'Arras, de Beauquesne, de Saint-Pol, etc., voulaient que les constructions et édifices élevés sur les manoirs, en matière de succession, sortissent nature de meubles lorsqu'ils ne s'appliquaient pas directement à la maison d'habitation. Ainsi, d'après l'art. 144 de la coutume d'Artois, *les granges, estables ma-resckaucées sont catheux, mais maisons manables, chasteaux, portes, fours et colombiers sont héri-taiges*. En effet, les manoirs, par leur nature, étant indivisibles, on mobilisait les accessoires afin d'offrir une compensation aux héritiers auxquels ils ne tombaient point en partage. Ceux-ci avaient droit de contraindre l'héritier préféré à leur payer le prix de l'estimation des *catheux verds*, c'est-à-dire des arbres montants non susceptibles de porter fruits, et des *catheux secs*, c'est-à-dire des granges, étables, hangards. De même lorsque le manoir passait par vente ou transport dans les mains d'un nouveau propriétaire, le seigneur ne pouvait réclamer son droit de lods et vente, droit essentiellement immobilier, que sur la partie réservée à titre d'héritage.

NOTE 15. — PAGE 491.

FRANQUEVILLE. — ART. 3 : *Ne sont tenus relever lesdits manoirs.*

La succession des maisons et ténemens cottiers était donc régie par la maxime *le mort saisit le vif*, dans le sens le plus absolu, puisqu'il y avait investiture de plein droit de l'héritier, ainsi que cela se pratiquait pour les successions de même nature ouvertes dans les bourgs et les villes fermées. Le nom de Franqueville, nous l'avons déjà dit, est peut-être la conséquence de cette faveur tout-à-fait exceptionnelle, eu égard au peu d'importance de cette localité.

NOTE 16. — PAGE 494.

HEUZECOURT ET FIENVILLERS : — *Christophe de Carmionne.*

Christophe de Carmionne, conseiller au parlement de Paris, appartenait par sa femme, Hélène de Saveuse, à la noblesse de Picardie. Cette circonstance explique, jusqu'à un certain point, la charge de commissaire royal dont l'investit la confiance du roi Louis XII, en 1507, lorsqu'il lui donna mission de procéder à la vérification et à l'enregistrement des coutumes du bailliage d'Amiens.

NOTE 17. — PAGE 495.

LA FERTÉ-LEZ-SAINT-RIQUIER : — *La Ferté.*

La plus grande partie des arrière-fiefs du Ponthieu dont l'ordonnance de 1225 composa la prévôté de Saint-Riquier, était dans la mouvance de La Ferté, châtellenie très-importante, non moins par le nombre de ses vassaux que par l'étendue de sa juridiction. Les démêlés des seigneurs avec l'abbaye et la commune de St.-Riquier, pourraient faire l'objet d'une publication intéressante. Ils trouveront sans doute place dans l'excellente histoire d'Abbeville et du comté de Ponthieu, dont M. Louandre père vient tout récemment de faire paraître le premier volume. Nous nous trouvons heureux, pour notre part, de lui emprunter l'explication de quelques articles de la coutume de La Ferté.

NOTE 18. — PAGE 498.

LA FERTÉ. — ART. 18 : *N'est loisible à nul autre qu'à elle ou son advoué de y hayer.*

On appelait *haie* (haya), certaines parties de bois interdites au droit d'usage et réservées pour y renfermer les bêtes fauves, telles que cerfs, daims, chevreuils etc. Par conséquent la défense de *hayer* équivalait à l'interdiction du droit de garenne.

(Voir ci-dessus page 203 note 4. — Du Cange, *Gloss.* V.° *Haya.*)

NOTE 19. — PAGE 498.

LA FERTÉ. — ART. 19 : *Et fait serment du prix qu'il lui a cousté.*

Les taverniers de Gamaches étaient obligés aussi de déclarer, sous la foi du serment, le nombre des pièces de vin qu'ils avaient vendues en détail. (Voir page 439 note 26, §. 3.)

NOTE 20. — PAGE 498.

LA FERTÉ. — ART. 21 : *Comme il est convenu en certaines lettres.*

Cet article offre quelqu'ambiguité. En effet, ou peut croire ou que les maire et échevins de St.-Riquier ont racheté le droit de forage moyennant 20 livres une fois payées, ou qu'ils se sont engagés à payer annuellement cette même somme, à titre d'abonnement. Cette dernière hypothèse nous paraît toutes fois la moins admissible, car il résulte de l'art. 9 de la coutume de la mairie et échevinage de St.-Riquier que le traité dont il est ici question, était commun avec le vicomte de l'abbaye et le vicomte du roi. Dès lors, il faudrait supposer que le rachat du forage aux trois seigneurs qui s'en partageaient les profits, aurait coûté annuellement 60 livres à la commune, ce qui n'est pas probable.

NOTE 21. — PAGE 498.

LA FERTÉ. — ART. 23 : *Lequel droit aucuns veulent denyer.*

La banalité du four *pour le pain* ne paraît pas faire question ; mais il y a contestation sur le point de savoir si cette banalité s'étend aux tartes, gâteaux et pâtés. En effet, plusieurs coutumes ne l'admettent que *pour le pain à levain seulement.*

NOTE 22. — PAGE 499.

LA FERTÉ. — ART. 25 : *En considération que ladite ville a esté toute bruslée.*

La chronique de Pierre le Prêtre, abbé de St.-Riquier, citée par M. Louandre, relate des faits qui permettent de rapporter à l'année 1475, l'incendie de Saint-Riquier auquel cet article paraît faire allusion. Louis XI, ayant eu avis que le roi d'Angleterre se disposait à passer la mer avec son armée, fit ravager tout le pays jusqu'à la mer, afin d'affamer son ennemi s'il ne pouvait l'arrêter. — Les Bourguignons, en recevant avis de l'approche des troupes du roi, évacuèrent aussitôt Saint-Riquier et se retirèrent à Abbeville. Ils furent suivis par les garnisons de Drugy et de La Ferté. Saint-Riquier resta ainsi sans défense, et les troupes du roi y entrèrent sans opposition. L'amiral de France qui les commandait, le soir même, ordonna sous peine de mort aux vieillards, aux hommes, aux femmes et aux enfants, de se rassembler le jour suivant, avant six heures du matin, hors de la ville, près la porte N. D. pour être conduits là où il voudrait les mener. Les habitans s'étant réunis le lendemain à l'heure et au lieu indiqués, furent dirigés sur la route d'Amiens. A peine avaient-ils fait une lieue que déjà les flammes s'élevaient de plusieurs points de la ville déserte, tandis que les soldats s'y livraient au pillage à leur aise et plaisir. Une grande partie des bâtiments du monastère, sa belle église et l'abbatial furent entièrement brûlés; l'hôtel-Dieu seul, avec trois maisons voisines, échappa au désastre. (Louandre, Hist. d'Abbeville, 1844 tome 1.er p. 385.)

C'est sans doute à cause de cet événement que le seigneur de La Ferté réduisit de 15 à 20 sols le droit que les boulangers lui payaient pour la licence du four. Il leur aura fait cette remise, parce que le désastre de 1475 a eu pour effet immédiat de diminuer la population, et de rendre moins lucratives les professions qui tiraient leurs profits de la consommation des vivres.

NOTE 23. — PAGE 499.

LA FERTÉ. — ART. 26 : *Que l'on dist de amendissement.*

Qu'est-ce que ce droit *d'amendissement* ? pourquoi frappe-t-il sur les professions qui fournissent le plus aux besoins de la consommation journalière ? pourquoi est-il exigible le 8 octobre, c'est-à-dire, la veille de la fête de Saint-Riquier ? cette coutume est une de celles dont l'absence de documents précis ne permet pas de découvrir l'origine: *non omnium quæ à majoribus constituta sunt, ratio dari potest.*

NOTE 24. — PAGE 501.

LA FERTÉ. — ART. 26 : *Houe, ahane ou labeure sur lesdits chemins.*

De même que les grands chemins étaient sous la sauvegarde du roi, (Cout. du baill. d'Amiens art. 185.) les chemins vicomtiers, c'est-à-dire, ceux qui conduisaient de village à autre, étaient sous la sauvegarde des seigneurs qui avaient droit de police sur les frocs et flégards.

Celui qui a la connaissance du rapt et du meurtre a aussi le bénéfice des amendes pour empêchements ou entreprises sur la voie publique : « pro» bata est hec consuetudo, videlicet quod, qui » habet raptum et multrum, habet gardam ma» gnorum cheminorum, per quos itur de civitate » ad castrum et de castro ad civitatem ; item quod » potest tollere stalla, travalla (equorum) terre » noviter defixa, prestantia viis impedimenta. » (*Olim* tome 1.er p. 252 iv.)

La nature de ces différentes sortes de chemins se déterminait par leur largeur relative. C'est surtout dans la vue d'empêcher les empiétemens d'une juridiction sur une autre, que les coutumes veillaient à leur conservation. Nous trouvons, dans les Inventaires des titres de Saint-Riquier et dans les *Olim* du parlement, de nombreux témoignages de la susceptibilité des seigneurs de La Ferté à l'égard de leur droit de voirie. Un arrêt du parlement de 1269, prouve que travailler aux chemins, sans l'agrément du seigneur quand le besoin de les réparer se faisait sentir, était un acte répréhensible. « Conquerebatur dominus Matheus de » Roia de majore et scabinis Sancti-Richarii quod » ipsi, in quodam chemino suo extra Sanctum-Ri» charium, in quo habebat pedagium suum et gar» dam et plura alia, operati fuerant et in ipso » foderant absque ejus licencia, quod facere non » poterant ut dicebat, propter quod petebat ipsos » ad desistendum et ad hoc sibi emendandum com» pelli. Ex adverso proponebant major et jurati » quod, cum idem cheminus esset periculosus et » pravus, ipsi cheminum eundem emendaverant, » nec alias ibi foderant et cheminum bene pote» rant emendare, sicut dicebant, et sine ipsius li» cencia, et propter hoc ad emendam non tenebantur iidem, confessi fuerant quod che» minum deteriorare nequibant. Ad que respondebat dictus Matheus, quod nichil ibi facere pote» rant sine licencia ipsius. Tandem post multas » altercationes, cognoverunt ipsi major et jurati » quod per factum hujusmodi nullam penitus sibi » volebant acquirere justiciam, et sic super hoc » dimisit eos idem Matheus in pace. » (*Olim*, tome 1.er page 750, 1.)

Au moyen-âge, il y eut souvent débat sur le

point de savoir qui du seigneur ou des paysans était tenu à la réparation des chemins. D'une part, on faisait valoir que le seigneur, retenant à lui la propriété du fonds, en tirant profit et émolument, soit par le produit des arbres, soit par celui des amendes, devait aussi avoir la charge de leur entretien ; de l'autre part, on objectait qu'encore bien que le fonds des chemins fût la propriété du seigneur, l'usage néanmoins les rendait communs à tous les paysans et qu'ainsi le soin de les réparer incombait aussi bien à ceux qui les dégradaient qu'à celui qui en était propriétaire ; mais il était passé en jurisprudence que là où le seigneur avait droit de travers, lui seul était tenu de l'entretien et de la réparation des chemins sur lesquels ce droit s'exerçait. Dans tous les autres cas, il n'était tenu que d'y contribuer avec les autres habitans, parce qu'il s'en servait communément avec eux. (Du Heu, sur l'art. 184 de la cout. d'Amiens.)

Le seigneur à qui le droit de garde appartenait, était constitué gardien de la paix publique ; lui seul avait la poursuite et la répression des malfaiteurs ; mais à côté de ce privilége, pesait sur lui la responsabilité de certains délits, lorsque ces délits pouvaient être imputés à son défaut de vigilance. Ainsi le voyageur qui était détroussé sur un chemin public, avait son recours contre le seigneur à qui il avait payé le droit de travers, pourvu que le vol n'eût pas été commis avant le lever ni après le coucher du soleil (Voir ci-dessus p. 206 note 13.)

L'énumération des chemins sur lesquels le seigneur de La Ferté avait le droit de garde, paraît avoir été motivée par le besoin d'éviter les conflits de juridiction avec l'abbaye de Saint-Riquier, qui jouissait du même droit sur plusieurs chemins situés dans la même circonscription. Une convention du 11 janvier 1349-50, stipule la condition d'une tolérance réciproque sur tous les chemins de l'une et l'autre juridiction, de sorte que les officiers de l'abbaye et ceux du seigneur de La Ferté y peuvent poursuivre les voleurs et délinquans *à vue d'œil et chaude trace*. (Arch. du Dép. de la Somme, Inventaire des titres de Saint-Riquier f.° 62.)

NOTE 25. — PAGE 508.

RAMBAUCOURT. — ART. 1.ᵉʳ : *En l'hostel et ténement où il est décédé.*

La même coutume était aussi observée à Adinfer et à Blairville. Il paraît même, quoique la rédaction de 1507 n'en fasse point mention, qu'elle l'était aussi à Drucat, dans le courant du XIII.ᵉ siècle. — « Lorsqu'un vassal du seigneur de Drucat était mort, les héritiers ne pouvaient rentrer dans sa maison, sans la permission du seigneur, à peine de 60 sols d'amende. » (Louandre Hist. d'Abbeville 1844, tome 1.ᵉʳ p. 407.) — « A Adinfer, une femme aprez le trespas de son mary, au retour de le porter en terre où elles ont acoustumé aller, ne peult retourner en sa maison, sans grâce du seigneur ou de ses officiers, sous peine de LX solz d'amende » (Voir la 7.ᵉ série.) — « A Blairville, aprez le trespas du mary, si la femme convoie le corps à porter en terre, ou les enfants, si la femme est décédée, qui conduisent le corps, ne peuvent rentrer dans la maison sans grâce du seigneur, sur peine de LX solz parisis d'amende. » (Voir la 7.ᵉ série.)

Il est remarquable que l'article même de la coutume de Rambaucourt qui prescrit l'accomplissement d'une semblable formalité, proclame en même temps, comme règle des successions, la maxime *le mort saisit le vif*, ce qui semble contradictoire. A la rigueur on conçoit que, là où, par le fait de la mort du possesseur, les immeubles retournent de plein droit à la table et domaine du seigneur, il ne soit permis à l'héritier de rentrer au domicile mortuaire qu'à la condition d'une démarche qui implique de sa part reconnaissance du droit du seigneur ; mais qu'il en soit de même là où, par le fait de la mort du possesseur, les immeubles passent de plein droit à l'héritier, c'est, selon nous, une bizarrerie qu'il nous paraît difficile d'expliquer.

NOTE 26. — PAGE 511.

SAINT-RIQUIER (abbaye.) — ART. 1.ᵉʳ : *Servir la feste de Saint-Riquier.*

Anciennement les obligations imposées aux vassaux tenant noblement, se résumaient en trois services bien distincts : le service de guerre, le service de cour, et le service de plaids. Le service de guerre tomba bientôt en désuétude ; au commencement du XVI.ᵉ siècle, il n'est presque plus fait mention que du service de plaids. Le service de la fête de Saint-Riquier dont il est ici question, était un véritable service de cour qui exigeait que le vassal se présentât en personne et à cheval. Le service de plaids n'exigeait que la présence en personne, c'est pourquoi l'amende pour défaut de service, dans ce dernier cas, n'est que de cinq sols parisis, tandis que, dans le premier cas, elle est de soixante sols. Le service de plaids pouvait être requis de quinzaine en quinzaine, le service de la fête de Saint-Riquier n'avait lieu qu'une fois l'an.

La fête de la translation de Saint Riquier qui se célèbre le neuf octobre, attirait dans cette ville un tel concours de monde que l'abbaye, afin d'y maintenir l'ordre, exigeait la présence de tous ses vassaux avec leurs coursiers. Le cortège de tous ces hommes d'armes, en donnant plus de solennité à la fête, inspirait aussi plus de crainte à ceux qui auraient eu la pensée d'exciter des désordres.

Malheureusement, aux portes mêmes de Saint-Riquier s'élevait la redoutable forteresse de La Ferté, dont le châtelain, haut et puissant seigneur, avait dans la ville certains droits et priviléges qu'il fallait concilier avec ceux de l'abbaye, ce qui n'était pas toujours facile. Nous voyons dans une transaction de 1450, entre l'abbaye et la dame de Gamaches, comme mère et tutrice d'Artus de Châtillon : « que les officiers et sergens de ladite Ferté » se trouvoient en plus grand nombre que de raison, » à tous panoncheaulx et panetons, *pour garder la* » *feste de Saint-Riquier* pour ladite dame, et même » réservoient la tombe Isambard qui ne fait à ré- » server. » (Arch. du Dép. de la Somme, Invent. de Saint-Riquier f.º 62.) Ainsi, tandis qu'une troupe de chevaliers armés veillait à la défense des droits de l'abbaye, une autre troupe, obéissant à un autre maître, se rencontrait toujours sur son passage avec des dispositions plus ou moins pacifiques et souvent pour contredire les ordres qu'elle était chargée de faire exécuter.

S'il faut en croire la tradition, la fête de la translation de Saint Riquier s'ouvrait par une sorte de cérémonie expiatoire. Tous les ans, le 8 octobre, veille de la fête de Saint-Riquier, l'un des moines de l'abbaye se rendait, la corde au cou et la torche à la main, sur le pont-levis du château de La Ferté, pour y jurer, au nom de tous les religieux, qu'ils ne troubleraient point la cendre d'Isambard, lequel était un des anciens seigneurs de La Ferté, dont les moines usurpèrent le château, vers la fin du ix.º siècle ; forcés de le rendre, après un siège long et opiniâtre pendant lequel Isambard fut tué, le lieutenant de celui-ci, les aurait, dit-on, condamnés, en mémoire de leur trahison, à faire l'amende honorable dont il vient d'être parlé.

Aucun monument digne de foi n'explique l'origine du serment fait par les moines sur la tombe d'Isambard, mais un dénombrement de la terre de La Ferté du 11 juillet 1724, fait mention de ce serment comme étant une obligation imposée au vicomte de l'abbaye. On y lit : « Le vicomte de » Saint-Riquier, élu par les religieux le 7 octobre » de chaque année, est conduit par les moines sur » le pont-levis du chasteau de La Ferté, où il » est tenu de jurer de ne rien entreprendre sur » les dépendances de ladite chastellenie et parti- » culièrement sur *la tombe d'Isambard*, *tenu an-* « *ciennement pour géant.* » (Louandre Hist. d'Abbeville, 1844, tome 1.ᵉʳ p. 96.)

Il est douteux que le serment dont il est ici question ait été encore exigé du vicomte de l'abbaye, au commencement du xviii.º siècle, avec l'appareil qui accompagnait ordinairement l'amende honorable, puisque l'inventaire des titres déjà cité, f.º 77, analyse une consultation d'avocats du barreau de Paris, en date du 6 juin 1744, « con- » cernant la prétendue servitude que le seigneur » de La Ferté voulait imposer de *deux torches ar-* » *dentes*, ce qui n'est constaté par aucun titre, at- » tendu que la possession qu'on opposait a été » combattue chaque fois par les religieux, que » l'installation du vicomte est une marque de dis- » tinction pour l'abbaye, et *une prérogative tout-* » *à-fait incompatible avec l'humiliation des tor-* » *ches ardentes qui n'ont été portées que dans les* » *cas où on en avait besoin à cause de la nuit.* »

Au milieu de toutes ces énonciations contradictoires, un peu de vérité se fait jour et il demeure établi que le vicomte faisait, au nom de l'abbaye, le serment de ne pas exercer sa justice sur la *tombe d'Isambard*, laquelle était une espèce de tombelle située auprès de La Ferté, au lieu dit *Bourfontaine*. La destruction de ce tertre, il y a trente ou quarante ans, n'a rien fait découvrir de curieux.

Au surplus, les difficultés qui pouvaient s'élever entre l'abbaye et les seigneurs de La Ferté, par rapport à la garde de la fête de Saint-Riquier, sont prévues et réglées dans une transaction du 11 janvier 1349-50. « Primes, sur le discord de le garde de » le franque feste Saint-Riquier, acordé est que le » garde de ladite feste, tant es fiefz de La Ferté » comme ailleurs là où ladite feste s'estend, avec

» l'exécution de justice et seigneurie d'iceulx lieux
» touchant vicomte et par dessoubz, est, sera et
» appartiendra ausdits religieux seuls pour le tout,
» le temps durant depuis la veille de Saint Riquier
» que, au point du jour, on sonne la cloche de la
» ville jusques à lendemain qui est le tiers jour,
» soleil esconsé et jour faillant, que on sonne icelle
» cloche de ladite ville, dont sont exceptés le chas-
» teau de La Ferté, les jardins et appartenances, le
» molin, la motte et la maison dudit molin, es-
» quels lieux ne fera, par iceulx seigneurs de La
» Ferté ni autre, marchiet, se n'estoit pour son
» usage seulement et sans fraude. — Les cas cri-
» minels exceptéz, lesdits religieux pourront pren-
» dre malfaiteurs et exploitier, la feste durant,
» es fiefs et arrière-fiefs de La Ferté, et les me-
» ner prisonniers là où il leur plaira; mais ladite
» feste falie, ils seront tenus de mener eux aux
» bailli, lieutenant ou chastellain, lesquels avec
» les hommes jugeront, deffiniront et délivreront
» iceulx maufaiteurs, et à eux appartiendra la con-
» damnation. — Et les amendes par eux jugiées de-
» puis la feste falie, tauxées à LX sols parisis et
» au dessoubz, appartiendront auxdits religieux seuls
» pour le tout ; et les amendes excédant LX solz,
» comme confiscacion et autres, appartiendront au-
» dit seigneur de La Ferté ; . . . . et sy feront
» lesdits religieux pareille solennité de présen-
» tation, à l'entrée d'icelle feste, ausdits de La
» Ferté, comme lesdits religieux font aux maire
» et eschevins de ladite ville. » (Archives du Dépt.
de la Somme, Inventaire des titres de Saint-Riquier
f.° 62 v.°)

Si l'on pèse bien les termes de cette transac-
de 1350, on est fixé sur l'étendue du privilège qui
appartenait à l'abbaye pendant la durée de la franche
fête. Ce privilège suspendait de fait la juridiction
de la commune et celle du seigneur de La Ferté,
c'est pourquoi sa prise de possession était signalée
par un acte solennel qui impliquait de sa part reconnaissance du droit extraordinaire qui lui était
concédé pendant trois jours seulement. Dès lors,
le serment du vicomte à l'ouverture de la fête s'explique, non plus comme une amende honorable,
mais au contraire comme une déclaration de non
préjudice.

NOTE 27. — PAGE 511.

SAINT-RIQUIER (abbaye.) — ART. 5 : *Par certains accords confermez par la court de Parlement.*

Cette disposition, relative aux reliefs dus par les
bourgeois de Saint-Riquier pour les terres par eux
possédées, ne peut s'expliquer que par des actes
antérieurs intervenus sur cette matière. Ainsi on
lit dans une transaction de 1312, homologuée par
arrêt du parlement : « Item, de l'article là où li
» dit maires et juré se doloient de ce que lesditz
» religieux voloient prendre relief à volonté de
» Pierres Mansel, des héritages de ladite église
» tenus, ce que faire ne povoient, fors tel cens
» qui deu estoit selonc la coustume de la ville ;
» lesditz religieux proposans au contraire : Oyes les
» parties et veuz leurs privilèges, accordé est que
» il sera seu se ce est des cens de la prévosté,
» lesditz religieux auront quatre solz pour chascun
» journel de terre, et se ce est des *cens de le cha-
» rité*, il auront tels cens, tels relies tant seu-
» lement, comme acoustumé est selon le coustume
» de le ville. » (*Olim*, tom. 2 p. 561 à 572)

Les cens de la charité sont donc les *ténemens
tenus du corps de l'église* dont parle la 2.ᵉ partie
de l'art. 5.

NOTE 28. — PAGE 512.

SAINT-RIQUIER (abbaye.) — ART. 6 : *Par appointemens faits d'ancienneté avec ceux de ladite ville
confermés par la court de Parlement.*

La transaction dont parle cet article a été homologuée par arrêt du Parlement de Paris, au
mois de janvier 1312 (1313). Elle est rapportée
tout entière dans le 2.ᵉ volume des *Olim* publiés
par M. le comte Beugnot, (pages 361 à 372.)
Elle contient 26 articles dont 7 sont favorables à
la commune, 12 admettent les prétentions de l'abbaye, 2 concilient les diverses prétentions des
parties, et 5 ordonnent des mesures préparatoires.

NOTE 29. — PAGE 512.

SAINT-RIQUIER (abbaye.) — ART. 7 : *Faire huvellas.*

Huvellas, huvrelas, espèce de saillie en forme
de toit qui surplombait les ouvertures du rez-de-
chaussée des maisons et servait d'abat-jour aux
boutiques des marchands, c'est pourquoi il n'était
pas permis de les construire ni de les réparer sans
le consentement du seigneur qui avait la police
des frocs et flégards. — « Item, sur les frocages
» des fiefs et arrière-fiefs de ladite Ferté, accordé
» est que nous et iceulx de La Ferté ferons asseoir
» les seaux, *huvrelas* et bouques de cheliers et
» autres nouviaux édifices. » (Arch. du Départ. de

la Somme, *Inventaire de Saint-Riquier* f.º 62 v.º : accord du 11 janvier 1349 (1350.) — Par la transaction de 1313, citée dans la note précédente, il est dit que les habitans de Saint-Riquier « ne » pourront des ores en avant édifier, faire, re- » faire, rapparelier ne empeschier les fros de la- » dite ville, en faisant, édifiant, refaisant ou rap- » pareillant issues, saillies, huisseries, *huvrelas*, ap- » pentis, sans prendre congié au froquier de l'é- » glise dudit Saint-Riquier. » (*Olim* tome 2 page 362.)

Note 30. — Page 513.

Saint-Riquier (abbaye.) — Art. 25 : *Glans, faine autres fruits de panage.*

En comparant cet article avec l'art. 10 de la coutume de Saint-Valery (côté d'Artois), on demeure convaincu que le mot *pernage* employé dans cette dernière, est synonyme de *panage* pour exprimer la réserve du droit de glandée. (Voir p. 442 note 58.)

Note 31. — Page 514.

Saint-Riquier, *échevinage.* — Préambule: *esquelles coustumes n'est faite aucune mention des drois, franchises, privilèges de ladite ville.*

Les instructions adressées aux commissaires royaux chargés de faire procéder à la rédaction des coutumes, prescrivaient impérativement de ne pas accepter, comme coutumes, les déclarations touchant les privilèges et franchises des villes. Celles de la ville d'Amiens, ne furent approuvées qu'après radiation de tout ce qui concernait les privilèges de la commune. (Voir ci-dessus p. 59 §. 1.er)

Note 32. — Page 514.

Saint-Riquier, *échevinage.* — Art. 1.er : *Lesdits maire et eschevins ont toute justice haute, moyenne et basse.*

Ce droit de haute justice subissait cependant plusieurs restrictions, dont la plus importante résulte de l'article 9 de la même coutume, qui accorde aux vicomtes de Saint-Riquier l'exécution, en matière criminelle, des sentences rendues par les maire et echevins.

Note 33. — Page 515.

Saint-Riquier, *échevinage.* — Art. 6 : *Nul ne peut tenir les terres de ses manoirs, jardins.*

Cette coutume mérite de prendre place parmi les usages locaux qu'il importe de conserver, si ce n'est pour l'utilité générale, du moins pour l'utilité particulière de Saint-Riquier. Quiconque en effet connait l'assiette de ce bourg, n'a pas de peine à comprendre la nécessité de l'obligation imposée au propriétaire du fonds supérieur.

Note 34. — Page 516.

Saint-Riquier, *échevinage.* — Art. 9 : *Lesquelles compositions touchant le fait des vicomtes...*

Nous n'avons trouvé aucune trace des compositions dont parle cet article. Comme elles n'interressaient que la commune, on comprend facilement pourquoi il n'en est point fait mention dans l'inventaire des titres de l'abbaye de Saint-Riquier.

Note 35. — Page 516.

Saint-Riquier, *échevinage.* — Art. 10 : *Sont tenus faire serment ausdits maire et échevins.*

L'usage d'astreindre les officiers royaux à faire serment de respecter les privilèges des communes est prouvé par de nombreux documents. (Voir Dachery, Spicil. tome 3 p. 611. — Ordonnances des rois tome 2 p. 221.) — Un acte de reconnaissance de 1277 par le seigneur de La Ferté, devant la cour du Parlement, prouve que la même obligation était imposée aux officiers de ce seigneur. « Dominus Matheus de Roya, miles, confessus fuit » quod servieus suus, quando de novo instituitur » ad custodiam vicecomitatus Sancti-Richarii, te- » netur facere juramentum quod vicecomitatum » custodiet per legem, prout extitit consuetum. » (*Olim*, tome 2, p. 97, 1.)

Note 36. — Page 518.

Saint-Riquier, *échevinage.* — Signatures : *Devauselles vicomte du roi et eschevin.*

Les fonctions de vicomte et d'échevin étaient si peu incompatibles que, pendant la durée de la franche fête, celui que l'abbaye nommait pour gérer dans son intérêt, devait toujours être pris dans le sein de la communne. — « Durant les trois jours » de la franche feste de Saint-Riquier, en octobre, » il devait y avoir trois vicomtes, un à nostre no- » mination, (de l'abbaye) et iceux maire et jurés di- » ssoient au contraire que il ne devoit y avoir que » ung seul de leur commune ordonné mis et esleu. » Sur quoi fut ordonné que en ladite feste, il n'y » auroit que un seul vicomte mis de par nous, mais

» qu'il ne fut point nostre clerc ou homme lige... »
(Archives du Dépt. de la Somme, *Inventaire* des titres de Saint-Riquier, f.° 27 : *accord de* 1256.)

NOTE 37. — PAGE 518.

SAINT-RIQUIER, *échevinage.*—SIGNATURES : *Nampti cloquemant de Saint-Riquier.*

Le *cloquemant* de Saint-Riquier était probablement le sonneur juré de la commune.

NOTE 38. — PAGE 521.

VERRON. — ART. 2 : *Ils usent de la mesure de Ponthieu.*

Pourquoi l'aune, la mesure aux grains et les poids étaient-ils conformes à ceux de Montreuil, tandis que les mesures pour les liquides étaient conformes à celles du comté de Ponthieu ? Cette question est au nombre de celles dont il est difficile de donner une solution satisfaisante.

NOTE 39. — PAGE 522.

VERRON. — ART. 6 : *Quant aux amendes l'on se y règle selon la coustume de la conté de Saint-Pol.*

La seigneurie de Vron, quoique située en Ponthieu, peut être considérée comme une enclave du comté de Saint-Pol. Les possesseurs de cette terre, à cause de leurs fréquents rapports avec le bailliage de Saint-Pol, en ont naturellement adopté les usages. L'article 5 de la même coutume témoigne des efforts qu'ils faisaient pour les faire prévaloir.

NOTE 40. — PAGE 522.

VERRON. — ART. 7 : *Quant aux clostures de partie contre l'autre.*

Cette disposition n'en est pas une, puisqu'elle admet deux manières de juger les questions de propriété des clôtures mitoyennes. Lorsqu'à un même objet on peut appliquer deux coutumes contradictoires, cette contradiction équivaut à l'absence de coutume.

NOTE 41. — PAGE 523.

VYS-SUR-AUTHIE. — PRÉAMBULE : *Des éclipsemens de la comté de Ponthieu.*

C'est en 1244, que cette seigneurie fut, ainsi que la châtellenie d'Auxi, vendue au comte d'Artois par Mathieu de Montmorency, comte de Ponthieu. La charte constatant cette cession est rapportée dans l'histoire des maieurs d'Abbeville par le Père Ignace.

NOTE 42. — PAGE 523.

VAULX. — ART. 4 : *Tous les subgetz doivent corvées de bras.*

Voyez ci-dessus page 453, 3.

NOTE 43. — PAGE 525.

VAULX. — ART. 6: *Lequel droit de queuste à court est de....*

Voyez ci-dessus page 459, 8.

NOTE 44. — PAGE 526.

YSEUX. — ART. 4 : *Le tiers du droit d'estallage à l'encontre du roi.*

Nous pouvons nous faire une idée de ce qu'était le droit d'étalage dans la ville de Saint-Riquier, par une ordonnance de police du xv.ᵉ siècle qui règle la perception de ce droit dans la ville de Corbie.

« C'est l'ordonnance des estallaiges que l'on dist
» hestaux sur quoy l'on met derrées en vente, en
» la ville de Corbye, et des tonlieux.

» C'est assavoir que tous ceulx qui mectent hes-
» taux, en ladite ville, au dehors de leurs maisons,
» doivent de chascun estat qui est hors de leurs-
» dites maisons, une maille la sepmaine ; et sup-
» posé que ledit estat soit attaché à leurs manoirs,
» se doivent-ilz une maille la sepmaine, puisque
» on pœult bouler ung estœuf par dessoubz ledit
» estat.

» Item, tous poissonniers d'eaue doulce qui ven-
» dent poisson en cuvelles sans piez, ne doibvent
» point d'estallaiges, et celles à piez doibvent une
» maille par sepmaine ; et qui mettroit aucuns au-
» ges sur les cuvelles sans piez, il debveroit pour
» chascun auge une maille la sepmaine.

» Item, est il vray que pour bien entendre les es-
» tallaiges dessusdits, toutes personnes que ce soient,
» de quelque marchandise quilz se veulent mer-
» ler, ne mettront estat hors de leurs lieux, soit
» en marchié, rue ou en le halle à draps ou
» en quelque lieu que ce soit, pour mectre quel-
» ques derrées en vente, qui ne doivent pour chas-
» cune sepmaine une maille ; mais s'ilz estoient
» deux marchans à ung estat quilz fussent à ung

» pain et à ung pot, et que leur marchandise
» fut d'un castel à perte et à gaigne, ilz ne deb-
» veroient que ung denier le sepmaine ; et sy un
» marchant seul avoit dix estaux, autant que pren-
» dre volloit, il debveroit pour chascon estat une
» maille, mais quilz fussent si hault que on pœult
» bouller un estœuf par dessoubz comme dist est.

» Item, tous ceux qui tiennent estaux en ladite
» ville pour vendre fauchilles, chascun vendeur
» doibt, pour une foys l'an, une fauchille, mais le
» vendeur pœult et doibt prendre une fauchille,
» paravant l'estallier, telle qu'il luy plaist ; et aprez
» icelle prinse par le vendeur, le estallier les pœult
» et doit prendre une aprez pour l'estallaige.

» Item, tous ceulx qui mectent brouestes menant
» marchandises en ladite ville sur icelles, doibvent
» chacune sepmaine une maille d'estallaige.

» Item, et sy ung forain ne venoit que une
» foys en son temps, sy doibt-il pour ceste foys
» une maille pour ceste sepmaine ; et s'il venoit
» toutes les sepmaines et tous les jours de la sep-
» maine, sy ne paieroit-il que une maille pour
» chascune sepmaine. » (Archives de la cour royale
d'Amiens. — Ordonnances de police de Corbie f.º cv.)

Cette ordonnance ne comprend pas moins de 57 articles. Les uns, comme on vient de le voir, sont relatifs au droit d'étalage ; les autres concernent le tonlieu des denrées et marchandises.

FIN DU TOME PREMIER.

Amiens. — Imp. de DUVAL et HERMENT, place Périgord, 1.

www.ingramcontent.com/pod-product-compliance
Lightning Source LLC
Chambersburg PA
CBHW070840230426
43667CB00011B/1868